Thomas Paine

Die theologischen Werke von Thomas Paine

Verlag
der
Wissenschaften

Thomas Paine

Die theologischen Werke von Thomas Paine

ISBN/EAN: 9783957003393

Auflage: 1

Erscheinungsjahr: 2015

Erscheinungsort: Norderstedt, Deutschland

Hergestellt in Europa, USA, Kanada, Australien, Japan
Verlag der Wissenschaften in Hansebooks GmbH, Norderstedt

Cover: Foto ©Joujou / pixelio.de

Die Theologischen Werke

von

Thomas Paine

in einem Bande.

(Stereotyp-Ausgabe.)

Philadelphia.
Druck und Verlag von J. W. Thomas.
1866.

Inhalt.

	Seite
Vorwort zu der Uebersetzung	VII
Vorrede der Bostoner Ausgabe von 1840	1
Schreiben von Doctor Franklin an den Ehrw. George Whitefield	8
Auszug aus einem Schreiben desselben an Ezra Stiles, Präsidenten von Yale College	10
Auszug eines Schreibens von Thomas Jefferson, Präsidenten der Ver. St., an Doctor Priestley, über dessen Schrift: „Vergleichung von Socrates und Jesus"	13
Schreiben desselben an William Canby	14
Lord Erskine	16
Robert Owen	17
Elias Hicks	18
Schreiben von William Pitt. — „Reine und unverdorbene Religion in den Augen Gottes, des Vaters, besteht darin: die Wittwen und Waisen in ihrer Betrübniß zu besuchen, und sich von der Welt unbefleckt zu erhalten	23
Joel Barlow an James Cheetam	29
Das Zeitalter der Vernunft. Erster Theil.	39
Das Zeitalter der Vernunft. Zweiter Theil. Vorrede	89
Man hat oft gesagt, man könne irgend etwas aus der Bibel beweisen 2c.	92
Briefe und vermischte Aufsätze	
Antworts-Schreiben an einen Freund, nach dem Erscheinen des „Zeitalters der Vernunft"	181
Schreiben an Herrn Erskine	184
Entstehung der Theophilanthropen	207
Eine Rede, gehalten vor der Gesellschaft der Theophilanthropen in Paris	209
Schreiben an Camille Jordan, Mitglied des Rathes der Fünfhundert, veranlaßt durch dessen Bericht über die Priester, die öffentliche Gottes-Verehrung und die Glocken	217
Prüfung der in dem Neuen Testament aus dem Alten angeführten sogenannten Prophezeihungen über Jesus Christus. — Nebst einem Versuch über Träume und einem Anhang	
Vorrede. — An die Geistlichen und Prediger aller Religions-Sekten.	225
Ueber Träume	227

	Seite
Prüfung der in dem Neuen Testament angeführten Stellen aus dem Alten Testament, welche Prophezeihungen von der Ankunft Jesu Christi genannt werden	234
Allgemeine Bemerkungen	264
Widersprechende Lehren in dem Neuen Testament zwischen Matthäus und Marcus	276
Meine eigenen Gedanken über ein zukünftiges Leben	278
Auszug aus einer Erwiderung an den Bischof von Llandaff	279
Vom Sabbath oder Sonntag	294
Von einem zukünftigen Zustand	299
Wunder	300
Ursprung der Freimaurerei	304
Schreiben an Samuel Adams	316
Auszug aus einem Schreiben an Andrew A. Dean	321

Vermischte Aufsätze.

	Seite
Bemerkungen über R. Hall's Predigt	324
Ueber das Wort Religion und über andere Worte von unbestimmter Bedeutung	326
Cain und Abel	329
Der Thurm zu Babel	330
Vergleichung des Deismus mit der christlichen Religion, und Vorzug des Ersteren vor der Letzteren	332
An die Mitglieder des sogenannten Missions-Vereins	338
Vom Sabbath-Tag in Connecticut	340
Von dem Alten und Neuen Testament	341
Winke zur Bildung einer Gesellschaft, welche die Wahrheit oder Unwahrheit der alten Geschichte untersuchen soll, insofern jene Geschichte mit älteren und neueren Religions-Systemen in Verbindung steht	342
An Hrn. Moore von New York	346
An John Mason, einen der Geistlichen der schottischen Presbyterianer-Kirche von New York, in Bezug auf seinen Bericht über seinen Besuch bei dem verstorbenen General Hamilton	348
Ueber Deismus und die Schriften von Thomas Paine	352
Ueber die Bücher des Neuen Testaments	356
Mittheilung	361
An den Herausgeber des Prospect	362
Religiöse Nachricht	363
Bemerkungen des Herrn Paine	365
Das Testament Thomas Paine's.	367

Vorwort.

Paine's „Zeitalter der Vernunft," wie auch seine kleineren in demselben Geiste geschriebenen und durch dasselbe veranlaßten theologischen Schriften, welche hiermit dem deutschen Publikum in einer wohlgelungenen Uebersetzung übergeben werden, sind, obgleich nicht ohne Irrthümer, ihrer vielen wichtigen, einflußreichen Wahrheiten wegen, sehr merkwürdig und empfehlenswerth, und wurden auch, seit der Zeit ihrer ersten Erscheinung, von allen unpartheiischen Beurtheilern als solche anerkannt.

Als der, wegen dem kühnen und tiefen Geiste seiner politischen Schriften und den großen vielumfassenden Wirkungen, welche dieselben hervorbrachten, von allen Freunden der Freiheit in Amerika und Europa hochgeehrte und innig geliebte, von den Anhängern der Despotie aber glühend gehaßte Thomas Paine, weil er sich als Mitglied des Convents der französischen Republik mit aller Freimüthigkeit und einem scharfen politischen Blick gegen den Tod des Königs und für dessen Verbannung erklärt hatte, zu Paris von Tag zu Tag, von Stunde zu Stunde, mit dem Tode bedroht, im Gefängnisse saß, wagte er es durch sein „Zeitalter der Vernunft" den schnell um sich greifenden Atheismus seiner Zeit dadurch zu bekämpfen, daß er den auf alte Urkunden gestützten tausendjährigen Aberglauben mit allem ihm zu Gebote stehenden Scharfsinn und der ganzen Kraft seiner populären, oft sehr derben Sprache angriff; denn er war der Ueberzeugung, daß gerade dieses eine Hauptursache der Abneigung so Vieler gegen alle Religion, der Verleugnung alles Heiligen und der Verwilderung der Sitten sei, daß man alte, mit den Ansichten eines aufgeklärten Zeitalters unmöglich übereinstimmende religiöse Meinungen, als von Gott auf eine übernatürliche Weise offenbarte, zur ewigen Seligkeit höchst nothwendige Wahrheiten hinstellt; daß dadurch die erhabensten Lehren der Religion, der Glaube an Gott und Unsterblichkeit, bei Vielen ein Gegenstand der Verachtung und des Spottes werden müssen. Er erklärte die Vernunft als Norm der Religion und Alles für Irrthum und Thorheit, was ihren großen und ewigen Grundsätzen widerspricht, in welchen durch ihr hohes Alter und durch den Ausspruch der Mitwelt geheiligten Büchern es auch enthalten sein möge. Aber er erfuhr, besonders als er in sein geliebtes, ihm zur hohen Dankbarkeit verpflichtetes Amerika zurückkehrte, daß es leichter sei politische als religiöse Vorurtheile zu bekriegen; daß die Sklaven des Aberglaubens denen ihre Fesseln in das Angesicht schlagen, die von Liebe zur Wahrheit bewogen, sie davon befreien wollen. Er, der wegen seinen großen Verdiensten um die Republik, ein Liebling des Volks war, wurde durch seine religiöse Freimüthigkeit ein Gegenstand des Hasses und der Verachtung, und sein Name wird noch jetzt von Vielen sonst in mancher Hinsicht edeln und vernünftigen Menschen, mit Abscheu genannt. Doch das thörichte Vorurtheil gegen den kühnen Denker, wird sich bei fortschreitender Geistesbildung vermindern und endlich ganz aufhören. Immer höher erhebt sich ja, wer kann es leugnen? die wohlthätige, die beglückende Sonne der Wahrheit, und immer weiter fliehen sie zurück die trüben unheilvollen Nebel der Nacht; immer mehr entwickelt sich das köstliche Kleinod der Denkkraft und zernichtet die verderbliche Schaar dem Wohl der Menschen feindlich gegenüberstehender Irrthümer.

In Deutschland fand Paine's „Zeitalter der Vernunft" zwar keine blinde, unbegrenzte Huldigung, aber es wurde ihm die gerechte Anerkennung seines Werthes zu Theil. Werden doch einige schöne, in diesem Werke enthaltene Ideen über Gott mit Erwähnung seines Namens in einem beliebten deutschen Andachtsbuche gefunden. Die Philosophen, und viele der Theologen Deutschlands, waren schon, ehe Paine gegen die Inspiration, oder die unmittelbare, übernatürliche göttliche Eingebung der Bibel schrieb, durch unbefangenes wissenschaftliches Forschen zu der Ueberzeugung gelangt, daß die in ihr enthaltenen Schriften, ungeachtet ihrer vielen schönen, auf die Menschheit höchst wohlthätig einwirkenden Wahrheiten, dennoch kein inspirirtes, über alle Irrthümer erhabenes Werk sei, sondern daß in ihnen so manche Widersprüche: „historische, chronologische, geographische, physikalische, psychologische, physiologische, astronomische, dogmatische und moralische Irrthümer enthalten seien. Mehrere derselben haben, besonders in neuerer Zeit, Vieles, was man ehemals als historische Thatsache betrachtete, als ehrwürdige religiöse Mythen, schätzungswerthe Gedichte eines werthvollen religiösen Inhalts erklärt, deren Kern sorgfältig von der Schaale getrennt werden müsse, um eine gesunde und wohlthätige geistige Nahrung genießen zu können.

Bei einer solchen Ansicht kann der Inhalt dieser Schriften zwar nicht als Beweis einer Wahrheit dienen, sondern nur zeigen, wie man damals dachte, als dieselben verfaßt wurden, und wie sich die religiösen Ideen immer schöner und herrlicher entwickelten. Die Irrthümer dieser Bücher dürfen uns aber nicht hindern das in ihnen enthaltene Wahre und Gute zu schätzen und freudig zu benützen. Hat doch die alte und neue Literatur aller Völker ihre zahlreichen Irrthümer, und warum wollen wir nicht auch die der Bibel als eine lehrreiche Geschichte der Entwickelung des menschlichen Geistes betrachten, welcher nach ewigen Gesetzen dazu bestimmt ist, durch Nacht und Dunkel zum Licht, durch Irrthümer zur Wahrheit zu bringen? durch Irrthümer, deren viele erst dadurch verderblich werden, daß man sie als Gotteswort hinstellend, der freien Forschung entrückt und als heilloses Mittel des Fanatismus, der Ehr- und Habsucht mißbraucht, um Solche zu verfolgen, die von edelm Muthe beseelt, es wagen, ihre Meinung oder Ueberzeugung öffentlich zu bekennen.

Wir haben nicht zu fürchten daß mit dem Glauben an die Unfehlbarkeit der sogenannten heiligen Schriften das Heilige und Erhabene in den Augen der Menge zur Gemeinheit herabsinke, die Religion ihr Ansehen und ihre wohlthätige Macht auf die Gemüther verliere; sie ist ein Bedürfniß des menschlichen Gemüths, die schönste Blüthe der Menschennatur und entfaltet sich unter mannigfaltigen Formen, auch bei solchen Völkern, welche andere religiöse Urkunden als wir, oder gar keine besitzen. Die Erhabene und Ewige wird alle Formen und Urkunden überleben, wie nützlich oder schädlich, befördernd oder hemmend sie ihr auch sein mögen.

Auch in anderer als religiöser Rücksicht, sind die, die auf unsere Zeiten herabgekommenen Reste der hebräischen Literatur enthaltenden Schriften des Alten Testaments von nicht unbedeutender Wichtigkeit. In ihnen finden wir eine reiche Sammlung ächter Naturpoesien, die jeder Kenner der Dichtkunst ehren wird, und unter ihnen Gattungen, von denen selbst unter den weit reicheren Nachlässen der griechischen Literatur nichts Bedeutendes die Zeit überlebt hat. Orakel (Weissagungen) zum Beispiel, hatten alle Völker auf einer gewissen Stufe ihrer Bildung, und wo hatte man deren mehr als in Griechenland? und doch sind von seinem Reichthum nur unbeträchtliche Bruchstücke übrig geblieben, von den hebräischen Orakeln hat sich eine schöne Anzahl, und einige noch vollständig erhalten. Wir haben nur wenige Tempellieder der alten Griechen; von den Hebräern besitzen wir noch viele Tempelpsalmen in einem feierlichen, höchst originellen Ton. Und diese und andere Gattungen hebräischer Poesie hat noch Keiner mit gehörigem Gefühl und mit der Kraft sich in längst vergangene

Zeiten zu versetzen, gelesen, ohne den morgenländischen Geist zu bewundern, der in ihnen mit lieblichem Zauber weht.

Einen andern großen Werth erhält ein großer Theil dieser Schriften durch sein hohes Alter. Einige sind aus Zeiten, aus welchen sonst keine Werke mehr vorhanden sind. Die uralten Documente, welche der Verfasser der sogenannten Mosaischen Bücher in sein Werk aufgenommen und so der Nachwelt erhalten hat, müssen lange vor der Bekanntschaft der Griechen mit der Schreibekunst vorhanden gewesen sein, und der jüngste Historiker des alten Testaments war ungefähr ein Zeitgenosse Herodots, den die Griechen den Vater der Geschichte nannten. Ueberdies sind die hebräischen Geschichtbücher und Poesien als uralte asiatische Schriften, schätzbare Urkunden der menschlichen Entwickelung. Wie weit ärmer würde unsere ohnedem noch immer arme Völkergeschichte des alten Asiens ohne die Nachrichten der Hebräer sein? Einige deutsche Gelehrte haben in ihrem unermüdlichen Eifer einen schönen Anfang zur Sammlung der mannigfaltigsten Kenntnisse gemacht, die in ihnen, meistens unbeachtet, zerstreut liegen, und wir haben zu bedauern, daß von diesen wichtigen Schätzen der alten Literatur uns die Zeit so Vieles geraubt, uns aber auch zu freuen, daß noch so Vieles die Gegenwart erreicht hat. Wie bei den Hebräern, so waren in Egyptien, Phönizien und Babylon, alle höheren Kenntnisse und solche Schriften der Nation, welche man hochschätzte, im Nationalheiligthum, im Tempel, niedergelegt, und mit den Priestern und den Tempeln dieser Staaten ging auch ihre Literatur zu Grunde; nur bei den Israeliten wurde ein bedeutender Theil der Literatur durch Privatabschriften und später durch die in den Synagogen aufbewahrten Manuscripte gerettet; und es ist mehr als wahrscheinlich, daß bei der Menge der Handschriften, seit zweitausend Jahren kein Theil der hebräischen Literatur verloren oder nur wesentlich verändert werden konnte.

Auch das Neue Testament hat nebst seinem religiösen, noch einen historischen Werth und hatte schon in der Mitte des zweiten Jahrhunderts die meisten Schriften, aus denen es gegenwärtig besteht, wie aus den Streitigkeiten der Kirchenväter jener Zeit, mit den damaligen Ketzern, hervorgeht, welche diese Schriften kannten und größtentheils annahmen, obwohl einige Sekten noch andere Schriften daneben hatten, und sich auch über die Lesarten der anerkannten, mit der allgemeinen oder katholischen Kirche stritten. Es ist in vieler Hinsicht ein getreuer Spiegel der Gesetze, Meinungen, Sitten und Gebräuche, welche damals bei den meisten Völkern des großen römischen Reiches stattfanden, als sich bei ihnen morgenländische und abendländische Weisheit und Thorheit, Tugenden und Laster vereinigten und jenes Chaos bildeten, aus welchem im Laufe der Zeiten, nach vielen heftigen Stürmen des Schicksals, nach mehrmaligen Umwälzungen aller Verhältnisse sich diese geistige Bildung entwickelte, deren wir uns gegenwärtig erfreuen und welche in unaufhörlichem Fortschritte begriffen, nach vielfachen Kämpfen, endlich die beglückende Herrschaft der Weisheit und Tugend herbeiführen wird, zu welcher das Menschengeschlecht bestimmt ist, und welche die Weisen und Edeln aller Zeiten ahneten, hofften und nach ihren besten Kräften zu befördern strebten, für welche zu wirken auch Paine's edle Absicht war, als er der Welt sein „Zeitalter der Vernunft" und später noch einige andere theologische Schriften übergab.

Philadelphia, im Monat Januar 1847.

Heinrich Ginal,
Prediger der deutschen Rational-Gemeinde in Philadelphia.

Vorwort zu der zweiten Auflage.

Die günstige Aufnahme, welche der ersten Auflage dieses Werkes zu Theil wurde, ist ein erfreulicher Beweis, daß unter den Deutschen der Vereinigten Staaten sich eine große Anzahl Solcher befindet, die sich nicht scheuen, das Buch zu lesen, welches unter allen die jemals gegen den Aberglauben erschienen, von den Priestern und Allen, welche durch List oder Schwärmerei bewogen, den alten, verjährten religiösen Meinungen huldigen, am meisten gefürchtet und gehaßt wird, weil dasselbe die gewaltigsten Angriffe auf die Bibel, als das Hauptbollwerk des Aberglaubens richtet, welches die Entwicklung der Vernunft, die gehörige Entfaltung der Gefühle und so den herrlichen Lebensgenuß hindert, zu welchem uns die Natur bestimmt hat.

Der Kampf gegen Bibellehre und Priesterherrschaft hat seit der Erscheinung der ersten Auflage in hohem Grade und großer Ausdehnung an Popularität gewonnen. Viele, welche damals kaum wagten, ein, freie Ideen enthaltendes Buch in die Hände zu nehmen, sind jetzt eifrige Freunde der Aufklärung, oder doch wenigstens nicht abgeneigt, ein gegen den Aberglauben streitendes Werk zu lesen.

Wir leben in einer schönen Zeit: die liebliche Morgenröthe des freien Geistes verbreitet in immer reicherem Maße ihr herrliches Licht und zerstreut die Brust beengenden Nebel der Nacht, die Sonne erhebt sich in all ihrer Pracht und Herrlichkeit, der große Tag, das „Zeitalter der Vernunft," für welches Thomas Paine schrieb und duldete, nach welchem die Edelsten aller Zeiten sich sehnten, für welches sie wirkten und litten, erscheint und wird nie, nie untergehen.

Philadelphia, den 4. Juli 1851.

Heinrich Ginal.

Vorrede

der Bostoner Ausgabe von 1840.

Es hat wohl kein Schriftsteller den am Menschengeschlechte unter dem Deckmantel der Religion verübten Betrug eindringlicher bloßgestellt, als Thomas Paine, und Keiner ist mit größern Verleumdungen überhäuft worden von Denen, welche bei der Fortsetzung jenes Betruges ihren Vortheil zu finden glauben. Von der Presse und der Kanzel sind unaufhörlich die bittersten Schmähungen gegen ihn ergossen worden.— Allein geduldig und ausdauernd, gemäßigt und fest, ließ er keinen Irrthum seiner Aufmerksamkeit entgehen, und er erniedrigte sich nicht, eine andere Rache für die unverschämten Schimpfreden seiner Gegner zu nehmen, als daß er ihre Verstöße und Ungereimtheiten an den Pranger stellte. Er bezweckte das Glück des Menschengeschlechts, und keine Verleumdung konnte ihn von seinem Ziele abwendig machen. Er glaubte aufrichtig, daß das Glück des Menschen von dem Glauben an Einen Gott und von einem tugendhaften Lebenswandel abhänge, und daß jeder religiöse Glaube, welcher darüber hinausgehe, zu Verfolgung und Elend führe. Die Geschichte liefert eine furchtbare Bestätigung der Richtigkeit seiner Ansicht. Dr. Bellamy, der Verfasser der 'Geschichte aller Religionen,' kommt zuletzt zu diesem Schlusse: „er sei fest überzeugt, daß wahre Religion weder in Lehren noch Meinungen, sondern in einer redlichen Gesinnung bestehe."

Die Religion ist auf das Schändlichste zu bösen Zwecken mißbraucht, und in den Glauben an etwas Uebernatürliches und Unbegreifliches gesetzt worden; und diese unbegreiflichen Glaubenssysteme sind verschieden eingerichtet worden nach den verschiedenen Ländern, so wie es Diejenigen, welche den Geist und das Gewissen der Menschen in Knechtschaft halten, für zweckmäßig befunden haben. So wird in manchen Ländern Derjenige, welcher zu glauben vorgiebt, daß ein gewisser Mann in früheren Zeiten leiblich in den Himmel versetzt wurde, daß ein Anderer in einem feurigen Wagen gemächlich hineinfuhr, und daß ein Dritter den Lauf der Sonne aufhielt, um sie zum Gemetzel von Menschen länger leuchten zu lassen, ein frommer, guter Mensch genannt. Will in andern Ländern Jemand dieselbe Benennung erlangen, so muß er glauben, daß Muhamed in Einer Nacht auf seinem Pferde Borack einen Ritt in der Himmel machte, mit dem Engel Gabriel eine lange Unterredung pflog, alle Planeten besuchte, und vor Tagesanbruch mit seiner Frau zu Bette ging; und daß er ein anderes Mal den Mond in zwei Stücke schnitt, und die eine Hälfte in seiner Tasche trug, um seinem Heere zu leuchten. Hingegen der Weisheitsforscher, welcher seine Nebenmenschen zu belehren und glücklich zu machen wünscht, und aufrichtig erklärt, daß er solchen unnützen Mährchen keinen Glauben schenkt, wird als ein **gottloser, böser Mensch** betrachtet.

Es ist Zeit, daß diese, für die Aufklärung der Gegenwart so schimpflichen Vorurtheile aus der Welt verbannt werden, und es geziemt allen verständigen und einsichtsvollen Männern, zu dem Ende eine hülfreiche Hand zu leihen.

„Vorurtheile," sagt Lequinio, ein geschmackvoller französischer Schriftsteller, in seinem Werke, betitelt: 'Die zerstörten Vorurtheile,' „entspringen aus Unwissenheit und dem Mangel an Nachdenken; dieselben sind die Grundlagen, worauf despotische Systeme gebaut worden sind, und es ist das Meisterstück der Kunst bei einem Tyrannen, wenn er die Dummheit einer Nation verlängert, um deren Knechtschaft und seine eigene Herrschaft zu verlängern. Wenn die Massen zu denken verstünden, würden sie sich von Trugbildern, Geistern, Kobolden, Gespenstern u. s. w. zu Narren halten lassen, wie zu allen Zeiten und unter allen Völkern der Fall gewesen ist? Was ist z. B. der Adel für einen nachdenkenden Menschen? Was sind für ihn alle jene gehaltlosen Wesen, die Geschöpfe einer überspannten Einbildungskraft, welche keine andere Existenz haben, als in der Leichtgläubigkeit des Volkes, und welche aufhören zu sein, sobald wir aufhören an dieselben zu glauben? Das größte, das abgeschmackteste und das thörichtste aller Vorurtheile ist gerade das Vorurtheil, welches die Menschen veranlaßt zu glauben, daß jene Vorurtheile zu ihrem Glück, ja zum Bestehen der menschlichen Gesellschaft nothwendig seien."

Derselbe Schriftsteller bemerkt: „So lange es Religionen giebt, erfahren wir auch, daß es Schwärmer, Wunder, Kriege, Betrüger und Betrogene giebt. Es giebt Bußfertige, Schwärmer und Heuchler in China und der Türkei, so gut wie in Frankreich; allein es giebt wohl keine Religion, worin ein solcher Geist der Unduldsamkeit herrscht, wie in der von den christlichen Priestern bekannten Religion, deren Stifter durch sein Beispiel, wie durch seine Lehre Duldung so eindringlich predigte."

Ungeachtet des unduldsamen Geistes, welcher unter Allen, die sich wahre Gläubige nennen, ziemlich allgemein herrscht; ungeachtet der Verfolgungen und Inquisitions-Foltern, welche täglich in höherem oder geringerem Maaße in der ganzen Christenheit Statt finden, giebt es Viele, welche, obwohl sie sich zu freisinnigen Ansichten bekennen, in Sachen der Religion so gleichgültig sind, daß sie behaupten, dieselben sollten von Niemanden sonst besprochen werden, als von Denen, deren eigentlicher Beruf es ist, dieselben zu lehren. Nach diesem Grundsatz ist Herr Paine von Vielen, selbst unter seinen Freunden, verurtheilt worden, als ob alle Menschen nicht das Gleiche auf dem Spiele stehen und nicht ein gleiches Recht hätten, ihre Meinungen über einen so hochwichtigen Gegenstand auszusprechen. Diese Gesinnung verräth bei Denen, welche sie aussprechen, eine Gefühllosigkeit gegen menschliche Leiden, welche für ihre Herzensgüte kein sehr schmeichelhaftes Zeugniß ablegt.

Ohne die Schriften von Philosophen, welche, wo sie gelesen werden durften, die Heftigkeit der Religionswuth einigermaßen gemildert haben, würde die ganze Christenheit ohne Zweifel jetzt noch dieselben Leiden erdulden, welche vor nicht langer Zeit Spanien unter der Regierung des **frommen** Ferdinand erdulbete.

Sogar Bischof Watson, welcher eine 'Schutzschrift (Apologie) für die Bibel,' als Antwort auf 'das Zeitalter der Vernunft' verfaßte, verleugnet die obige engherzige Gesinnung, und gesteht **gnädig** einem Jeden das Recht des eigenen Urtheils in Sachen der Religion zu. Er sagt: „Es würde mir sehr leid thun, wenn man mich als einen Feind freier Forschung in Religionssachen darstellte, oder als sei ich fähig, gegen Diejenigen, welche mit mir verschiedener Ansicht sind, die geringste persönliche Feindschaft zu hegen. Im Gegentheil halte ich dafür, daß das Recht des Selbsturtheils eines Jeden in jeder Angelegenheit zwischen Gott und uns selbst, weit über den Schranken menschlicher Machtvollkommenheit steht."

Folgendes ist ein Auszug aus dem Schreiben eines der ausgezeichnetsten Patrioten der amerikanischen Revolution, in Bezug auf denselben Gegenstand. Der Brief von Thomas Paine an Andrew A. Dean, worauf sich der Briefschreiber bezieht, befindet sich in der gegenwärtigen Ausgabe.

„Ich danke Ihnen, werther Herr, für den ungedruckten Brief Thomas Paine's, welchen Sie die Güte gehabt haben, mir zu übersenden. Ich erkenne darin die kräftige Feder und den unerschrocknen Sinn des 'gesunden Menschenverstandes,' welcher unter den zahlreichen, bei derselben Gelegenheit erschienenen, Flugschriften vor Allen uns in unserem revolutionären Widerstande verbrüderte.

„Ich sende die beiden Nummern der Zeitschrift zurück, weil dieselben zu einer regelmäßigen Sammlung zu gehören scheinen. Die Sprache derselben ist zu beißend, und mehr geeignet zu erbittern, als zu überzeugen oder zu überreden. Da ich selbst ein warmer Freund der Freiheit religiöser Forschungen und Meinungen bin, so sehe ich es gerne, wenn Andere dieses Recht ohne Vorwurf oder Tadel ausüben; und ich achte ihre Schlüsse, so sehr sie immerhin von den meinigen abweichen mögen. Es ist ihre eigene Vernunft, nicht die meinige, noch die irgend eines andern Menschen, welche ihnen von ihrem Schöpfer verliehen worden ist zur Erforschung der Wahrheit, ja sogar der Beweise jener Wahrheiten, die uns als von Gott selbst offenbart dargestellt werden. Die Schwärmerei zwar ist nicht sparsam mit ihren Schimpfreden gegen Diejenigen, welche sich weigern, ihren Befehlen zur Aufopferung ihrer eigenen Vernunft blinden Gehorsam zu leisten. Für den Gebrauch dieser Vernunft ist jedoch Jedermann Rechenschaft schuldig dem Gotte, welcher dieselbe in sein Inneres gepflanzt hat, als ein Licht zu seiner Leitung, und nach welchem er allein gerichtet werden wird. Doch warum mit Schimpfreden entgegnen? Es ist immer besser, ein gutes Beispiel aufzustellen, als einem bösen zu folgen."

Der den religiösen Streitführern in dem vorstehenden Schreiben ertheilte Rath verdient gewiß befolgt zu werden. Daß indessen Diejenigen, welche freisinnige Ansichten vertheidigen, bisweilen zu Gegenbeschuldigungen ihre Zuflucht nehmen, ist nicht zu verwundern, wenn man in Anschlag bringt, in welchem anmaßenden Tone die Unwissenheit der Massen von Denen, welche den Vortheil davon ziehen, gehegt und gepflegt wird, und mit welcher Bitterkeit sie Diejenigen angreifen, welche die Menschheit zu enttäuschen, und über ihr wahres Wohl aufzuklären versuchen, durch die Bloßstellung der Irrthümer, worin sie befangen ist.

"Irrthum," sagt St. Pierre in seiner Schrift: 'Die Indianerhütte oder die Forschung nach Wahrheit,' "ist das Werk des Menschen; derselbe ist stets ein Uebel. Er ist ein falsches Licht, welches uns mit seinem Scheine irre zu führen sucht. Ich kann denselben nicht besser vergleichen, als mit dem Glanze eines Feuers, welches die Wohnung verzehrt, die es erleuchtet. Es ist bemerkenswerth, daß es nicht ein einziges anderes Uebel in der moralischen wie in der Körper-Welt giebt, welchem nicht ein Irrthum zu Grunde liegt. Tyrannei, Sclaverei und Kriege entspringen aus politischen Irrthümern, ja sogar aus religiösen; denn die Tyrannen, welche dieselben verbreitet haben, leiteten dieselben stets von der Gottheit oder von irgend einer Tugend ab, um ihnen bei ihren Unterthanen Achtung zu verschaffen.

"Es ist nichts desto weniger sehr leicht, Irrthum von Wahrheit zu unterscheiden. Wahrheit ist ein natürliches Licht, welches von selbst über die ganze Erde leuchtet, weil es von Gott entspringt. Irrthum ist ein künstliches Licht, welches beständig der Nahrung bedarf, und welches niemals allgemein sein kann, weil es nichts weiter als Menschenwerk ist. Wahrheit ist allen Menschen nützlich; Irrthum bringt nur Wenigen Vortheil, und stiftet im Allgemeinen Schaden, weil das Interesse des Einzelnen dem Gesammt-Interesse feindlich ist, wenn es sich von demselben absondert.

"Man sollte sich wohl hüten, Dichtung mit Irrthum zu verwechseln. Dichtung ist der Schleier der Wahrheit, während Irrthum ihr Trugbild ist; und Erstere ist oft erfunden worden, um den Letzteren zu zerstreuen. Allein so unschuldig dieselbe in ihrem Grundsatz sein mag, so wird sie gefährlich, sobald sie die Haupteigenschaft des Irrthums annimmt, das heißt, sobald sie zum besondern Vortheil irgend einer Classe von Menschen gebraucht wird."

Die chriſtliche Religion entſpricht genau dieſer Bezeichnung des Irrthums in jedem Punkte. Dieſelbe iſt ſeit mehr als achtzehnhundert Jahren „unaufhörlich genährt" worden; Millionen auf Millionen ſind an ihre Prieſter verſchwendet worden, um dieſelbe zu verbreiten, und doch iſt ſie noch immer weit entfernt, die allgemeine Religion zu ſein. Nach Bellamy's Geſchichte aller Religionen, giebt es unter den 800 Millionen Seelen, welche angeblich die Erde bewohnen, „nur 183 Millionen Chriſten; 130 Millionen ſind Muhamedaner; 3 Millionen ſind Juden, und 487 Millionen ſind Heiden."

Iſt dies nicht ein ſchlagender Beweis, daß das Chriſtenthum nicht wahr ſein kann? Wenn daſſelbe eine göttliche Eingebung geweſen wäre, und Gott hätte wirklich dieſe Erde beſucht, um daſſelbe den Menſchen zu lehren, würde es ſich nicht ſchon lange vor dieſer Zeit über die ganze Welt verbreitet haben? Es iſt das Werk von Menſchen, und kann deshalb nicht allgemein werden.

Anſtatt daß Prediger des Evangeliums die Grundſätze der Sittlichkeit und Tugend lehren ſollten, was ſie für ihre Nebenmenſchen nützlich machen würde, prägen ſie faſt unaufhörlich ihre eigenthümlichen Lieblings-Dogmen ein; denn ſie wünſchen die Religion in Das zu ſetzen, worin ſie nicht zu ſuchen iſt, in den Glauben an unverſtändliche Sätze, um den Gegenſtand verwirrt zu machen, damit man ihr Predigen für deren Erklärung um ſo nöthiger halten möchte.

Dieſe Geiſtlichen ſind überdies großentheils noch Knaben, welche ein Bischen Griechiſch und Lateiniſch lernen, und ſodann das Prediger-Handwerk anfangen, und Alle verfluchen, die ſich vor ihren Machtſprüchen nicht unterwürfig beugen. Es iſt ein jämmerlicher Anblick, wenn man hochbetagte Greiſe ſolchen Lehrern nachhinken ſieht, um den Weg zum Himmel zu ſuchen. Ein Körnlein geſunder Menſchenverſtand würde ihnen alle jene Mühe erſparen.

Obwohl die ſchweren Beiſteuern, welche zur Erhaltung des Chriſtenthums erforderlich ſind,*) vielleicht nicht ſo viel ſchaden, als die Sittenverderbniß, welche durch das Unterſchieben unſinniger Glaubensſätze an die Stelle eines tugendhaften Lebenswandels verurſacht wird; ſo ſind doch auch jene Ausgaben ernſtliche Uebel.

Aus einem kürzlich erſchienenen Werke über die Verzehrung von Reichthum durch die Geiſtlichkeit, iſt zu erſehen, daß die Geiſtlichkeit Großbrittaniens allein jährlich die ungeheure Summe von 8 Millionen 896,000 Pfund Sterling einnimmt, welche Summe unter 18,400 Geiſtliche vertheilt wird, aber in einem ſehr ungleichen Verhältniß. Biſchof Watſon

---

*) In einem öffentlichen Blatte wurde kürzlich allein der jährliche Unterhalt der Geiſtlichen aller Sekten in den Vereinigten Staaten zu 32 Millionen Dollars angeſchlagen.   Der Ueberſ.

erhält jährlich 7,000 Pfund Sterling (35,000 Doll.) als seinen Antheil an der Beute, und man sollte denken, das wäre genug, um ihn zur Vertheidigung der christlichen, oder irgend einer andern, eben so gewinnbringenden Religion zu veranlassen.*)

Der Primas Lord J. Beresford, Erzbischof von Armagh, hat über 63,000 Acker Landes, wovon mehr als 50,000 urbar sind. Seine Herrlichkeit ist ein Mann von mittleren Jahren, und wenn er in seiner übrigen Lebenszeit die von seinem Vorgänger abgeschlossenen Pachtcontracte strenge eintreiben wollte, so hätte er die Macht, vielleicht Hunderte von Familien zu verderben, und für sich einen jährlichen Pachtzins von wenigstens 70,000 bis 80,000 Pfund Sterling (gegen 400,000 Dollars) zu erpressen.

Das Bisthum Dublin hat über 20,000 Acker; da dieses Land großentheils nahe bei jener Hauptstadt liegt, so muß es in sehr bedeutendem Werthe stehn.

Allein Derry drängt Alles Andere in den Hintergrund; da haben wir 94,000 irländische Acker — etwas weniger als 150,000 englische Acker! — für unsern Herrn, den Bischof, angewiesen; und würde Seine Herrlichkeit, vom Antritt seines Amtes an, einen strengern Pachtzins auf die Pächter gelegt haben, so würde er ein größeres Einkommen haben, als irgend ein anderer brittischer Unterthan. Und dennoch **bettelte** gerade dieses Bisthum um **Unterstützung** für die Ausbesserung seiner Kathedrale.

Aus dem Calender der französischen Geistlichkeit für das Jahr 1823 ergiebt sich, daß bereits 54 Bischöfe und Erzbischöfe die Weihe empfangen haben, unter den 80, welche Frankreich bekommen soll. Es befinden sich ferner bereits 35,676 Priester in Thätigkeit, abgesehen von Missionären, und 50,934 ist die Zahl, welche die Bischöfe für nöthig halten, um das Heer der Kirche vollzählig zu machen — außerdem beziehen 2,031 einen Ruhegehalt. Sodann bereiten sich in den Schulen und den verschiedenen

---

*) Dr. Benjamin Franklin spricht sich in einem Schreiben an Dr. Price (1780) über die in die Constitution von Massachusets aufgenommenen Probe=Eide folgendermaßen aus: „Wenn christliche Prediger fortgefahren hätten, ohne Besoldung zu lehren, wie Christus und seine Apostel lehrten, und wie die Quäker noch heutiges Tages thun; so würden, meines Dafürhaltens, niemals Probe=Eide aufgekommen sein; denn ich glaube, dieselben wurden nicht so sehr erfunden, um die Religion selbst, als um die Einkünfte derselben zu sichern. Wenn eine Religion gut ist, so wird sie sich, meines Bedünkens, selbst erhalten; und wenn dieselbe sich nicht selbst erhält, und Gott thut nichts für deren Erhaltung, so daß ihre Bekenner genöthigt sind, die weltliche Macht um Hülfe anzurufen: so ist dies, wie ich vermuthe, ein Zeichen daß es eine schlechte Religion ist." Religiöse Prüfungs=Eide sind durch die Revision der Constitution in Massachusets später abgeschafft worden.

Hochschulen 29,379 junge Leute zum geistlichen Stande vor. Die Einkünfte der Priester belaufen sich noch jetzt auf 28 Millionen Francs, abgesehen von den zur Ausbesserung der Kirchen und für sonstige Kirchendienste bestimmten Summen, welche zum Belauf von 1½ Millionen Francs ebenfalls durch ihre Hände gehen; und abgesehen von den Einnahmen der Missionäre, und von den Beisteuern der Gemeinden (Communen), welche beide sehr beträchtlich sind. Aus demselben Buch ersieht man, daß seit 1802 die der Kirche zugeflossenen, und als unveräußerliches Gut besessenen Vermächtnisse und Geschenke sich auf 13,388,554 Francs belaufen, was nach Abzug vieler Kirchengeräthschaften von dieser Summe, ein jährliches Einkommen von 450,000 Francs abwirft. Von dieser Summe wurden nicht weniger als 2,332,554 Francs in dem letzten Jahre (1822) beigesteuert.

In Rom gab es im Jahre 1821: 19 Cardinäle, 27 Bischöfe, 1450 Priester, 1532 Klostergeistliche, 332 Seminaristen; die Bevölkerung Roms betrug, ohne die Juden, 146,000 Seelen.

Unter den Uebeln, die durch die Einführung einer Religion, welche die Verleugnung der Vernunft verlangt, über die Menschheit gebracht worden sind, nimmt die Heuchelei einen bedeutenden Platz ein, weil sie auf die Gesellschaft am verderblichsten wirkt. Sie erniedrigt die Würde des Menschen; sie hemmt den Fortschritt des menschlichen Geistes, indem sie jene offenherzige und freimüthige Mittheilung der Gedanken erstickt, welche zum Fortschritte führt; kurz, sie zerstört alles Zutrauen unter den innigsten Freunden. „Wenn ich," sagt La Bruyere, „eine geizige Frau heirathe, so wird sie mein Geld zu Rathe halten; liebt sie das Glückspiel, so kann sie gewinnen; ist sie eine Gelehrte, so kann sie mich mit Kenntnissen bereichern; ist sie eine Zänkerin, so wird sie mich Geduld lehren; ist sie gefallsüchtig, so wird sie sich Mühe geben, angenehm zu sein; — allein wenn ich eine Heuchlerin heirathe, welche die Andächtige spielt, was kann ich von derjenigen erwarten, welche versucht, sogar ihren Gott zu betrügen, und welche fast sich selbst betrügt?"

Die Geistlichen schreiben sehr gerne alle der menschlichen Natur eigenthümliche Unglücksfälle auf Rechnung eines übernatürlichen Einflusses; vermuthlich nicht darum, weil sie glauben, was sie vorgeben, sondern weil sie dadurch in den Geruch außerordentlicher Frömmigkeit kommen. So hat es sogar in den Seestädten der Vereinigten Staaten, welche vom gelben Fieber heimgesucht worden sind, Geistliche gegeben, welche jene Krankheit als eine besondere Strafe Gottes betrachteten weil die Leute zu leidenschaftlich an theatralischen Vorstellungen hingen, 2c. Und man nahm zu Fasten und Gebeten seine Zuflucht, um den Zorn des Allmächtigen zu besänftigen. Hingegen wenn diese Gottesgelehrten vom gelben Fieber oder irgend einer andern schweren Krankheit befallen werden, so schicken sie alsbald zu einem Arzte, um sich von ihm heilen zu lassen; dies ist ein schlagender Beweis, daß sie an ihre eigene Lehre nicht glauben; denn es würde vergeblich und gottlos sein, Jene heilen zu wollen, welche Gott zu verderben beabsichtigte. Es mögen aus der Verbreitung dieser Lehre unberechenbare Uebel entspringen, weil die daran Glaubenden, wie in manchen Ländern wirklich der Fall ist, sich weigern, in Krankheitsfällen Arzenei zu nehmen, und weil sie auf solche Weise ihr Leben der Thorheit und dem Aberglauben zum Opfer bringen.

Diese christlichen Gottesgelehrten stehen in dieser Lehre nicht über dem Aberglauben der Chinesen, wo im Falle einer großen Dürre, einer Ueberschwemmung oder Seuche, die höchsten Reichsbeamten, den Kaiser an der Spitze, die verschiedenen Götter durch Gebete, Fasten und Opfer zu versöhnen suchen.

Hinweg mit solchen Einfältigkeiten aus dem Geiste des Menschen! er betrachte seine wahre Stellung in der Natur; er treffe Vorkehrungen für seine Bedürfnisse, und waffne sich gegen drohende Gefahren. Es ist zu hoffen, daß die Zeit nicht weit entfernt ist, wann dieses glückliche Ereigniß in Erfüllung gehen wird, besonders in jenem Theile der Erde, wo die Wissenschaft allgemein verbreitet ist. Es bedarf nur der redlichen und kräftigen Mitwirkung wissenschaftlich gebildeter Männer, um jenes Ziel zu erreichen.

Da die Meinungen großer und guter Menschen, wofern dieselben kein Interesse haben, den Aberglauben aufrecht zu halten, bei den minder Unterrichteten Gewicht haben sollten; so mögen hier die Ansichten einiger berühmten Männer, zur Unterstützung von Herrn Paine's Unglauben einen Platz finden.

Doctor Franklin.

Schreiben von Doctor Franklin an den Ehrw. George Whitefield.

Philadelphia, den 6. Juni 1783.

Werther Herr!

Ich empfing Ihr gütiges Schreiben vom 2ten d. M., und es freut mich zu vernehmen, daß Ihre Kräfte wieder zunehmen — ich hoffe, Ihre Besserung wird anhalten, bis Sie Ihre frühere Gesundheit und Stärke wieder erlangen. Lassen Sie mich wissen, ob Sie noch immer das kalte Bad gebrauchen, und welche Wirkung dasselbe äußert. Was die Güte anbelangt, die Sie erwähnen, so möchte ich, dieselbe hätte Ihnen wirksamere Dienste erweisen können; allein selbst in solchem Falle würde ich keinen andern Dank wünschen, als daß Sie stets bereit wären, jedem Andern zu dienen, der Ihres Beistandes bedürfen mag; und so lasse man gute Dienste die Runde machen; denn die Menschen gehören alle zu Einer Familie. Ich meines Theils, wenn ich Andern diene, sehe dies nicht so an, als ob ich eine Gunst erweise, sondern als ob ich eine Schuld bezahlte.

Auf meinen Reisen und seit meiner häuslichen Niederlassung habe ich viele Gefälligkeiten von Leuten erfahren, welchen ich niemals eine Gelegenheit finden werde, ihre Freundschaft im Geringsten zu vergelten; und zahllose Wohlthaten von Gott, welcher unendlich erhabner ist, als daß er durch unsere Dienste einen Vortheil erhalten könnte. Diese Gefälligkeiten von Menschen kann ich deshalb nur ihren Mitmenschen vergelten; und meine Erkenntlichkeit gegen Gott kann ich nur dadurch beweisen, daß ich bereit bin, seinen andern Kindern und meinen Brüdern zu helfen; denn ich glaube nicht, daß Danksagungen und Höflichkeitsbezeigungen, und wenn man sie wöchentlich wiederholte, unsere wirklichen Verbindlichkeiten gegen einander, und noch viel weniger gegen unsern Schöpfer, erledigen können.

Sie werden aus dieser meiner Ansicht von guten Werken ersehen, daß ich weit entfernt bin zu erwarten, ich könne den Himmel damit verdienen. Unter Himmel versteht man einen Zustand der Glückseligkeit, deren Größe unermeßlich, und deren Dauer unendlich ist. Ich kann nichts thun, was eine solche Belohnung verdiente. Wer für einen Trunk Wasser, den er einem Durstigen reicht, ein schönes Landgut zum Entgelt erwartete, würde in seinen Forderungen bescheiden sein, im Vergleich mit Denen, welche für das wenige Gute, das sie auf Erden thun, den Himmel zu verdienen glauben. Sogar die gemischten, unvollkommenen Freuden, welche wir in dieser Welt genießen, sind eher der Güte Gottes, als unserem Verdienste zuzuschreiben; wie viel mehr die Freuden des Himmels? Ich meines Theils habe nicht die Eitelkeit zu glauben, ich verdiente dieselben, noch die Thorheit sie zu erwarten, oder den Ehrgeiz sie zu wünschen; sondern ich stelle mich demüthig jenem Gotte anheim, welcher mich schuf, welcher mich bisher erhalten und gesegnet hat, und von dessen väterlicher Güte ich mit Zutrauen erwarten darf, daß er mich niemals elend machen wird, und daß die Leiden, welche ich jemals erdulden mag, zu meinem Besten dienen werden.

Der Glaube, von dem Sie sprechen, hat ohne Zweifel seinen Nutzen in der Welt. Ich wünsche nicht, denselben abnehmen zu sehen, noch möchte ich denselben bei irgend einem Menschen schmälern; allein ich wünsche, derselbe möchte mehr gute Werke hervorbringen, als ich im Allgemeinen davon gesehen habe. Ich meine wirkliche gute Werke, Werke der Mildthätigkeit, der Menschenliebe, des Erbarmens und des Gemeingeistes; nicht Festtag halten, Hören, oder Lesen von Predigten; Begehung von Kirchen-Ceremonien oder Verrichten langer Gebete, überfüllt mit Schmeicheleien und Lobhudeleien, die von weisen Männern verachtet werden, und noch weit weniger der Gottheit gefallen können.

Die Verehrung Gottes ist eine Pflicht — das Anhören und Lesen von Predigten mag nützlich sein; allein wenn es die Menschen beim Hören und Beten bewenden lassen, wie nur zu Viele thun, so ist es gerade so, als wenn ein Baum sich darauf etwas zu Gute halten wollte, daß er bewässert wird und Blätter treibt, wenn gleich er niemals eine Frucht trüge.

Ihr guter Meister hielt weit weniger von diesen Aeußerlichkeiten, als viele seiner neuern Schüler. Er zog die Befolger seines Wortes den bloßen Hörern vor; — den Sohn, welcher scheinbar seinem Vater den Gehorsam verweigerte, aber dennoch seine Gebote vollzog, Demjenigen, der seine Folgsamkeit mit dem Munde bekannte, aber das Werk vernachlässigte; — den ketzerischen, aber mildthätigen Samariter, dem lieblosen, aber rechtgläubigen Priester und scheinheiligen Leviten; — und Diejenigen, welche den Hungrigen speisten, den Durstenden tränkten, den Nackten kleideten, und den Fremdling bewirtheten, obschon sie niemals seinen Namen hörten, sollen nach seiner Erklärung am jüngsten Tage angenommen werden; während Diejenigen, welche Herr, Herr! rufen, welche sich mit ihrem Glauben brüsten, und wäre derselbe so groß, daß er Wunder thun könnte, aber gute Werke unterlassen haben, verworfen werden sollen. Er erklärte laut, er sei nicht gekommen, um die Gerechten zu berufen, sondern um Sünder zur Buße zu ermahnen, worin seine bescheidene Meinung stillschweigend enthalten ist, daß es zu seiner Zeit gute Menschen gab, welche ihn selbst zu ihrer Besserung nicht zu hören brauchten; hingegen heut zu Tage giebt es kaum ein winziges Pfäfflein, welches es nicht für die Pflicht eines jeden Menschen in seinem Sprengel hält, sich unter seine armselige Obhut zu begeben, und welches nicht jeden Saumseligen für einen Feind Gottes ausschreit. Solchen wünsche ich mehr Demuth, und Ihnen Gesundheit und Wohlergehen. — Ihr Freund und Diener,

Benjamin Franklin.

Auszug aus einem Schreiben
desselben an Ezra Stiles, Präsidenten von Yale College.

Philadelphia, den 9. März 1790.

Ehrw. und werther Herr!

Sie wünschen etwas über meine Religion zu erfahren. Dies ist das erste Mal, daß ich darüber befragt worden bin. Allein ich kann Ihre Neugierde nicht falsch deuten, und werde mich bemühen, dieselbe mit wenigen Worten zu befriedigen. Hier ist mein Glaubensbekenntniß: — „Ich glaube an Einen Gott, den Schöpfer des Weltalls; ich glaube, daß er dasselbe durch seine Vorsehung regiert; — daß er verehrt werden sollte; — daß der angenehmste Dienst, welchen wir ihm leisten können, darin besteht, seinen andern Kindern Gutes zu thun; — daß die Seele des Menschen unsterblich ist, und in einem andern Leben, rücksichtlich ihres Wandels in diesem Leben, mit Gerechtigkeit behandelt werden wird." Diese halte ich für die Hauptpunkte in jeder guten Religion, und ich achte dieselben, eben so wie Sie, in jeglicher Sekte, wo ich sie finde.

Was Jesus von Nazareth anbelangt, über welchen Sie ganz besonders meine Ansicht zu hören wünschen, so halte ich die Sittenlehre und seine Religion, wie er sie uns hinterließ, für das Beste, was die Welt jemals sah, oder wahrscheinlich sehen wird; allein ich befürchte, dieselbe ist durch mannigfaltige Veränderungen verdorben worden, und ich hege, mit den meisten der gegenwärtigen Dissenters in England, einige Zweifel an seiner Göttlichkeit; jedoch ist dieses eine Frage, worüber ich mich in keinen Glaubensstreit einlasse, weil ich dieselbe niemals untersucht habe, und ich halte es für nutzlos, mich jetzt damit zu beschäftigen, da ich bald eine Gelegenheit erwarte, die Wahrheit mit weniger Mühe zu erfahren. *) —

Ich sehe indessen keinen Schaden in diesem Glauben, wenn derselbe die gute Folge hat, wie wahrscheinlich der Fall ist, seinen Lehren mehr Achtung und Gehorsam zu verschaffen, zumal da ich nicht bemerke, daß der Allerhöchste dies übel nimmt, und die Gläubigen in seiner Weltregierung mit besondern Beweisen seines Mißfallens auszeichnet. Ich will nur noch in Bezug auf mich selbst bemerken, daß ich die Güte jenes Wesens, das mich durch ein langes Leben glücklich hindurch führte, mannigfaltig erfahren habe, und deshalb an der Fortdauer jener Güte im nächsten Leben nicht zweifle, obwohl ich mir nicht im Geringsten einbilde, als verdiente ich so viel Güte. Meine Ansichten über diesen Punkt werden Sie aus der beifolgenden Abschrift eines alten Briefes †) ersehen, welchen ich als Antwort auf einen Brief eines alten Frömmlers schrieb, dem ich bei einem Schlagflusse durch Elektrizität Erleichterung verschafft hatte, und der aus Besorgniß, ich möchte darauf stolz werden, mir seine ernstliche, obwohl etwas unverschämte Warnung zugehen ließ.

Mit aufrichtiger Achtung und Liebe bin ich, u. s. w.

Benjamin Franklin.

Bemerkungen.

Da Doctor Franklin augenscheinlich nicht glaubt, daß durch einen Glauben an die Geheimnisse der christlichen Religion irgend ein Vortheil in einem andern Leben zu gewinnen sei, und da der geringe Einfluß, welchen jene Religion auf die Ausübung guter Werke äußern mag, durch die von derselben erzeugten Uebel offenbar überwogen wird; so können für deren Beobachtung keine guten Gründe angeführt werden. Die Ein-

---

*) Der Doctor hatte in der That seine Untersuchung über die Göttlichkeit Jesu bis zu einer sehr späten Stunde verschoben; denn er sagt in demselben Briefe: „ich bin in meinem 85. Jahre und sehr schwach." Er starb am darauf folgenden 17. April.

†) Dies bezieht sich auf den obigen Brief an George Whitefield.

würfe gegen diesen Glauben sind, daß derselbe Stolz, Lieblosigkeit und Verfolgung erzeugt. Wer da glaubt, daß er den Willen Gottes vollkommen kenne, verachtet natürlich jeden Andern, welcher nicht mit derselben göttlichen Gnade begünstigt ist. Er wird ein verächtlicher Despot, welcher bereit ist, irgend eine Gewaltthätigkeit gegen Andersgläubige zu begehen, um sich bei der Gottheit, welche er anbetet, in desto größere Gunst zu setzen. Er nimmt sich der Sache Gottes als seiner eigenen Angelegenheiten an, und handelt als dessen Stellvertreter.

Diejenigen, die sich heut zu Tage Rechtgläubige (Orthodoxe) nennen, würden wohl thun, das Beispiel des römischen Kaisers Titus nachzuahmen, welcher in seinem Edikte, daß durch die ungestümen Bitten der damaligen Orthodoxen um die Bestrafung der Christen wegen ihres Glaubens veranlaßt wurde, bemerkte: „Ich bin fest überzeugt, daß die Götter selbst sich Mühe geben werden, derartige Menschen nicht frei ausgehen zu lassen, weil es bei Weitem mehr ihre Sache als die Eurige ist, Diejenigen zu bestrafen, welche ihnen Verehrung verweigern."

Um Doctor Franklin's Ansichten über diesen Gegenstand noch ausführlicher darzulegen, mögen noch einige Auszüge aus seinen Schriften hier einen Platz finden. In einem Briefe an B. Vaughan (1788) sagt er: „Grüßen Sie mir herzlich den biedern Doctor Price und den redlichen Ketzer Doctor Priestley. Ich nenne ihn nicht r e d l i ch zur Auszeichnung; denn ich denke, alle Ungläubige, welche ich gekannt habe, sind tugendhafte Menschen gewesen. Sie besitzen die Tugend des Muthes, sonst würden sie nicht wagen, ihren Unglauben zu bekennen; und sie dürfen an keiner der andern Tugenden Mangel leiden, weil sie alsdann ihren vielen Feinden Blößen geben würden; und sie haben nicht, wie rechtgläubige Sünder, eine so große Anzahl Freunde, welche sie entschuldigen oder rechtfertigen. Indessen verstehen Sie mich nicht falsch. Nicht von der Ketzerei meines Freundes schreibe ich seine Redlichkeit her; im Gegentheil ist es seine Redlichkeit, welche ihn in den Ruf eines Ketzers gebracht hat."

So bemerkt er ebenfalls in einem Briefe an Mrs. Partridge (1788): „Sie schrieben mir, daß unser armer Freund Ben Kent dahingegangen ist; ich hoffe, zu den Wohnungen der Seeligen, oder mindestens an einen Ort, wo Seelen für jene Wohnungen vorbereitet werden! Ich gründe meine Hoffnung auf dieses, daß er, obgleich nicht so rechtgläubig wie Sie und ich, doch ein redlicher Mann war, und seine Tugenden hatte. Wenn er sich eine Heuchelei zu Schulden kommen ließ, so war sie umgekehrter Art, das heißt, er war nicht so schlimm, als er zu sein schien. Und was die künftige Glückseligkeit anbelangt, so kann ich mich nicht des Gedankens erwehren, daß eine Menge der eifrigen Rechtgläubigen verschiedener Sekten, welche sich am jüngsten Tage zusammen schaaren mögen, in der Hoffnung, einander verdammt zu sehen, sich täuschen und genöthigt sein werden, sich mit ihrer eigenen Erlösung zu begnügen."

In einem andern Briefe an seine Schwester, Mrs. Mecom (1785), äußert er: „Es ist ein Jammer, daß unter einigen Classen von Leuten gute Werke so wenig geschätzt, und gute Worte an deren Statt bewundert werden. Ich meine scheinbar fromme Predigten, anstatt menschenfreundlicher, wohlthätiger Handlungen. Diese letztern verwerfen jene Leute fast, indem sie die Sittlichkeit eine v e r f a u l t e S i t t l i c h k e i t — die Rechtschaffenheit eine l u m p i g e R e c h t s c h a f f e n h e i t, ja sogar einen schmutzigen Lumpen nennen; — und wenn man das Wort Tugend erwähnt, rümpfen sie die Nase, während sie zu gleicher Zeit ein hohles, scheinheiliges Gewäsch so gierig einschnupfen, als ob es ein Strauß der wohlriechendsten Blumen wäre."

In einem Briefe an *** (1784) bemerkt er: „Es stehen manche Dinge im Alten Testament, welche unmöglich von Gott eingegeben worden sein können; wie z. B. der Beifall, welchen der Engel des Herrn jener abscheulich ruchlosen und hassenswürdigen That der Jael, des Weibes Heber's, des Keniter, gezollt haben soll."

Thomas Jefferson.

Auszug eines Schreibens von Thomas Jefferson, Präsidenten der Ver. Staaten, an Doctor Priestley, über dessen Schrift:
„V e r g l e i c h u n g v o n S o k r a t e s u n d J e s u s."

Washington, den 9. April 1803.

Werther Herr!

Während ich neulich in Monticello einen kurzen Besuch abstattete, erhielt ich von Ihnen ein Exemplar Ihrer Vergleichung von Socrates und Jesus, und ich benutze den ersten Augenblick der Muße nach meiner Rückkehr, um das Vergnügen zu bezeugen, welches mir deren Durchlesung bereitete, und um den Wunsch auszusprechen, daß Sie den Gegenstand ausführlicher behandeln möchten. — In Folge einiger Unterhaltungen mit Doctor Rush in den Jahren 1798 — 1799 hatte ich ihm versprochen, ihm nach einiger Zeit meine Ansicht über das christliche Glaubenssystem in einem Briefe mitzutheilen. Ich habe seit jener Zeit oft darüber nachgedacht, und sogar die Umrisse in meinem Geiste entworfen. Ich würde zuvörderst einen allgemeinen Ueberblick werfen auf die Moralsysteme der merkwürdigsten Philosophen des Alterthums, über deren Sittenlehren wir hinlängliche Nachrichten besitzen, um sie würdigen zu können: etwa Pythagoras, Epicur, Epictet, Socrates, Cicero, Seneca, Antonius. Ich würde denjenigen Zweigen der Moral, welche sie gut abgehandelt haben, Gerechtigkeit widerfahren lassen, aber auch die Wichtigkeit derjenigen Zweige hervorheben, worin sie mangelhaft sind. Ich würde sodann den Deismus und die Sittenlehre der Juden betrachten, und darthun, in welch' einem gesunkenen Zustand sich beides befand, und wie sehr eine

Reform Noth that. Ich würde sodann zu einer Betrachtung des Lebens, des Charakters und der Lehren Jesu übergehen, welcher, überzeugt von der Unrichtigkeit der jüdischen Vorstellungen von Gott und von Sittlichkeit, sich bemühte, jenes Volk zu den Grundsätzen eines reinen Deismus, und zu richtigern Begriffen von den Eigenschaften Gottes zu führen, seine Sittenlehre auf den Standpunkt der Vernunft, der Gerechtigkeit und Menschenliebe zu erheben, und ihm den Glauben an ein zukünftiges Leben einzuprägen. Diese Betrachtung würde geflissentlich die Frage seiner Göttlichkeit, ja sogar seiner Gottbegeisterung aus dem Spiele lassen. — Um ihm Gerechtigkeit widerfahren zu lassen, würde es nöthig sein, auf die Nachtheile aufmerksam zu machen, womit seine Lehren zu kämpfen hatten, weil dieselben nicht von ihm selbst niedergeschrieben wurden, sondern von den aller ungebildetsten Menschen aus der Erinnerung, lange nachdem sie dieselben von ihm gehört hatten, als Vieles vergessen, Vieles falsch verstanden war, und eine höchst widersinnige Gestalt angenommen hatte. Indessen sind noch solche Bruchstücke übrig, welche von der Hand eines vollendeten Meisters zeugen, und daß sein Moralsystem wahrscheinlich das menschenfreundlichste und erhabenste war, das jemals gelehrt wurde, und vollkommener als die Systeme der alten Philosophen. Sein Charakter und seine Lehren haben noch größern Schaden gelitten von Denen, welche seine geistlichen Schüler zu sein vorgeben, und welche seine Handlungen und Vorschriften aus persönlichen Rücksichten dermaßen verunstaltet und mit Spitzfindigkeiten verfälscht haben, daß der gedankenlose Theil der Menschen veranlaßt wird, das ganze System mit Ekel abzuschütteln, und den unschuldigsten, wohlwollendsten, beredtesten und erhabensten Charakter, welcher jemals unter den Menschen aufgetreten ist, als einen Betrüger zu verurtheilen. — Dies ist der Umriß; allein ich habe keine Zeit zur Ausführung, und noch weniger die zu dem Gegenstande erforderlichen Kenntnisse. Das Werk wird deshalb bei mir blos in Gedanken bleiben.

Thomas Jefferson.

Schreiben desselben an William Canby.

Geehrter Herr!

Ich habe Ihr Werthes vom 27. August richtig empfangen; ich erkenne die gütigen Gesinnungen, welchen dasselbe entsprungen ist, und danke Ihnen aufrichtig dafür, um so mehr, als dieselben nur die Folge einer günstigen Beurtheilung meiner öffentlichen Handlungsweise sein konnten. Während eines langen Lebens so sehr den Studien ergeben, als eine gewissenhafte Besorgung der mir anvertrauten Amtsverwaltungen gestattete, habe ich keinem Gegenstande mehr Aufmerksamkeit geschenkt, als unsern Verhältnissen zu allen unsern Nebengeschöpfen, unsern Pflichten gegen dieselben und unsern Aussichten in die Zukunft. Nach Anhörung und Durchlesung aller Ansichten, welche man wahrscheinlich in dieser Hinsicht aufstellen kann, habe ich mir das beste Urtheil darüber gebildet, welches Verfahren in dieser Hinsicht zu befolgen ist; und indem ich jenes Verfahren stets gehörig beobachtet habe, drücken keine unangenehmen Erinnerungen meine Seele. Ein ausgezeichneter Prediger Ihrer Religionssekte, Richard Mott, soll in einer sehr salbungsreichen und gefühlvollen Rede vor seiner Gemeinde laut ausgerufen haben: „ich glaube nicht, daß ein Quäker, Presbyterianer, Methodist oder Baptist im Himmel ist;" — er hielt inne, um seinen Zuhörern Zeit zum Staunen und Verwundern zu lassen, und fuhr sodann fort: „im Himmel kennt Gott keinen Unterschied, sondern betrachtet alle gute Menschen als seine Kinder und als Geschwister derselben Familie." Ich glaube wie der Quäker-Prediger, daß Derjenige, welcher jene Sittenlehren beobachtet, worin alle Religionen übereinstimmen, über die Glaubenssätze (Dogmen), worin dieselben von einander abweichen, an der Himmelsthüre niemals befragt werden wird; daß dieselben vielmehr bei unserem Eintritt in das andere Leben hinter uns zurückbleiben. Männer wie ein Aristides und Cato, ein Penn und Tillotson, Presbyterianer wie Katholiken, werden sich dort vereinigen über alle Grundsätze, welche mit der Vernunft des Weltgeistes im Einklange stehen. Von allen Moralsystemen älterer oder neuerer Zeit, welche mir zu Gesichte gekommen sind, scheint mir keines so rein zu sein, wie das von Jesus. Wer diese seine Lehre anhaltend befolgt, braucht sich, meines Bedünkens, keine Sorgen zu machen, wenn gleich er die Spitzfindigkeiten und Mysterien nicht begreifen kann, welche auf seine Lehren gebaut wurden von Denen, die sich seine besondern Nachfolger und Günstlinge nennen, und ihn in die Welt kommen lassen möchten, um für jeden andern Verstand, als den ihrigen, Fallen zu legen. Diese übersinnlichen (metaphysischen) Köpfe, welche sich anmaßlich auf Gottes Stuhl zu Gerichte setzen, verdammen Alle als seine Feinde, welche nicht die geometrische Schlußrichtigkeit des Euclid in den Beweisen des Athanasius finden können, daß Drei Einer sind, und Einer Drei ist, und daß dennoch Drei nicht Einer sind, noch Einer drei ist. — In allen wesentlichen Punkten haben Sie und ich dieselbe Religion, und ich bin zu alt, um mich in Bezug auf unwesentliche Dinge in Untersuchungen und Meinungsveränderungen einzulassen. Ich wiederhole deshalb meinen Dank für den freundschaftlichen Antheil, welchen Sie die Güte hatten, mir zu erkennen zu geben, und grüße Sie mit Freundschaft und Bruderliebe.

Thomas Jefferson.

Monticello, den 17. Sept. 1813.

Lord Erskine.

Die folgende Ansicht über die Art, wie das Menschengeschlecht in einem andern Leben gerichtet werden wird, muß von jedem vernünftigen Menschen, der nicht unter dem Einfluß der Geistlichkeit steht, getheilt werden. Dieselbe ist aus der Rede des berühmten irländischen Rechtsgelehrten Erskine entnommen, welche derselbe über die Freiheit der Presse in dem Verhöre Stockdeal's, wegen einer angeblichen Schmähschrift gegen das Parlament gehalten hat.

„Jedes menschliche Gericht sollte sich bestreben, die Gerechtigkeit so zu handhaben, wie wir in einem zukünftigen Leben erwarten, daß uns Gerechtigkeit zu Theil werden möge. Nach den Grundsätzen, nach welchen der General=Anwalt ein Urtheil gegen meinen Clienten erfleht — da sei uns Gott gnädig! denn wer unter uns kann der allwissenden Prüfung einen reinen, unbefleckten und fehlerfreien Wandel vorstellen? Allein ich erwarte demüthig, daß der gütige Urheber unseres Daseins uns so richten wird, wie ich Ihnen als Beispiel zur Nachahmung angedeutet habe. Er wird das ganze Buch unseres Lebens zur Hand nehmen, und die Richtung desselben im Allgemeinen betrachten. Wenn er alsdann Wohlwollen, Mildthätigkeit und Liebe gegen unsere Mitmenschen in unserem Herzen entdeckt, in welches Er allein schauen kann; — wenn er findet, daß unser Lebenswandel, obgleich durch unsere Schwachheiten oft von der rechten Bahn abgelenkt, im Allgemeinen nach dem Guten hinstrebte; so wird sein Alles erforschendes Auge uns gewiß nicht bis in die kleinsten Winkel unseres Lebensweges verfolgen, noch viel weniger wird seine Gerechtigkeit dieselben zur Bestrafung auswählen, ohne Rücksicht auf den allgemeinen Zusammenhang unseres Daseins, wodurch bisweilen Fehler aus Tugenden entstanden, und sehr viele unserer schwersten Vergehen durch menschliche Unvollkommenheit auf die besten und wohlwollendsten unserer Neigungen gepfropft worden sein mögen. Nein, glaubet mir, dieses ist nicht das Verfahren der göttlichen Gerechtigkeit. Wenn die allgemeine Beschaffenheit des Lebenswandels eines Menschen der Art ist, wie ich dieselbe dargestellt habe, so mag er, bei allen seinen Fehlern, durch die Nacht des Todes mit derselben Freudigkeit wandeln, wie auf den gewöhnlichen Pfaden des Lebens; denn er weiß, daß der Urheber seines Daseins nicht als strenger Ankläger jener schwachen Augenblicke auftreten wird, welche, wie die hervorgehobenen Stellen in einem Buche, die Blätter des glänzendsten und best angewandten Lebens verdunkeln, sondern daß sein Erbarmen dieselben aus dem Auge seiner Reinheit verwischen, und unsere Reue dieselben auf immer vertilgen wird."

Robert Owen.

Dieser, wegen seiner Menschenliebe und seiner außerordentlichen Bestrebungen für die Besserung der Lage der Armen berühmte Mann, äußert sich folgendermaßen über Religion, in einer Antwort auf eine Einsendung im Limerick Chronicle:

„Seit beinahe 40 Jahren habe ich die Religionssysteme der Welt untersucht, mit dem aufrichtigsten Wunsche, ein System zu entdecken, welches ohne Fehler wäre; ein System, welchem ich mit Herz und Seele anhängen könnte. Allein jemehr ich die Glaubenslehren und die durch dieselben erzeugten Gewohnheiten geprüft habe, um so mehr Irrthümer haben sich mir in einer jeden offenbart, und ich bin jetzt zu der wohlbedachten Ansicht gekommen, daß alle Religionen, ohne eine einzige Ausnahme, zu viel Irrthum enthalten, als daß sie auf der gegenwärtigen hohen Bildungsstufe des menschlichen Geistes von irgend einem Nutzen sein könnten. Es giebt eben so wohl Wahrheiten in jeder Religion, wie Irrthümer in allen; allein wenn ich durch meine Jugenderziehung und die mich umgebenden Umstände nicht zu viel Vorurtheile bekommen habe, um zwischen denselben einen unparteiischen Richter abgeben zu können; so giebt es mehr werthvolle Wahrheiten in der heiligen Schrift der Christen, als in andern Religionsbüchern. Jedoch wenn eine Religion rein und unverfälscht bleiben, und auf das Leben und Betragen eines jeden menschlichen Wesens die gehörige Wirkung hervorbringen und allgemein werden soll; so muß sie so wahr sein, daß Jeder auf den ersten Blick sie lesen, und wenn er sie liest, sie auch vollständig verstehen kann. Eine Religion dieser Art muß frei sein von äußern Formeln, Ceremonien und von Geheimnissen (Mysterien); denn in diesen Dingen bestehen die Irrthümer aller vorhandenen Systeme, so wie aller derjenigen, welche bisher in der ganzen Welt Haß gestiftet, und zu Gewaltthaten und Blutvergießen geführt haben. Eine von Irrthum freie Religion wird ihre Unterstützung durchaus bei keinem Namen suchen. Kein Name, selbst nicht die Gottheit, kann Wahrheit zur Lüge machen. Eine reine und ächte Religion wird deshalb zu ihrer Erhaltung oder zu ihrer allgemeinen Ausbreitung unter dem Menschengeschlechte, durchaus keines Namens bedürfen, noch irgend etwas sonst, als die unwiderstehliche Wahrheit, welche dieselbe enthalten wird. Eine solche Religion wird Dasjenige besitzen, was in einer jeden werthvoll ist, und wird Dasjenige ausscheiden, was in allen Systemen irrig ist; und zu seiner Zeit wird eine derartige Religion, befreit von jedem Widerspruche, verkündigt werden. Alsdann wird die Welt im Besitze von Grundsätzen sein, welche, ohne irgend eine Ausnahme, auch eine entsprechende Handlungsweise bewirken werden; alsdann werden alle ihre Lehren von Angesicht zu Angesicht deutlich und genau gesehen werden, und nicht länger durch ein trübes Glas."

Elias Hicks.

Elias Hicks, ein berühmter Quäker-Prediger von New York, äußert sich in einem Briefe vom 31. März 1823, gegen den Ehrw. Dr. Shoemaker über die Versöhnung durch das Blut Christi, und über Diejenigen, welche daran glauben, folgendermaßen: „Wahrlich, ist es möglich, daß irgend ein vernünftiger Mensch, welcher einen richtigen Begriff von Gerechtigkeit und Güte hat, sich bereit zeigen würde, die Vergebung seiner Sünden unter solchen Bedingungen anzunehmen? Würde er nicht aus freien Stücken sich ganz darbieten, um alle, seinen Verbrechen gebührenden, Strafen zu leiden, eher als daß der Unschuldige für ihn leiden sollte? Nein, wäre er so gefühllos, sich bereit zu erklären, sich durch ein solches Mittel erlösen zu lassen, würde dies nicht beweisen, daß er jedem Grundsatz der Gerechtigkeit und Redlichkeit, des Erbarmens und der Liebe geradezu entgegen träte, und würde er sich nicht als ein armes, selbstsüchtiges Geschöpf zeigen, welches nicht die geringste Beachtung verdiente?" Gegen das Ende des Briefes sagt er: „Ich darf dir jetzt anempfehlen, alle ererbten Ansichten abzuschütteln, welche du aus äußerlichen Beweisen eingesogen hast, und deinen Geist dem innern Lichte zuzuwenden, als dem einzig wahren Lehrer; und warte nur geduldig auf dessen Belehrung, und es wird dir mehr lehren, als Menschen oder Bücher vermögen, und wird dich zu einer helleren Einsicht und Erkenntniß Dessen, was du zu wissen wünschest, führen, als ich dir mit Worten deutlich erklären kann."

In seinen Reden hat man die folgenden Ansichten bemerkt und veröffentlicht: „Daß der Tod Jesu Christi für uns nicht mehr bedeute, als der Tod irgend eines andern guten Menschen; daß er blos seine Aufgabe auf Erden als pflichtgetreuer Sohn erfüllt habe, gerade so, wie schon mancher Andere that; daß er an irgend etwas, das in der Bibel steht, nicht schon darum glaube, weil es darin stehe; daß die Wunder, wenn gleich sie für die Augenzeugen davon einen Beweis abgegeben haben möchten, doch für uns, die wir sie nicht sahen, keine Beweiskraft haben könnten. Ist es möglich, sagte er, daß es so unwissende oder abergläubische Leute geben kann, die da glauben, daß es jemals auf Erden einen solchen Ort, wie den Garten Eden, gab, oder daß Adam und Eva wirklich in denselben gesetzt, und aus demselben herausgejagt wurden, weil sie einen Apfel aßen? Meine Freunde, dies Alles ist nur eine sinnbildliche Darstellung (Allegorie)."

Herr Hicks war als Prediger sehr beliebt, nicht allein unter seiner eigenen Sekte, sondern auch bei Anhängern anderer Bekenntnisse. Er war ein streng sittlicher Mann. Seine Lehre ist frei von kindischer Kleinigkeitskrämerei und ekelhafter Heuchelei, den größten Hindernissen menschlicher Bildung. Sie ist einfacher, aufrichtiger gesunder Menschenverstand;

ja wie sie wahrscheinlich von allen Menschen angenommen werden würde, wenn dieselben nicht mit einer kostspieligen Priesterschaft belastet wären. — Gedungene Priester halten sich ohne Zweifel einigermaßen für verbunden, ihren Zuhörern eine gute Portion gelehrten Schulkram, voll verworrener, übersinnlicher Begriffe, aufzutischen, um sie zu überzeugen, daß sie für ihr Geld genug Waare bekommen. Schlichte Moral würde keinen hohen Preis erhalten unter Denen, welche nach Geheimnissen, Wundern und geistlichen Undingen suchen.

Die Frömmler scheinen sich einzubilden, es könne keine Religion bestehen, ohne das Geleite von Geheimnissen und Wundern. Sie brauchen einen Namen zur Aufrechthaltung ihrer Religion; und die Person, welche denselben trägt, muß Wunder gethan haben, wenn sie ihre Achtung verdienen soll. Die einfachen Grundsätze der Sittlichkeit und Tugend haben keinen Reiz für sie. Ihre Religion muß in Wolken und Nebel gehüllt, und schwer verständlich gemacht sein, um das Verdienst des Glaubens an dieselbe zu erhöhen. Ein solcher Religions=Entwurf, wie sie es nennen, eignet sich vortrefflich für die Priester, weil derselbe den hohen Priestern der Anstalt eine Gelegenheit darbietet, durch eine Art Zauber oder Taschenspielerkünste die Masse des Volkes zu hintergehen und zu betrügen. Hingegen zur Erklärung des einfachen Glaubensbekenntnisses von Dr. Franklin würde man keiner hochbesoldeten Geistlichen bedürfen. Dasselbe braucht nicht, gleich verwickelten und geheimnißvollen Religionen, gelehrt zu werden, wie man gegenwärtig einem Schulknaben die Grammatik lehrt.

Die in dem sogenannten Evangelium enthaltene Moral (abgesehen vom alten Testament), ist untadelhaft. Es ist die Lehre der Deisten, wie Dr. Tindal in seinem Werke: „Das Christenthum so alt wie die Schöpfung, oder das Evangelium eine neue Auflage der Natur=Religion," dargethan hat. Indessen waren dieselben Ansichten schon lange vorher verkündet worden, ehe das Evangelium vorhanden war. Der chinesische Philosoph Confucius, welcher 551 Jahre vor Christus geboren wurde, sagte: „Die Menschennatur kam uns vom Himmel rein und vollkommen zu; aber im Verlaufe der Zeit haben Unwissenheit, die Leidenschaft und böse Beispiele dieselbe verdorben. Es kommt Alles darauf an, dieselbe wieder zu ihrer ursprünglichen Schönheit zu erheben; und wollen wir vollkommen werden, so müssen wir uns wieder zu jener Stufe emporschwingen, von welcher wir herabgesunken sind. Gehorche dem Himmel, und befolge die Befehle Dessen, der ihn regiert. Liebe deinen Nächsten wie dich selbst; lasse deine Vernunft und nicht deine Sinne dein Betragen bestimmen; denn die Vernunft wird dich lehren, weise zu denken, klug zu sprechen und dich bei allen Gelegenheiten würdig zu benehmen. Was du willst, daß dir ein Anderer thue, das thue ihm auch; und was du willst, daß dir ein Anderer nicht thue, das thue ihm auch nicht; du bedarfst keines andern Gesetzes, als dieses; es ist die Grundlage und das vornehmste aller übrigen.

„Wünsche nicht den Tod deines Feindes; dein Wunsch würde eitel sein, denn sein Leben steht in der Hand des Himmels.

„Sei erkenntlich für die dir erwiesenen Wohlthaten durch die Erstattung anderer Wohlthaten; allein räche niemals Beleidigungen."

In den sogenannten Goldenen Sprüchen des Pythagoras, welcher 497 Jahre vor Christus starb, liest man folgendes: „Thue nichts Böses, weder in Gesellschaft, noch in der Einsamkeit; aber vor Allen achte dich selbst zuerst; das heißt, erfülle zuerst die Pflicht, welche du dir selbst deiner Ehre und deinem Gewissen schuldest; und lasse keine äußere Rücksicht dich von diesem Grundsatz abwendig machen.

„Begieb dich nicht eher zur Ruhe, als bis du deine Handlungen an dem zurückgelegten Tage dreimal durchgangen hast. Frage dich: wo bin ich heute gewesen? was habe ich gethan? habe ich irgend eine gute Handlung unterlassen? Sodann erwäge Alles, und berichtige, wo du gefehlt hast, und freue dich über deine guten Thaten.

„Welche Uebel dich immerhin betreffen mögen, ertrage sie mit Geduld, und suche ein Mittel dagegen zu entdecken. Und lasse dich von diesem Gedanken trösten, daß das Schicksal den guten Menschen nicht viel Uebel zutheilt.

„Die Menschen gebrauchen ihre Verstandeskräfte zu guten und schlechten Zwecken; höre ihnen deshalb mit Vorsicht zu, und sei nicht zu voreilig im Annehmen oder Verwerfen. Wenn Jemand eine Unwahrheit behauptet, so waffne dich mit Geduld, und schweige.

„Wenn dir dies zur Gewohnheit geworden ist, so wirst du die Beschaffenheit der unsterblichen Götter und der sterblichen Menschen erkennen; ja selbst die große Ausdehnung der Wesen, und auf welche Weise dieselben bestehen. Du wirst erkennen, daß die Natur nach gleichförmigen Gesetzen thätig ist, und du wirst nicht mehr erwarten, als was möglich ist. Du wirst erkennen, daß die Menschen sich vorsätzlich Uebel zuziehen. Sie erkennen nicht, noch verstehen sie, was die Weisheit zu wählen verordnet; und wenn sie in der Noth sind, kennen sie nicht die Mittel, sich heraus zu ziehen. Das ist das Loos der Menschen. Sie sind endlosen Uebeln ausgesetzt, und werden unaufhörlich getrieben, wie Steine, die einen Berg hinab rollen. Ein verderblicher Wettstreit verfolgt sie ewig im Geheimen, welchen sie weder zu unterdrücken suchen, noch geduldig ertragen wollen.

„Mächtiger Jupiter! Vater der Menschen! O, befreie sie von jenen Uebeln, oder offenbare ihnen den bösen Geist, dem sie dienen. — Doch sei gutes Muthes, denn das Geschlecht der Menschen ist göttlich. Die Natur offenbart ihnen ihre verborgenen Geheimnisse; wenn du dafür Sinn hast, und dir diese Kenntnisse erwirbst, so wirst du Alles, was ich vorschreibe, mit Leichtigkeit dir aneignen; und sobald du einmal deine Seele geheilt hast, wirst du sie vor Uebel bewahren.

„Enthalte dich außerdem aller unreinen und schädlichen Nahrung; damit dein Körper rein, und dein Geist frei bleibe.

„Ueberlege alle Dinge wohl, laße dich nur von der Vernunft leiten, und gieb derselben stets die Oberhand. Und wenn du deiner sterblichen Hülle entkleidet und in die reinen Behausungen des Himmels eingegangen bist, sollst du unter die unsterblichen Götter erhoben werden, in unverderblicher Reinheit fortbestehen, und nie mehr den Tod kennen."

Laurence Stern sagt in seinem Koran: „Ich hatte mir eingebildet, daß das Gebot, unsere Feinde zu lieben, ein der christlichen Religion allein angehöriger Satz sei, bis ich in den Schriften jenes Bösewichts Plato auf dieselbe Lehre mit der Nase stieß." Und es ergiebt sich, daß der Bösewicht Pythagoras, ebensowohl wie Plato und Andere die Lehre von der Unsterblichkeit der Seele schon lange vor deren Verkündigung im Evangelium vortrugen, obwohl das Verdienst derselben von vielen Christen ausschließlich dem Stifter ihrer Religion zugeschrieben wird.

Man könnte noch eine Menge derartige Stellen aus den Schriften von Plato, Cicero und andern Männern anführen, welche vor Christi Zeiten lebten. In der That ist es augenscheinlich, daß die im Evangelium enthaltenen Sittenlehren von Philosophen entlehnt worden sind, welche lange vor dessen Verkündigung lebten. Die Moralvorschriften des Epiktet, Seneca und Antoninus, welche von den Christen Heiden genannt werden, stehen nicht unter denen des Evangeliums. Antoninus bemerkt: „Es ist der ausgezeichnete Vorzug des Menschen, diejenigen zu lieben, welche ihn beleidigt haben. Dies wird man bereit sein zu thun, wenn man bedenkt, daß der Beleidiger unser Bruder ist; daß er es ist, der seine Handlung aus Unwissenheit, und vielleicht unfreiwillig beging; und überdies, daß wir bald Alle in Frieden in unser Grab eingehen werden. Allein vor Allem erwäge man, daß er uns in der That nicht geschadet hat, weil er unseren Geist, oder den Beherrscher unseres Wesens, durch seine Beleidigung nicht schlechter machen konnte.

„Es mag Jemand in Leibesübungen erfahrener sein als du; mag dem so sein; darum ist er dir noch nicht überlegen in den geselligen Tugenden, der Großmuth, der Bescheidenheit, der Geduld unter den Schlägen des Schicksals, oder in der Nachsicht gegen die Schwächen Anderer."

Moralische Grundsätze sind in allen Ländern und zu allen Zeiten dieselben. Weder Zeit noch Ort kann sie verändern.

Obwohl sich nach den Namen einiger Philosophen des Alterthums Sekten bildeten, und obwohl unter den Schülern der verschiedenen Führer große Streitfragen entstanden; so liest man doch nicht, daß dieselben mit so großer Erbitterung gegen einander geführt wurden, wie die Streitigkeiten, welche unter den Anhängern der verschiedenen christlichen Sekten gewüthet haben. Die Christenheit ist seit 1800 Jahren durch die

Zänkereien und Verfolgungen von Sektirern in stetem Aufruhr erhalten worden.

Wenn Philosophen von der Moral des Evangeliums günstig sprechen, so sind sie weit entfernt, die im Namen seines Stifters verübten Greuel, oder die unverschämten Anmaßungen seiner Priester in Schutz zu nehmen. In der That sprechen sie augenscheinlich nur darum so günstig davon, um gegen Verfolgungen wegen ihres Unglaubens an dessen Göttlichkeit und wegen ihrer Mißbilligung des rachsüchtigen Geistes seiner Bekenner, einen Rückhalt zu haben.

Folgendes sind die einzigen bemerkenswerthen Bücher, welche von den verschiedenen Völkern der Erde als göttlichen Ursprungs betrachtet werden:

Shu-King, oder das heilige Buch der Chinesen.

Jazur Veda, oder das heilige Buch der Ostindier.

Die Bibel der Christen, und der Koran der Muhamedaner.

Welches dieser Bücher das beste oder ausführbarste Moralsystem enthält, dürfte schwer zu entscheiden sein. Allein als Ursache von grausamen Schlächtereien menschlicher Wesen, darf man dreist behaupten, steht die Bibel obenan und hat ihres Gleichen nicht. Millionen über Millionen sind sowohl von der jüdischen als der christlichen Kirche geopfert worden, unter den falschen und gottlosen Vorwand, durch das Aufzwingen lächerlicher Glaubenssysteme, Rechte und Ceremonien die Gottheit zu ehren. In der unbedeutenden und einfältigen Geschichte mit dem goldenen Kalbe allein sollen, nach dem Berichte im 12. Kapitel des 2. Buch Moses, ungefähr dreitausend Menschen um das Leben gebracht worden sein, um die vorgebliche Eifersucht des allmächtigen Schöpfers des Weltalls zu besänftigen. Diese und hunderte von andern Stellen, welche aus der Bibel angeführt werden könnten, bilden ein auffallendes Gegenstück zu dem duldsamen Geist des Korans, worin es heißt: „Wenn es Gott gefallen hätte, so würde er gewißlich alle Menschen zu Einem Volke gemacht haben; allein er hat es für schicklich gehalten, euch verschiedene Gesetze zu geben, damit er euch in demjenigen, welches er einem jedem gegeben hat, prüfen könne. Darum bestrebet euch, einander in guten Werken zu übertreffen; ihr werdet alle zu Gott zurückkehren, und alsdann wird er euch dasjenige erklären, worin ihr verschiedener Meinung gewesen seid." — Koran, Kap. 5.

Eine kurze Uebersicht von Vorfällen in Spanien, unter der Verfügung des Evangeliums, folge hier als Muster dessen, was stets stattgefunden hat, und stets stattfinden wird, wo die Geistlichkeit in einer Regierung das Ruder führt. Die folgende Angabe der Zahl der Opfer jenes furchtbaren Werkzeuges des Aberglaubens, der Grausamkeit und des Todes — der Inquisition — bei deren bloßer Durchlesung das Blut erstarrt, und die Seele mit gräßlichen Bildern menschlichen Leidens unter den Qualen der Folter erfüllt wird, ist der Geschichte jenes furchtbaren Gerichtes entnommen, welche von J. A. Lorente, einem seiner letzten Secretäre, verfaßt worden ist. Man kann dieselbe sonach als unbestreitbare Wahrheit betrachten. Dieselbe enthält ein umständliches Verzeichniß aller Derer, welche allein in Spanien während eines Zeitraums von 356 Jahren von 1452 bis 1808, verschiedene Strafen und Verfolgungen erlitten haben. Während jener Zeit gab es im Ganzen 44 General-Inquisitoren, und unter denselben wurden 31,718 Personen verbrannt, 174,111 starben im Gefängniß oder entflohen und wurden im Bildniß verbrannt; und 287,522 litten andere Strafen, wie Peitschenhiebe, Gefängniß u. s. w., was eine Gesammtsumme von 336,651 ergiebt. Die größte Anzahl der Opfer unter irgend einer Verwaltung fällt in die Zeit Torquemadas, des ersten General-Inquisitors, welcher von 1452 bis 1499 den Vorsitz führte — eine lange und blutige Regierung von 47 Jahren, während deren 8,800 Opfer verbrannt wurden, 6,400 starben oder entflohen, und 90,094 verschiedene andere Strafen litten, im Ganzen, 105,294 oder 2,240 im Jahre.

Das Christenthum, wie es von Theologen und deren Anhängern gelehrt und geübt wird, ist in folgendem Briefe über Aberglauben treffend geschildert, welchen der berühmte William Pitt (später Graf Chatham und erster Minister Großbritanniens, und warmer Vertheidiger der Rechte der amerikanischen Colonien in ihrem Kampfe mit dem Mutterlande) an das englische Volk richtete. Derselbe erschien zuerst in dem London Journal im Jahre 1733.

Schreiben von William Pitt.

„Reine und unverdorbene Religion in den Augen Gottes, des Vaters, besteht darin: die Wittwen und Waisen in ihrer Betrübniß zu besuchen, und sich vor der Welt unbefleckt zu erhalten."

Meine Freunde, wer in die Welt blickt, wird finden, daß Das, was der größte Theil der Menschen Religion zu nennen überein gekommen ist, nur in einigen äußeren Uebungen bestanden hat, welche man für genügend hielt, um eine Wiederversöhnung mit Gott zu bewirken. Diese Religion hat die Menschen veranlaßt, Tempel zu bauen, Menschen zu schinden und zu schlachten, Opfer zu bringen, Fasten und Feste zu halten, zu bitten und zu danken, bald mit Lachen, bald mit Thränen, bald mit Singen, bald mit Stöhnen; allein sie ist noch nicht im Stande gewesen, sie zu veranlassen, eine Fehde abzubrechen, unrechtmäßig erworbenen Reichthum zurück zu erstatten, oder die Leidenschaften und Begierden der Vernunft zu unterwerfen. So verschieden ihre Ansichten darüber sein mögen, was man glauben, oder auf welche Art man Gott dienen soll, wie sie es nennen, so sind sie doch alle darin einverstanden, ihre Begierden zu befriedigen. Die nämlichen Leidenschaften herrschen ewig in allen Ländern und allen Zeiten: der Jude wie der Muhamedaner, der Christ wie der Heide, der Tartar wie der Indianer, kurz alle Arten von Menschen, welche fast in jedem andern Dinge von einander abweichen, stimmen alle in ihren Leidenschaften überein; wenn es irgend einen Unterschied unter ihnen giebt, so ist es dieser, daß je abergläubischer, desto lasterhafter sie sind, und je mehr sie glauben, um so weniger sie ausüben. Dieses ist für den Menschenfreund eine traurige Betrachtung; es ist eine Wahrheit, und verdient gewißlich vor allen Dingen unsere Aufmerksamkeit. Wir wollen deshalb die Wunde untersuchen und der Sache auf den Grund gehen; wir wollen die Axt an die Wurzel des Baumes legen und die wahre Ursache angeben, warum die Menschen fortfahren zu sündigen und Buße zu thun, und wieder zu sündigen ihr ganzes Leben lang; und die Ursache ist, weil sie gelehrt worden sind, und zwar höchst gottloser Weise, daß Religion und Tugend zwei durchaus verschiedene Dinge seien; daß der Mangel in der Einen durch die Fülle der Andern ergänzt werden könne; und daß man Das, was Einem an Tugend abgehe, durch Religion ersetzen müsse. Allein diese, für Gott so entwürdigende und für die Menschen so verderbliche Religion ist schlimmer als Atheismus (Gottesläugnung); denn obwohl der Atheismus Einen Hauptbeweggrund zur Aufrechthaltung der Tugend im Leiden hinweg nimmt, so liefert er doch keinem Menschen Gründe, um lasterhaft zu sein; hingegen der Aberglaube, oder was die Welt unter Religion versteht, ist die größt mögliche Aufmunterung zum Laster, weil er etwas als Religion aufstellt, was für den Mangel der Tugend Versöhnung und Ersatz leisten soll. Dieses heißt die Schlechtigkeit einführen durch ein Gesetz, und zwar durch das höchste Gesetz; durch Autorität, und zwar die höchste Autorität, die Autorität von Gott selbst. Wir klagen über die Lasterhaftigkeit der Welt und über die Bosheit der Menschen, ohne die wahre Ursache davon zu erforschen. Die gewöhnlich angeführte Ursache aber, daß die Menschen von Natur böse seien, ist sowohl falsch als gottlos; vielmehr ist die Ursache darin zu suchen, weil sie, um den Zwecken ihrer vorgeblichen Seelsorger zu dienen, sorgfältig gelehrt worden sind, daß sie von Natur böse seien, und nicht umhin könnten, böse zu bleiben. Es würde unmöglich gewesen sein, daß Menschen zugleich religiös und lasterhaft gewesen wären, wenn man die Religion in Dasjenige gesetzt hätte, worin sie allein besteht, und wenn man die Menschen stets gelehrt hätte, daß wahre Religion die Ausübung der Tugend ist, aus Gehorsam gegen den Willen Gottes, welcher über Alles waltet, und am Ende jeden Menschen glücklich machen wird, der seine Pflicht thut.

Diese einzige Ansicht in der Religion, daß alle Dinge von der Gottheit so wohl eingerichtet sind, daß die Tugend ihren Lohn in sich trägt und daß man sich stets glücklich fühlen wird, wenn man nach der vernünftigen Ordnung der Dinge handelt, oder daß der ewig weise und gütige Gott Denen, welche um der Tugend willen leiden, ein außerordentliches Glück bereitet, wird — ist genug, um den Menschen in allen Bedrängnissen aufrecht zu halten, um ihn standhaft in seiner Pflicht zu machen, daß er wie ein Fels allen Lockungen des Beifalls, des Gewinnes und der Ehre trotzt. Allein diese Religion der Vernunft, deren alle Menschen fähig sind, ist vernachlässigt, ja verdammt worden, und man hat eine andere aufgestellt, deren natürliche Folgen den Verstand der Menschen verwirrt, und deren Sittlichkeit verführt haben, mehr als alle unzüchtigen Dichter und atheistischen Philosophen, welche jemals die Welt verpesteten; denn anstatt gelehrt zu werden, daß Religion im Handeln oder im Gehorsam gegen das ewige Moralgesetz Gottes besteht, hat man uns mit dem größten Ernste und auf das Ehrwürdigste gesagt, daß dieselbe in dem Glauben an gewisse Meinungen besteht, von denen wir uns keinen Begriff machen können, oder welche den deutlichen Wahrnehmungen unseres Geistes widersprechen, oder welche nicht dazu dienen, uns weiser oder besser zu machen, oder was noch schlimmer ist, offenbar geeignet sind, uns ruchlos und unsittlich zu machen. Und dieser Glaube, dieser gottlose Glaube, welcher einerseits aus Betrug, und andrerseits aus Mangel an gehöriger Untersuchung entspringt, ist mit dem heiligen Namen Religion belegt worden, während wirkliche und ächte Religion in Erkenntniß und Gehorsam besteht. Wir wissen, daß es einen Gott giebt, und kennen seinen Willen, welcher darin besteht, daß wir so viel Gutes thun sollen, als wir können; und wir sind nach seiner Vollkommenheit überzeugt, daß wir durch eine solche Handlungsweise unser eigenes Wohl befördern werden.

Und was wollen wir noch mehr haben? sind wir nach einer solchen Untersuchung und in einem Zeitalter der Freiheit noch immer Kinder? und können wir uns nicht anders beruhigen, als wenn wir heilige Abenteuer, fromme Mährchen und überlieferte Sagen haben, um uns die müßigen Stunden zu vertreiben, und unsere Seele einzuschläfern, wenn unsere Thorheiten und Laster uns keine Ruhe gönnen?

Ihr seid in der That gelehrt worden, daß Rechtgläubigkeit oder Orthodoxie, wie die Menschenliebe, eine Menge Sünden bedecken wird; allein täuschet euch nicht, der Glaube an die Wahrheit von Sätzen auf Beweis, oder die bloße Zustimmung dazu ist keine Tugend, eben so wenig wie der Unglaube ein Laster ist; der Glaube ist keine freiwillige Handlung, und hängt nicht vom Willen ab; jeder Mensch muß glauben oder nicht glauben, ob er will oder nicht, je nach dem ihm vorgelegten Beweise. Wenn uns demnach Männer, und seien sie noch so würdevoll oder ausgezeichnet, einen Glauben befehlen wollen; so machen sie sich der höchsten Thorheit und Unvernunft schuldig, weil dies außer ihrer Macht liegt; allein wenn sie uns gar einen Glauben befehlen, und mit dem Glauben Belohnungen, und mit dem Unglauben schwere Strafen verbinden, alsdann sind sie höchst ruchlos und unsittlich, weil sie Belohnungen und Strafen mit Etwas verbinden, das unfreiwillig ist, und deshalb weder

eine Belohnung noch eine Strafe verdient. Es erweist sich sonach als
höchst unvernünftig und ungerecht, wenn man uns befiehlt, irgend eine
Lehre, sei sie gut oder schlimm, weise oder thöricht, zu glauben; allein
wenn uns gar Menschen gebieten, Meinungen zu glauben, welche nicht
geeignet sind, die Tugend zu befördern, sondern welche gestatten, den Man=
gel derselben auszulösen oder abzubüßen, alsdann haben sie den höchsten
Gipfel der Gottlosigkeit erreicht, alsdann ist das Maaß ihrer Schlechtig=
keit voll; alsdann haben sie das Elend der armen, sterblichen Menschen
besiegelt und ihr Verderben vollendet; durch den Verrath an der Tugend
haben sie die Grundlage alles menschlichen Glückes untergraben und zer=
stört; und wie heimtückisch und schrecklich haben sie dieselbe verrathen!
Eine wohl angebrachte Gabe, das Geplapper einiger unverständlichen
Laute, welche man Glaubensbekenntniß nennt; eine aufrichtige Zustim=
mung und Einwilligung zu Allem, was die Kirche auflegt, Gottesdienst
und geweihte Festtage; Reue auf dem Todtenbette; in gehöriger Form er=
flehte Gnadenbriefe; und aus Machtvollkommenheit ertheilte Ablässe —
haben mehr dazu beigetragen, um die Menschen lasterhaft zu machen, als
alle natürlichen Leidenschaften und Unglaube zusammengenommen; denn
der Unglaube kann nur die übernatürlichen Belohnungen der Tugend hin=
wegnehmen; hingegen diese abergläubischen Meinungen und Gewohnhei=
ten haben nicht allein den Schauplatz gewechselt, und den Menschen die
natürlichen Belohnungen der Tugend außer Augen gerückt, sondern haben
sie auch veranlaßt zu denken, daß wenn es kein Jenseits gäbe, das Laster
der Tugend vorzuziehen wäre, und daß alsdann ihr Glück zunähme, so
wie ihre Schlechtigkeit zunähme. Ja sogar ist ihnen dieses in verschiede=
nen religiösen Vorträgen und Predigten gelehrt worden, welche von Män=
nern gehalten wurden, deren Autorität man niemals bezweifelte, insbe=
sondere von einem verstorbenen Prälaten, dem Bischof Atterbury, in sei=
ner Predigt über die Worte: „Wenn alle unsere Hoffnung sich auf dieses
Leben beschränkt, so sind wir höchst elende Menschen;" in dieser Predigt
halten das Laster und der Glaube in schönster Eintracht ihren Triumph=
zug. — Allein außerdem, daß diese Lehren von dem natürlichen Vorzug
des Lasters, von der Wirksamkeit des rechten Glaubens, von der Würde
der Erlösungen und Versöhnungen, uns die ursprüngliche Schönheit und
Reize der Rechtschaffenheit geraubt, und der Tugend solchergestalt einen
grausamen Todesstoß versetzt haben, so haben sie auch unter den Menschen
eine gewisse unnatürliche Leidenschaft erregt und verbreitet, welche wir
einen religiösen Haß nennen wollen; einen anhaltenden, tief gewurzelten
und unsterblichen Haß. Alle andern Leidenschaften steigen und fallen,
sterben und leben wieder auf; allein dieser religiöse und fromme Haß frißt
von Tag zu Tag im Gemüthe mehr um sich, und wird stärker, je frömmer
man wird, weil man um Gottes willen haßt, ja selbst um jener armen
Seelen willen, welche das Unglück haben, nicht dasselbe zu glauben, was

wir glauben; und wie kann man in einer so guten Sache zu viel hassen?
Je inniger man haßt, desto besser ist man; und je mehr Unheil wir jenen
Ungläubigen und Ketzern an Leib und Gut zufügen, um so viel mehr be-
weisen wir unsere Liebe gegen Gott. Dieses ist religiöser Eifer, und dies
hat man Göttlichkeit genannt; allein man bedenke wohl, die einzig wahre
Göttlichkeit ist die Menschlichkeit.

William Pitt.

Gegen ein solches Lügen- und Betrugs-System, wie es Herr Pitt so
meisterhaft schildert, hat auch Thomas Paine seinen Einspruch gethan;
und er ist dafür von denen, welche aus der Täuschung der Menschen ein
Handwerk machen, sowie von denen, welche sich dadurch bethören lassen,
als ein **gottloser Mensch** verschrieen worden! Und er hätte in den
Worten des oben angeführten Lequinio darauf antworten können:

„Ja, mein theurer Leser, ich bin ein gottloser Mensch; und was wohl
noch weit schlimmer ist, ich sage jedem Menschen die Wahrheit. Es sind
kaum vier Jahre seit der Zeit verflossen, als noch die Thorheit der Sor-
bonne (Universität in Paris) und die Rache des Despotismus einen
Sturm auf mein Haupt hätte herabschwören können; sie würden mich wie
ein verderbliches Ungeheuer, einen Mörder des Menschengeschlechtes, einen
Ruhestörer, einen Verräther erwürgt haben. Jene beiden riesigen Trug-
bilder sind verschwunden vor dem Auge der Vernunft und dem erhabenen
Bilde der Freiheit; indessen weilen noch eine Unzahl Vorurtheile, Eigen-
nutz und Heuchelei unter uns, welche alle nicht minder Tyrannen und
Feinde der Freiheit sind.

Es sitzen noch immer im Grunde deines Herzens, im Grunde deines
eigenen Herzens die Vorurtheile deiner Kindheit fest, die Lehren deiner
Amme und die Meinungen deiner ersten Erzieher, die Folgen jener Ver-
zichtleistung auf Selbstdenken, welche du dein ganzes Leben lang, von der
Wiege an, befolgt hast! Außerdem finden viele Menschen ihren Vortheil
darin, dich in gänzlicher Blindheit zu erhalten. Der reiche und angesehene
Mann fürchtet, du möchtest deine Augen öffnen und einsehen, daß seine
Macht und Größe aus deiner Unwissenheit und Unterwürfigkeit entspringt.
Der eitle Mensch, von der Gleichheit der Menschen überzeugt, besorgt, du
möchtest die Ungereimtheit seiner Ansprüche auf einen Vorzug entdecken;
der Scheinheilige, welcher sich den Stellvertreter der Gottheit und den
Boten des Himmels nennt, zittert, du möchtest anfangen nachzudenken,
denn von jenem Augenblick an wäre es aus mit seiner Glaubenswürdig-
keit und seinem Ansehen. Er ißt und trinkt nach seinem Behagen; er
schläft ohne Sorgen; er geht spazieren, um sich Appetit zu machen; er genießt den Preis deiner Arbeit in Frieden; du bezahlst für sein Vergnügen,
seinen Lebensbedarf, ja sogar für seinen Schlaf. Allein wolltest du an-

fangen, deine Vernunft zu gebrauchen, so würdest du bald deinen Irrthum einsehen; du würdest das Trugbild berühren, und es würde alsbald verschwinden; du würdest entdecken, daß er ein unnützer Schmarotzer ist, und daß sein ganzes Ansehen auf deiner thörigten Leichtgläubigkeit, deiner Schwachheit, deinen eingebildeten Besorgnissen und den lächerlichen Hoffnungen beruht, womit er dich seit deinem Eintritt in das Leben stets zu erfüllen sich befleißigt hat. Vielleicht ist es gar deiner eigenen Frau daran gelegen dich zu hintergehen, um ihre Verbindungen mit dem Stellvertreter der Gottheit zu heiligen, welcher die heiligen Gesetze der Natur verläugnet, weil er sich zu gleicher Zeit die Beschwerden und die Pflichten der Vaterschaft erspart!

Diese Menschen werden deine Leidenschaften erregen, dein Herz bewaffnen, und deinen Haß beschwören gegen meine Vorschriften und Lehren; denn ich bin ein gottloser Mensch, der weder an Heilige noch an Wunder glaubt; ich bin ein gottloser Mensch, der mitten unter den Türken in Constantinopel Wein trinken würde, der Schweinefleisch essen würde mit den Juden, und das Fleisch eines zarten Lammes oder eines fetten Hühnchens unter den Christen an einem Freitag, ja selbst im Palast des Pabstes, oder unter dem Dache des Vatikans. Ich bin ein gottloser Mensch, denn ich glaube fest, daß Drei mehr als Einer sind; daß das Ganze größer als einer seiner Theile ist; daß ein Körper nicht an tausend Orten in einem und demselben Augenblick existiren, und in tausend zerstückelten Theilen seiner selbst ganz sein kann.

Ich bin ein gottloser Mensch, denn ich glaube niemals auf das Wort eines andern dasjenige, was meiner eigenen Vernunft widerspricht; und wenn tausend Doktoren der Gottesgelahrtheit mir erzählen würden, sie hätten gesehen, wie ein Sperling einen Ochsen in einer Viertelstunde verzehrte, oder den Ochsen in seinen Schnabel nahm, und in sein Nest trug, um seine Jungen zu füttern; so würden sie mich ungläubig finden, und wenn sie bei ihren Chorhemden, ihren Amtsröcken und ihren viereckigen Mützen darauf schwören wollten!

Ich bin ein gottloser Mensch, denn ich glaube nicht, daß das Beschmieren der Fingerspitzen mit Oel, das Tragen der geistlichen Platte (Tonsur) oder der Schnitt des Haares, der Anzug eines schwarzen Priesterrockes oder eines violetten Gewandes, und das Tragen einer Bischofsmütze auf dem Kopfe, und eines Kreuzes in der Hand, einen unwissenden Menschen in den Stand setzen können, Wunder zu thun.

Kurz, mein Bruder, ich muß ein gottloser Mensch sein, dieweil mein Betragen keinen andern Wegweiser hat, als mein Gewissen, dieweil ich selbst keinen andern Grundsatz habe, als den Wunsch des öffentlichen Wohles, und keine andere Gottheit als die Tugend. Du mußt mich nothwendig hassen, denn es ist ein großes Verbrechen, anders zu denken und zu glauben als du selbst.

Allein habe ich gemordet, Blut vergossen, gestohlen, geraubt, **Böses** nachgeredet, verleumdet? habe ich die Kunst gelehrt, die Menschen zu hintergehen? habe ich Rachsucht verbreitet? habe ich Despotismus den Großen, und Knechtsinn den Geringen eingeprägt?

Nein — im Gegentheil, ich habe auf den Weg zur Wahrheit hingedeutet; ich habe dir bewiesen, daß dein Glück in der Tugend beruht; ich habe dir bewiesen, daß du dich bisher hast bethören lassen von Denen, welche sich von deinem Marke mästen, und sich in deinem Schweiße baden, und daß all dein Unglück aus deiner Leichtgläubigkeit, aus deiner angewöhnten Abneigung gegen Selbstdenken, und aus deiner Kleinmüthigkeit entspringt. Sind dieses Verbrechen? Ich habe mich keiner andern schuldig gemacht.

Wer immer du seist, deine Freundschaft ist mir theuer; seist du ein Christ, Muhamedaner, Jude, Indier, Perser, Tartar oder Chinese, so bist du ein Mensch, und ich bin dein Bruder.

Dulde also einen gottlosen Menschen, welcher stets nur für das Wohl Anderer gearbeitet hat, und welcher jetzt für das deinige arbeitet, selbst in dem Augenblick, wann du ihn zu verfolgen wünschest.

Da der Charakter und die Sitten Thomas Paine's von Leuten, welche wenig oder nichts davon kannten, oder sich gar nicht um Wahrheit kümmerten, sehr falsch dargestellt worden sind; so läßt man hier den Auszug eines Schreibens über jenen Gegenstand von Joel Barlow an James Cheetham, einen berüchtigten Pasquillanten des Hrn. Paine, folgen. Hr. Barlow muß mit Hrn. Paine in Frankreich genau bekannt gewesen sein, weil Beide Mitarbeiter in der großen Sache der Menschen-Befreiung waren; und seine vernünftigen Grundsätze, sein moralischer und literarischer Ruf sind hinlängliche Bürgen für die Richtigkeit seiner Angabe von Thatsachen, welche von ihm selbst beobachtet wurden. Indessen gründet sich ein Theil seiner Mittheilung offenbar auf eine falsche Nachricht, wie leicht zu beweisen ist.

Joel Barlow an James Cheetham.

Mein Herr! — Ich habe Ihren Brief erhalten, worin Sie mich um Aufschlüsse über das Leben von Thomas Paine ersuchen. Es scheint mir dies kein günstiger Augenblick, um die Lebensbeschreibung jenes Mannes in diesem Lande (Amerika) erscheinen zu lassen. Seine eigenen Schriften sind seine beste Lebensbeschreibung, und diese werden gegenwärtig nicht gelesen.

(Nach Erwähnung der ungünstigen Eindrücke, welche von Schwärmern und politischen Feinden des Hrn. P. einem Theil des Publikums gegen denselben eingeflößt worden waren, fährt Hr. Barlow fort:)

Der Verfasser seiner Lebensbeschreibung, welcher sich über diese Gegenstände verbreiten würde, mit Ausschluß der hervorragenden und ehrenwerthen Züge seines wirklichen Charakters, möchte wohl dem ungebildeten Volkshaufen unserer Zeit, welcher ihn nicht kennt, gefallen; das Buch möchte Absatz finden; allein es würde nur dazu dienen, für den späteren Biographen die Wahrheit verborgener zu machen, als sie vorher war.

Hingegen, wenn der jetzige Lebensbeschreiber uns Thomas Paine vollständig in seinem ganzen Charakter darstellen wollte, als einen der wohlwollendsten und uneigennützigsten Menschen, begabt mit der hellsten Auffassung einer ungewöhnlichen Originalität, und einem sehr großen Umfang der Gedanken; — wenn diese Lebensbeschreibung seine literarischen Arbeiten zergliedern, und ihn, wie es sich gebührt, unter die glänzendsten und unwandelbarsten Volksaufklärer des Zeitalters, worin er lebte, stellen würde, — dabei mit einem der Schmeichelei zugänglichen Gemüthe begabt, so daß er durch jene schwache Seite einen Anstrich von Eitelkeit bekam, welche er zu stolz war zu verhehlen; mit einer Seele, stark genug, um ihn unter den schwersten Schlägen des Schicksals aufrecht zu halten und zu erheben, allein unfähig, die Verachtung seiner früheren Freunde und Mitarbeiter zu ertragen, der Oberhäupter des Landes, welches seine ersten und größten Dienste empfangen hatte — mit einer Seele, unfähig mit heiterem Mitleiden, wie sich geziemt hätte, auf die gemeinen Spöttereien ihrer Nachahmer zu blicken, einer neuen Generation, welche ihn nicht kannte; — wenn Sie, sage ich, geneigt und vorbereitet sind, sein Leben so vollständig zu beschreiben, das Gemälde auszufüllen, zu welchem diese flüchtigen Züge nur einen groben Umriß mit großen Lücken liefern; so mag Ihr Buch ein nützliches werden.

Der Biograph von Thomas Paine sollte seine mathematischen Kenntnisse und sein mechanisches Genie nicht vergessen. Seine Erfindung der Eisenbrücke, welche ihn im Jahre 1787 nach Europa führte, hat ihm in jenem Zweig der Wissenschaft in England und Frankreich einen großen Ruf verschafft, in welchen beiden Ländern seine Brücke vielfältig angenommen worden, und noch im Gebrauche ist.

Sie fragen, ob er gegen Frankreich einen Eid der Treue leistete. Ohne Zweifel erforderte die Fähigkeit, ein Mitglied des Convents zu sein, einen Eid der Treue gegen jenes Land, allein begriff darin keine Abschwörung seiner Treue gegen dieses Land. Er wurde durch dasselbe Decret zum französischen Bürger gemacht, wie Washington, Hamilton, Priestley und Sir James Macintosh.

Sie fragen, welches seine Gesellschaft war? er besuchte stets die beste, sowohl in England wie in Frankreich, bis er in gewissen amerikanischen Zeitungen (Nachbetern der englischen Hofzeitungen) verleumdet wurde wegen seiner Anhänglichkeit an Das, was er für die Sache der Freiheit in Frankreich hielt — bis er sich von seinen früheren Freunden in den Ver.

Staaten verlassen glaubte. Von jenem Augenblick an ergab er sich stark dem Trinken, und folglich auch einer Gesellschaft, welche seiner bessern Tage minder würdig war.

Es heißt, er sei stets ein grämlicher Geselle gewesen — dieses ist möglich. Dasselbe war Laurence Sterne, Torquato Tasso und J. J. Rousseau; allein bei Besuchen und als literarischer Freund, die einzigen Beziehungen, worin ich je zu ihm stand, war Thomas Paine einer der lehrreichsten Männer, welche ich jemals gekannt habe. Er hatte ein überraschendes Gedächtniß und eine glänzende Einbildungskraft; sein Geist besaß einen bedeutenden Vorrath von Thatsachen und nützlichen Beobachtungen; er war voll lebendiger Anekdoten und geistreicher, eigenthümlicher und treffender Einfälle über fast jeden Gegenstand.

Er war stets mildthätig gegen die Armen, mehr als seine Mittel erlaubten, ein zuverlässiger Beschützer und Freund aller nothleidenden Amerikaner in fremden Ländern. Und er hatte häufig Gelegenheit, während der Revolution in Frankreich seinen Einfluß zu ihrem Schutze zu verwenden. Seine Schriften zeugen von seiner Vaterlandsliebe, sowie von seiner gänzlichen Aufopferung für Das, was er als das wahre Wohl und Glück der Menschheit erkannte.

„Und was seine Religion anbelangt, so ist sie die Religion der meisten wissenschaftlichen Männer des gegenwärtigen Zeitalters, und wahrscheinlich von drei Viertheilen der Gelehrten des vorigen Zeitalters, und darum kann man dieselbe gerade ihm nicht zum Vorwurf machen."

Dieses, mein Herr, ist Alles, was ich über den von Ihnen angeregten Gegenstand zu bemerken habe.

Kolarama, den 11. August 1809.   Joel Barlow.

Bemerkungen.

Herr Barlow scheint in Bezug auf die Behandlung des Hrn. Paine in Amerika irrige Ansichten gehabt zu haben. Er wurde von dem Oberhaupte, dem höchsten Beamten des Landes, Thomas Jefferson, mit ausgezeichneter Achtung und Freundschaft behandelt. — Er wurde von ihm eingeladen, nach den Ver. Staaten zurückzukehren; und als man ihn fragte, ob er dieses gethan habe, gab er zur Antwort: „Gewißlich, und wenn er hier ankommt und ich habe eine Stelle zu vergeben, welche er zu bekleiden vermag, so werde ich sie ihm geben; — ich werde niemals alte Freunde verlassen, um für neue Platz zu machen." Ein freundschaftlicher Briefwechsel wurde zwischen diesen beiden ausgezeichneten Menschenfreunden bis zum Ende von Paine's Leben unterhalten. Man hat gleichfalls zuverlässige Nachrichten, daß die höchsten Verwaltungsräthe und die Congreßmitglieder Hrn. Paine während seines Aufenthaltes in der Stadt Washington mit ausgezeichneter Achtung begegneten, und bei seiner Ankunft in New-York wurde ihm ein öffentliches Gastmahl gegeben, woran etwa hundert angesehene Bürger Theil nahmen. Die ausgezeichnetsten Literaten behandelten ihn mit großer Aufmerksamkeit, und der Mayor der Stadt erließ an ihn eine unbeschränkte Einladung, ihn zu besuchen, so oft ihm dies genehm sei. Allein Hr. Paine zog sich ziemlich von aller Gesellschaft zurück; er buhlte um keine Begünstigung, und war nie gewohnt, Gastereien zu geben, das Mittel, womit man gemeiniglich die Aufmerksamkeit der Modewelt auf sich zieht. Einer seiner Freunde, welcher mit ihm einen Besuch bei einem großen Gelehrten abzustatten im Begriff stand, nahm sich die Freiheit, ihm zu empfehlen, er möge mehr Sorgfalt auf sein Aeußeres verwenden; er gab darauf zur Antwort: „Lassen Sie Diejenigen sich putzen, welche dies nöthig haben." Er zeigte dadurch seine Verachtung gegen die Kunstgriffe und Mittel, wodurch Leute von geringem oder gar keinem Verdienst sich ein Ansehen zu geben wissen.

Herr Paine wurde natürlich von den, gegen Demokratie feindlich gesinnten, Zeitungen geschmäht. Dasselbe erfuhren Dr. Franklin, Thomas Jefferson und Joel Barlow. Wäre Herr Paine von jenen Blättern mit Achtung behandelt, oder nur nicht beschimpft worden, so würde dies ein sicheres Zeichen gewesen sein, daß er der Sache der Freiheit und der Menschheit untreu geworden wäre. Allein seine politische Laufbahn trug das Gepräge jener kühnen und männlichen Selbstständigkeit, welche, wo nicht den Beifall, doch mindestens die Achtung seiner Gegner erzwungen hat.

Herr Barlow selbst war, um seiner politischen Meinungen willen, von seinen alten Freunden und Gefährten in den Neu-England Staaten mit der schändlichsten Verachtung behandelt worden, und er war darüber ärgerlich, und scheint diese Gelegenheit zu benutzen, um seine Verachtung gegen dieselben durch sein Bedauern auszusprechen, daß Hr. Paine, wie er vermuthete, sich über eine ähnliche Behandlung gekränkt habe.

Herr Barlow war ein Modemensch, und hatte die Mittel, so wie die Neigung, äußerlich zu glänzen. Hätte Herr Paine (wie es ihm leicht möglich gewesen wäre, wenn er seine Werke verkauft hätte, anstatt sie zu verschenken) genug Vermögen erworben, um sich eine Niederlassung zu kaufen, wie Hr. Barlow zu Kolarama hatte, und wäre er dazu geneigt gewesen, so hätte er die ersten Männer im Lande gewinnen mögen, sich an seine Tafel zu setzen, und sein Lob zu posaunen.

Es war nicht anders zu erwarten, als daß Blindgläubige und Pfaffen, welche das Vorrecht zu besitzen meinen, jeden Menschen zu hassen, der nicht an Mysterien und Hexerei glaubt, Hrn. Paine meiden und verleumden würden; eben sowohl wie gewisse pharisäische Politiker, deren Einfluß hauptsächlich von einer vermutheten Gesinnungsgleichheit mit den Ersteren abhängt. Solche Menschen pflegen sich zu hüten, mit einem Manne in Berührung zu kommen, dessen Feuerseele sie keinen Augenblick zu ertragen vermöchten.

Gegner von Herrn Paine's politischen und religiösen Schriften
haben sich große Mühe gegeben, ihm die Beschuldigung der Unmäßigkeit
aufzubürden; als ob dieser Umstand, wenn er wirklich wahr wäre, den
moralischen Werth der von ihm aufgestellten Grundsätze entkräften oder
im Geringsten schwächen könnte. Der abtrünnige Cheetham bezieht sich
in seinem Briefe an Barlow ganz besonders auf diesen Gegenstand. Und
es scheint, daß der Letztere unbehutsamer Weise der Verleumdung zu leicht
Raum gegeben hat. Der **Geist**, das **Gedächtniß** und die **Einbildungskraft** des Hrn. Paine, wie sie Hr. Barlow schildert, können nicht
wohl zu einem Manne passen, welcher „sich stark dem Trinken ergab."
Allein da Herr Barlow's Aussage mit Recht die höchste Beachtung verdient, und da man auf seine Aeußerung gegen unsern Verfasser ein unnatürlich großes Gewicht gelegt hat, so diene zur Beruhigung Derer, welche
sein Andenken in Ehren halten, daß man nach den strengsten Erkundigungen bei Leuten, die in Europa und Amerika mit ihm genau bekannt waren,
die Beschuldigung für ungegründet erklären darf. Ein Freund schilderte
dem englischen Herausgeber einen Besuch, welchen er Herrn Paine im
Sommer von 1806 abstattete, folgendermaßen: Herr Paine wohnte damals auf seinem Landgute bei New-Rochelle, und dieser Freund blieb
mehre Tage bei ihm, während welcher Zeit Hrn. Paine's einziges Getränk
in Wasser bestand, ausgenommen Ein Glas Liqueur, mit Wasser und
Zucker gemischt, nach dem Mittagessen, und Eines nach dem Abendessen.
Herr Dean, der Verwalter des Gutes, versicherte ihn, dieses sei Herrn
Paine's beständige Gewohnheit, und eine Quart Liqueur reiche für ihn
eine Woche aus, mit Einschluß dessen, was seine Freunde tranken; dieses
Getränk hole er regelmäßig jeden Samstag aus einem Kramladen. — Der
erwähnte Freund sah gleichfalls ein von John Lovett, dem Gastwirthe des
City Hotels in New-York, bei welchem Herr Paine als Kostgänger logirt
hatte, unterzeichnetes Zeugniß, worin seine Mäßigkeit bezeugt wurde.
Dasselbe war auf das Ersuchen mehrer angesehener Männer von Boston
ausgestellt worden, welche in Bezug auf die, gegen ihn in dieser Hinsicht
erhobenen, Beschuldigungen richtige Aufschlüsse zu erhalten wünschten.

Die Sache verhält sich eben so: Herr Paine war kein Weltmann, seine
zurückgezogene Lebensweise machte ihn zu fröhlichen Gelagen untauglich,
und wenn er von seinen Freunden bewogen wurde, daran Theil zu nehmen,
so konnte er mit den, an dergleichen Gesellschaften mehr Gewöhnten, nicht
gleichen Schritt im Trinken halten, ohne berauscht zu werden, was einige
Male der Fall war. Gerade der Umstand also, daß seine Enthaltsamkeit
ihn unfähig machte, mehr als ein geringes Maaß geistiger Getränke zu
vertragen, ohne dessen Wirkungen zu verspüren, hat offenbar die Verleumbungen veranlaßt, welche gegen ihn ausgebreitet worden sind. Die Schärfe
und Kraft des Geistes, welche er bis an das Ende seines Lebens besaß, ist

2*

ein Beweis der Richtigkeit dieser Meinung. Wenige, wenn überhaupt
Einer, unter Denen, die ihn beschuldigten, seine Geisteskräfte durch
starkes Trinken geschwächt zu haben, konnten sich selbst in seinem höchsten
Alter, auf dem Gebiete der Beweisführung mit ihm messen. Sie hatten
guten Grund zu wünschen, daß er das gewesen wäre, wofür sie ihn aus=
gaben. In jenem Falle würde er ein weit weniger furchtbarer Gegner
gewesen sein, und würde außerdem vielen seiner Widersacher Vorschub
geleistet haben; denn es ist nichts ungewöhnliches, daß die Fürsprecher des
Königthums, nachdem sie einige Flaschen geleert haben, Thomas Paine
als einen Trunkenbold verfluchen.

Wenn das, was seine Feinde ihm nachsagten, leutkundig gewesen wäre,
wie sie behaupten, so würde er schwerlich gewagt haben, auf die Weise von
sich zu sprechen, wie er in seinem Schreiben an Samuel Adams gesprochen
hat, welches er in dem National Inteligencer, einer in der Stadt Wash=
ington erscheinenden Zeitung, abdrucken ließ, und worin es heißt: „Ich
habe noch, wie ich glaube, einige Lebensjahre vor mir, denn ich habe eine
gute Gesundheit und einen heiteren Geist, ich habe auf Beides Obacht,
indem ich Erstere mit Mäßigkeit, und Letzteren mit Ueberfluß nähre.
Dieses werden Sie, wie ich glaube, als die wahre Lebensweisheit aner=
kennen.“

Endlich, soviel man in Erfahrung bringen kann, so trank Herr Paine
niemals geistige Getränke vor dem Mittagessen. Sein Geist war stets
helle am Morgen, und fähig, seine Feder mit Kraft zu führen, und wenn
man bedenkt, daß er ohne Familie war, gewissermaßen von der Gesellschaft
abgeschlossen, und auf allen Seiten von den Feinden der bürgerlichen und
religiösen Freiheit bitter verfolgt, so sollten, wenn er bisweilen dem Becher
ein wenig zusprach, um sich den Aerger über diese Dinge zu vertreiben,
zum mindesten seine Freunde einige Nachsicht mit ihm haben; von seinen
Feinden erwartet man keine.

Man kann von diesem Gegenstand nicht Abschied nehmen, ohne eine der
niederträchtigsten und boshaftesten Erdichtungen zu rügen, welche jemals
in der fruchtbaren Einbildungskraft verworfener Menschen ausgeheckt
wurde. Dieselbe wurde von einem Weibsbilde, Namens Mary Hins=
dale, fabrizirt, und von einem gewissen Charles Collins in New-York
veröffentlicht, oder es ist vielmehr wahrscheinlich, daß dieses Werk das ge=
meinsame Erzeugniß von Collins und einigen andern Fanatikern war,
und daß dieselben dieses einfältige, unwissende Weibsbild veranlaßten,
dafür Gevatter zu stehen.

Diese Geschichte lautet im Wesentlichen: Hr. Paine habe sich in seiner
letzten Krankheit, aus Mangel an den nothwendigsten Lebensbedürfnissen,
in der erbärmlichsten Lage befunden, und seine Nachbarn hätten aus blo=
ßem Mitleiden zusammengesteuert, um ihn mit Unterhaltsmitteln zu ver=

sorgen; er habe sich zum **Aberglauben***) bekehrt, und habe bejammert, daß nicht alle seine religiösen Werke verbrannt worden seien; Mrs. Bonneville habe sich höchst unglücklich gefühlt, weil sie ihre Religion mit derjenigen des Hrn. Paine vertauscht hätte, welche dieser jetzt für unstatthaft erklärte, ꝛc. — An dieser ganzen Aufschneiderei ist auch nicht ein einziges, nicht das leiseste wahre Wort, welches ihr auch nur den scheinbarsten Halt gäbe. Es ist demüthigend, daß man genöthigt ist, solchen verächtlichen Unsinn zu widerlegen. Wenn Collins nicht der Urheber davon war, so war er doch gewiß von der Unwahrheit der Geschichte überzeugt; allein da er voll des **Geistes** der Schwärmerei und Unduldsamkeit war, und ohne Zweifel glaubte, daß der Zweck die Mittel heilige, so verbreitete er fortwährend den **frommen Betrug**, und die Geistlichkeit erzählte denselben im Triumph haarklein von der Kanzel nach. Nur religiöse Raserei konnte Collins, nachdem er vor dem Verbrechen, das er beging, gewarnt war, veranlassen, auf der Verbreitung dieses abscheulichen Lumpenkrams zu beharren.†) Er hatte sogar die Dreistigkeit, sich an den berühmten William Cobbett zu wenden, um ihn zu veranlassen, diese Geschichte in das Leben Thomas Paine's aufzunehmen, welche Herr Cobbett damals zu schreiben beabsichtigte. Er erhielt dafür eine gebührende Züchtigung aus der Feder jenes ausgezeichneten Schriftstellers in einer Nummer seines „Register." Hr. Cobbett gab sich später große Mühe, um die Unwahrheit dieser Erzählung zu erforschen, und entschleierte und widerlegte dieselbe auf das Ausführlichste in der „Evening Post." Mrs. Bonneville hielt sich zu der Zeit, als dieselbe zum ersten Male in New-York erschien, in Frankreich auf, und als man sie ihr bei ihrer Rückkehr nach Amerika zeigte, gerieth sie zwar über die Niederträchtigkeit der Erdichtung in große Entrüstung, allein sie wollte es doch nicht gestatten, daß ihr Name gegenüber demjenigen der Mary Hinsdale im Druck erschiene. Es hat sich deshalb Niemand darum gekümmert, ausgenommen Hr. Cobbett. In der That, die Freunde Hrn. Paine's im Allgemeinen, hielten die Sache für zu verächtlich, um sie zu widerlegen. Allein da viele fromme Leute an dieses alberne Mährchen noch immer glauben oder zu glauben vorgeben, so hält man es für angemessen, in dieser Einleitung einige Worte darüber zu sagen.

Die Sache verhielt sich folgendermaßen: — Mary Hinsdale war eine Dienstmagd in der Familie des Hrn. Willett Hicks, welche in Greenwich

---

*) Man braucht das Wort Aberglauben, und nicht Christenthum, weil Hr. Paine ein Christ im strengen Sinne des Wortes war, was, wie zuvor bemerkt wurde, einen reinen Deisten bedeutet.

†) Es ist von glaubwürdigen Leuten, welche ihn kennen, versichert worden, daß Collins mehr aus Dummheit, als aus Schwärmerei oder Bosheit so gehandelt habe, und daß er von ruchlosen Pfaffen nur als Werkzeug gebraucht wurde.

Village, in der Nachbarschaft des Hrn. Paine wohnte, und ihm während seiner Krankheit bisweilen einige kleine Leckerbissen zuschickte, wie jeder gute Nachbar zu thun pflegt; und dieses Weibsbild überbrachte sie. Dieses ist die ganze Grundlage, worauf die verrückte Einbildungskraft der Mary Hinsdale, oder Jemand sonst für sie, diese teuflische Erdichtung gebaut hat. Herr Hicks pflegte Hrn. Paine häufig zu besuchen, und müßte es gewußt haben, wenn eine so wunderbare Umwandlung in seinem Gemüthe vorgegangen wäre, wie die vorgebliche, und er nimmt keinen Anstand, die ganze Erzählung für einen **frommen Betrug** zu erklären. Hr. Hicks ist ein angesehener Kaufmann in New-York, und Jeder, der in der Sache noch einen Zweifel hegt, kann durch eine Erkundigung bei ihm*) denselben beseitigen. Sogar James Cheetham, der Pasquillant des Hrn. Paine, erkennt an, daß derselbe in dem religiösen Glauben starb, welchen er in seinen Schriften gelehrt hatte. Dasselbe wird ebenfalls von seinem Arzte, Dr. Manly, sowie von Allen bezeugt, welche ihn während seiner letzten Krankheit besuchten. Allein, um die Sache über allen Zweifel zu erheben, folgt hier das Zeugniß von zwei alten und höchst angesehenen Bürgern, Thomas Nixon von New-York, und Bapt. Daniel Pelton von New-Rochelle. Dasselbe wurde an William Cobbett gerichtet, in der Erwartung, daß er das Leben Thomas Paine's zu beschreiben im Begriff stehe, und wurde einem Freunde übergeben, um es ihm einzuhändigen; allein da dieser sein Unternehmen wieder aufgab, so wurde es ihm niemals zugestellt, und befindet sich in den Händen des Herausgebers, in der eigenhändigen Schrift der Unterzeichner; dasselbe lautet folgendermaßen:

An Herrn William Cobbett.

Geehrter Herr! — Da wir vernommen haben, daß Sie beabsichtigen, eine Geschichte des Lebens und der Schriften von Thomas Paine zu schreiben, so erklären wir, falls man Ihnen Angaben in Bezug auf seine religiösen Meinungen, oder vielmehr in Bezug auf seinen Widerruf seiner früheren Meinungen kurz vor seinem Tode, zugestellt haben sollte, daß Alles, was Sie von seinem Widerrufe gehört haben mögen, falsch ist. Da wir vermutheten, daß von Schwärmern, welche zur Zeit, als man seinen Tod erwartete, sein Haus belagerten, dergleichen Gerüchte verbreitet werden würden, so begaben wir uns, die Unterschriebenen, genaue Bekannte von Thomas Paine seit dem Jahre 1776, in sein Haus; — er saß aufrecht in einem Stuhle, und augenscheinlich in der vollen Stärke und Thätigkeit seiner Geisteskräfte. Wir fragten ihn über seine religiösen Meinungen, und ob er seine Gesinnung geändert habe, oder irgend etwas bereue, was er über jenen Gegenstand gesagt oder geschrieben hätte.

---

*) Dies bezieht sich natürlich auf die Zeit, als die englische Vorrede erschien.   Der Uebersetzer.

Er antwortete: „durchaus nichts," und schien etwas beleidigt über unsere Annahme, daß in seiner Gesinnung irgend eine Aenderung eintreten könnte. Wir brachten die an ihn gestellten Fragen und seine Antworten darauf zu Papier, im Beisein mehrer in seinem Zimmer anwesender Personen, worunter sich sein Arzt, Mrs. Bonneville und mehrere Andere befanden. Dieses Papier ist verlegt worden, und man kann es in diesem Augenblick nicht finden; allein Obiges ist der wesentliche Inhalt, wie von vielen lebenden Zeugen bestätigt werden kann.
Thomas Nixon.
Daniel Pelton.
New-York, den 24. April 1818.

Die in diesem Zeugniß angeführten Fragen und Antworten mangeln, um dasselbe vollständig zu machen, allein der Inhalt derselben ist deutlich angegeben, daß „in der Gesinnung des Hrn. Paine keine Umwandelung eingetreten war." Und die Welt kann versichert sein, daß er starb, wie er lebte, als ein Weiser, in dem Glauben an Einen Gott, und in der Hoffnung auf Unsterblichkeit in einem andern Leben.

Was seine Vermögens-Verhältnisse anbelangt, so besaß er zur Zeit seines Todes ein Landgut, welches von ihm einige Jahre vorher für $10,000 verkauft worden war; aber da der Käufer starb, so bewog seine Familie Hrn. Paine, dasselbe wieder an sich zu nehmen. Er hatte $1,500 Baarschaft in Händen oder in verkäuflichen Assecuranz-Aktien, und hatte für Kost und Bedienung für sich, Mrs. Bonneville und einen Krankenwärter seit mehren Wochen vor seinem Tode $30 wöchentlich bezahlt; diese Summe wurde regelmäßig am Ende jeder Woche ausgezahlt. Dies sieht nicht aus, als ob er einen Mangel an Lebensmitteln gelitten hätte.

Da man einige, auf seine Bestattung bezüglichen, Umstände unrichtig angegeben hat, so mag die Bemerkung nicht am unschicklichen Orte sein, daß er nicht lange vor seinem Tode gegen Herrn Willett Hicks äußerte: da seine Familie zur Sekte der Quäker gehöre, und da er selbst in jenem Glaubenssystem auferzogen worden sei, und wisse, daß dessen Anhänger weniger Aberglauben hätten, als andere Sektirer, so würde er vorziehen, an ihrem Begräbnißorte beerbigt zu werden; allein er fügte hinzu, da er so lange von ihnen getrennt gewesen, so möchten vielleicht von ihrer Seite Einwendungen erhoben werden und in diesem Falle habe es nichts zu bedeuten. Hr. Hicks machte demzufolge eine Anfrage bei der Gemeine; und diese erwiderte, da es wahrscheinlich sei, daß Herrn Paine's Freunde ihm zu Ehren ein Denkmal errichten möchten, was ihren Regeln zuwider sei, so würde ihnen dies ungelegen sein. Als diese Antwort Hrn. Paine mitgetheilt wurde, nahm er sie gleichgültig auf, und damit war die Sache abgethan. Man bezieht sich hinsichtlich der Wahrheit dieser Angabe abermals auf Herrn Hicks. Es ist eine falsche Behauptung, daß eine Verschiedenheit der religiösen Meinungen der Grund der Einwendung gegen Herrn Paine's Ansuchen gewesen sei; wäre dieses wahr, so würde es der Quäker-Gemeine, oder irgend einer andern religiösen Sekte in gleichem Falle zum Vorwurfe gereichen. Es ist wohl bekannt, daß in streng-katholischen Ländern kein Deist oder Protestant (Ketzer, wie ihn die Katholiken zu nennen pflegen) auf irgend einem geweihten Kirchhofe beerbigt werden dürfte. Allein es ist zu hoffen, daß kein Protestant von irgend einer Sekte seine Sekte so weit in die religiöse Barbarei zurückschreiten sehen möchte, daß sie einem Mitmenschen, um seines religiösen Glaubens willen, ein anständiges Begräbniß verweigerte. In New-York hat man niemals einen derartigen Einwand erhoben, und der Vorstand der Trinity Kirche ist gesetzlich verbunden, allen Fremden, so wie Denen, welche nicht Mitglieder einer besondern Kirche oder Gemeine sind, eine unentgeltliche Beerdigung auf ihrem Begräbnißplatze zu gestatten, bei Strafe der Verwirkung ihres Freibriefes im Falle der Weigerung.

Man hat versucht, dem Rufe des Herrn Paine dadurch zu schaden, daß man den Charakter der Mrs. Bonneville angriff. James Cheetham wurde wegen dieses Verbrechens, nach einer langen und strengen Untersuchung vor einem Gerichtshofe, um die Summe von 100 Pfund Sterling gestraft, und genöthigt, die anstößige Stelle aus seinem ehrlosen Buche zu vertilgen. Da die Verbindung des Hrn. Paine mit der Familie Bonneville nicht allgemein bekannt ist, so mag man füglich bemerken, daß er bei Hrn. B. in Paris als dessen Freund und Gast 6 Jahre lang wohnte. Bonneville gab während der französischen Revolution eine Zeitung heraus, und weigerte sich, als Bonaparte die Zügel der Regierung an sich riß, diese Maaßregel zu billigen, und schrieb dagegen. Hierin hatte er wahrscheinlich den Rath und Beistand des Hrn. Paine. Die Folge davon war, daß Bonaparte seine Zeitung unterdrückte, was ihn in große Verlegenheit brachte; und als Paine nach Amerika ging, lud er Bonneville ein, ihm mit seiner Familie zu folgen, und versprach, ihn aus allen Kräften unterstützen zu wollen. Demgemäß schickte Bonneville, einige Zeit nach dessen Abreise, seine Frau und drei Kinder nach Amerika; er selbst blieb in Frankreich, um seine Angelegenheiten zu ordnen. Sie wurden von Hrn. Paine mit der größten Güte aufgenommen und versorgt; und bei seinem Tode vermachte er in seinem Testament an Bonneville und dessen Kinder den größten Theil seines Vermögens; auf solche Weise zahlte er eine Schuld der Dankbarkeit mit Zinsen zurück.

Das Zeitalter der Vernunft.

Erster Theil.
Untersuchung der wahren und fabelhaften Theologie.

An meine Mitbürger in den Ver. Staaten von Amerika.

Ich stelle das folgende Werk unter Euren Schutz. Dasselbe enthält meine Ansichten über Religion. Ihr werdet mir die Gerechtigkeit erweisen, Euch zu erinnern, daß ich das Recht jedes Menschen zu seiner eigenen Meinung, so verschieden jene Meinung von der meinigen sein mag, stets warm vertheidigt habe. Wer einem andern dieses Recht abspricht, macht sich selbst zum Sclaven seiner gegenwärtigen Meinung, weil er sich das Recht benimmt, dieselbe zu ändern.

Die furchtbarste Waffe gegen Irrthümer jeder Art ist die Vernunft. Ich habe niemals eine andere geführt, und ich werde dies zuversichtlich auch niemals thun.

Euer ergebener Freund und Mitbürger,

Thomas Paine.

Luxemburg (Paris), am 8. Pluviose, im zweiten Jahre der französischen Republik, der Einen und untheilbaren; d. h. am 27. Januar 1794 a. S.

Schon seit mehren Jahren hegte ich die Absicht, meine Gedanken über Religion der Oeffentlichkeit zu übergeben; ich kenne wohl die Schwierigkeiten, welche mit dem Gegenstande verknüpft sind und hatte mir aus dieser Rücksicht die Arbeit für eine spätere Lebenszeit vorbehalten. Dieselbe sollte die letzte Gabe sein, welche ich meinen Mitbürgern von allen Nationen darbringen wollte, und zwar zu einer Zeit, wann die Reinheit des Beweggrundes, welcher mich dazu veranlaßte, nicht in Zweifel gestellt werden könnte, selbst nicht von Denen, welche das Werk mißbilligen möchten.

Der Umstand, daß in Frankreich gegenwärtig der ganze National=Priesterstand und Alles' was religiöse Zwangssysteme und Zwang in Glaubenssachen bezweckt, gänzlich abgeschafft worden ist, hat nicht allein meine Absicht beschleunigt, sondern auch ein derartiges Werk äußerst nöthig gemacht, damit nicht in dem allgemeinen Schiffbruch des Aberglaubens, falscher Regierungssysteme und falscher Theologie auch die

Sittlichkeit, die Menschenliebe und die wahre Theologie (Gotteslehre) aus den Augen gesetzt werde.

Da mir mehre meiner Collegen und andere meiner Mitbürger in Frankreich mit dem Beispiel vorangegangen sind, aus freien Stücken ihr eigenes Glaubensbekenntniß abzulegen, so will auch ich das meinige ablegen und zwar eben so aufrichtig und freimüthig wie der Mensch im Geiste mit sich selber verkehrt.

Ich glaube an Einen Gott, und nicht an mehre — und ich hoffe auf einen glücklichen Zustand nach diesem Leben.

Ich glaube an die Gleichheit der Menschennatur; und ich glaube, daß religiöse Pflichten darin bestehen, Gerechtigkeit zu üben, Erbarmen zu lieben, und unsere Nebenmenschen glücklich zu machen.

Allein damit man nicht denke, ich glaubte noch an viele andere Dinge außer diesen, so werde ich im Fortgange dieses Werkes die Dinge erklären, woran ich nicht glaube, und meine Gründe anführen, warum ich nicht daran glaube.

Ich glaube nicht an die Artikel, welche die jüdische Kirche, die römische Kirche, die griechische Kirche, die türkische Kirche, die protestantische Kirche aufstellt, noch an das Bekenntniß irgend einer Kirche, welche ich kenne. Mein Geist ist meine Kirche.

Alle nationalen Kirchenanstalten, seien sie jüdisch, christlich oder türkisch, halte ich für weiter nichts als menschliche Erfindungen, welche man aufgestellt hat, um die Menschen einzuschüchtern und zu Sclaven zu machen, und Macht und Gewinn an sich zu reißen.

Mit dieser Erklärung will ich nicht diejenigen verdammen, welche einen andern Glauben haben; sie haben dasselbe Recht zu ihrem Glauben, wie ich zu dem meinigen. Allein es ist zum Glücke des Menschen nothwendig, daß er sich im Geiste treu bleibe. Der Unglaube besteht nicht in dem Glauben oder Nichtglauben an gewisse Sätze, sondern derselbe besteht in dem äußerlichen Bekenntniß eines Glaubens, welchen man innerlich nicht hat.

Es ist unmöglich, das moralische Unheil zu berechnen, welches die geistige Lüge, wenn ich es so nennen darf, in der menschlichen Gesellschaft gestiftet hat. Wenn der Mensch die Keuschheit seiner Gesinnung so weit besudelt und preis gegeben hat, daß er ein Glaubensbekenntniß für Dinge ablegt, welche er nicht glaubt; so hat er sich zur Verübung jedes andern Verbrechens geschickt gemacht. Er ergreift das Priesterhandwerk, um des Gewinnes halber, und um sich zu jenem Handwerk zu befähigen, fängt er mit einem Meineide an. Kann man sich etwas Verderblicheres für die Sittlichkeit denken als dieses?

Bald nachdem ich die Schrift „Gesunder Menschenverstand" in Amerika herausgegeben hatte, hielt ich es für höchst wahrscheinlich, daß auf eine Revolution im Regierungssystem eine Revolution im Religionssystem folgen würde. Wo immer die unlautere (ehebrecherische) Verbindung zwischen Kirche und Staat zu Stande gekommen ist, sei es die jüdische, die christliche oder türkische, da hat sie jede Erörterung über die festgesetzten Glaubensartikel und über die ersten Grundsätze der Religion durch Martern und Strafen so nachdrücklich verboten, daß bis zu einer Veränderung des Regierungssystems jene Gegenstände nicht aufrichtig und offen vor die Welt gebracht werden konnten; allein nach einer solchen politischen Veränderung muß auch eine Umwälzung im Religionssystem eintreten. Die menschlichen Erfindungen und die Ränke der Priester werden alsdann aufgedeckt; und der Mensch wendet sich wieder zu dem reinen, unvermischten und unverfälschten Glauben an einen Gott, und nicht mehr.

Jede Nationalkirche oder Religion hat sich dadurch gegründet, daß sie eine ausdrückliche Sendung von Gott, die gewissen Individuen mitgetheilt wurde, behauptet. Die Juden haben ihren Moses; die Christen ihren Jesus Christus, ihre Apostel und Heiligen; und die Türken ihren Muhamed — als ob der Weg zu Gott nicht Jedermann auf gleiche Weise offen stünde.

Jede dieser Kirchen zeigt gewisse Bücher auf, welche sie Offenbarung oder das Wort Gottes nennt. Die Juden sagen, ihr Wort Gottes sei von Gott an Moses von Angesicht zu Angesicht gegeben worden; die Christen sagen, ihr Wort Gottes sei durch göttliche Eingebung herab gekommen; und die Türken sagen, ihr Wort Gottes (der Koran) sei durch einen Engel vom Himmel gebracht worden. Jede dieser Kirchen klagt die andere des Unglaubens an; und ich meines Theils glaube ihnen allen nicht.

Da es nöthig ist, mit Worten richtige Begriffe zu verbinden, so will ich, ehe ich auf den Gegenstand weiter eingehe, noch einige Bemerkungen über das Wort Offenbarung vorlegen. Offenbarung, auf die Religion angewandt, bedeutet etwas, das von Gott dem Menschen un mit tel bar mitgetheilt wurde.

Niemand wird die Fähigkeit des Allmächtigen, eine solche Mittheilung nach Belieben zu machen, in Abrede stellen oder bestreiten. Allein den Fall gesetzt, daß etwas einer gewissen Person offenbart, und einer andern Person nicht offenbart worden ist, so ist es allein für jene Person eine Offenbarung. Wenn diese es einer zweiten Person erzählt, die zweite einer dritten, die dritte einer vierten, und so weiter, so ist es für alle jene Personen keine Offenbarung mehr. Es ist lediglich für die erste Person Offenbarung, und für jede andere Hörensagen, und folglich sind diese nicht verbunden, es zu glauben.

Es ist ein Widerspruch im Ausdruck und Begriffe, etwas eine Offenbarung zu nennen, was uns aus der zweiten Hand zukommt, sei es mündlich oder schriftlich. Die Offenbarung beschränkt sich nothwendig auf die erste Mittheilung — nach dieser ist es nur eine Erzählung von etwas, das nach der Behauptung jener Person eine ihr gewordene Offenbarung war; und obwohl jene Person sich für verbunden halten mag, daran zu glauben, so kann es mir nicht zur Pflicht gemacht werden, auf dieselbe Weise daran zu glauben; denn es war keine Offenbarung, welche **mir zu Theil wurde**, und ich habe nur die Aussage eines Andern dafür, daß sie ihm zu Theil wurde.

Als Moses den Kindern Israels erzählte, er habe die beiden Tafeln mit den Geboten aus den Händen Gottes empfangen, waren sie nicht verbunden, ihm zu glauben, weil sie keine andere Gewähr dafür hatten, als seine Behauptung; und ich habe keine andere Gewähr dafür, als daß mir irgend ein Geschichtschreiber so erzählt. Die zehn Gebote tragen keinen innern Beweis der Göttlichkeit an sich; sie enthalten einige gute sittliche Vorschriften, wie sie ein tüchtiger Gesetzgeber aufstellen kann, ohne zu übernatürlicher Hülfe seine Zuflucht zu nehmen.*)

Wenn mir erzählt wird, daß der Koran im Himmel geschrieben, und von einem Engel an Muhamed überbracht worden sei, so ist die Nachricht ebenfalls ungefähr dieselbe Art Beweis von Hörensagen und Autorität aus zweiter Hand, wie die erstere. Ich selbst sah den Engel nicht, und habe deshalb ein Recht, es nicht zu glauben.

Wenn mir ferner erzählt wird, daß eine Frau, genannt die Jungfrau Maria, sagte oder ausbreitete, sie sei ohne den Beischlaf eines Mannes schwanger geworden, und daß ihr angetrauter Ehemann, Joseph, sagte, ein Engel habe ihm dieses erzählt; so habe ich ein Recht, ihnen zu glauben oder nicht; ein solcher Umstand bedarf eines weit stärkeren Beweises, als ihr bloßes Wort dafür; aber wir haben nicht einmal dieses — denn weder Joseph noch Maria selbst schrieben dergleichen Dinge; es wird nur von Andern berichtet, daß **sie dies sagten** — es ist Hörensagen vom Hörensagen, und ich bin nicht gesonnen, meinen Glauben auf solchen Beweis zu stützen.

Indessen ist es nicht schwierig zu erklären, warum dem Mährchen, daß Jesus Christus der Sohn Gottes sei, Glaube geschenkt wurde. Er wurde geboren, als die heidnische Götterlehre (Mythologie) in der Welt noch immer in der Mode war und in Ansehn stand, und jene Götterlehre hatte die Leute zu dem Glauben an ein solches Mährchen vorbereitet. Fast alle außerordentlichen Männer, welche unter der heidnischen Mythologie lebten, wurden für die Söhne ihrer Götter gehalten. Es war zu jener Zeit nichts Neues, zu glauben, daß Jemand vom Himmel abstamme; der Umgang der Götter mit sterblichen Frauen war damals eine ganz

---

*) Doch muß man nothwendig die Erklärung ausnehmen, welche lautet, daß **Gott die Sünden der Väter an den Kindern heimsuchet**, dieselbe steht im Widerspruch mit allen Grundsätzen der moralischen Gerechtigkeit.

gewöhnliche Meinung. Ihr Jupiter hatte, nach ihren Erzählungen, mit Hunderten den Beischlaf vollzogen; das Mährchen hatte sonach weder etwas Neues, Wunderbares noch Unzüchtiges an sich; es entsprach den Ansichten, welche damals unter den sogenannten heidnischen Völkern oder Mythologen herrschten, und nur jene Völker glaubten daran. Die Juden, welche den Glauben an Einen Gott und nicht mehr, strenge festgehalten, und die heidnische Götterlehre stets verworfen hatten, schenkten dem Mährchen niemals Glauben.

Es ist merkwürdig, wenn man betrachtet, wie die Lehre der sogenannten christlichen Kirche aus den Anhängseln der heidnischen Mythologie entsprungen ist. Der erstere Artikel, welcher aus der letzteren geradezu aufgenommen wurde, läßt den angeblichen Stifter der christlichen Religion vom Himmel erzeugt werden. Die Dreifaltigkeit von Göttern, welche sodann folgte, war nichts weiter, als eine Verminderung der früheren Vielgötterei, welche sich auf ungefähr 20—30,000 Köpfe belief; die Bildsäule der Maria trat an die Stelle der Bildsäule der Diana von Ephesus; die Vergötterung von Heroen verwandelte sich in die Canonisation von Heiligen; die heidnischen Mythologen hatten Götter für jeden Gegenstand; die christlichen Mythologen hatten Heilige für jeden Gegenstand; die Kirche wurde so vollgepfropft mit Diesen, wie das Pantheon mit Jenen gewesen war; und Rom war der Ort für Beide. Die christliche Lehre ist wenig mehr, als der Götzendienst der alten Mythologen, welcher nur von ehrgeizigen und gewinnsüchtigen Menschen ihren Zwecken angepaßt worden ist; und es bleibt der Vernunft und Philosophie die Aufgabe, den zwitterhaften Betrug zu zerstören.

Man beabsichtigt, mit dem hier Gesagten dem **wirklichen** Charakter von Jesus Christus nicht im Entferntesten zu nahe zu treten. Er war ein tugendhafter und liebenswürdiger Mann. Die Moral, welche er predigte und ausübte, war die reinste Menschenliebe; und obwohl ähnliche Moralsysteme von Confucius und von einigen griechischen Philosophen schon lange vorher, von den Quäkern nach ihm, und von vielen guten Menschen zu allen Zeiten gepredigt worden sind; so ist seine Lehre doch von keinem jener Systeme übertroffen worden.

Jesus Christus schrieb keine Nachricht über sich selbst, über seine Geburt, Herkunft oder irgend etwas sonst; nicht eine Zeile in dem sogenannten Neuen Testament ist von ihm selbst verfaßt. Die Geschichte von ihm ist durchaus das Werk anderer Leute; und was die Erzählung von seiner Auferstehung und Himmelfahrt anbelangt, so war dieselbe das nothwendige Gegenstück zu der Sage von seiner Geburt. Da ihn seine Geschichtsschreiber auf eine übernatürliche Weise in die Welt gebracht hatten, so waren sie genöthigt, ihn auf dieselbe Weise auch wieder hinaus zu schaffen, sonst würde der erste Theil der Sage seinen Halt verloren haben.

Die jämmerliche Art, wie dieser letztere Theil erzählt ist, übertrifft alles

Vorhergehende. Der erste Theil, von der wunderbaren Empfängniß, war etwas, wobei keine Oeffentlichkeit stattfinden konnte; und darum hatten die Erzähler dieses Theiles dieses Mährchens den Vortheil, daß man ihre Lüge nicht aufdecken konnte, wenn man ihnen auch keinen Glauben schenkte. Man konnte von ihnen keinen Beweis erwarten, weil es kein Ding war, das einen Beweis zuließ, und es war unmöglich, daß die Person, von welcher es erzählt wurde, es selbst beweisen konnte.

Allein die Auferstehung eines Todten aus dem Grabe, und dessen Hinauffahren durch die Luft ist, in Bezug auf den zulässigen Beweis, etwas ganz Verschiedenes von der unsichtbaren Empfängniß eines Kindes im Mutterleibe. Die Auferstehung und Himmelfahrt, gesetzt sie hätten stattgefunden, gestatteten eine öffentliche und augenscheinliche Darlegung, wie das Aufsteigen eines Luftballons, oder der Sonne um Mittag, zum mindesten für ganz Jerusalem. Wenn etwas von Jedermann geglaubt werden soll, so sollte der Beweis und Augenschein davon für Alle gleich und allgemein sein; und da die öffentliche Sichtbarkeit dieser zuletzt erzählten Handlung der einzige Beweis war, welcher den ersteren Theil der Erzählung bekräftigen konnte, so wird das Ganze zu Nichte, weil jener Beweis niemals geliefert wurde. Statt dessen wird eine kleine Anzahl Personen, nicht mehr als 8 oder 9, als Anwälte für die ganze Welt aufgestellt, um zu sagen, daß sie es gesehen hätten, und alle übrigen Leute werden aufgefordert es zu glauben. Aber wir lesen, daß Thomas an die Auferstehung nicht glaubte, und wie es heißt, nicht glauben wollte, ohne selbst einen augenscheinlichen und handgreiflichen Beweis davon zu haben. Eben so wenig will ich daran glauben, und der angeführte Grund gilt eben so gut für mich und für jede andere Person, wie für Thomas.

Vergebens versucht man diese Sache zu beschönigen oder zu bemänteln. Die Geschichte trägt, so viel ihren übernatürlichen Theil anbelangt, den Stempel der Betrügerei und Aufschneiderei deutlich an der Stirne. Wer die Urheber derselben waren, können wir unmöglich jetzt erforschen, eben so wenig wie wir zur Gewißheit darüber gelangen können, ob die Bücher, worin die Sache erzählt wird, von Personen, deren Namen sie führen, geschrieben wurden; die besten überlebenden Zeugen, welche wir in Bezug auf diese Vorfälle haben, sind die Juden. Sie stammen in gerader Linie von den Leuten ab, welche zur Zeit, als diese Auferstehung und Himmelfahrt stattgefunden haben soll, lebten, und sie sagen: die Geschichte sei nicht wahr. Es ist mir schon längst als eine sonderbare Ungereimtheit vorgekommen, daß man die Juden als Zeugen für die Wahrheit der Geschichte anführt. Es ist gerade so, als ob Jemand sagte, ich will die Wahrheit meiner Erzählung durch die Leute beweisen, welche sagen, daß sie erlogen ist.

Daß eine solche Person, wie Jesus Christus, lebte, und daß derselbe gekreuzigt wurde, was zu damaliger Zeit die gewöhnliche Art der Hinrichtung war, das sind geschichtliche Erzählungen, welche nicht im Geringsten die Grenzen der Wahrscheinlichkeit überschreiten. Er predigte eine ganz vorzügliche Moral und die Gleichheit aller Menschen; allein er predigte gleichfalls gegen die Verdorbenheit und Habsucht der jüdischen Priester, und dieses beschwor den Haß und die Rache der ganzen Priesterkaste auf sein Haupt. Die Anklage, welche jene Priester gegen ihn erhoben, lautete auf Empörung und Verschwörung gegen die römische Regierung, welcher die Juden damals unterthan und zinspflichtig waren; und es ist nicht unwahrscheinlich, daß die römische Regierung eben sowohl wie die jüdischen Pfaffen, im Geheimen einige Besorgnisse vor den Wirkungen seiner Lehre gehabt haben mag; eben so wenig ist es unwahrscheinlich, daß Jesus Christus die Befreiung des jüdischen Volkes aus der römischen Knechtschaft beabsichtigte. Jedoch zwischen diese beiden Gewalten gestellt, verlor dieser tugendhafte Reformator und Revolutionär sein Leben.

Auf diese einfache Darstellung von Thatsachen, nebst einer andern Sage, welche ich alsbald erwähnen werde, haben die christlichen Mythologen, welche sich die christliche Kirche nennen, ihre Fabel gebaut, welche an Abgeschmacktheit und Uebertreibung Alles übertrifft, was sich in der Mythologie des Alterthums vorfindet.

Die alten Mythologen erzählen uns, daß das Geschlecht der Titanen (Riesen) gegen Jupiter (den höchsten Gott der Heiden) Krieg führte, und daß einer derselben mit einem Wurfe hundert Berge gegen ihn schleuderte; daß Jupiter ihn mit seinen Blitzen bändigte, und ihn darauf unter den Berg Aetna sperrte, und daß jedesmal, wenn sich der Riese umwendet, der Berg Aetna Feuer speit.

Man sieht hier leicht, daß die Eigenthümlichkeit des Berges, welcher ein Vulcan ist, die Idee zu der Fabel lieferte; und daß die Fabel jenem Umstande angepaßt und damit beschlossen wurde.

Die christlichen Mythologen erzählen uns, daß ihr Satan gegen den Allmächtigen Krieg führte, welcher ihn bändigte, und ihn nachher einsperrte, aber nicht unter einem Berge, sondern in einem Abgrunde. Man kann hier leicht sehen, daß die erste Fabel die Idee zu der zweiten an die Hand gab, denn die Fabel von Jupiter und den Riesen wurde viele hundert Jahre vor der Fabel vom Satan erzählt.

Bis hierher weichen die heidnischen und die christlichen Mythologen sehr wenig von einander ab. Allein die Letzteren haben versucht, die Sache noch viel weiter auszuführen; sie haben versucht, den fabelhaften Theil der Geschichte von Jesus Christus mit der aus dem Berg Aetna entsprungenen Fabel zu verbinden; und um alle Theile der Geschichte in Zusammenhang zu bringen, haben sie die Ueberlieferungen der Juden zu Hülfe genommen; denn die christliche Mythologie ist zusammengestückelt, zum Theil aus der heidnischen Mythologie, und zum Theil aus den jüdischen Ueberlieferungen.

Nachdem die christlichen Mythologen den Satan in einen Abgrund gesperrt hatten, waren sie genöthigt, ihn wieder heraus zu lassen, um die Fabel zu einem zweckmäßigen Schlusse zu bringen. Er wird sodann in Gestalt einer Schlange in den Garten Eden geführt, und knüpft in jener Gestalt eine vertrauliche Unterhaltung mit der Eva an, welche sich nicht im Geringsten darüber wundert, eine Schlange sprechen zu hören, und der Ausgang dieses geheimen Zwiegesprächs ist der, daß er sie beredet, einen Apfel zu essen, und das Essen jenes Apfels verdammt das ganze Menschengeschlecht.

Nachdem die Kirchen-Mythologen dem Satan diesen Triumph über die ganze Schöpfung zugestanden hatten, sollte man denken, sie wären so menschenfreundlich gewesen, ihn wieder in den Abgrund zu schicken; oder wenn sie dieses nicht thun wollten, daß sie einen Berg auf ihn geworfen hätten (denn sie sagen ja, daß ihr Glaube Berge bewegen kann) oder daß sie ihn, wie die früheren Mythologen unter einen Berg geworfen hätten, um zu verhüten, daß er nicht wieder unter die Weiber geriethe und mehr Unheil stiftete. Allein statt dessen lassen sie ihn frei herumlaufen, ohne ihm nur sein Ehrenwort abzunehmen — der geheime Grund hiervon liegt darin, daß sie nicht ohne ihn fertig werden konnten, und nachdem sie sich die Mühe gegeben hatten ihn zu machen, boten sie ihm eine Belohnung an, wenn er bleibe. Sie versprachen ihm alle Juden, alle Türken als Vorschmack, neun Zehntheile der Welt daneben, und den Muhamed in den Kauf. Wer kann hiernach an der Milde der christlichen Mythologie zweifeln?

Nachdem sie solchergestalt eine Empörung und eine Schlacht im Himmel, in welcher keiner der Kämpfer getödtet oder verwundet werden konnte, veranstaltet — den Santan in den Abgrund geworfen — ihn wieder herausgelassen — ihm einen Triumph über die ganze Schöpfung eingeräumt — das ganze Menschengeschlecht durch einen Apfelbiß verdammt haben; bringen diese christlichen Mythologen die beiden Enden ihrer Fabel zusammen. Sie stellen diesen tugendhaften und liebenswürdigen Mann Jesus Christus zugleich als Gott und als Menschen dar, und gleichfalls als den Sohn Gottes, welcher zu dem ausdrücklichen Zwecke vom Himmel erzeugt wurde, um sich opfern zu lassen, weil sie sagen, daß Eva in ihren Gelüsten in einen Apfel gebissen habe.

Wenn man hierbei Alles übersieht, was durch seine Abgeschmacktheit, Gelächter oder durch seine Gemeinheit Abscheu erregen könnte, und sich blos auf eine Untersuchung der einzelnen Theile beschränkt, so kann man unmöglich eine Geschichte ersinnen, welche für den Allmächtigen beschimpfender, mit seiner Weisheit unverträglicher, seiner Macht widersprechender ist, als diese Erzählung.

Um dieselbe auf eine gehörige Grundlage zu bauen, waren die Erfinder genöthigt, dem Wesen, welches sie Satan nennen, eine ebenso große, wo nicht größere Gewalt zu verleihen, als sie dem Allmächtigen beilegen. Sie haben ihm nicht allein die Macht verliehen, sich nach seinem sogenannten Falle aus dem Abgrund zu befreien, sondern sie haben jene Macht später in's Unendliche wachsen lassen. Vor diesem Falle stellen sie ihn nur als einen Engel von beschränkter Existenz dar, wie die übrigen Engel. Nach diesem Falle wird er nach ihrer Angabe allgegenwärtig. Er existirt überall und zu derselben Zeit. Er nimmt den ganzen unermeßlichen Raum ein.

Nicht zufrieden mit dieser Vergötterung des Satans, erzählen sie von ihm, daß er durch eine Kriegslist, in Gestalt eines erschaffenen Thieres alle Macht und Weisheit des Allmächtigen zu Schanden gemacht habe. Sie stellen ihn dar, als habe er den Allmächtigen geradezu genöthigt, entweder die ganze Schöpfung an die Regierung und Oberhoheit dieses Satans zu überantworten, oder für ihre Erlösung dadurch zu capituliren, daß er auf die Erde herab kam, und sich in Gestalt eines Menschen an einem Kreuze zur Schau stellte.

Hätten die Erfinder dieses Mährchens gerade das Gegentheil erzählt, das heißt, hätten sie den Allmächtigen dargestellt, wie er den Satan nöthigte, sich selbst in Gestalt einer Schlange an einem Kreuze zur Schau zu stellen, zur Strafe für seine neue Missethat; so würde die Geschichte nicht so abgeschmackt — nicht so widersprechend gewesen sein. Allein statt dessen lassen sie den Bösewicht siegen, und den Allmächtigen fallen.

Daß viele gute Menschen an diese sonderbare Fabel geglaubt, und in jenem Glauben ein sehr tugendhaftes Leben geführt haben, (denn Leichtgläubigkeit ist kein Verbrechen) bezweifle ich durchaus nicht. Erstlich wurden sie ja zu jenem Glauben erzogen, und sie würden irgend etwas sonst auf dieselbe Weise geglaubt haben. Ferner sind auch Viele durch das, was sie für die unendliche Liebe Gottes zum Menschengeschlechte hielten, weil er sich selbst zum Opfer brachte, zu solchem Entzücken hingerissen worden, daß der Schwindel der Vorstellung sie abgehalten, ja abgeschreckt hat, auf eine Untersuchung der Abgeschmacktheit und Gottlosigkeit der Erzählung einzugehen. Je unnatürlicher etwas ist, um so fähiger ist es, der Gegenstand einer erschrecklichen Bewunderung zu werden.

Doch wenn wir uns nach Gegenständen der Dankbarkeit und Bewunderung sehnen, stellen sie sich nicht jede Stunde unsern Augen dar? Sehen wir nicht eine herrliche Schöpfung, welche uns vom Augenblick unserer Geburt an entgegenlacht — eine Welt, welche sich unseren Händen darbeut, welche uns nichts kostet? Sind wir es, welche die Sonne leuchten lassen, welche den Regen herabgießen, und die Erde mit Ueberfluß segnen? Ob wir schlafen oder wachen, das ungeheure Getriebe des Weltalls geht seinen steten Gang fort. Sind diese Dinge und die Segnungen, welche sie uns für die Zukunft verheißen, nichts für uns? Können unsere abgestumpften Gefühle durch keine anderen Gegenstände aufgeregt werden, als durch Trauerspiele und Selbstmord? Oder ist der finstere Stolz des Menschen so unerträglich geworden, daß ihm nichts mehr schmeicheln kann, als ein Opfer des Schöpfers?

Ich weiß, daß diese kühne Untersuchung viele beunruhigen wird, allein ich würde ihrer Leichtgläubigkeit zu viel Ehre erweisen, wollte ich dieselbe aus jenem Grunde unterlassen; die Zeiten und der Gegenstand fordern, daß dies geschehe. Der Verdacht, daß die Lehre der sogenannten christlichen Kirche fabelhaft sei, faßt in allen Ländern immer weiter Wurzel; und es wird für Leute, welche unter jenem Verdachte schwanken, und nicht wissen, was sie glauben, und was sie nicht glauben sollen, ein Trost sein, wenn sie den Gegenstand frei untersucht sehen. Ich gehe demnach zu einer Untersuchung der Bücher des sogenannten Alten und Neuen Testamentes über.

Diese Bücher, anfangend mit dem ersten Buch Moses (Genesis) und endend mit der Offenbarung (welche nebenbei gesagt ein Buch voll Räthsel ist, das einer Offenbarung zu seiner Erklärung bedarf), sind, wie man uns sagt, das Wort Gottes. Wir sollten darum füglich wissen, wer uns dieses sagte, damit wir wissen mögen, welchen Glauben wir der Aussage zu schenken haben. Die Antwort auf diese Frage lautet: daß Niemand dies angeben kann, außer daß wir es Einer dem Andern erzählen.

Nach der Geschichte jedoch stellt sich die Sache folgendermaßen heraus: Als die Kirchen=Mythologen ihr System aufstellten, sammelten sie alle Schriften, welche sie finden konnten, und verfuhren damit nach ihrem Belieben. Wir schweben in der vollkommensten Ungewißheit darüber, ob diejenigen Schriften, welche gegenwärtig unter dem Namen des Alten und Neuen Testaments erscheinen, noch in demselben Zustande sind, in welchem sie jene Sammler nach ihrer Angabe vorfanden, oder ob sie dieselben vermehrten, veränderten, abkürzten oder überarbeiteten.

Sei dem, wie ihm wolle, sie entschieden durch Abstimmung, welche Bücher aus der von ihnen veranstalteten Sammlung das Wort Gottes sein sollten, und welche nicht. Sie verwarfen mehre; sie bestimmten andere als zweifelhaft, wie die sogenannten Apokryphischen Bücher; und solche Bücher, welche eine Mehrheit der Stimmen für sich hatten, wurden für das Wort Gottes erklärt. Hätten sie anders gestimmt, so würden alle Leute, welche sich seither Christen nannten, anders geglaubt haben—denn der Glauben der Letzteren rührt von den Stimmen der Ersteren her. Wer die Leute waren, welche dieses thaten, wissen wir nicht; sie legten sich den allgemeinen Namen „die Kirche" bei, und dies ist Alles, was wir von der Sache wissen.

Da wir keinen andern äußern Beweis oder keine andere Autorität für den Glauben haben, daß jene Bücher das Wort Gottes seien, als was ich erwähnt habe (was aber gar kein Beweis oder gar keine Autorität ist); so habe ich zunächst den inneren Beweis zu untersuchen, welcher in den Büchern selbst enthalten ist.

In einem vorhergehenden Theile dieser Abhandlung habe ich von Offenbarung gesprochen.—Ich verfolge nunmehr jenen Gegenstand weiter, um denselben auf die fraglichen Bücher anzuwenden.

Offenbarung ist eine Mittheilung von Etwas, das die Person, welcher jenes Ding offenbart wird, vorher nicht wußte. Denn wenn ich etwas gethan, oder es thun gesehen habe, so bedarf es keiner Offenbarung, um mir zu sagen, daß ich es gethan oder gesehen habe, noch damit ich im Stande sei, es zu erzählen oder niederzuschreiben.

Offenbarung kann sonach nicht auf etwas angewandt werden, was auf Erden geschieht, und wobei der Mensch selbst handelnde Person oder Zeuge ist; und folglich fallen alle geschichtliche und erzählende Theile der Bibel —also beinahe die ganze Bibel — nicht in den Begriff und Umfang des Wortes Offenbarung, und sind also auch nicht das Wort Gottes.

Als Simson mit den Thoren von Gaze fortlief, wenn er dieses je that, (und ob er es that oder nicht, kann uns ganz gleichgültig sein,) oder als er seine Delila besuchte, oder seine Füchse fing, oder irgend etwas sonst that—was hat die Offenbarung mit diesen Dingen zu schaffen? Wenn dieselben wirklich geschehen, so konnte er sie selbst erzählen; oder sein Secretär, wenn er einen hielt, konnte sie niederschreiben, wenn dieselben des Erzählens oder Niederschreibens werth waren; und wenn sie erdichtet waren, so konnte sie die Offenbarung nicht wahr machen; und mögen sie wahr sein oder nicht, so werden wir weder besser noch weiser, wenn wir sie wissen. Wenn wir die Unendlichkeit jenes Wesens betrachten, welches das unbegreifliche Weltall, wovon das schärfste Menschenauge nur einen Theil entdecken kann, ordnet und regiert, so sollten wir uns schämen, solche armselige Mährchen das Wort Gottes zu nennen.

Was die Erzählung von der Schöpfung betrifft, womit das erste Buch Moses anfängt, so hat dieselbe allen Anschein einer Sage, welche die Israeliten vor ihrer Wanderung nach Egypten unter sich hatten; und nach ihrem Abzuge aus jenem Lande stellten sie dieselbe an die Spitze ihrer Geschichte, ohne zu sagen (was das Wahrscheinlichste ist), daß sie nicht wußten, wie sie dazu kamen. Die Art, wie die Erzählung anhebt, erweist dieselbe als eine Sage. Der Anfang ist abgerissen; es ist Niemand da, der spricht; es ist Niemand da, der hört; die Erzählung ist an Niemanden gerichtet; sie hat weder eine erste, zweite oder dritte Person; sie trägt jedes Merkmal einer Sage an sich, sie hat keinen Gewährsmann. Moses nimmt dieselbe nicht auf sich, denn er führt sie nicht mit der Förmlichkeit ein, welche er bei andern Gelegenheiten braucht, wo er sagt: „Der Herr sprach zu Moses die Worte."

Warum man es die mosaische Erzählung von der Schöpfung genannt hat, vermag ich nicht einzusehen. Moses war nach meiner Ansicht ein zu guter Richter über dergleichen Sachen, als daß er zu jener Erzählung seinen Namen gesetzt haben sollte. Er war unter den Egyptern erzogen worden, welche in Wissenschaften, und ganz besonders in der Astronomie (Sternkunde) ebenso bewandert waren, wie irgend ein Volk damaliger Zeit; und das Schweigen und die Vorsicht, welche Moses beobachtet, indem er jene Schöpfungsgeschichte nicht beglaubigt, ist ein starker, negativer Beweis, daß er dieselbe weder erzählte noch glaubte. — Die Sache ist eben die, alle Nationen sind Weltmacher gewesen, und die Israeliten hatten eben so gut das Recht, sich mit dem Geschäfte der Weltmacherei abzugeben, wie irgend ein anderes Volk; und da Moses kein Israelite war, so mochte er wohl der Sage nicht gerne widersprechen. Die Erzählung ist jedoch unschädlich; und das ist mehr, als von vielen andern Theilen der Bibel gesagt werden kann.

Wenn wir die unzüchtigen Geschichten, die wollüstigen Ausschweifungen, die grausamen und martervollen Hinrichtungen, von der unversöhnlichen Rachgier lesen, womit die Bibel mehr als zur Hälfte angefüllt ist; so würde es passender sein, dieselbe das Wort eines Dämons (bösen Geistes), als das Wort Gottes zu nennen. Sie ist eine Geschichte der Ruchlosigkeit, welche dazu gedient hat, die Menschen zu verderben und zum Vieh herabzuwürdigen; und ich, meines Theils, verabscheue dieselbe darum aufrichtig, sowie ich Alles verabscheue, was grausam ist.

Bis man zu den vermischten Theilen der Bibel kommt, stößt man, mit Ausnahme weniger Redensarten, kaum auf etwas Anderes, als was entweder unsern Abscheu oder unsere Verachtung verdient. In den anonymen Schriften, den Psalmen und dem Buch Hiob, ganz besonders in dem letzteren, finden wir sehr viele erhabene Gedanken über die Macht und Güte Gottes mit Ehrfurcht ausgesprochen; allein dieselben stehen auf keiner höheren Stufe als viele andere Schriften über ähnliche Gegenstände, welche sowohl vor als nach jener Zeit erschienen sind.

Die Sprüche, welche von Salomo herrühren sollen, obwohl sie höchst wahrscheinlich eine Sammlung sind (weil sie eine Lebenskenntniß verrathen, von deren Aneignung ihn sein Stand ausschloß), sind eine lehrreiche Sittentafel. Sie stehen übrigens den Sprüchwörtern der Spanier an Scharfsinn nach, und verrathen nicht mehr Weisheit und Haushaltungskunst, als die Lebensregeln des Amerikaners Franklin.

Alle übrigen Theile der Bibel, welche den Allgemeinen Namen „die Propheten" führen, sind die Werke der jüdischen Dichter und reisenden Prediger, welche Poesie, Anekdoten und Predigten unter einander mengten, — und jene Werke sind in der Ursprache in einem dichterischen Versmaße abgefaßt.*)

---

*) Ein dichterisches Versmaß besteht in der Abwechselung langer und kurzer Sylben nach gewissen Regeln; und diese Abwechselung findet sich in den Urschriften aller Propheten.

Auch gehören die Bilder in jenen Büchern durchaus nur der Dichtkunst an; sie sind Erzeugnisse der Phantasie, und oft übertrieben, und sind in keiner andern Schreibart, als einer poetischen, zulässig.

In dem ganzen Buche, welches Bibel genannt wird, findet sich nicht ein einziges Wort, welches uns das beschreibt, was man einen Dichter nennt, noch ein Wort, welches das schildert, was man Dichtkunst nennt. Der Grund hiervon liegt darin, daß das Wort P r o p h e t, mit welchem spätere Zeiten einen neuen Begriff verbunden haben, der Bibel-Ausdruck für Dichter war, und das Wort P r o p h e z e i h e n die Kunst, Gedichte zu machen, bedeutete. Es bedeutete gleichfalls die Kunst, Gedichte nach einer Melodie auf irgend einem musikalischen Instrumente zu begleiten.

Wir lesen von Prophezeihen mit Pfeifen, Handpauken und Hörnern — von Prophezeihen mit Harfen, mit Psaltern, mit Cymbeln und mit jedem andern damals üblichen musikalischen Instrument. Wollten wir jetzt sprechen von Prophezeihen mit einer Geige, oder mit einer Pfeife und Trommel, so würde der Ausdruck keine Bedeutung haben, oder würde lächerlich klingen, ja für manche Leute verächtlich, weil wir die Bedeutung des Wortes verändert haben.

Es wird uns erzählt, daß Saul unter den P r o p h e t e n gewesen sei, und gleichfalls daß er prophezeiht habe; aber wir erfahren nicht, w a s s i e p r o p h e z e i h t e n, noch w a s e r p r o p h e z e i h t e. Die Sache ist eben die, es war nichts davon zu erzählen; denn diese Propheten waren nichts weiter als eine Gesellschaft von Musikanten und Dichtern, und Saul nahm an dem Concert Theil, und dies wurde P r o p h e z e i h e n genannt.

Die Nachricht, welche von diesem Vorfall in dem sogenannten Buch Samuelis enthalten ist, lautet: daß Saul eine G e s e l l s c h a f t von Propheten antraf — eine ganze Gesellschaft derselben! welche mit einem Psalter, einer Handpauke, einer Pfeife und einer Harfe herunter kamen, und daß sie prophezeihten, und daß er mit ihnen prophezeihte. Allein es ergiebt sich nachher, daß Saul schlecht prophezeihte; das heißt, er spielte seine Rolle schlecht; denn es heißt, daß ein „b ö s e r G e i s t v o n G o t t"*) über Saul kam, und prophezeihte.

Gäbe es nun in dem Buche, welches die Bibel genannt wird, keine andere Stelle, als diese, um uns darzuthun, daß wir die ursprüngliche Bedeutung des Wortes Prophezeihen verloren, und eine andere Bedeutung an deren Stelle gesetzt haben; so würde diese allein genügen. Denn es ist unmöglich, das Wort prophezeihen an der Stelle, wo es hier gebraucht und angewandt wird, zu gebrauchen und anzuwenden, wenn man demselben den Sinn beilegt, welchen spätere Zeiten damit verbunden haben. Die Art, wie es hier gebraucht wird, entkleidet es von aller

---

*) Da die Leute, welche sich Gottesgelehrte und Bibelausleger nennen, ein großes Vergnügen daran finden einander in Verlegenheit zu setzen, so überlasse ich ihnen, sich über die Bedeutung des ersten Theiles des Satzes zu streiten, nämlich über e i n e n b ö s e n G e i s t v o n G o t t. Ich halte mich an meinen Text — ich halte mich an die Bedeutung des Wortes prophezeihen.

religiösen Bedeutung, und zeigt, daß Jemand damals ein **Prophet** sein, oder **prophezeihen** mochte, wie er gegenwärtig ein Dichter oder ein Musiker sein mag, ohne irgend eine Rücksicht auf die Sittlichkeit oder Unsittlichkeit seines Charakters. Das Wort war anfänglich ein Kunstausdruck, welcher ohne Unterschied auf Dichtkunst und Musik angewandt wurde, und sich nicht auf irgend einen Gegenstand beschränkte, welcher dichterisch oder musikalisch behandelt werden mochte.

Deborah und Barak werden Propheten genannt, nicht, weil sie irgend etwas vorher sagten, sondern weil sie das Gedicht oder Lied, welches ihren Namen führt, zur Feier einer bereits geschehenen Handlung verfaßten. David wird zu den Propheten gerechnet, denn er war ein Musiker, und galt ebenfalls (obwohl vielleicht sehr irrig) für den Verfasser der Psalmen. Hingegen Abraham, Isaac und Jacob werden nicht Propheten genannt; es ergiebt sich aus keiner Nachricht, welche wir haben, daß sie singen, Musik machen oder Gedichte verfassen konnten.

Wir hören von den großen und kleinen Propheten. Man könnte eben so wohl von einem großen und einem kleinen Gotte sprechen; denn es können, in Uebereinstimmung mit der neueren Bedeutung des Wortes, im Prophezeihen keine Grade stattfinden. — Allein in der Dichtkunst giebt es Stufen, und deshalb paßt der Ausdruck in diesem Falle, wenn wir darunter die großen und die kleinen Dichter verstehen.

Es ist hiernach durchaus unnöthig, über Das, was jene sogenannten Propheten geschrieben haben, weitere Bemerkungen zu machen. Man trifft mit einem Schlage die Wurzel, indem man beweist, daß die ursprüngliche Bedeutung des Wortes mißverstanden worden ist, und folglich sind alle Schlußfolgerungen, welche man aus jenen Büchern gezogen hat, die andächtige Ehrfurcht, welche denselben gezollt worden ist, und die gelehrten Commentare, welche man über dieselben geschrieben hat, weil man ihre Bedeutung mißkannte, — alle diese sind nicht werth, daß man sich darüber streitet. In vielen Stücken jedoch verdienen die Schriften der jüdischen Dichter ein besseres Loos, als daß man sie, wie gegenwärtig der Fall ist, mit dem elenden Stoffe zusammenbinde, welcher sie unter dem gemißbrauchten Namen Wort Gottes begleitet.

Wenn wir von Gegenständen richtige Vorstellungen zu fassen wünschen, so müssen wir mit Demjenigen, was wir mit dem Namen Wort Gottes beehren möchten, nothwendig den Begriff nicht allein der Unveränderlichkeit verbinden, sondern auch der gänzlichen Unmöglichkeit, darin auf irgend eine Weise oder durch irgend ein Ereigniß eine Veränderung eintreten zu lassen; und darum kann das Wort Gottes nicht in irgend einer geschriebenen oder menschlichen Sprache bestehen.

Die unaufhörlich fortschreitende Veränderung, welcher die Bedeutung von Worten unterworfen ist; der Mangel einer Universal- oder Weltsprache, wodurch Uebersetzungen nothwendig werden; die Irrthümer, welchen wieder Uebersetzungen unterliegen; die Fehler beim Abschreiben und im Drucke, nebst der Möglichkeit vorsätzlicher Veränderungen — sind hinlängliche Beweise, daß die menschliche Sprache, sei es münblich oder gedruckt, nicht das Mittel zur Verkündigung von Gottes Wort sein kann. Das Wort Gottes ist in etwas Anderem enthalten.

Wenn selbst das Buch, welches die Bibel genannt wird, an Reinheit der Gedanken und der Sprache alle gegenwärtig in der Welt befindlichen Bücher überträfe, so würde ich dasselbe nicht zu meiner Glaubensregel als das Wort Gottes nehmen, weil es immer möglich wäre, daß ich betrogen würde. Allein, wenn ich durch den größten Theil dieses Buches kaum irgend etwas Anderes sehe, als eine Geschichte der gröbsten Laster, und eine Sammlung der armseligsten und abgeschmadtesten Erzählungen, so kann ich meinen Schöpfer nicht so weit beschimpfen, daß ich es mit seinem Namen belege.

So viel über die eigentliche Bibel oder das Alte Testament; ich gehe nunmehr zu dem Buche über, welches das Neue Testament genannt wird. Das Neue Testament! das heißt, der neue Wille, als ob der Schöpfer einen zweifachen Willen haben könnte.

Hätte Jesus Christus den Zweck oder die Absicht gehabt, eine neue Religion zu stiften, so würde er seine Lehre ohne Zweifel selbst niedergeschrieben haben, oder sie bei seinen Lebzeiten haben niederschreiben lassen. Allein es ist keine Schrift vorhanden, welche mit seinem Namen beglaubigt ist. Alle Bücher, welche den Titel das „Neue Testament" führen, wurden nach seinem Tode geschrieben. Er war von Geburt und nach seinem Glaubensbekenntniß ein Jude; und er war der Sohn Gottes auf dieselbe Art, wie jeder andere Mensch dies ist — denn der Schöpfer ist der Vater Aller.

Die ersten vier Bücher, genannt die Evangelien von Matthäus, Marcus, Lucas und Johannes liefern keine Lebensbeschreibung von Jesus Christus, sondern nur abgerissene Anekdoten von ihm. Es erhellt aus diesen Büchern, daß die ganze Zeit seines Predigtamtes nicht länger als achtzehn Monate dauerte; und nur während dieser kurzen Zeit wurden jene Männer mit ihm bekannt. Sie erwähnen seiner im Alter von zwölf Jahren, wie er nach ihrer Angabe unter den jüdischen Gelehrten saß, und ihnen Fragen aufgab und beantwortete. Da dies mehre Jahre früher war, ehe ihre Bekanntschaft mit ihm begann, so ist es höchst wahrscheinlich, daß sie diese Anekdote von seinen Eltern erfuhren. Von dieser Zeit an haben wir keine Nachricht von ihm während ungefähr 16 Jahren. Wo er während dieses Zeitraums lebte, oder was er so lange trieb, ist nicht bekannt. Höchst wahrscheinlich arbeitete er in seines Vaters Handwerk, welcher ein Zimmermann war. Es ist nicht ersichtlich, daß er irgend Schulbildung hatte, und aller Wahrscheinlichkeit nach konnte er nicht schreiben, denn seine Eltern waren äußerst arm, wie aus dem Umstande erhellt, daß sie nicht im Stande waren, nach seiner Geburt ein Bett zu kaufen.

Es ist etwas sonderbar, daß die drei Personen, deren Namen am weitesten bekannt sind, von sehr niedriger Herkunft waren. Moses war ein Findelkind; Jesus Christus wurde in einem Stall geboren; und Muhamed war ein Maulthiertreiber. Der Erste und der Letzte dieser Männer waren Stifter verschiedener Religionssysteme; aber Jesus Christus gründete kein neues System. Er forderte die Menschen zu einem sittlichen Lebenswandel auf, und zum Glauben an Einen Gott. Der Hauptzug in seinem Charakter ist Menschenliebe.

Die Art, wie er gefangen genommen wurde, beweist, daß er zu damaliger Zeit nicht viel bekannt war; sie beweist ferner, daß die Versammlungen, welche er damals mit seinen Anhängern hielt, geheim waren; und daß er das öffentliche Predigen entweder ganz aufgegeben oder auf eine Zeitlang eingestellt hatte. Judas konnte ihn nicht anders verrathen, als indem er die Anzeige machte, wo er sich aufhielt, und indem er ihn den Beamten, welche zu seiner Verhaftung ausgegangen waren, zeigte; und der Grund, warum man den Judas für diese Handlung dingte und bezahlte, konnte nur in dem bereits erwähnten Umstande liegen, daß Christus nicht viel bekannt war, und sich im Verborgenen aufhielt.

Der Gedanke seines Verstecktseins stimmt nicht allein sehr schlecht mit seiner angeblichen Gottheit überein, sondern giebt ihm auch zugleich den Anstrich der Kleinmüthigkeit; und sein Verrathenwerden oder mit andern Worten, seine Gefangennahme auf die Anzeige Eines seiner Anhänger beweist, daß er nicht beabsichtigte, gefangen genommen zu werden, und folglich, daß er nicht beabsichtigte, sich kreuzigen zu lassen.

Die christlichen Mythologen sagen uns, daß Christus für die Sünden der Welt starb, und daß er Mensch wurde, mit dem **Vorsatze zu sterben**. Würde es alsdann nicht einerlei gewesen sein, ob er an einem Fieber, oder an den Blattern, aus Altersschwäche, oder aus irgend einer andern Ursache gestorben wäre?

Der erklärende Urtheilsspruch, welcher nach ihrer Angabe über Adam gefällt wurde, falls er von dem Apfel äße, lautete nicht: „Du sollst gewißlich gekreuzigt werden," sondern: „Du sollst gewißlich sterben" — ein Todesurtheil, ohne die Art des Todes zu bestimmen. Die Kreuzigung oder irgend eine andere besondere Todesart bildete deshalb keinen Theil des Urtheils, welches den Adam treffen sollte, und konnte deshalb nach ihrer eigenen Planmacherei keinen Theil des Urtheils bilden, welches Christum an der Stelle Adam's treffen sollte. Ein Fieber würde denselben Dienst gethan haben, wie ein Kreuz, wenn überhaupt etwas der Art vonnöthen war.

Das Todesurtheil, welches nach ihrer Angabe solcher Gestalt über Adam gefällt wurde, muß entweder das natürliche Sterben, das heißt, das Aufhören des Lebens bedeutet haben, oder es muß bedeutet haben, was diese Mythologen Verdammniß nennen; und folglich muß die Handlung des Sterbens von Seiten Jesu Christi, nach ihrer Lehre, als ein Schutzmittel gelten, daß das Eine oder das Andere dieser beiden Dinge dem Adam und uns nicht widerfahre.

Daß der Tod Christi unser natürliches Sterben nicht verhütet, ist augenscheinlich, weil wir Alle sterben; und wenn die Bibelangaben vom hohen Alter der Menschen wahr sind, so sterben die Menschen seit der Kreuzigung schneller, als vorher; und was die zweite Auslegung anbelangt (wonach der natürliche Tod Jesu Christi als Ersatz für den ewigen Tod oder die Verdammniß des ganzen Menschengeschlechtes gelten soll), so wird hier der Schöpfer ungebührlicher Weise dargestellt, wie er das Urtheil durch eine Spitzfindigkeit oder ein Wortspiel mit dem Worte Tod abschüttelt oder widerruft. Jener Wortspiel=Krämer St. Paulus, wenn er die Bücher schrieb, die seinen Namen führen, hat diesem Wortspiel auf die Beine geholfen, dadurch, daß er ein anderes Wortspiel mit dem Worte Adam machte. Er nimmt zweierlei Adame an: den Einen, welcher selbst sündigt, und durch Stellvertreter leidet; den Andern, welcher durch Stellvertreter sündigt und selbst leidet. Eine mit solchen Spitzfindigkeiten, Ausflüchten und Wortspielen gespickte Religion ist geeignet, ihre Bekenner in der Ausübung dieser Kunstgriffe zu belehren. Sie erlangen die Gewohnheit, ohne sich der Ursache bewußt zu sein.

Wenn Jesus Christus das Wesen war, welches er nach der Angabe jener Mythologen gewesen sein soll, und wenn er in diese Welt kam, um zu leiden, welches Wort sie bisweilen für sterben brauchen, so würde das einzige wahre Leiden, welches er erdulden konnte, das Leben gewesen sein. Sein hiesiges Dasein war ein Zustand der Verbannung oder Entfernung aus dem Himmel, und die Rückkehr zu seiner ursprünglichen Heimath war der Tod. — Kurz in jedem Theile ist diese sonderbare Lehre gerade das Gegentheil von dem, was sie sein will. Sie ist das Gegentheil der Wahrheit, und ich werde so müde, ihre Widersprüche und Ungereimtheiten zu untersuchen, daß ich zum Schlusse eile, um an etwas Besseres zu kommen.

Welche Bücher oder welche Theile der Bücher des sogenannten Neuen Testaments von den Personen geschrieben wurden, deren Namen sie führen, davon können wir nichts wissen, eben so wenig ist mit Gewißheit bekannt, in welcher Sprache dieselben ursprünglich geschrieben waren. Die Gegenstände, welche sie gegenwärtig enthalten, können in zwei Klassen getheilt werden — Anekdoten und Briefwechsel.

Die vier bereits erwähnten Bücher, die Evangelien von Matthäus, Marcus, Lucas und Johannes, enthalten durchaus nur Anekdoten. Sie erzählen Ereignisse, nachdem dieselben vorgefallen waren. Sie berichten, was Jesus Christus that und sagte, und was Andere thaten, und zu ihm sagten; und in mehren Fällen erzählen sie dasselbe Ereigniß auf verschiedene Weise. Eine göttliche Offenbarung ist in Bezug auf diese Bücher nothwendig aus dem Spiele; nicht allein wegen der Nichtübereinstimmung der Verfasser, sondern auch, weil das Wort Offenbarung nicht auf die Erzählung von Thatsachen durch die Personen, welche Augenzeugen davon waren, noch auf die Erzählung oder Mittheilung eines Gespräches oder einer Unterhaltung durch Diejenigen, welche dieselbe anhörten, angewandt werden kann. Das Buch, genannt die Apostelgeschichte (ein anonymes Werk), gehört ebenfalls zu der Klasse der Anekdoten.

Alle andern Theile des Neuen Testaments, mit Ausnahme des Buches der Räthsel, genannt die Offenbarung, sind eine Sammlung von Briefen, unter dem Namen Episteln; und die Fälschung von Briefen ist ein so gewöhnliches Ding in der Welt gewesen, daß es zum mindesten eben so wahrscheinlich ist, daß sie gefälscht, als daß sie ächt sind. Allein Etwas ist weit weniger zweifelhaft, nämlich dieses, daß aus dem Inhalte jener Bücher, mit Hülfe einiger alten Mährchen, die Kirche ein Religionssystem bereitet hat, welches dem Charakter der Person, deren Namen es führt, im höchsten Grade widerspricht. Sie hat eine Religion der Pracht und des Geldgewinnstes aufgestellt, in vorgeblicher Nachahmung einer Person, welche ein Leben der Demuth und Dürftigkeit führte.

Die Erfindung des Fegfeuers und der Erlösung von Seelen daraus durch Gebete, welche der Kirche mit Geld abgekauft werden; der Verkauf von Abläßen, Dispensationen und Indulgenzen — sind Gesetze zum Geldgewinn, ohne jenen Namen zu führen, oder das Aussehn davon zu haben. Allein so viel ist gewiß, daß jene Dinge sich von dem überspannten Begriffe der Kreuzigung und von der daraus abgeleiteten Lehre herschreiben, welche darin bestand, daß Eine Person die Stelle einer Andern vertreten und verdienstliche Werke für sie verrichten könne. Die Wahrscheinlichkeit ist deshalb dafür, daß die ganze Theorie oder Lehre von der sogenannten Erlösung (welche durch die Handlung einer Person an der Stelle einer andern vollbracht worden sein soll) ursprünglich in der Absicht fabricirt wurde, um alle jene untergeordneten und Geld-Erlösungen auf die Beine zu bringen und auszuführen, und daß die Stellen in den Büchern, worauf die Vorstellung einer Erlösungslehre gebaut ist, zu jenem Zwecke ausgeheckt und eingeschoben worden sind. Warum sollen wir dieser Kirche, wenn sie uns sagt, daß jene Bücher in jedem Theile ächt sind, mehr Glauben schenken, als wir derselben für irgend etwas sonst, was sie uns gesagt hat, einräumen; oder für die Wunder, welche sie nach ihrer Angabe vollbracht hat? Daß sie Schriften verfertigen konnte, ist gewiß, weil sie schreiben konnte; und die Schreibart der fraglichen Schriften ist von der Art, daß irgend Jemand dieselben verfassen konnte; und daß sie dieselben fabricirte, ist nicht unwahrscheinlicher, als daß sie uns sagt, wie sie gesagt hat, daß sie Wunder thun könne, und Wunder gethan habe.

Da nun nach diesem langen Zeitverlaufe keine äußerlichen Beweise aufgeführt werden können, um zu beweisen, ob die Kirche die sogenannte Erlösungslehre fabricirt hat oder nicht (denn solche Beweise, dafür oder dagegen, würden demselben Verdachte der Fabrikation unterliegen); so kann der Fall nur auf den inneren Beweis, welchen die Sache in sich selbst enthält, zurückgeführt werden; und daraus ergiebt sich eine sehr starke Vermuthung ihrer Fabrikation. Denn der innere Beweis ist, daß der Theorie oder Lehre der Erlösung eine Vorstellung einer pecuniären Gerechtigkeit, und nicht einer moralischen Gerechtigkeit, zu Grunde liegt.

Wenn ich Jemandem Geld schulde und ihn nicht bezahlen kann, und er droht, mich ins Gefängniß zu schicken, so kann ein Dritter die Schuld auf sich nehmen und sie für mich bezahlen; hingegen wenn ich ein Verbrechen begangen habe, so ist der Fall in jeder Hinsicht ein ganz anderer; die moralische Gerechtigkeit kann den Unschuldigen nicht für den Schuldigen nehmen, selbst wenn der Unschuldige sich zum Empfange der Strafe anbieten wollte. Von der Gerechtigkeit eine solche Handlung voraussetzen, heißt den eigentlichsten Grundsatz ihres Daseins, die Sache selbst zerstören; sie ist alsdann keine Gerechtigkeit mehr; sie ist rücksichtslose Rachsucht.

Diese einfache Betrachtung wird beweisen, daß die Lehre von der Erlösung sich auf eine bloße pecuniäre Vorstellung gründet, welche von einer Schuld entnommen ist, die ein Anderer bezahlen kann; und da diese pecuniäre Vorstellung wieder mit dem System untergeordneter Erlösungen, welche vermittelst Geldzahlungen an die Kirche für Abläße erwirkt werden, im Einklange steht, so ist es wahrscheinlich, daß dieselben Personen sowohl die eine, wie die andere jener Lehren ersannen, und daß es in der That kein solches Ding wie Erlösung giebt; daß dieselbe fabelhaft ist, und daß der Mensch noch in demselben Verhältniß zu seinem Schöpfer steht, wie von jeher, seitdem es Menschen gab, und daß dieser Gedanke sein höchster Trost ist.

Er soll Dieses glauben, und er wird vernünftiger und sittlicher leben, als nach irgend einem andern System; hingegen wenn er gelehrt wird, sich als einen Verstoßenen, als einen Auswurf, als einen Bettler, als einen Elenden zu betrachten, der in ungeheurer Entfernung von seinem Schöpfer gleichsam auf den Mist geworfen ist, und der sich ihm nur dadurch wieder nähern darf, daß er zu vermittelnden Wesen hinkriecht und sich vor ihnen im Staube krümmt, so faßt er entweder eine verächtliche Meinung von Allem, was Religion heißt, oder er wird gleichgültig, oder er bekehrt sich zur sogenannten Frömmigkeit. In letzterem Falle verzehrt er sein Leben in wirklichem oder erheucheltem Grame; seine Gebete sind Vorwürfe; seine Demuth ist Undank; er nennt sich einen Wurm und die fruchtreiche Erde einen Misthaufen; und alle Freuden des Lebens belegt er mit dem undankbaren Namen Eitelkeiten; er verachtet die herrlichste Gabe Gottes für die Menschen, die **Gabe der Vernunft**; und nachdem er sich alle Mühe gegeben hat, sich den Glauben an ein System, wogegen sich die Vernunft empört, aufzuzwingen, so nennt er dieselbe undankbarer Weise **menschliche Vernunft**, als ob der Mensch sich selbst Vernunft geben könnte.

Doch bei all diesem sonderbaren Anschein von Demuth und bei dieser Verachtung der menschlichen Vernunft erlaubt er sich die frechsten Anmaßungen; er findet an jeder Sache etwas zu tadeln; seine Selbstsucht ist niemals zufrieden; sein Undank nimmt niemals ein Ende. Er nimmt sich heraus, den Allmächtigen zurecht zu weisen, was er thun soll, selbst in der Regierung des Weltalls; er betet gebieterisch; wenn die Sonne scheint, betet er um Regen, und wenn es regnet, betet er um Sonnenschein; er folgt demselben Gedankengang in Allem, warum er bittet; denn worauf anders laufen alle seine Gebete hinaus, als auf einen Versuch, den Allmächtigen zu einer Sinnesänderung und zu einer andern Handlungsweise, als er befolgt, zu bewegen? Es ist gerade so, als ob er sagte: Du weißt das nicht so gut wie ich.

Doch Mancher wird vielleicht sagen: Sollen wir denn kein Wort Gottes — keine Offenbarung haben! Ich antworte mit Ja; es giebt ein Wort Gottes; es giebt eine Offenbarung.

Das Wort Gottes ist die Schöpfung, welche wir vor Augen haben, und nur in diesem Worte, welches keine menschliche Erfindung fälschen oder umgestalten kann, spricht Gott zu dem ganzen Menschengeschlechte.

Die menschliche Sprache ist nach den Oertlichkeiten verschieden und Veränderungen unterworfen, und ist deshalb unfähig, als Mittel unveränderlicher und allgemeiner Belehrung benutzt zu werden. Die Vorstellung, daß Gott Jesum Christum gesandt habe, um, wie es heißt, die frohe Botschaft allen Nationen von einem Ende der Erde bis zum andern zu verkünden, verträgt sich nur mit der Unwissenheit Derer, welche die Größe der Welt nicht kannten, und welche wie jene Welterlöser (und zwar im Widerspruch mit den Entdeckungen der Naturforscher und mit der Erfahrung von Seefahrern) mehre Jahrhunderte lang fortwährend glaubten, daß die Erde so flach sei wie ein Teller und daß man bis an's Ende derselben gehen könne.

Aber wie sollte Jesus Christus irgend Etwas allen Nationen bekannt machen? Er konnte nur eine Sprache reden, nämlich Hebräisch, und doch giebt es mehre hundert Sprachen in der Welt. Kaum zwei Nationen sprechen dieselbe Sprache, oder verstehen einander; und was Uebersetzungen anbelangt, so weiß Jeder, der etwas von Sprachen versteht, daß man unmöglich aus einer Sprache in eine andere übersetzen konnte, ohne von dem Original sehr viel zu verlieren, ja häufig den Sinn mißzuverstehen; und außerdem war die Buchdruckerkunst zu Christi Zeiten noch gänzlich unbekannt.

Es ist immer nöthig, daß die Mittel, vermöge deren man einen Zweck erreichen will, der Erreichnng jenes Zweckes gewachsen seien, oder der Zweck kann nicht erreicht werden. Hierin zeigt sich der Unterschied zwischen endlicher und unendlicher Macht und Weisheit. Dem Menschen mißlingt häufig die Erreichung seines Zieles, wegen der natürlichen Unzulänglichkeit seiner Kräfte zu dem Zwecke; auch häufig wegen des Mangels an Weisheit in der gehörigen Anwendung seiner Kräfte. Hingegen die unendliche Macht und Weisheit kann unmöglich ein Fehlschlag betreffen, wie den endlichen Menschen. Die Mittel, welche sie anwendet, sind immer dem Zwecke angemessen; allein die menschliche Sprache, ganz besonders weil es keine Universal-Sprache giebt, ist nicht geeignet, als ein allgemeines Mittel unveränderlicher und gleichmäßiger Belehrung benutzt zu werden, und ist deshalb nicht das Mittel, welches Gott anwendet, um sich dem ganzen Menschengeschlechte zu offenbaren.

Nur in der Schöpfung können sich alle unsere Vorstellungen und Begriffe von einem Worte Gottes vereinigen. Die Schöpfung spricht eine allgemeine oder Universal-Sprache, unabhängig von menschlicher Rede oder menschlicher Sprache, so vielfältig und mannigfaltig dieselbe sein mag. Die Schöpfung ist eine ewig bestehende Urschrift, welche Jedermann lesen kann. Man kann sie nicht fälschen, nicht nachmachen; sie kann nicht verloren gehen; man kann sie nicht verändern, nicht unterdrücken. Es hängt nicht von dem Willen des Menschen ab, ob sie bekannt gemacht werden soll oder nicht; sie verkündet sich selbst von einem Ende der Erde bis zum andern. Sie predigt allen Nationen und allen Welten; und dieses Wort Gottes offenbart dem Menschen Alles, was der Mensch von Gott zu wissen braucht.

Wollen wir seine Macht betrachten? Wir sehen dieselbe in der Unermeßlichkeit der Schöpfung. Seine Weisheit? Wir sehen sie in der unabänderlichen Ordnung, wonach das unbegreifliche Weltall regiert wird. Seine Güte? Wir sehen sie in dem Ueberfluß, womit er die Erde segnet. Seine Barmherzigkeit? Wir sehen sie darin, daß er jenen Ueberfluß nicht einmal den Undankbaren vorenthält. Kurz, wollen wir erkennen, was Gott ist? So durchforsche man nicht das Buch, genannt die heilige Schrift, welches eine menschliche Hand verfassen konnte, sondern die Schrift, genannt die Schöpfung.

Die einzige Vorstellung, welche der Mensch mit dem Namen Gott verbinden kann, ist die einer ersten Ursache, der Ursache aller Dinge. Und so unbegreiflich und schwierig es für den Menschen ist, sich zu denken, was eine erste Ursache ist, so gelangt er doch zu dem Glauben an dieselbe, weil es noch zehnmal schwieriger ist, an dieselbe nicht zu glauben. Es ist über alle Beschreibung schwierig, sich zu denken, daß der Raum kein Ende haben kann; aber es ist noch schwieriger, sich ein Ende desselben zu denken. Es geht über die Fassungskraft des Menschen, eine ewige Dauer der sogenannten Zeit zu begreifen; allein es ist noch unmöglicher, sich eine Zeit vorzustellen, wenn es keine Zeit mehr geben soll.

Nach einer ähnlichen Schlußfolgerung trägt Alles, was wir sehen, den innern Beweis in sich, daß es sich nicht selbst geschaffen hat. Jeder Mensch ist für sich selbst ein Beweis, daß er sich nicht selbst schuf; eben so wenig konnte sich sein Vater selbst schaffen, noch sein Großvater, noch irgend einer seiner Vorfahren; eben so wenig konnte ein Baum, eine Pflanze oder ein Thier sich selbst schaffen. Die aus diesem Beweise entspringende Ueberzeugung führt uns nothwendig zu dem Glauben an eine, von Ewigkeit her bestehende, erste Ursache, welche ganz anders beschaffen ist, als jedes materielle Wesen, das wir kennen, und durch deren Allmacht alle Dinge bestehen; und diese erste Ursache nennt der Mensch „Gott."

Nur durch die Anwendung der Vernunft kann der Mensch Gott erkennen. Nähme man ihm jene Vernunft hinweg, so würde er nicht im Stande sein, irgend etwas zu verstehen; und alsdann möchte man selbst das Buch, genannt die Bibel, eben so wohl einem Pferde vorlesen, als einem Menschen. Woher kommt es denn, daß jene Leute die Vernunft verwerfen wollen?

Fast die einzigen Theile in der sogenannten Bibel, welche uns irgend eine Vorstellung von Gott geben, sind einige Capitel im Buch Hiob und der 19. Psalm; ich entsinne mich keiner andern. Jene Theile sind ächte beistische (naturreligiöse) Schriften, denn sie handeln von der Gottheit nach ihren Werken. Sie nehmen das Buch der Schöpfung als das Wort Gottes an, sie verweisen auf kein anderes Buch, und alle Schlußfolgerungen, welche sie machen, sind aus jenem Werke gezogen.

Ich lasse an dieser Stelle den 19. Psalm folgen, welcher von Addison in englischen Versen höchst poetisch umschrieben worden ist:*)

„Die Himmel erzählen die Ehre Gottes, und die Veste verkündiget seiner Hände Werk.

Ein Tag sagt's dem andern, und eine Nacht thut's kund der andern.

Es ist keine Sprache noch Rede, da man nicht ihre Stimme höre.

Ihre Schnur geht aus in alle Lande, und ihre Rede an der Welt Ende; er hat der Sonne eine Hütte in derselbigen gemacht;

Und dieselbe geht heraus, wie ein Bräutigam aus seiner Kammer, und freuet sich wie ein Held, zu laufen den Weg.

Sie gehet auf an einem Ende des Himmels, und läuft um bis wieder an dasselbe Ende; und bleibt nichts vor ihrer Hitze verborgen."

Was braucht der Mensch mehr zu wissen, als daß die Hand oder Kraft, welche diese Dinge schuf, göttlich, allmächtig ist? Er glaubt dieses mit der ganzen Gewalt, womit es sich ihm unwiderstehlich aufdrängt, wenn er

---

*) Auch deutsche Dichter haben die Größe Gottes in der Natur durch Verse gepriesen.   Der Uebers.

seine Vernunft walten läßt, und die moralische Richtschnur für seinen Lebenswandel wird sich von selbst ergeben.

Die Anspielungen im Buche Hiob haben alle dieselbe Tendenz, wie dieser Psalm, nämlich eine Wahrheit, welche sonst unbekannt sein würde, aus bereits bekannten Wahrheiten zu folgern oder zu beweisen.

Ich entsinne mich nicht hinlänglich der Stellen im Buche Hiob, um dieselben richtig anzuführen; allein es fällt mir eine Stelle bei, welche auf den Gegenstand, wovon ich spreche, anwendbar ist. „Kannst du durch Forschen Gott finden? Kannst du den Allmächtigen vollkommen ergründen?"*)

Ich weiß nicht, wie diese Stelle im Drucke genau lautet, denn ich habe keine Bibel bei mir; aber dieselbe enthält zwei besondere Fragen, welche besondere Antworten zulassen.

Erstens. — Kannst du durch Forschen Gott finden? Ja; weil ich erstlich weiß, daß ich mich nicht selbst geschaffen habe, und doch am Leben bin; und weil ich durch die Erforschung der Beschaffenheit anderer Dinge finde, daß kein anderes Ding sich selbst erschaffen konnte, und doch Millionen anderer Dinge vorhanden sind. Darum weiß ich durch positive Schlüsse aus dieser Forschung, daß es eine höhere Macht als alle jene Dinge giebt, und jene Macht ist Gott.

Zweitens. — Kannst du den Allmächtigen vollkommen ergründen? Nein; nicht allein, weil die Macht und Weisheit, welche Er in dem Bau der mich umgebenden Schöpfung offenbart hat, für mich unbegreiflich ist, sondern auch, weil sogar diese Offenbarung, so groß sie ist, wahrscheinlich nur eine geringe Entwickelung jener unermeßlichen Macht und Weisheit ist, wodurch Millionen anderer, mir durch ihre Entfernung unsichtbarer Welten geschaffen wurden, und fortwährend bestehen.

Offenbar sind diese beiden Fragen an die Vernunft der Person gestellt, an welche sie angeblich gerichtet wurden; und nur wenn man eine bejahende Beantwortung der ersten Frage annimmt, konnte die zweite Frage folgen. Es würde unnöthig, ja ungereimt gewesen sein, eine zweite noch schwierigere Frage als die erste zu stellen, wenn die erste Frage verneinend beantwortet worden wäre. Die beiden Fragen betreffen verschiedene Gegenstände: die erste bezieht sich auf das Dasein eines Gottes, die zweite auf seine Eigenschaften; die Vernunft kann das Erste entdecken, aber sie ist zu unendlich schwach, um den ganzen Umfang der Letzteren zu erkennen.

Ich entsinne mich aus allen Schriften, welche den sogenannten Aposteln beigelegt werden, nicht einer einzigen Stelle, die uns irgend eine Vorstellung von dem Wesen Gottes gäbe. Jene Schriften befassen sich hauptsächlich mit Streitfragen; und der Gegenstand, womit sie sich beschäftigen,

---

*) Hiob, Cap. 11, V. 7. In Luthers Uebersetzung hat die Stelle einen ganz andern Sinn.   Der Uebers.

nämlich die Todesangst eines an einem Kreuze sterbenden Mannes, eignet sich besser für den finstern Sinn eines Mönches in einer Klosterzelle, von welchem jene Bücher möglicher Weise geschrieben wurden, als für Jemanden, der die freie Himmelsluft der Schöpfung athmet. Die einzige Stelle, welche mir einfällt, und welche auf die Werke Gottes einigen Bezug hat, wodurch aber nur seine Macht und Weisheit erkannt werden kann, wird Jesu Christo beigelegt, wo er gegen mißtrauische Sorgen spricht. „Schauet die Lilien auf dem Felde, sie arbeiten nicht, auch spinnen sie nicht." Dieselbe steht jedoch den Ausdrücken im Buche Hiob und im 19. Psalm weit nach; allein sie giebt eine ähnliche Vorstellung, und die Bescheidenheit des Bildes entspricht der Bescheidenheit des Mannes.

Was das christliche Glaubenssystem anbelangt, so erscheint es mir als eine Art Atheismus — oder religiöse Gottesläugnung. Es bekennt eher einen Glauben an einen Mann, als an Gott. Es ist ein Mischwerk, welches hauptsächlich aus Manismus*) und nur sehr wenig Deismus (reiner Gotteslehre) zusammengesetzt ist, und steht der Gottesläugnung so nahe, wie Zwielicht der Dunkelheit. Es schiebt zwischen den Menschen und seinen Schöpfer einen schattigen Körper, welchen es Erlöser nennt, wie der Mond seine dunkle Scheibe zwischen die Erde und die Sonne schiebt, und es bewirkt auf diese Weise eine religiöse oder vielmehr irreligiöse Sonnenfinsterniß. Es hat den ganzen Kreis der Vernunft in den Schatten gestellt.

Diese Verdunkelung hat bewirkt, daß Alles zu Unterst zu Oberst gewendet, und verkehrt dargestellt worden ist; und unter den so hervorgezauberten Umwälzungen hat sie eine Umwälzung in der Theologie bewirkt.

Die jetzt sogenannten Naturwissenschaften, welche den ganzen Kreis der Wissenschaften begreifen, worunter die Astronomie den ersten Rang einnimmt, betreffen die Erkenntniß der Werke Gottes und der Macht und Weisheit Gottes in seinen Werken — und sind die einzig wahre Theologie (Gottesgelehrtheit).

Was die Theologie anbelangt, welche man gegenwärtig an deren Statt studirt, so ist sie das Studium menschlicher Meinungen und menschlicher Einbildungen in Bezug auf Gott. Sie ist nicht das Studium Gottes selbst in den Werken, welche er gemacht hat, sondern in den Werken oder Schriften, welche der Mensch gemacht hat; und es ist nicht das geringste Unheil, welches das christliche System in der Welt gestiftet hat, daß es die ursprüngliche und schöne Naturreligion — wie eine unschuldige Schöne dem Jammer und Vorwurf — preisgegeben hat, um für die Hexe des Aberglaubens Platz zu machen.

Das Buch Hiob und der 19. Psalm, welche selbst nach dem Eingeständ-

---

*) Lehre, worin das böse Prinzip (Teufel) dem guten (Gott) an Macht gleich gestellt wird.

niß der Kirche älter sind als die chronologische Ordnung, worin sie in der sogenannten Bibel stehen, sind theologische Reden, welche dem ursprünglichen Religionssystem entsprachen. Der Inhalt jener Reden beweist schlagend, daß die Erkenntniß und Betrachtung der Schöpfungswerke und der Macht und Weisheit Gottes, welche sich in jenen Werken offenbart und kund giebt, einen Haupttheil der religiösen Andacht der Zeiten, worin sie geschrieben wurden, ausmachte; und gerade diese andächtige Erkenntniß und Betrachtung führte zu der Entdeckung der Grundsätze, auf welche sich unsere gegenwärtigen Wissenschaften stützen; und der Entdeckung dieser Grundsätze verdanken fast alle Künste, welche zur Bequemlichkeit des menschlichen Lebens beitragen, ihr Dasein. Jede bedeutende Kunst hat eine Wissenschaft zu ihrer Mutter, obwohl Derjenige, welcher die Arbeit mechanisch verrichtet, nicht immer, ja nur sehr selten die Verwandtschaft erkennt.

Es ist ein Betrug, wenn das christliche System die Wissenschaften menschliche Erfindungen nennt; nur die Anwendung derselben ist menschlich. Jede Wissenschaft beruht auf einem System von Grundsätzen, welche so fest und unwandelbar sind, wie diejenigen, wonach das Weltall geordnet und regiert wird. Der Mensch kann keine solche Grundsätze machen, er kann sie nur entdecken.

Zum Beispiel: Wenn man einen Kalender aufschlägt, so findet man darin eine Angabe, wann eine Finsterniß stattfinden wird, und man findet ferner, daß dieselbe niemals ermangelt, in Uebereinstimmung mit der darin enthaltenen Angabe einzutreten. Dies beweist, daß der Mensch mit den Gesetzen, wonach sich die Himmelskörper bewegen, bekannt ist. Allein es würde einen schlimmeren Namen als Unwissenheit verdienen, wenn irgend eine Kirche auf Erden sagen wollte, daß jene Gesetze eine menschliche Erfindung seien. Es würde gleichfalls Unwissenheit oder etwas Schlimmeres sein, wenn man sagen wollte, daß die wissenschaftlichen Grundsätze, durch deren Hülfe der Mensch in den Stand gesetzt ist, zu berechnen, und im Voraus zu wissen, wann eine Finsterniß eintreten wird, eine menschliche Erfindung seien. Der Mensch kann nicht etwas Ewiges und Unwandelbares erfinden; und die wissenschaftlichen Grundsätze, welche er in dieser Hinsicht anwendet, müssen nothwendig so ewig und unwandelbar sein, wie die Gesetze, wonach sich die Himmelskörper bewegen, sonst könnte man sie nicht, wie man thut, anwenden, um die Zeit, wann, und die Art, wie eine Finsterniß eintreten wird, auszumitteln.

Die wissenschaftlichen Grundsätze, welche der Mensch anwendet, um die Vorherkenntniß einer Finsterniß oder irgend eines andern. auf die Bewegung der Himmelskörper bezüglichen Gegenstandes zu erlangen sind hauptsächlich in jener Wissenschaft enthalten, welche Trigonometrie genannt wird, und welche sich mit den Eigenschaften der Dreiecke beschäftigt. Wenn dieselbe auf das Studium der Himmelskörper angewandt wird, heißt sie

Astronomie; auf die Richtung des Laufes eines Schiffes angewandt, heißt sie Schifffahrtskunde; auf die Zeichnung von Figuren mit Lineal und Zirkel angewandt, heißt sie Geometrie; auf die Anfertigung von Plänen für Gebäude angewandt, heißt sie Baukunst; auf die Vermessung eines Theiles der Erdoberfläche angewandt, heißt sie Feldmeßkunst. Kurz sie ist die Seele jener Wissenschaften; sie ist eine ewige Wahrheit; sie enthält den mathematischen Beweis, wovon der Mensch spricht, und die Ausdehnung ihrer Anwendungen ist nicht zu ermessen.

Man mag sagen, der Mensch könne ein Dreieck machen oder zeichnen, und also sei ein Dreieck eine menschliche Erfindung. Allein ein gezeichnetes Dreieck ist nichts weiter, als das Bild des Grundsatzes; es ist die Versinnlichung eines Grundsatzes, welcher sonst unsichtbar sein würde, für das Auge und durch dasselbe für den Geist. Das Dreieck macht eben so wenig den Grundsatz, wie ein Licht, welches in ein dunkeles Zimmer gebracht wird, die Stühle und Tische macht, welche vorher unsichtbar waren. Alle Eigenschaften eines Dreiecks bestehen unabhängig von der Figur, und bestanden, ehe der Mensch ein Dreieck zeichnete oder daran dachte. Der Mensch hatte mit der Bildung jener Eigenschaften oder Grundsätze nicht mehr zu schaffen, als er mit der Gründung der Gesetze, nach welchen sich die Himmelskörper bewegen, zu schaffen hatte, und deshalb müssen die Ersteren denselben göttlichen Ursprung haben wie die Letzteren.

Gerade so wie man sagen mag, daß der Mensch ein Dreieck machen kann, so kann man auch sagen, er kann das mechanische Instrument, Hebel genannt, machen; allein der Grundsatz, nach welchem der Hebel wirkt, ist etwas von dem Instrument ganz Verschiedenes, und würde bestehen, auch wenn das Instrument nicht da wäre; derselbe verbindet sich mit dem Instrument, nachdem dasselbe gemacht ist; das Instrument kann deshalb nicht anders wirken, als es wirkt; und alle Anstrengungen des menschlichen Erfindungsgeistes können es nicht anders wirken machen. Das, was in allen solchen Fällen der Mensch die Wirkung nennt, ist nichts Anderes als der Grundsatz selbst, für die Sinne bemerkbar gemacht.

Da nun der Mensch keine Grundsätze machen kann, woher erlangte er eine Kenntniß derselben, so daß er im Stande ist, dieselben nicht allein auf irdische Dinge anzuwenden, sondern auch die Bewegung von Körpern auszumitteln, welche von ihm so bedeutend entfernt sind, wie die Himmelskörper? Woher anders, frage ich, konnte er jene Kenntniß erlangen, als aus dem Studium der wahren Theologie?

Nur der Bau des Weltalls hat dem Menschen diese Kenntniß gelehrt. Jener Bau ist eine ewig bestehende Darstellung jedes Grundsatzes, worauf jeder Theil der Mathematik beruht. Aus dieser Wissenschaft ist die Mechanik entsprungen, denn die Mechanik ist nichts weiter als die praktisch angewandten Grundsätze der Mathematik. Wer die verschiedenen Theile einer Mühle in ein Verhältniß bringt, oder einrichtet, wendet dieselben

wissenschaftlichen Grundsätze an, als ob er die Macht hätte, ein Weltall
zu bauen; allein da er dem Werke nicht jene unsichtbare Triebkraft mittheilen kann, vermittelst deren alle Theile der unermeßlichen Maschine, des
Weltalls, auf einander wirken, und in schönem Einklang, ohne eine sichtbare Berührung, sich zusammen bewegen — welcher Kraft der Mensch den
Namen Anziehung, Schwerkraft und Abstoßung beigelegt hat — so ersetzt er
jene Triebkraft mit bescheidener Nachahmung durch Zähne und Zapfen. —
Alle Theile eines menschlichen Mikrokosmus (Welt im Kleinen) müssen
sich sichtbar berühren; allein könnte der Mensch eine solche Kenntniß jener
Triebkraft erlangen, daß er im Stande wäre, dieselbe wirklich anzuwenden,
so könnte man alsdann sagen, daß ein anderes k a n o n i s c h e s B u c h mit
dem Worte Gottes entdeckt worden sei.

Wenn der Mensch die Eigenschaften des Hebels verändern könnte, so
könnte er ebenfalls die Eigenschaften des Dreiecks verändern, denn ein
Hebel (ich wähle jene Art Hebel, welche man eine Schnellwaage nennt,
zur Erläuterung) beschreibt, wenn er in Bewegung gesetzt wird, ein Dreieck.
Die Linie, von welcher derselbe herabsinkt (ein Endpunkt jener Linie ist im
Stützpunkt), die Linie, in welche derselbe herabsinkt, und die Sehne des
Bogens, welche das Ende des Hebels in der Luft beschreibt, sind die drei
Seiten eines Dreiecks. Der andere Arm des Hebels beschreibt ebenfalls
ein Dreieck, und die entsprechenden Seiten jener beiden Dreiecke wissen-
schaftlich berechnet, oder geometrisch gemessen, sowie gleichfalls die aus den
Winkeln entstandenen Sinus, Tangenten und Sekanten geometrisch ge-
messen, stehen zu einander in denselben Verhältnissen, wie die verschiedenen
Gewichte, welche sich an dem Hebel einander aufwiegen, wenn man das
Gewicht des Hebels nicht in Anschlag bringt.

Man mag ferner sagen, der Mensch kann ein Rad und eine Achse machen; er kann Räder von verschiedener Größe zusammensetzen und eine
Mühle zu Stande bringen; allein immer kommt man auf denselben Punkt
zurück, nämlich daß er nicht den Grundsatz machte, welcher den Rädern
jene Kräfte verleiht. Jener Grundsatz ist eben so unabänderlich, wie in
dem vorhergehenden Falle, oder vielmehr es ist derselbe Grundsatz, nur
mit einem verschiedenen Aussehen für das Auge.

Die Kraft, welche zwei Räder von verschiedener Größe auf einander
ausüben, steht in demselben Verhältniß, wie wenn man die Halbmesser
der beiden Räder zusammensetzt und einen Hebel von der vorher beschriebenen Art daraus bildet, welcher an jenem Punkte, wo die Halbmesser sich
vereinigen, gestützt oder aufhängt ist; denn die beiden Räder, wissenschaftlich betrachtet, sind nichts Anderes als die beiden Kreise, welche durch die
Bewegung des zusammengesetzten Hebels hervorgebracht worden sind.

Aus dem Studium der wahren Theologie schöpfen wir alle unseren wissenschaftlichen Kenntnisse, und aus jenen Kenntnissen sind alle Künste entsprungen.

Dadurch, daß der allmächtige Lehrer die Grundsätze der Wissenschaft im Bau des Weltalls zur Schau stellte, hat er den Menschen zum Studium und zur Nachahmung aufgefordert. Er hat zu den Bewohnern dieser Erdkugel, welche wir die unsrige nennen, gleichsam gesprochen: „Ich habe für den Menschen eine Erde zu seiner Wohnung geschaffen, und ich habe ihm den gestirnten Himmel sichtbar gemacht, um ihn in Wissenschaften und Künsten zu belehren. Er kann jetzt für seine eigene Bequemlichkeit sorgen, und aus meiner Freigiebigkeit gegen Alle lernen, gegen seine Nebenmenschen gütig zu sein.

Wozu nützt es dem Menschen, daß sein Auge mit der Kraft ausgerüstet ist, bis zu einer unbegreiflichen Entfernung eine unermeßliche Zahl von Welten, welche sich im Ocean des Raumes bewegen, zu erblicken, wenn dem Menschen nicht dadurch etwas gelehrt werden soll? Oder wozu nützt es, daß diese Unzahl von Welten für den Menschen sichtbar ist? Was hat der Mensch mit den Plejaden, mit Orion, mit Sirius zu schaffen, oder mit dem sogenannten Polarstern, mit den wandelnden Weltkörpern, welche er Saturn, Jupiter, Mars, Venus und Merkur genannt hat, wenn aus ihrem Sichtbarsein kein Nutzen fließen soll? Eine schwächere Gesichtskraft würde für den Menschen genügt haben, wenn die Unermeßlichkeit derselben, welche er gegenwärtig besitzt, ihm nur verliehen wäre, um sie an einer unermeßlichen Raumes-Oede voll glitzernder Schaustücke abzunutzen.

Nur durch die Betrachtung des sogenannten gestirnten Himmels, welcher das Buch und die Schule der Wissenschaft ist, entdeckt er einen Nutzen von deren Sichtbarsein für ihn, oder einen Vortheil der Unermeßlichkeit seiner Sehkraft. Aber wenn er den Gegenstand in diesem Lichte betrachtet, so findet er eine weitere Veranlassung für die Behauptung, daß nichts vergebens geschaffen wurde, denn vergebens würde diese Sehkraft vorhanden sein, wenn sie dem Menschen nichts lehrte.

Wie das christliche Glaubenssystem eine Revolution in der Theologie bewirkt hat, so hat es ebenfalls eine Revolution in dem Zustande der Gelehrsamkeit hervorgebracht. Was man gegenwärtig Gelehrsamkeit nennt, war ursprünglich keine Gelehrsamkeit. Die Gelehrsamkeit besteht nicht, wie die Schulen gegenwärtig wollen, in der Kenntniß von Sprachen, sondern in der Kenntniß von Dingen, welchen die Sprache Namen beilegt.

Die Griechen waren ein gelehrtes Volk; allein Gelehrsamkeit bei ihnen bestand nicht im Griechisch-Sprechen, eben so wenig wie bei einem Römer im Lateinisch-Sprechen, oder bei einem Franzosen im Französisch-Sprechen, oder bei einem Engländer im Englisch-Sprechen.

Soviel wir von den Griechen wissen, so ergiebt es sich nicht, daß sie eine andere Sprache als ihre eigene kannten oder studirten, und dieses war Eine Ursache, warum sie so gelehrt wurden, sie erhielten dadurch mehr Zeit, sich auf bessere Studien zu legen. Die Schulen der Griechen waren Schulen der Wissenschaft und Philosophie (Lebensweisheit) und nicht für

Sprachen; und in der Kenntniß der Dinge, welche von der Wissenschaft und Philosophie gelehrt werden, besteht die wahre Gelehrsamkeit.

Fast alle wissenschaftlichen Kenntnisse, welche man gegenwärtig hat, kamen auf uns von den Griechen, oder von den Völkern, welche die griechische Sprache redeten. — Es wurde deshalb für andere Nationen, welche eine verschiedene Sprache redeten, nothwendig, daß einige Leute darin die griechische Sprache erlernten, damit die Gelehrsamkeit, welche die Griechen besaßen, durch Uebersetzungen der griechischen Bücher über Wissenschaft und Philosophie in die Muttersprache jeder Nation, unter jenen Nationen bekannt würden.

Das Studium der griechischen Sprache (und ebenso der lateinischen) war deshalb nichts weiter, als die Knechtsarbeit eines Sprachforschers; und die so erlernte Sprache war nichts weiter, als das Mittel oder Werkzeug, um der Gelehrsamkeit der Griechen theilhaftig zu werden. Sie bildete keinen Theil der Gelehrsamkeit selbst; ja sie war so verschieden davon, daß höchst wahrscheinlich die Leute, welche das Griechische hinlänglich studirt hatten, um jene Werke zu übersetzen, wie z. B. Euclid's Elemente, nichts von der in den Werken enthaltenen Gelehrsamkeit verstanden.

Da aus den todten Sprachen nichts Neues mehr zu lernen ist, weil alle nützlichen Bücher bereits übersetzt sind, so sind jene Sprachen unnütz geworden, und die Zeit, welche auf deren Lehre und Erlernung verwendet wird, ist verloren. Insoferne das Studium von Sprachen zur Förderung und Mittheilung von Kenntnissen beitragen mag (denn es hat nichts mit der Entstehung von Kenntnissen zu thun), so kann man nur in den lebenden Sprachen neue Kenntnisse finden; und so viel ist gewiß, daß im Allgemeinen ein junger Mensch von einer lebenden Sprache mehr in Einem Jahre, als von einer todten Sprache in 7 Jahren lernen wird; und nur selten versteht der Lehrer selbst viel davon. Die Schwierigkeit der Erlernung der todten Sprachen liegt nicht in einer größeren Dunkelheit der Sprachen selbst, sondern in dem Umstande, daß dieselben todt sind, und daß ihre Aussprache gänzlich verloren ist. Dasselbe würde bei irgend einer andern Sprache der Fall sein, sobald dieselbe eine todte Sprache wird. Der beste griechische Sprachforscher, welchen es gegenwärtig giebt, versteht nicht so gut griechisch, wie ein griechischer Bauer, oder eine griechische Kuhmagd es verstand, und dasselbe gilt für die Kenner der lateinischen Sprache, wenn man sie mit einem Bauer oder einer Kuhmagd der Römer vergleicht; es würde deshalb für den Zustand der Gelehrsamkeit vortheilhaft sein, wenn man das Studium der todten Sprachen abschaffte, und die Gelehrsamkeit, wie dies ursprünglich der Fall war, in wissenschaftliche Kenntnisse setzte.

Man vertheidigt bisweilen die Beibehaltung des Unterrichtes in todten Sprachen mit der Behauptung, daß sie zu einer Zeit gelehrt würden, wann ein Kind nicht fähig sei, eine andere Geisteskraft anzustrengen, als das

Gedächtniß, allein dies ist durchaus irrig. Der menschliche Geist hat eine natürliche Neigung zu wissenschaftlichen Kenntnissen und zu den damit verbundenen Gegenständen. Die erste und zwar Lieblings-Belustigung eines Kindes, sogar ehe es zu spielen anfängt, besteht in der Nachahmung der Werke der Erwachsenen. Es baut Häuser aus Karten oder Stäben; es befährt das kleine Meer einer Wasserschüssel mit einem papiernen Boote, oder dämmt das Wasser in einer Gosse ein, und macht eine Anlage, welcher es den Namen einer Mühle beilegt; und es nimmt an dem Schicksal seiner Werke einen Antheil, welcher wie Liebe aussieht. Später geht es in die Schule, wo sein Geistesschwung durch das trockene Studium einer todten Sprache gelähmt wird, und der Philosoph in dem Sprachgrübeler verloren geht.

Doch die eben angeführte Vertheidigung der Beibehaltung des Unterrichtes in todten Sprachen konnte anfänglich nicht der Grund sein, warum man die Gelehrsamkeit in die engen und bescheidenen Grenzen der Sprachgrübelei einzwängte; man muß den Grund dafür anderswo suchen. Bei allen derartigen Untersuchungen ist der beste Beweis, welchen man vorbringen kann, der innere Beweis, welchen die Sache in sich selbst enthält, und der Beweis aus den mit derselben verbundenen Umständen: Beides ist in diesem Falle nicht schwer zu finden.

Abgesehen von der Beleidigung, welche der moralischen Gerechtigkeit Gottes zugefügt wird, wenn man von ihm annimmt, er lasse den Unschuldigen für den Schuldigen leiden, und abgesehen gleichfalls von der loseren Moral und niedrigen Aushülfe, wenn man von ihm annimmt, daß er sich in einen Menschen verwandelt habe, um sich in seinen eigenen Augen zu entschuldigen, warum er sein angebliches Urtheil an Adam nicht vollzog, abgesehen, sage ich, von diesen Dingen, so ist doch so viel gewiß, daß das sogenannte christliche Glaubenssystem, mit Einschluß der wunderlichen Erzählung von der Schöpfung—des sonderbaren Mährchens von Eva—der Schlange und dem Apfel—des zweideutigen Begriffes eines Gottmenschen—der fleischlichen Vorstellung von dem Tode eines Gottes—der mythologischen Vorstellung einer Götter-Familie, und des christlichen Rechensystems, daß Drei Einer sind, und Einer Drei ist—nicht allein unverträglich ist mit der himmlischen Gabe der Vernunft, welche Gott dem Menschen verliehen hat, sondern auch mit der Kenntniß, welche der Mensch von der Macht und Weisheit Gottes mit Hülfe der Wissenschaften, und durch das Studium des Baues des von Gott erschaffenen Weltalls erlangt.

Die Erfinder und die Vertheidiger des christlichen Glaubenssystems mußten deshalb vorhersehen, daß der anhaltende Fortschritt der Erkenntniß, welche der Mensch mit Hülfe der Wissenschaft von der, in dem Bau des Weltalls und in allen Werken der Schöpfung offenbarten, Macht und Weisheit Gottes erlangen würde, gegen ihr Glaubenssystem kämpfen, und dessen Wahrheit in Frage stellen würde, und darum wurde es für ihren Zweck nöthig, die Gelehrsamkeit in einen für ihre Pläne minder gefährlichen Kreis zu bannen, und dieses bewirkten sie dadurch, daß sie den Begriff der Gelehrsamkeit auf das todte Studium todter Sprachen beschränkten.

Sie verbannten nicht allein das Studium der Wissenschaft aus den christlichen Schulen, sondern verfolgten dasselbe sogar; und erst ungefähr in den zwei letzten Jahrhunderten ist das Studium zu neuem Leben erwacht. Erst im Jahre 1610 erfand und benutzte ein Florentiner, Namens Galileo, das Fernrohr, und lieferte durch dessen Anwendung auf die Beobachtung der Bewegung und der Oberfläche der Himmelskörper, weitere Mittel zur Erforschung des wahren Baues des Weltalls. Anstatt wegen jener Entdeckungen geehrt zu werden, wurde er verurtheilt, dieselben oder die aus denselben gefolgerten Meinungen als eine fluchwürdige Ketzerei abzuschwören. Und vor jener Zeit wurde Vigilius zum Scheiterhaufen verdammt, weil er die Antipoden (Gegenfüßler), oder mit andern Worten behauptet hatte, daß die Erde eine Kugel und überall, wo es Land gebe, bewohnbar sei; und doch ist die Wahrheit hiervon gegenwärtig zu wohl bekannt, als daß man es noch zu wiederholen brauchte.

Wenn der Glaube an Irrthümer, welche nicht moralisch schlecht sind, kein Unheil stiftet, so dürfte dem Menschen nicht die moralische Pflicht obliegen, dieselben zu bekämpfen und beseitigen. Es war nichts moralisch Böses, wenn man glaubte, daß die Erde flach wie ein Teller sei, eben so wenig, wie moralische Tugend in dem Glauben lag, daß sie rund wie eine Kugel sei; auch war es nichts moralisch Schlechtes, zu glauben, daß der Schöpfer keine andere als diese Welt geschaffen habe, eben so wenig wie moralische Tugend in dem Glauben lag, daß er Millionen schuf, und daß der unendliche Raum mit Welten angefüllt ist. Hingegen, wenn man ein Religionssystem aus einem angeblichen Schöpfungssystem, welches nicht wahr ist, entspringen und sich auf eine fast unzertrennliche Weise damit verschwistern läßt, so bekommt die Sache ein ganz anderes Aussehn. Alsdann werden Irrthümer, welche nicht moralisch schlecht sind, ebenso unheilschwanger, als ob sie schlecht wären. Alsdann wird die Wahrheit, welche an und für sich etwas Gleichgültiges ist, etwas Wesentliches, sie wird der Prüfstein, welcher die Wahrheit der Religion selbst entweder durch übereinstimmende Beweise bestätigt, oder durch widersprechende Beweise entkräftet. Aus diesem Gesichtspunkte betrachtet, wird es dem Menschen zur moralischen Pflicht, sich jeden möglichen Beweis zu verschaffen, welchen der Bau des Himmels oder irgend eines andern Theiles der Schöpfung in Bezug auf Religionssysteme darbietet. Allein diesem widersetzten sich die Anhänger oder Parteigänger des Christenthums unaufhörlich, als fürchteten sie die Folgen, und verwarfen nicht allein die Wissenschaften, sondern verfolgten auch deren Lehrer. Hätte Newton oder Descartes vor 3- oder

400 Jahren gelebt und ihre Studien betrieben, wie sie es wirklich thaten, so würden sie wahrscheinlich nicht lange genug das Leben behalten haben, um sie zu beendigen; und hätte Franklin zu damaliger Zeit den Blitz aus den Wolken gezogen, so würde er Gefahr gelaufen sein, dafür in den Flammen zu büßen.

Spätere Zeiten haben den Rückschritt der Wissenschaften allein den Gothen und Vandalen zur Last gelegt; allein so ungern die Anhänger des christlichen Systems es glauben oder anerkennen mögen, so ist es dennnoch wahr, daß das Zeitalter der Unwissenheit mit der Herrschaft des Christenthums anfing. — Vor jenem Zeitraume waren mehr Kenntnisse in der Welt verbreitet, als während vieler Jahrhunderte nachher, und was religiöse Erkenntniß betrifft, so war das christliche System, wie bereits bemerkt wurde, nur eine andere Art Mythologie; und die Mythologie, deren Stelle es einnahm, war ein verdorbenes altes deistisches System.*)

Man hat es diesem langen Zwischenreiche im Gebiete der Wissenschaft **und keiner andern Ursache zuzuschreiben,** daß man jetzt durch eine ungeheure Kluft vieler Jahrhunderte nach den ehrenwerthen Charakteren, welche man die Alten nennt, sich umzusehen hat. — Wären die Kenntnisse

---

*) Wir können jetzt unmöglich mehr erforschen, zu welcher Zeit die heidnische Mythologie ihren Anfang nahm; allein nach dem innern Beweise, welchen dieselbe mit sich führt, ist soviel gewiß, daß dieselbe nicht in demselben Zustande anfing worin sie endete. Alle Götter jener Mythologie, mit Ausnahme Saturns, waren später erfunden worden. Die angebliche Regierung Saturns war früher als die sogenannte heidnische Mythologie, und war in sofern eine Art Deismus, als sie den Glauben an nur einen Gott gestattete. Saturn soll angeblich die Regierung niedergelegt haben zu Gunsten seiner drei Söhne, Jupiter, Pluto und Neptun, und seiner Tochter Juno; danach schuf die Einbildungskraft Tausende von andern Göttern und Halbgöttern, und der Kalender der Götter wuchs so schnell an, wie der Kalender der Heiligen und die Verbrecher-Kalender der Criminal-Gerichte seither angewachsen sind.

Alle Verfälschungen, welche in der Theologie und Religion eingetreten sind, verdanken ihren Ursprung der Aufnahme der sogenannten **offenbarten Religion.** Die heidnischen Mythologen gaben mehr offenbarte Religion vor, als die Christen. Jene hatten ihre Orakel und ihre Priester, von welchen man annahm, daß sie das Wort Gottes bei fast allen Gelegenheiten mündlich empfingen und mittheilten.

Seit jener Zeit sind alle falschen Lehren vom Moloch herab bis zu unsern neueren Prädestinations- (Vorherbestimmungs-) Glauben, von den Menschenopfern der Heiden bis zum christlichen Opfer des Schöpfers, durch die Aufnahme der sogenannten **offenbarten Religion** entstanden. Das wirksamste Mittel zur Verhütung aller solcher Uebel und Aufschneidereien besteht darin, keine andere Offenbarung zuzulassen, als welche im Buche der Schöpfung kund gethan ist, und die Schöpfung als das wahre und wirkliche Werk Gottes, welches jemals im Dasein war, oder jemals in das Dasein treten wird, zu betrachten — und alles Andere, was das Wort Gottes genannt wird, als Fabel und Betrügerei.

im Verhältniß zu dem im Alterthum vorhandenen Vorrathe fortgeschritten, so würde jene Kluft mit Männern ausgefüllt worden sein, von denen Einer dem Andern an Kenntnissen überragte; und jene Alten, welche wir jetzt so sehr bewundern, würden nur eine achtbare Stelle im Hintergrund des Gemäldes eingenommen haben. Aber das christliche System verbreitete Verwüstung überall; und wenn wir unsern Standpunkt um den Anfang des 16ten Jahrhunderts wählen, so blicken wir zurück durch jene lange Kluft in die Zeiten des Alterthums, wie über eine ungeheure Sandwüste, worin nichts Grünes den Blick erfreut, in fruchtreiche Gebirgsthäler jenseits.

Es ist eine kaum glaubliche Ungereimtheit, daß Etwas unter dem Namen einer Religion bestehen sollte, welches es für religionswidrig oder gottlos hält, den Bau des von Gott erschaffenen Weltalls zu erforschen und zu betrachten. Allein die Sache ist zu wohl erwiesen, als daß man sie in Abrede stellen könnte. Das Ereigniß, welches mehr als irgend Etwas sonst beitrug, um das erste Glied in dieser langen Kette despotischer Unwissenheit zu zerreißen, ist unter dem Namen der Reformation durch Luther bekannt. Seit jener Zeit, obwohl dies keinen Theil der Absichten Luthers oder der sogenannten Reformatoren gebildet zu haben scheint, fingen die Wissenschaften an wieder aufzuleben, und freier Sinn und freie Forschung, ihre natürlichen Gefährten, fingen an in das Dasein zu treten. Dieses war das einzige allgemeine Gute, was die Reformation hervorbrachte; denn in Bezug auf religiösen Fortschritt hätte dieselbe eben so wohl unterbleiben können. Die Mythologie blieb noch immer die alte; und eine Menge National-Päpste erwuchsen aus dem Sturze des Papstes der Christenheit.

Ich habe solchergestalt aus den Dingen selbst die Ursache dargethan, welche eine Veränderung im Zustand der Gelehrsamkeit hervorrief, so wie den Beweggrund, warum man das Studium todter Sprachen an die Stelle der Wissenschaften setzte. Ich will nunmehr, als Zusatz zu den verschiedenen, in dem früheren Theile dieses Werkes bereits gemachten Bemerkungen, den Beweis, welchen der Bau des Weltalls darbietet, mit dem christlichen Religionssystem vergleichen, oder vielmehr confrontiren; allein da ich diesen Theil nicht besser anfangen kann, als indem ich auf die Vorstellungen zurückgehe, welche sich mir in meiner Jugend aufbrängten, und welche sich ohne Zweifel einigermaßen jedem Andern zu einer oder der andern Zeit aufgedrängt haben, so werde ich jene Vorstellungen auseinandersetzen, und werde andere, dem Gegenstand angemessene Betrachtungen daran knüpfen. Dem Ganzen schicke ich folgende kurze Einleitung als Vorrede voran.

Da mein Vater zur Sekte der Quäker gehörte, so hatte ich das Glück, eine vorzügliche sittliche Erziehung und einen ziemlichen Vorrath nützlicher Kenntnisse zu erhalten. Obwohl ich in die Grammatik-Schule ging, so lernte ich doch kein Latein, nicht allein weil ich keine Neigung zur Erlernung von Sprachen hatte, sondern auch weil den Quäkern die Bücher mißfielen, worin jene Sprache gelehrt wird. Allein dieses verhinderte nicht, daß ich mit dem Inhalte aller in der Schule gebrauchten Bücher bekannt wurde.

Die natürliche Richtung meines Geistes ging nach den Wissenschaften. Ich hatte wohl einige Neigung, und ich glaube auch einige Anlage zur Dichtkunst; allein ich unterdrückte dieselbe eher, als daß ich sie nährte, weil sie zu sehr in das Gebiet der Einbildungskraft führt. Sobald ich die Mittel dazu hatte, kaufte ich eine Erd- und eine Himmelskugel, und besuchte die naturwissenschaftlichen Vorlesungen von Martin und Ferguson, und wurde später mit Dr. Bewis, Mitglied des Gelehrtenvereins, genannt die königliche Gesellschaft, bekannt, welcher damals im Temple wohnte und ein vorzüglicher Astronom war.

Ich hatte keinen Gefallen an der sogenannten Politik. Dieselbe kam mir nicht anders vor, als wie ein unsittliches Glücksspiel. Als ich deshalb meine Gedanken auf Staatsangelegenheiten lenkte, so hatte ich für mich selbst ein System zu entwerfen, welches mit den moralischen und wissenschaftlichen Grundsätzen, worin ich erzogen worden war, im Einklang stand. Ich sah, zum mindesten glaubte ich dies, ein gewaltiges Feld, welches sich für die Menschheit in den Angelegenheiten Amerikas öffnete; und es schien mir, daß die Amerikaner, wenn sie nicht ihr damals in Bezug auf die englische Regierung befolgtes Verfahren änderten und sich unabhängig erklärten, sich nicht allein in eine Menge neuer Schwierigkeiten verwickeln, sondern auch die Aussichten, welche sich damals der Menschheit durch ihre Vermittlung eröffneten, abschneiden würden. Aus diesen Gründen ließ ich das unter dem Namen „Gesunder Menschenverstand" bekannte Werk erscheinen, welches mein erstes im Drucke erschienenes Werk ist; und so viel ich über mich urtheilen kann, so würde ich, glaube ich, niemals in der Welt als Schriftsteller über irgend einen Gegenstand bekannt geworden sein, wären nicht die Ereignisse in Amerika dazwischen gekommen. Ich verfaßte die Schrift „Gesunder Menschenverstand" gegen das Ende des Jahres 1775 und gab sie am ersten Januar 1776 heraus. Die Unabhängigkeit wurde an dem darauf folgenden 4ten Juli erklärt.

Wer durch die Beobachtung seines eigenen Innern Beobachtungen über den Zustand und Fortschritt des menschlichen Geistes angestellt hat, muß nothwendig bemerkt haben, daß es zwei besondere Klassen der sogenannten Gedanken giebt; nämlich solche, welche wir in uns selbst durch Ueberlegung und Nachdenken erzeugen, und solche, welche sich von selbst dem Geiste aufdrängen. Ich habe es mir stets zur Regel gemacht, jene freiwilligen Gäste höflich zu behandeln, und so gut ich vermochte, sorgfältig zu untersuchen, ob sie des Beherbergens werth wären; und gerade von ihnen habe ich fast alle Kenntnisse, die ich besitze, erworben. Was die Gelehrsamkeit betrifft, welche man in der Schule gewinnt, so dient sie, wie ein kleines Kapital, nur dazu, um uns den Weg zu zeigen, auf welchem wir später selbst zu Kenntnissen gelangen können. — Jeder Gelehrte ist am Ende sein eigener Lehrer; die Ursache hiervon liegt darin, weil Grundsätze, welche nach den Umständen sich verschieden äußern, nicht dem Gedächtniß eingeprägt werden können; der Ort ihrer geistigen Wohnung ist der Verstand, und sie sind niemals so bleibend, als wenn sie durch eigenes Nachdenken entstanden sind. So viel zur Einleitung.

Von der Zeit, als ich fähig war einen Begriff zu fassen, und mit Ueberlegung danach zu handeln, zweifelte ich entweder an der Wahrheit der christlichen Lehre, oder hielt dieselbe für eine seltsame Geschichte; ich wußte kaum, was ich daraus machen sollte; allein ich entsinne mich genau aus meinem siebenten oder achten Jahre einer Predigt, welche von einem meiner Verwandten, einem großen Kirchen-Frömmler, über die sogenannte Erlösung durch den Tod von Gottes Sohn gehalten wurde. Nach Beendigung der Predigt ging ich in den Garten, und wie ich die Gartentreppe hinabstieg (denn ich erinnere mich vollkommen des Ortes), empörte mich die Erinnerung an das so eben Gehörte, und ich dachte bei mir selbst, man lasse Gott den Allmächtigen wie einen leidenschaftlichen Menschen handeln, indem er seinen Sohn umbrachte, weil er sich auf keine andere Weise rächen konnte; und da ich wußte, daß ein Mensch, der so etwas thäte, an den Galgen kommen würde, so konnte ich nicht begreifen, warum man dergleichen Predigten hielte. Dies war keiner jener Gedanken, welche kindische Leichtfertigkeit an sich tragen; es war für mich eine ernstliche Betrachtung, welche aus der Vorstellung entsprang, daß Gott zu gut sei, um eine solche Handlung zu begehen, und ebenfalls zu allmächtig, um dieselbe begehen zu müssen. Ich habe noch in diesem Augenblick denselben Glauben; und ich glaube außerdem, daß ein Religionssystem, von welchem irgend ein Theil das Gemüth eines Kindes empört, kein wahres System sein kann.

Es scheint, als ob Eltern, welche dem christlichen Glaubensbekenntniß anhängen, sich schämten, ihren Kindern etwas über die Grundsätze ihrer Religion zu sagen. Sie unterrichten dieselben bisweilen in der Moral, und sprechen mit ihnen von der Güte der sogenannten Vorsehung; denn die christliche Mythologie hat fünf Gottheiten — da ist Gott der Vater, Gott der Sohn, Gott der Heilige Geist, die Gottheit Vorsehung und die Gottheit Natur. Allein die christliche Fabel von Gott dem Vater, wie er seinen Sohn um's Leben bringt, oder Leute anstellt, um dieses zu thun (denn soviel besagt jene Fabel mit dürren Worten), kann nicht von Eltern ihren Kindern erzählt werden; und will man ihnen sagen, es sei geschehen, um die Menschheit glücklicher und besser zu machen, so macht man die Sache noch viel schlimmer, als ob die Menschheit durch das Beispiel eines

Morbes gebessert werden könnte; und will man ihnen sagen, daß dieses Alles ein Mysterium oder unbegreifliches Geheimniß sei, so ist dies nur eine Entschuldigung für die Unglaublichkeit der Geschichte.

Wie verschieden ist dies Alles von dem reinen und einfachen Bekenntniß des Deismus (Glaubens an Einen Gott!); der wahre Deist hat nur Eine Gottheit; und seine Religion besteht in der Betrachtung der Macht, Weisheit und Güte Gottes in seinen Werken, und in dem Bestreben, ihm in der Moral, in der Wissenschaft und der Kunst immer ähnlicher zu werden.

Die Religion, welche sich unter allen andern dem wahren Deismus in ihren moralischen und wohlthätigen Vorschriften am meisten nähert, ist das Glaubensbekenntniß der Quäker; allein sie haben sich zu sehr beschränkt, indem sie die Werke Gottes aus ihrem System wegließen. Obwohl ich ihre Menschenliebe hochachte, kann ich doch nicht umhin, über die Grille zu lächeln, welche die ganze Natur lautlos gemacht, und in trübe Farben gekleidet haben würde, wenn man den Geschmack der Quäker bei der Schöpfung hätte zu Rathe ziehen können! Nicht eine Blume hätte ihre Farbenpracht entfalten, nicht ein Vogel sein Lied trillern dürfen.

Ich schließe nunmehr diese Betrachtungen, und gehe zu andern Gegenständen über. Nachdem ich mich mit dem Gebrauche der Weltkugel und der Welluhr*) gehörig vertraut gemacht hatte, und mir eine Vorstellung von der Unendlichkeit des Raumes und der ewigen Theilbarkeit der Materie oder Körperwelt gebildet, und mindestens eine allgemeine Kenntniß der sogenannten Naturwissenschaften erlangt hatte, begann ich den ewigen Beweis, welchen jene Dinge darbieten, mit dem christlichen Glaubenssystem zu vergleichen, oder wie ich zuvor sagte, zu confrontiren.

Obwohl es keinen ausdrücklichen Glaubensartikel des Christenthums bildet, daß diese Erde, welche wir bewohnen, die ganze bewohnbare Schöpfung ausmache, so ist doch diese Vorstellung aus der sogenannten Mosaischen Schöpfungs-Geschichte, aus dem Mährchen von Eva und dem Apfel, und aus dem Gegenstück zu jenem Mährchen, dem Tode von Gottes Sohn, mit der christlichen Lehre so innig verwoben worden, daß ein entgegengesetzter Glaube, das heißt der Glaube, daß Gott eine Menge Welten, zum mindesten so viele, als was man Sterne nennt, geschaffen habe, das christliche Glaubenssystem auf den ersten Blick kleinlich und lächerlich hinstellt, und dasselbe für den nachdenkenden Menschen federleicht in die Luft bläst.

---

*) Dies ist eine Art Uhrwerk, welches unser Sonnensystem im Kleinen darstellt; darin werden der Umlauf der Erde um sich selbst und um die Sonne, der Umlauf des Mondes um die Erde, der Umlauf der andern Planeten um die Sonne, deren betreffende Entfernungen von der Sonne, als dem Mittelpunkte des ganzen Systems, deren Entfernungen von einander, und deren verschiedene Größe gezeigt, sowie dies Alles am sogenannten Himmel wirklich vorkommt.

Diese beiden Vorstellungen können nicht zusammen bestehen; und wer sich einbildet, daß er an Beides zugleich glaube, hat über jedes nur wenig nachgedacht.

Obwohl der Glauben an eine Mehrzahl von Welten im Alterthum nichts Ungewöhnliches war, so ist doch erst innerhalb der letzten drei Jahrhunderte die Ausdehnung und Größe dieser von uns bewohnten Erdkugel ausgemessen worden. — Mehre Schiffe, welche der Richtung des Weltmeeres folgten, haben die Erde vollkommen umsegelt, wie man in einem Kreise gehen, und auf der entgegengesetzten Seite des Kreises zu dem Ausgangspunkte herumkommen kann. Der weiteste Umkreis unserer Erde, wie man den weitesten Umfang eines Apfels oder einer Kugel zu messen pflegt, beträgt nur 25,020 englische Meilen, wenn man 69 Meilen und eine halbe auf einen Grad am Aequator rechnet, und kann in einem Zeitraum von ungefähr 3 Jahren umsegelt werden.*)

Eine Welt von diesem Umfang mag uns auf den ersten Blick als groß erscheinen; allein wenn wir dieselbe mit der Unermeßlichkeit des Raumes vergleichen, worin sie, wie eine Seifenblase oder ein Ballon in der Luft, schwebt, so ist sie im Verhältniß unendlich kleiner, als das geringste Sandkorn mit der Erde, oder das feinste Tröpfchen Thau mit dem ganzen Weltmeere verglichen, und ist demnach nur etwas Unbedeutendes; und ist, wie man weiter unten beweisen wird, nur ein Theil eines Vereines von Welten, woraus die ganze Schöpfung besteht.

Es ist nicht schwierig, sich von der Unermeßlichkeit des Raumes, worin diese und alle andern Welten schweben, eine schwache Vorstellung zu machen, wenn man einer Stufenreihe von Vorstellungen folgt. Wenn wir an die Größe oder den Gehalt eines Zimmers denken, so beschränken sich unsere Vorstellungen auf die Wände und bleiben dabei stehen; hingegen wenn unser Auge oder unsere Einbildungskraft in den freien Raum bringt, das heißt, wenn man aufwärts blickt in den sogenannten Himmel, so kann man sich dabei keine Wände oder Grenzen denken; und wenn man, um einen Ruhepunkt für seine Vorstellungen zu erhalten, eine Grenze annimmt, so wirft sich alsbald die Frage wieder auf, was ist jenseits jener Grenze? und auf dieselbe Art, was liegt jenseits der nächsten Grenze? und so weiter, bis die ermüdete Einbildungskraft umkehrt und spricht: **Es giebt kein Ende.** Gewißlich also war der Schöpfer nicht um Raum verlegen, als er unsere Erde nicht größer machte, als sie ist; und wir müssen den Grund davon in etwas Anderem suchen.

Wenn wir unsere eigene Welt, oder vielmehr diejenige, welche uns der Schöpfer zur Benutzung verliehen hat, als unser Erbtheil an dem uner-

---

*) Wenn man annimmt, daß ein Schiff durchschnittlich nur 3 Meilen in der Stunde segle, so würde es in weniger als einem Jahre um die ganze Erde segeln, wenn es in gerader Richtung fahren könnte; allein es muß den Windungen des Weltmeers folgen.

meßlichen All der Schöpfung untersuchen, so finden wir jeden Theil derselben, die Erde, das Wasser und die Luft, welche Beides umgiebt, mit Leben angefüllt, ja gleichsam vollgedrängt, von den größten Thieren, welche wir kennen, bis zu den geringsten Insekten, welche das bloße Auge bemerken kann, und von da bis zu andern noch kleineren, welche ohne Hülfe des Mikroskops ganz unsichtbar sind. Jeder Baum, jede Pflanze, jedes Blatt dient nicht allein als eine Wohnung, sondern als eine Welt für ein zahlreiches Geschlecht, bis das thierische Leben so außerordentlich sein wird, daß die Ausdünstung eines Grashalms für Tausende Nahrung darbieten mag.

Da nun kein Theil unserer Erde unbewohnt geblieben ist, warum soll man annehmen, daß der unermeßliche Raum eine einförmige Leere sei, welche ewig öde liege? Es ist Raum vorhanden für Millionen Welten, welche eben so groß oder größer als die unsrige sind, und von denen jede Millionen Meilen von der andern entfernt ist.

Da wir nunmehr zu diesem Punkte gediehen sind, so werden wir, wenn wir unsere Gedanken nur noch um Eine Stufe weiter führen, vielleicht den wahren Grund, zum mindesten einen sehr guten Grund unseres Glückes einsehen, warum der Schöpfer, anstatt Eine ungeheure Erdkugel, welche einen unermeßlichen Raum einnähme, zu schaffen, es vorgezogen hat, die Materie in verschiedene abgesonderte Weltkörper zu theilen, welche wir Planeten nennen, und wovon unsere Erde einer ist. Doch ehe ich meine Ansichten über diesen Gegenstand auseinandersetze, ist es nöthig (das heißt für Diejenigen, welche dies nicht bereits wissen), das System des Weltalls darzustellen.

Jener Theil des Weltalls, welcher das Sonnensystem genannt wird (d. h. das System von Welten, wozu unsere Erde gehört, und dessen Mittelpunkt die Sonne bildet), besteht außer der Sonne aus sechs*) besondern Kugeln oder Planeten, oder Welten, nebst untergeordneten Körpern, welche Trabanten oder Monde genannt werden. Unsere Erde hat einen solchen, welcher sie auf ihrer jährlichen Rundreise um die Sonne begleitet, gerade so wie andere Trabanten oder Monde die Planeten der Welten, wozu sie gehören, begleiten, wie man mit Hülfe des Fernrohrs (Teleskops) sehen kann.

Die Sonne ist der Mittelpunkt, um welchen sich jene sechs Welten oder Planeten, in verschiedenen Entfernungen von derselben und in concentrischen Kreisen, bewegen. Jede Welt verfolgt beständig beinahe dieselbe Bahn um die Sonne, und dreht sich zu gleicher Zeit fortwährend um sich selbst, in beinahe aufrechter Stellung, wie ein Kreisel sich um sich selbst dreht, wenn er auf dem Boden tanzt und sich etwas seitwärts neigt.

---

*) **Anmerkung.** Seit der Zeit, wo Obiges geschrieben wurde, sind von den Astronomen mehr Planeten entdeckt worden

Gerade diese Neigung der Erde (23½ Grad) verursacht Sommer und Winter, und die verschiedene Länge der Tage und Nächte. Wenn die Erde in senkrechter Stellung zu der Fläche oder Ebene des Kreises, worin sie sich um die Sonne bewegt, sich um sich selbst drehte, wie sich ein Kreisel herumdreht, wenn derselbe aufrecht auf dem Boden steht, so würden die Tage und Nächte immer gleich lang sein, zwölf Stunden Tag und zwölf Stunden Nacht, und es würde durch das ganze Jahr dieselbe Jahreszeit herrschen.

Jedesmal, wo sich ein Planet (zum Beispiel unsere Erde) um sich selbst dreht, macht er das, was man Tag und Nacht nennt; und jedesmal, wo derselbe ganz um die Sonne geht, macht er das, was man ein Jahr nennt; folglich dreht sich unsere Erde 365mal um sich selbst, während sie um die Sonne geht.*)

Die Namen, welche die Alten jenen sechs Welten gaben, und welche bis auf den heutigen Tag beibehalten werden, sind Merkur, Venus, unsere Erde, Mars, Jupiter und Saturn. Sie erscheinen für das Auge größer als die Firsterne, weil sie unserer Erde um viele Millionen Meilen näher sind als irgend einer jener Sterne. Der Planet Venus wird auch Abendstern und bisweilen Morgenstern genannt, je nachdem derselbe nach der Sonne untergeht, oder vor der Sonne aufgeht, was niemals mehr als drei Stunden ausmacht.

Die Sonne ist, wie bereits bemerkt wurde, der Mittelpunkt des Systems. Der Planet oder Weltkörper, welcher der Sonne am nächsten steht, ist Merkur; seine Entfernung von der Sonne beträgt 34 Millionen Meilen, und er bewegt sich stets in einem Kreise in jener Entfernung um die Sonne, wie man von einem Kreisel annehmen kann, daß er in derselben Bahn herumlaufe, welche ein Pferd in einer Mühle zurücklegt. Der zweite Weltkörper ist Venus; derselbe ist 57 Millionen Meilen von der Sonne entfernt, und bewegt sich folglich in einem weit größeren Kreise als Merkur. Der dritte Weltkörper ist die von uns bewohnte Erde, welche 88 Millionen Meilen von der Sonne entfernt ist, und sich folglich in einem weit größeren Kreise um dieselbe bewegt als Venus. Der vierte Planet ist Mars; er ist 134 Millionen Meilen von der Sonne entfernt, und sein Umlauf beschreibt folglich einen größeren Kreis als die Bahn unserer Erde. Der fünfte ist Jupiter; er ist 557 Millionen Meilen von der Sonne entfernt, und bewegt sich demnach in einem größeren Kreise herum als Mars. Der sechste Weltkörper ist Saturn; seine Entfernung von der Sonne beträgt 763 Millionen Meilen, und er bewegt sich folglich in einem Kreise herum, welcher die Kreise oder Bahnen aller andern Planeten umschließt.

*) Diejenigen, welche annahmen, daß die Sonne alle 24 Stunden um die Erde geht, begingen denselben Irrthum in der Vorstellung, welchen ein Koch in der That begehen würde, welcher das Feuer um das Fleisch gehen ließe, anstatt das Fleisch nach dem Feuer hin, um es selbst zu drehen.

Der Raum, welchen sonach unser Sonnensystem in der Luft oder in dem unendlichen Raume für die verschiedenen Planeten einnimmt, damit sie ihre Bahnen um die Sonne vollenden können, ist in gerader Linie dem ganzen Durchmesser der Bahn oder des Kreises gleich, worin sich Saturn um die Sonne bewegt; also seiner doppelten Entfernung von der Sonne, oder 1526 Millionen Meilen. Der Umkreis dieses Raumes aber beträgt beinahe 5000 Millionen Meilen; und der Kugelgehalt dieses Raumes beträgt beinahe 3500 Millionen mal 3500 Millionen Quadratmeilen.*)

Aber so ungeheuer dies ist, so ist es doch nur Ein System von Welten. Jenseits desselben, weit in den Raum hinaus, über alle Macht der Berechnung, liegen die sogenannten Firsterne. Sie werden Fix- oder feste Sterne genannt, weil sie keine umlaufende Bewegung haben, wie die 6 von mir beschriebenen Weltkörper oder Planeten. Jene Firsterne bleiben stets in derselben Entfernung von einander und stets an demselben Orte, wie die Sonne im Mittelpunkte unseres Systems bleibt. Es ist demnach wahrscheinlich, daß jeder jener Firsterne ebenfalls eine Sonne ist, um welche ein anderes System von Welten oder Planeten, obwohl zu entfernt, um von uns entdeckt zu werden, seine Umläufe vollbringt, gerade wie unser System von Welten um unsere Central-Sonne.

Nach dieser leichten Gedankenfolge wird uns der unermeßliche Raum mit Weltsystemen angefüllt erscheinen, dergestalt, daß kein Theil des Raumes öde liegt, eben so wenig wie irgend ein Theil unseres Erdballs, und zwar des Landes wie des Wassers, unbewohnt gelassen ist.

Ich habe mich sonach bemüht, auf eine leicht verständliche Weise eine Vorstellung von dem Bau des Weltalls mitzutheilen; ich will nunmehr erläutern, was ich oben andeutete, nämlich die großen Vortheile, welche für den Menschen aus dem Umstande erwachsen, daß der Schöpfer eine

---

*) Man mag fragen, wie kann man diese Dinge wissen? Darauf antworte ich ganz einfach, daß man eine Finsterniß zu berechnen versteht, und ebenfalls auf eine Minute Zeit berechnen kann, wann der Planet Venus bei seinem Umlaufe um die Sonne in gerader Linie zwischen unsere Erde und die Sonne treten, und uns wie eine große Erbse, welche über die Scheibe der Sonne geht, erscheinen wird. Dieses ereignet sich in ungefähr 100 Jahre nur zweimal, und zwar in einem Zwischenraum von etwa 8 Jahren von einander, und es hat sich in unserer Zeit zweimal ereignet, welche beide Fälle man durch Berechnung vorher wußte. Man kann gleichfalls wissen, wann dieses Ereigniß nach 1000 Jahren, oder nach irgend einem beliebigen Zeitraum wieder eintreten wird. Da aber der Mensch nicht im Stande sein könnte, diese Dinge auszuführen, wenn er das Sonnensystem und die Art, wie die Umläufe der verschiedenen Planeten oder Welten vollbracht werden, nicht verstünde; so ist die wirkliche Berechnung einer Finsterniß oder eines Durchgangs der Venus ein schlagender Beweis, daß die Kenntniß vorhanden ist; und einige Tausend, ja selbst einige Millionen Meilen mehr oder weniger machen bei so ungeheuern Entfernungen kaum einen merklichen Unterschied.

Mehrzahl von Welten — ähnlich unserem System, welches aus einer Central-Sonne und 6 Planeten, nebst Trabanten, besteht, geschaffen hat, anstatt einen einzigen Weltkörper von ungeheurer Größe zu schaffen.

Es ist ein Gedanke, welchen ich niemals außer Augen verloren habe, daß alle unsere wissenschaftlichen Kenntnisse sich von den (unserem Auge und durch dasselbe unserem Verstande vorgestellten) Bewegungen herschreiben, welche die verschiedenen Planeten oder Weltkörper unseres Sonnensystems in ihrem Umlauf um die Sonne vollenden.

Wäre nun die Körpermasse, woraus diese 6 Planeten bestehen, in eine einzige Kugel verschmolzen worden, so würde die Folge davon für uns gewesen sein, daß entweder keine umlaufende Bewegung bestanden hätte, oder doch nicht genug, um uns die wissenschaftlichen Vorstellungen und Kenntnisse zu verleihen, welche wir gegenwärtig besitzen; und doch verdanken wir diesen Wissenschaften alle mechanischen Künste, welche zu unserer irdischen Glückseligkeit und Bequemlichkeit so viel beitragen, ihren Ursprung.

Wie sonach der Schöpfer nichts vergeblich schuf, so muß man auch glauben, daß er den Bau des Weltalls auf die vortheilhafteste Art für den Menschen einrichtete; und da wir die Vortheile, welche wir aus dem wirklichen Bau des Weltalls schöpfen, einsehen und durch die Erfahrung empfinden — welche Vortheile wir nicht die Gelegenheit gehabt haben würden zu genießen, wenn der Bau, so viel unser System anbelangt, aus einer einzigen Kugel bestanden hätte; — so können wir zum mindesten Einen Grund entdecken, warum eine **Mehrheit** von Welten geschaffen worden ist, und jener Grund fordert den Menschen zu frommer Dankbarkeit wie zur Bewunderung auf.

Aber nicht allein auf uns, die Bewohner dieses Erdballs, beschränken sich die aus einer Mehrheit von Welten entspringenden Vortheile. Die Bewohner eines jeden der Planeten, woraus unser System besteht, genießen dieselben Gelegenheiten zur Erlangung von Kenntnissen wie wir. Sie betrachten die umlaufenden Bewegungen unserer Erde, wie wir die ihrigen betrachten. Alle Planeten vollenden ihre Bahnen Angesichts von einander; und darum steht dieselbe Universal-Schule der Wissenschaft allen offen.

Und die Erkenntniß hat damit noch kein Ende. Das uns zunächst befindliche System von Welten stellt in seinen Bewegungen dieselben Grundsätze und Lehren der Wissenschaft den Bewohnern jenes Systems vor Augen, welche unser System uns vor Augen stellt, und so geht es fort durch den unermeßlichen Raum.

Unsere Vorstellungen nicht allein von der Allmacht des Schöpfers, sondern auch von seiner Weisheit und Güte erheben sich in dem Maaße, wie wir die Größe und den Bau des Weltalls betrachten. Die einfache Vorstellung von einem Weltkörper, welcher einsam in dem unermeßlichen

Meere des Raumes herumsegelt, oder ruht, weicht der erfreulichen Vorstellung von einem Vereine von Welten, welche so glücklich eingerichtet sind, daß sie selbst durch ihre Bewegung dem Menschen Belehrung verschaffen. Wir sehen unsere eigene Erde mit Ueberfluß gesegnet; allein wir vergessen zu betrachten, wie viel von jenem Ueberfluß wir der wissenschaftlichen Erkenntniß verdanken, welche die ungeheure Maschinerie des Weltalls entwickelt hat.

Aber was sollen wir inmitten jener Betrachtungen von dem christlichen Glaubenssystem denken, welches auf die Vorstellung von nur Einer Welt gebaut ist, und zwar deren Umfang nach der obigen Darstellung nicht mehr als 25,000 Meilen beträgt? Ein Umfang, welchen man, wenn man drei Meilen in der Stunde, 12 Stunden lang an jedem Tage zurücklegte, und sich immer in gerader Richtung halten könnte, in weniger als zwei Jahren ganz umgehen würde. Ach! was ist dieses gegen das unendliche Meer des Raumes, und gegen die allmächtige Kraft des Schöpfers!

Woher aber konnte denn der beschränkte und wunderliche Einfall entstehen, daß der Allmächtige, welcher Millionen seiner Obhut eben so bedürftiger Welten hatte, die Fürsorge für alle übrigen aufgegeben habe, und auf unsere Erde gekommen sei zu sterben, weil, wie es heißt, Ein Mann und Eine Frau einen Apfel gegessen hatten! Oder sollen wir andrerseits annehmen, daß jede Welt in der endlosen Schöpfung eine Eva, einen Apfel, eine Schlange und einen Erlöser hatte? In diesem Falle würde die Person, welche gotteslästerlicher Weise der Sohn Gottes, ja bisweilen Gott selbst genannt wird, nichts weiter zu thun haben, als von Welt zu Welt zu reisen und sich in alle Ewigkeit hintereinander tödten zu lassen, ohne kaum einen Augenblick am Leben zu bleiben.

Nur durch die Verwerfung des Beweises, welchen das Wort oder die Werke Gottes in der Schöpfung unsern Sinnen vorstellen, und durch die Verwerfung der Schlußfolgerungen unserer Vernunft aus jenem Beweise, sind so viele ungereimte und wunderliche Glaubens- und Religions-Systeme ersonnen und auf die Beine gebracht worden. Es mag viel Religionssysteme geben, welche nicht im Geringsten moralisch verwerflich, sondern sogar in vielen Beziehungen moralisch gut sind; allein es kann nur Ein wahres geben, und dieses Eine muß nothwendig und für alle Zukunft in allen Stücken mit dem ewigen Wort Gottes, welches wir in jenen Werken betrachten, im Einklang stehen. Aber das christliche Glaubenssystem ist so seltsam eingerichtet, daß jeder Beweis, welchen das Weltgebäude dem Menschen darbietet, demselben entweder geradezu widerspricht, oder es als ungereimt darstellt.

Man kann möglicher Weise glauben, und es thut mir immer wohl, mich in jenem Glauben zu bestärken, daß es Leute in der Welt gegeben hat, welche sich überreden, daß ein sogenannter frommer Betrug, wenigstens unter besondern Umständen, einiges Gute stiften könnte. Aber sobald der Betrug einmal erwiesen ist, so läßt sich dies nicht mehr entschuldigen; denn es ist mit einem frommen Betruge wie mit einer bösen That, welche fortwährend Böses muß gebären.

Die Leute, welche zuerst das christliche Glaubenssystem predigten und die von Christus gepredigte Moral (Sittenlehre) einigermaßen damit verbanden, mochten sich überreden, daß dasselbe besser sei, als die damals herrschende heidnische Mythologie. Von den ersten Predigern ging der Betrug auf die zweiten über, von diesen auf die dritten, bis der Gedanke eines frommen Betruges in dem Glauben an die Wahrheit des Systems verloren ging; und jener Glaube wurde noch bestärkt durch das Interesse Derer, welche aus dem Predigen desselben ihren Lebensunterhalt bezogen.

Allein obwohl ein solcher Glaube auf solche Weise unter den Laien fast allgemein werden mochte, so ist es beinahe unmöglich, sich die fortwährenden Verfolgungen zu erklären, welche von der Kirche mehre hundert Jahre lang gegen die Wissenschaften und gegen die Wissenschaftslehrer verübt wurden, wenn die Kirche nicht eine Nachricht oder Ueberlieferung hatte, daß ihr System ursprünglich nichts weiter als ein frommer Betrug war, oder wenn sie nicht vorhersah, daß dasselbe sich nicht gegen den durch den Bau des Weltalls gelieferten Beweis behaupten könne.

Da ich solchergestalt die unvereinbaren Widersprüche dargethan habe zwischen dem wirklichen, im Weltall vorhandenen, Wort Gottes, und dem sogenannten Wort Gottes, welches uns in einem gedruckten Buche, das irgend Jemand verfassen konnte, gezeigt wird; so will ich nunmehr von den drei Hauptmitteln sprechen, deren man sich zu allen Zeiten und vielleicht in allen Ländern bedient hat, um die Menschheit hinter das Licht zu führen.

Jene drei Mittel sind Geheimnisse (Mysterien), Wunder und Prophezeihungen. Die beiden ersten vertragen sich nicht mit wahrer Religion, und das dritte Mittel sollte immer Verdacht erregen.

Was Geheimnisse anbelangt, so ist jedes Ding, welches wir betrachten, in Einem Sinne ein Geheimniß für uns. Unser eigenes Dasein ist ein Geheimniß; die ganze Pflanzenwelt ist ein Geheimniß. Wir können nicht erklären, woher es kommt, daß eine Eichel, welche in den Boden gelegt wird, sich entfaltet, und zu einer Eiche wird. Wir wissen nicht, woher es kommt, daß der Same, welchen wir säen, sich entwickelt und vervielfältigt, und uns so reichliche Zinsen für ein so kleines Kapital erstattet.

Jedoch die Thatsache, unterschieden von der wirkenden Ursache, ist uns kein Geheimniß, weil wir dieselbe mit unsern Augen sehen; und wir kennen auch das Mittel, welches wir zu brauchen haben, und welches in nichts Anderem besteht, als den Samen in den Boden zu legen. — Wir wissen demnach so viel, als wir zu wissen brauchen; und jenen Theil des Wirkens, welchen wir nicht kennen, und welchen wir, wenn wir ihn kennten, nicht auszuführen vermöchten, übernimmt der Schöpfer und verrichtet

4*

denselben für uns. Wir sind also besser daran, als wenn wir mit dem Geheimniß vertraut gemacht wären, und die Arbeit selbst verrichten sollten.

Allein obwohl jedes erschaffene Ding in diesem Sinne ein Geheimniß ist, so kann doch das Wort Geheimniß nicht auf moralische Wahrheiten angewandt werden, eben so wenig wie man Finsterniß für Licht brauchen kann. Der Gott, an welchen wir glauben, ist der Gott der moralischen Wahrheit, und nicht ein Gott des Geheimnisses und der Finsterniß. Geheimniß ist der Gegensatz der Wahrheit. Es ist ein von Menschen erfundener Nebel, welcher die Wahrheit verfinstert und dieselbe verdreht darstellt. Die Wahrheit hüllt sich selbst niemals in ein Geheimniß; und das Geheimniß, worin sie jemals gehüllt ist, ist das Werk ihrer Gegner, und niemals ihr eigenes.

Da die Religion sonach in dem Glauben an einen Gott und in der Ausübung moralischer Wahrheiten besteht, so kann sie nichts mit Geheimnissen zu schaffen haben. Der Glaube an einen Gott, weit entfernt, etwas Geheimnißvolles an sich zu haben, ist unter allen Glaubensartikeln der leichteste, weil sich derselbe, wie zuvor bemerkt wurde, uns mit Gewalt aufbringt. Und die Ausübung moralischer Wahrheit, oder mit andern Worten eine praktische (werkthätige) Nachahmung der moralischen Güte Gottes, bedeutet nichts Anderes, als daß wir gegen einander handeln sollen, wie er gegen Alle gütig handelt. Wir können Gott nicht auf dieselbe Art dienen, wie wir Denjenigen dienen, welche ohne solchen Dienst nicht bestehen können; und darum können wir uns von einem Dienst gegen Gott oder Gottesdienst keine andere Vorstellung machen, als daß wir zum Wohlergehen der von Gott geschaffenen lebendigen Wesen beitragen. Dies können wir aber nicht thun, wenn wir uns der menschlichen Gesellschaft entziehen, und ein einsiedlerisches Leben in selbstischer Andacht verträumen.

Schon die Beschaffenheit und Absicht der Religion beweisen, so zu sagen, handgreiflich, daß dieselbe von allem Geheimnißkram frei und entledigt sein muß. Die Religion, als eine Pflicht betrachtet, liegt jeder lebenden Seele gleichmäßig ob, und muß deshalb dem Verstand und Begriffsvermögen Aller angemessen sein. Der Mensch lernt nicht die Religion, wie er die Geheimnisse und verborgenen Kunstgriffe eines Handwerks lernt. Er lernt die Grundsätze der Religion durch Nachdenken; er wird dahin geführt durch die Betrachtung der Dinge, welche er sieht, oder worüber er etwas hören oder lesen mag, und eine entsprechende Handlungsweise schließt sich daran.

Wenn Leute, sei es aus Politik oder aus frommem Betrug, Religionssysteme aufstellten, welche mit dem Worte oder den Werken Gottes in der Schöpfung unvereinbar waren, und nicht allein über, sondern auch gegen das menschliche Begriffsvermögen gingen, so waren sie genöthigt, ein Wort zu erfinden oder zu wählen, welches alle Fragen, Forschungen und Betrachtungen abschneiden sollte. Das Wort **Geheimniß** entsprach diesem Zwecke; und daher ist es gekommen, daß die Religion, welche an und für sich ohne Geheimniß ist, zu einem Nebel von Geheimnissen verderbt worden ist.

Wie das **Geheimniß** im Allgemeinen aushalf, so folgte das **Wunder** als ein gelegentlicher Lückenbüßer. Das Erstere diente, um den Geist zu verwirren; das Letztere, um die Sinne zu betäuben. Das Eine war die Zauberformel, das Andere das Taschenspielerstück.

Doch ehe ich auf diese Sache weiter eingehe, wird es angemessen sein zu untersuchen, was unter einem Wunder zu verstehen ist.

In demselben Sinne, wie jedes Ding ein Geheimniß genannt werden kann, so kann man auch sagen, daß jedes Ding ein Wunder ist, und daß ein Ding kein größeres Wunder als ein anderes ist. Der Elephant, obwohl größer, ist doch kein größeres Wunder als eine Milbe, und ein Berg ist kein größeres Wunder als ein Atom. Für eine allmächtige Kraft ist es nicht schwieriger, das Eine als das Andere zu schaffen; es fällt ihr nicht schwerer, eine Million Welten zu schaffen, als Eine. Jedes Ding ist demnach in Einem Sinne ein Wunder, während es in dem andern Sinn gar kein Wunder giebt. Es ist ein Wunder im Vergleich mit unserer Kraft und mit unseren Begriffen; es ist kein Wunder im Vergleich mit der Kraft, welche es verrichtet. Zu einem bessern Verständniß der Sache müssen wir den Begriff, welcher dem Wort Wunder beigelegt wird, zergliedern.

Der Mensch hat sich gewisse Gesetze gebildet, nach welchen zufolge seiner Vermuthung die sogenannte Natur wirkt, und ein Wunder ist etwas, das der Thätigkeit und Wirkung jener Gesetze zuwiderläuft; allein, so lange wir jene Gesetze und die gemeiniglich sogenannten Naturkräfte nicht in ihrer ganzen Ausdehnung kennen, sind wir nicht im Stande zu beurtheilen, ob irgend ein Ding, welches uns als wunderbar oder übernatürlich erscheint, innerhalb oder jenseits der Wirkungskraft der Natur liegt, oder derselben widerspricht.

Das Aufsteigen eines Menschen mehre Meilen hoch in die Luft, würde alle Merkmale des Begriffes eines Wunders an sich haben, wenn es nicht bekannt wäre, daß man eine Luftart erzeugen kann, welche mehre Male leichter ist als die gewöhnliche atmosphärische Luft, und doch genug Elasticität besitzt, um zu verhindern, daß der Ballon, worin jene leichte Luft eingeschlossen ist, nicht von der ihn umgebenden gewöhnlichen Luft in einen so viel mal geringern Umfang zusammen gepreßt wird. Auf gleiche Weise würde das Herauslocken von Flammen oder Feuerfunken aus dem menschlichen Körper so sichtbar, wie aus einem mit einem Feuerstein geschlagenen Stahle, und die Fortbewegung von Eisen oder Stahl ohne eine sichtbare Kraft, ebenfalls die Vorstellung eines Wunders verursachen, wenn wir nicht mit Electricität und Magnetismus bekannt wären; ein Gleiches ist der Fall mit vielen anderen naturwissenschaftlichen Versuchen für Solche, welche mit der Sache nicht vertraut sind. Die Wiedererweckung von Personen, welche dem Anscheine nach todt sind, zum Leben, wie man an ertrunkenen Personen versucht, würde gleichfalls ein Wunder sein, wenn es nicht bekannt wäre, daß die Lebenskraft einer vorübergehenden Stockung fähig ist, ohne zu erlöschen.

Außerdem giebt es Kunststücke, welche durch geschickte Handgriffe und durch mehre nach einem Einverständniß handelnde Personen ausgeführt werden, und welche das Aussehen von Wundern haben; wenn man dieselben kennt, macht man nichts daraus. Außerdem giebt es mechanische und optische Täuschungen. Es befindet sich gegenwärtig in Paris eine Schaustellung von Geistern oder Gespenstern, welche, obwohl sie den Zuschauern nicht als Wahrheit aufgebunden wird, ein wunderbares Aussehn darbietet. Da man sonach nicht weiß, wie weit Natur oder Kunst gehen kann, so hat man kein Merkmal, welches entschiede, was ein Wunder ist; und wenn die Menschen äußeren Erscheinungen Glauben schenken, in der Meinung, daß es Wunder seien, so sind sie fortwährenden Betrügereien ausgesetzt.

Da also der äußere Schein so leicht trügt, und da nicht vorhandene Dinge oft mit Dingen, welche bestehen, eine große Aehnlichkeit haben, so kann nichts ungereimter sein, als die Annahme, daß der Allmächtige solche Mittel, wie die sogenannten Wunder, anwenden würde, welche die Person, die sie vollführt, als einen Betrüger, den Erzähler derselben als einen Lügner, und die dadurch zu bekräftigende Lehre als eine fabelhafte Erfindung verdächtigen könnten.

Unter allen Beweisarten, womit man jemals irgend einer sogenannten religiösen Lehre oder Meinung Glauben zu verschaffen beabsichtigte, sind Wunder, so glücklich immerhin der Betrug gewesen sein mag, die ungereimtesten. Denn erstlich, sobald man behufs Erwirkung jenes Glaubens zu Schaustellungen seine Zuflucht nimmt (denn ein Wunder in jedem Sinne des Wortes ist eine Schaustellung), so bekundet dieses stillschweigend eine Lahmheit oder Schwäche in der gepredigten Lehre. Und zweitens würdigt man dadurch den Allmächtigen zu einem Schauspieler herab, welcher Kunststücke macht, um die Leute zu unterhalten und in Staunen und Verwunderung zu versetzen. Auch ist dieses die zweifelhafteste Beweisart, welche man aufstellen kann; denn der Glaube kann nicht auf dem sogenannten Wunder beruhen, sondern auf der Glaubwürdigkeit des Erzählers, welcher sagt, er habe es gesehen; und deshalb würde die Sache, selbst wenn sie wahr wäre, keine bessere Aussicht auf Glauben haben, als wenn sie erlogen wäre.

Gesetzt ich wollte sagen, als ich mich zur Abfassung dieses Buches niedergesetzt, sei eine Hand aus der Luft gekommen, habe die Feder ergriffen und jedes hierin geschriebene Wort geschrieben; würde mir Jemand glauben? Sicherlich nicht. Würde mir im Geringsten mehr geglaubt werden, wenn die Sache wirklich geschehen wäre? Sicherlich eben so wenig. Da also ein wirkliches Wunder, wenn es geschehen sollte, demselben Schicksal wie das falsche unterliegen würde, so wird die Ungereimtheit um so größer, wenn man annimmt, der Allmächtige würde Mittel anwenden, welche dem Zwecke, wofür sie dienen sollten, nicht entsprächen, sogar wenn sie wirklich angewandt werden sollten.

Wenn wir annehmen sollen, daß ein Wunder etwas so ganz Unnatürliches sei, daß die sogenannte Natur aus ihrem gewöhnlichen Gange heraustreten müsse, um dasselbe zu Stande zu bringen, und wenn wir eine Erzählung solches Wunders von der Person, welche es gesehen haben will, mitgetheilt finden, so wirft sich die leicht zu entscheidende Frage auf, nämlich: ist es wahrscheinlicher, daß die Natur aus ihrer Bahn trete, oder daß ein Mensch eine Lüge erzähle? Wir haben in unserer Zeit die Natur niemals aus ihrer Bahn treten sehen; aber wir haben guten Grund zu glauben, daß in derselben Zeit Millionen Lügen erzählt worden sind; es ist deshalb zum Mindesten Millionenmal gegen Einmal anzunehmen, daß der Erzähler eines Wunders eine Lüge auftischt.

Die Geschichte von dem Wallfisch, welcher den Jonas verschluckt, obwohl ein Wallfisch groß genug ist, um dies zu thun, gränzt stark an das Wunderbare; allein es würde dem Begriff eines Wunders näher gekommen sein, wenn Jonas den Wallfisch verschluckt hätte. In diesem Falle, welcher für alle Fälle von Wundern dienen mag, würde sich die zuvor angegebene Frage von selbst entscheiden, nämlich: ist es wahrscheinlicher, daß ein Mensch einen Wallfisch verschlinge oder eine Lüge erzähle?

Allein gesetzt, Jonas hätte wirklich den Wallfisch verschluckt, und denselben in seinem Bauche nach Niniveh getragen, und hätte, um die Leute von der Wahrheit der Geschichte zu überzeugen, den Wallfisch seiner vollen Länge und Größe nach vor ihren Augen ausgespieen, würden sie ihn nicht eher für den Teufel, als für einen Propheten gehalten haben? Oder wenn der Wallfisch den Jonas nach Niniveh getragen und ihn auf dieselbe öffentliche Weise ausgespieen hätte, würden sie nicht den Wallfisch für den Teufel und den Jonas für eines seiner Teufelchen gehalten haben?

Das außerordentlichste aller, im Neuen Testament erzählten, sogenannten Wunder ist dasjenige, wo der Teufel mit Jesus Christus forteilt, und ihn auf den Gipfel eines hohen Berges und auf die höchste Zinne des Tempels führt, und ihm alle Königreiche der Welt zeigt und verspricht. Wie kam es, daß er nicht Amerika entdeckte; oder nimmt nur an Königreichen seine rußige Majestät einen Antheil?

Ich hege zu viel Achtung vor dem sittlichen Charakter Christi, um zu glauben, daß er dieses Unthier von einem Wunder erzählt habe; auch ist es nicht leicht zu erklären, in welcher Absicht dasselbe fabrizirt worden sein konnte; wenn es nicht geschah, um die Kenner von Wundern anzuführen, wie man dies bisweilen mit den Kennern von Farthings der Königin Anna und mit Sammlern von Reliquien und Alterthümern macht; oder um durch Uebertreibung von Wundern den Glauben an Wundern lächerlich zu machen, wie Don Quixote das Ritterthum übertrieb; oder um den Glauben an Wunder zu erschüttern, indem man es zweifelhaft machte, ob ein sogenanntes Wunder durch die Macht Gottes oder des Teufels vollführt wurde. Indessen ist ein starker Glaube an den Teufel vonnöthen, um dieses Wunder zu glauben.

Man mag die sogenannten Wunder aus einem Gesichtspunkte betrachten, aus welchem man wolle, so ist deren Wahrheit unwahrscheinlich und deren Dasein unnöthig. Sie würden, wie zuvor bemerkt wurde, keinen nützlichen Zweck haben, selbst wenn sie wahr wären; denn es ist weit schwieriger, einem Wunder Glauben zu verschaffen, als einem offenbar sittlichen Grundsatz ohne ein Wunder. Ein sittlicher Grundsatz redet eine allgemeine Sprache an und für sich. Ein Wunder könnte nur etwas Augenblickliches sein, und nur von Wenigen gesehen werden; nachher erfordert es eine Uebertragung des Glaubens von Gott auf einen Menschen, wenn man ein Wunder auf die Erzählung eines Menschen glauben soll. Anstatt also die Berichte von Wundern als Beweis für die Wahrheit irgend eines Religionssystems zuzulassen, sollten sie als Kennzeichen seiner Unglaubwürdigkeit betrachtet werden. Es ist zur Vollständigkeit und Aufrichtigkeit der Wahrheit nothwendig, daß sie solche Krücken verschmähe; und es ist dem Charakter einer Fabel angemessen, die Hülfe zu suchen, welche die Wahrheit von sich weist. Soviel über Geheimnisse und Wunder.

Wie Geheimnisse und Wunder die Vergangenheit und Gegenwart in Beschlag nahmen, so befaßten sich die Prophezeihungen mit der Zukunft, und machten die Zeiten des Glaubens vollzählig. Es war nicht genug zu wissen, was geschehen war, sondern man wollte auch erfahren, was noch geschehen würde. Der angebliche Prophet war der angebliche Geschichtschreiber zukünftiger Zeiten; und wenn er zufällig, indem er mit einem tausend Jahre langen Bogen schoß, bis auf tausend Meilen vom Ziele traf, so konnte es der Erfindungsgeist der Nachwelt zu einem Treffschuß machen; und wenn er geradezu fehlschoß, so führte dies nur auf die Vermuthung, wie im Falle von Jonas und Niniveh, daß Gott Reue bekommen und seinen Entschluß geändert habe. Wie halten doch fabelhafte Glaubenssysteme den Menschen zum Narren!

Es ist in einem früheren Theile dieses Werkes dargethan worden, daß die ursprüngliche Bedeutung der Wörter Prophet und Prophezeihen verändert worden ist, und daß ein Prophet, in dem Sinne, wie das Wort gegenwärtig gebraucht wird, ein Geschöpf neuerer Erfindung ist. Und gerade von dieser Veränderung in der Bedeutung jener Wörter ist es herzuschreiben, daß der poetische Schwung und die Bilder der jüdischen Dichter, die Wendungen und Ausdrücke, welche gegenwärtig dunkel geworden sind durch unsere Unbekanntschaft mit den örtlichen Umständen, worauf sie sich zur Zeit ihrer Anwendung bezogen — nach dem Willen und den wunderlichen Einfällen von Sektirern, Auslegern und Erklärern zu Prophezeihungen umgestempelt und in beliebige Deutungen eingezwängt worden sind. Jede unverständige Stelle wurde prophetisch, und jede unbedeutende Sache wurde zum Vorbilde. Eine Dummheit pflegte als Prophezeihung zu dienen, und ein Wäschlappen als ein Vorbild.

Wenn wir uns unter einem Propheten einen Menschen vorstellen sollen, welchem der Allmächtige ein Ereigniß mittheilte, das in Zukunft stattfinden sollte; so gab es entweder solche Menschen, oder es gab keine. Gab es dergleichen, so darf man vernünftigerweise annehmen, daß das so mitgetheilte Ereigniß in verständlichen Ausdrücken erzählt, und nicht in einer so unbestimmten und dunklen Weise vorgetragen werden würde, daß es über den Begriff der Hörer ginge, noch so zweideutig, daß es fast auf irgend einen später eintretenden Umstand paßte. Man macht sich keine sehr ehrerbietige Vorstellung vom Allmächtigen, wenn man annimmt, daß er auf diese leichtfertige Weise mit der Menschheit zu verfahren pflegte; und doch verdienen alle sogenannten Prophezeihungen in der sogenannten Bibel diese Bezeichnung.

Allein es verhält sich mit Prophezeihungen wie mit Wundern; dieselben würden nicht ihrem Zwecke entsprechen, selbst wenn sie wirklich geschehen wären. Die Leute, denen eine Prophezeihung erzählt würde, könnten nicht sagen, ob der Mann prophezeihte oder löge, oder ob es ihm offenbart worden wäre, oder ob er es sich selbst eingebildet hätte. Und wenn die Sache, welche er prophezeihte oder zu prophezeihen beabsichtigte, eintreten sollte, oder etwas Aehnliches unter der Menge der Dinge, welche sich täglich ereignen, so könnte wieder Niemand wissen, ob er es vorher wußte, oder es nur errieth, oder ob es nur zufällig eintraf. Ein Prophet ist deshalb ein unbrauchbarer und nutzloser Charakter; und man geht am sichersten, wenn man sich gegen Betrug dadurch verwahrt, daß man dergleichen Erzählungen keinen Glauben schenkt.

Ueberhaupt sind Geheimnisse, Wunder und Prophezeihungen Anhängsel einer fabelhaften und nicht einer wahren Religion. Es sind die Mittel, wodurch so viele marktschreierische **Schauet hier!** und **Schauet dort!** in die Welt gestreut worden sind, und die Religion zu einem Handwerk erniedrigt wurde. Das Glück Eines Betrügers macht einem Andern Muth, und der beruhigende Vorbehalt, daß sie durch die Nährung eines **frommen Betruges etwas Gutes** stifteten, schützte sie vor Gewissensbissen.

Ich habe nunmehr den Gegenstand weiter ausgedehnt, als ich Anfangs beabsichtigte, und ich will denselben mit einer Wiederholung des Hauptinhaltes des Ganzen beschließen.

Erstens: Die Vorstellung oder der Glaube, daß ein Wort Gottes im Druck, oder in einer Schrift oder in einer menschlichen Sprache vorhanden sei, enthält einen Widerspruch in sich selbst, aus bereits angeführten Gründen. Diese Gründe sind unter vielen andern: der Mangel einer Universal- oder Weltsprache; die Veränderlichkeit der Sprache; die Irrthümer, welchen Uebersetzungen unterliegen; die Möglichkeit, ein solches Wort gänzlich zu unterdrücken; die Wahrscheinlichkeit, daß dasselbe verfälscht oder ganz erfunden, und daß die Welt damit hinter's Licht geführt wird.

Zweitens: Die Schöpfung, welche wir vor Augen haben, ist das wahre und ewige Wort Gottes, worin wir nicht betrogen werden können. Sie verkündet seine Macht, sie bezeugt seine Weisheit, sie offenbart seine Güte und Liebe.

Drittens: Die sittliche Pflicht des Menschen besteht in der Nachahmung der moralischen Güte und Liebe Gottes, welche er in der Schöpfung gegen alle seine Geschöpfe offenbart. Da wir täglich die Güte Gottes gegen alle Menschen erblicken, so ist dies ein Beispiel, welches alle Menschen auffordert, dieselbe Güte gegen einander auszuüben, und es folgt daraus, daß jede Verfolgung und Rache unter den Menschen, jede Grausamkeit gegen Thiere eine Verletzung der sittlichen Pflicht ist.

Ich mache mir über die Art eines zukünftigen Lebens keine Unruhe. Ich begnüge mich mit dem, sogar zu positiver Ueberzeugung gewordenen, Glauben, daß die Macht, welche mich in das Dasein rief, im Stande ist, dasselbe in irgend einer Gestalt und Weise, wie es ihr gefällt, mit diesem oder ohne diesen Körper, fortzuführen; und es dünkt mir wahrscheinlicher, daß ich nach diesem Leben fortleben werde, als daß ich ein ähnliches Dasein, wie ich gegenwärtig habe, vor dessen Anfang schon gehabt haben sollte.

Es ist gewiß, daß in Einem Punkte alle Nationen der Erde und alle Religionen übereinkommen: alle glauben an einen Gott. Die Stücke, worin sie von einander abweichen, sind die mit jenem Glauben verbundenen Auswüchse; und deshalb, wenn jemals eine Universal-Religion aufkommen sollte, so wird sie nicht in dem Glauben an etwas Neues bestehen, sondern in der Abschüttelung von Auswüchsen, und in einem Glauben, wie ihn die Menschen anfänglich hatten. Adam, wenn es je einen solchen Mann gab, wurde zum Deisten erschaffen; allein inzwischen mag Jeder, wozu er das Recht hat, die Religion und Gottesverehrung befolgen, welche ihm am besten gefällt.

(Ende des ersten Theiles.)

Das Zeitalter der Vernunft.

Zweiter Theil.

Vorwort.

Ich habe in dem ersten Theile des Zeitalters der Vernunft bemerkt, es sei schon längst meine Absicht gewesen, meine Gedanken über Religion der Oeffentlichkeit zu übergeben; allein ich hätte dieses ursprünglich für eine spätere Lebenszeit aufgespart, in der Absicht, es das letzte Werk sein zu lassen, welches ich unternähme. Die Umstände jedoch, welche in Frankreich gegen das Ende des Jahres 1793 obwalteten, bestimmten mich, dasselbe nicht länger hinauszuschieben. Man war von den gerechten und menschlichen Grundsätzen der Revolution, welche die Philosophie anfänglich verbreitet hatte, abgewichen. Obwohl die der Gesellschaft eben so gefährliche, wie für den Allmächtigen beleidigende Vorstellung, daß die Priester Sünden vergeben könnten, nicht länger zu herrschen schien; so hatte sie doch die Gefühle der Menschlichkeit abgestumpft, und die Menschen zur hartherzigen Verübung aller Arten von Verbrechen geschickt gemacht. Der unduldsame Geist der Kirchen-Verfolgungen war in die Politik übergegangen; das sogenannte revolutionäre Tribunal nahm die Stelle der Inquisition ein; und die Guillotine und der Pfahl überboten die Scheiterhaufen der Kirche. Ich sah viele meiner vertrautesten Freunde fallen; andere täglich in's Gefängniß schleppen; und ich hatte Grund zu glauben, und es waren mir gleichfalls Winke gegeben worden, daß dieselbe Gefahr mir selbst drohe.

Unter so ungünstigen Umständen begann ich den ersten Theil des Zeitalters der Vernunft; ich hatte überdies weder eine Bibel noch ein Testament, worauf ich mich beziehen konnte, obwohl ich gegen Beides schrieb; noch konnte ich mir jene Bücher verschaffen. Demungeachtet habe ich ein Werk geliefert, welches kein Bibelgläubiger widerlegen kann, wenn er gleich nach seiner Bequemlichkeit und von einer ganzen Bibliothek von Kirchenbüchern umringt schreiben mag. Gegen Ende Decembers jenes Jahres wurde ein Antrag gestellt und angenommen, Ausländer aus dem National-Convent zu stoßen. Es befanden sich deren nur zwei darin, Anacharsis

Cloots und ich; und ich sah wohl, daß Bourdon de l'Oise in seiner Rede über jenen Antrag mich besonders in's Auge faßte.

Da ich demnach begriff, daß mir nur wenige Tage der Freiheit übrig blieben, so ergriff ich die Feder, und brachte das Werk so schleunig als möglich zum Schlusse; ich hatte dasselbe nicht länger als sechs Stunden, in dem Zustande, wie es seither erschienen ist, beendigt, als eine Wache mit einem, von den beiden Ausschüssen der öffentlichen Wohlfahrt und allgemeinen Sicherheit unterzeichneten Befehl, mich als Ausländer zu verhaften, gegen 3 Uhr Morgens in meine Wohnung kam, und mich in das Gefängniß Luxembourg abführte. Ich richtete es so ein, daß ich auf meinem Wege dahin bei Joel Barlow einsprach, und das Manuscript des Werkes seinen Händen übergab, weil ich es so für gesicherter hielt, als in meinem Besitz im Gefängniß; und da ich nicht wußte, welches Schicksal den Verfasser oder das Werk in Frankreich treffen könnte, so stellte ich dasselbe unter den Schutz der Bürger der Ver. Staaten.

Ich bin es der Gerechtigkeit schuldig zu erklären, daß die Wache, welch. diesen Befehl vollzog, und der Dollmetscher des Ausschusses der allgemeinen Sicherheit, welcher sie begleitete, um meine Papiere zu untersuchen, mich nicht allein mit Gefälligkeit, sondern auch mit Achtung behandelten. Der Schließer des Luxembourg, Bennoit, ein gutherziger Mann, bewies mir jede mögliche Freundschaft, ebenso wie seine ganze Familie, so lange er jene Stelle bekleidete. Er wurde jedoch auf eine boshafte Anklage abgesetzt, in Verhaft gebracht, und vor das Tribunal geführt, allein freigesprochen.

Nachdem ich ungefähr drei Wochen in dem Luxembourg gewesen war, begaben sich die damals in Paris befindlichen Amerikaner insgesammt in den Convent, um für mich, als ihren Landsmann und Freund, die Freiheit zu erwirken; allein sie erhielten von dem Präsidenten Vader, welcher zugleich Vorsitzer des Ausschusses der allgemeinen Sicherheit war, und den Befehl meiner Verhaftung unterzeichnet hatte, zur Antwort, ich sei in England geboren. Nach diesem Vorfall hörte ich nichts mehr von irgend Jemanden außerhalb der Gefängnißmauern, bis zum Sturz Robespierre's am 9. Thermidor — dem 27. Juli 1794.

Ungefähr zwei Monate vor diesem Ereigniß wurde ich von einem Fieber befallen, welches in seinem Verlaufe allen Anschein hatte, mich in das Grab zu bringen, und von dessen Folgen ich mich noch nicht erholt habe. Damals erinnerte ich mich mit erneuertem Wohlgefallen, und wünschte mir aufrichtig Glück, daß ich den ersten Theil des „Zeitalters der Vernunft" geschrieben hatte. Ich hatte damals nur schwache Hoffnung, die Krankheit zu überstehen, und meine Umgebung hatte noch weniger. Ich kenne deshalb aus Erfahrung die gewissenhafte Prüfung meiner eigenen Grundsätze.

Ich hatte damals drei Stuben-Genossen, Joseph Vanheule von Brügge,

Charles Baſtini und Michael Rubyes von Löwen. Die raſtloſe und
ſorgſame Aufmerkſamkeit dieſer drei Freunde gegen mich bei Nacht wie bei
Tag, bewahre ich in dankbarem Andenken, und erwähnte ſie mit Wohlgefallen. Auch befanden ſich ein Arzt (Dr. Graham) und ein Wundarzt
(Herr Bond), aus dem Gefolge des Generals O'Hara, gerade damals
im Luxembourg. Ich frage mich nicht, ob es ihnen, als Untergebenen
der engliſchen Regierung, genehm ſein mag, daß ich gegen ſie meine Erkenntlichkeit ausſpreche; allein ich würde mir Vorwürfe machen, wenn ich
dies nicht thäte; ſowie gleichfalls gegen den Arzt des Luxembourg, Dr.
Markoski.

Ich habe einigen Grund zu glauben, weil ich keine andere Urſache entdecken kann, daß dieſe Krankheit mein Leben rettete. Unter den Papieren
Robespierre's, worüber von einem Ausſchuß von Convents-Gliedern eine
Unterſuchung angeſtellt, und an den Convent Bericht erſtattet wurde, befindet ſich ein von Robespierre eigenhändig geſchriebener Zettel in den folgenden Worten:

"Demander que Thomas Paine soit décrété d'accusation, pour l'intérêt de l'Amerique autant que de la France."

„Zu beantragen, daß eine Anklage gegen Ths. Paine beſchloſſen
werde, ſowohl im Intereſſe Amerika's, als auch Frankreich's."

Aus welchem Grunde dieſer Vorſatz nicht ausgeführt wurde, weiß ich
nicht, und kann es nicht in Erfahrung bringen; und ich ſchreibe dies deshalb dem Umſtande zu, daß die Ausführung wegen jener Krankheit unmöglich geworden war.

Um das mir zugefügte Unrecht ſoviel als möglich wieder gut zu machen,
lud mich der Convent öffentlich und einſtimmig ein, in demſelben wieder
meinen Sitz einzunehmen; ich nahm dieſes an, um zu zeigen, daß ich
Unrecht erdulden könne, ohne dadurch meinen Grundſätzen oder meinen
Geſinnungen untreu zu werden. Man ſoll richtige Grundſätze nicht
darum abſchwören, weil dieſelben von Andern verletzt worden ſind.

Seitdem ich wieder in Freiheit geſetzt bin, habe ich verſchiedene Schriften zu Geſicht bekommen, von denen einige in Amerika, und einige in
England als Antwort auf den erſten Theil des „Zeitalters der Vernunft"
erſchienen. Wenn die Verfaſſer derſelben an dergleichen Zeitvertreib Gefallen finden, ſo werde ich ſie darin nicht ſtören. Sie mögen gegen das
Werk und gegen mich ſoviel ſchreiben, wie ſie wollen; ſie erweiſen mir dadurch einen größeren Dienſt, als ſie wünſchen, und ich kann gegen ihr
Weiterſchreiben nichts einzuwenden haben. Sie werden indeſſen aus
dieſem zweiten Theile, ohne daß derſelbe als Antwort gegen ſie geſchrieben
wurde, erſehen, daß ſie wieder an ihr Werk gehen, und ihr Spinnenge-
webe auf's Neue überſpinnen müſſen. Das erſte iſt durch Zufall hin-
weggefegt worden.

Sie werden jetzt finden, daß ich mich mit einem Alten und Neuen Testamente versehen habe; und ich kann hinzufügen, daß ich an denselben weit schlimmere Bücher fand, als ich mir gedacht hatte. Wenn ich in dem ersten Theile des „Zeitalters der Vernunft" irgend einen Irrthum begangen habe, so ist es der gewesen, daß ich von einigen Theilen jener Bücher besser gesprochen habe, als sie verdienten.

Ich sehe, daß alle meine Gegner mehr oder weniger zu sogenannten Schrift=Beweisen und zur Bibel=Autorität ihre Zuflucht nehmen, um sich aus der Klemme zu ziehen. Sie sind des Gegenstandes so wenig Meister, daß sie einen Streit über Glaubwürdigkeit mit einem Streit über Lehren verwechseln; ich will sie jedoch zurechtsetzen, damit sie, wenn sie die Lust haben sollten, weiter zu schreiben, lernen mögen, wo sie anzufangen haben.

October 1795.
Thomas Paine.

Man hat oft gesagt, man könne irgend etwas aus der Bibel beweisen; allein ehe irgend etwas, als durch die Bibel bewiesen, angenommen werden kann, muß die Wahrheit der Bibel selbst erst erwiesen werden; denn wenn die Bibel nicht wahr ist, oder wenn die Wahrheit derselben zweifelhaft ist, so hört ihre Glaubwürdigkeit auf, und sie kann nicht für irgend etwas als Beweis zugelassen werden.

Es ist unter allen christlichen Auslegern der Bibel und unter allen christlichen Priestern und Predigern üblich gewesen, die Bibel der Welt aus lauter Wahrheit und als das Werk Gottes aufzuhängen; sie haben wegen der muthmaßlichen Bedeutung besonderer Theile und Stellen derselben sich unter einander gestritten und gezankt, ja einander verflucht; der Eine hat gesagt und behauptet, eine gewisse Stelle bedeute dieses; ein Anderer, sie bedeute geradezu das Gegentheil; und ein Dritter, sie bedeute weder das Eine noch das Andere, sondern etwas von Beiden ganz Verschiedenes; und das nennen sie Verständniß der Bibel.

Zufällig sind alle Antworten auf den ersten Theil des Zeitalters der Vernunft, welche ich gesehen habe, von Priestern geschrieben; und diese frommen Leute, wie ihre Vorgänger, streiten und zanken, und behaupten die Bibel zu verstehen; Jeder versteht dieselbe auf verschiedene Art, allein Jeder versteht sie am besten; und sie stimmen in nichts weiter überein, als darin, daß sie ihren Lesern erzählen, Thomas Paine verstehe dieselbe nicht.

Anstatt mit den aus der Bibel gezogenen Lehrsätzen ihre Zeit zu vergeuden, und sich darüber in Parteistreitigkeiten zu ereifern, sollten diese Menschen wissen, und wenn sie dies nicht wissen, so erweist man ihnen eine Gefälligkeit, wenn man sie belehrt, daß vor allen Dingen die Frage zu untersuchen ist, ob sich hinlängliche Autorität vorfindet für den Glauben, daß die Bibel das Wort Gottes sei, oder ob dies nicht der Fall ist?

Es stehen Dinge in jenem Buche, welche auf den **ausdrücklichen Befehl** Gottes geschehen sein sollen, und welche das Menschengefühl und jede Vorstellung, die man sich von moralischer Gerechtigkeit macht, so sehr empören, wie irgend eine Handlung Robespierre's, Carrier's, Joseph le Bon's in Frankreich, der englischen Regierung in Ostindien, oder irgend eines andern Meuchelmörders neuerer Zeiten. Wenn man in den Büchern, welche dem Moses, Josua u. s. w. beigelegt werden, liest, daß sie (die Israeliten) heimlicherweise über ganze Völkerschaften herfielen, welche ihnen, wie die Geschichte selbst beweist, nichts zu Leide gethan hatten; **daß sie alle jene Völker mit dem Schwerte erschlugen; daß sie weder das hohe Alter noch die Jugend verschonten; daß sie Männer, Weiber und Kinder gänzlich vertilgten; daß sie nicht eine Seele am Leben ließen;** — Ausdrücke, welche sich in jenen Büchern unzählige Male wiederholen, und zwar mit frohlockender Grausamkeit; — sind wir gewiß, daß sich diese Dinge so verhalten? Sind wir gewiß, daß der Schöpfer des Menschengeschlechtes diese Dinge geboten hatte? Sind wir gewiß, daß die Bücher, welche uns dieses erzählen, auf sein Geheiß geschrieben wurden?

Nicht das hohe Alter einer Erzählung ist ein Beweis ihrer Wahrheit; im Gegentheil ist es ein Merkmal ihrer Fabelhaftigkeit; denn aus je höherem Alterthum eine Geschichte herzustammen vorgiebt, um so mehr sieht sie einer Fabel ähnlich. Der Ursprung jedes Volkes ist in mährchenhafte Ueberlieferungen gehüllt, und die Urgeschichte der Juden ist mit demselben Verdachte zu betrachten, wie irgend eine andere. Dem Allmächtigen Handlungen zur Last zu legen, welche nach ihrer Beschaffenheit und nach allen Vorschriften des Sittengesetzes Verbrechen sind, wie jeder Mord und ganz besonders die Ermordung von Kindern ist, verdient in ernstliche Erwägung gezogen zu werden. Die Bibel sagt uns, daß jene Mordthaten auf das **ausdrückliche Gebot Gottes** geschahen. Wenn wir also an die Wahrheit der Bibel glauben, so müssen wir an unserem ganzen Glauben an die moralische Gerechtigkeit Gottes **ungläubig werden**; denn wodurch konnten sich unschuldig lächelnde Kinder versündigen? Und um die Bibel ohne Entsetzen zu lesen, muß man alles Zartgefühl, alles Mitleiden und alles Wohlwollen im Menschenherzen vernichten. Ich meines Theils, wenn ich keinen andern Beweis für die Fabelhaftigkeit der Bibel hätte, als die Opfer, welche ich bringen muß, um an deren Wahrheit zu glauben, so würde dies allein schon genügen, um meine Wahl zu bestimmen.

Allein, außer allen moralischen Beweisen gegen die Bibel werde ich im Fortgange dieses Werkes noch andere Beweise vorbringen, welche selbst ein Priester nicht umstoßen kann, und werde aus jenen Beweisen darthun, daß die Bibel nicht als das Wort Gottes betrachtet zu werden verdient.

Ehe ich jedoch zu dieser Untersuchung übergehe, will ich zeigen, worin die Bibel von allen andern Schriften des Alterthums abweicht, so viel die Beschaffenheit des zur Begründung ihrer Aechtheit nöthigen Beweises anbelangt; und dieses ist um so angemessener, weil die Fürsprecher der Bibel in ihren Antworten auf den ersten Theil des Zeitalters der Vernunft zu behaupten wagen, und ein großes Gewicht darauf legen daß die Aechtheit der Bibel eben so wohl begründet sei, wie die Aechtheit irgend eines andern Buches des Alterthums; als ob unser Glaube an das Eine im Geringsten eine Richtschnur für unsern Glauben an das Andere abgeben könnte.

Ich kenne indessen nur Ein Buch des Alterthums, welches die Zustimmung und den Glauben eines Jeden gebieterisch verlangt, nämlich Euklid's Elemente der Geometrie;*) und zwar aus dem Grunde, weil es ein Buch voll selbstklarer Beweise ist, welches von seinem Verfasser und von allen auf Zeit, Ort und Umstände bezüglichen Verhältnissen durchaus unabhängig ist. Die in jenem Buche enthaltenen Sachen würden dieselbe Geltung haben, welche sie gegenwärtig besitzen, wenn sie irgend Jemand sonst geschrieben hätte, oder wenn das Werk ohne den Namen eines Verfassers erschienen, oder wenn der Verfasser niemals bekannt geworden wäre; denn die unumstößliche Gewißheit des Verfassers hat nichts mit unserem Glauben an die in dem Buche enthaltenen Gegenstände zu schaffen. Allein ganz anders verhält es sich mit den Büchern, welche man dem Moses, Josua, Samuel 2c. beilegt; das sind Bücher voll Zeugenaussagen, und sie geben Zeugniß von Dingen, welche der Natur nach unglaublich sind; und deshalb beruht unser ganzer Glaube, so viel die Glaubwürdigkeit jener Bücher anbelangt, vorerst auf der Gewißheit, daß dieselben von Moses, Josua und Samuel geschrieben wurden; zweitens auf der Glaubwürdigkeit, welche wir ihrem Zeugniß schenken. Wir mögen das Erste glauben, das heißt, wir mögen die Gewißheit der Verfasserschaft glauben, und dennoch nicht dem Zeugniß glauben; gerade so wie wir glauben mögen, daß eine gewisse Person in einer Sache Zeugniß ablegte, und dennoch nicht dem von ihr abgelegten Zeugniß Glauben schenken. Allein wenn es sich gar herausstellen sollte, daß die dem Moses, Josua und Samuel beigelegten Bücher nicht von Moses, Josua und Samuel geschrieben wurden, alsdann ist es mit der Glaubwürdigkeit und Aechtheit jener Bücher auf einmal aus, denn ein nachgemachtes oder erfundenes Zeugniß kann unmöglich statthaft sein; eben so wenig ist ein Zeugniß zulässig, dessen Urheber man nicht kennt, ganz besonders in Bezug auf natürlich unglaubliche Dinge, wie das Sprechen mit Gott von Angesicht zu Angesicht, oder das Stillstehen der Sonne und des Mondes auf das Gebot eines Menschen.

---

*) Euklid lebte, nach der geschichtlichen Zeitrechnung, 300 Jahre vor Christi Geburt, und ungefähr 100 Jahre vor Archimedes; er war in der Stadt Alexandria in Egypten geboren.

Die andern Bücher des Alterthums sind größtentheils geistreiche Werke, wie diejenigen, welche dem Homer, Plato, Aristoteles, Demosthenes, Cicero u. s. w. zugeschrieben werden. Hier ist ebenfalls der Verfasser nicht wesentlich bei dem Glauben, welchen wir irgend einem jener Werke schenken, denn als Geisteswerke würden sie denselben Werth haben, welchen sie gegenwärtig besitzen, auch wenn sie keinen Namen eines Verfassers trügen. Niemand glaubt, daß der trojanische Krieg, wie denselben Homer erzählt, wahr sei — man bewundert nur den Dichter, und der Werth jener Dichtung wird fortbestehen, obwohl die Geschichte voller Fabeln ist. Hingegen wenn wir an die von den Bibel-Verfassern (z. B. Moses) erzählten Sachen nicht glauben, wie wir an die von Homer erzählten Dinge nicht glauben, so bleibt von Moses in unsern Augen nichts übrig als ein Betrüger.

Was die alten Geschichtschreiber von Herodot bis auf Tacitus anbelangt, so schenken wir ihnen nur in so fern Glauben, als sie wahrscheinliche und glaubwürdige Dinge erzählen, und nicht weiter, denn wenn wir dies thäten, so müßten wir auch an die beiden Wunder glauben, welche nach dem Bericht des Tacitus von Vespasian verrichtet wurden, nämlich die Heilung eines Lahmen und eines Blinden, gerade auf dieselbe Art, wie dieselben Dinge von Jesus Christus von dessen Geschichtschreibern erzählt werden. Wir müßten gleichfalls an die von Josephus angeführten Wunder glauben, wie daß sich das pamphylische Meer aufthat, um den Alexander und sein Heer durchziehen zu lassen, wie im zweiten Buch Moses vom rothen Meere erzählt wird. Diese Wunder sind vollkommen eben so gut beglaubigt wie die Bibelwunder, und dennoch glauben wir dieselben nicht; folglich ist zur Begründung unseres Glaubens an natürlich unglaubliche Dinge, mögen sie in der Bibel oder sonstwo stehen, ein weit stärkerer Beweis erforderlich, als welcher unsern Glauben an natürliche und wahrscheinliche Dinge bewirkt und darum haben die Fürsprecher der Bibel keinen Anspruch auf unsern Glauben an die Bibel, aus dem Grunde, weil wir in andern Schriften des Alterthums erzählte Dinge glauben, denn wir glauben die in diesen Schriften erzählten Dinge nicht weiter, als dieselben wahrscheinlich und glaublich sind, oder nur darum, weil sie selbst klar sind, wie Euklid; oder wir bewundern dieselben, weil sie voll dichterischer Schönheiten sind, wie Homer; oder geben ihnen unsern Beifall, weil sie voll ruhiger Weisheit sind, wie Plato; oder voll wissenschaftlicher Belehrung, wie Aristoteles.

Nach diesen Vorbemerkungen will ich nunmehr die Aechtheit der Bibel untersuchen, und ich fange mit den sogenannten fünf Büchern Moses an, **Genesis, Exodus, Leviticus, Numeri und Deuteronomium**. Ich beabsichtige zu beweisen, daß jene Bücher unächt sind, und daß Moses dieselben nicht verfaßt hat; und noch mehr, daß dieselben nicht zu Moses Zeiten geschrieben wurden, sondern mehre hundert Jahre später; daß dieselben nichts weiter sind als ein Versuch einer Geschichte des Lebens von Moses und der Zeiten, worin er gelebt haben soll, sowie ebenfalls der vorhergegangenen Zeiten, daß dieselben von höchst unwissenden und einfältigen Bewerbern um die Ehre der Schriftstellerschaft mehre hundert Jahre nach dem Tode Moses geschrieben wurden, wie Leute gegenwärtig Geschichtswerke schreiben über Ereignisse, welche vor mehren hundert oder mehren tausend Jahren geschehen sind oder geschehen sein sollen.

Der Beweis, welchen ich in diesem Falle vorbringen werde, ist aus den Büchern selbst geschöpft; und ich werde mich allein auf diesen Beweis beschränken. — Wollte ich mich zum Beweis auf die alten Schriftsteller beziehen, welche die Bibel-Vertheidiger profane (ungeweihte) Schriftsteller nennen, so würden sie jene Autorität bestreiten, wie ich die ihrige bestreite; ich will ihnen deshalb auf ihrem eigenen Felde begegnen, und sie mit ihrer eigenen Waffe, der Bibel, schlagen.

Vorerst giebt es keinen bejahenden Beweis, daß Moses der Verfasser jener Bücher ist; seine Verfasserschaft ist durchaus nur eine grundlose Meinung, welche in Umlauf gekommen ist, Niemand weiß wie. Der Styl oder die Schreibart jener Bücher gestattet nicht zu glauben oder nur zu vermuthen, daß dieselben von Moses geschrieben wurden; denn es ist durchaus die Schreibart einer andern Person, welche von Moses spricht. Im zweiten, dritten und vierten Buche (denn alle Ereignisse im ersten Buche sind aus den Zeiten von Moses, und es wird darin nicht die geringste Anspielung auf ihn gemacht) in jenen Büchern, sage ich, wird überall von Moses in der dritten Person gesprochen; es heißt immer: der Herr sprach zu Moses, oder Moses sprach zu dem Herrn; oder Moses sprach zu dem Volk, oder das Volk sprach zu Moses; und dieses ist die Schreibart, welche Geschichtsschreiber anwenden, wenn sie von der Person sprechen, deren Leben und Thaten sie beschreiben. Man mag sagen, daß Jemand von sich selbst in der dritten Person sprechen könne; und darum mag man vermuthen, daß auch Moses dies gethan habe; allein eine Vermuthung beweist nichts; und wenn die Verfechter des Glaubens, daß Moses selbst jene Bücher geschrieben habe, nichts Besseres dafür vorzubringen wissen als eine Vermuthung, so mögen sie eben so wohl still schweigen.

Doch wenn man auch nach den Sprachgesetzen dem Moses das Recht einräumt, von sich selbst in der dritten Person zu sprechen, weil jeder Mensch von sich auf jene Art sprechen mag, so kann man doch nicht einräumen, daß Moses in jenen Büchern selbst spreche, ohne den Moses wahrhaft lächerlich und einfältig zu machen; — denn es heißt z. B. im 4ten Buch Moses, Cap. 12, V. 3: „Aber Moses war ein sehr demüthiger Mensch,*)

---

*) In Luthers Uebersetzung heißt es geplagter Mensch. Welches ist die richtige Uebersetzung? die seinige, oder die obige, nach der englischen, unter König Jakob verfaßten Uebersetzung? Wer soll zwischen den verschiedenen Uebersetzern Richter sein?   Uebers.

über alle Menschen auf Erden." Wenn Moses dieses von sich selbst sagte, so war er, anstatt der demüthigste aller Menschen zu sein, einer der eitelsten und aufgeblasensten Einfaltspinsel; und die Fürsprecher jener Bücher mögen nun wählen, welche Seite sie wollen, denn beide Seiten sind gegen sie. Wenn Moses nicht der Verfasser war, so sind die Bücher ohne Autorität; und wenn er der Verfasser war, so verdiente der Verfasser keinen Glauben, weil ein Prahler mit Demuth gerade das Gegentheil der Demuth ist, und eine Lüge in der Gesinnung.

Im 5ten Buch Moses beweist die Schreibart noch deutlicher, daß Moses nicht der Verfasser ist. Das Ganze ist dramatisch dargestellt; der Verfasser eröffnet den Gegenstand mit einigen kurzen einleitenden Bemerkungen, und führt darauf den Moses redend ein, und wenn er den Moses seine Anrede hat schließen lassen, so übernimmt er (der Verfasser) seine eigene Rolle wieder, und spricht, bis er den Moses wieder vorführt, und schließt zuletzt den Auftritt mit einem Berichte über Moses Tod, Begräbniß und Charakter.

Die Redner wechseln viermal in diesem Buche: vom 1sten Verse des 1sten Capitels bis zum Ende des 5ten Verses spricht der Verfasser; er führt darauf den Moses als Redner ein, und dieses dauert bis zum Ende des 40sten Verses des 4ten Capitels; hier läßt der Verfasser den Moses fallen, und spricht erzählend von dem was in Folge der Reden geschah, welche Moses bei seinen Lebzeiten angeblich gehalten haben soll, und welche der Verfasser in dramatischer Form wiederholt hat.

Der Verfasser eröffnet den Gegenstand von Neuem im 1sten Verse des 5ten Capitels, obwohl es nur heißt, daß Moses das Volk Israels zusammenrief; er führt darauf den Moses wie oben redend ein, und läßt ihn fortsprechen bis zum Ende des 26sten Capitels.

Er thut dasselbe zu Anfang des 27sten Capitels, und läßt den Moses bis zum Ende des 28sten Capitels fortreden. Im 29sten Capitel spricht der Verfasser abermals durch den ganzen 1sten Vers und den Anfang des 2ten Verses, wo er den Moses zum letztenmal redend einführt, und ihn bis zum Ende des 33sten Capitels fortsprechen läßt.

Nachdem der Verfasser hier die Wiederholung der Rolle des Moses beendigt hat, tritt er selbst auf und spricht durch das ganze letzte Capitel. Er fängt damit an, dem Leser zu erzählen, Moses sei auf die Spitze des Berges Pisga gegangen; er habe von dort das Land gesehen, welches (wie der Verfasser sagt) dem Abraham, Isaak und Jakob verheißen worden; er, Moses, sei daselbst im Lande der Moabiter gestorben, allein Niemand habe sein Grab erfahren bis auf diesen heutigen Tag, das heißt, bis auf die Zeit, worin der Verfasser lebte, welcher das sogenannte 5te Buch Moses schrieb. Der Verfasser erzählt uns darauf, Moses sei 120 Jahre alt gewesen, da er starb — seine Augen seien nicht dunkel geworden, und seine Kraft sei nicht verfallen; und er schließt mit der Erklärung, es sei seit jener Zeit*) in Israel kein Prophet aufgestanden wie Moses, den (sagt dieser namenlose Verfasser) der Herr erkannt hätte von Angesicht zu Angesicht.

Ich habe sonach, so weit grammatischer Beweis anwendbar ist, dargethan, daß Moses nicht der Verfasser jener Bücher war. Ich will nunmehr noch einige Bemerkungen über die Widersprüche des Verfassers des 5ten Buches Moses machen, und sodann aus den in jenen Büchern enthaltenen historischen und chronologischen Angaben darthun, daß Moses der Verfasser derselben nicht war, weil er es nicht sein konnte; und folglich, daß es keine Autorität für den Glauben giebt, daß die unmenschlichen und grausamen Metzeleien von Männern, Weibern und Kindern, welche in jenen Büchern erzählt werden, auf das Gebot Gottes geschahen, wie jene Bücher behaupten. Es liegt jedem wahren Deisten (Gottgläubigen) die Pflicht ob, die moralische Gerechtigkeit Gottes gegen die Verläumbungen der Bibel in Schutz zu nehmen.

Der Verfasser des 5ten Buches Moses (Deuteronomium), wer es immer war (denn es ist ein namenloses Werk), ist in seinen Nachrichten über Moses dunkel und auch im Widerspruche mit sich selbst.

Nachdem er erzählt hat, daß Moses auf die Spitze des Berges Pisga gegangen (und es ist nirgends zu lesen, daß er je wieder herunterkam), erzählt er uns, Moses sei daselbst in dem Lande der Moabiter, gestorben, und er habe ihn im Thal, im Lande der Moabiter, begraben; allein da kein Hauptwort unmittelbar vor dem Fürwort er vorhergeht, so kann man nicht wissen, wer der er war, welcher ihn begrub. Wenn der Verfasser sagen wollte, daß er (Gott) ihn begrub, wie konnte er (der Verfasser) dies wissen? oder warum sollten wir (die Leser) ihm glauben? da wir nicht wissen, wer der Verfasser war, welcher uns dieses erzählt, denn sicherlich konnte Moses nicht selbst erzählen, wo er begraben wurde.

Der Verfasser erzählt uns ferner, es habe Niemand das Grab Moses erfahren, bis auf diesen heutigen Tag, worunter die Zeit zu verstehen ist, worin der Verfasser lebte; wie hat er denn erfahren, daß Moses im Thal, im Lande der Moabiter, begraben wurde? Denn da der Verfasser lange nach Moses Zeiten lebte, wie aus seiner Anwendung des Ausdrucks bis auf diesen heutigen Tag erhellt, welcher eine sehr lange Zeit nach dem Tode von Moses bedeutet, so war er gewiß nicht bei dessen Begräbniß zugegen; und andrerseits konnte Moses selbst unmöglich sagen, daß Niemand sein Grab erfahren habe bis auf diesen heutigen Tag. Wenn man dem Moses diese Worte in den Mund legt, so geht das über das Spiel, wo sich ein Kind versteckt und ausruft: Niemand kann mich finden; Moses riefe alsdann: Niemand kann den Moses finden.

---

*) Luther übersetzt hinfort.

Der Verfasser hat uns nirgends gesagt, wie er zu den Reden kam, welche er dem Moses in den Mund gelegt hat, und darum haben wir ein Recht, zu schließen, daß er dieselben entweder selbst verfaßte, oder sie nach mündlichen Ueberlieferungen niederschrieb. Der eine oder der andere dieser Fälle ist um so wahrscheinlicher, weil er im fünften Capitel eine Tafel von Geboten mitgetheilt hat, worin das sogenannte vierte Gebot vom vierten Gebote im zwanzigsten Capitel des zweiten Buches (Exodus) ganz verschieden ist. Im zweiten Buche wird als Grund für die Heiligung des siebenten Tages angeführt: „Denn in sechs Tagen (lautet das Gebot) hat der Herr Himmel und Erde gemacht, und ruhete am siebenten Tage;" hingegen im 5ten Buche wird als Grund angeführt, daß dies der Tag war, an welchem die Kinder Israel aus Egyptenland zogen, und „darum," lautet dieses Gebot, „hat dir der Herr, dein Gott, geboten, daß du den Sabbathtag halten sollst." Dieses Gebot erwähnt nicht der Schöpfung, noch jenes des Auszugs aus Egypten. Es stehen auch noch viele andere Dinge als Gesetze Moses in diesem Buche, welche in keinem der andern Bücher zu finden sind; unter andern jenes unmenschliche, ja viehische Gesetz, Cap. 21, Vers 18, 19, 20, 21, welches die Eltern, den Vater und die Mutter, ermächtigt, ihre eigenen Kinder zu Tode steinigen zu lassen, wenn dieselben, wie man sich auszudrücken beliebt, eigenwillig sind. Allein die Priester haben stets mit Wohlgefallen das 5te Buch herausgestrichen, weil das 5te Buch von Zehnten predigt; und aus diesem Buche, Cap. 25, Vers 4, haben sie die Redensart genommen, und dieselben auf Zehnten angewandt: „Du sollst dem Ochsen, der da drischet, nicht das Maul verbinden;" und damit diese Stelle ja nicht übersehen werde, haben sie dieselbe in dem Inhaltsverzeichniß in der Ueberschrift des Capitels angemerkt, obwohl dieselbe nur ein einziger Vers von kaum zwei Zeilen ist. O! Pfaffen! Pfaffen! ihr seid bereit, euch um der Zehnten willen mit einem Ochsen vergleichen zu lassen. Obwohl es für uns unmöglich ist, den Verfasser des 5ten Buches persönlich auszumitteln, so ist es doch nicht schwierig, seinen Stand ausfindig zu machen, daß er ein jüdischer Priester war, welcher, wie ich im Fortgang dieses Werkes beweisen werde, mindestens 350 Jahre nach Moses Zeiten lebte.

Ich komme nunmehr zu den historischen und chronologischen Beweisen. Die Chronologie oder Zeitrechnung, welche ich benutzen werde, ist die biblische Zeitrechnung, denn ich gedenke, Beweise für irgend etwas nicht außerhalb der Bibel zu suchen, sondern die Geschichte und Zeitrechnung selbst beweisen zu lassen, daß Moses nicht der Verfasser der ihm zugeschriebenen Bücher ist. Die Bemerkung ist demnach hier am rechten Orte (wenigstens für solche Leser, welche nicht die Gelegenheit haben mögen, dieses zu wissen), daß in den größeren Ausgaben der Bibel, und ebenfalls in einigen kleineren, eine Reihenfolge von Jahrzahlen am Rande jeder Seite gedruckt steht, um anzugeben, wie lange vor Christi Geburt die auf jeder Seite erzählten Begebenheiten vorfielen oder vorgefallen sein sollen, und folglich, welche Zeitlänge zwischen einem geschichtlichen Ereigniß und einem andern verflossen ist.

Ich fange mit dem ersten Buche Moses (Genesis) an. Im 14ten Capitel desselben erzählt uns der Verfasser, wie Lot in einer Schlacht zwischen den vier Königen gegen Fünfe zum Gefangenen gemacht und fortgeführt wird; und als die Kunde von Lot's Gefangennahme zu Abraham gelangte, habe dieser seine ganze Dienerschaft gewappnet, und sei ausgezogen, um Lot aus den Händen der Sieger zu befreien; und er sei ihnen nachgejagt bis gen Dan (B. 14).

Um zu erklären, auf welche Weise dieser Ausdruck des **Nachjagens bis gen Dan** auf unsere vorliegende Untersuchung anwendbar ist, will ich auf zwei Ereignisse verweisen, wovon das eine in Amerika, das andere in Frankreich vorfiel. Die gegenwärtige Stadt New York in Amerika hieß ursprünglich Neu Amsterdam, und die Stadt in Frankreich, welche neuerdings Havre Marat genannt wurde, hieß früherhin Havre de Grace. Der Name Neu Amsterdam wurde im Jahr 1664 in New York verwandelt; Havre de Grace im Jahr 1793 in Havre Marat. Sollte sich also irgend eine Schrift, wenn auch ohne Zeitangabe ihrer Abfassung, vorfinden, worin der Name New York erwähnt würde, so würde dies ein zuverlässiger Beweis sein, daß eine solche Schrift nicht vor, sondern erst nach der Zeit geschrieben worden sein konnte, als Neu Amsterdam in New York umgetauft wurde, und folglich nicht eher als nach dem Jahre 1664, oder frühestens im Laufe jenes Jahres. Und auf dieselbe Weise würde eine Schrift ohne Datum, worin der Name Havre Marat vorkäme, den zuverlässigen Beweis mit sich führen, daß eine solche Schrift erst verfaßt worden sein muß, nachdem Havre de Grace den Namen Havre Marat erhalten hatte, und folglich nicht eher als bis nach dem Jahre 1793, oder frühestens im Laufe jenes Jahres.

Ich komme nunmehr zur Anwendung jener Fälle, und werde beweisen, daß es einen solchen Ort wie **Dan** nicht eher gab, als viele Jahre nach Moses Tode; und folglich, daß Moses nicht der Verfasser der Genesis sein konnte, worin diese Erzählung vom Nachjagen bis gen **Dan** enthalten ist.

Der Ort, welcher Dan in der Bibel heißt, war ursprünglich eine Stadt der Heiden, und hieß Lais, und als der Stamm Dan diese Stadt eroberte, verwandelte man deren Namen in Dan, zum Andenken an Dan, welcher der Vater jenes Stammes und der Urenkel Abraham's war.

Um hierfür den Beweis beizubringen, braucht man nur aus der Genesis auf das 18te Capitel des Buches der Richter zu verweisen. Dort heißt es im 27sten, 28sten und 29sten Verse: „und sie" (die Kinder Dan) „kamen an Lais, an ein stilles, sicheres Volk, und schlugen sie mit der Schärfe des Schwertes" (die Bibel ist mit Mordthaten angefüllt) „und verbrannten die Stadt mit Feuer; ——— da baueten sie die Stadt," und wohneten darinnen, „und nannten sie Dan, nach dem Namen ihres Vaters Dan; und die Stadt hieß vor Zeiten Lais."

Diese Nachricht von der Einnahme der Stadt Lais durch die Daniten, und von der Verwandelung ihres Namens in Dan, steht im Buche der Richter unmittelbar nach dem Tode Simson's. Der Tod Simson's soll 1120 Jahre vor Christi Geburt fallen, und der Tod Moses 1451 vor Christi Geburt; und demnach wurde zufolge der geschichtlichen Ordnung der Begebenheiten der Ort nicht eher Dan genannt, als 331 Jahre nach Moses Tode.

Es herrscht eine auffallende Verwirrung zwischen der historischen und der chronologischen Ordnung in dem Buche der Richter. Die fünf letzten Capitel in dem Buche, 17, 18, 19, 20 und 21, sind nach der Zeitrechnung vor alle vorhergehenden Capitel gestellt; sie sind um 28 Jahre vor das 16te Capitel, um 266 vor das 15te, um 245 vor das 13te, um 195 vor das 9te, um 90 vor das 4te, und um 15 Jahre vor das 1ste Capitel gesetzt. Dieser Umstand beweist die Unzuverlässigkeit und Fabelhaftigkeit der Bibel. Nach der in den Bibel-Ausgaben angemerkten Zeitrechnung wird die Einnahme der Stadt Lais und die Verwandelung ihres Namens in Dan 20 Jahre nach dem Tode Josua's, des Nachfolgers von Moses, gesetzt; und nach der historischen Ordnung, wie jenes Ereigniß im Buche steht, fällt es 306 Jahre nach dem Tode Moses. In beiden Fällen kann Moses nicht der Verfasser der Genesis sein, weil nach jeder dieser Annahmen kein solcher Ort wie Dan zu Moses Zeiten vorhanden war; und darum muß der Verfasser der Genesis eine Person gewesen sein, welche nach der Verwandelung des Namens der Stadt Lais in Dan lebte. Wer jene Person war, weiß Niemand; und folglich ist die Genesis ohne den Namen eines Verfassers und ohne Autorität oder Glaubwürdigkeit.

Ich will noch eine andere historische und chronologische Angabe anführen, und daraus, wie in dem vorstehenden Falle, beweisen, daß Moses nicht der Verfasser des Buches Genesis ist.

Im 36sten Capitel der Genesis steht ein Geschlechtsregister der Söhne und Nachkommen von Esau, welche Edomiten genannt werden, und gleichfalls ein Namensverzeichniß der Könige von Edom. Bei Aufzählung derselben heißt es im 31sten Verse: „Die Könige aber, die im Lande Edom regieret haben, ehe denn die Kinder Israel irgend einen König*) hatten, sind diese."

Würden sich nun Schriften ohne Datum vorfinden, worin von vergangenen Begebenheiten gesprochen wird, und der Verfasser sich des Ausdrucks bedienen würde: diese Dinge geschahen, ehe denn irgend ein Congreß in Amerika war, oder ehe ein Convent in Frankreich war, so würde dies beweisen, daß solche Schriften nicht vor, sondern erst nach der Zeit, als ein

---

*) Luther übersetzt Könige.

Congreß in Amerika, oder ein Convent in Frankreich war, wie eben der Fall sein mochte, verfaßt worden sein konnten; und daß dieselben folglich keine Person geschrieben haben konnte, welche starb, ehe ein Congreß in dem einen Lande, oder ein Convent in dem andern gehalten wurde.

In der Geschichtserzählung wie in der Unterhaltung kommt nichts häufiger vor, als daß man auf eine Thatsache anstatt einer Zeitangabe verweist; dies ist sehr natürlich, weil sich eine Thatsache dem Gedächtniß besser einprägt als ein Datum; zweitens, weil die Thatsache das Datum in sich begreift, und zwei Vorstellungen mit einem Male anzuregen geeignet ist. Diese Art, durch Umstände zu sprechen, giebt stillschweigend ebenso bestimmt zu verstehen, daß die angeführte Thatsache vergangen ist, als ob dieses ausdrücklich gesagt wäre: Wenn Jemand von irgend einer Sache sagt, dies geschah, ehe ich mich verheirathete, oder ehe mein Sohn geboren wurde, oder ehe ich nach Amerika ging, oder ehe ich nach Frankreich reiste, so ist damit unbedingt verstanden und zu verstehen, daß er sich verheirathet hat, daß er einen Sohn gehabt hat, daß er in Amerika oder in Frankreich gewesen ist. Nach den Sprachgesetzen kann man diese Redeweise in keinem andern Sinne gebrauchen; und wenn sich ein solcher Ausdruck irgendwo findet, so kann er nur in dem Sinne verstanden werden, worin allein er gebraucht worden sein konnte.

Die von mir angeführte Stelle — „Die Könige aber, die im Lande Edom regieret haben, ehe denn die Kinder Israel irgend einen König hatten, sind diese," — konnte deshalb frühestens geschrieben worden sein, nachdem der erste König über sie zu regieren angefangen hatte; und folglich konnte das Buch Genesis, weit entfernt, von Moses geschrieben, nicht eher geschrieben worden sein, als frühestens zu Saul's Zeiten. Dieses ist der positive Sinn der Stelle; allein der Ausdruck: irgend einen König, begreift mehr Könige als Einen, er begreift zum Mindesten zwei, und dies bringt die Abfassung des Buches auf die Zeit David's; und wenn man den Ausdruck in einem allgemeinen Sinn versteht, so gilt er für die ganze Zeit der jüdischen Monarchie.

Hätten wir diesen Vers in irgend einem Theile der Bibel gefunden, welcher nach seiner ausdrücklichen Angabe geschrieben wurde, nachdem Könige in Israel zu regieren angefangen, so würde es unmöglich gewesen sein, die Anwendung davon nicht einzusehen. Dieses ist nun zufällig hier der Fall; die beiden Bücher der Chronica, welche eine Geschichte aller Könige von Israel enthalten, sind angeblich sowie wirklich nach dem Anfang der jüdischen Monarchie geschrieben; und der von mir angeführte Vers und alle übrigen Verse des 36sten Capitels der Genesis stehen Wort für Wort im 1sten Capitel der Chronica, vom 43sten Verse an.

Es war ganz passend, wenn der Verfasser der Chronica im 1sten Buche, Cap. 1, Vers 43 sagte: „Dies sind die Könige, die regieret haben im Lande Edom, ehe denn irgend ein König regierete unter den Kindern

Israel;" denn er wollte ein Verzeichniß der Könige, welche in Israel regiert hatten, mittheilen, und er hat dies gethan. Allein, da derselbe Ausdruck unmöglich vor jener Zeit gebraucht worden sein konnte, so ist es so gewiß, wie irgend etwas aus geschichtlicher Darstellung bewiesen werden kann, daß dieser Theil der Genesis aus den Chronica genommen ist, und daß die Genesis nicht so alt wie Chronica ist, und wahrscheinlich nicht so alt wie die Bücher Homer's, oder wie Aesop's Fabeln, wenn man Homer, nach der Angabe der chronologischen Tabellen, als Zeitgenossen von David oder Salomo annimmt, und daß Aesop gegen das Ende der jüdischen Monarchie gelebt habe.

Man nehme der Genesis den Glauben, daß Moses deren Verfasser war, worauf allein der sonderbare Glaube, daß dieselbe das Wort Gottes sei, beruht hat, und es bleibt von der Genesis nichts übrig, als ein namenloses Buch voll Mährchen, Fabeln und überlieferter oder erfundener Abgeschmacktheiten oder unverschämter Lügen. Die Geschichten von Eva und der Schlange und von Noah und seiner Arche, sinken herab auf gleiche Stufe mit den arabischen Mährchen, ohne daß Erstere ebenso unterhaltend sind; und die Erzählung von Menschen, welche 800 und 900 Jahre lebten, wird ebenso fabelhaft, wie die Unsterblichkeit der Riesen in der Götterlehre.

Ueberdies ist der Charakter von Moses, wie derselbe in der Bibel geschildert ist, so verabscheuungswürdig, als man sich nur denken kann. Wenn jene Erzählungen wahr sein sollten, so war er der Nichtswürdige, welcher zuerst Kriege aus dem Grunde oder unter dem Vorwand der Religion anfing und führte, und unter jener Maske oder Verblendung die beispiellosesten Gräuelthaten beging, welche sich in der Geschichte irgend eines Volkes vorfinden. Ich will davon nur Ein Beispiel anführen.

Als das jüdische Heer von einem seiner Mord- und Plünderungszüge zurückkehrte, fährt die Erzählung folgendermaßen fort, im 4ten Buch Moses, Cap. 31, vom 13ten Verse an:

„Und Moses und Eleasar, der Priester, und alle Fürsten der Gemeine gingen ihnen entgegen, hinaus vor das Lager; und Moses ward zornig über die Hauptleute des Heeres, die Hauptleute über Tausend und über Hundert waren, die aus dem Streit kamen; und Moses sprach zu ihnen: „„Warum habt ihr alle Weiber leben lassen?"" siehe, haben nicht dieselbigen die Kinder Israel durch Bileam's Rath abgewendet, sich zu versündigen am Herrn über dem Peor; und widerfuhr eine Plage der Gemeine des Herrn? So „„erwürget nun Alles, was männlich ist unter den Kindern und alle Weiber, die Männer erkannt und beigelegen haben; aber alle Kinder, die Weibsbilder sind, und nicht Männer erkannt noch beigelegen haben, die lasset für euch leben."""

Unter den abscheulichen Ungeheuern, welche zu irgend einer Zeit der Weltgeschichte den Namen eines Menschen geschändet haben, kann man unmöglich ein größeres Scheusal finden als Moses, wenn diese Erzählung wahr sein sollte. Hier ist ein Befehl, die Knaben zu erwürgen, die Mütter niederzumetzeln, und die Töchter zu schänden.

Irgend eine Mutter stelle sich in die Lage jener Mütter: Ein Kind ermordet, ein anderes zur Nothzucht verdammt, und sie selbst in den Händen eines Scharfrichters! Irgend eine Tochter stelle sich in die Lage jener Töchter, bestimmt als Beute für die Mörder einer Mutter und eines Bruders, und was werden ihre Gefühle sein? Vergeblich versucht man der Natur Gewalt anzuthun, denn die Natur will ihren Lauf haben, und die Religion, welche alle geselligen Banden auf die Folter spannt, ist eine falsche Religion.

Nach diesem scheußlichen Befehl folgt eine Aufzählung der weggenommenen Beute, und eine Angabe der Art ihrer Vertheilung; und hier vermehrt die Gottlosigkeit priesterlicher Heuchelei das Register der Verbrechen. Im 37sten Verse heißt es: „Davon wurden dem Herrn 675 Schaafe; item 36,000 Rinder; davon wurden dem Herrn 72; item 30,500 Esel; davon wurden dem Herrn 61; item Menschenseelen 16,000 Seelen; davon wurden dem Herrn 32 Seelen." Kurz, die in diesem Capitel sowie in vielen andern Theilen der Bibel enthaltenen Dinge sind zu empörend für das Menschengefühl zum Lesen, oder für die Sittsamkeit zum Hören; denn man liest im 35sten Verse desselben Capitels, daß die Zahl der auf den Befehl von Moses zur Schändung bestimmten Mädchen und Jungfrauen 32,000 betrug.

Die meisten Leute wissen nicht, welche Ruchlosigkeiten in dem angeblichen Worte Gottes vorkommen. Im Aberglauben auferzogen, nehmen sie es als eine ausgemachte Sache an, daß die Bibel wahr und gut sei; sie erlauben sich nicht daran zu zweifeln und sie übertragen die Vorstellungen, welche sie sich von der Güte des Allmächtigen machen, auf das Buch, an welches man sie gelehrt hat zu glauben, als sei es auf sein Geheiß geschrieben worden. Gerechter Himmel! es ist ein ganz anderes Ding; es ist ein Buch voll Lügen, Ruchlosigkeit und Gotteslästerung, denn was kann eine größere Gotteslästerung sein, als wenn man die Schlechtigkeit des Menschen den Befehlen des Allmächtigen zur Last legt?

Doch ich will zu meinem Gegenstande zurückkehren, und weiter beweisen, daß Moses nicht der Verfasser der ihm zugeschriebenen Bücher, und daß die Bibel unächt ist. Die beiden von mir bereits mitgetheilten Beispiele würden, ohne weitere Beweise, genügen, um die Aechtheit irgend eines Buches zu entkräften, welches um 4 bis 500 Jahre älter zu sein vorgiebt, als die darin erwähnten oder angeführten Thatsachen; denn in dem Falle des Nachjagens bis gen Dan und der Könige, welche über die Kinder Israel regierten, kann nicht einmal der gehaltlose Vorwand der Prophezeiung vorgeschützt werden. Die Ausdrücke stehen in der vergangenen Zeit, und es würde eine offenbare Einfältigkeit sein, wenn man behaupten wollte, es könne Jemand in der vergangenen Zeit prophezeihen.

Allein es sind noch viele andere Stellen in jenen Büchern zerstreut, welche auf denselben Beweis hinauslaufen. Es heißt im zweiten Buch Moses (auch Exodus genannt) Cap. 16, Vers 35: „Und die Kinder Israel aßen Manna, bis daß sie zu dem Lande kamen, da sie wohnen sollten; bis sie kamen an die Grenzen des Landes Canaan, aßen sie Manna."

Ob die Kinder Israel Manna aßen oder nicht, oder was Manna war, oder ob es mehr war als eine Art Fungus oder kleiner Schwamm, oder eine sonstige in jenen Gegenden vorkommende Pflanze, thut nichts zu meiner Beweisführung; ich beabsichtige nichts weiter als darzuthun, daß Moses diese Nachricht nicht schreiben konnte, weil sich dieselbe über die Lebenszeit von Moses erstreckt. Moses stirbt zufolge der Bibel (aber dieselbe ist ein solches Buch voll Lügen und Widersprüchen, daß man nicht weiß welchem, oder ob man irgend einem Theile glauben soll), in der Wildniß, und kam niemals bis an die Grenzen des Landes Canaan; und folglich konnte er es nicht sein, welcher sagte, was die Kinder Israel thaten, oder was sie aßen, als sie dahin kamen. Diese Nachricht von dem Manna-Essen, welche von Moses geschrieben sein soll, erstreckt sich bis zur Zeit Josuas, des Nachfolgers von Moses, wie im Buch Josua erzählt wird, nachdem die Kinder Israel den Fluß Jordan durchschritten hatten, und an die Grenzen des Landes Canaan gekommen waren. Josua, Cap. 5, Vers 12: „Und das Manna hörete auf des andern Tages, da sie des Landes Getreide aßen, daß die Kinder Israel kein Manna mehr hatten, sondern sie aßen des Getreides vom Lande Canaan, von demselben Jahr."

Doch noch ein merkwürdigeres Beispiel, als dieses, kommt im 5ten Buch Moses (Deuteronomium) vor; dieses beweist nicht allein, daß Moses nicht der Verfasser jenes Buches sein konnte, sondern es beweist auch, welche fabelhafte Vorstellungen zu damaliger Zeit in Bezug auf Riesen herrschten. Im 3ten Cap. des 5ten Buches findet sich unter den Eroberungen, welche Moses gemacht haben soll, eine Erzählung von der Gefangennahme Og's des Königs von Basan; im 11ten Verse heißt es: „Denn allein der König Og zu Basan war noch übrig von den Riesen; siehe, seine Bettstelle war eine eiserne Bettstelle; ist dieselbe nicht hier zu Rabbath der Kinder Ammon? neun Ellen lang, und vier Ellen breit, nach eines Mannes Ellenbogen." Eine Elle beträgt 1 Fuß 9 888=1000stel Zoll; die Länge des Bettes betrug sonach 16 Fuß 4 Zoll, und die Breite 7 Fuß 1 Zoll. Soviel über das Bett dieses Riesen. Wir kommen jetzt zum geschichtlichen Theile, welcher, obwohl der Beweis nicht so unmittelbar und bestimmt ist, wie in den früheren Fällen, dennoch sehr wahrscheinlicher und bestätigender und besser ist, als der beste Beweis auf der Gegenseite.

Der Verfasser, um das Vorhandensein dieses Riesen zu beweisen, verweist auf seine Bettstelle, als eine **Reliquie aus alter Zeit**, und sagt, ist dieselbe nicht zu Rabbath (oder Rabba) der Kinder Ammon? mit welcher Frage er sagen will, daß sie daselbst ist, denn dieses ist häufig die Art, wie in der Bibel etwas bejaht wird. Aber es konnte nicht Moses sein, welcher dies sagte, weil Moses nichts von Rabba wissen konnte, noch was darin war. Rabba war keine Stadt, welche diesem Riesenkönig gehörte, noch war es eine der Städte, welche Moses einnahm. Die Kenntniß also, daß dieses Bett in Rabba war, und sein genaues Größenverhältniß muß auf die Zeit bezogen werden, als Rabba eingenommen wurde, und dies geschah erst 400 Jahre nach Moses Tode; siehe 2. Samuel, Cap. 12, Vers 26: „So stritt nun Joab (David's Feldherr) gegen Rabba, **der Kinder Ammon**, und gewann die königliche Stadt."

Da ich nicht gesonnen bin, alle Widersprüche in Zeit, Ort und Umständen anzudeuten, welche in den, dem Moses zugeschriebenen, Büchern in Menge vorkommen, und welche handgreiflich beweisen, daß jene Bücher nicht von Moses, noch zu Moses Zeiten geschrieben sein konnten; so gehe ich zu dem Buch Josua über, und will beweisen, daß Josua nicht der Verfasser jenes Buches ist, und daß dasselbe keinen bekannten Verfasser hat, und ohne Geltung ist. Der Beweis, welchen ich vorbringen werde, ist in dem Buche selbst enthalten; ich werde nicht außerhalb der Bibel nach Beweisen gegen die angebliche Aechtheit der Bibel suchen. Falsches Zeugniß entkräftet sich stets selbst.

Josua war, zufolge des 1sten Capitels des Buches Josua, der unmittelbare Nachfolger von Moses; er war überdies ein Kriegsmann, was Moses nicht war, und er blieb 25 Jahre lang das Oberhaupt von Israel; das heißt, von der Zeit als Moses starb, was nach der biblischen Zeitrechnung 1451 Jahre vor Christus war, bis 1426 Jahre vor Christus, als nach derselben Zeitrechnung Josua starb. Wenn wir also in diesem Buche, welches von Josua geschrieben worden sein soll, Hinweisungen auf **Begebenheiten, welche nach dem Tode Josua's geschahen**, finden, so ist dieses ein Beweis, daß Josua nicht der Verfasser davon sein konnte; und ferner, daß das Buch nicht eher geschrieben sein konnte, als nach der Zeit der spätesten Begebenheit, welche darin erzählt wird. Der Inhalt des Buches ist schauderhaft, es ist eine Kriegsgeschichte voll Raub und Mord, so wild und viehisch, wie die Thaten seines Vorgängers in Schlechtigkeit und Heuchelei, Moses, und wie in den vorhergehenden Büchern, so besteht auch hier die Gotteslästerung darin, daß jene Thaten dem Befehl des Allmächtigen zugeschrieben werden.

Vorerst ist das Buch Josua, wie die vorhergehenden fünf Bücher, in der dritten Person geschrieben; der Geschichtschreiber Josua's ist es, welcher spricht, denn es würde abgeschmackt und prahlerisch klingen, wenn Josua von sich selbst sagen wollte, wie von ihm im letzten Verse des 6ten Capitels

gesagt wird: „daß sein Ruhm in allen Landen ausposaunt wurde."
Doch zum unmittelbaren Beweise!

Im 24sten Cap., Vers 31, heißt es: „Und Israel dienete dem Herrn, so lange Josua lebte und alle Aeltesten, welche lange Zeit lebten nach Josua." Nun, im Namen des gesunden Menschenverstandes, kann es Josua sein, welcher erzählt, was das Volk nach seinem Tode gethan hatte? Diese Nachricht muß nicht allein von einem Geschichtschreiber geschrieben sein, welcher nach Josua lebte, sondern welcher auch nach den Aeltesten lebte, die den Josua überlebten.

Es sind mehre Stellen von allgemeiner Zeitbestimmung durch das ganze Buch Josua zerstreut, welche die Zeit, worin das Buch geschrieben wurde, von der Zeit Josua's entfernen, jedoch ohne ausschließlich eine besondere Zeit zu bestimmen, wie in der oben angeführten Stelle geschieht. In jener Stelle ist die Zeit, welche zwischen dem Tode Josua's und dem Tode der Aeltesten verfloß, ausdrücklich und unbedingt ausgeschlossen, und es ist schlagend bewiesen, daß das Buch nicht eher als nach dem Tode des letzten Aeltesten geschrieben worden sein konnte.

Allein, obwohl die Stellen, welche ich jetzt anführe, nicht ausschließlich eine besondere Zeit bestimmen, so lassen sie doch auf eine von den Tagen Josua's weit entferntere Zeit schließen, als zwischen dem Tode Josua's und dem Tode der Aeltesten verflossen ist. — Eine solche Stelle ist Capitel 10, Vers 14, worin es nach der Erzählung, daß auf Josua's Geheiß die Sonne auf Gibeon, und der Mond im Thale Ajalon stille gestanden habe (ein Mährchen, womit man nur Kinder unterhalten kann), heißt: „Und es war kein Tag diesem gleich, weder zuvor noch danach, da der Herr der Stimme eines Mannes gehorchte."

Diese Erzählung, daß die Sonne auf dem Berge Gibeon, und der Mond im Thale Ajalon stille gestanden habe, ist eines jener Mährchen, welches sich selbst widerlegt. Ein solches Ereigniß hätte nicht eintreten können, ohne daß es in der ganzen Welt bekannt geworden wäre. Die eine Hälfte des Erdkreises würde sich gewundert haben, warum die Sonne nicht aufging, und die andere, warum sie nicht unterging, und die Ueberlieferung davon würde allgemein sein, da es doch kein Volk in der Welt giebt, welches etwas davon weiß. Aber warum mußte der Mond stille stehen? Was brauchte man Mondlicht am Tage, und obendrein, so lange die Sonne schien? Als dichterisches Bild geht das Ganze an; es ist verwandt mit dem Bilde im Triumphliede Deboras und Baraks: „Die Sterne in ihren Läufen stritten wider Sissera;" aber es steht der bildlichen Erklärung Muhameds nach, als er zu der Person, welche ihn wegen seiner Handlungsweise zur Rede stellen wollte, die Worte sprach: „Würdest du zu mir kommen mit der Sonne in deiner rechten und dem Monde in deiner linken Hand, so sollte es meine Laufbahn nicht ändern." Hätte Josua den Muhamed übertreffen sollen, so hätte er die Sonne und den Mond jedes in eine Tasche stecken, und sie, wie Guy Faux seine verborgene Laterne, tragen und herausziehen sollen zum Leuchten, wie er sie gerade gebraucht hätte.

Das Erhabene und das Lächerliche grenzen oft so nahe an einander, daß es schwierig ist, Eines von dem Andern zu scheiden; Ein Schritt über das Erhabene macht das Lächerliche, und Ein Schritt über das Lächerliche macht wieder das Erhabene. Die Nachricht jedoch, des poetischen Bildes entkleidet, beurkundet die Unwissenheit Josuas, denn er hätte der Erde gebieten sollen, stille zu stehen.

Die durch den Ausdruck danach, das heißt, nach jenem Tage, angedeutete Zeit, wenn sie mit der ganzen zuvor verflossenen Zeit in Vergleich gebracht wird, muß einen sehr langen Zeitraum bedeuten, wenn die Stelle irgend einen ausdrucksvollen Sinn bekommen soll; — es würde zum Beispiel lächerlich gewesen sein, wenn man dies am nächsten Tage, oder in der nächsten Woche, oder im nächsten Monat, oder im nächsten Jahre gesagt hätte; wenn deshalb die Stelle eine Bedeutung erhalten soll, im Vergleich mit dem darin erzählten Wunder und mit der darin angeführten Vorzeit, so muß der Ausdruck Hunderte von Jahren bedeuten; weniger als Ein Jahrhundert würde geringfügig, und weniger als zwei kaum zulässig sein.

Eine ferne, aber unbestimmte Zeit ist gleichfalls im 8ten Capitel ausgesprochen; dort heißt es nach einer Erzählung der Einnahme der Stadt Ai, im 28sten Verse: „Und Josua brannte Ai aus, und machte einen Haufen daraus ewiglich, eine Wüstenei bis auf diesen Tag;" und ebenfalls im 29sten Vers, wo erzählt wird, daß Josua den König von Ai aufhängen, und unter das Thor der Stadt werfen ließ, heißt es: „Und er ließ darauf einen großen Steinhaufen errichten, der bis auf diesen Tag da ist," das heißt, bis auf den Tag oder die Zeit, als der Verfasser des Buches Josua lebte. Und wieder im 10ten Capitel, wo erzählt wird, daß Josua fünf Könige an fünf Bäume hing, und dieselben darauf in eine Höhle werfen ließ, heißt es im 27sten Verse: „Und er ließ große Steine vor der Höhle Loch legen, die sind noch da auf diesen Tag."

Bei Aufzählung der verschiedenen Thaten Josua's und der Stämme, und der Orte, welche sie eroberten oder angriffen, heißt es im 15ten Cap., Vers 63: „Die Jebusiter aber wohneten zu Jerusalem, und die Kinder Juda konnten sie nicht vertreiben, sondern die Jebusiter wohnten mit den Kindern Juda zu Jerusalem, bis auf diesen Tag." Bei dieser Stelle wirft sich die Frage auf, zu welcher Zeit wohnten die Jebusiter und die Kinder Juda zusammen in Jerusalem? Da diese Sache im ersten Capitel der Richter abermals vorkommt, so will ich meine Bemerkungen versparen, bis ich an jenes Buch komme.

Ich habe sonach aus dem Buche Josua selbst, ohne irgend einen weiteren Hülfsbeweis dargethan, daß Josua nicht der Verfasser jenes Buches ist, und daß daſſelbe keinen bekannten Verfaſſer, und folglich auch keine Glaub= würdigkeit hat. Ich gehe nunmehr zum Buche der Richter über.

Das Buch der Richter trägt ſchon an der Stirne den Namen keines Verfaſſers, und deshalb mangelt ſogar der Vorwand, es das Wort Gottes zu nennen; es hat nicht einmal den Namen eines Gewährsmannes; es iſt gänzlich vaterlos.

Dieſes Buch fängt mit demſelben Ausdrucke an, wie das Buch Joſua. Das Buch Joſua, Cap. 1, Vers 1, fängt an: Nun nach dem Tode Moſes ꝛc., und das Buch der Richter fängt an: Nun nach dem Tode Joſua's ꝛc. Dies und die Aehnlichkeit der Schreibart in den beiden Büchern deuten an, daß ſie das Werk deſſelben Verfaſſers ſind, aber wer derſelbe war, iſt durchaus unbekannt; der einzige Punkt, welchen das Buch beweiſt, iſt der, daß der Verfaſſer lange nach Joſua's Zeiten lebte; denn obwohl es anfängt, als ob es unmittelbar auf ſeinen Tod folgte, ſo iſt das zweite Capitel ein Auszug aus dem ganzen Buche, welches nach der bibli= ſchen Zeitrechnung ſeine Geſchichte durch einen Zeitraum von 306 Jahren führt, das heißt von dem Tode Joſua's, 1426 Jahre vor Chriſtus, bis zum Tode Simſons, 1120 Jahre vor Chriſtus, und nur 25 Jahre vor der Zeit, als Saul auszog, um ſeines Vaters Eſel zu ſuchen und zum König erhoben wurde. Allein man hat guten Grund zu glauben, daß daſſelbe früheſtens nicht vor der Zeit Davids geſchrieben wurde, und daß das Buch Joſua nicht vor derſelben Zeit geſchrieben wurde.

Im erſten Capitel der Richter erzählt der Verfaſſer, nach der Meldung des Todes von Joſua, was zwiſchen den Kindern Juda und den einge= borenen Bewohnern des Landes Canaan vorfiel. Der Verfaſſer, welcher in dieſer Erzählung im 7ten Verſe plötzlich Jeruſalem erwähnt, ſagt un= mittelbar darauf, im 8ten Verſe, zur Erläuterung: „Nun hatten die Kinder Juda gegen Jeruſalem geſtritten und die Stadt gewonnen;" folglich konnte dieſes Buch nicht eher geſchrieben worden ſein, als Jeruſa= lem eingenommen worden war. Der Leſer wird ſich der Stelle erinnern, welche ich kurz zuvor aus dem 15ten Capitel des Buches Joſua, Vers 63, anführte, und worin es heißt: „Die Jebuſiter wohnen mit den Kindern Juda zu Jeruſalem bis auf dieſen Tag;" worunter die Zeit zu verſtehen iſt, als das Buch Joſua geſchrieben wurde.

Die von mir bereits aufgeführten Beweiſe, daß die Bücher, wovon ich bisher geſprochen habe, nicht von den Perſonen, denen ſie zugeſchrieben werden, verfaßt wurden, ſondern erſt viele Jahre nach deren Tode, wenn es ſolche Perſonen jemals gegeben hat — ſind bereits ſo zahlreich, daß ich auf dieſe Stelle weniger Gewicht zu legen brauche, als ich darauf zu legen berechtigt bin. Denn es ſteht feſt, in ſofern man der Bibel als einer Ge= ſchichte glauben kann, daß die Stadt Jeruſalem nicht vor den Zeiten Davids eingenommen wurde; und folglich, daß das Buch Joſua und das

Buch der Richter nicht eher als bis nach dem Anfang der Regierung Davids geschrieben wurden, also 370 Jahre nach dem Tode Josua's.

Die Stadt, welche später Jerusalem genannt wurde, hieß ursprünglich Jebus oder Jebusi, und war die Hauptstadt der Jebusiter. Die Erzählung von der Einnahme dieser Stadt durch David steht im 2ten Buch Samuelis, Cap. 5, Vers 4 ꝛc., und ebenfalls im 1sten Buche der Chronica, Cap. 14, Vers 4 ꝛc. Es steht nirgends in der Bibel geschrieben, daß dieselbe je zuvor eingenommen wurde, noch irgend eine Nachricht, welche auf eine solche Meinung schließen läßt. Es heißt weder in Samuel noch in Chronica, daß sie Männer, Weiber und Kinder ganz vertilgten; daß sie keine Seele am Leben ließen, wie es von ihren andern Eroberungen heißt; und das hier beobachtete Stillschweigen läßt schließen, daß die Stadt durch Capitulation eingenommen wurde, und daß die Jebusiter, die eingeborenen Einwohner, in dem Orte nach dessen Einnahme wohnen blieben. Die im Buch Josua enthaltene Nachricht, daß die Jebusiter mit den Kindern Juda zu Jerusalem wohnen bis auf diesen Tag, stimmt deshalb zu keiner andern Zeit, als nach der Einnahme der Stadt durch David.

Ich habe nunmehr bewiesen, daß jedes Buch in der Bibel, von der Genesis bis zum Buche des Richter unächt ist; und ich komme zu dem Buche Ruth, einer unbedeutenden, stümperhaften, man weiß nicht von wem einfältig erzählten Geschichte von einem herumstreichenden Bauernmädchen, welche zu ihrem Vetter Boas sich heimlich in das Bett schleicht. Schönes Zeug, in der That, daß man es das Wort Gottes nennt! Dennoch ist es eines der besten Bücher in der Bibel, weil es frei von Mord und Raub ist.

Ich komme zunächst zu den zwei Büchern Samuels, und werde beweisen, daß jene Bücher nicht von Samuel geschrieben wurden, sondern erst sehr lange Zeit nach dem Tode Samuels, und daß sie, wie alle früheren Bücher, ohne einen bekannten Verfasser und ohne Autorität sind.

Um sich zu überzeugen, daß diese Bücher weit später als zur Zeit Samuels, und folglich nicht von ihm geschrieben worden sind, ist es nur nöthig, die Nachricht zu lesen, welche der Verfasser über Saul mittheilt, als er seines Vaters Eselinnen suchen geht, sowie über seine Unterredung mit Samuel, welchen Saul um jene verlorenen Eselinnen zu befragen kam, wie einfältige Leute noch heut zu Tage zu einem Wahrsager gehen, um ihn nach verlorenen Gegenständen zu fragen.

Indem der Verfasser dieses Geschichtchen von Saul, Samuel und den Eseln auftischt, erzählt er es nicht wie etwas, das eben erst geschehen war, sondern wie eine Geschichte, die zur Zeit, als dieser Verfasser lebte, schon veraltet war, denn er erzählt dieselbe in der Sprache oder Redeweise, welche zu Samuels Lebzeiten üblich waren, und der Verfasser sieht sich genöthigt, die Geschichte in der zu den Lebzeiten des Verfassers üblichen Sprache und Redeweise zu erläutern.

Samuel wird in der, von ihm im ersten jener Bücher im 9ten Capitel mitgetheilten, Nachricht der **Seher** genannt; und unter dieser Benennung erkundigt sich Saul nach ihm, Vers 11: „Und als sie (Saul und sein Diener) zur Stadt hinaufkamen, fanden sie Dirnen, die herausgingen Wasser zu schöpfen: „**Ist der Seher hier?**" Saul folgte darauf der Zurechtweisung dieser Mädchen und begegnete Samuel, ohne ihn zu kennen, und sprach zu ihm, Vers 18: „**Sage mir, ich bitte dich, wo ist hier des Sehers Haus?** und Samuel antwortete Saul und sprach: „**Ich bin der Seher.**"

Da der Verfasser des Buches Samuel diese Fragen und Antworten in der zur Zeit, als sie gesprochen worden sein sollen, üblichen Sprache oder Redeweise erzählt und da jene Redeweise zur Zeit, als dieser Verfasser schrieb, ungebräuchlich war, so fand er es, um die Geschichte verständlich zu machen, für nöthig, die Ausdrücke zu erklären, worin diese Fragen und Antworten eingekleidet sind; und er thut dieses im 9ten Verse mit den folgenden Worten: „**Vor Zeiten in Israel, wenn man ging Gott zu fragen, sprach man: Kommt, laßt uns gehen zu dem Seher, denn die man jetzt Propheten heißt, die hieß man vor Zeiten Seher.**" Diese Stelle beweist, wie ich zuvor bemerkte, daß diese Geschichte von Saul, Samuel und den Eseln zu der Zeit, als das Buch Samuels geschrieben wurde, eine veraltete Geschichte war, und folglich, daß Samuel dieselbe nicht schrieb, und daß das Buch unächt und unglaubwürdig ist.

Allein wenn wir in diese Bücher tiefer eindringen, so erhalten wir noch weit bestimmtere Beweise, daß Samuel nicht der Verfasser derselben ist, denn sie berichten Dinge, welche sich erst mehre Jahre nach Samuels Tode zutrugen. Samuel starb vor Saul, denn das erste Buch Samuelis, Cap. 28, erzählt uns, daß Saul und die Hexe von Endor den Samuel von den Todten heraufbeschwuren; und dennoch erstreckt sich die in jenen Büchern enthaltene Geschichte von Begebenheiten durch den übrigen Theil von Sauls Leben, und bis zum Ende der Lebensgeschichte Davids, des Nachfolgers von Saul. Die Beschreibung des Todes und Begräbnisses von Samuel (Dinge, welche er selbst nicht beschreiben konnte) steht im 25sten Cap. des ersten Buches Samuelis; und die diesem Capitel beigefügte Zeitrechnung setzt dieses 1060 Jahre vor Christus; dennoch wird die Geschichte dieses ersten Buches bis auf 1056 Jahre vor Christus fortgeführt, das heißt bis auf den Tod Sauls, welcher erst vier Jahre nach dem Tode Samuels eintrat.

Das zweite Buch Samuels beginnt mit einer Erzählung von Begebenheiten, welche sich erst vier Jahre nach Samuels Tode zutrugen, denn es beginnt mit der Regierung Davids, des Nachfolgers von Saul, und es reicht bis zum Ende von Davids Regierung, oder 43 Jahre nach dem Tode Samuels; und deshalb enthalten die Bücher in sich selbst den unwiderleglichen Beweis, daß dieselben nicht von Samuel geschrieben wurden.

Ich habe nunmehr im ersten Theile der Bibel alle Bücher durchgangen, welchen die Namen von Personen als angebliche Verfasser jener Bücher vorgesetzt sind, und welche die Kirche, die sich die christliche Kirche nennt, der Welt als die Schriften von Moses, Josua und Samuel aufgebunden hat, und ich habe die Falschheit dieser Aufbinderei aufgedeckt und bewiesen. Und nun, ihr Priester jeder Sekte, die ihr gegen den ersten Theil des „Zeitalters der Vernunft" geprebigt und geschrieben habt, was habt ihr zu sagen? Wollt ihr, während euch diese Masse von Beweisen entgegensteht und in die Augen starrt, noch immer die Frechheit haben, auf eure Kanzeln zu marschiren und diese Bücher euern Gemeinden auch fernerhin als die Werke gottbegeisterter Schriftsteller und als das Wort Gottes aufzuhängen, da es doch so augenscheinlich ist, wie nur Etwas durch Beweis bewahrheitet werden kann, daß die Personen, welche nach eurer Behauptung die Verfasser sein sollen, nicht die Verfasser sind, und daß ihr die Verfasser nicht kennt? Welchen Schatten von Vorwand habt ihr noch vorzubringen, warum ihr den gottesläſterlichen Betrug fortsetzet? Was habt ihr noch zu sagen gegen die reine und sittliche Religion der Deisten, zur Aufrechthaltung eures Systems der Lüge, des Götzendienstes und vorgeblicher Offenbarung?

Wären die grausamen und mörderischen Befehle, womit die Bibel angefüllt ist, und die unzähligen martervollen Hinrichtungen von Männern, Weibern und Kindern in Folge jener Befehle einem eurer Freunde zur Last gelegt worden, dessen Andenken ihr in Ehren hieltet, so würde es eurem Herzen wohl gethan haben, die Falschheit der Beschuldigung aufzudecken, und ihr würdet stolz darauf sein, seinen verunglimpften Ruf zu vertheidigen. Nur weil ihr in einem grausamen Aberglauben versunken seid, oder an der Ehre eures Schöpfers keinen Antheil nehmt, leiht ihr den gräßlichen Erzählungen der Bibel euer Ohr, oder hört dieselben mit hartherziger Gleichgültigkeit an. Die Beweise, welche ich vorgebracht habe, und im Fortgange dieses Werkes noch vorbringen werde, um darzuthun, daß die Bibel ohne Glaubwürdigkeit ist, werden, während sie die Halsstarrigkeit der Priester verwunden, das Herz von Millionen erleichtern und beruhigen; sie werden ihnen alle jene ungerechten Gedanken von dem Allmächtigen benehmen, welche ihnen durch die Priesterschaft und die Bibel eingeflößt worden waren, und welche mit allen ihren Vorstellungen von seiner moralischen Gerechtigkeit und Güte in ewigem Widerspruche standen.

Ich komme jetzt zu den beiden Büchern der Könige und den beiden Büchern der Chronica. Jene Bücher sind durchaus historisch, und beschränken sich hauptsächlich auf die Beschreibung des Lebens und der Thaten der jüdischen Könige, welche durchgehends ein Haufe von Schurken waren; allein dieses sind Dinge, womit wir eben so wenig zu schaffen haben, wie mit den römischen Kaisern, oder mit Homers Beschreibung des troganischen Krieges. Ueberdies da jene Werke ohne den Namen eines Verfassers sind, und da wir von dem Schriftsteller oder seinem Charakter nichts wissen, so können wir unmöglich wissen, wie viel Glauben wir den darin erzählten Gegenständen zu schenken haben. Wie alle andern alten Geschichten, scheinen sie ein Mischmasch von Fabeln und Thatsachen, von wahrscheinlichen und unwahrscheinlichen Dingen zu sein, welche aber durch die Entfernung der Zeit und des Ortes und durch die Veränderung in den Weltverhältnissen veraltet und uninteressant geworden sind.

Ich werde jene Bücher hauptsächlich dazu benutzen, um sie miteinander und mit andern Theilen der Bibel zu vergleichen, und die Verwirrung, Widersprüche und Grausamkeit in diesem vorgeblichen Worte Gottes auseinander zu setzen.

Das erste Buch der Könige beginnt mit der Regierung Salomos, deren Anfang nach der biblischen Zeitrechnung 1015 Jahre vor Christus fällt; und das zweite Buch endet 588 Jahre vor Christus, kurz nach der Regierung Zedekias, welchen Nebukadnezar nach der Einnahme Jerusalems und nach der Besiegung der Juden gefangen und nach Babylon führte. Die beiden Bücher begreifen einen Zeitraum von 427 Jahren.

Die beiden Bücher Chronica sind eine Geschichte derselben Zeiten und im Allgemeinen derselben Personen von einem andern Verfasser, denn es würde abgeschmackt sein, wenn man annehmen wollte, daß derselbe Verfasser dieselbe Geschichte zweimal geschrieben habe. Das erste Buch Chronica (nachdem es ein Geschlechtsregister von Adam bis Saul geliefert hat, welches die ersten 9 Capitel füllt,) fängt mit der Regierung Davids an; und das letzte Buch endet, wie das letzte Buch der Könige, bald nach der Regierung Zedekias, ungefähr 588 Jahre vor Christus. Die beiden letzten Verse des letzten Capitels führen die Geschichte noch um 52 Jahre weiter, das heißt bis zum Jahre 536. Allein diese Verse gehören nicht zum Buche, wie ich beweisen werde, wenn ich an das Buch Esra komme.

Die beiden Bücher der Könige enthalten, außer der Geschichte Sauls, Davids und Salomos, welche über ganz Israel herrschten, eine Uebersicht über das Leben von 17 Königen und Einer Königin, welche Könige von Juda genannt werden, und von 19 Andern, welche Könige von Israel genannt werden; denn die jüdische Nation zerfiel alsbald nach dem Tode Salomos in zwei Parteien, welche sich besondere Könige wählten, und welche die erbittertsten Kriege gegen einander führten.

Jene beiden Bücher sind kaum etwas Anderes, als eine Geschichte von Meuchelmord, Verrath und Krieg. Die Grausamkeiten, welche sich die Juden gewöhnt hatten gegen die Cananiter zu verüben, deren Land sie, unter dem Vorwande eines Geschenkes von Gott, grausam überfallen hatten, übten sie später mit gleicher Wuth gegen einander aus. Kaum die Hälfte ihrer Könige starb eines natürlichen Todes, ja manchmal wurden ganze Familien erwürgt, um den Besitz des Thrones dem Nachfolger zu sichern, welcher nach wenigen Jahren, ja bisweilen nach wenigen Monaten oder in noch kürzerer Zeit dasselbe Schicksal theilte. Im 10ten Capitel des 2ten Buches der Könige steht eine Erzählung von zwei Körben voll Kinderköpfen, 70 an der Zahl, welche am Thore der Stadt zur Schau ausgestellt wurden; dies waren die Kinder Ahabs, welche auf Befehl Jehus ermordet wurden, den Elisa, der angebliche Mann Gottes, zum Könige über Israel gesalbt hatte, zu dem ausdrücklichen Zwecke, um diese blutige That zu begehen, und seinen Vorgänger zu ermorden. Und in der Nachricht von der Regierung Menahems, eines der Könige von Israel, welcher den Schallum ermordet hatte, der nur Einen Monat regierte, heißt es, 2ten Könige, Cap. 15, Vers 16: „Menahem schlug Tiphsah, darum, daß sie ihn nicht wollten in die Stadt lassen, „„und er schlug alle ihre schwangern Weiber, und riß ihnen den Leib auf.""'

Dürften wir uns die Annahme erlauben, daß der Allmächtige irgend ein Volk durch den Namen seines auserwählten Volkes auszeichnen wollte, so müßten wir annehmen, daß jenes Volk ein Muster der reinsten Frömmigkeit und Menschenliebe für die ganze übrige Welt gewesen wäre, und nicht eine solche Horde von Räubern und Meuchelmördern, wie die alten Juden waren, — ein Volk, welches durch das Beispiel solcher Ungeheuer und Betrüger, wie Moses und Aaron, Josua, Samuel und David verdorben, sich vor allen andern Nationen auf dem bekannten Erdenrunde durch Wildheit und Schlechtigkeit ausgezeichnet hatte: Wenn wir nicht halsstarrig unsere Augen verschließen, und unser Herz verhärten wollen, so ist es unmöglich, trotz der langen Sklaverei des Aberglaubens, worin der Mensch geschmachtet hat, nicht einzusehen, daß jene schmeichelhafte Benennung: „auserwähltes Volk Gottes" nichts weiter, als eine Lüge ist, welche die Priester und Leiter der Juden erfunden hatten, um die Verworfenheit ihres eigenen Charakters zu bemänteln; und welche christliche Priester, bisweilen ebenso verdorben und oft ebenso grausam, vorgegeben haben, zu glauben.

Die beiden Bücher Chronica sind eine Wiederholung derselben Missethaten; allein die Geschichte ist an mehren Stellen lückenhaft, weil der Verfasser die Regierung einiger Könige ausgelassen hat; auch wird in diesen Büchern, sowie in den Büchern der Könige von Königen Judas auf Könige Israels, und von Königen Israels auf Könige Judas so häufig übergesprungen, daß die Erzählung dunkel für den Leser wird. In demselben Buche widerspricht sich die Geschichte bisweilen; zum Beispiel im zweiten Buche der Könige, Cap. 1, Vers 17, wird uns, jedoch in ziemlich unbestimmten Ausdrücken, erzählt, daß nach dem Tode Ahasjas, Königs von Israel, Jehoram oder Joram (welcher aus dem Hause Ahab stammte) an seiner Statt regierte, in dem zweiten Jahr Jorams, des Sohnes Josaphats, Königs von Juda; — und im 8ten Capitel, Vers 16, in demselben Buche, heißt es: „Im fünften Jahre Jorams, des Sohnes Ahabs des Königs von Israel, ward Joram, der Sohn Josaphats, König

Juda." Das heißt, Ein Capitel sagt, Joram von Israel trat seine Regierung an im zweiten Jahre Jorams von Juda; — und das andere Capitel sagt, Joram von Juda trat seine Regierung an im fünften Jahre Jorams von Israel.

Verschiedene, höchst außerordentliche Begebenheiten, welche in dem Einen Buche aus der Regierung dieses oder jenes Königs erzählt werden, finden sich nicht in dem andern von der Regierung desselben Königs erzählt. Zum Beispiel die beiden ersten feindseligen Könige nach dem Tode Salomos, waren Rehabeam und Jerobeam; und im 1sten Buch der Könige, Cap. 12 und 13, steht eine Erzählung, wie Jerobeam ein Brandopfer darbringt, und ein Mann, welcher dort ein Mann Gottes genannt wird, wider den Altar rief, Cap. 13, Vers 2: "Altar, Altar! so spricht der Herr: Siehe, es wird ein Sohn dem Hause Davids geboren werden, mit Namen Josia, der wird auf dir opfern die Priester der Höhe, und auf dir räuchern, und wird Menschenbeine auf dir verbrennen." — Vers 4: "Da aber der König das Wort von dem Manne Gottes hörte, der wider den Altar zu Bethel rief, reckte er seine Hand aus bei dem Altar, und sprach: Greifet ihn. Und seine Hand verdorrete, die er wider ihn ausgereckt hatte, und konnte sie nicht wieder zu sich ziehen."

Man sollte denken, daß ein so außerordentlicher Fall, wie dieser (welcher als ein Gottesurtheil erzählt wird), welcher dem Oberhaupt der Einen feindlichen Partei widerfährt, und zwar im ersten Augenblick der Trennung der Israeliten in zwei Nationen, — in beiden Geschichtsbüchern gemeldet worden sein würde, wenn derselbe wahr gewesen wäre. Allein, obschon die Menschen in späteren Zeiten Alles, was ihnen die Propheten gesagt haben, glaubten, so ist doch nicht zu sehen, daß diese Propheten oder Geschichtschreiber einander glaubten; sie kannten einander zu gut.

Von Elia wird auch viel in den Büchern der Könige erzählt. Die Erzählung läuft durch mehre Capitel, und schließt mit dem Berichte im zweiten Buch der Könige, Cap. 2, Vers 11: "Und da sie (Elia und Elisa) mit einander gingen und redeten, siehe, da kam ein feuriger Wagen mit feurigen Rossen, und schied die Beiden von einander; und Elia fuhr also im Wetter gen Himmel." Ei, ei! davon meldet der Verfasser der Chronica, so wunderbar die Geschichte ist, kein sterbendes Wörtchen, obwohl er den Elia mit Namen nennt; eben so wenig sagt er etwas von der, im zweiten Capitel desselben Buches der Könige erzählten Geschichte, wo eine Schaar von Kindern dem Elisa Kahlkopf, Kahlkopf nachriefen, und dieser Mann Gottes, im 24sten Vers, "sich umwandte, und da er sie sah, ihnen im Namen des Herrn fluchte. Da kamen zween Bären aus dem Walde und zerrissen der Kinder zwei und vierzig." — Er übergeht ebenfalls mit Stillschweigen die im zweiten Buch der Könige, Capitel 13, erzählte Geschichte: Als man einen Mann in Elisas Grab begrub, habe der "Todte, als man ihn hinabgelassen, die

Gebeine Elisas berührt; und er (der todte Mann) ward lebendig und trat auf seine Füße;" so heißt es im 21sten Verse. Es wird uns nicht erzählt, ob man den Mann doch begrub, obwohl er lebendig ward und auf seine Füße trat, oder ob man ihn wieder aus dem Grabe zog. Ueber alle diese Geschichten beobachtet der Verfasser der Chronica ein so tiefes Stillschweigen, wie irgend ein Schriftsteller heutiges Tages, welcher nicht gern einer Lüge, oder mindestens einer Erdichtung, geziehen sein möchte, über dergleichen Mährchen beobachten würde.

Allein so sehr diese beiden Geschichtschreiber in Bezug auf die von Einem derselben berichteten Erzählungen von einander abweichen mögen, so beobachten sie doch beide ein gleiches Stillschweigen über jene sogenannten Propheten, deren Schriften den letzten Theil des Alten Testaments einnehmen. Jesaia, welcher zur Zeit Hiskias lebte, wird in den Büchern der Könige und ebenfalls in der Chronica erwähnt, wo jene Schriftsteller von jener Regierung sprechen; allein, ausgenommen in Einem oder höchstens in zwei Fällen, und da nur sehr oberflächlich, wird keiner der Uebrigen nur genannt, ja nicht einmal angedeutet; und doch lebten sie, zufolge der biblischen Zeitrechnung, in der Zeit, als jene Geschichtswerke verfaßt wurden; einige sogar lange vorher. Wenn jene Propheten, wie sie genannt werden, Leute von solcher Wichtigkeit zu ihrer Zeit waren, wie sie die Sammler der Bibel, die Priester und Ausleger seither dargestellt haben, wie kann man es erklären, daß nicht Eines jener Geschichtswerke etwas von ihnen sagen sollte?

Die Geschichte in den Büchern der Könige und Chronica ist, wie ich bereits bemerkt habe, bis auf das Jahr 588 vor Christus fortgeführt; es wird deshalb am rechten Orte sein, zu untersuchen, welche jener Propheten vor jener Zeit lebten.

Hier folgt eine Tabelle aller Propheten, nebst Angabe der Zeiten, zu welchen sie vor Christus lebten, zufolge der dem ersten Capitel jedes Propheten beigefügten Zeitrechnung; und gleichfalls eine Angabe der Anzahl Jahre, welche sie vor der Abfassung der Bücher der Könige und Chronica lebten.

Tabelle der Propheten,

nebst Angabe der Zeit, zu welcher sie vor Christus lebten, und gleichfalls vor der Abfassung der Bücher der Könige und Chronica.

Namen	Jahre vor Christ.	Jahre v. Abf. der B. d. Kön. u. Chron.	Bemerkungen.
Jesaia	760	170	erwähnt.
Jeremia	629	41	nur im letzten Cap. der Chronica erwähnt.
Hesekiel	595	7	nicht erwähnt.
Daniel	607	19	"
Hosea	785	97	"

Namen.	Jahre vor Christ.	Jahre v. Abf. der B. d. Kön. u. Chron.	Bemerkungen.
Joel	800	212	nicht erwähnt.
Amos	789	199	"
Obadjah	789	199	"
Jona	862	274	siehe die Anmerkung*)
Micha	750	162	nicht erwähnt.
Nahum	713	125	"
Habakuk	620	38	"
Zephanja	630	42	"
Haggai Sacharja Maleachi	nach dem Jahre 588		

Die Tabelle ist entweder nicht sehr ehrenvoll für die Bibel-Geschichtschreiber, oder nicht sehr ehrenvoll für die Bibel-Propheten; und ich überlasse Priestern und Auslegern, welche in Kleinigkeiten sehr gelehrt sind, den Punkt der Etiquette (Rangstreit) zwischen Beiden zu entscheiden, und einen Grund anzugeben, warum die Verfasser der Bücher der Könige der Chronica jene Propheten, welche ich in dem ersten Theil des Zeitalters der Vernunft als Dichter betrachtete, mit so verächtlichem Stillschweigen behandelt haben, wie ein Geschichtschreiber heutigen Tages den Peter Pindar behandeln würde.

Ich habe noch Eine Bemerkung über die Chronica zu machen, und werde alsdann zu einer Prüfung der übrigen Bücher der Bibel übergehen.

In meinen Bemerkungen über das erste Buch Moses (Genesis) habe ich eine Stelle aus dem 36sten Capitel, Vers 31 angeführt, welche sich offenbar auf eine Zeit bezieht, nachdem Könige über die Kinder Israels zu regieren anfingen; und da dieser Vers wörtlich derselbe ist, wie in Chronica, Cap. 1, Vers 43, wo derselbe im Zusammenhang mit der geschichtlichen Aufeinanderfolge steht, was in der Genesis nicht der Fall ist, so habe ich daraus den Beweis gezogen, daß der Vers in der Genesis und ein großer Theil des 36sten Capitels aus den Chronica genommen worden sind, und daß das Buch Genesis, obwohl es in der Bibel obenan steht, und dem Moses zugeschrieben wird, von irgend einem Unbekannten fabrizirt worden ist, nachdem das Buch der Chronica geschrieben war, was nicht eher geschah, als frühestens 860 Jahre nach Moses Zeiten.

Der Beweis, welchen ich zur Bekräftigung dieser Behauptung gebrauche, ist ganz gewöhnlich, und enthält nur zwei Punkte: Erstlich, wie ich bereits

---

*) Im zweiten Buch der Könige, Capitel 14, Vers 25, wird der Name Jonas erwähnt, bei Gelegenheit der Wiedereroberung eines Striches Land durch Jerobeam; allein weiter wird nichts von ihm gesagt, noch wird auf das Buch Jona hingedeutet, noch auf seine Fahrt nach Niniveh, noch auf sein Abenteuer mit dem Wallfisch.

bemerkt habe, daß die Stelle in der Genesis sich nach der Zeit auf die Chronica bezieht; zweitens, daß die Abfassung der Chronica, worauf sich jene Stelle bezieht, nicht eher angefangen wurde, als frühestens 860 Jahre nach Moses Zeiten. Um diesen Beweis zu führen, brauchen wir nur in den 13ten Vers des 3ten Capitels des ersten Buches der Chronica zu blicken, wo der Verfasser bei der Angabe des Geschlechtsregisters der Nachkommen Davids den Zidekia erwähnt; denn es war zu Zidekias Zeiten, als Nebucadnezar Jerusalem eroberte, 588 Jahre vor Christus, und folglich mehr als 860 Jahre nach Moses. Diejenigen, welche aus Aberglauben mit dem hohen Alter der Bibel und besonders der dem Moses zugeschriebenen Bücher geprahlt haben, haben dieses ohne Untersuchung gethan, und ohne irgend eine andere Autorität, als daß Ein leichtgläubiger Mensch dieses einem Andern erzählte; denn soweit ein Beweis aus der Geschichte und Zeitrechnung anwendbar ist, so ist das allererste Buch in der Bibel jünger als die Homerischen Gesänge, und zwar um mehr als 300 Jahre, und ist ungefähr eben so alt wie Aesops Fabeln.

Ich will indeß nicht die Sittenlehre Homers vertheidigen; im Gegentheil halte ich sein Werk für ein Buch voll falscher Ruhmsucht, welches geeignet ist, unsittliche und verderbliche Begriffe von Ehre zu erzeugen;—und was den Aesop betrifft, so ist die Moral zwar gemeiniglich untadelhaft, allein die Fabel ist oft grausam; und die Grausamkeit der Fabel thut dem Herzen, besonders eines Kindes, mehr Schaden, als die Moral dem Verstande Vortheil bringt.

Da ich hiermit die Bücher der Könige und Chronica abgefertigt habe, so komme ich der Reihe nach zunächst an das Buch Esra.

Unter andern Beweisen, welche ich vorbringen werde, um die Unordnung zu zeigen, worin dieses angebliche Wort Gottes, die Bibel, zusammengeflickt worden ist, sowie, um die Ungewißheit ihrer Verfasser darzuthun,— brauchen wir nur die drei ersten Verse im Buch Esra, und die beiden letzten der Chronica zu betrachten; und es wirft sich alsbald die Frage auf, durch welche Schnitzelei und Mengerei die drei ersten Verse von Esra die beiden letzten Verse der Chronica, oder die beiden letzten Verse der Chronica die drei ersten in Esra geworden sind? Entweder kannten die Verfasser ihre eigenen Werke nicht, oder die Sammler kannten die Verfasser nicht.

Die zwei letzten Verse der Chronica.	Die drei ersten Verse in Esra.
V. 22. Im ersten Jahre von Kores (Cyrus), König in Persien, daß erfüllet würde das Wort des Herrn, durch den Mund Jeremia geredet, erweckte der Herr den Geist von Kores, König in Persien, daß er ließ aus-	V. 1. Im ersten Jahr Kores, des Königes in Persien, daß erfüllet würde das Wort des Herrn durch den Mund Jeremia geredet, erweckte der Herr den Geist Kores, des Königes in Persien, daß er ließ ausschreien

schreien durch sein ganzes Königreich, auch durch Schrift, und sagen:

V. 23. So spricht Kores, der König in Persien: der Herr, der Gott vom Himmel, hat mir alle Königreiche auf Erden gegeben, und hat mir befohlen, ihm ein Haus zu bauen zu Jerusalem in Juda. Wer nun unter euch seines Volkes ist, mit dem sei der Herr, sein Gott, und er ziehe hinauf.

durch sein ganzes Königreich, auch durch Schrift, und sagen:

V. 2. So spricht Kores, der König in Persien: Der Herr, der Gott vom Himmel, hat mir alle Königreiche im Lande gegeben, und er hat mir befohlen, ihm ein Haus zu bauen zu Jerusalem in Juda.

V. 3. Wer nun unter euch seines Volkes ist, mit dem sei der Herr, sein Gott, und er ziehe hinauf „gen Jerusalem in Juda, und baue das Haus des Herrn, des Gottes Israels. Er ist der Gott, der zu Jerusalem ist."

Der letzte Vers der Chronica ist plötzlich abgerissen, und endet in der Mitte eines Satzes mit dem Worte „hinauf," ohne daß angegeben wird, nach welchem Orte. Dieses plötzliche Abbrechen, und das Erscheinen derselben Verse in verschiedenen Büchern, beweisen, wie ich bereits bemerkt habe, die Unordnung und Unwissenheit, womit die Bibel zusammen gesetzt worden ist, und daß die Sammler derselben keine höhere Autorität für ihr Thun hatten, noch daß wir irgend eine Autorität haben, Dasjenige, was sie gethan haben, zu glauben.*)

*) Ich bemerkte beim Durchlesen der Bibel noch mehre abgerissene und sinnlose Stellen darin, ohne dieselben für wichtig genug zu halten, um sie in das Werk selbst aufzunehmen, wie z. B. 1. Samuel, Cap. 13, Vers 1, wo es heißt: „Saul hatte Ein Jahr regiert; und als er zwei Jahre über Israel regiert hatte, erwählete er ihm 3000 Mann ꝛc." Der erste Theil des Verses, daß Saul Ein Jahr regierte, hat keinen Sinn, weil er uns nicht erzählt, was Saul that, noch was am Ende jenes Einen Jahres geschah; und es ist außerdem eine reine Abgeschmaktheit, zu sagen, er habe Ein Jahr regiert, wenn schon der nächste Satz sagt, er habe zwei Jahre regiert; denn wenn er zwei regiert hatte, so war es unmöglich, daß er nicht auch Ein Jahr regiert hatte.

Ein anderes Beispiel findet sich im 5ten Capitel des Buches Josua, wo uns der Verfasser eine Geschichte von einem Engel erzählt (denn also nennt ihn das Inhalts=Verzeichniß über dem Capitel), welcher dem Josua erscheint; und die Geschichte bricht plötzlich ab, ohne einen Schluß. Die Erzählung vom 13ten Verse an lautet also: „Und es begab sich, da Josua bei Jericho war, daß er seine Augen aufhob, und ward gewahr, daß ein Mann gegen ihm stand, und hatte ein bloßes Schwert in der Hand. Und Josua ging zu ihm und sprach zu ihm: Gehörest du uns an, oder unsern Feinden? Er sprach: Nein, sondern ich bin ein Fürst über das Heer des Herrn, und bin jetzt gekommen. Da fiel Josua auf sein Angesicht zur Erde, und betete an, und sprach zu ihm: Was saget mein Herr seinem Knechte? Und der Fürst über das Heer des Herrn sprach zu Josua: Ziehe deine Schuhe aus von deinen Füßen, denn die Stätte, darauf du stehest, ist heilig.

Das Einzige, was im Buche Esra irgend einen Anschein von Gewißheit hat, ist die Zeit, worin dasselbe geschrieben wurde, nämlich unmittelbar nach der Rückkehr der Juden aus der babylonischen Gefangenschaft, ungefähr 536 Jahre vor Christus. Esra (welcher zufolge den jüdischen Auslegern dieselbe Person ist, die in den Apokryphischen Büchern Esdras genannt wird) war Einer der Zurückgekehrten, und schrieb wahrscheinlich den Bericht über jene Begebenheit. Nehemia, dessen Buch zunächst auf Esra folgt, war ein Anderer der Zurückgekommenen; und auch er schrieb wahrscheinlich die Erzählung derselben Begebenheit in dem Buche, welches seinen Namen führt. Allein jene Erzählungen haben keinen Werth für uns, noch für andere Personen, außer für die Juden, als ein Theil der Geschichte ihres Volkes; und es steht vom Worte Gottes in jenen Büchern gerade so viel, wie in irgend einer Geschichte Frankreichs, oder in Rapins Geschichte Englands, oder in der Geschichte irgend eines andern Landes.

Allein selbst in rein geschichtlichen Angaben kann man sich auf keinen jener beiden Schriftsteller verlassen. Im zweiten Capitel Esra liefert der Verfasser ein Verzeichniß der Stämme und Geschlechter, nebst der genauen Seelenzahl eines jeden, welche von Babylon nach Jerusalem zurückkehrten; und diese Aufzeichnung der so zurückgekehrten Personen scheint einer der Hauptzwecke bei der Abfassung des Buches gewesen zu sein; allein darin findet sich ein Rechnungsfehler, welcher die Absicht des Werkes zerstört.

Der Verfasser beginnt sein Verzeichniß auf die folgende Art: — Cap. 2, B. 3: „Die Kinder Pareos 2,172." B. 4: „Die Kinder Sephatja 372." Und auf dieselbe Art geht er alle Familien durch; und im 64sten Verse zieht er das Ganze zusammen, und sagt, der ganzen Gemeine, wie Ein Mann, war 42,360.

Aber wer sich die Mühe nehmen will, die verschiedenen Zahlen zusam-

---

Und Josua that also." — Und was geschah weiter? gar nichts; denn hier endet die Geschichte, und das Capitel obendrein.

Entweder ist diese Geschichte in der Mitte abgebrochen, oder sie wird von irgend einem jüdischen Witzbold erzählt, um Josuas vorgebliche Sendung von Gott lächerlich zu machen; und die Zusammenträger der Bibel, welche die Absicht der Geschichte nicht durchschauten, haben dieselbe im Ernste genommen. Als eine scherzhafte und lächerliche Erzählung hat dieselbe viel Treffendes, denn sie führt pomphaft einen Engel in Menschengestalt ein, mit einem bloßen Schwerte in der Hand, vor welchem Josua auf sein Angesicht zur Erde fällt, und anbetet (was ihrem zweiten Gebote zuwiderläuft); und alsdann endigt diese höchst wichtige Gesandtschaft vom Himmel damit, daß dem Josua befohlen wird, seine Schuhe auszuziehen. Es hätte ihm ebensowohl befohlen werden können, seine Hosen auszuziehen.

Indessen ist soviel gewiß, daß die Juden nicht Alles glaubten, was ihnen ihre Anführer sagten, wie aus dem wegwerfenden Ton erhellt, worin sie von Moses sprechen, als derselbe auf den Berg gegangen war: „Denn wir wissen nicht, was aus diesem Mann Moses geworden ist." 2 Moses Capitel 32, Vers 1.

nen zu zählen, wird finden, daß nur eine Gesammtsumme von 29,818 heraus kommt; sonach ist hier ein Verstoß um 12,542.*) Auf was in der Bibel kann man sich denn mit Gewißheit verlassen?

Nehemia liefert ebenfalls ein Verzeichniß der zurückgekehrten Familien und der Seelenzahl jeder Familie. Er fängt, wie Esra mit den Worten an, Cap. 7, V. 8: „Die Kinder Pareos 2,172;" und so weiter durch alle Familien. Das Verzeichniß weicht in mehren Angaben von demjenigen von Esra ab. Im 66sten Verse zieht Nehemia eine Totalsumme, und sagt wie Esra: „Der ganzen Gemeine wie Ein Mann, war 42,360." Allein die einzelnen Zahlen dieses Verzeichnisses ergeben eine Gesammtsumme von nur 31,089, so daß der Verstoß hier 11,271 ausmacht. Diese Verfasser mögen für Bibelmacher gut genug sein, allein nicht für eine Sache, wo es auf Wahrheit und Genauigkeit ankommt.

Zunächst in der Reihe folgt das Buch Esther. Wenn es Madam Esther für eine Ehre hielt, sich als eine bezahlte Mätresse dem Ahasveros anzubieten, oder als eine Nebenbuhlerin gegen die Königin Vasthi aufzuwerfen, welche sich geweigert hatte, zu einem betrunkenen König inmitten einer betrunkenen Gesellschaft zu kommen, um sich zur Schau ausstellen zu lassen (denn die Erzählung sagt, sie hätten sieben Tage gezecht, und seien lustig gewesen); so ist das die Sache Esthers und Mardachais, und es geht uns nichts an, wenigstens mich nicht; überdies trägt die Geschichte sehr das Aussehn einer Fabel, und hat auch keinen Namen eines Verfassers. Ich gehe zu dem Buche Hiob über.

Das Buch Hiob hat von allen bisher durchgegangenen Büchern einen ganz verschiedenen Inhalt. Verrath und Mord bilden keinen Theil dieses Buches: es enthält die Betrachtungen eines, von dem Unbestand des menschlichen Lebens tief durchdrungenen Gemüthes, welches abwechselnd dem Drange der Umstände unterliegt, und dagegen ankämpft. Es ist eine fein ausgearbeitete Darstellung des Schwankens zwischen bereitwilliger Unterwerfung und gezwungener Unzufriedenheit, und zeigt den Menschen, wie er bisweilen ist, geneigter sich in sein Schicksal zu ergeben, als er auszu-

---

*) Seelenzahl der Geschlechter aus dem 2ten Capitel in Esra:

Vers		Vers		Vers		Vers	
3,	2172.	14,	2056.	25,	743.	36,	973.
4,	372.	15,	454.	26,	621.	37,	1052.
5,	775.	16,	98.	27,	122.	38,	1247.
6,	2812.	17,	323.	28,	223.	39,	1017.
7,	1254.	18,	112.	29,	52.	40,	74.
8,	945.	19,	223.	30,	156.	41,	128.
9,	760.	20,	95.	31,	1254.	42,	139.
10,	642.	21,	123.	32,	320.	58,	392.
11,	623.	22,	56.	33,	725.	60,	652.
12,	1222.	23,	128.	34,	345.		
13,	666.	24,	42.	35	3630.		

Summa 29,818.

führen vermag. Geduld hat nur einen geringen Antheil an dem Charakter des Mannes, wovon das Buch handelt; im Gegentheil ist seine Klage oft ungestüm; allein er bestrebt sich stets, dieselbe in Schranken zu halten, und scheint inmitten des Uebermaaßes seiner Leiden entschlossen, sich die schwere Pflicht der Zufriedenheit aufzulegen.

Ich habe in dem ersten Theile des Zeitalters der Vernunft vom Buche Hiob mit Achtung gesprochen, aber ohne daß ich zu damaliger Zeit wußte, was ich seither erfahren habe, nämlich daß nach allen Beweisen, welche man beibringen kann, das Buch Hiob nicht zur Bibel gehört.

Ich habe die Ansicht zweier hebräischer Ausleger, Abenezra und Spinoza, über diesen Gegenstand gelesen; dieselben sagen Beide, daß das Buch Hiob keinen inneren Beweis enthält, daß es ein hebräisches Buch sei; daß der Geist des Werkes und die Handlung des Stückes nicht Hebräisch sind, daß es aus einer andern Sprache ins Hebräische übersetzt worden ist, und daß der Verfasser des Buches ein Heide war; daß der unter dem Namen Satan eingeführte Charakter (dieses ist das erste und einzige Buch des Alten Testaments, worin dieser Name vorkommt) keiner hebräischen Vorstellung entspricht; und daß dasselbe gilt von den beiden Versammlungen der in dem Gedichte sogenannten Kinder Gottes, welche die Gottheit angeblich gehalten haben soll, sowie von der Vertraulichkeit, welche zwischen diesem angeblichen Satan und der Gottheit herrschen soll.

Man kann ferner bemerken, daß das Buch von wissenschaftlicher Bildung zeugt, worin die Juden durchaus keine Helden, vielmehr sehr unbewandert waren. Die Anspielungen auf naturwissenschaftliche Gegenstände sind häufig und nachdrücklich, und tragen eine ganz verschiedene Farbe von irgend etwas in den anerkannt hebräischen Büchern. Die astronomischen Namen: Plejaden, Orion und Arkturus, sind griechische und nicht hebräische Namen; und da aus keiner Stelle der Bibel zu ersehen ist, daß die Juden etwas von Astronomie verstanden, oder daß sie dieselbe studirten, so hatten sie keine Uebersetzung für jene Namen in ihrer eigenen Sprache, sondern behielten die Namen, so wie sie dieselben in dem Gedichte fanden.

Daß die Juden die literarischen Produkte der heidnischen Völker in die hebräische Sprache übersetzten und dieselben mit ihren eigenen Werken vermengten, ist nicht zu bezweifeln; das 31ste Capitel der Sprüche liefert hiervon den Beweis; es heißt daselbst im ersten Verse: „Dies sind die Worte des Königs Lamuel, die Prophezeihung, die ihm seine Mutter lehrte." Dieser Vers steht als Vorrede zu den nachfolgenden Sprüchen, welche nicht die Sprüche Salomos, sondern Lamuels sind; und dieser Lamuel war keiner der Könige Israels, noch Judas, sondern irgend eines andern Landes, und folglich ein Heide. Dennoch haben die Juden seine Sprüche angenommen; und da sie sich nicht ausweisen können, wer der Verfasser des Buches Hiob war, oder wie sie zu dem Buche kamen, und da daſſelbe einen ganz verſchiedenen Charakter von den hebräiſchen Schriften trägt, und mit keinem andern Buch und Capitel in der Bibel, welches vorhergeht oder darauf folgt, im geringſten Zuſammenhang ſteht, ſo ergiebt ſich aus allen Umſtänden der Beweis, daß es urſprünglich ein Buch der Heiden war.*)

Die Bibelmacher und jene Zeitordner, die Chronologen, ſcheinen verlegen geweſen zu ſein, wohin ſie das Buch Hiob ſtellen und was ſie daraus machen ſollten; denn daſſelbe enthält nicht Eine hiſtoriſche Begebenheit, noch die Anſpielung auf eine ſolche, wonach man ſeine Stelle in der Bibel beſtimmen könnte. Allein es würde den Zwecken dieſer Menſchen nicht entſprochen haben, die Welt von ihrer Unwiſſenheit in Kenntniß zu ſetzen; und darum haben ſie daſſelbe in das Jahr 1520 vor Chriſtus geſetzt, zu welcher Zeit die Israeliten in Egypten waren; aber dafür haben ſie gerade ſo viel Autorität, und nicht mehr, als ich haben würde, wenn ich behauptete, es ſei tauſend Jahre vor jener Zeit verfaßt worden. Indeſſen iſt es wahrſcheinlich, daß es älter iſt als irgend ein Buch in der Bibel; und es iſt das einzige, welches man ohne Unwillen oder Ekel leſen kann.

Wir wiſſen nicht, was die alte heidniſche Welt (wie dieſelbe genannt wird) vor der Zeit der Juden war, welche die Gewohnheit hatten, den Charakter aller andern Völker zu verläumden und zu beſchimpfen; und aus den jüdiſchen Berichten haben wir gelernt, dieſelben Heiden zu nennen. Allein ſo viel wir aus andern Quellen wiſſen, ſo waren es gerechte und tugendhafte Leute, und nicht wie die Juden voll Grauſamkeit und Rachſucht; aber mit ihrem Glaubensbekenntniß ſind wir unbekannt. Es ſcheint bei ihnen üblich geweſen zu ſein, ſowohl Tugend als Laſter durch Bild-

---

*) Das Gebet, welches unter dem Namen Agurs Gebet bekannt iſt, im 30ſten Capitel der Sprüche, unmittelbar vor den Sprüchen Lamuels, und welches das einzige ſinnreiche, wohl gedachte und wohl ausgeſprochene Gebet in dem Alten Teſtamente iſt, hat ſtark das Ausſehen eines von den Heiden entlehnten Gebetes. Der Name Agur kommt bei keiner andern Gelegenheit als dieſer vor; und wird nebſt dem ihm zugeſchriebenen Gebete auf dieſelbe Weiſe und faſt mit denſelben Worten eingeführt, wie Lamuel und ſeine Sprüche in dem folgenden Capitel eingeführt werden. Der erſte Vers des 30ſten Capitels lautet: „Dies ſind die Worte Agurs, des Sohnes Jakeh, ja die Prophezeihung; hier wird das Wort Prophezeihung in derſelben Bedeutung gebraucht, wie in dem folgenden Capitel von Lamuel, ohne Rückſicht auf irgend eine Vorherſagung. Das Gebet Agurs ſteht in dem 8ten und 9ten Vers: „Eitelkeit und Lügen laß ferne von mir ſein; Reichthum und Armuth gieb mir nicht; laß mich aber mein angemeſſenes Theil Speiſe dahin nehmen; ich möchte ſonſt, wo ich zu ſatt würde, dich verläugnen und ſagen: wer iſt der Herr? Oder wo ich zu arm würde, möchte ich ſtehlen, und mich an dem Namen meines Gottes vergreifen." Dieſes hat nicht das geringſte Zeichen eines jüdiſchen Gebetes, denn die Juden beteten niemals, als wenn ſie in der Noth waren, und niemals um etwas Anderes als um Sieg, Rache und Reichthum.

säulen und Bilder zu personifiziren, wie noch heutzutage die Bildhauer und Maler thun; allein es folgt hieraus nicht, daß sie ihre Bilder mehr verehrten, als wir die unsrigen. Ich gehe zu den
Psalmen
über, worüber es unnöthig ist, viele Bemerkungen zu machen. Einige darunter sind sittlich, und andere wieder sehr rachsüchtig; und der größere Theil bezieht sich auf gewisse örtliche Verhältnisse des jüdischen Volkes zu der Zeit als sie verfaßt wurden, womit wir nichts zu schaffen haben. Es ist jedoch ein Irrthum oder ein Betrug, wenn man sie die Psalmen Davids nennt; sie sind vielmehr, wie unsere heutigen Gesangbücher, eine Sammlung aus den Werken verschiedener Liederdichter, welche zu verschiedenen Zeiten lebten. Der 137ste Psalm konnte nicht früher geschrieben worden sein, als mehr als 400 Jahre nach Davids Zeiten; weil derselbe zum Andenken an eine Begebenheit, die Gefangenschaft der Juden in Babylon, gedichtet wurde, welche erst um so viel Jahre später vorfiel. „An den Wassern zu Babel saßen wir, und weineten, wann wir an Zion gedachten. Unsere Harfen hingen wir an die Weiden, die darinnen sind; denn daselbst hießen uns singen, die uns gefangen hielten und sprachen: Singet uns ein Lied von Zion." Gerade so, wie man zu einem Amerikaner, oder zu einem Franzosen, oder zu einem Engländer zu sagen pflegt: Singe uns ein amerikanisches Lied, oder ein französisches Lied, oder ein englisches Lied. Diese Bemerkung über die Zeit, zu welcher dieser Psalm gedichtet wurde, hat keinen andern Zweck, als zu zeigen (wie bereits durch mehre andere Beispiele geschehen ist), wie die Welt in Bezug auf die Verfasser der Bibel im Allgemeinen betrogen worden ist. Man hat weder auf Zeit, Ort, noch Umstände irgend Rücksicht genommen; und man hat den verschiedenen Büchern die Namen von Personen vorgesetzt, welche dieselben eben so unmöglich schreiben könnten, wie Jemand bei seinem eigenen Leichenbegängniß im Zuge mitmarschiren könnte.

Die Sprüche. Diese, wie die Psalmen, sind eine Sammlung, und zwar aus Schriftstellern, welche andern Völkern als den Juden angehörten, wie ich in den Bemerkungen über das Buch Hiob bewiesen habe; außerdem erschienen einige der dem Salomo zugeschriebenen Sprüche nicht eher, als 250 Jahre nach Salomos Tode; denn es heißt im ersten Vers des 25sten Capitels: „Dies sind auch Sprüche Salomos, die ausgeschrieben*) haben die Männer Hiskias, des Königs von Juda." Von Salomos Zeiten bis auf Hiskias Zeiten verflossen 250 Jahre. Wenn ein Mann berühmt und sein Name in der Welt bekannt ist, so wird er zum vermeintlichen Vater von Dingen gemacht, welche er niemals sagte oder that; und dieses ist höchst wahrscheinlich mit Salomo der Fall gewesen. Es scheint zu damaliger Zeit Mode gewesen zu sein, Sprüche zu machen, wie man

---

*) Luther: hinzugesetzt.   Uebers.

gegenwärtig scherzhafte Bücher verfaßt, und deren Vaterschaft Leuten zuschreibt, welche dieselben niemals sahen.

Das Buch Ecclesiastes oder der Prediger wird ebenfalls dem Salomo zugeschrieben, und zwar mit gutem Grunde, wenn nicht mit Wahrheit. Dasselbe ist geschrieben, wie die einsamen Betrachtungen eines abgelebten Wollüstlings, wie Salomo war, welcher auf Genüsse, die er nicht länger haben kann, zurückblickt, und ausruft: „Alles ist eitel!" Ein großer Theil der Bilder und Gedanken ist dunkel, höchst wahrscheinlich durch die Uebersetzung; allein man ersieht doch noch so viel, daß sie in der Ursprache kräftig ausgesprochen waren.*) So viel uns von dem Charakter Salomos überliefert worden ist, so war er witzig, prunksüchtig, ausschweifend und zuletzt schwermüthig. Er lebte schnell, und starb lebenssatt im 58sten Jahre seines Alters.

Sieben hundert Weiber und drei hundert Kebsweiber sind schlimmer als keine; und so sehr dies den Anschein eines erhöhten Genusses haben mag, so geht doch alles Glück der Liebe dadurch verloren, daß dieselbe keinen bestimmten Gegenstand hat; getheilte Liebe ist niemals glücklich. Dies war der Fall bei Salomo; und wenn er mit all seinen Ansprüchen auf Weisheit dies nicht im Voraus entdecken konnte, so verdiente er ohne Mitleid den Verdruß, welchen er später erlitt. Aus diesem Gesichtspunkte betrachtet, ist sein Predigen unnöthig, weil man nur die Ursache zu wissen braucht, um auch die Folgen zu wissen. Sieben hundert Weiber und drei hundert Kebsweiber hätten die Stelle des ganzen Buches vertreten können. Danach bedurfte es nicht mehr der Erklärung, daß Alles eitel und Jammer sei; denn es ist unmöglich, aus der Gesellschaft Derer, welche wir des Glückes berauben, Glück zu gewinnen.

Um im hohen Alter glücklich zu sein, müssen wir uns an Gegenstände gewöhnen, welche unsern Geist auf dem ganzen Lebenswege begleiten können, und welche uns aus jedem Tage Nutzen ziehen lehren. Der bloße vergnügungssüchtige Mensch ist im hohen Alter elend; und der bloße Handlanger in Geschäften ist nicht viel besser daran; während Naturwissenschaften, Mathematik und Mechanik eine unversiegbare Quelle stiller Freude darbieten; und trotz der finstern Glaubenssätze der Priester und des Aberglaubens, bildet die Erforschung jener Dinge das Studium der wahren Gottesgelehrtheit; sie lehrt den Menschen, den Schöpfer erkennen und bewundern, denn die Grundsätze der Wissenschaft liegen in der Schöpfung, und sind unwandelbar und göttlichen Ursprungs.

Wer mit Benjamin Franklin bekannt war, wird sich erinnern, daß sein Geist stets jung war, sein Gemüth stets heiter; die Wissenschaft, welche niemals altert, war der ewige Gegenstand seiner Liebe. Er war niemals

---

*) „Diejenigen, so aus dem Fenster sehen, sollen verfinstert werden," ist ein dunkles Bild in der Uebersetzung für den Verlust des Gesichtes.

ohne Beschäftigung, denn sobald wir aufhören, eine Beschäftigung zu haben, so werden wir wie ein Kranker im Hospital, welcher auf den Tod wartet.

Salomos Lieder sind voll Liebelei und Thorheit; doch hat sie verzerrte Schwärmerei göttlich genannt. Die Sammler der Bibel haben diese Lieder nach dem Buch des Predigers gestellt; und die Chronologen haben deren Abfassung in das Jahr 1014 vor Christus gesetzt, zu welcher Zeit Salomo nach derselben Zeitrechnung 19 Jahre alt war, und gerade sein Serail von Weibern und Beischläferinnen anlegte. Die Bibelmacher und die Zeitrechner hätten diese Sache etwas gescheidter anfangen, und entweder nichts von der Zeit sagen, oder eine mit der vorgeblichen Göttlichkeit jener Lieder minder unvereinbare Zeit wählen sollen; denn Salomo lebte damals in den Flitterwochen einer tausendfältigen Wollust.

Es sollte ihnen ferner eingefallen sein, daß er, als er lange nach jenen Liedern den Prediger schrieb (woferne er denselben schrieb), worin er ausruft: Alles ist eitel und Jammer!—jene Lieder in jener Bezeichnung mit einbegriff. Dieses ist um so wahrscheinlicher, weil er, oder Jemand sonst für ihn sagt im Prediger, Cap. 2, V. 8: „Ich schaffte mir Sänger und Sängerinnen (höchst wahrscheinlich zum Absingen jener Lieder), und allerlei Saitenspiel." V. 11: „Und siehe, da war Alles eitel und Jammer." Die Sammler haben jedoch ihr Werk nur halb gethan; denn da sie uns die Lieder mitgetheilt haben, so hätten sie uns auch die Melodien mittheilen sollen, damit wir sie singen könnten.

Die sogenannten Bücher der Propheten nehmen das ganze übrige Alte Testament ein; es sind ihrer 16 an der Zahl, sie fangen mit Jesaia an, und enden mit Maleachi; ich habe in meinen Bemerkungen über die Chronica ein Verzeichniß derselben geliefert. Von diesen 16 Propheten, welche alle, mit Ausnahme der drei Letzten, innerhalb der Zeit lebten, als die Bücher der Könige und Chronica geschrieben wurden, sind nur zwei, Jesaia und Jeremia in der Geschichte jener Bücher erwähnt. Ich werde mit diesen Beiden den Anfang machen, und Dasjenige, was ich im Allgemeinen über den Charakter der sogenannten Propheten zu sagen habe, auf einen andern Theil des Werkes versparen.

Wer sich die Mühe nehmen will, das dem Jesaia zugeschriebene Buch zu lesen, wird darin eines der regellosesten und verworrensten Machwerke finden, welches jemals zusammengesetzt wurde; es hat weder Anfang, Mitte, noch Ende; und ist, mit Ausnahme eines kurzen historischen Theiles und weniger Geschichts-Umrisse in zwei oder drei Capiteln, ein unaufhörliches, unzusammenhängendes, schwülstiges Gewäsche, voll übertriebener Bilder, ohne Anwendung und ohne Bedeutung; einem Schuljungen würde man es kaum hingehen lassen, solches Zeug zu schreiben; es ist (zum Mindesten in der Uebersetzung) jene Art Styl in falschem Geschmack, welche man sehr richtig toll gewordene Prosa nennt.

Der historische Theil beginnt mit dem 36sten Capitel, und ist bis zum Ende des 39sten Capitels fortgesetzt. Derselbe bezieht sich auf einige Begebenheiten, welche während der Regierung Hiskias, Königs von Juda, zu dessen Zeiten Jesaia lebte, vorgefallen sein sollen. Dieses geschichtliche Bruchstück beginnt und endet abgerissen; es steht nicht im geringsten Zusammenhang mit dem vorhergehenden, noch mit dem folgenden Capitel, noch mit irgend einem andern in dem Buche. Es ist wahrscheinlich, daß Jesaia dieses Bruchstück selbst schrieb, weil er bei den Ereignissen, wovon es handelt, selbst handelnde Person war; allein mit Ausnahme dieses Theiles, giebt es kaum zwei Capitel, welche mit einander im Zusammenhange stehen: Eines ist im Anfang des ersten Verses die Last über Babylon betitelt; ein Anderes, die Last über Moab; ein Anderes, die Last über Damascus; ein Anderes, die Last über Egypten; ein Anderes, die Last über die Wüste; ein Anderes, die Last über das Thal des Gesichtes; wie man zu sagen pflegt: die Geschichte von dem Ritter des feurigen Berges, die Geschichte von der Aschenbrödel, oder den Kindern des Waldes, u. s. w., u. s. w.

Ich habe bereits bei den zwei letzten Versen der Chronica und den drei ersten in Esra dargethan, daß die Sammler der Bibel die Schriften verschiedener Verfasser mit einander vermengten und verwirrten, was schon an und für sich, wenn es auch keinen andern Grund gäbe, hinreicht, um die Aechtheit irgend einer Sammlung zu zerstören, weil dies mehr als muthmaßlicher Beweis ist, daß die Sammler nicht wußten, wer die Verfasser waren. Ein höchst auffallendes Beispiel hiervon kommt in dem, dem Jesaia zugeschriebenen Buche vor; der letztere Theil des 44sten Capitels und der Anfang des 45sten, anstatt von Jesaia geschrieben zu sein, konnte nur von einer Person geschrieben sein, welche frühestens 150 Jahre nach dem Tode Jesaias lebte.

Diese Capitel enthalten ein Lob auf Cyrus, welcher den Juden gestattete, aus der babylonischen Gefangenschaft zurückzukehren, und Jerusalem und den Tempel wieder aufzubauen, wie im Buche Esra geschrieben steht. Der letzte Vers des 44sten Capitels und der Anfang des 45sten lauten folgendermaßen: „Der ich spreche zu Cyrus: Der ist mein Hirte, und soll allen meinen Willen vollenden, daß man sage zu Jerusalem: Sei gebauet; und zum Tempel: Sei gegründet. So spricht der Herr zu seinem Gesalbten, dem Cyrus, den ich bei seiner rechten Hand ergreife, daß ich die Heiden vor ihm unterwerfe, und den Königen das Schwert abgürte, auf daß vor ihm die Thüren geöffnet werden, und die Thore nicht verschlossen bleiben; ich will vor dir hergehen, ꝛc."

Welche Frechheit ist es von Seiten einer unwissenden Kirche und Priesterschaft, dieses Buch der Welt als das Werk von Jesaia aufzubinden, da doch Jesaia, nach ihrer eigenen Zeitrechnung, bald nach dem Tode Hiskias starb, was 698 Jahre vor Christi Geburt war, und der Befehl von Cyrus zu Gunsten der Rückkehr der Juden nach Jerusalem wurde, zufolge derselben Zeitrechnung, 536 Jahre vor Christus erlassen; also liegt ein Zeitraum von 162 Jahren zwischen beiden Ereignissen. Ich denke nicht, daß die Sammler der Bibel diese Bücher fabrizirten, sondern vielmehr, daß sie einige zerstreute, namenlose Schriften auflasen, und dieselben unter dem Namen solcher Verfasser, welche ihren Absichten am besten zusagten, zusammenstellten. Sie haben den Betrug unterstützt, was fast eben so schlimm wie die Erfindung desselben ist; denn unmöglich konnten sie denselben nicht bemerkt haben.

Wenn wir die fein ersonnenen Kunstgriffe betrachten, womit die Bibelmacher jeden Theil dieses abenteuerlichen Buches, voll Schulknaben-Beredsamkeit, in die unnatürliche Vorstellung von einem Sohne Gottes, der von einem Geiste im Leibe einer Jungfrau erzeugt wurde, einzwängen; so giebt es keinen Betrug, dessen wir sie nicht mit Recht verdächtig halten dürfen. Jeder Ausdruck und Umstand tragen die Zeichen der grausamen Hand einer abergläubischen Folter, und sind in Bedeutungen gezwängt, welche dieselben unmöglich haben konnten. An der Spitze jedes Capitels und über jeder Seite prangen die Namen Christus und die Kirche, damit der arglose Leser schon den Irrthum einsaugen möge, ehe er noch den Inhalt zu lesen anfing.

Die Stelle: „Siehe, eine Jungfrau wird schwanger werden,*) und wird einen Sohn gebären," Jesaia, Cap. 7, V. 14, ist so ausgelegt worden, daß die Person, welche Jesus Christus genannt wird, und seine Mutter Maria damit gemeint seien, und ist seit länger als 1000 Jahren durch die Christenheit so nachgeplappert worden; und diese Meinung ist so wüthend verfochten worden, daß in deren Folge kaum ein Ort in der Christenheit von Blut und Verheerung frei geblieben ist. Obwohl es nicht meine Absicht ist, mich auf Streitfragen über dergleichen Gegenstände einzulassen, sondern mich auf den Beweis zu beschränken, daß die Bibel unächt ist, und so durch Hinwegnahme der Grundlage mit Einem Schlage das ganze darauf gestützte Gebäude des Aberglaubens umzustürzen; so will ich doch einen Augenblick dazu verwenden, um die falsche Anwendung dieser Stelle darzuthun.

Ob Jesaia dem König von Juda Ahas, an welchen diese Stelle gerichtet ist, einen Streich spielte, geht mich nichts an; ich beabsichtige nur, die unrichtige Anwendung der Stelle zu beweisen, und daß dieselbe sich eben so wenig auf Christus und dessen Mutter bezieht, wie sie sich auf mich und auf meine Mutter bezieht. Die Sache verhält sich einfach folgendermaßen:

Der König von Syrien und der König von Israel (ich habe bereits erwähnt, daß die Juden in zwei Nationen getheilt waren, in Juda, deren

---

*) Luther übersetzt: ist schwanger.

Hauptstadt Jerusalem war, und in Israel,) führten gemeinschaftlich Krieg gegen Ahas, den König von Juda, und rückten mit Heeresmacht vor Jerusalem. Ahas und sein Volk geriethen in Bestürzung, und es wird im 2ten Verse erzählt: „Es bebte ihnen das Herz, wie die Bäume im Walde beben vom Winde."

In dieser Lage der Dinge wendet sich Jesaia an Ahas, und versichert ihm in dem Namen des Herrn (dem abgedroschenen, heuchlerischen Ausdruck aller Propheten), daß diese beiden Könige nicht gegen ihn siegen sollen; und um den Ahas zu überzeugen, daß dieses der Fall sein werde, sagt er ihm, er solle sich ein Zeichen fordern. Dessen weigerte sich Ahas, wie die Erzählung lautet, und zwar aus dem Grunde, weil er den Herrn nicht versuchen wolle; darauf sagt Jesaia, welcher die redende Person ist, im 14ten Verse: „Darum so wird euch der Herr selbst ein Zeichen geben: **Siehe, eine Jungfrau wird schwanger werden, und einen Sohn gebären;**" und im 16ten Verse heißt es: „Und ehe dieser Knabe lernet Böses verwerfen, und Gutes erwählen, wird das Land, davor dir grauet (worunter Syrien und das Königreich Israel zu verstehen ist), verlassen sein von seinen zweien Königen." Hier also war das Zeichen, und die Zeit für die Erfüllung der Versicherung oder Verheißung war beschränkt; nämlich, ehe dieser Knabe lernen würde, Böses verwerfen und Gutes erwählen.

Da sich Jesaia so weit ausgelassen hatte, so war er, um den Vorwurf eines falschen Propheten und die Folge davon zu vermeiden, auch genöthigt, Maßregeln zu ergreifen, um dieses Zeichen offenkundig zu machen. Es war sicherlich zu keiner Zeit in der Welt schwierig, ein schwangeres Mädchen zu finden, oder es in einen solchen Zustand zu versetzen; und vielleicht kannte Jesaia ein solches im Voraus; denn ich denke nicht, daß den Propheten damaliger Zeit mehr zu trauen war, als den heutigen Priestern. Dem sei jedoch, wie ihm wolle, er sagt im nächsten Capitel, Vers 2: „Und ich nahm zu mir zween treue Zeugen, den Priester Uria, und Sacharja, den Sohn Jeberechja, und ich ging zu der Prophetin, die ward **schwanger und gebar einen Sohn.**"*)

Hier also hat man die ganze Geschichte, so einfältig sie ist, von diesem Kinde und dieser Jungfrau; und auf die unverschämte Verdrehung dieser Geschichte haben das Buch des Matthäus und freche und schmutzige Priester in späteren Zeiten eine Lehre gebaut, welche sie das Evangelium nennen; und haben diese Geschichte so ausgelegt, daß sie die Person bedeute, welche sie Jesus Christus nennen, und welche nach ihrer Angabe von einem Geiste, den sie heilig nennen, im Leibe einer zur Ehe versprochenen, und später verheiratheten Frau, die sie eine Jungfrau nennen, erzeugt wurde.

---

*) In der Abhandlung über die Prophezeihungen werden diese Stücke ausführlicher beleuchtet. Uebers.

und zwar 700 Jahre nach der Erzählung dieser albernen Geschichte. — Diese Lehre halte und erkläre ich meines Theils ohne Anstand für eben so fabelhaft und falsch, wie Gott wahr ist.*)

Doch um den Betrug und die Lüge des Jesaia zu beweisen, brauchen wir nur den Fortgang dieser Geschichte aufzusuchen. Derselbe wird zwar in dem Buch Jesaia mit Stillschweigen übergangen, allein wird im 28sten Capitel des 2ten Buches der Chronica erzählt, und besteht darin, daß diese beiden Könige, anstatt in ihrem Unternehmen gegen den König von Juda, Ahas, zu unterliegen, wie Jesaia im Namen des Herrn vorherzusagen vorgegeben hatte, siegreich waren. Ahas wurde geschlagen und sein Heer gänzlich vernichtet; einmal hundert und zwanzig tausend seiner Leute wurden getödtet; Jerusalem wurde geplündert, und zweimal hundert tausend Weiber, Söhne und Töchter wurden in die Gefangenschaft geführt. Doch genug über diesen Lügen-Propheten und Aufschneider Jesaia, und über das Buch voll Unwahrheit, welches seinen Namen führt. Ich gehe über zum Buche

Jeremia. Dieser sogenannte Prophet lebte in der Zeit, als Nebucadnezar Jerusalem belagerte, unter der Regierung Zebekias, des letzten Königs von Juda; und man hegte starken Verdacht gegen ihn, daß er ein Verräther im Interesse Nebucadnezars war. Alles, was von Jeremia erzählt wird, stellt ihn als einen Mann von zweideutigem Charakter dar. In seinem Gleichniß von dem Töpfer und dem Thon, Cap. 18, verwahrt er seine Weissagungen auf eine so schlaue Art, daß er sich immer eine Thüre zum Entschlüpfen offen läßt, im Falle das Ereigniß im Widerspruch mit seiner Vorhersagung ausfallen sollte.

Im 7ten und 8ten Verse jenes Kapitels läßt er den Allmächtigen sagen: „Plötzlich rede ich wider ein Volk und Königreich, daß ich es ausrotten, zerbrechen und verderben wolle. Wo sich's aber bekehrt von seiner Bosheit, dawider ich rede, so soll mich auch reuen das Unglück, das ich ihm gedachte zu thun." Hier war eine Verwahrung gegen die Eine Seite des Falles; nun zu der andern Seite.

Vers 9 und 10: „Und plötzlich rede ich von einem Volk und Königreich, daß ich es bauen und pflanzen wolle. So es aber Böses thut vor meinen Augen, daß es meiner Stimme nicht gehorcht, so soll mich auch reuen das Gute, das ich ihm verheißen hatte zu thun." Hier ist eine Verwahrung gegen die andere Seite; und nach dieser Art zu prophezeihen, kann ein Prophet niemals Unrecht bekommen, so sehr sich auch der Allmächtige irren mag. Diese abgeschmackten Ausflüchte und diese Art, vom Allmächtigen

---

*) Im 14ten Verse des 7ten Capitels steht, daß das Kind Immanuel heißen werde, allein dieser Name wurde keinem der beiden Kinder anders beigelegt, als zur Bezeichnung der von dem Worte bedeuteten Eigenschaft. Der Sohn der Prophetin wurde Maher-schalal-hasch-bas genannt, und der Sohn Mariens Jesus.

zu sprechen, wie man von einem Menschen zu sprechen pflegt, vertragen sich nur mit der Abgeschmacktheit der Bibel.

Was die Aechtheit des Buches anbelangt, so braucht man dasselbe nur zu lesen, um die positive Ueberzeugung zu erlangen, daß Jeremia nicht der Verfasser des Buches ist, obschon einige darin verzeichnete Stellen von demselben ausgesprochen worden sein mögen. Die historischen Theile, wenn man sie so nennen darf, befinden sich in der gräulichsten Verwirrung. Dieselben Begebenheiten sind mehre Male wiederholt, und zwar auf eine ganz verschiedene Art, ja bisweilen im Widerspruch mit einander; und diese Unordnung erstreckt sich sogar bis in das letzte Capitel, worin die Geschichte, womit sich das Buch größtentheils beschäftigt hat, von Vornen wieder anfängt und plötzlich abbricht. Es hat allen Anschein, daß das Buch ein Mischmasch von unzusammenhängenden Anekdoten über Personen und Begebenheiten jener Zeit ist, welche eben so unbeholfen zusammengeworfen sind, wie wenn man die mannigfaltigen und widersprechenden Nachrichten, die sich über Personen und Begebenheiten der gegenwärtigen Zeit in einem Pack Zeitungen vorfinden, ohne Zeitangabe, Ordnung oder Erklärung zusammenstellte. Ich will ein Paar Beispiele dieser Art anführen.

Es ergiebt sich aus der Erzählung im 37sten Capitel, daß das Heer Nebucadnezars, welches das Heer der Chaldäer genannt wird, Jerusalem eine Zeit lang belagert hatte; und als sie hörten, daß das Heer Pharaos von Egypten gegen sie im Anzug sei, hoben sie die Belagerung auf und zogen sich auf einige Zeit zurück. Man mag hier, um diese verworrene Geschichte zu verstehen, füglich erwähnen, daß Nebucadnezar Jerusalem während der Regierung Jojachims, des Vorgängers von Zedekia, belagert und eingenommen hatte; und daß Nebucadnezar darauf den Zedekia zum König, oder vielmehr Vicekönig, einsetzte; und daß diese zweite Belagerung, wovon das Buch Jeremia spricht, in Folge der Empörung Zedekias gegen Nebucadnezar stattfand. Hieraus kann man sich einigermaßen den Verdacht erklären, welchen man auf Jeremia warf, daß er ein Verräther gewesen sei und das Interesse Nebucadnezars verfochten habe, welchen Jeremia im 43sten Capitel, Vers 10, den Diener Gottes nennt.

Im 11ten bis 14ten Verse des 37sten Capitels heißt es: „Als nun der Chaldäer Heer vor Jerusalem war abgezogen, aus Furcht vor dem Heere Pharaos, ging Jeremia aus Jerusalem, und wollte in das Land Benjamin gehen, Aecker zu bestellen unter dem Volk. Und da er unter das Thor Benjamin kam, da war Einer bestellt zum Thorhüter, mit Namen Jeria, der Sohn Selemia, des Sohnes Hananja; derselbige griff den Propheten Jeremia und sprach: Du willst zu den Chaldäern fallen. Jeremia sprach: Das ist nicht wahr; ich will nicht zu den Chaldäern fallen." Als Jeremia so angehalten und angeklagt war, warf man ihn nach einem Verhör, auf den Verdacht, daß er ein Verräther sei, in das Gefängniß, worin er blieb, wie im letzten Verse dieses Capitels erzählt wird.

Allein das nächste Capitel enthält eine Erzählung der Einkerkerung Jeremias, welche mit dieser Erzählung in keinem Zusammenhang steht, sondern dessen Einkerkerung einem andern Umstande zuschreibt, hinsichtlich dessen wir bis zum 21sten Capitel zurückgehen müssen. Es heißt dort im ersten Verse, Zedekia habe Pashur, den Sohn Malchja, und Zephanja, den Sohn Maeseja, des Priesters, zu Jeremia gesandt, um ihn in Bezug auf Nebucadnezar, dessen Heer damals vor Jerusalem lag, zu befragen; und Jeremia sagte zu ihnen, Vers 8 und 9: „So spricht der Herr: Siehe, ich lege euch vor den Weg zum Leben und den Weg zum Tode; wer in dieser Stadt bleibt, der wird sterben müssen durch's Schwert, Hunger und Pestilenz; wer aber hinaus sich giebt zu den Chalbäern, die euch belagern, der soll lebendig bleiben, und soll sein Leben als eine Ausbeute behalten."

Diese Unterredung und Berathung bricht am Ende des 10ten Verses des 21sten Capitels plötzlich ab; und das Buch befindet sich in solcher Unordnung, daß wir 16 Capitel über verschiedenartige Gegenstände zu überspringen haben, um die Fortsetzung und den Ausgang dieser Berathung zu erfahren; und dies führt uns zum ersten Verse des 38sten Capitels, wie ich eben erwähnt habe.

Das 38ste Capitel fängt an mit den Worten: „Es höreten aber Saphatja, der Sohn Mathams, und Gedalja, der Sohn Paschurs, und Juchal, der Sohn Selemja, und Paschur, der Sohn Malchja (hier sind mehr Personen genannt, als im 21sten Capitel) die Rede, so Jeremia zu allem Volke redete, und sprach: So spricht der Herr: Wer in dieser Stadt bleibet, der wird sterben müssen durchs Schwert, Hunger und Pestilenz; wer aber hinaus geht zu den Chalbäern, der soll lebendig bleiben, und soll sein Leben als eine Ausbeute behalten." (Dieses sind die Worte, deren sich Jeremia in der Berathung bediente.) „Darum (sprachen die Fürsten zu Zebekia) laß doch diesen Mann tödten; denn mit der Weise wendet er die Kriegsleute ab, so noch übrig sind in dieser Stadt, desgleichen auch das ganze Volk, weil er solche Worte zu ihnen saget. Denn der Mann sucht nicht, was zum Heile diesem Volk, sondern was zum Unglück dient." Und im 6ten Verse heißt es: „Da nahmen sie Jeremiam, und warfen ihn in ein Gefängniß von Malchja."

Diese beiden Erzählungen lauten verschieden und widersprechend. Die Eine schreibt seine Einkerkerung seinem Versuche aus der Stadt zu entfliehen zu; die Andere seinem Predigen und Prophezeihen in der Stadt; die Eine seiner Verhaftung durch die Thorwache; die Andere seiner Anklage vor Zedekia durch die zur Berathung abgesandten Männer.*)

---

*) Ich bemerkte zwei Capitel, das 16te und 17te, im ersten Buch Samuels, welche in Bezug auf David und die Art, wie er mit Saul bekannt wurde, einander widersprechen, gerade so wie das 37ste und 38ste Capitel

Im nächsten Cap. (39) haben wir ein anderes Beispiel von dem unordentlichen Zustand dieses Buches; denn ungeachtet die Belagerung der Stadt durch Nebucadnezar der Gegenstand mehrer der vorhergehenden Capitel, besonders des 37sten und 38sten gewesen ist, beginnt doch das 39ste Capitel, als ob kein Wort über diese Sache gesagt worden wäre, und als ob der Leser von jedem darauf bezüglichen Umstande in Kenntniß gesetzt werden müßte; denn im 1sten Verse heißt es: „Im neunten Jahr Zedekia, des Königs von Juda, im zehnten Monat, kam Nebucadnezar, der König zu Babylon, und alles sein Heer vor Jerusalem, und belagerten die Stadt ꝛc.

Allein im letzten Capitel (dem 52sten) findet sich ein noch weit grelleres Beispiel; denn obschon die Geschichte abermals und nochmals wiederholt worden ist, so nimmt doch dieses Capitel immer noch an, daß der Leser nichts davon wisse, denn das Capitel beginnt mit den Worten, Vers 1:

des Buches Jeremia, in Bezug auf die Verhaftung Jeremias widersprechen.

Im 16ten Capitel Samuels heißt es, ein böser Geist von Gott habe den Saul beunruhigt, und seine Diener hätten ihm (als Heilmittel) gerathen, „einen Mann zu suchen, der auf der Harfe wohl spielen könne." Und Saul sprach, Vers 17: „Sehet nach einem Manne, der es wohl kann auf Saitenspiel, und bringt ihn zu mir." Da antwortete Einer seiner Diener und sprach: „Siehe, ich habe gesehen einen Sohn Isai, des Bethlehemiten, der kann wohl auf Saitenspiel; ein rüstiger Mann und streitbar, und verständig und schön, und der Herr ist mit ihm;" da sandte Saul Boten zu Isai, und ließ ihm sagen: „Sende deinen Sohn David zu mir." Und Vers 21: „Also kam David zu Saul und dienete vor ihm, und er gewann ihn sehr lieb, und er ward sein Waffenträger; wenn nun der böse Geist Gottes über Saul kam (Vers 23), so nahm David die Harfe, und spielte mit seiner Hand; so erquickte sich Saul, und es ward besser mit ihm."

Hingegen das nächste Capitel (17) enthält eine ganz verschiedene Erzählung über die Art, wie Saul und David bekannt wurden. Hier wird die Bekanntschaft von dem Zusammentreffen Davids mit dem Riesen Goliath hergeschrieben, als David von seinem Vater abgeschickt worden war, um seinen Brüdern im Lager Nahrungsmittel zu bringen. Im 55sten Vers dieses Capitels heißt es: „Da aber Saul David sahe ausgehen gegen den Philister (Goliath) sprach er zu Abner, seinem Feldhauptmann: Weß Sohn ist dieser Knabe? Abner aber sprach: So wahr deine Seele lebet, König, ich weiß nicht. Der König sprach: So frage darnach, weß Sohn der Jüngling ist. Da nun David wiederkam von der Schlacht des Philisters, nahm ihn Abner, und brachte ihn vor Saul, und er hatte des Philisters Haupt in seiner Hand. Und Saul sprach zu ihm: Weß Sohn bist du, Knabe? David sprach: Ich bin ein Sohn deines Knechts Isai, des Bethlehemiten." Diese beiden Erzählungen strafen einander Lügen, weil jede derselben voraussetzt, daß Saul und David einander früher nicht kannten. Dieses Buch, die Bibel ist sogar zur Kritik zu lächerlich.

„Zedekia war 21 Jahr alt, da er König ward, und regierte 11 Jahre zu Jerusalem. Seine Mutter hieß Hamutal, eine Tochter Jeremia zu Libna." Vers 4: „Aber im 9ten Jahr seines Königreichs, im 10ten Monat, kam Nebucadnezar, der König zu Babel, sammt allem seinem Heer wider Jerusalem, und belagerten die Stadt, und machten Schanzen rings umher, ec. ec.

Es ist nicht möglich, daß ein und derselbe Mann, und ganz besonders Jeremia, der Verfasser dieses Buches gewesen sein konnte. Die Verstöße sind so grob, daß sie von keiner Person, welche sich zur Abfassung eines Werkes anschickte, begangen worden sein konnten. Wollte ich oder irgend Jemand sonst auf eine so unordentliche Weise schreiben, so würde Niemand das Geschriebene lesen, und Jeder würde vermuthen, daß der Verfasser an Wahnsinn litte. Man kann sich demnach diese Unordnung einzig auf die Art erklären, daß das Buch ein Mischmasch von unzusammenhängenden, unverbürgten Anekdoten ist, welche von einem einfältigen Büchermacher unter dem Namen Jeremias zusammengestellt wurden, weil sich viele derselben auf ihn und auf die Umstände der Zeiten, worin er lebte, beziehen.

Von der Doppelzüngigkeit und den falschen Weissagungen Jeremias werde ich zwei Beispiele anführen, und sodann die übrigen Theile der Bibel durchgehen.

Aus dem 38sten Capitel ersieht man, daß Zedekia den Jeremia aus dem Gefängniß holen ließ, und in dieser Unterredung, welche geheim war, lag Jeremia dem Zedekia dringend an, sich an den Feind zu übergeben. „Wirst du", sagt er im 17ten Verse, „hinausgehen zu den Fürsten des Königs zu Babel, so sollst du leben bleiben, ec." Zedekia befürchtete, das, was in dieser Besprechung vorgefallen, möchte bekannt werden; und er sprach zu Jeremia im 25sten Verse: „Und wenn die Fürsten (nämlich die Fürsten von Juda) erführen, daß ich mit dir geredet habe, und kämen zu dir und sprächen: Sage an, was hast du mit dem Könige geredet? leugne es uns nicht, so wollen wir dich nicht tödten; und was hat der König mit dir geredet? so sprich: Ich habe den König gebeten, daß er mich nicht wiederum ließe in Jonathans Haus führen; ich möchte daselbst sterben. Da kamen alle Fürsten zu Jeremia und fragten ihn, und er sagte ihnen, wie der König ihm befohlen hatte." So konnte dieser Mann Gottes, wie er genannt wird, eine Lüge erzählen, oder sehr stark die Wahrheit verbrehen, wenn er glaubte, daß dies in seinen Kram taugte; denn er ging doch gewißlich nicht zu Zedekia, um ihm eine Bitte vorzutragen, noch trug er eine solche vor; er ging, weil man ihn hatte holen lassen, und er benutzte jene Gelegenheit, um dem Zedekia zu rathen, sich an Nebucadnezar zu übergeben.

Im 34sten Capitel steht eine Prophezeihung von Jeremia an Zedekia in diesen Worten, Vers 2: „So spricht der Herr: Siehe, ich will diese Stadt in die Hände des Königs zu Babel geben, und er soll sie mit Feuer verbrennen; und du sollst seiner Hand nicht entrinnen, sondern gegriffen und in seine Hand gegeben werden, daß du ihn mit Augen sehen und mündlich mit ihm reden wirst, und gen Babel kommen. „Doch höre das Wort des „Herrn, o Zedekia, du König Juda; so spricht der Herr von dir: Du „sollst nicht durch das Schwert sterben, sondern du sollst im Frieden ster-„ben; und wie man über deine Väter, die vorigen Könige, so vor dir ge-„wesen sind, Weihrauch gebrannt hat, so wird man auch über dich brennen, „und dich beklagen mit den Worten: Ach, Herr! Denn Ich habe es ge-„redet, spricht der Herr.'

Aber, anstatt daß Zedekia den König von Babylon mit Augen sah, und mündlich mit ihm redete und im Frieden starb, und daß Weihrauch über ihm gebrannt wurde, wie bei der Bestattung seiner Väter (wie nach Jeremias Erklärung Gott selbst verkündet hatte), geschah das Gegentheil von dem Allen, wie im 52sten Capitel zu lesen ist; es heißt dort im 10ten Verse: „Allda ließ der König von Babel die Kinder Zedekia vor seinen Augen erwürgen; aber Zedekia ließ er die Augen ausstechen, und ließ ihn mit zwo Ketten binden; und führete ihn also der König zu Babel gen Babel, und legte ihn in das Gefängniß, bis daß er starb." Was kann man demnach von diesen Propheten Anderes sagen, als daß sie Betrüger und Lügner sind?

Was Jeremia anbelangt, so widerfuhr ihm keines jener Uebel. Er genoß die Gunst Nebucadnezars, welcher ihn dem Hauptmann der Leibwache anempfahl (Cap. 39, V. 12): „Nimm ihn (sagte er) und laß ihn dir befohlen sein, und thue ihm kein Leid; sondern wie er es von dir begehret, so mache es mit ihm." Jeremia nahm später für Nebucadnezar Partei, und prophezeihte für ihn gegen die Egypter, welche während der Belagerung Jerusalems zu dem Entsatz dieser Stadt ausgezogen waren. So viel über den Zweiten der Lügen-Propheten und das Buch, welches seinen Namen führt.

Ich habe von den, dem Jesaia und Jeremia zugeschriebenen, Büchern darum ausführlicher gesprochen, weil Beide in den Büchern der Könige und Chronica genannt sind, was mit den Andern nicht der Fall ist. Um die übrigen den sogenannten Propheten zugeschriebenen Bücher werde ich mir nicht viel Kopfbrechens machen; sondern werde sie in den Bemerkungen, welche ich über den Charakter jener sogenannten Propheten vorlegen werde, zusammen begreifen.

Im ersten Theile des Zeitalters der Vernunft habe ich bemerkt, daß das Wort Prophet der biblische Ausdruck für Dichter sei, und daß man die wilden Phantasieen und Bilder von jüdischen Dichtern zu jetzt sogenannten Prophezeihungen thörichter Weise erhoben habe. Ich bin in dieser Meinung hinlänglich gerechtfertigt; nicht allein weil die sogenannten prophetischen Bücher in dichterischer Sprache verfaßt sind, sondern auch weil sich in der Bibel kein anderes Wort, als das Wort Prophet vorfindet, welches das bezeichnet, was wir unter einem Dichter verstehen. Ich habe ferner gesagt, daß das Wort einen Tonkünstler bedeute, und habe einige Beispiele davon angeführt; wie daß eine Gesellschaft von Propheten mit Psaltern, Handpauken, Pfeifen, Harfen u. s. w. prophezeihten, und daß Saul mit ihnen prophezeihte, 1. Sam. Cap. 10., Vers 5. Man ersieht aus dieser Stelle und aus andern Theilen des Buches Samuel, daß die Bedeutung des Wortes Prophet sich auf Dichtkunst und Musik beschränkte; denn die Personen, von welchen man vermuthete, daß sie eine eingebildete Einsicht in verborgene Dinge hätten, nannte man nicht Propheten, sondern Seher (1. Sam. Cap. 9, Vers 9); und nicht eher, als bis das Wort Seher außer Gebrauch kam (was höchst wahrscheinlich der Fall war, als Saul die von ihm sogenannten Zauberer verbannte), wurde das Geschäft der Seher, oder die Seherkunst, mit dem Worte Prophet verschmolzen.

Nach der neueren Bedeutung der Wörter Prophet und Prophezeihen bezeichnen dieselben das Vorhersagen von Ereignissen auf eine sehr lange Zeit; und es wurde für die Erfinder des Evangeliums nöthig, denselben diese weitere Bedeutung zu geben, um die sogenannten Prophezeihungen des Alten Testaments auf die Zeiten des Neuen anzuwenden, oder hinauszustrecken. Hingegen nach dem Alten Testament bezog sich das Prophezeihen des Sehers und später des Propheten, in sofern die Bedeutung des Wortes Seher in das Wort Prophet aufgenommen wurde, nur auf Vorfälle damaliger Zeit, oder welche mit derselben in inniger Verbindung standen; wie der Ausgang einer Schlacht, in welche man sich begeben wollte, oder eine Reise, oder eines Unternehmens, welche man vor hatte, oder einer Begebenheit, welche damals noch unentschieden war, oder einer Verlegenheit, worin man sich damals befand; welches Alles sich auf sie selbst unmittelbar bezog (wie in dem bereits erwähnten Fall von Ahas und Jesaia hinsichtlich des Ausdrucks: „Siehe, eine Jungfrau wird schwanger werden und einen Sohn gebären"), und nicht auf eine ferne zukünftige Zeit. Jene Art Prophezeihen entspricht dem heutigen sogenannten Wahrsagen; wie dem Stellen der Nativität, dem Vorhersagen von Reichthum, von Glück oder Unglück in der Ehe, dem Beschwören wegen verloren gegangener Sachen c., c.; und nur der Betrug der christlichen Kirche, nicht der Juden, und die Unwissenheit und der Aberglaube neuerer, nicht alter Zeiten, erhoben jene dichterischen — musikalischen — zaubernden — träumenden — herumstreichenden Genies zu dem Range, welchen sie seither behauptet haben.

Allein, außer diesen allgemeinen Eigenschaften hatten auch gewisse Propheten einen besondern Charakter. Sie waren in Parteien getheilt, und sie prophezeihten für oder gegen Etwas, je nach der Partei, zu welcher sie gehörten; wie die poetischen und politischen Schriftsteller heutiges Tages zur Vertheidigung der Partei, welcher sie anhängen, gegen die andere schreiben.

Nachdem sich die Juden in zwei Völkerschaften, in Juda und Israel, gespalten hatten, erhoben sich für jede Partei Propheten, welche einander schimpften und beschuldigten, daß sie falsche Propheten, Lügen=Propheten, Betrüger, ꝛc. seien.

Die Propheten der Partei Juda prophezeihten gegen die Propheten der Partei Israel, und diejenigen der Partei Israel gegen diejenigen von Juda. Dieses Partei=Prophezeihen zeigte sich alsbald nach der Trennung unter den beiden ersten feindlichen Königen Rehabeam und Jerobeam. Der Prophet, welcher gegen den, von Jerobeam zu Bethel erbauten, Altar fluchte oder prophezeihte, gehörte zur Partei Juda, deren König Rehabeam war; und auf seiner Rückkehr nach Hause wurde ihm aufgelauert von einem Propheten der Partei Israel, welcher zu ihm sprach (1sten Könige, Cap. 13, Vers 14): „Bist du der Mann Gottes, der von Juda gekommen ist? Er sprach: Ja." Darauf sprach der Prophet der Partei Israel zu ihm (Vers 18): „Ich bin auch ein Prophet, wie du bist (er meinte von Juda), und ein Engel hat mit mir geredet durch des Herrn Wort, und gesagt: Führe ihn wieder mit dir heim, daß er Brod esse und Wasser trinke. Er log ihm aber." Das Ende von der Geschichte ist nach der Erzählung, daß der Prophet von Juda niemals nach Juda zurückkam, denn er wurde todt gefunden am Wege, auf die Veranstaltung des Propheten Israels, der ohne Zweifel von seiner eignen Partei ein wahrer Prophet genannt wurde, und der Prophet von Juda ein Lügen=Prophet.

Im 3ten Capitel des 2ten Buches der Könige wird eine Geschichte erzählt von einer Prophezeihung oder Beschwörung, welche mehre Züge des Charakters eines Propheten liefert. Josaphat, König von Juda, und Joram, König von Israel, hatten für eine Zeitlang ihrer Partei=Feindschaft entsagt, und ein Bündniß geschlossen; und diese Beiden, nebst dem König von Edom, zogen in den Krieg gegen den König der Moabiter. Nachdem sie ihre Heere vereinigt, und ein Stück Weges fortgezogen waren, lautet die Geschichte, hätten sie großen Mangel an Wasser gelitten; und darauf habe Josaphat gesprochen (Vers 11): „Ist kein Prophet des Herrn hier, daß wir den Herrn durch ihn rathfragen? Da antwortete einer unter den Knechten des Königs Israels, und sprach: Hier ist Elisa." (Elisa war von der Partei Juda.) „Und Josaphat (der König von Juda) sprach: Des Herrn Wort ist bei ihm." Die Erzählung fährt darauf fort, diese drei Könige seien hinabgezogen zu Elisa; und als Elisa (welcher, wie ich bereits bemerkt habe, ein Prophet von Juda war,) den König Israels sah, sprach er zu ihm: „Was habe ich mit dir zu schaffen? Gehe hin zu den Propheten deines Vaters und zu den Propheten deiner Mutter. Der König Israels sprach zu ihm: Nein; denn der Herr hat diese drei Könige geladen, daß er sie in der Moabiter Hände gäbe," (er meinte wegen des Wassermangels, woran sie litten,) „worauf Elisa sprach: So wahr der Herr Zebaoth lebet, vor dem ich stehe, wenn ich nicht Josaphat, den König

Juba, anſähe, ich wollte dich nicht anſehen noch achten." Hier ſieht man die ganze Bosheit und Gemeinheit eines Partei=Propheten. — Wir wollen jetzt die Erfüllung oder die Art der Prophezeihung ſehen.

Vers 15: „So bringet mir nun," ſprach Eliſa, „einen Spielmann; und da der Spielmann auf den Saiten ſpielte, kam die Hand des Herrn auf ihn." Hier iſt das Poſſenſpiel des Beſchwörers. Jetzt zur Prophezeihung: „Und Eliſa ſprach:" (höchſt wahrſcheinlich ſang er zu der Melodie, welche jener ſpielte,) „So ſpricht der Herr: Machet hier und da Graben in dieſem Thal;"*) er ſagte ihnen alſo gerade daſſelbe, was ihnen jeder Landmann hätte ſagen können, ohne Fiedel oder Poſſenſpiel, daß ſie, um Waſſer zu bekommen, danach graben müßten.

Allein, wie nicht alle Zauberer wegen derſelben Sache gleich berühmt ſind, ſo waren es auch nicht jene Propheten; denn obwohl Alle unter ihnen, zum Mindeſten Jene, von denen ich geſprochen habe, famöſe Lügner waren, ſo zeichneten ſich doch Einige derſelben durch Fluchen aus. Eliſa, welchen ich ſoeben erwähnt habe, war ein Meiſter in dieſem Zweig des Prophezeihens; er war es, der die 42 Kinder im Namen des Herrn verfluchte, worauf die zwei Bären kamen und ſie verſchlangen. Wir dürfen vermuthen, daß jene Kinder zur Partei Israel gehörten; allein, da Jene, welche fluchen, auch zu lügen pflegen, ſo kann man dieſer Geſchichte von Eliſa's zwei Bären gerade eben ſo viel Glauben ſchenken, wie der Geſchichte von dem Drachen zu Wantley, von dem es heißt:

> Der Kinblein brei verſchlang der Drach;
> Wie konnten ſie ſich meſſen!
> Mit Einem Schluck er fraß ſie jach,
> Wie wir 'nen Apfel freſſen.

Es gab noch eine andere Art ſogenannter Propheten, welche ſich mit Träumen und Erſcheinungen unterhielten; aber ob bei Tag oder bei Nacht, wiſſen wir nicht. Wenn dieſe auch nicht ganz harmlos waren, ſo waren ſie doch nicht ſo boshaft. Zu dieſer Claſſe gehören

Heſekiel und Daniel; und die erſte Frage bei den, denſelben zugeſchriebenen Büchern, wie bei allen andern, iſt die: ſind ſie ächt? das heißt, wurden ſie von Heſekiel und Daniel geſchrieben?

Hiervon haben wir keinen Beweis; allein ſo weit meine eigene Anſicht geht, ſo bin ich mehr geneigt, ſie für ächt als für unächt zu halten. Meine Gründe für dieſe Anſicht ſind folgende: Erſtens, weil jene Bücher keinen inneren Beweis enthalten, daß ſie nicht von Heſekiel und Daniel geſchrieben wurden, wie die dem Moſes, Joſua, Samuel ꝛc. ꝛc. zugeſchriebenen Bücher beweiſen, daß ſie nicht von Moſes, Joſua, Samuel, ꝛc. geſchrieben wurden.

Zweitens, weil ſie nicht eher als nach dem Anfang der babyloniſchen Gefangenſchaft geſchrieben wurden; und es iſt guter Grund vorhanden,

---

*) Luther überſetzt: „an dieſem Bach."

zu glauben, daß nicht ein einziges Buch in der Bibel vor jener Zei. geschrieben wurde; zum Mindesten ist es aus den Büchern selbst erweislich, wie ich bereits dargethan habe, daß sie nicht eher als bis nach dem Anfang der jüdischen Monarchie verfaßt wurden.

Drittens, weil die Art, wie die dem Hesekiel und Daniel beigemessenen Bücher geschrieben sind, mit dem Zustand übereinstimmt, worin sich diese Männer zur Zeit ihrer Abfassung befanden.

Wären die zahlreichen Bibel-Ausleger und Priester, welche mit vorgeblichen Deutungen und Enträthselungen jener Bücher ihre Zeit thörichter Weise hingebracht oder verschwendet haben, in die Gefangenschaft geschleppt worden, wie Hesekiel und Daniel, so würde dies ihren Verstand bedeutend geschärft, und sie den Grund einsehen gelernt haben, warum jene Männer gerade diese Schreibart wählten; und es wäre ihnen alsdann die Mühe erspart worden; ihre Einbildungskraft zweckloser Weise auf die Folter zu spannen, wie sie gethan haben. Sie würden nämlich gefunden haben, daß sie Alles, was sie in Bezug auf ihre eigenen Angelegenheiten, oder auf diejenigen ihrer Freunde oder ihres Vaterlandes zu schreiben hatten, auf eine versteckte Art hätten schreiben müssen, wie jene Männer thaten.

Diese beiden Bücher sind von allen übrigen verschieden; denn nur diese sind mit Erzählungen von Träumen und Erscheinungen (Gesichten) angefüllt; und diese Verschiedenheit entsprang aus der Lage, worin sich die Verfasser als Kriegsgefangene oder Staatsgefangene in einem fremden Lande befanden; dieselbe nöthigte sie, selbst die unbedeutendsten Nachrichten und alle ihre politischen Pläne oder Ansichten einander in dunkeln und bildlichen Ausdrücken mitzutheilen. Sie geben vor, Träume gehabt und Erscheinungen gesehen zu haben, weil es für sie nicht gerathen war, Thatsachen zu erzählen, oder eine deutliche Sprache zu führen. Wir dürfen jedoch annehmen, daß die Personen, an welche sie schrieben, verstanden, was sie sagen wollten, und daß dies nach ihrer Absicht Niemand sonst verstehen sollte. Allein diese geschäftigen Ausleger und Priester haben sich die Köpfe zerbrochen, um auszufinden, was sie nicht wissen sollten, und womit sie nichts zu thun haben.

Hesekiel und Daniel wurden in der ersten Gefangenschaft, zur Zeit Jojakims, gefangen nach Babylon geführt, neun Jahre vor der zweiten Gefangenschaft zur Zeit Zedekias. Die Juden waren damals noch immer zahlreich und in beträchtlicher Macht zu Jerusalem; und da es eine natürliche Voraussetzung ist, daß Männer in der Lage von Hesekiel und Daniel an die Wiederherstellung ihres Vaterlandes und an ihre eigene Befreiung denken mochten; so ist auch die Vermuthung wahrscheinlich, daß die Erzählungen von Träumen und Erscheinungen, wovon jene Bücher wimmeln, nichts weiter sind als eine versteckte Art Briefwechsel, um jene Zwecke zu befördern; dieselben dienten ihnen als eine Zeichen- oder Geheim-Sprache. Sind sie dieses nicht, so sind es eitle Mährchen, Träumereien und Unsinn;

oder zum Mindesten eine wunderliche Art, die Langeweile der Gefangenschaft zu vertreiben; allein die Vermuthung ist dafür, daß sie Ersteres waren.

Hesekiel beginnt sein Buch mit der Erzählung eines Gesichtes von Cherubim und von einem Rad in einem andern Rad, welches er am Flusse Chebar im Lande seiner Gefangenschaft sah. Ist es nicht eine wahrscheinliche Vermuthung, daß er unter den Cherubim den Tempel zu Jerusalem verstand, worin sich Bilder von Cherubim befanden? und unter einem Rad in einem Rade (welches als ein Bild stets in der Bedeutung eines politischen Anschlags gebraucht worden ist) den Entwurf oder das Mittel um Jerusalem wieder herzustellen? In dem letzteren Theile dieses Buches sieht er sich nach Jerusalem versetzt, und zwar in den Tempel; und er weist zurück auf das Gesicht am Flusse Chebar, und sagt (Capitel 43, Vers 3): dieses letzte Gesicht sei gewesen wie das Gesicht am Wasser Chebar; daraus ist ersichtlich, daß jene vorgeblichen Träume und Gesichte die Wiederherstellung Jerusalems, und nichts weiter bezweckten.

Was die abenteuerlichen Auslegungen und Anwendungen, — ausschweifend wie die Träume und Erscheinungen, die sie zu erläutern versuchen — anbelangt, welche Ausleger und Priester jenen Büchern beigelegt haben, indem sie dieselben in sogenannte Prophezeihungen verwandelten, und sie Zeiten und Umständen selbst bis auf den heutigen Tag anpaßten; so beweisen dieselben, wie weit im Betruge die Priesterschaft, und wie weit in der Thorheit die Leichtgläubigkeit gehen kann.

Es kann kaum etwas Abgeschmackteres geben, als die Annahme, daß Männer in der Lage von Hesekiel und Daniel, deren Vaterland überfallen, und in den Händen des Feindes war, deren Freunde und Verwandten gefangen in der Fremde, oder in der Knechtschaft zu Hause schmachteten, oder den Tod erlitten hatten, oder in beständiger Gefahr davor schwebten; —ich sage, es kann kaum etwas Abgeschmackteres geben, als die Annahme, daß solche Männer nichts Besseres zu thun wüßten, als ihre Zeit und ihre Gedanken damit zu beschäftigen, was fremden Nationen in 1000 oder 2000 Jahren nach ihrem Tode widerfahren würde; — während nichts natürlicher ist, als daß sie an die Wiederherstellung Jerusalems und an ihre eigene Befreiung dachten, und daß dieses der alleinige Zweck aller dunklen und anscheinend unsinnigen Stellen in jenen Büchern war.

In diesem Sinn ist die in jenen Büchern gebrauchte Schreibart, welche durch Noth aufgezwungen und nicht aus freier Wahl angenommen war, nicht unvernünftig; hingegen, wenn wir die Bücher als Prophezeihungen benutzen sollten, so sind sie falsch. Im 29sten Capitel des Hesekiel, wo er von Egypten spricht, heißt es im 11ten Verse: „Weder Vieh noch Leute sollen darinnen gehen, oder da wohnen, vierzig Jahre lang." Dieses ging niemals in Erfüllung, und folglich ist es falsch, wie alle Bücher, welche ich bisher durchgangen habe. Ich beschließe hiermit diesen Theil des Gegenstandes.

Im ersten Theil des „Zeitalters der Vernunft" habe ich von Jona gesprochen, und von seiner Geschichte mit dem Wallfisch: — eine passende Geschichte zum Verspotten, wenn dieselbe zum Gegenstand des Glaubens bestimmt wurde; oder zum Lachen, wenn der Verfasser beabsichtigte, damit zu versuchen, wie viel die Leichtgläubigkeit verdauen könnte; denn wenn dieselbe den Jona und den Wallfisch verdauen konnte, so konnte sie irgend Etwas verdauen.

Doch wie bereits in den Bemerkungen über das Buch Hiob und die Sprüche dargethan wurde, ist es nicht immer gewiß, welche Bücher in der Bibel ursprünglich hebräisch, oder nur Uebersetzungen aus Büchern der Heiden in das Hebräische sind; und da das Buch Jona, anstatt von den Angelegenheiten der Juden zu handeln, vielmehr gar nichts darüber sagt, sondern durchaus von den Heiden handelt, so ist es wahrscheinlicher, daß es ein Buch der Heiden als der Juden ist, und daß es als eine Fabel geschrieben wurde, um den Unsinn eines Bibelpropheten oder eines wahrsagenden Priesters bloszustellen, und dessen lasterhaften und boshaften Charakter mit Spott zu geißeln.

Jona wird anfänglich als ein ungehorsamer Prophet geschildert, welcher seiner göttlichen Sendung aus dem Weg läuft, und sich auf ein Schiff der Heiden flüchtet, das von Joppe nach Tarsis fuhr; als ob er so unwissend war, zu vermuthen, daß er durch einen solchen erbärmlichen Anschlag sich verbergen könnte, wo Gott ihn nicht zu finden vermöchte. Das Schiff wird auf dem Meer von einem Sturm überfallen; und die Schiffleute, welche alle Heiden sind, und dies für eine Strafe Gottes halten, weil sich Jemand an Bord befinde, der ein Verbrechen begangen habe, kamen überein, zu loosen, um den Missethäter zu entdecken; und das Loos traf Jona. Allein, vorher hatten sie alle ihre Geräthschaften und Waaren in das Meer geworfen, um das Schiff leichter zu machen, während Jona, wie ein dummer Mensch, unten im Schiff fest schlief.

Nachdem das Loos Jona als den Missethäter bezeichnet hatte, fragten sie ihn aus, wer er sei, und was er treibe? und er sagte ihnen, **er sei ein Hebräer**, und die Erzählung läßt schließen, daß er sich als schuldig bekannte. Allein diese Heiden, anstatt ihn auf der Stelle ohne Mitleiden oder Erbarmen zu opfern, wie eine Rotte von Bibel-Propheten oder Priestern es mit einem Heiden in demselben Falle gemacht haben würde, und wie erzählt wird, daß es Samuel mit Agag machte, und Moses mit den Weibern und Kindern, — versuchten ihn zu retten, wenngleich mit Gefahr ihres eigenen Lebens; denn die Erzählung lautet: „Nichts destoweniger (das heißt, obwohl Jona ein Jude und ein Fremder war, und die Ursache alles ihres Unglücks und des Verlustes ihrer Ladung,) ruderten die Leute hart, daß sie wieder zu Lande kämen; aber sie konnten nicht, denn das Meer fuhr ungestüm wider sie." Dennoch waren sie noch immer nicht Willens, die Entscheidung des Looses in Vollzug zu setzen, und sie riefen (wie die Erzählung lautet) zu dem Herrn, und sprachen: „Ach Herr, laß uns nicht verderben um dieses Mannes Seele willen, und rechne uns nicht zu unschuldiges Blut; denn du, Herr, thust wie dir's gefällt." Sie wollten damit sagen, sie maßten sich nicht an, Jona als schuldig zu richten, da er unschuldig sein könnte; allein sie betrachteten das Loos, welches ihn getroffen, wie ein Urtheil Gottes, oder wie es Gott gefällt. Die Fassung dieses Gebetes beweist, daß die Heiden Ein Höchst∙s Wesen anbeteten, und daß sie nicht Götzendiener waren, wofür sie die Juden ausgaben. Allein, da der Sturm noch immer fortwüthete, und die Gefahr stieg, so setzten sie die Entscheidung des Looses in Vollzug, und warfen Jona in das Meer; dort verschlang ihn, zufolge der Erzählung, ein großer Fisch mit Haut und Haaren lebendig.

Wir haben nunmehr Jona zu betrachten, wie er aus dem Sturme gerettet, sicher im Bauche des Fisches haust. Hier betete er, wie uns gesagt wird; allein das Gebet ist ein zusammengesticktes Gebet, welches aus verschiedenen Theilen der Psalmen entnommen ist, ohne Zusammenhang oder Uebereinstimmung, und auf einen Zustand der Noth berechnet, allein durchaus nicht auf die Lage, worin sich Jona befand. Es ist ein Gebet, wie es ein Heide, der etwas von den Psalmen kannte, für ihn ausschreiben konnte. Dieser Umstand allein, wenn es keinen andern gäbe, deutet hinlänglich an, daß das Ganze eine zusammengesetzte Geschichte ist. Das Gebet that jedoch angeblich seine Wirkung, und die Erzählung fährt fort (indem sie zugleich die scheinheilige Sprache eines Bibel=Propheten annimmt), mit den Worten: „Der Herr sprach zum Fisch, und derselbe spie Jona aus an's Land."

Jona empfing darauf eine zweite Sendung nach Ninivel, womit er sich aufmacht; und wir haben ihn von nun an als Prediger zu betrachten. Die Bedrängniß, welche er angeblich erlitten hatte, die Erinnerung, daß sein eigner Ungehorsam die Ursache davon war, und die wunderbare Errettung, welche ihm angeblich zu Theil wurde, genügten, wie man denken sollte, um ihm Mitleiden und Wohlwollen bei der Vollziehung seiner Sendung einzuflößen; allein statt dessen, geht er in die Stadt, mit Verwünschungen und Flüchen im Munde, und rief: „Es sind noch vierzig Tage, so wird Ninivel untergehen."

Wir haben nun noch diesen angeblichen Gottgesandten in der letzten Handlung seiner Sendung zu betrachten; und hier ist es, wo die Boshaftigkeit eines Bibel=Propheten oder eines wahrsagenden Priesters in jener ganzen Abscheulichkeit erscheint, welche die Menschen dem sogenannten Teufel zuschreiben.

Nachdem er seine Wahrsagung verkündet hatte, ging er, wie die Erzählung sagt, zur Stadt hinaus, und setzte sich Morgenwärts von derselben. Aber in welcher Absicht? Nicht um in der Zurückgezogenheit das Erbarmen seines Schöpfers gegen ihn selbst oder gegen Andere zu betrachten, sondern um mit boshafter Ungedulb auf den Untergang Ninive's zu warten. Allein es trug sich zu, wie die Erzählung sagt, daß die Leute zu Niniveh sich besserten, und daß Gott, nach dem Bibel-Ausdruck, des Uebels reuete, das er geredet hatte ihnen zu thun, und es nicht that. Das, sagt der erste Vers des letzten Capitels, verdroß Jona gar sehr, und er ward sehr zornig. Sein fühlloses Herz wollte lieber, daß ganz Niniveh untergehen, und jede Seele, Jung wie Alt, unter den Trümmern umkommen sollte, als daß seine Prophezeihung nicht in Erfüllung ginge. Um den Charakter eines Propheten noch mehr bloszustellen, wird ein Kürbis über Nacht wachsen gelassen, welcher ihm einen angenehmen Schutz gegen die Sonnenhitze verspricht, an dem Orte, wohin er sich zurückgezogen hat; und am nächsten Morgen verdorret derselbe.

Hier steigt die Wuth des Propheten über alle Maßen, und er steht im Begriff sich umzubringen. „Er sprach: Ich wollte lieber todt sein, denn leben." Dies führt zu einem angeblichen Wortstreit zwischen dem Allmächtigen und dem Propheten, worin der Erstere sprach: „Meinest du, daß du billig zürnest um den Kürbis? Und Jona sprach: Billig zürne ich bis an den Tod. Und der Herr sprach: Dich jammert der Kürbis, daran du nicht gearbeitet hast, hast ihn auch nicht aufgezogen, welcher in einer Nacht aufschoß, und in einer Nacht verdarb; und mich sollte nicht jammern Niniveh, solche große Stadt, in welcher sind mehr denn 120,000 Menschen, die nicht wissen Unterschied, was rechts oder links ist?"

Hier ist sowohl der Schluß der Satyre, als die Sittenlehre der Fabel. Als eine Satyre geißelt sie den Charakter aller Bibel-Propheten, sowie alle rücksichtslosen Strafgerichte über Männer, Weiber und Kinder, wovon dieses Lügen-Buch, die Bibel, wimmelt; sowie die Sündfluth, die Zerstörung der Städte Sodom und Gomorra, die Ausrottung der Cananiter, selbst bis zu den Säuglingen und schwangeren Weibern; — denn dieselbe Rücksicht, daß mehr denn 120,000 Menschen sind, die nicht wissen Unterschied, was rechts oder links ist, worunter kleine Kinder verstanden sind, gilt für alle jene Fälle. Die Erzählung macht gleichfalls die Vermuthung lächerlich, als begünstige der Schöpfer Eine Nation mehr als eine Andere.

Als Sittenlehre predigt die Erzählung gegen den boshaften Geist der Weissagung; denn so gewiß als Jemand Böses prophezeiht, so wird er auch geneigt, dasselbe zu wünschen. Der Stolz, daß er in seinem Urtheil Recht haben will, verhärtet sein Herz, bis er zuletzt die Erfüllung seiner Weissagungen mit Wohlgefallen betrachtet, oder deren Fehlschlagen mit Unmuth ansieht. Dieses Buch schließt mit derselben treffenden und wohlgerichteten Schärfe gegen Propheten, Prophezeihungen und rücksichtslose Strafgerichte, wie das Capitel, welches Benjamin Franklin für die Bibel schrieb, von Abraham und dem Fremden gegen den unduldsamen Geist religiöser Verfolgungen endet. Doch genug über das Buch Jona.

Von den dichterischen Theilen der Bibel, welche Prophezeihungen genannt werden, habe ich in dem ersten Theile des Zeitalters der Vernunft, und bereits in diesem gesprochen; ich habe daselbst bemerkt, daß das Wort Prophet das Wort der Bibel für Dichter ist; und daß man die Ausschweifungen und Bilder jener Dichter, wovon viele durch den Verlauf der Zeit und durch die Veränderung der Umstände dunkel geworden sind, lächerlicher Weise zu sogenannten Prophezeihungen erhoben, und zu Zwecken verwendet hat, woran die Verfasser niemals dachten. Wann ein Priester irgend eine jener Stellen anführt, so enträthselt er dieselbe nach seinen eigenen Absichten, und bringt jene Deutung seiner Gemeine als die Meinung des Verfassers auf. Die Babylonische Hure ist die gemeinschaftliche Hure aller Priester gewesen, und Jeder hat den Andern beschuldigt, daß er die Dirne halte; so schön stimmen sie in ihren Auslegungen überein.

Es bleiben nur noch einige wenige Bücher übrig, welche man die Bücher der kleinen Propheten nennt; und da ich bereits bewiesen habe, daß die großen Propheten Betrüger sind, so würde es eine Feigheit sein, die Ruhe der Kleinen zu stören. So mögen sie denn schlafen im Arme ihrer Ammen, der Priester, und mögen sie Beide zusammen in Vergessenheit sinken.

Ich habe nunmehr die Bibel durchgangen, wie man mit einer Art durch den Wald geht und Bäume fällt. Da liegen sie; und die Priester mögen sie wieder pflanzen, wenn sie können. Sie mögen sie vielleicht in den Boden stecken; allein sie werden dieselben nie wieder zum Wachsen bringen. — Ich gehe nunmehr zu den Büchern des Neuen Testaments über.

Das Neue Testament.

Das Neue Testament stützt sich, wie man uns sagt, auf die Prophezeihungen des Alten; in diesem Falle muß es das Schicksal seiner Grundlage theilen.

Da es nichts Unnatürliches ist, daß ein Frauenzimmer, ehe sie verheirathet ist, schwanger wird, und daß man den von ihr geborenen Sohn ungerechter Weise hinrichtet; so sehe ich nicht ein, warum man nicht glauben soll, daß ein solches Frauenzimmer wie Maria, und solche Männer wie Joseph und Jesus gelebt haben; ihre bloße Existenz ist eine gleichgültige Sache, hinsichtlich deren man keinen Grund hat, einen Glauben oder Unglauben zu hegen, und von welcher man im Allgemeinen sagen kann: „Dem mag so sein; was weiter?" Indessen ist es wahrscheinlich, daß es dergleichen Personen gab, oder mindestens solche, welche ihnen in einigen Umständen ähnlich waren; denn fast alle abenteuerlichen Geschichten haben aus einer wirklichen Begebenheit ihren Ursprung genommen; wie die Abenteuer von Robinson Crusoe, woran nicht ein Wort Wahres ist, durch den Fall Alexander Selkirks in den Sinn gegeben wurden.

Ich bekümmere mich also nicht um die Existenz oder Nicht-Existenz jener Personen; sondern ich bekämpfe nur die Fabel von Jesus Christus, wie sie im Neuen Testamente erzählt wird, und die ausschweifende und träumerische Lehre, welche man darauf gebaut hat. Wenn man die Geschichte nimmt, so wie sie erzählt ist, so ist sie gotteslästerlich unzüchtig. Sie meldet von einer jungen Frau, welche zur Ehe versprochen ist, und welche, während sie noch unter jenem Versprechen steht, um es gerade heraus zu sagen, von einem Geiste verführt wird, unter dem gottlosen Vorgeben (Lucas Capitel 8, Vers 35): „Der Heilige Geist wird über dich kommen, und die Kraft des Höchsten wird dich überschatten." Dessenungeachtet heirathet Joseph sie nachher, beschläft sie wie seine Frau, und wird seinerseits ein Nebenbuhler des Geistes. Dieses bringt die Geschichte in eine verständliche Sprache, und wenn sie auf diese Weise erzählt wird, so giebt es keinen Priester, der sich nicht schämen muß, dieselbe anzuerkennen.*)

Unzüchtigkeit in Glaubenssachen, so sehr sie bemäntelt sein mag, ist stets ein Zeichen einer Fabel und Lüge; denn es ist zu unserem ernstlichen Glauben an Gott erforderlich, daß wir denselben nicht mit Geschichten verbinden, welche, wie diese, lächerliche Auslegungen zulassen. Diese Geschichte trägt an der Stirne dasselbe Gepräge, wie die Erzählung von Jupiter und Leda, oder von Jupiter und Europa, oder irgend andere Liebesabenteuer Jupiters, und sie beweist, wie bereits in dem ersten Theil des Zeitalters der Vernunft bemerkt wurde, daß der christliche Glaube auf die heidnische Götterlehre (Mythologie) gebaut ist. Da die historischen Theile des Neuen Testaments, so viel Jesum Christum anbelangt, sich auf einen sehr kurzen Zeitraum beschränken, nämlich weniger als zwei Jahre, und da alle Begebenheiten in demselben Lande und beinahe an demselben Orte vorgefallen sind, so kann man nicht erwarten, daß sich der Widerspruch in Zeit, Ort und Umständen, welcher die Falschheit der Bücher des Alten Testaments aufdeckt, und dieselben als betrügerisch erweist, in gleicher Fülle hier vorfinden sollte. Das Neue Testament, im Vergleich mit dem Alten, ist wie eine Posse von Einem Aufzug, worin für sehr zahlreiche Verletzungen der dramatischen Einheiten kein Platz ist. Indessen giebt es darin einige auffallende Widersprüche, welche, abgesehen von der Falschheit der vorgeblichen Prophezeihungen, genügen, um die Geschichte von Jesus Christus als eine Lüge zu brandmarken.

Ich stelle es als einen unwiderleglichen Satz auf, erstlich: die Uebereinstimmung aller Theile einer Geschichte beweist noch nicht, daß solche Geschichte wahr ist, weil die Theile mit einander übereinstimmen mögen, und dabei das Ganze doch falsch sein kann; zweitens: die Nichtübereinstimmung der Theile einer Geschichte beweist, daß das ganze nicht

---

*) Maria, die angebliche Jungfrau-Mutter von Jesus, hatte mehre andere Kinder, Söhne und Töchter. Matth. Cap. 13, Vers 55, 56.

wahr sein kann. Die Uebereinstimmung beweist noch nicht die Wahrheit, aber die Nichtübereinstimmung beweist zuverlässig die Unwahrheit. Die Geschichte von Jesus Christus ist in den vier Büchern enthalten, welche man dem Matthäus, Marcus, Lucas und Johannes zuschreibt. Das erste Capitel von Matthäus liefert ein Geschlechtsregister von Jesus Christus; und das dritte Capitel des Lucas liefert gleichfalls ein Geschlechtsregister von Jesus Christus. Wenn diese Beiden übereinstimmten, so würde dies noch nicht beweisen, daß das Geschlechtsregister wahr sei, weil dasselbe nichtsdestoweniger eine Erfindung sein könnte; allein da sie einander in jedem Punkte widersprechen, so ist die Unwahrheit desselben unbedingt erwiesen. Wenn Matthäus die Wahrheit spricht, so ist Lucas ein Lügner; und wenn Lucas die Wahrheit spricht, so ist Matthäus ein Lügner; und da man keine Autorität hat, um dem Einen mehr als dem Andern zu glauben, so hat man keine Autorität, um irgend Einem von Beiden zu glauben; und wenn man ihnen schon in dem allererstem Dinge, das sie sagen, und womit sie ihren Beweis anfangen, nicht glauben kann, so verdienen sie auch keinen Glauben in irgend Etwas, das sie fernerhin sagen. Die Wahrheit ist etwas Gleichförmiges; und was göttliche Eingebung und Offenbarung anbelangt, wenn wir dieselbe zulassen wollten, so können wir unmöglich annehmen, daß sich dieselbe widersprechen könne. Also waren entweder die sogenannten Apostel Betrüger, oder die ihnen zugeschriebenen Bücher wurden von andern Personen verfaßt, welche ihnen die Vaterschaft aufhängten, wie im Alten Testament der Fall ist.

Das Buch des Matthäus liefert im ersten Capitel, Vers 6, ein namentliches Geschlechtsregister von David abwärts, durch Joseph, den Ehemann der Maria, bis auf Christus, und giebt **acht und zwanzig** Glieder an. Das Buch des Lucas liefert ebenfalls ein namentliches Geschlechtsregister von Christus durch Joseph, den Ehemann der Maria, aufwärts bis zu David, und giebt **drei und vierzig** Zeugungen an; außerdem sind nur die beiden Namen David und Joseph in den beiden Verzeichnissen einander gleich. Ich nehme hier beide Stammbäume auf; und um eine deutlichere Vergleichung anstellen zu können, habe ich beide in derselben Richtung aufgestellt, das heißt von Joseph nach David hin.

Geschlechtsfolge nach Matthäus.	Geschlechtsfolge nach Lucas.
Christus.	Christus.
2. Joseph.	2. Joseph.
3. Jakob.	3. Eli.
4. Matthan.	4. Matthat.
5. Eleasar.	5. Lewi.
6. Eliud.	6. Melchi.
7. Achin.	7. Janna.
8. Zadoch.	8. Joseph.
9. Asor.	9. Mattathias.
10. Eliachim.	10. Amos.

11. Abiud.
12. Zorobabel.
13. Sealthiel.
14. Jechonia.
15. Josia.
16. Amon.
17. Manasse.
18. Ezechia.
19. Achas.
20. Jotham.
21. Osia.
22. Joram.
23. Josaphat.
24. Assa.
25. Abia.
26. Roboam.
27. Salomo.
28. David.*)

11. Nahum.
12. Esli.
13. Nange.
14. Maath.
15. Mattathias.
16. Semei.
17. Joseph.
18. Juda.
19. Johanna.
20. Resia.
21. Zorobabel.
22. Salathiel.
23. Neri.
24. Melchi.
25. Abdi.
26. Kosam.
27. Elmadam.
28. Her.
29. Jose.
30. Eliezer.
31. Jorem.
32. Mattha.
33. Levi.
34. Simeon.
35. Juda.
36. Joseph.
37. Jonam.
38. Eliakim.
39. Melea.
40. Menam.
41. Mattathan.
42. Nathan.
43. David.

Wenn nun diese Leute, Matthäus und Lucas, gleich von vorn herein die Geschichte Jesu Christi mit einer gegenseitig erklärten Lüge (wie diese

---

*) Von der Geburt Davids bis zur Geburt Christi ist ein Zeitraum von mehr als 1080 Jahren, und da die Lebenszeit Christi dabei nicht eingeschlossen ist, so sind es nur 27 volle Generationen. Um also das durchschnittliche Alter jedes in dem Verzeichniß genannten Mannes zu der Zeit, als sein erster Sohn geboren wurde, zu finden, ist es nur nöthig, 1080 mit 27 zu dividiren, was 40 Jahre für jede Person ergiebt. Da die Lebenszeit der Menschen damals nicht länger dauerte als jetzt, so ist es eine abgeschmackte Annahme, daß 27 Stammväter hintereinander alle alte Junggesellen sein sollten, ehe sie heiratheten; um so mehr, wenn wir erfahren, daß Salomo, der nächste Nachfolger Davids, schon ein Haus voll Weiber und Kebsweiber hatte, ehe er 21 Jahre alt war. Weit gefehlt, daß dieser Stammbaum eine heilige Wahrheit wäre, derselbe ist noch nicht einmal eine erträgliche Lüge. Das Verzeichniß von Lucas ergiebt ungefähr 26 Jahre als das durchschnittliche Alter, und dies ist schon zu viel.

beiden Angaben beweisen) über den Umstand anfangen, von wem er herkam und was er war; so frage ich nochmals, welche Autorität bleibt da noch übrig, um die seltsamen Dinge zu glauben, welche sie uns weiterhin auftischen? Wenn man ihnen nicht in ihrer Angabe seiner natürlichen Abstammung Glauben schenken kann, wie soll man ihnen glauben, wenn sie uns sagen, er sei der Sohn Gottes gewesen, von einem Geiste erzeugt, und ein Engel habe dieses seiner Mutter insgeheim verkündet? Wenn sie in der Einen Abstammung logen, warum sollen wir ihnen in der andern glauben? Wenn seine natürliche Abstammung fabrizirt wurde, wie gewißlich der Fall ist, warum sollen wir nicht vermuthen, daß seine himmlische Abstammung ebenfalls fabrizirt wurde, und daß das Ganze fabelhaft ist? Kann irgend ein ernstlich nachdenkender Mensch sein zukünftiges Glück an den Glauben an eine natürlich unmögliche Geschichte wagen, welche jedem Begriff von Anstand widerspricht, und welche von Leuten erzählt wird, die man bereits auf einer Lüge ertappt hat? Ist es nicht gerathener, daß wir bei dem einfachen, reinen und unvermischten Glauben an Einen Gott (was Deismus ist) stehen bleiben, als daß wir uns einem Meere von unwahrscheinlichen, unvernünftigen, unanständigen und widersprechenden Sagen anvertrauen?

Die erste Frage indessen hinsichtlich der Bücher des Neuen Testaments, wie hinsichtlich deren des alten Testaments, ist die, ob sie ächt sind? Ob sie von den Personen verfaßt wurden, denen sie zugeschrieben werden? denn allein aus diesem Grunde sind die darin erzählten seltsamen Dinge geglaubt worden. Ueber diesen Punkt giebt es keinen unmittelbaren Beweis dafür oder dagegen; und aus dieser Lage des Falles ergiebt sich also nur Zweifelhaftigkeit; und Zweifelhaftigkeit ist das Gegentheil von Glauben. Der Zustand also, worin sich die Bücher befinden, beweist gegen dieselben, soweit diese Art Beweis gehen kann.

Allein abgesehen hiervon, streitet die Vermuthung dafür, daß die Bücher der sogenannten Evangelisten, Matthäus, Marcus, Lucas und Johannes, nicht von Matthäus, Marcus, Lucas und Johannes geschrieben wurden, und daß dieselben unächt sind. Der verworrene Gang der Geschichte in diesen vier Büchern, das Stillschweigen Eines Buches über Sachen, die in dem andern erzählt werden, und die Widersprüche, die sich unter denselben finden, lassen darauf schließen, daß diese Bücher die Erzeugnisse von Individuen sind, welche in keiner Verbindung mit einander standen, und welche lange Jahre nach den Ereignissen, die sie zu erzählen vorgeben, dieselben niederschrieben, und deren Jeder seine eigene Sage aufstellte; — und daß es nicht die Schriften von Männern sind, welche in inniger Verbindung zusammen lebten, wie bei den sogenannten Aposteln der Fall gewesen sein soll; kurz daß dieselben, ebenso wie die Bücher des Alten Testaments, von andern Personen fabrizirt worden sind, als deren Namen sie führen.

Die Geschichte von dem Engel, welcher die, von der Kirche sogenannte, unbefleckte Empfängniß verkündigt, ist in den, dem Marcus und Johannes zugeschriebenen, Büchern nicht einmal erwähnt, und wird im Matthäus und Lucas auf verschiedene Weise erzählt. Der Erstere sagt, der Engel sei dem Joseph erschienen; der Letztere, der Maria; allein Beide, Joseph wie Maria, waren die schlechtesten Zeugen, welche man beibringen konnte; denn Andere hätten für sie zeugen sollen, und nicht sie für sich selbst. Wollte irgend ein Mädchen, welches gegenwärtig schwanger ist, sagen, ja sogar darauf schwören, daß sie von einem Geiste geschwängert worden sei, und daß ihr dies ein Engel gesagt habe, würde man ihr glauben? Gewißlich nicht. Warum sollen wir denn dasselbe von einem andern Mädchen glauben, welches wir niemals sahen, und dessen Geschichte von man weiß nicht wem, noch wann, noch wo erzählt wurde? Wie sonderbar, ja widersinnig ist es, daß derselbe Umstand, welcher den Glauben sogar an eine wahrscheinliche Geschichte schwächen würde, als ein Beweggrund für den Glauben an diese Erzählung angeführt wird, welche jedes Zeichen unbedingter Unmöglichkeit und des Betruges schon an der Stirne trägt.

Die Geschichte von Herodes, welcher alle Kinder unter zwei Jahren umbringen läßt, gehört ausschließlich dem Buch des Matthäus an; nicht ein Einziger der Andern erwähnt davon ein Wörtchen. Wäre ein solcher Vorfall wahr gewesen, so müßte die Allgemeinheit desselben ihn allen Verfassern bekannt gemacht haben, und die Sache würde zu auffallend gewesen sein, als daß sie von irgend Einem übergangen worden wäre. Der Verfasser erzählt uns, daß Jesus diesem Gemetzel entging, weil Joseph und Maria von einem Engel gewarnt, und bewogen worden seien, mit ihm nach Egypten zu fliehen; allein er vergaß, für Johannes zu sorgen, welcher damals noch nicht zwei Jahre alt war. Indessen erging es dem Johannes, der zurückblieb, eben so gut, wie Jesu, der sich flüchtete; und darum straft sich die Geschichte durch die Umstände Lügen.

Nicht zwei dieser Verfasser geben genau mit denselben Worten die Inschrift wieder, so kurz dieselbe ist, welche nach ihrer Angabe über Christus am Kreuze gesetzt wurde; und überdies sagt Marcus, er sei um die dritte Stunde (9 Uhr Morgens) gekreuzigt worden; und Johannes sagt, dies sei um die sechste Stunde (12 Uhr Mittags) geschehen.*)

Die Inschrift wird in jenen Büchern folgendermaßen angegeben:

Matthäus: „Dies ist Jesus, der Juden König."

Marcus: „Der König der Juden."

Lucas: „Dies ist der Juden König."

Johannes: „Jesus von Nazareth, der Juden König."

---

*) Nach Johannes wurde das Urtheil nicht eher als um die sechste Stunde Mittags gesprochen, und folglich konnte die Hinrichtung nicht vor Nachmittag stattfinden; hingegen Marcus sagt ausdrücklich, daß er um die dritte Stunde (9 Uhr Morgens) gekreuzigt wurde; Cap. 15, V. 25; Johannes Cap. 19, V. 14.

Wir dürfen aus diesen Umständen, so unbedeutend sie sind, folgern, daß jene Verfasser, wer immer sie waren, und in welcher Zeit sie gelebt haben mögen, nicht bei dem Vorfall zugegen waren. Der einzige der sogenannten Apostel, welcher in der Nähe des Ortes gewesen zu sein scheint, war Petrus; und als dieser beschuldigt wurde, er sei Einer von Jesu Jüngern, heißt es (Matthäus, Cap. 26, V. 74): „Da hob Petrus an, sich zu verfluchen und zu schwören: Ich kenne den Menschen nicht;" dennoch verlangt man jetzt von uns, daß wir dem nämlichen Petrus glauben sollen, welcher, nach ihrer eigenen Angabe, des Meineids überführt ist. Aus welchem Grunde, oder auf welche Autorität hin, sollen wir dieses thun?

Die Nachrichten über die Umstände, welche nach ihrer Angabe die Kreuzigung begleiteten, sind in jenen vier Büchern verschieden erzählt.

Das dem Matthäus zugeschriebene Buch sagt: „Von der sechsten Stunde an ward eine Finsterniß über das ganze Land, bis zur neunten Stunde—der Vorhang im Tempel zerriß in zwei Stücke, von oben an bis unten aus—die Erde erbebte—die Felsen zerrissen—die Gräber thaten sich auf, und es standen auf viele Leiber der Heiligen, die da schliefen, und gingen aus den Gräbern nach der Auferstehung, und kamen in die heilige Stadt, und erschienen Vielen." Dieses ist die Erzählung, welche dieser phantasiereiche Verfasser des Buches Matthäi liefert; allein er wird darin von den Verfassern der andern Bücher nicht unterstützt.

Der Verfasser des dem Marcus zugeschriebenen Buches schildert ebenfalls die Umstände der Kreuzigung, allein er erwähnt nichts von einem Erdbeben, noch von dem Zerreißen der Felsen, noch von dem Aufthun der Gräber, noch von dem Herauskommen der Todten. Der Verfasser des Buches Lucä schweigt gleichfalls über dieselben Punkte. Und was den Verfasser des Buches Johannes betrifft, obwohl er alle Vorfälle bei der Kreuzigung bis zum Begräbniß Christi genau beschreibt, so sagt er doch weder etwas über die Finsterniß—über den Vorhang im Tempel—das Erdbeben—die Felsen—die Gräber—noch über die todten Menschen.

Wenn nun jene Dinge wirklich geschehen wären, und wenn die Verfasser dieser Bücher zu der Zeit, als sie geschahen, gelebt hätten, und die Personen gewesen wären, welche sie gewesen sein sollen, nämlich die vier sogenannten Apostel, Matthäus, Marcus, Lucas und Johannes;—so war es nicht möglich daß sie als treue Geschichtsschreiber, selbst ohne den Beistand göttlicher Eingebung, dieselben nicht verzeichneten. Wenn die gedachten Dinge als wirkliche Thatsachen angenommen werden, so waren sie zu leutkundig, um ihnen nicht bekannt gewesen zu sein, und zu wichtig, um nicht erzählt zu werden. Alle diese angeblichen Apostel müssen Zeugen von dem Erdbeben gewesen sein, wenn ein solches stattgefunden hätte; denn sie konnten unmöglich von demselben entfernt gewesen sein; allein das Aufthun der Gräber und die Auferstehung der Todten und ihr Herumwandeln in der Stadt ist von größerer Wichtigkeit als das Erdbeben.

Ein Erdbeben ist immer möglich und natürlich, und beweist nichts; hingegen dieses Aufthun der Gräber ist übernatürlich, und ist ein unmittelbarer Beleg für die Wahrheit ihrer Lehre, ihrer Sache und ihres Apostelamtes. Wäre dieses Ereigniß wahr gewesen, so würde es ganze Capitel in jenen Büchern angefüllt haben, und würde das Lieblings-Thema und der allgemeine Chorgesang aller jener Verfasser gewesen sein; allein statt dessen werden kleinliche und unbedeutende Dinge, und bloßes plauderhaftes Geschwätz, wie: er sagte dies, und sie sagte das, oft zum Ekel haarklein geschildert, während dieses allerwichtigste Ereigniß (wäre es wahr gewesen) auf eine nachlässige Art mit einem einzigen Federstrich, und zwar nur von Einem Verfasser allein abgethan, und von den Uebrigen nicht einmal leise angedeutet wird.

Es ist etwas Leichtes, eine Lüge zu erzählen, aber es ist schwierig, die Lüge zu behaupten, nachdem sie erzählt ist. Der Verfasser des Buches Matthäi hätte uns sagen sollen, wer die Heiligen waren, welche wieder lebendig wurden, und in die Stadt kamen, und was später aus ihnen wurde, und wer sie sah (denn er ist nicht dreist genug zu behaupten, daß er sie selbst gesehen habe); ferner ob sie nackt und ganz im Naturstande herauskamen, männliche Heilige und weibliche; oder ob sie in vollen Staatskleidern erschienen, und wo sie ihre Kleider bekommen hatten; ob sie in ihre früheren Wohnungen gingen, und ihre Weiber, ihre Männer und ihr Vermögen wieder in Anspruch nahmen, und wie sie aufgenommen wurden; ob sie Besitzvertreibungs-Klagen anstellten für die Wiedererlangung ihres Eigenthums, oder ob sie die eingeschlichenen Nebenbuhler wegen Ehebruchs belangten; ob sie auf Erden blieben, und ihrem früheren Geschäfte, dem Predigen oder einem Handwerk, nachgingen; oder ob sie wieder starben, oder wieder lebendig in ihre Gräber schlüpften, und sich selbst begruben.

Es ist in der That seltsam, daß ein Heer von Heiligen wieder lebendig werden, und daß Niemand wissen sollte, wer sie waren, noch wer sie sah, und daß nicht ein Wort weiter über die Sache gesagt wird, und daß diese Heiligen uns auch gar nichts zu sagen haben! Wären es die Propheten gewesen, welche (wie man uns erzählt) früher von diesen Dingen prophezeiht hatten, so müßten diese sehr viel zu sagen gehabt haben. Sie hätten uns ein jedes Ding erzählen können, und wir würden Prophezeihungen nach dem Tode gehabt haben, mit Anmerkungen und Erläuterungen über die ersteren, zum Mindesten etwas besser als diejenigen, die wir gegenwärtig haben. Wären es Moses, Aaron, Josua, Samuel und David gewesen; so wäre nicht ein Jude in ganz Jerusalem geblieben, der sich nicht bekehrt hätte. Wären es Johannes der Täufer und die Heiligen der damaligen Zeit gewesen, so würde sie Jedermann gekannt, und sie würden alle andern Apostel durch ihre Predigten und ihren Ruf in den Schatten gestellt haben. Allein statt dessen läßt man diese Heiligen aufschießen, wie Jonas Kürbis in der Nacht, zu keinem andern Zwecke, als um wieder zusammenzuschrumpfen am Morgen. Doch genug über diesen Theil der Geschichte.

Die Erzählung von der Auferstehung folgt auf diejenige von der Kreuzigung; und in dieser, eben so wie in jener, stimmen die Verfasser, wer immer sie waren, so wenig überein, daß es offenbar wird, daß keiner von ihnen dort war.

Das Buch Matthäi meldet, nachdem Christus in das Grab gelegt worden, hätten sich die Juden an Pilatus gewendet, er möge eine Wache oder Hüter über das Grab setzen, um zu verhüten, daß der Leichnam nicht von den Jüngern gestohlen würde; und in Folge dieses Gesuches wurde das Grab verwahret, der Stein vor der Oeffnung versiegelt, und eine Wache bestellt. Hingegen die andern Bücher sagen nichts von diesem Gesuche, noch von dem Versiegeln, noch von den Hütern oder Wächtern; und nach ihren Erzählungen gab es keine solchen. Matthäus jedoch läßt auf diesen Theil der Geschichte von den Hütern oder Wächtern einen zweiten Theil folgen, welchen ich zum Schluß betrachten werde, weil derselbe zur Aufdeckung der Falschheit jener Bücher dient.

Das Buch Matthäi fährt in seiner Erzählung fort und sagt (Cap. 28, Vers 1), am Ende des Sabbaths, als es zu dämmern begann, am ersten Tage der Woche, kam Maria Magdalena und die andere Maria, um das Grab zu besehen. Marcus sagt, es sei um Sonnenaufgang gewesen, und Johannes sagt, es sei noch finster gewesen. Lucas sagt, es seien Maria Magdalena, Johanna und Maria, die Mutter Jacobi, und andere Weiber gewesen, welche zu dem Grabe kamen; und Johannes sagt, Maria Magdalena sei allein gekommen. So schön stimmen sie über ihre ersten Zeugen überein! Indeß scheinen sie Alle das Meiste von der Maria Magdalena gewußt zu haben; sie war eine Frau von einer ausgebreiteten Bekanntschaft, und es war keine üble Vermuthung, daß sie herumgeschlendert sein mochte.

Das Buch Matthäi sagt weiter im 2ten Verse: „Und siehe, es geschah ein großes Erdbeben; denn der Engel des Herrn kam vom Himmel herab, trat hinzu und wälzte den Stein von der Thüre, und setzte sich darauf." Hingegen die andern Bücher sagen nichts von einem Erdbeben, noch davon, daß der Engel den Stein abgewälzt und sich darauf gesetzt habe; und nach ihrer Erzählung saß gar kein Engel darauf. Marcus sagt, der Engel war drinnen in dem Grab und saß zur rechten Hand. Lucas sagt, es waren deren zwei, und sie standen beide aufrecht; und Johannes sagt, sie saßen beide, der Eine zu den Häupten und der Andere zu den Füßen.

Matthäus sagt, der Engel, welcher auf dem Steine außerhalb des Grabes gesessen, habe den beiden Marien gesagt, Christus sei auferstanden, und die Weiber seien schnell hinweggegangen. Marcus sagt, die Weiber hätten sich verwundert, als sie den Stein abgewälzt gesehen hätten, und seien in das Grab gegangen, und der Engel, welcher drinnen zur rechten

Hand saß, habe ihnen die Auferstehung verkündigt. Lucas sagt, die beiden Engel, welche aufrecht standen, hätten dies gethan; und Johannes sagt, Jesus selbst habe es der Maria Magdalena erzählt, und dieselbe sei nicht in das Grab gegangen, sondern habe sich nur gebückt und hineingeschaut.

Wenn nun die Verfasser dieser vier Bücher in einen Gerichtshof gekommen wären, um ein Alibi (Anderswo) zu beweisen (denn es ist eine Art Alibi, welche hier bewiesen werden soll, nämlich das Verschwinden eines Leichnams durch übernatürliche Mittel), und hätten sie ihre Zeugenaussagen auf dieselbe widersprechende Art abgegeben, wie dieselben hier abgegeben sind; so würden sie Gefahr gelaufen sein, wegen Meineids die Ohren gezupft zu bekommen, und sie würden dies von Rechtswegen verdient haben. Dennoch sind dieses die Beweise und die Bücher, welche man der Welt aufgehängt hat, als durch göttliche Eingebung geschrieben, und als das unwandelbare Wort Gottes.

Der Verfasser des Buches Matthäi erzählt darauf eine Geschichte, welche sich in keinem der andern Bücher findet, und auf welche ich kurz zuvor hingedeutet habe.

„Darauf," sagt er (das heißt, nachdem die Weiber mit dem auf dem Steine sitzenden Engel die Unterredung gehalten hatten), „siehe, da kamen etliche von den Hütern" (er meint die Hüter, welche nach seiner Angabe über das Grab gesetzt worden waren) „in die Stadt, und verkündeten den Hohenpriestern Alles, was geschehen war. Und sie kamen zusammen mit den Aeltesten und hielten einen Rath, und gaben den Kriegsknechten Geld genug und sprachen: „Saget, seine Jünger kamen des Nachts und stahlen ihn, dieweil wir schliefen; und wo es würde auskommen bei dem Landpfleger, wollen wir ihn stillen, und schaffen, daß ihr sicher seid. Und sie nahmen das Geld, und thaten, wie sie gelehrt waren. Solches" (daß seine Jünger ihn stahlen) „ist eine gemeine Rede geworden bei den Juden bis auf den heutigen Tag."

Der Ausdruck: bis auf den heutigen Tag, ist ein Beweis, daß das dem Matthäus zugeschriebene Buch nicht von Matthäus verfaßt wurde, und daß es lange nach den Zeiten und Ereignissen, von welchen es zu handeln vorgiebt, fabrizirt worden ist; denn jener Ausdruck begreift den Verlauf eines großen Zeitraums. Es würde ein Widerspruch sein, wenn wir von Etwas, das zu unserer eigenen Zeit geschehen ist, auf diese Weise sprechen wollten. Wollen wir deshalb dem Ausdruck eine verständige Bedeutung geben, so müssen wir einen Verlauf von mindestens einigen Zeitaltern annehmen, denn diese Redensart führt uns auf eine alte Zeit zurück.

Die Widersinnigkeit der Erzählung verdient ebenfalls gerügt zu werden; denn sie beweist, daß der Verfasser des Buches Matthäi ein großer Schwachkopf und Thor war. Er erzählt eine Geschichte, welche sich in Bezug auf

7*

Möglichkeit selbst widerlegt; denn obwohl man den Hütern, wenn solche da waren, die Rede in den Mund legen konnte, daß der Leichnam gestohlen worden sei, während sie schliefen, und obwohl sie dieses als einen Grund anführen konnten, warum sie den Diebstahl nicht verhinderten; so muß doch auch derselbe Schlaf sie verhindert haben zu wissen, wie und von wem die That verübt wurde; und doch läßt man sie sagen, die Jünger hätten es gethan. Wollte Jemand über Etwas, das nach seiner Angabe während seines Schlafes geschah, so wie über die Art, wie es geschah, und über die Person des Thäters sein Zeugniß anbieten, da er doch von der Sache nichts wissen konnte, so könnte solches Zeugniß nicht zugelassen werden; es ist gut genug für einen Testaments-Beweis, aber nicht für eine Sache, wobei es auf Wahrheit ankommt.

Ich komme jetzt zu jenem Theile des Beweises in jenen Büchern, welcher die vorgebliche Erscheinung Christi nach seiner vorgeblichen Auferstehung betrifft.

Der Verfasser des Buches Matthäi erzählt, der Engel, welcher auf dem Steine vor der Oeffnung des Grabes gesessen, habe zu den beiden Marien gesprochen, Cap. 28, V. 7: „Siehe, Christus ist vor euch in Galiläa gegangen, da werdet ihr ihn sehen; siehe, ich habe es euch gesagt." Und derselbe Verfasser läßt in den beiden nächsten Versen (8 und 9) Christum selbst dasselbe nochmals diesen Weibern erzählen, unmittelbar nachdem der Engel es ihnen erzählt hat, und sagt, sie seien gelaufen, daß sie es seinen Jüngern verkündigten; und im 16ten Verse heißt es: „Darauf gingen die eilf Jünger in Galiläa auf einen Berg, wohin Jesus sie beschieden hatte; und da sie ihn sahen, fielen sie anbetend vor ihm nieder."

Hingegen der Verfasser des Buches Johannes erzählt uns eine, von dieser ganz verschiedene, Geschichte; denn er sagt, Cap. 20, Vers 19: „Am Abend aber desselbigen Tages, nämlich des ersten Tages der Woche, (das heißt an demselben Tage, an welchem Christus auferstanden sein soll), da die Jünger versammelt und die Thüren verschlossen waren, aus Furcht vor den Juden, kam Jesus, und trat mitten unter sie."

Nach Matthäus marschirten die Eilfe nach Galiläa, um Jesum auf einem Berge zu treffen, wohin er sie selbst beschieden hatte, gerade zu derselben Zeit, als sie nach Johannes an einem andern Orte versammelt waren, und zwar nicht durch eine Bestellung, sondern im Geheimen, aus Furcht vor den Juden.

Der Verfasser des Buches Lucä widerspricht dem Buche Matthäi noch deutlicher, als Johannes; denn er sagt ausdrücklich, daß die Versammlung in Jerusalem war, am Abend desselben Tages, an welchem Christus auferstand, und daß die Eilfe dort waren. Siehe Lucas, Capitel 24, Vers 13, 33.

Woferne wir nun nicht diesen angeblichen Jüngern das Recht zugestehen, vorsätzlich zu lügen, so ist es nicht möglich, daß die Verfasser dieser Bücher zu den eilf sogenannten Jüngern gehört haben konnten; denn wenn nach dem Matthäus, die Eilfe nach Galiläa gingen, um Jesum nach seiner eigenen Bestellung auf einem Berge zu treffen, an demselben Tage, an welchem er auferstanden sein soll, so müssen Lucas und Johannes zwei jener Eilfe gewesen sein; dennoch sagt der Verfasser des Buches Lucä ausdrücklich, und Johannes giebt dasselbe zu verstehen, daß die Versammlung an demselben Tage in einem Hause zu Jerusalem stattfand; — und andrerseits, wenn nach Lucas und Johannes die Eilfe in einem Hause in Jerusalem versammelt waren, so muß Matthäus Einer jener Eilfe gewesen sein; dennoch sagt Matthäus, die Versammlung sei auf einem Berge in Galiläa gewesen. Folglich vernichten die in jenen Büchern enthaltenen Zeugnisse einander gegenseitig.

Der Verfasser des Buches Marci sagt nichts von einer Versammlung in Galiläa; vielmehr sagt er, Cap. 16, V. 12, Christus sei nach seiner Auferstehung in anderer Gestalt Zweien von ihnen erschienen, da sie auf's Feld gingen, und diese Beiden hätten es den Andern verkündigt, diese aber hätten ihnen nicht glauben wollen. Lucas erzählt ebenfalls eine Geschichte, worin er Christum an dem ganzen Tage dieser vorgeblichen Auferstehung bis zum Abende geschäftig hält, und welche die Nachricht von dem Gange auf den Berg in Galiläa gänzlich entkräftet. Er sagt, zwei derselben, ohne anzugeben, welche zwei, seien an demselben Tage nach einem Flecken, Namens Emmaus, gegangen, der von Jerusalem 60 Feldwegs (7½ Meile) weit war, und Christus sei unerkannt mit ihnen gegangen, und sei bei ihnen geblieben, bis zum Abend, und habe mit ihnen das Abendbrod gegessen, und sei darauf vor ihren Augen verschwunden, und sei an demselben Abend in der Versammlung der Eilfe zu Jerusalem abermals erschienen.

Dieses ist die widersprechende Art, wie der Beweis dieser angeblichen Wiedererscheinung Christi geführt wird; der einzige Punkt, worüber die Verfasser einig sind, ist die versteckte Heimlichkeit jener Wiedererscheinung; denn ob es in dem Schlupfwinkel eines Gebirges in Galiläa, oder in einem verschlossenen Hause in Jerusalem war, so war es immer ein Verstecken. Welcher Ursache sollen wir nun dieses Verstecken zuschreiben? Einerseits widerstreitet es geradezu dem muthmaßlichen oder vorgeblichen Zwecke — nämlich die Welt zu überzeugen, daß Christus auferstanden war; aber andrerseits, wenn die Verfasser jener Bücher die Oeffentlichkeit der Erscheinung behauptet hätten, so würden sie sich öffentlich eine Blöße gegeben haben, und darum waren sie genöthigt, eine geheime Geschichte daraus zu machen.

Was die Nachricht anbelangt, daß Christus von mehr als 500 Menschen auf einmal gesehen worden sei, so sagt dieses allein Paulus, und die 500 sagen es nicht selbst. Es ist demnach das Zeugniß nur Eines Mannes, und obendrein eines Mannes, welcher zufolge derselben Angabe, zu der

Zeit, als dies geschehen sein soll, selbst nicht ein Wort von der Sache glaubte. Sein Zeugniß, gesetzt, er ist der Verfasser des 15ten Capitels der Epistel an die Korinther gewesen, worin diese Nachricht steht, ist gleich dem Zeugnisse eines Mannes, welcher vor Gericht erscheint, um zu schwören, daß Das, was er früher beschworen habe, falsch sei. Es mag Jemand oft Gründe haben, und er hat auch immer das Recht, seine Meinung zu ändern; allein diese Freiheit erstreckt sich nicht auf Thatsachen.

Ich komme jetzt zu dem letzten Auftritt, nämlich zu der Himmelfahrt. Hier muß alle Furcht vor den Juden und vor irgend etwas sonst nothwendig aus dem Spiele gewesen sein; dies war die Begebenheit, welche, wenn sie wahr war, dem Ganzen die Krone aufsetzen sollte, und auf welche die zukünftige Sendung der Jünger den Beweis ihrer Wahrheit stützen mußte. Worte der Erklärung oder Verheißung, welche im Geheimen gewechselt wurden, in dem Schlupfwinkel eines Gebirges in Galiläa, oder in einem verschlossenen Hause zu Jerusalem, selbst angenommen, dieselben wären gesprochen worden, könnten nicht als öffentlicher Beweis gelten; es war deshalb nothwendig, daß dieser letzte Auftritt die Möglichkeit der Abläugnung und Bestreitung verbieten sollte, und daß derselbe, wie ich in dem ersten Theil des „Zeitalters der Vernunft" bemerkte, so öffentlich und sichtbar war, wie die Sonne um Mittag; zum Mindesten hätte derselbe so öffentlich sein sollen, wie die Kreuzigung nach der Erzählung gewesen war. Doch zur Sache selbst!

Erstlich sagt der Verfasser des Buches Matthäi keine Sylbe davon; eben so wenig der Verfasser des Buches Johannes. Da dieses der Fall ist, kann man möglicher Weise annehmen, daß jene Schriftsteller, welche in andern Dingen sogar umständlich sind, über dieses Ereigniß geschwiegen haben sollten, wenn dasselbe wahr gewesen wäre? Der Verfasser des Buches Marci fertigt dasselbe mit einem einzigen Federstriche, auf eine sorglose, nachlässige Art ab, als ob er des Romanschreibens müde wäre, oder sich der Geschichte schämte. Dasselbe ist bei Lucas der Fall. Und selbst unter diesen Beiden herrscht augenscheinlich keine Uebereinstimmung, in Bezug auf den Ort, wo der endliche Abschied genommen worden sein soll.

Das Buch Marci sagt, Christus sei den Eilfen erschienen, als sie zu Tische saßen, womit er die Versammlung der Eilfe in Jerusalem meint; er meldet darauf die Unterredung, welche nach seiner Angabe in jener Versammlung vorfiel; und gleich darauf sagt er (wie ein Schulknabe eine langweilige Geschichte zu beendigen pflegt): „Und darauf, nachdem der Herr mit ihnen geredet hatte, ward er aufgehoben gen Himmel, und sitzet zur Rechten Hand Gottes. Hingegen der Verfasser des Buches Lucä sagt: „Er (Christus) führte sie aber hinaus bis gen Bethanien, und schied daselbst von ihnen, und fuhr auf gen Himmel." Dasselbe geschah mit Muhamed; und was Moses anbelangt, so sagt der Apostel Juda im 9ten Verse: „Michael zankte mit dem Teufel über den Leichnam Moses." So lange wir solche Mährchen glauben, wie diese, oder irgend eines derselben, so hegen wir einen unwürdigen Glauben von dem Allmächtigen.

Ich habe nunmehr die Untersuchung der vier, dem Matthäus, Marcus, Lucas und Johannes zugeschriebenen Bücher beendigt; und wenn man bedenkt, daß der ganze Zeitraum von der Kreuzigung bis zu der sogenannten Himmelfahrt nur wenige Tage ausmacht, offenbar nicht mehr als drei bis vier, und daß alle Begebenheiten beinahe an demselben Orte, Jerusalem, vorgefallen sein sollen; so ist es, glaube ich, unmöglich, in irgend einer niedergeschriebenen Geschichte so viele und so auffallende Abgeschmacktheiten, Widersprüche und Unwahrheiten zu finden, wie sie in jenen Büchern enthalten sind. Dieselben sind zahlreicher und auffallender, als ich zu finden irgend erwartete, da ich diese Untersuchung unternahm, und in einem weit größeren Maaße, als ich mir je vorstellte, da ich den ersten Theil des Zeitalters der Vernunft schrieb. Ich hatte damals weder eine Bibel, noch ein Testament, worauf ich mich beziehen konnte, noch konnte ich mir jene Bücher verschaffen. Meine eigene Lage, selbst meine Existenz, wurde von Tag zu Tag mehr gefährdet; und da ich Willens war, über den Gegenstand etwas der Welt zu hinterlassen, so war ich genöthigt, mich schnell und kurz zu fassen. Die Stellen, welche ich damals anführte, nahm ich nur aus dem Gedächtniß, allein sie sind richtig; und die Ansichten, welche ich in jenem Werke aufstellte, sind das Ergebniß der klarsten und lange gewonnenen Ueberzeugung: — daß nämlich das Alte und das Neue Testament ein Betrug an der Welt sind — daß der Sündenfall — die Erzählung von Jesus Christus, welcher der Sohn Gottes sein soll, von seinem Tode zur Versöhnung des göttlichen Zornes und von der Erlösung durch jenes seltsame Mittel, lauter fabelhafte Erfindungen sind, welche der Weisheit und Größe des Allmächtigen zur Unehre gereichen — daß die einzig wahre Religion der Deismus ist, worunter ich den Glauben an Einen Gott und eine Nachahmung seiner moralischen Eigenschaften, oder die Ausübung der sogenannten moralischen Tugenden damals verstand und noch verstehe — und daß ich hierauf allein (so viel Religion anbelangt) alle meine Hoffnungen auf eine künftige Glückseligkeit baute. So sage ich noch — und so helfe mir Gott.

Doch wieder zur Sache! — Obwohl es nach dem Verlaufe eines so langen Zeitraums unmöglich ist, mit Bestimmtheit auszumitteln, wer die Verfasser jener vier Bücher waren (und dies allein genügt, um über dieselben Zweifel zu hegen, und wo man zweifelt, da glaubt man nicht); so ist es doch nicht schwierig, negativ auszumitteln, daß sie nicht von den Personen, denen sie zugeschrieben werden, verfaßt wurden. Die Widersprüche in jenen Büchern beweisen Zweierlei:

Erstens, daß die Verfasser nicht Augenzeugen und Ohrenzeugen der von ihnen erzählten Thatsachen gewesen sein können, da sie dieselben sonst ohne jene Widersprüche erzählt haben würden; und folglich, daß die Bücher nicht von den sogenannten Aposteln geschrieben worden sind, welche angeblich derartige Zeugen gewesen sein sollen.

Zweitens, daß die Verfasser, wer immer sie waren, nicht ihren Betrug verabredet haben, sondern daß jeder Verfasser besonders und einzeln für sich handelte, und ohne das Wissen der Andern.

Derselbe Beweis, welcher den Einen Satz zu bekräftigen dient, gilt gleichmäßig für die Bekräftigung beider Sätze; das heißt, daß die Bücher nicht von den sogenannten Aposteln geschrieben wurden, und gleichfalls, daß sie nicht ein verabredeter Betrug sind. Was göttliche Eingebung anbelangt, so ist dieselbe gänzlich aus dem Spiele; man mag eben so wohl versuchen, Wahrheit und Lüge zusammen zu reimen, wie göttliche Eingebung und Widerspruch.

Wenn vier Menschen Augen- und Ohrenzeugen von einem Vorfall sind, so werden sie, ohne Verabredung unter einander, in Bezug auf Zeit und Ort, wann und wo jener Vorfall geschah, übereinstimmen. Ihre gegenseitige Kenntniß der Sache, weil ein Jeder dieselbe kennt, macht eine Verabredung durchaus unnöthig; der Eine wird nicht sagen, es geschah auf einem Berge im Lande, und der Andere, in einem Hause in der Stadt; — der Eine wird nicht sagen, es geschah nach Sonnenaufgang, und der Andere, es sei noch finster gewesen. Denn an welchem Ort und zu welcher Zeit es immer geschah, sie wissen es gleichmäßig, Einer wie der Andere.

Und andrerseits, wenn vier Menschen eine Geschichte verabreden, so werden sie machen, daß ihre besondern Erzählungen jener Geschichte übereinstimmen, und einander bestätigen, um das Ganze zu unterstützen. Jene Verabredung ersetzt den Mangel einer Thatsache in dem Einen Fall, wie die Kenntniß der Thatsache in dem andern Falle die Nothwendigkeit einer Verabredung überflüssig macht. Dieselben Widersprüche deshalb, welche beweisen, daß keine Verabredung stattgefunden hat, beweisen ebenfalls, daß die Erzähler keine Kenntniß von der Thatsache hatten (oder vielmehr von dem, was sie als eine Thatsache erzählen), und decken gleichfalls die Unwahrheit ihrer Berichte auf. Jene Bücher sind demnach weder von den sogenannten Aposteln, noch von Betrügern nach einer Verabredung geschrieben worden. Wie sind sie denn geschrieben worden?

Ich gehöre nicht zu Denen, welche gerne glauben, daß es viele sogenannte vorsätzliche Lügen, oder ursprüngliche Lügen giebt; ausgenommen in dem Falle, wo sich Leute für Propheten ausgeben, wie in dem Alten Testament; denn Prophezeihen ist ein handwerksmäßiges Lügen. In fast allen andern Fällen ist es nicht sehr schwierig, den Fortgang zu entdecken, wodurch selbst eine einfache Vermuthung, mit Hülfe der Leichtgläubigkeit, mit der Zeit zu einer Lüge anwächst, und zuletzt als eine Thatsache erzählt wird; und so oft wir einen milden Grund für etwas Derartiges entdecken können, sollten wir nicht einem schlimmen Raum geben.

Die Geschichte von der Erscheinung Jesu Christi nach seinem Tode ist die Geschichte einer Geistererscheinung, so wie sie eine furchtsame Einbildungskraft stets in dem Menschen erzeugen, und die Leichtgläubigkeit annehmen kann. Derartige Geschichten waren von der Ermordung Julius Cäsars nur wenige Jahre zuvor erzählt worden, und sie haben im Allgemeinen ihren Ursprung in gewaltsamen Todesfällen, oder in der Hinrichtung unschuldiger Personen. In derartigen Fällen leiht das Mitleiden seine Hand, und behnt aus wohlwollender Absicht die Geschichte aus. So geht sie immer ein wenig weiter, bis sie am Ende zur **ganz gewissen Wahrheit** wird. Man bringe nur einen Geist aufs Tapet, und die Leichtgläubigkeit füllt seine Lebensgeschichte aus und giebt eine Ursache seines Erscheinens an! Der Eine erzählt die Geschichte auf diese Weise, der Andere auf jene Weise, bis es so viele Geschichten von dem Geist und von dem Eigenthümer des Geistes giebt, wie es über Jesus Christus in diesen vier Büchern giebt.

Die Geschichte von der Erscheinung Jesu Christi ist mit jener seltsamen Mischung des Natürlichen und Unmöglichen erzählt, welche mährchenhafte Sagen von Thatsachen unterscheidet. Er wird dargestellt, wie er plötzlich hereinkommt, und wieder hinausgeht, während die Thüren verschlossen sind, und wie er vor den Augen verschwindet und wieder erscheint, wie man sich eine körperlose Erscheinung vorzustellen pflegt; dann wieder ist er hungrig, setzt sich nieder zu Tische, und verzehrt sein Abendbrod. Allein wie Leute, welche derartige Geschichten erzählen, sich niemals auf alle Fälle vorsehen, so ist es auch hier; sie haben uns erzählt, daß er bei seiner Auferstehung sein Grabgewand zurück ließ, hingegen haben sie vergessen, andere Kleider für ihn zu besorgen, worin er später erscheinen konnte, oder uns zu sagen, was er mit denselben anfing, als er in den Himmel fuhr; ob er Alles auszog, oder in vollem Anzuge hinauffuhr. Bei der Himmelfahrt des Elia hat man sich gut genug vorgesehen, indem man ihn seinen Mantel hinunter werfen ließ; wie es kam, daß derselbe in dem feurigen Wagen nicht verbrannt war, hat man uns auch nicht gesagt. Allein da die Einbildungskraft alle derartigen Mittel ergänzt, so dürfen wir annehmen, wenn wir wollen, daß der Mantel aus Salamander-Wolle verfertigt war.

Wer mit der Kirchengeschichte nicht sehr vertraut ist, könnte vermuthen, daß das sogenannte Neue Testament stets seit Jesu Christi Zeiten bestanden hat, wie man annimmt, daß die dem Moses zugeschriebenen Bücher stets seit Moses Zeiten bestanden haben. Allein die Sache verhält sich nach der Geschichte anders; es gab ein solches Buch wie das Neue Testament nicht eher als nach einem Zeitraum von mehr als 300 Jahren nach der Zeit, zu welcher Christus gelebt haben soll.

Zu welcher Zeit die, dem Matthäus, Marcus, Lucas und Johannes zugeschriebenen Bücher zuerst erschienen, ist durchaus eine Sache der Ungewißheit. Es ist nicht der leiseste Schatten von Beweis vorhanden, wer die Leute waren, welche dieselben schrieben, noch zu welcher Zeit sie geschrieben wurden, und man hätte ihnen eben so wohl die Namen von Andern der angeblichen Apostel beilegen können, wie die Namen, welche sie gegenwärtig führen. Die Urschriften befinden sich nicht im Besitz irgend einer bestehenden christlichen Kirche, eben so wenig wie sich die beiden steinernen Tafeln, welche angeblich auf dem Berg Sinai von Gottes Hand beschrieben, und dem Moses übergeben wurden, im Besitze der Juden befinden. Und wenn dies selbst der Fall wäre, so ist es nicht möglich, in irgend einem dieser Fälle die Handschrift zu beweisen. Zu der Zeit, als jene Bücher verfaßt wurden, gab es noch keine Druckerei, und folglich konnte man eine Schrift nicht anders verbreiten, als durch Abschriften, welche Jedermann nach Belieben verfertigen oder abändern und Urschriften nennen konnte. Können wir mit der Weisheit des Allmächtigen die Vermuthung vereinbaren, daß er sich und seinen Willen durch so unsichere Mittel wie diese dem Menschen offenbaren würde, oder ist es vernünftig, unsern Glauben an solche Ungewißheiten zu hängen? Wir können nicht einmal Ein Grasblättchen, welches er geschaffen hat, verfertigen, verändern oder nachmachen, und doch können wir Worte Gottes so leicht nachmachen oder verändern, wie Worte von Menschen.*)

Ungefähr 350 Jahre nach der Zeit, zu welcher Christus gelebt haben soll, waren verschiedene derartige Schriften, wie ich sie erwähnt habe, in den Händen verschiedener Leute zerstreut; und da die Kirche angefangen hatte, sich in eine Hierarchie oder Kirchen=Regierung mit weltlichen Gewalten zu verwandeln, so suchte sie dieselben zu einem Gesetzbuche zu sammeln, so wie wir dieselben gegenwärtig sehen, und „Das Neue Testament" nennen. Man entschied durch Abstimmung, wie ich in dem ersten Theile des Zeitalters der Vernunft zuvor bemerkt habe, welche jener Schriften aus der so veranstalteten Sammlung das Wort Gottes sein

---

*) Der erste Theil des „Zeitalters der Vernunft" ist noch nicht zwei Jahre lang erschienen, und es steht bereits eine Stelle darin, welche nicht von mir herrührt. Die Stelle lautet: „Das Buch des Lucas wurde nur durch die Mehrheit einer einzigen Stimme aufgenommen." Dies mag wahr sein, allein ich habe dies nicht gesagt. Irgend Jemand, der den Umstand kennen möchte, hat denselben in einer Anmerkung am untern Ende der Seite einer der in England oder Amerika erschienenen Ausgaben hinzugefügt, und die Drucker haben nachher die Anmerkung in den Text des Werkes selbst aufgenommen, und haben mich zum Verfasser davon gemacht. Wenn dieses in einem so kurzen Zeitraume geschehen ist, ungeachtet der Hülfe der Buchdruckerkunst, welche die Veränderung einzelner Exemplare verhindert; was dürfen wir nicht in einem weit größeren Zeitverlaufe erwarten, als es noch keinen Druck gab, und als Jeder, der schreiben konnte, eine Abschrift nehmen, und dieselbe eine Urschrift von Matthäus, Marcus, Lucas und Johannes nennen konnte.

sollten, und welche nicht. Die Rabbiner der Juden hatten über die Bücher des Alten Testaments früherhin auf gleiche Weise abgestimmt.

Da der Zweck der Kirche, wie dies bei allen National-Kirchenanstalten der Fall ist, auf Gewalt und Einkünfte hinauslief, und da Schrecken das Mittel war, welches sie dazu anwandte; so ist es eine vernünftige Vermuthung, daß die wunderbarsten und unglaublichsten Schriften in der Sammlung, die beste Aussicht hatten, eine Mehrheit der Stimmen zu erhalten. Und was die Aechtheit der Bücher anbelangt, so vertritt die Abstimmung deren Stelle; denn sie kann nicht weiter hinauf verfolgt werden.

Indessen wurden unter den Leuten, welche sich damals Christen nannten, erbitterte Streitigkeiten geführt, nicht allein über Lehrsätze, sondern auch über die Aechtheit der Bücher. In dem Streite zwischen dem sogenannten heiligen Augustinus und Faustus, um das Jahr 400, sagt der letztere: „Die sogenannten Evangelien-Bücher sind lange nach den Zeiten der Apostel von einigen unbekannten Menschen verfaßt worden, welche aus Besorgniß, die Welt möchte ihrer Erzählung von Dingen, wovon sie nichts wissen konnten, keinen Glauben schenken, dieselben unter den Namen der Apostel veröffentlichten; und jene Bücher sind so voll Albernheiten und widersprechenden Nachrichten, daß weder Uebereinstimmung noch Zusammenhang zwischen denselben herrscht."

Und an einem andern Orte wendet er sich an Diejenigen, welche jene Bücher für das Wort Gottes ausgaben, mit den Worten: „Auf solche Weise haben eure Vorgänger in die Schriften unsers Herrn viele Dinge eingeschwärzt, welche mit seinen Lehren nicht übereinstimmen, obwohl sie seinen Namen führen. Dieses ist nicht zu verwundern, dieweil wir oft bewiesen haben, daß diese Dinge nicht von ihm selbst, noch von seinen Aposteln geschrieben worden sind, sondern daß sie sich größtentheils auf Sagen, auf unbestimmte Gerüchte gründen, und von ich weiß nicht welchen Halb-Juden zusammengesetzt sind, mit nur sehr wenig Uebereinstimmung unter denselben; und daß jene Menschen dieselben nichts destoweniger unter den Namen der Apostel unseres Herrn bekannt gemacht, und denselben solchergestalt ihre eigenen Irrthümer und ihre Lügen zugeschrieben haben.*)

Der Leser wird aus diesen Auszügen ersehen, daß man die Aechtheit der Bücher des Neuen Testaments zu der Zeit, als sie durch Abstimmung zum Worte Gottes gemacht wurden, in Abrede stellte, und die Bücher als Sagen, Erdichtungen und Lügen behandelte. Allein das Interesse der Kirche, mit Hülfe des Scheiterhaufens, zermalmte allen Widerstand, und unterdrückte am Ende alle freie Forschung. Wunder folgten auf Wunder, wenn

---

*) Ich habe diese beiden Auszüge aus Boulanger's Leben Pauli, einem französischen Werke, entnommen; Boulanger hat dieselben aus den Schriften des Augustinus gegen Faustus angeführt, auf welche er sich bezieht.

man dieselben glauben will, und die Menschen wurden gelehrt, zu sagen, sie glaubten daran, mochten sie daran glauben oder nicht. Doch (um einen Gedanken einzuschalten) die französische Revolution hat die Kirche mit dem Banne belegt, daß sie keine Wunder mehr thun kann; sie ist mit dem Beistand aller ihrer Heiligen nicht im Stande gewesen, seit dem Anfang der Revolution Ein Wunder zu thun; und da sie niemals in größerer Noth war, als gegenwärtig, so können wir, ohne die Wahrsagerkunst zu Hülfe zu nehmen, schließen, daß alle ihre früheren Wunder Kunststücke und Lügen waren.*)

Wenn man bedenkt, daß mehr als 300 Jahre zwischen der Zeit, als Christus gelebt haben soll, und der Zeit, als das Neue Testament in ein Buch umgeschaffen wurde, verflossen sind; so muß man, selbst ohne die Hülfe historischer Beweise, die außerordentliche Ungewißheit seiner Aechtheit einsehen. Die Aechtheit der homerischen Bücher, soviel die Verfasserschaft anbelangt, ist weit besser begründet, als die Aechtheit des Neuen Testaments, obwohl Homer um 1000 Jahre älter ist. Denn nur ein ausgezeichneter Dichter konnte die Homerischen Gesänge verfaßt haben,

---

*) Boulanger in seinem Leben Pauli hat aus den Kirchengeschichten und den Schriften der sogenannten Kirchenväter mehre Angaben gesammelt, welche die Ansichten darstellen, die unter den verschiedenen christlichen Secten zu der Zeit herrschten, als das Neue Testament, so wie wir es jetzt sehen, durch Abstimmung für das Wort Gottes erklärt wurde. Die folgenden Auszüge sind aus dem zweiten Capitel jenes Werkes:

„Die Marcioniten (eine christliche Secte) versicherten, daß die Evangelien-Bücher mit Unwahrheiten überfüllt seien. Die Manichäer, welche zu Anfang des Christenthums eine sehr zahlreiche Secte bildeten, verwarfen das ganze Neue Testament als falsch; und zeigten andere ganz verschiedene Schriften, welche sie als ächt ausgaben. Die Corinther, wie die Marcionisten, erkannten die Apostelgeschichte nicht an. Die Enkratiten und die Sevenianer nahmen weder die Apostelgeschichte noch die Briefe Pauli an. Chrysostomus sagt in einer Predigt, welche er über die Apostelgeschichte hielt, daß zu seiner Zeit, um das Jahr 400, viele Leute weder etwas von dem Verfasser noch von dem Buche gewußt hätten. St. Jrenus, welcher vor jener Zeit lebte, berichtet, daß die Valentinianer, ebenso wie verschiedene andere christliche Secten, die heiligen Schriften beschuldigten, sie seien mit Unvollkommenheiten, Irrthümern und Widersprüchen angefüllt. Die Ebioniter oder Nazarener, welche die ersten Christen waren, verwarfen alle Episteln von Paulus und hielten ihn für einen Betrüger. Sie berichten unter Andern, er sei ursprünglich ein Heide gewesen; er sei nach Jerusalem gekommen und habe sich eine Zeit lang daselbst aufgehalten; und weil er die Absicht gehegt habe, die Tochter des Hohenpriesters zu heirathen, so habe er sich beschneiden lassen; allein weil er dieselbe nicht habe bekommen können, so habe er mit den Juden Streit angefangen, und gegen die Beschneidung sowie gegen die Begehung des Sabbaths und gegen alle Verordnungen des Mosaischen Gesetzes geschrieben.

und darum hätten dies nur Wenige unternehmen können; und wer dazu fähig war, würde nicht seinen eigenen Ruhm hinweggeworfen haben, um denselben auf einen andern zu übertragen. Auf dieselbe Weise gab es nur wenige Leute, welche Euklid's Elemente hätten verfassen können, weil nur ein vortrefflicher Geometer der Verfasser jenes Werkes sein konnte.

Hingegen, was die Bücher des Neuen Testaments anbelangt, insbesondere diejenigen Theile, welche uns von der Auferstehung und Himmelfahrt Christi erzählen; so könnte Jeder, der eine Geschichte von einer Geistererscheinung oder von dem Umgehen eines Menschen zu erzählen vermochte, dergleichen Bücher geschrieben haben; denn die Geschichte ist ganz erbärmlich erzählt. Die Wahrscheinlichkeit einer Fälschung im Testament ist deshalb millionen Mal größer, als bei den Werken Homer's oder Euklid's. Von den zahlreichen Priestern oder Pfarrern heutiges Tages, Bischöfe und Alles mit eingerechnet, kann Jeder eine Predigt verfertigen, oder ein Stückchen Latein übersetzen, besonders, wenn es schon tausend Mal vorher übersetzt worden ist; allein giebt es unter ihnen Leute, welche wie Homer Gedichte schreiben, oder wissenschaftliche Werke wie Euklid verfassen können? Die Gesammtsumme der Gelehrsamkeit eines Pfarrers, mit sehr wenigen Ausnahmen, besteht in den auswendig gelernten Anfangsgründen der lateinischen Grammatik; und seine wissenschaftlichen Kenntnisse gehen nicht über drei Mal eins ist drei hinaus; und dieses wäre, wenn sie zu jener Zeit gelebt hätten, mehr als genug für sie gewesen, um alle Bücher des Neuen Testaments schreiben zu können.

Wie die Leichtigkeit der Fälschung größer war, so waren es auch die Beweggründe. Es konnte Niemand einen Vortheil gewinnen, wenn er unter dem Namen Homer's oder Euklid's schrieb; konnte er eben so gut schreiben wie sie, so war es für ihn besser, wenn er unter seinem eigenen Namen schrieb; und schrieb er schlechter, so konnte er damit kein Glück machen. Der Stolz würde das Erstere verbieten und die Unmöglichkeit das Letztere. Hingegen bei solchen Büchern, wie sie das Neue Testament bilden, sprechen alle Beweggründe zu Gunsten einer Fälschung. Die beste Geschichte, welche man 200 bis 300 Jahre nach der Zeit hätte ersinnen können, hätte man unter dem Namen des wirklichen Verfassers nicht für eine alte Urschrift ausgeben können; die einzige Aussicht auf Gelingen, lag in einer Fälschung, denn die Kirche brauchte einen Vorwand für ihre neue Lehre, und auf Wahrheit und Talente kam es nicht an.

Es ist aber (wie zuvor bemerkt wurde) nichts Ungewöhnliches, Geschichten von dem Umgehen von Leuten nach ihrem Tode, von Geistern und von dem Erscheinen solcher Menschen, die auf eine gewaltsame oder außerordentliche Weise um ihr Leben gekommen sind, zu erzählen; und die Leute damaliger Zeit waren gewohnt, an dergleichen Dinge zu glauben, sowie an die Erscheinung von Engeln, und ebenfalls von Teufeln, und daß diese in Leute hineinführen, und dieselben schüttelten, wie ein kalter Fieberanfall, und daß sie wieder hinausgeworfen werden könnten, wie durch ein Brechmittel — (Maria Magdalena hatte, wie uns das Buch Marcus erzählt, sieben Teufel aufgezogen, oder war mit denselben niedergekommen). Es war deshalb nichts Außerordentliches, daß irgend eine derartige Geschichte von dem sogenannten Jesus Christus unter die Leute kam, und später die Grundlage der vier, dem Matthäus, Marcus, Lucas und Johannes zugeschriebenen Bücher ward. Jeder Verfasser erzählte die Geschichte so, wie er sie hörte, oder ungefähr so, und gab seinem Buche den Namen des Heiligen oder des Apostels, welchen die Sage als den Augenzeugen angegeben hatte. Nur auf diese Weise kann man sich die Widersprüche in jenen Büchern erklären; und wenn sich die Sache nicht so verhält, so sind es offenbare Betrügereien, Lügen und Fälschungen, ohne selbst die Entschuldigung der Leichtgläubigkeit für sich zu haben.

Daß dieselben von einer Art Halb-Juden geschrieben worden sind, wie die oben angezogenen Stellen besagen, ist leicht zu erkennen. Die häufigen Hinweisungen auf jenen Hauptmörder und Betrüger Moses, und auf die sogenannten Propheten, stellen diesen Punkt fest; und andrerseits hat die Kirche den Betrug belobt, indem sie gestattete, daß das Alte und das Neue Testament einander Antwort gaben. Unter den Christen-Juden und den Christen-Heiden sind die sogenannte Prophezeihung und das prophezeihte Ding; das Vorbild und das vorgebildete Ding; das Zeichen und das bezeichnete Ding geschäftig aufgestöbert und wie alte Schlösser und Dietriche zusammengepaßt worden. Die einfältig genug erzählte Geschichte von Eva und der Schlange, und von der natürlichen Feindschaft zwischen Menschen und Schlangen — (denn die Schlange beißt immer in der Nähe der **Ferse**, weil sie nicht weiter hinaufreichen kann, und der Mensch schlägt die Schlange stets um den **Kopf**, weil dies das wirksamste Mittel ist, um ihr Beißen zu verhindern;*) diese einfältige Geschichte, sage ich, ist zu einer Prophezeihung, einem Vorbilde und einer Verheißung von Anfang an, erhoben worden; und die lügnerische Weisung des Jesaia an Ahas: „Siehe, eine Jungfrau ist schwanger, und wird einen Sohn gebären," als ein Zeichen, daß Ahas siegen würde, während derselbe in der That besiegt wurde (wie ich bereits in den Bemerkungen über das Buch Jesaia gesagt habe), ist verdreht und als ein Mittel zur Abrundung der Geschichte benutzt worden.

Jona und der Wallfisch sind ebenfalls in ein Zeichen und Vorbild verwandelt worden. Jona ist Jesus, und der Wallfisch ist das Grab; denn es heißt (und man hat dieses Christum von sich selbst sagen lassen) Matth., Cap. 12, V. 40: „Denn **gleichwie Jonas war drei Tage und drei Nächte in des Wallfisches Bauch, also wird des Menschen Sohn drei**

---

*) „Derselbe soll dir den **Kopf** zertreten, und du wirst ihn in die **Ferse** stechen." 1. Mos., Cap. 13, V. 5.

Tage und drei Nächte mitten in der Erde sein." Allein, zum Unglück war Christus, nach ihrer eigenen Angabe, nur Einen Tag und zwei Nächte im Grabe; ungefähr 36 Stunden, anstatt 72; das heißt, die Freitagnacht, Samstag, und die Samstagnacht; denn es heißt, er war am Sonntag Morgen nach Sonnenaufgang, oder früher aufgestanden. Allein, da dieses eben so gut paßt, wie der Biß und der Tritt in der Genesis, oder die Jungfrau und ihr Sohn in Jesaia; so geht es in der Masse des orthodoxen Krames mit. Doch genug über den geschichtlichen Theil des Neuen Testaments und dessen Beweise.

Die Episteln von Paulus. — Die dem Paulus zugeschriebenen Episteln, vierzehn an der Zahl, füllen beinahe das ganze übrige Testament aus. Ob jene Episteln von der Person, der sie zugeschrieben werden, verfaßt wurden, ist eine Sache von keiner großen Wichtigkeit, weil der Verfasser, wer immer derselbe war, seine Lehre durch Gründe zu beweisen sucht. Er behauptet nicht, daß er ein Augenzeuge von irgend einem der erzählten Auftritte, der Auferstehung und der Himmelfahrt, gewesen sei; und er erklärt, er habe nicht daran geglaubt.

Die Geschichte, daß er auf seiner Reise nach Damascus zu Boden geschlagen wurde, hat nichts Wunderbares oder Außerordentliches an sich; er kam mit dem Leben davon, und das ist mehr, als vielen Andern widerfahren ist, welche vom Blitze getroffen wurden; und daß er drei Tage lang nicht gesehen, und nicht gegessen noch getrunken habe, ist nichts weiter, als was in solchen Lagen gewöhnlich ist. Seine Gefährten, welche ihn begleiteten, scheinen nicht dasselbe gelitten zu haben, denn sie waren noch stark genug, um ihn den übrigen Weg zu führen; eben so wenig gaben sie vor, eine Erscheinung gesehen zu haben.

Der Charakter der Person, welche Paulus genannt wird, hat zufolge den über ihn mitgetheilten Berichten, sehr viel Heftiges und Schwärmerisches; er hatte mit eben so viel Hitze verfolgt, wie er später predigte; der Schlag, welcher ihn getroffen, hatte seine Gedanken geändert, ohne seine Gemüthsart zu bessern; und als Jude wie als Christ war er derselbe Eiferer. Solche Menschen sind niemals gute moralische Beweise für irgend eine Lehre, welche sie predigen. Sie übertreiben stets, sowohl in Handlungen als in Glaubenssachen.

Die Lehre, welche er durch Gründe zu beweisen unternimmt, ist die Auferstehung desselben Leibes; und er stellt dieselbe als einen Beweis für die Unsterblichkeit auf. Allein die Menschen weichen in ihrer Denkweise und in den Schlüssen, welche sie aus denselben Vordersätzen ziehen, so sehr von einander ab, daß diese Lehre von der Auferstehung desselben Leibes, weit entfernt, einen Beweis für die Unsterblichkeit zu liefern, mir einen Beweis gegen dieselbe abzugeben scheint; denn wenn ich bereits einmal in diesem Leibe gestorben bin, und in demselben Leibe wieder auferstehe, worin ich gestorben bin; so ist dies ein muthmaßlicher Beweis, daß ich wieder sterben werde. Jene Auferstehung sichert mich eben so wenig vor der Wiederholung des Sterbens, wie ein überstandener kalter Fieberanfall mich vor einem andern sichert. Um also an Unsterblichkeit zu glauben, muß ich eine erhabenere Vorstellung haben, als in der finstern Lehre von der Auferstehung enthalten ist.

Ueberdies, wenn mir die Wahl gelassen würde, und ich hoffen dürfte, so würde ich lieber einen bessern Leib und eine bequemere Gestalt wählen, als ich gegenwärtig habe. Jedes Thier in der Schöpfung übertrifft uns in Etwas. Die geflügelten Insekten, ohne der Tauben oder Adler zu gedenken, können in wenigen Minuten über einen größeren Raum und mit mehr Leichtigkeit hinwegeilen, als der Mensch in einer Stunde. Das Gleiten des kleinsten Fisches, im Verhältniß zu seiner Größe, übertrifft uns in schnellen Bewegungen fast über alle Vergleichung, und ohne Ermattung. Sogar die träge Schnecke kann aus der Tiefe eines Kerkers heraufsteigen, worin ein Mensch, aus Mangel an jener Fähigkeit, umkommen würde; und eine Spinne kann aus schwindliger Höhe herabfahren; zum muntern Zeitvertreib. Die persönlichen Kräfte des Menschen sind so beschränkt, und seine schwere Gestalt so wenig zu ausgedehnten Genüssen gebaut, daß wir gar keine Veranlassung haben, zu wünschen, daß die Ansicht von Paulus wahr wäre. Dieselbe ist zu kleinlich für die Größe des Schauplatzes — zu niedrig für die Erhabenheit des Gegenstandes.

Doch abgesehen von allen Beweisgründen, ist das Bewußtsein der Existenz der einzig denkbare Begriff, welchen wir uns von einem andern Leben machen können, und die Fortdauer jenes Bewußtseins ist Unsterblichkeit. Das Bewußtsein der Existenz, oder das Erkennen, daß wir das Dasein haben, beschränkt sich nicht nothwendig auf dieselbe Gestalt, noch auf dieselben Bestandtheile, sogar in diesem Leben.

Wir haben nicht Alle dieselbe Gestalt, noch jemals dieselben Bestandtheile, welche vor 20 bis 30 Jahren unseren Körper bildeten; und dennoch haben wir das Bewußtsein, daß wir dieselben Personen sind. Sogar Arme und Beine, welche beinahe die Hälfte der menschlichen Gestalt ausmachen, sind zum Bewußtsein der Existenz nicht erforderlich; und würde deren Stelle durch Flügel oder sonstige Anhängsel ersetzt, so können wir uns nicht denken, daß dies unser Bewußtsein der Existenz ändern könnte. Kurz, wir wissen nicht, wie viel, oder vielmehr wie wenig von unseren Bestandtheilen es ist, und wie äußerst fein jenes Wenige ist, das in uns dieses Bewußtsein der Existenz erzeugt; und Alles, was darüber hinaus ist, gleicht dem Fleisch eines Pfirsichs, welches von dem Lebenskeim im Kerne abgesondert und verschieden ist.

Wer kann sagen, durch welche äußerst feine Thätigkeit seiner Stoffe ein Gedanke in dem sogenannten Geiste hervorgebracht wird? und dennoch ist jener Gedanke, wenn er hervorgebracht ist, wie ich gegenwärtig den Gedanken, den ich niederschreibe, hervorbringe, fähig, unsterblich zu werben, und ist das einzige Erzeugniß des Menschen, welches jene Fähigkeit hat.

Bildsäulen von Erz und Marmor sind vergänglich; und Bildsäulen, welche ihnen nachgebildet wurden, sind nicht mehr dieselben Bildsäulen, noch dieselbe Arbeit, eben so wenig wie die Copie (Nachbildung) eines Gemäldes dasselbe Gemälde ist. Allein einen Gedanken mag man tausend, und aber tausendmal drucken und nachdrucken, und zwar mit irgend welchen Materialien — man mag denselben in Holz schneiden oder auf Stein eingraben — der Gedanke bleibt ewig und genau der nämliche Gedanke in jedem Falle. Derselbe hat eine Fähigkeit ungeschwächter Existenz, unberührt durch die Veränderung der Materie, und ist von allem Andern, was wir kennen oder begreifen können, wesentlich verschieden und abweichend. Wenn also das hervorgebrachte Ding an und für sich fähig ist, unsterblich zu sein, so ist dies mehr als ein Zeichen, daß die Kraft, welche es hervorbrachte, und welche eins und dasselbe ist mit Bewußtsein der Existenz, ebenfalls unsterblich sein kann; und zwar unabhängig von den körperlichen Stoffen, womit jene Kraft anfänglich verbunden war, gerade so wie der Gedanke von dem Druck oder der Schrift unabhängig ist, worin derselbe anfänglich erschien. Die Eine Vorstellung ist nicht schwerer zu glauben als die andere, und wir können einsehen, daß die Eine wahr ist.

Daß das Bewußtsein der Existenz nicht von derselben Gestalt oder denselben Stoffen abhängt, wird unsern Sinnen in den Werken der Schöpfung bewiesen, so weit unsere Sinne fähig sind, jenen Beweis aufzunehmen. Ein sehr zahlreicher Theil der thierischen Schöpfung predigt uns, weit besser als Paulus, den Glauben an ein zukünftiges Leben. Ihr kleines Leben gleicht einer Erde und einem Himmel — einem gegenwärtigen und zukünftigen Zustand — und begreift, wenn man sich so ausdrücken darf, eine Unsterblichkeit im Kleinen.

Die schönsten Wesen in der Schöpfung für das Auge sind die geflügelten Insekten; allein sie sind ursprünglich nicht so schön. Sie erhalten erst jene Gestalt und jenen unnachahmlichen Farbenglanz durch allmählige Veränderungen. Die langsam kriechende Raupe von heute geht in wenigen Tagen zu einer starren Form und zu einem todtähnlichen Zustand über; und in der nächsten Verwandlung tritt sie hervor in aller Miniatur-Pracht des Lebens, ein glänzender Schmetterling. Es ist nicht die geringste Aehnlichkeit mit dem früheren Wesen mehr vorhanden; dasselbe ist in jedem Stücke verändert; alle seine Kräfte sind neu, und ein frisches Leben hat für dasselbe begonnen. Wir können uns nicht denken, daß das Bewußtsein des Daseins in diesem Zustande des Thieres nicht dasselbe ist wie vorher; warum denn muß ich glauben, daß die Auferstehung desselben Leibes nothwendig ist, um mir das Bewußtsein einer zukünftigen Existenz fortzuerhalten?

Im ersten Theile des Zeitalters der Vernunft habe ich die Schöpfung das einzig wahre und wirkliche Wort Gottes genannt; und dieses Beispiel des Textes im Buche der Schöpfung beweist uns nicht allein, daß sich die Sache so verhalten kann, sondern daß sie sich wirklich so verhält, und daß der Glaube an ein zukünftiges Leben ein vernünftiger Glaube ist, und sich auf sichtbare Thatsachen in der Schöpfung stützt; denn es ist nicht schwieriger zu glauben, daß wir künftighin in einem bessern Zustand und einer schönern Gestalt als gegenwärtig fortleben werden, als daß eine Raupe sich in einen Schmetterling verwandeln, und den Misthaufen mit der reinen Himmelsluft vertauschen sollte, wenn wir nicht wüßten, daß dieses eine Thatsache ist.

Was das undeutliche Kauderwälsch anbelangt, welches man dem Paulus im 15ten Capitel der Korinther zuschreibt, und welches einen Theil der Todtenfeier bei einigen christlichen Secten ausmacht, so ist dasselbe eben so bedeutungslos, wie das Läuten der Glocken bei dem Begräbniß; es giebt dem Verstande keine Erklärung — es giebt der Einbildungskraft keine Erläuterung, sondern läßt den Leser eine Bedeutung finden, wenn er kann. „Alles Fleisch (sagt er) ist nicht einerlei Fleisch; sondern ein anderes Fleisch ist der Menschen, ein anderes des Viehes, ein anderes der Fische, ein anderes der Vögel." Was weiter? — nichts. Ein Koch hätte eben so viel sagen können. „Es giebt auch (sagt er) himmlische Körper und irdische Körper; aber eine andere Herrlichkeit haben die himmlischen, und eine andere die irdischen!" Und was weiter? — nichts. Und worin besteht der Unterschied? Davon hat er nichts gesagt. „Eine andere Klarheit (sagt er) hat die Sonne, eine andere Klarheit hat der Mond, eine andere Klarheit haben die Sterne." Und was weiter? — nichts; ausgenommen daß er sagt: „ein Stern unterscheidet sich von dem andern nach der Klarheit," anstatt nach der Entfernung; und er hätte uns eben so wohl sagen können, daß der Mond nicht so helle leuchte wie die Sonne. Dies Alles ist nicht besser als das Kauderwälsch eines Beschwörers, welcher Redensarten, die er nicht versteht, aufgreift, um die leichtgläubigen Leute, die sich von ihm wahrsagen lassen, zu verwirren. Priester und Zauberer haben dasselbe Handwerk.

Bisweilen spielt Paulus den Naturforscher, und sucht seine Auferstehungslehre aus den Prinzipien des Pflanzenlebens zu beweisen. „Du Narr (sagt er), das du säest wird nicht lebendig, es sterbe denn." Darauf könnte man in seinen eigenen Worten erwidern und sagen: Du Narr, Paulus, das du säest wird nicht lebendig, es sterbe denn nicht; denn das Korn, das im Erdboden stirbt, wächst niemals, und kann niemals wachsen. Nur die lebendigen Körner erzeugen die nächste Ernte. Aber das Bild ist in keiner Hinsicht ein Gleichniß. Es ist Aufeinanderfolge, und nicht Auferstehung.

Der Uebergang eines Thieres aus einem Zustand des Daseins zu einem andern, wie aus einer Raupe zu einem Schmetterling, ist hier anwendbar, hingegen die Verwandlung eines Korns ist nicht anwendbar, und beweist, daß Paulus gewesen ist, was er andere nennt, ein Narr.

Ob die vierzehn dem Paulus zugeschriebenen Episteln von ihm verfaßt wurden oder nicht, ist eine gleichgültige Sache; sie führen entweder Beweise, oder stellen Glaubenssätze auf, und da die Beweisführung mangelhaft ist und die Glaubenssätze bloße Vermuthungen sind; so hat es nichts zu bedeuten, wer dieselben schrieb. Und dasselbe gilt von den übrigen Theilen des Neuen Testaments. Nicht auf die Episteln, sondern auf das sogenannte Evangelium, welches in den vier, dem Matthäus, Marcus, Lucas und Johannes zugeschriebenen Büchern enthalten ist, und auf die vorgeblichen Prophezeihungen, ist die Lehre der Kirche, welche sich die christliche Kirche nennt, gebaut. Die Episteln hängen von jenen Büchern ab und müssen deren Schicksal theilen; denn wenn die Geschichte von Jesus Christus fabelhaft ist, so müssen alle darauf, als auf eine angenommene Wahrheit, gebauten Vernunftschlüsse mit derselben zusammenfallen.

Wir wissen aus der Geschichte, daß Einer der Haupt-Parteiführer dieser Kirche, Athanasius, zu der Zeit lebte, als das Neue Testament gebildet wurde; *) und wir kennen gleichfalls aus dem abgeschmackten Kauderwälsch, welches er uns unter dem Namen eines Glaubensbekenntnisses hinterlassen hat, den Charakter der Leute, welche das Neue Testament zusammensetzten; und wir wissen ferner aus derselben Geschichte, daß die Aechtheit der Bücher, woraus dasselbe besteht, zu jener Zeit in Abrede gestellt wurde. Durch die Stimmen solcher Menschen, wie Athanasius, wurde das Neue Testament als das Wort Gottes festgesetzt; und man kann sich nichts Seltsameres denken, als daß das Wort Gottes durch eine Abstimmung beschlossen wird. Wer seinen Glauben auf solche Autorität baut, setzt den Menschen an die Stelle Gottes und hat keine feste Grundlage für die Hoffnung auf eine zukünftige Glückseligkeit; indessen ist Leichtgläubigkeit kein Verbrechen, allein sie wird zum Verbrechen durch Widersetzlichkeit gegen eine bessere Ueberzeugung. Sie erstickt die Anstrengungen des Bewußtseins zur Erforschung der Wahrheit im Keime. Wir sollten uns niemals in irgend einer Sache zum Glauben zwingen.

Ich schließe hiermit die Bemerkungen über das Alte und das Neue Testament. Die Beweise, welche ich vorgebracht habe, um dieselben als Fälschungen zu erweisen, sind aus den Büchern selbst entnommen, und thuen, wie ein zweischneidiges Schwert, einen zweischneidigen Dienst. Stellt man die Beweise in Abrede, so stellt man damit zugleich die Glaubwürdigkeit jener Schriften in Abrede; denn es sind Schriftbeweise; und wenn man die Beweise zuläßt, so ist die Glaubwürdigkeit der Bücher umgestoßen. Die Widersprüche und Unmöglichkeiten, welche in dem Alten und dem Neuen Testament enthalten sind, stellen diese Bücher in den Fall

---

*) Athanasius starb, nach der Zeitrechnung der Kirche, im Jahre 371.

eines Menschen, der für und gegen Etwas schwört. Jede Aussage überführt ihn des Meineids, und zerstört auf gleiche Weise seine Glaubwürdigkeit.

Sollte die Bibel und das Neue Testament in Zukunft zusammenfallen, so bin ich nicht daran Schuld. Ich habe nichts weiter gethan, als die Beweise aus jener verworrenen Masse von Gegenständen, womit sie vermischt sind, ausgezogen, und jene Beweise in ein deutlich sichtbares und leicht verständliches Licht gestellt; und nunmehr überlasse ich dem Leser für sich selbst zu urtheilen, wie ich für mich selbst geurtheilt habe.

Schluß.

Im ersten Theile des „Zeitalters der Vernunft" habe ich von dem dreifachen Betruge, Geheimniß, Wunder und Prophezeihung gesprochen; und da ich in keiner der Erwiderungen auf jenes Werk Etwas gesehen habe, was meine damaligen Bemerkungen über jene Gegenstände im Geringsten beeinträchtigte, so werde ich diesen zweiten Theil nicht mit unnöthigen Zusätzen überfüllen.

Ich habe in demselben Werke ebenfalls über die sogenannte Offenbarung gesprochen, und habe die widersinnige Anwendung jenes Ausdrucks auf die Bücher des Alten und Neuen Testaments dargethan; denn gewißlich kann die Offenbarung nicht in Betracht kommen, da wo etwas erzählt wird, was ein Mensch gethan hat, oder wovon er Augenzeuge gewesen ist. Für das, was Jemand gethan oder mit seinen Augen gesehen hat, bedarf er keiner Offenbarung, um ihm zu sagen, daß er es gethan oder gesehen hat; denn er weiß dies bereits; eben so wenig bedarf er der Offenbarung, um es zu erzählen oder zu schreiben. Es zeigt von Unwissenheit oder Betrug, wenn man den Ausdruck Offenbarung in solchen Fällen anwendet; dennoch bringt man das Alte und das Neue Testament unter diese betrügerische Benennung, daß Alles Offenbarung sei!

Offenbarung also, in so fern der Ausdruck zwischen Gott und dem Menschen gebraucht wird, kann nur auf Etwas angewandt werden, was Gott von seinem Willen den Menschen offenbart; allein obwohl man die Fähigkeit des Allmächtigen, eine solche Mittheilung zu machen, nothwendiger Weise einräumt, weil ihm alle Dinge möglich sind; so ist doch das so offenbarte Ding (wenn irgend etwas jemals offenbart wurde, was, nebenbei gesagt, unmöglich bewiesen werden kann) nur eine Offenbarung für den Menschen allein, welchem dieselbe zu Theil wurde. Dessen Bericht darüber an einen Andern ist keine Offenbarung; und wer jenem Berichte Glauben schenkt, schenkt ihn dem Menschen, von welchem der Bericht kommt; und jener Mensch mag getäuscht worden sein, oder es geträumt haben; oder er mag ein Betrüger sein und mag lügen. Es giebt möglicher Weise kein Merkmal, um die Wahrheit seiner Aussage zu beurtheilen; denn selbst die Sittlichkeit derselben würde kein Beweis der Offenbarung sein. In allen solchen Fällen dürfte man mit Fug antworten: „Wenn es mir geoffenbart wird, so werde ich es für eine Offenbarung halten; allein ich bin nicht, und kann nicht verbunden sein, dasselbe eher für eine Offenbarung zu halten; eben so wenig ist es schicklich, daß ich das Wort eines Menschen für das Wort Gottes nehmen, und einen Menschen an die Stelle Gottes setzen sollte." Auf diese Weise habe ich in dem ersten Theil des „Zeitalters der Vernunft" von der Offenbarung gesprochen; und während man auf diese Weise Offenbarung als etwas Mögliches ehrfurchtsvoll einräumt, weil, wie zuvor bemerkt wurde, dem Allmächtigen Alles möglich ist, verhütet man den Betrug von Seiten Eines Menschen an einem andern, und macht den schlimmen Gebrauch vorgeblicher Offenbarungen unmöglich.

Allein obwohl ich meines Theils die Möglichkeit der Offenbarung auf solche Weise einräume, so glaube ich doch durchaus nicht, daß der Allmächtige jemals irgend Etwas dem Menschen mittheilte durch irgend eine Art Rede, in irgend einer Sprache, oder durch irgend eine Art Erscheinung oder Vision, oder durch irgend ein anderes Mittel, welches unsere Sinne aufzufassen vermögen, als die allgemeine Offenbarung seiner selbst in den Schöpfungswerken, und durch den Widerwillen, welchen wir gegen böse Handlungen in uns empfinden, und durch die Neigung zur Verrichtung guter Thaten.

Die abscheulichste Ruchlosigkeit, die entsetzlichsten Grausamkeiten und die größten Leiden, wovon das Menschengeschlecht bedrängt worden ist, haben in dieser sogenannten Offenbarung oder offenbarten Religion ihren Ursprung genommen. Es ist der ehrenrührigste Glaube für den Charakter der Gottheit gewesen, der verderblichste für die Moral, und für den Frieden und das Glück der Menschheit, welcher jemals verbreitet worden ist, seitdem es Menschen in der Welt gegeben hat. Es wäre besser, weit besser, wir ließen, wenn dies möglich wäre, tausend Teufel frei herum laufen und die Lehre von Teufeln, wenn es solche gäbe, öffentlich predigen, als daß wir Einen solchen Betrüger und Unmenschen, wie Moses, Josua, Samuel und die Bibel-Propheten, mit dem vorgeblichen Worte Gottes im Munde unter uns kommen und Glauben gewinnen ließen.

Woher entstanden alle jene gräßlichen Ermordungen ganzer Nationen, von Männern, Weibern und Kindern, womit die Bibel angefüllt ist, und die blutigen Verfolgungen und Todesqualen und die Religionskriege, welche seit jener Zeit Europa mit Feuer und Schwert verwüstet haben — woher anders entstanden sie, als aus diesem gottlosen Ding, welches man offenbarte Religion nennt, und aus diesem unnatürlichen Glauben, daß Gott mit Menschen gesprochen habe? Die Lügen des Alten Testaments sind an den Ersteren, und die Lügen des Neuen Testaments an den Letzteren Schuld gewesen.

Manche Christen behaupten, das Christenthum sei nicht durch das

Schwert eingeführt worden; aber von welchem Zeitraum sprechen sie da? Es war unmöglich, daß zwölf Männer mit dem Schwert anfingen; sie hatten nicht die Macht; allein, kaum waren die Bekenner des Christenthums mächtig genug, um das Schwert anzuwenden, so thaten sie dies auch, und den Pfahl und Scheiterhaufen dazu; auch Muhamed konnte dies nicht früher thun. Nach derselben Gesinnung, womit Petrus dem Diener des Hohenpriesters das Ohr abhieb (wenn die Geschichte wahr ist), würde er ihm auch den Kopf, und dem Herrn desselben den Kopf abgeschlagen haben, wenn er dies vermocht hätte. Ueberdies stützt sich das Christenthum gleich von vornen herein auf das Alte Testament, und das Alte Testament wurde lediglich durch das Schwert begründet, und zwar durch den schlimmsten Gebrauch, den man davon machen kann; nicht durch Abschreckung, sondern durch gänzliche Ausrottung. Die Juden spielten nicht die Bekehrer; sie metzelten Alles nieder. Das Alte Testament ist der Vater des Neuen Testaments, und Beide werden das Wort Gottes genannt. Die Christen lesen beide Bücher; die Geistlichen predigen aus beiden Büchern; und das sogenannte Christenthum ist aus Beiden zusammengesetzt. Es ist also falsch, wenn man sagt, das Christenthum sei nicht durch das Schwert begründet worden.

Die einzige Secte, welche nicht verfolgt hat, sind die Quäser; und der einzige Grund, welchen man dafür anführen kann, ist der, daß sie eher Deisten als Christen sind. Sie glauben nicht viel von Jesus Christus, und sie nennen die Bibel einen todten Buchstaben. Hätten sie derselben einen schlimmern Namen gegeben, so wären sie der Wahrheit näher gekommen.

Es liegt Jedem, der den Charakter des Schöpfers verehrt, und der das Verzeichniß der selbstgeschaffenen Leiden zu vermindern, und die Ursache der zahlreichen Verfolgungen unter den Menschen zu beseitigen wünscht, die Pflicht ob, alle Vorstellungen von einer offenbarten Religion als eine gefährliche Ketzerei und als einen gottlosen Betrug zu verbannen. Was haben wir aus dieser vorgeblichen offenbarten Religion gelernt? — Nichts, was für den Menschen nützlich, und Alles, was für seinen Schöpfer beschimpfend ist. Was lehrt uns das Alte Testament? — Raub, Gräuelthaten und Mord. Was lehrt uns das Neue Testament? — Den Glauben, daß der Allmächtige mit einem versprochenen Frauenzimmer Unzucht trieb! und der Glaube an diese Unzucht ist zu einem Glaubensartikel erhoben.

Was die Bruchstücke von Sittenlehren betrifft, welche ohne Ordnung hier und da in jenen Büchern zerstreut sind, so bilden sie keinen Theil dieser vorgeblich offenbarten Religion. Es sind die natürlichen Vorschriften des Gewissens und die Bindemittel, wodurch die Staats-Gesellschaft zusammengehalten wird, und ohne welche dieselbe nicht bestehen kann, und sie sind fast in allen Religionen und in allen Staaten dieselben. Das Neue Testament lehrt in dieser Hinsicht nichts Neues, und wo es sich hervorzuthun versucht, wird es gemein und lächerlich. Die Lehre von der Nichtvergeltung von Beleidigungen ist in den Sprüchen, welche eine Sammlung aus heidnischen wie jüdischen Schriften sind, weit besser ausgedrückt, als in dem Neuen Testament. Es heißt dort, Sprüche 25, V. 21: "Hungert deinen Feind, so speise ihn mit Brod; dürstet ihn, so tränke ihn mit Wasser;"*) aber wenn es im Testament heißt: "So dir Jemand einen Streich giebt auf deinen rechten Backen, dem biete den andern auch dar;" so ist dies ein Meuchelmord an der Würde der Versöhnlichkeit, und erniedrigt den Menschen zu einem kriechenden Hunde.

Die Feinde zu lieben, ist ein anderer Grundsatz erheuchelter Moral, und hat überdies keine Bedeutung. Es liegt dem Menschen, als einem sittlichen Wesen, die Pflicht ob, eine Beleidigung nicht zu rächen; und dies ist eben so gut in einem politischen Sinn, denn sonst gäbe es kein Ende der Wiedervergeltungen. Einer würde sich an dem Andern rächen und dieses Gerechtigkeit nennen; hingegen sollte man um so mehr lieben, je mehr man beleidigt würde, so würde dies, wenn es möglich wäre, dem Verbrechen noch eine Belohnung darbieten. Ueberdies ist das Wort Feinde zu unbestimmt und allgemein, als daß es in einem moralischen Lehrsatz gebraucht werden könnte, welcher stets deutlich und bestimmt sein sollte, wie ein Sprüchwort. Wenn Jemand aus Irrthum oder Vorurtheil der Feind eines Andern ist, wie wegen religiöser, und manchmal wegen politischer Meinungen, so ist jener Mensch verschieden von einem Feinde, welcher in seinem Herzen eine verbrecherische Absicht hegt; und es liegt uns die Pflicht ob, und es trägt gleichfalls zu unserer Ruhe bei, einer Sache die bestmögliche Auslegung zu geben. Allein selbst dieser irrige Beweggrund in ihm liefert keinen Beweggrund zur Liebe von unserer Seite; und zu behaupten, daß wir aus freiem Antriebe und ohne irgend einen Grund lieben sollen, ist eine moralische und physische Unmöglichkeit.

Die Sittlichkeit wird beeinträchtigt, wenn man derselben Pflichten vor-

---

*) In der sogenannten Bergpredigt Christi, im Buche Matthäi, worin unter manchen andern guten Dingen sehr viel von dieser vorgeblichen Moral vorkommt, heißt es ausdrücklich, daß die Lehre von der Erduldung oder Nichtvergeltung von Beleidungen **keinen Theil der Lehren der Juden bildete**; da aber diese Lehre sich in den Sprüchen vorfindet, so muß dieselbe nach jener Angabe von den Heiden entlehnt sein, von welchen Christus sie gelernt hatte. Jene Leute, welche von jüdischen und christlichen Götzendienern mit dem Schimpfnamen Heiden belegt worden sind, hatten weit bessere und reinere Begriffe von Gerechtigkeit und Moral, als sich in dem Alten Testament, soweit dasselbe jüdisch ist, oder in dem Neuen finden. Die Antwort Solons auf die Frage: "Welches ist die vollkommenste Volksregierung?" enthält einen Grundsatz politischer Moral, welcher von Niemanden seit jener Zeit übertroffen worden ist. "Diejenige," sagt er, "worin das geringste Unrecht, welches dem niedrigsten Individuum widerfährt, als eine Beleidigung der ganzen Staatsgesellschaft betrachtet wird." Solon lebte ungefähr 500 Jahre vor Christus.

schreibt, deren Erfüllung erstlich unmöglich ist, und wenn sie möglich wäre, böse Folgen haben, oder, wie zuvor bemerkt wurde, für Verbrechen Belohnungen darbieten würde. Der Grundsatz, **Andern zu thun, was wir wünschen, daß uns gethan werde**, begreift nicht diese seltsame Lehre vom Lieben der Feinde; denn Niemand erwartet Liebe von Andern für seine Verbrechen oder für seine Feindschaft.

Die Leute, welche diese Lehre von der Liebe gegen ihre Feinde predigen, sind im Allgemeinen selbst die größten Verfolger, und sie handeln dabei folgerecht; denn jene Lehre ist eine Heuchelei, und es ist natürlich, daß Heuchelei gerade das Gegentheil von Dem thut, was sie predigt. Ich, meines Theils, mißbillige die Lehre, und betrachte sie als eine erdichtete oder fabelhafte Moral; dennoch giebt es keinen Menschen, welcher sagen kann, ich hätte ihn, oder irgend Jemanden sonst, oder irgend eine Partei verfolgt, sei es in der amerikanischen oder in der französischen Revolution; oder ich hätte in irgend einem Falle Böses mit Bösem vergolten. Hingegen liegt dem Menschen nicht die Pflicht ob, eine böse Handlung mit einer guten zu belohnen, oder Böses mit Gutem zu vergelten; und wo dies geschieht, da ist es eine freiwillige That, und nicht eine Pflicht. Es ist gleichfalls eine widersinnige Annahme, daß eine solche Lehre einen Theil einer offenbarten Religion bilden könne. Wir ahmen dem moralischen Charakter des Schöpfers nach, wenn wir gegen einander Nachsicht üben, denn er übt Nachsicht gegen Alle; hingegen diese Lehre würde zu verstehen geben, daß er den Menschen liebe, nicht in dem Verhältniß, wie er gut, sondern wie er böse sei.

Wenn wir die Beschaffenheit unseres Zustandes auf Erden betrachten, so müssen wir einsehn, daß wir keines solchen Dinges, wie einer **offenbarten Religion**, bedürfen. Was brauchen wir zu wissen? Predigt uns nicht die Schöpfung, das Weltall, welches wir vor Augen haben, das Dasein einer allmächtigen Kraft, welche das Ganze regiert und ordnet? Und ist nicht der Beweis, welchen die Schöpfung unsern Sinnen vorstellt, unendlich stärker als irgend eine Schrift in einem Buche, das irgend ein Betrüger verfassen und das Wort Gottes nennen könnte? Was die Sittlichkeit anbelangt, so besteht die Kenntniß derselben in dem Gewissen jedes Menschen.

Dies ist also unsere Lage. Das Dasein einer allmächtigen Kraft ist uns hinlänglich bewiesen, obwohl wir die Art und Weise ihres Daseins nicht begreifen können, weil dies unmöglich ist. Wir können nicht begreifen, wie wir selbst hierher kamen, und dennoch kennen wir es als eine Thatsache, daß wir hier sind. Wir müssen ferner wissen, daß die Kraft, welche uns in das Dasein rief, uns wegen der Art, wie wir hier gelebt haben, zur Rechenschaft ziehen kann, wenn es ihr gefällt, und zu jeder Zeit, wann es ihr gefällt; und deshalb, ohne irgend einen andern Grund für diesen Glauben zu suchen, ist es vernünftig, zu glauben, daß der Allmächtige dies thun wird; weil wir im Voraus wissen, daß er es thun kann. Die Wahrscheinlichkeit, oder selbst nur die Möglichkeit der Sache, ist Alles, was wir wissen sollten; denn wenn wir es als eine Thatsache wüßten, so würden wir bloße Sclaven des Schreckens sein; unser Glaube würde keinen Werth haben; und unsere besten Handlungen würden keine Tugend sein.

Der Deismus lehrt uns sonach, ohne die Möglichkeit einer Täuschung, Alles, was uns zu wissen Noth thut oder zweckmäßig ist. Die Schöpfung ist die Bibel des Deisten. Er liest darin, in der eigenen Handschrift des Schöpfers, die Gewißheit seines Daseins und die Unwandelbarkeit seiner Macht, und alle andern heiligen Schriften und Testamente sind für ihn Fälschungen. Die Wahrscheinlichkeit, daß wir in Zukunft zur Rechenschaft gezogen werden mögen, wird für einen nachdenkenden Menschen den Einfluß des Glaubens ausüben; denn weder vermag unser Glaube die Thatsache hervorzurufen, noch vermag unser Unglaube dieselbe umzustoßen. Da wir uns in solcher Lage befinden, und da es zweckmäßig ist, daß wir uns darin befinden sollten, um freithätige Wesen zu sein, so ist es nur der Thor, und nicht der Weise, ja nicht einmal der kluge Mensch, welcher leben möchte, als ob es keinen Gott gäbe.

Allein der Glaube an Gott ist durch seine Vermischung mit den wunderlichen Fabeln des christlichen Glaubensbekenntnisses und mit den, in dem Alten Testament erzählten, tollen Abenteuern und mit dem verworrenen und unzüchtigen Unsinn des Neuen Testaments so geschwächt worden, daß der Geist der Menschen wie in einem Nebel befangen und verwirrt ist. Indem er alle diese Dinge in einer verworrenen Masse betrachtet, verwechselt er Thatsachen mit Fabeln; und da er nicht Alles glauben kann, so fühlt er eine Neigung, Alles zu verwerfen. Hingegen der Glaube an Gott ist ein von allen andern Dingen unterschiedener Glaube, und sollte mit nichts Anderem vermengt werden. Die Vorstellung einer Dreifaltigkeit von Göttern hat den Glauben an Einen Gott geschwächt. Eine Vervielfältigung der Glaubensartikel wirkt wie eine Theilung des Glaubens; und in dem Maaße, wie Etwas getheilt wird, wird es auch geschwächt.

Die Religion wird auf solche Weise eine Sache der Form, anstatt der Wahrheit; eine Sache der Einbildung, anstatt der Grundsätze; Sittlichkeit wird verbannt, um einem eingebildeten Ding, welches man Glauben nennt, Platz zu machen, und dieser Glauben hat seinen Ursprung in einer angeblichen Unzucht; ein Mensch wird gepredigt anstatt Gottes; eine Hinrichtung wird zu einem Gegenstand der Dankbarkeit; die Priester beschmieren sich mit dem Blut, wie eine Mörderbande, und brüsten sich mit der Herrlichkeit, welche ihnen dasselbe verleihe; sie halten eine alberne Predigt über das Verdienst der Hinrichtung; und darauf preisen sie Jesum Christum, weil er sich hinrichten ließ, und verdammen die Juden, weil sie dieses thaten.

Wenn ein Mensch allen diesen Unsinn unter einander werfen und prebigen hört, so verwechselt er den Gott der Schöpfung mit dem eingebildeten Gotte der Christen, und lebt, als ob es keinen gäbe.

Unter allen Religionssystemen, welche jemals erfunden wurden, giebt es keines, welches für den Allmächtigen entehrender, für den Menschen unerbaulicher, der Vernunft widerstreitender und in sich selbst widersprechender wäre, als dieses sogenannte Christenthum. Zu widersinnig zum Glauben, zu unmöglich zum Ueberzeugen und zu unstatthaft zur Ausübung, macht es das Herz kalt, oder erzeugt Gottesleugner und Schwärmer. Als ein Werkzeug der Gewalt dient es den Zwecken des Despotismus, und als ein Mittel zum Erwerbe von Reichthum der Habgier der Priester; allein was das Wohl der Menschheit im Allgemeinen anbelangt, so führt es zu nichts Gutem, weder in dem gegenwärtigen, noch in einem zukünftigen Leben.

Die einzige Religion, welche nicht erfunden worden ist, und welche jeden Beweis göttlichen Ursprungs in sich trägt, ist der reine und einfache Deismus. Derselbe muß die erste Religion gewesen und wird auch wahrscheinlich die letzte sein, an welche der Mensch glaubt. Allein reiner und einfacher Deismus entspricht nicht den Zwecken despotischer Regierungen. Sie können die Religion nicht anders als ein Werkzeug benutzen, als wenn sie menschliche Erfindungen mit derselben vermischen und ihre eigene Autorität derselben einverleiben; eben so wenig entspricht dieselbe der Habsucht der Priester anders, als wenn sie sich selbst und ihre Dienstverrichtungen in dieselbe aufnehmen, und wie die weltliche Regierung eine Partei in dem System bilden. Dieses bildet die sonst geheimnißvolle Verbindung zwischen Kirche und Staat, zwischen der menschenfreundlichen Kirche und dem tyrannischen Staate.

Wäre der Mensch von dem Glauben an Gott so vollkommen und innig durchdrungen, wie er sein sollte, so würde sich sein sittliches Leben nach der Stärke jenes Glaubens richten; er würde Ehrfurcht haben vor Gott und vor sich selbst, und würde das nicht thun, was er vor keinem von Beiden verhehlen könnte. Um diesen Glauben zu voller Stärke gedeihen zu lassen, bedarf derselbe nichts weiter, als daß er allein wirke. Dieses ist Deismus.

Hingegen wenn nach der christlichen Dreieinigkeits-Lehre, Ein Theil Gottes als ein sterbender Mensch, und ein anderer Theil, der sogenannte Heilige Geist, als eine fliegende Taube dargestellt wird; so ist es unmöglich, daß ein Vernünftiger an solche ausschweifende Vorstellungen glauben kann.*)

---

*) Das sogenannte Buch Matthäi sagt, Cap. 3, Vers 16, daß der Heilige Geist in der Gestalt einer Taube herabfuhr. Es hätte ebensowohl heißen können, in Gestalt einer Gans; beides sind gleich unschuldige Geschöpfe, und Eines wäre eine ebenso unsinnige Lüge wie das Andere. Im 2ten Capitel der Apostelgeschichte, Vers 2 und 3, heißt

Es ist der Plan der christlichen Kirche, sowie aller andern erfundenen Religionssysteme gewesen, den Menschen in der Unkenntniß seines Schöpfers zu erhalten, wie es der Plan der Regierungen ist, den Menschen in der Unkenntniß seiner Rechte zu erhalten. Die ersteren Systeme sind eben so falsch wie die letzteren, und sind auf gegenseitige Unterstützung berechnet. Das Studium der Theologie, wie dieselbe in der christlichen Kirche besteht, ist das Studium eines Nichts; dieselbe gründet sich auf ein Nichts; sie beruht auf keinen wissenschaftlichen Grundsätzen; sie geht von keinen Autoritäten aus; sie hat keine zuverlässigen Angaben; sie kann nichts beweisen; und sie läßt keine Schlüsse zu. Es kann nichts als eine Wissenschaft studirt werden, ohne daß wir im Besitz der Grundsätze sind, worauf dieselbe beruht; und da dieses bei der christlichen Theologie nicht der Fall ist, so ist sie deshalb das Studium eines Nichts.

Anstatt Theologie, wie gegenwärtig geschieht, aus den Büchern des Alten und Neuen Testaments zu studiren, deren Bedeutung stets bestritten wird, und deren Aechtheit widerlegt ist, müssen wir uns nothwendig auf das Buch oder die Bibel der Schöpfung beziehen. Die Grundsätze, welche wir darin entdecken, sind ewig und göttlichen Ursprungs; sie sind die Grundlage aller Wissenschaft, welche in der Welt besteht, und müssen auch die Grundlage der Theologie sein.

Wir können Gott nur durch seine Werke kennen lernen. Wir können uns nicht anders einen Begriff von irgend Einer seiner Eigenschaften machen, als wenn wir einem Grundsatze folgen, welcher zu derselben führt. Wir haben nur eine verworrene Vorstellung von seiner Macht, wenn wir nicht die Mittel haben einigermaßen deren Unermeßlichkeit zu begreifen. Wir können nicht anders eine Vorstellung von seiner Weisheit bekommen, als wenn wir die Ordnung und Art ihrer Thätigkeit kennen lernen. Die Grundsätze der Wissenschaft führen zu dieser Erkenntniß; denn der Schöpfer des Menschen ist auch der Schöpfer der Wissenschaft; und nur vermittelst derselben kann der Mensch Gott gleichsam von Angesicht zu Angesicht schauen.

Könnte ein Mensch in die Lage gestellt, und mit einer solchen Sehkraft begabt werden, um den Bau des Weltalls mit Bedachtsamkeit zu betrachten; die Bewegungen der verschiedenen Planeten, die Ursache ihrer wechselnden Erscheinungen, die unfehlbare Ordnung, worin sie sich umdrehen, selbst bis zum entferntesten Kometen zu beobachten; deren gegenseitige Verbindung und Abhängigkeit, und das System der von dem Schöpfer begründeten Gesetze, welche das Ganze regieren und ordnen, zu erkennen; — so würde er alsdann die Macht, die Weisheit, die Größe, die Güte des

---

es, daß der Heilige Geist in einem gewaltig brausenden Winde herabfuhr, in der Gestalt gespaltener Zungen; vielleicht waren es gespaltene Füße. Solches alberne Zeug taugt nur für Mährchen von Hexen und Zauberern.

Schöpfers weit besser erkennen, als ihm irgend eine Kirchen-Theologie lehren könnte. Er würde alsdann einsehen, daß alle wissenschaftlichen Kenntnisse, welche der Mensch besitzt, und alle mechanischen Fertigkeiten, wodurch er sich sein Leben auf Erden angenehm macht, aus jener Quelle abgeleitet sind; sein Geist, durch den Anblick erhoben, und durch die Wirklichkeit überzeugt, würde an Dankbarkeit zunehmen, wie er an Erkenntniß zunähme; seine Religion oder seine Gottesverehrung würde sich mit seiner sittlichen Besserung verschwistern; jede Beschäftigung, welche er triebe, und welche mit den Grundsätzen der Schöpfung in Verbindung stände, wie ja jeder Zweig der Landwirthschaft, der Wissenschaft und der mechanischen Künste damit in Verbindung steht, würde ihm mehr von Gott und von der Dankbarkeit, die er ihm schuldet, lehren, als irgend eine christliche Predigt, welche er gegenwärtig hört. Großartige Gegenstände erzeugen große Gedanken; große Güte erregt große Dankbarkeit; hingegen die niedrigen Erzählungen und Lehren des Alten und Neuen Testaments sind nur geeignet, Verachtung zu erregen.

Obwohl der Mensch, zum mindesten in diesem Leben, nicht zu dem wirklichen Anblick, den ich geschildert habe, gelangen kann, so kann er denselben doch beweisen; weil er eine Kenntniß der Grundsätze hat, nach welchen das Weltall gebaut ist. Wir wissen, daß die größten Werke in einem Modell dargestellt werden können, und daß das Weltall auf dieselbe Weise dargestellt werden kann. Dieselben Grundsätze, nach welchen wir einen Zoll oder einen Morgen Land messen, dienen auch, um den Umfang von Millionen zu messen. Ein Kreis von einem Zoll Durchmesser hat dieselben geometrischen Eigenschaften, wie ein Kreis, welcher das Weltall umspannen würde. Dieselben Eigenschaften eines Dreiecks, welche auf dem Papier den Lauf eines Schiffes beweisen, beweisen dieses auch auf dem Meere; und wenn man sie auf die sogenannten Himmelskörper anwendet, so kann man auf eine Minute die Zeit einer Finsterniß ausmitteln, obwohl diese Körper Millionen Meilen von uns entfernt sind. Diese Kenntniß ist göttlichen Ursprungs, und der Mensch hat dieselbe aus der Bibel der Schöpfung gelernt; aber nicht aus der einfältigen Bibel der Kirche, aus welcher der Mensch nichts lernen kann.*)

---

*) Die Bibelmacher haben es versucht, uns im ersten Capitel der Genesis eine Schöpfungs-Geschichte zu liefern; und in diesem Versuche haben sie nichts als ihre Unwissenheit zur Schau gestellt. Sie machen daselbst drei Tage und drei Nächte, Abende und Morgen, ehe es noch eine Sonne gab; während doch das Scheinen oder Nichtscheinen der Sonne die Ursache von Tag und Nacht ist — und das was man deren Aufgang und Untergang nennt, die Ursache von Morgen und Abend. Ueberdies ist es eine kindische und armselige Vorstellung, wenn man sich denkt, der Allmächtige habe gerufen: „Es werde Licht!" Es ist die befehlende Redeweise, welche ein Zauberer oder Taschenspieler braucht, wenn er zu seinen Bechern und Kugeln spricht: Marsch, vorwärts! und sie ist höchst wahrscheinlich

Alle Kenntnisse, welche der Mensch von der Wissenschaft und von Maschinen hat, mit deren Hülfe sein Dasein auf Erden angenehm gemacht wird, und ohne welche er sich in seinem Aussehn und seiner Lage kaum von einem gemeinen Thiere unterscheiden würde — sind von der großen Maschine mit dem Bau des Weltalls entnommen. Die anhaltenden und unermüdlichen Beobachtungen unserer Vorfahren über die Bewegungen und Umläufe der Himmelskörper, in den angeblich frühen Zeitaltern der Welt, haben diese Kenntnisse auf die Erde gebracht. Nicht Moses und die Propheten, noch Jesus Christus und seine Apostel, haben dieses gethan. Der Allmächtige ist der große Baumeister des Weltalls; der erste Weltweise und ursprüngliche Lehrer aller Wissenschaft; — lasset uns also lernen, unsern Meister zu verehren, und lasset uns nicht die Arbeiten unserer Vorfahren vergessen.

Hätten wir heutzutage keine Kenntniß vom Maschinenbau, und wäre es möglich, daß der Mensch, wie ich zuvor geschildert habe, einen Blick werfen könnte in den Bau und das Getriebe des Weltalls; so würde er bald den Gedanken fassen, zum mindesten einige der mechanischen Werke zu bauen, welche man gegenwärtig hat; und der so gefaßte Gedanke würde sich allmählig durch Uebung vervollkommnen. Oder könnte man ihm ein Modell des Weltalls, wie ich früher beschrieben habe, vor Augen stellen und in Bewegung setzen, so würde sein Geist zu derselben Vorstellung gelangen. Ein solcher Gegenstand und eine solche Lehre würden, während sie ihn an Kenntnissen bereicherten, die ihm als Menschen und als einem Gliede der Gesellschaft nützlich und zugleich unterhaltend sind, einen weit bessern Stoff darbieten, um ihn mit einer Erkenntniß des Schöpfers und einem Glauben an denselben, und mit der gebührenden Ehrfurcht und Dankbarkeit zu erfüllen, als die einfältigen Stellen des Alten und Neuen Testaments, nach welchen, mögen die Fähigkeiten des Predigers noch so groß sein, nur einfältige Predigten gehalten werden können. Wenn der Mensch predigen muß, so predige er etwas Erbauliches, und zwar nach Stellen aus Büchern, welche als wahr bekannt sind.

Das Buch der Schöpfung ist unerschöpflich an Predigtstellen. Jeder Theil der Wissenschaft, sei er verbunden mit der Geometrie des Weltalls, mit den Systemen des thierischen und Pflanzenlebens, oder mit den Eigen=

---

daher entlehnt, da Moses mit seinem Stabe einem Beschwörer mit seiner Zauberruthe ähnlich sieht. Longinus nennt diese Ausdrucksweise die erhabene; und nach derselben Regel ist auch der Zauberer erhaben; denn seine Redeweise ist nach dem Ausdruck und der Grammatik dieselbe. Wenn Verfasser und Kritiker vom Erhabenen sprechen; so sehen sie nicht, wie nahe dasselbe an das Lächerliche grenzt. Das Erhabene der Kritiker gleicht, wie manche Theile von Edmund Burke's erhabenen und schönen Aussprüchen, einer Windmühle, welche kaum in einem Nebel sichtbar ist, und welche die Einbildungskraft in einem fliegenden Berg, oder einem Erzengel, oder eine Heerde wilder Gänse verdrehen könnte.

schaften der leblosen Stoffe, ist ein Text sowohl für die Andacht wie für wissenschaftliche Forschung — für die Dankbarkeit wie für menschliche Bildung. Man mag vielleicht sagen, wenn eine solche Umwälzung im Religionssystem einträte, so sollte jeder Prediger ein Philosoph sein. Ganz gewiß; und jedes Haus der Andacht sollte eine Schule der Wissenschaft sein.

Nur dadurch, daß man von den unwandelbaren Gesetzen der Wissenschaft und von der richtigen Anwendung der Vernunft abschweifte, und ein erfundenes Ding unter dem Namen offenbarte Religion aufstellte, sind so viele ausschweifende und gotteslästerliche Vorstellungen von dem Allmächtigen aufgekommen. Die Juden haben ihn zum Mörder des Menschengeschlechtes gemacht, um für die Religion der Juden Raum zu gewinnen. Die Christen haben ihn zum Selbstmörder und zum Stifter einer neuen Religion gemacht, um die jüdische Religion zu verdrängen und zu vertreiben. Und um für diese Dinge einen Vorwand zu finden und denselben Eingang zu verschaffen, müssen sie seine Macht und Weisheit als unvollkommen, oder seinen Willen als veränderlich angenommen haben; und die Veränderlichkeit des Willens zeugt von Unvollkommenheit der Einsicht. Der Philosoph weiß, daß die Gesetze des Schöpfers sich niemals verändert haben, weder in Bezug auf die Grundsätze der Wissenschaft, noch auf die Eigenschaften der Körperwelt. Warum denn soll man annehmen, daß sich dieselben in Bezug auf den Menschen geändert hätten?

Ich beschließe hiermit den Gegenstand. Ich habe in allen vorstehenden Theilen dieses Werkes dargethan, daß das Alte und das Neue Testament Betrügereien und Fälschungen sind; und ich überlasse die Beweise, welche ich dafür angeführt habe, Jedem zur Widerlegung, wenn er sie widerlegen kann; und ich überlasse die Gedanken, welche am Schlusse des Werkes aufgestellt sind, dem Leser zur Beherzigung; denn ich weiß gewiß, daß in Sachen der weltlichen Regierung, wie der Religion, die Wahrheit am Ende und mit Macht siegen wird, wenn die Meinungen frei sind.

(Ende des zweiten Theils.)

Briefe und vermischte Aufsaetze.

Antworts-Schreiben an einen Freund,
nach dem Erscheinen des
Zeitalters der Vernunft.

Paris, den 12. Mai 1797.

In Ihrem Schreiben vom 20sten März führten Sie verschiedene Stellen aus der Bibel an, welche Sie das Wort Gottes nennen, um mir zu beweisen, daß meine Ansichten über Religion falsch sind; und ich könnte eben so viele aus demselben Buche anführen, um zu beweisen, daß die Ihrigen nicht richtig sind; folglich entscheidet also die Bibel nichts, weil sie auf diese und auf jene Weise entscheidet, gerade wie man es haben will.

Allein, welche Autorität haben Sie dafür, die Bibel das Wort Gottes zu nennen? denn dieses ist der erste Punkt, welcher zu entscheiden ist. Nicht darum, weil Sie jenes Buch so nennen, wird es dazu, eben so wenig wie der Koran darum zum Worte Gottes wird, weil ihn die Muhamedaner also nennen. Ungefähr 350 Jahre nach der Zeit, als die Person, welche Jesus Christus genannt wird, gelebt haben soll, entschieden die päpstlichen Concilien (Kirchenversammlungen) von Nicäa und Laodicäa durch Abstimmung, daß die Bücher, welche gegenwärtig das sogenannte Neue Testament bilden, das Wort Gottes sein sollten. Dieses geschah durch den Ruf von Ja und Nein, wie man gegenwärtig über ein Gesetz abstimmt.

Nach der Rückkehr der Juden aus der babylonischen Gefangenschaft, verfuhren die Pharisäer des zweiten Tempels auf dieselbe Weise mit den Büchern, welche gegenwärtig das Alte Testament bilden; und dieses ist die ganze Autorität, welche es dafür giebt, was aber für mich gar keine Autorität ist. Ich bin eben so fähig, für mich selbst zu urtheilen, wie jene Männer, und ich denke noch fähiger, weil sie ihren Lebensunterhalt aus ihrer Religion zogen, und also bei der Stimme, welche sie abgaben, interessirt waren.

Sie können die Ansicht haben, daß Jemand von Gott begeistert ist, allein Sie können es nicht beweisen, noch können Sie selbst einen Beweis darüber erhalten, weil Sie nicht in seine Seele blicken können, um zu wissen, wie er zu seinen Gedanken kommt, und dasselbe gilt für das Wort Offenbarung. Es kann hierfür keinen Beweis geben, denn man kann

eben so wenig Offenbarung beweisen, wie man beweisen kann, wovon ein
anderer Mensch träumt; ja er selbst kann dieses nicht einmal beweisen.

Es heißt in der Bibel oft, daß Gott mit Moses sprach; aber woher wissen Sie, daß Gott mit Moses sprach? Sie werden sagen, weil die Bibel
es sagt. Der Koran sagt, daß Gott mit Muhamed sprach, glauben Sie
das auch? Nein. Warum nicht? Sie werden sagen, weil Sie es nicht
glauben; sonach ist Ihr Glauben und Ihr Nichtglauben der ganze
Grund, welchen Sie dafür anführen können; ausgenommen Sie behaupten, daß Muhamed ein Betrüger war. Und woher wissen Sie, daß Moses
kein Betrüger war? Ich meines Theils halte Alle für Betrüger, welche
vorgeben, mit der Gottheit eine mündliche Unterhaltung zu führen. Auf
diese Art ist die Welt betrogen worden; allein wenn Sie anders denken,
so haben Sie dasselbe Recht zu Ihrer Ansicht, wie ich zu der meinigen, und
müssen dieselbe auf dieselbe Weise verantworten. Aber Alles dieses entscheidet noch nicht den Punkt, ob die Bibel das Wort Gottes ist, oder
nicht. Es ist darum nöthig, einen Schritt weiter zu gehen. Die Sache
stellt sich alsdann folgendermaßen heraus:

Sie bilden Ihre Ansicht von Gott nach der Darstellung, welche von ihm
in der Bibel mitgetheilt wird, und ich bilde meine Ansicht von der Bibel
nach der Weisheit und Güte Gottes, welche sich in dem Bau des Weltalls
und in allen Werken der Schöpfung offenbart. Das Resultat in diesen
beiden Fällen wird so ausfallen, daß Sie, wenn Sie die Bibel zu Ihrem
Maßstabe nehmen, eine schlechte Meinung von Gott bekommen werden;
und ich, wenn ich Gott zu meinem Maßstabe nehme, eine schlechte Meinung von der Bibel bekommen werde.

Die Bibel stellt Gott als ein wankelmüthiges, leidenschaftliches, rachsüchtiges Wesen dar, welches eine Welt erschafft, und sie darauf ertränkt,
welches später sein Thun bereut, und verspricht, es nicht wieder zu thun;
welches eine Nation aufhetzt, einer andern die Hälse abzuschneiden, und
dem Lauf der Sonne Einhalt gebietet, bis das Gemetzel zu Ende sein
würde.

Hingegen die Werke Gottes in der Schöpfung predigen uns eine andere
Lehre. In jenem unermeßlichen Buche sehen wir Nichts, was uns
auf die Vorstellung eines wankelmüthigen, leidenschaftlichen und rachsüchtigen Gottes führen könnte; Alles, was wir darin erblicken, erzeugt in uns
entgegengesetzte Begriffe; den Begriff der Unwandelbarkeit, und ewiger
Ordnung, Harmonie und Güte. Die Sonne und die Jahreszeiten kehren
zu ihrer festgesetzten Zeit zurück, kurz Alles in der Schöpfung verkündet,
daß Gott unwandelbar ist. Wem soll ich nun glauben, einem Buche,
welches irgend ein Betrüger machen und das Wort Gottes nennen
kann, oder der Schöpfung selbst, welche nur eine allmächtige Kraft hervorbringen konnte? denn die Bibel sagt dieses, und die Schöpfung sagt das
Gegentheil. Die Bibel stellt Gott mit allen Leidenschaften eines Sterb-

lichen bar, und die Schöpfung verkündet ihn uns mit allen Eigenschaften Gottes.

Aus der Bibel hat der Mensch Grausamkeit, Raub und Mord gelernt; denn der Glaube an einen grausamen Gott macht grausame Menschen. Jener blutdürstige Mann, genannt der Prophet Samuel, läßt Gott sagen (1 Sam., Cap. 15, Vers 3): „So ziehe nun hin, und schlage die Amalekiter, und vertilge sie mit Allem, was sie haben. Schone ihrer nicht, sondern tödte beide, Mann und Weib, Kinder und Säuglinge, Ochsen und Schafe, Kameele und Esel."

Daß Samuel, oder irgend ein anderer Betrüger dieses gesagt haben mag, ist etwas, das nach einem so langen Zeitraum weder bewiesen noch widerlegt werden kann; allein nach meiner Ansicht ist es eine Gotteslästerung, wenn man sagt oder glaubt, daß Gott dieses gesagt habe. Alle unsere Begriffe von der Ungerechtigkeit und Güte Gottes empören sich ob der gottlosen Grausamkeit der Bibel. Nicht einen gerechten und gütigen Gott, sondern einen Teufel unter dem Namen Gottes schildert die Bibel.

Was diesen vorgeblichen Befehl zur Vertilgung der Amalekiter noch schlimmer erscheinen läßt, ist der Grund, welcher dafür angeführt wird. Nach der Erzählung im 2ten Buch Moses, Cap. 17 (aber welche wie eine Fabel aussieht wegen der zauberhaften Beschreibung, die von Moses gegeben wird, wie er seine Hände aufhebt), hatten sich die Amalekiter vor 400 Jahren dem Eindringen der Israeliten in ihr Land widersetzt; und dazu hatten die Amalekiter ein Recht, weil die Israeliten die Angreifer waren, wie die Spanier die Angreifer von Mexico waren. Und dieser Widerstand von Seiten der Amalekiter zu jener Zeit wird als Grund angeführt, warum Männer, Weiber, Kinder und Säuglinge, Schafe und Ochsen, Kameele und Esel, welche 400 Jahre später geboren wurden, umgebracht werden sollten, um das Maß des Schreckens voll zu machen, hieb Samuel den Anführer der Amalekiter Agag in Stücken, wie man ein Stück Holz zu zerhauen pflegt. Doch ich will dieser Stelle noch einige Bemerkungen widmen.

Erstlich weiß Niemand, wer der Verfasser oder Autor des Buches Samuel war, und deshalb hat der Vorfall selbst keinen andern Beweis, als die Aussage eines namenlosen Zeugen oder vom Hörensagen, was durchaus gar kein Beweis ist. Zweitens sagt dieses namenlose Buch, daß diese Metzelei auf das ausdrückliche Gebot Gottes geschah; aber alle unsere Vorstellungen von der Gerechtigkeit und Güte Gottes strafen das Buch Lügen, und da ich niemals einem Buche glauben werde, welches Gott Grausamkeit und Ungerechtigkeit beimißt; so verwerfe ich die Bibel deshalb als unglaubwürdig.

Da ich Ihnen nunmehr meine Gründe angegeben habe, warum ich glaube, daß die Bibel nicht das Wort Gottes ist, und daß dieselbe Unwahrheiten enthält; so habe ich ein Recht, Sie um ihre Gründe zu fragen, warum Sie das Gegentheil glauben; allein ich weiß, Sie können mir keine anführen, ausgenommen, daß **Sie zum Glauben an die Bibel erzogen wurden**; und da die Türken denselben Grund anführen, warum sie an den Koran glauben, so ist es offenbar, daß die Erziehung den ganzen Unterschied ausmacht, und daß Vernunft und Wahrheit mit der Sache nichts zu thun haben. Sie glauben an die Bibel wegen des Zufalls der Geburt, und die Türken glauben an den Koran wegen desselben Zufalls, und Einer nennt den Andern **ungläubig**. — Allein, wenn wir das Vorurtheil der Erziehung aus dem Spiele lassen, so stellt sich als vorurtheilslose Wahrheit heraus, daß Alle Ungläubige sind, welche einen falschen Glauben von Gott haben, mögen sie nun ihr Glaubensbekenntniß aus der Bibel oder aus dem Koran, aus dem Alten Testament oder aus dem Neuen ziehen.

Wenn Sie die Bibel mit der Aufmerksamkeit geprüft haben, wie ich (denn ich denke nicht, daß Sie viel davon wissen), und wenn Sie sich richtigen Vorstellungen von Gott zugänglich machen; so werden Sie aller Wahrscheinlichkeit nach dasselbe glauben, wie ich. Allein ich wünsche, Sie wissen zu lassen, daß diese Antwort auf ihren Brief nicht in der Absicht geschrieben ist, um Ihre Meinung zu ändern. Sie ist vielmehr geschrieben, um Sie und einige andere Freunde, welche ich hochschätze, zu überzeugen, daß sich mein Unglauben an die Bibel auf einen reinen und religiösen Glauben an Gott gründet; denn nach meiner Ansicht ist die Bibel in fast jedem ihrer Theile eine grobe Schmähschrift gegen die Gerechtigkeit und Güte Gottes.

Thomas Paine.

Schreiben an Herrn Erskine.*)

Unter allen Arten von Tyrannei, welche die Menschheit bedrücken, ist die Tyrannei in Religionssachen die schlimmste: denn jede andere Tyrannei beschränkt sich auf die Welt, worin wir leben; hingegen diese versucht, einen Schritt über das Grab hinaus zu thun, und will uns bis in die Ewigkeit verfolgen. Dort und nicht hier — vor Gott, und nicht vor Menschen — vor einem himmlischen und nicht vor einem irdischen Gerichte haben wir wegen unseres Glaubens Rede zu stehen; wenn wir also von dem Schöpfer einen falschen und entehrenden Glauben hegen, und jener Glaube

---

*) Herr Paine hat offenbar in dieses Schreiben einen Theil seiner Antwort auf Bischof Watson's „Schutzrede für die Bibel" aufgenommen; denn in einem Capitel jenes Werkes, welches von dem 1sten Buch Moses handelt, bezieht er sich ausdrücklich auf seine Bemerkungen in einem früheren Theile desselben, über die beiden in der Genesis enthaltenen Schilderungen der Schöpfung; diese Bemerkungen sind hier aufgenommen.

wird uns aufgezwungen, soweit als Zwang durch menschliche Gesetze und menschliche Gerichte wirken kann — auf wen fällt die Strafbarkeit jenes Glaubens? auf diejenigen, welche denselben aufzwingen, oder auf diejenigen, welchen er aufzwungen wird?

Ein Buchhändler, Namens Williams, ist in London wegen Blasphemie peinlich belangt worden, weil er ein Buch unter dem Titel: „Zeitalter der Vernunft" verlegt hat. Blasphemie (Lästerung, Gotteslästerung) ist ein Wort von umfangreichem Klange, allein von zweideutiger, ja fast unbestimmter Bedeutung, woferne wir es nicht auf den einfachen Begriff der Verletzung oder Verleumdung des guten Rufes eines Menschen beschränken, welches dessen ursprüngliche Bedeutung war. Als Wort bestand es, ehe das Christenthum bestand, da es ein Wort griechischen Ursprungs ist, wie man aus jedem Wörterbuche ersehen kann.

Doch man sehe, wie mannigfaltig und widersprechend die Bedeutung und Anwendung dieses zweideutigen Wortes gewesen ist. Sokrates, welcher mehr als 400 Jahre vor der christlichen Zeitrechnung lebte, wurde der Blasphemie überwiesen, weil er gegen den Glauben an viele Götter predigte, und weil er den Glauben an Einen Gott predigte, und er wurde verurtheilt, den Giftbecher zu trinken. Jesus Christus wurde unter dem jüdischen Gesetz der Blasphemie überwiesen, und wurde gekreuzigt. Den Muhamed einen Betrüger nennen, würde in der Türkei Blasphemie sein; und die Unfehlbarkeit des Papstes und der Kirche leugnen, würde in Rom Blasphemie sein. Was ist nun unter diesem Worte Blasphemie zu verstehen? Wir sehen, daß im Falle des Sokrates die Wahrheit als Blasphemie verdammt wurde. Sind wir gewiß, daß die Wahrheit nicht heutiges Tages Blasphemie ist? Doch wehe denen, seien sie, wer sie wollen, welche dieselbe dazu machen!

Ein Buch, welches die Bibel genannt wird, ist durch die Stimmen von Menschen für das Wort Gottes erklärt, und durch menschliche Gesetze als solches eingesetzt worden; und das Nichtglauben hieran wird Blasphemie genannt. Hingegen wenn die Bibel nicht das Wort Gottes ist, so sind die Gesetze, und die Vollziehung derselben Blasphemie, und nicht der Unglaube. Es werden in jenem Buche von dem Schöpfer seltsame Geschichten erzählt. Er wird darin dargestellt, als handle er unter dem Einfluß jeder menschlichen Leidenschaft, selbst der allerboshaftesten Art. Wenn diese Geschichten falsch sind, so irren wir, wenn wir dieselben als wahr glauben, und wir sollten dieselben nicht glauben. Es ist deshalb eine Pflicht, welche jeder Mensch sich selbst und mit Ehrerbietung seinem Schöpfer schuldet, durch jede mögliche Forschung auszumitteln, ob hinlängliche Beweise vorhanden sind, um daran zu glauben oder nicht.

Meine eigene Ansicht geht entschieden dahin, daß die Beweise nicht den Glauben rechtfertigen, und daß wir eine Sünde begehen, wenn wir jenen Glauben uns und Andern aufzwingen. Indem ich dieses behaupte, habe ich kein anderes Ziel im Auge als Wahrheit. Allein damit man mir nicht vorwerfen möge, mich mit bloßen Behauptungen in Bezug auf den zweideutigen Zustand der Bibel zu begnügen, so will ich ein Beispiel anführen, und will zu dem Ende nicht hier und da Stellen aus der Bibel herauslesen oder reißen; sondern ich will glimpflich zu Werke gehen, und will gleich die beiden ersten Capitel der Genesis nehmen, sowie sie da stehen, und will aus denselben die Wahrheit meiner Behauptung darthun, daß die Beweise nicht den Glauben rechtfertigen, daß die Bibel das Wort Gottes sei.

Capitel 1.

1. Am Anfang schuf Gott Himmel und Erde.

2. Und die Erde war wüst und leer, und es war finster auf der Tiefe; und der Geist Gottes schwebte auf dem Wasser.

3. Und Gott sprach: Es werde Licht. Und es ward Licht.

4. Und Gott sahe, daß das Licht gut war. Da scheidete Gott das Licht von der Finsterniß.

5. Und nennete das Licht Tag und die Finsterniß Nacht. Da ward aus Abend und Morgen der erste Tag.

6. ¶ Und Gott sprach: Es werde eine Veste zwischen den Wassern; und die sei ein Unterschied zwischen den Wassern.

7. Da machte Gott die Veste, und scheidete das Wasser unter der Veste von dem Wasser über der Veste. Und es geschah also.

8. Und Gott nennete die Veste Himmel. Da ward aus Abend und Morgen der andere Tag.

9. ¶ Und Gott sprach: Es sammle sich das Wasser unter dem Himmel an sondere Oerter, daß man das Trockene sehe. Und es geschah also.

10. Und Gott nennete das Trockene Erde, und die Sammlung der Wasser nennete er Meer. Und Gott sahe, daß es gut war.

11. Und Gott sprach: Es lasse die Erde aufgehen Gras und Kraut, das sich besame, und fruchtbare Bäume, da ein jeglicher nach seiner Art Frucht trage, und habe seinen eigenen Samen bei sich selbst auf Erden. Und es geschah also.

12. Und die Erde ließ aufgehen Gras und Kraut, das sich besamete, ein jegliches nach seiner Art, und Bäume, die da Frucht trugen, und ihren eigenen Samen bei sich hatten, ein jegliches nach seiner Art. Und Gott sahe, daß es gut war.

13. Da ward aus Abend und Morgen der dritte Tag.

14. ¶ Und Gott sprach: Es werden Lichter an der Veste des Himmels, die da scheiden Tag und Nacht, und geben Zeichen, Zeiten, Tage und Jahre,

15. Und seien Lichter an der Veste des Himmels, daß sie scheinen auf Erden. Und es geschah also.

16. Und Gott machte zwei große Lichter: ein groß Licht, das den Tag regiere, und ein klein Licht, das die Nacht regiere, dazu auch Sterne.

17. Und Gott setzte sie an die Veste des Himmels, daß sie scheinen auf die Erde,

18. Und den Tag und die Nacht regiereten, und scheideten Licht und Finsterniß. Und Gott sahe, daß es gut war.

19. Da ward aus Abend und Morgen der vierte Tag.

20. Und Gott sprach: Es rege sich das Wasser mit webenden und lebendigen Thieren, und mit Gevögel, das auf der Erde unter der Veste des Himmels fliege.

21. Und Gott schuf große Wallfische, und allerlei Thier, das da lebet und webet, und vom Wasser erreget ward, ein jegliches nach seiner Art; und allerlei gefiedertes Gevögel, ein jegliches nach seiner Art. Und Gott sahe, daß es gut war.

22. Und Gott segnete sie, und sprach: Seid fruchtbar und mehret euch, und erfüllet das Wasser im Meer; und das Gevögel mehre sich auf Erden.

23. Da ward aus Abend und Morgen der fünfte Tag.

24. ¶ Und Gott sprach: Die Erde bringe hervor lebendige Thiere, ein jegliches nach seiner Art; Vieh, Gewürm und Thier auf Erden, ein jegliches nach seiner Art. Und es geschah also.

25. Und Gott machte die Thiere auf Erden, ein jegliches nach seiner Art, und das Vieh nach seiner Art, und allerlei Gewürm auf Erden nach seiner Art. Und Gott sahe, daß es gut war.

26. ¶ Und Gott sprach: Lasset uns Menschen machen, ein Bild, das uns gleich sei, die da herrschen über die Fische im Meer, und über die Vögel unter dem Himmel, und über das Vieh, und über die ganze Erde, und über alles Gewürm das auf Erden kreucht.

27. Und Gott schuf den Menschen ihm zum Bilde, zum Bilde Gottes schuf er ihn; und er schuf sie ein Männlein und Fräulein.

28. Und Gott segnete sie, und sprach zu ihnen: Seid fruchtbar und mehret euch, und füllet die Erde, und machet sie euch unterthan, und herrschet über Fische im Meer, und über Vögel unter dem Himmel, und über alles Thier; das auf Erden kreucht.

29. ¶ Und Gott sprach: „Sehet da, ich habe euch gegeben allerlei Kraut, das sich besamet auf der ganzen Erde, und allerlei fruchtbare Bäume, und Bäume, die sich besamen, zu eurer Speise;

30. Und allem Thier auf Erden, und allen Vögeln unter dem Himmel, und allem Gewürm, das da lebet auf Erden, daß sie allerlei grün Kraut essen. Und es geschah also.

31. Und Gott sahe an alles, was er gemacht hatte; und siehe da, es war sehr gut. Da ward aus Abend und Morgen der sechste Tag.

Capitel 2.

1. Also ward vollendet Himmel und Erde mit ihrem ganzen Heer.

2. Und also vollendete Gott am siebenten Tage seine Werke, die er machte; und ruhete am siebenten Tage von allen seinen Werken, die er machte;

3. Und segnete den siebenten Tag, und heiligte ihn, darum, daß er an demselben geruhet hatte von allen seinen Werken, die Gott schuf und machte.

4. ¶ Also ist Himmel und Erde worden, da sie geschaffen sind, zu der Zeit, da Gott der Herr Erde und Himmel machte,

5. Und allerlei Bäume auf dem Felde, die zuvor nie gewesen waren auf Erden, und allerlei Kraut auf dem Felde, das zuvor nie gewachsen war. Denn Gott der Herr hatte noch nicht regnen lassen auf Erden, u n d w a r k e i n M e n s c h , d e r d a s L a n d b a u e t e .

6. Aber ein Nebel ging auf von der Erde, und feuchtete alles Land.

7. Und Gott der Herr machte den Menschen aus einem Erdenkloß, und er blies ihm ein den lebendigen Odem in seine Nase. Und also ward der Mensch eine lebendige Seele.

8. Und Gott der Herr pflanzte einen Garten in Eden, gegen den Morgen, und setzte den Menschen darein den er gemacht hatte.

9. Und Gott der Herr ließ aufwachsen aus der Erde allerlei Bäume, lustig anzusehen und gut zu essen, und den Baum des Lebens mitten im Garten, und den Baum des Erkenntnisses Gutes und Böses.

10. Und es ging aus von Eden ein Strom, zu wässern den Garten, und theilete sich daselbst in vier Hauptwasser.

11. Das erste heißt Pison, das fleußt um das ganze Land Hevila, und daselbst findet man Gold.

12. Und das Gold des Landes ist köstlich, und da findet man Bedellion und den Edelstein Onyr.

13. Das andere Wasser heißt Gihon, das fleußt um das ganze Mohrenland.

14. Das dritte Wasser heißt Hidekel, das fleußt vor Assyrien. Das vierte Wasser ist der Phrath.

15. Und Gott der Herr nahm den Menschen, und setzte ihn in den Garten Eden, daß er ihn bauete und bewahrete.

16. Und Gott der Herr gebot dem Menschen, und sprach: Du sollst essen von allerlei Bäumen im Garten;

17. Aber von dem Baum des Erkenntnisses Gutes und Böses sollst du nicht essen. Denn welches Tages du davon issest, wirst du des Todes sterben.

18. ¶ Und Gott der Herr sprach: Es ist nicht gut, daß der Mensch allein sei; ich will ihm eine Gehülfin machen, die um ihn sei.

19. Denn als Gott der Herr gemacht hatte von der Erde allerlei Thier auf dem Felde und allerlei Vögel unter dem Himmel, brachte er sie zu dem

Menschen, daß er sähe, wie er sie nennete; denn wie der Mensch allerlei lebendige Thiere nennen würde, so sollten sie heißen.

20. Und der Mensch gab einem jeglichen Vieh, und Vogel unter dem Himmel, und Thier auf dem Felde seinen Namen; aber für den Menschen ward keine Gehülfin funden, die um ihn wäre.

21. Da ließ Gott der Herr einen tiefen Schlaf fallen auf den Menschen, und er entschlief. Und nahm seiner Rippen eine, und schloß die Stätte zu mit Fleisch.

22. Und Gott der Herr bauete ein Weib aus der Rippe, die er von dem Menschen nahm, und brachte sie zu ihm.

23. Da sprach der Mensch: Das ist doch Bein von meinen Beinen, und Fleisch von meinem Fleisch. Man wird sie Männin heißen, darum, daß sie vom Manne genommen ist.

24. Darum wird ein Mann seinen Vater und seine Mutter verlassen, und an seinem Weibe hangen, und sie werden sein Ein Fleisch.

25. Und sie waren beide nacket, der Mensch und sein Weib, und schämeten sich nicht.

Diese beiden Capitel werden der Mosaische Bericht über die Schöpfung genannt; und wir erfahren, Niemand weiß von wem, daß Moses von Gott unterwiesen worden sei, jenen Bericht zu schreiben.

Zufällig sind alle Völker Weltmacher gewesen; und jedes läßt die Welt nach seiner eigenen Art anfangen, als ob sie alle, wie Hudibras sagt, das Handwerk gelernt hätten. Es giebt Hunderte verschiedener Meinungen und Ueberlieferungen darüber, wie die Welt angefangen hat. Indessen habe ich es an diesem Orte nur mit jenen beiden Capiteln zu thun.

Ich stelle nun zuerst die Behauptung auf, daß jene beiden Capitel, anstatt, wie man geglaubt hat, Einen fortlaufenden Bericht über die Schöpfung, von Moses geschrieben, zu enthalten, zwei verschiedene und widersprechende Schöpfungsgeschichten enthalten, welche von zwei verschiedenen Personen verfaßt, und in zwei verschiedenen Ausdrucksweisen geschrieben wurden. Der Beweis hiervon ist so deutlich, wenn man denselben ohne Vorurtheil betrachtet, daß, wenn wir denselben Beweis in einer arabischen oder chinesischen Schöpfungsgeschichte anträfen, wir dieselbe ohne Anstand für eine Fälschung erklären würden.

Ich will nunmehr die beiden Geschichten von einander unterscheiden.

Die erste Geschichte beginnt mit dem ersten Verse des ersten Capitels, und endet mit dem dritten Verse des zweiten Capitels; denn das adverbiale Verbindungswort Also, womit das zweite Capitel anfängt, steht (wie der Leser sehen wird) mit dem letzten Verse des ersten Capitels in Verbindung, und jene drei Verse gehören zu der ersten Geschichte, und bilden den Schluß derselben.

Die zweite Geschichte beginnt mit dem vierten Verse des zweiten Capitels, und endet mit jenem Capitel. Jene beiden Geschichten sind zu Einer vermengt worden, dadurch, daß die letzten Verse der ersten Geschichte abgeschnitten, und in das zweite Capitel geworfen wurden.

Ich will nunmehr beweisen, daß jene Geschichten von zwei verschiedenen Personen geschrieben worden sind.

Von dem ersten Verse des ersten Capitels bis zum Ende des dritten Verses des zweiten Capitels, was die ganze erste Geschichte ausmacht, wird das Wort Gott ohne irgend einen Zusatz oder ein weiteres damit verbundenes Beiwort gebraucht, wie der Leser sehen wird; und diese Ausdrucksweise wird unabweichlich durch diese ganze Geschichte beibehalten, und wird nicht weniger als 35 Mal wiederholt, nämlich: „Am Anfang schuf Gott Himmel und Erde; und der Geist Gottes schwebete auf dem Wasser; und Gott sprach, es werde Licht; und Gott sah, daß das Licht 2c., 2c."

Hingegen unmittelbar nach dem Anfang des vierten Verses des zweiten Capitels, wo die zweite Geschichte anfängt, ist die Ausdrucksweise immer Gott der Herr, und diese Ausdrucksweise wird unabweichlich bis zum Ende des Capitels beibehalten, und wird eilf Mal wiederholt; in der Einen Geschichte wird stets Gott und niemals Gott der Herr gebraucht, in der andern stets Gott der Herr, und niemals Gott. Die erste Geschichte enthält 34 Verse, und wiederholt das einfache Wort Gott 35 Mal. Die zweite Geschichte enthält 22 Verse, und wiederholt die zusammen verbundenen Worte Gott der Herr 11 Mal; diese so oft wiederholte und so gleichförmig beibehaltene, verschiedene Ausdrucksweise liefert den Beweis, daß jene beiden Capitel, welche zwei verschiedene Geschichten enthalten, von verschiedenen Personen geschrieben sind; diese Verschiedenheit ist in allen verschiedenen Ausgaben der Bibel in allen Sprachen, welche ich gesehen habe, zu bemerken.

Da ich auf solche Weise, aus der Verschiedenheit des Styls, dargethan habe, daß jene beiden Capitel, wenn sie am Ende des dritten Verses des zweiten Capitels getheilt werden, wie sie füglich getheilt werden sollten, das Werk von zwei verschiedenen Personen ist; so will ich nunmehr aus den widersprechenden Gegenständen, welche sie enthalten, beweisen, daß sie nicht das Werk Einer Person sein können, und zwei verschiedene Geschichten sind.

Woferne nicht der Verfasser ein Wahnwitziger ohne Gedächtniß war, so konnte unmöglich eine und dieselbe Person sagen, wie es im 27sten und 28sten Verse des ersten Capitels heißt: „Und Gott schuf den Menschen ihm zum Bilde, zum Bilde Gottes schuf er ihn; und er schuf sie ein Männlein und Fräulein." „Und Gott segnete sie, und sprach zu ihnen: Seid fruchtbar und mehret euch, und füllet die Erde, und machet sie euch unterthan, und herrschet über Fische im Meer, und über Vögel unter dem Himmel, und über alles Thier, das auf Erden kreucht." Ich sage, dieselbe Person, welche dieses sagte, konnte unmöglich nachher sagen, was im 2ten

Capitel, Vers 5, steht: „Und es war kein Mensch, der das Land bauete;" und darauf im 7ten Verse wieder eine andere Erzählung von der Schöpfung eines Menschen zum ersten Male, und nachher von der Erschaffung einer Frau aus seiner Rippe mittheilen.

Ferner konnte eine und dieselbe Person nicht schreiben, was im 29sten Verse des ersten Capitels geschrieben steht: „Sehet da, ich (Gott) habe euch gegeben jedes Kraut, das sich besamet, auf der ganzen Erde; und jeden fruchtbaren Baum, und jeden Baum, der sich besamet, zu euerer Speise," und konnte später sagen, wie es im 2ten Capitel heißt, daß Gott einen Baum in die Mitte des Gartens pflanzte, und dem Menschen verbot, davon zu essen.

Ferner konnte eine und dieselbe Person nicht sagen: „Also ward vollendet Himmel und Erde mit ihrem ganzen Heer, und Gott vollendete am siebenten Tage seine Werke, die er machte;" und bald darauf den Schöpfer wieder an die Arbeit stellen, um einen Garten zu pflanzen, um einen Mann und eine Frau ꝛc. zu schaffen, wie im 2ten Capitel geschieht.

Hier sind offenbar zwei verschiedene Geschichten, welche einander widersprechen.—Nach der ersten wurden die beiden Geschlechter, der Mann und die Frau, zu derselben Zeit geschaffen. Nach der zweiten wurden sie zu verschiedenen Zeiten geschaffen, der Mann zuerst, die Frau nachher.—Nach der ersten Geschichte sollten sie über die ganze Erde herrschen. Nach der zweiten war ihre Herrschaft auf einen Garten beschränkt. Wie groß der Garten sein konnte, welchen Ein Mann und Eine Frau bestellen und im Stand halten konnten, überlasse ich dem Ankläger, dem Richter, den Geschworenen und Herrn Erskine zu entscheiden.

Die Geschichte von der redenden Schlange und von ihrem vertraulichen Zwiesprach mit Eva; das klägliche Abenteuer von dem sogenannten „Sündenfall des Menschen," und wie derselbe aus diesem schönen Garten getrieben, und wie der Garten nachher verschlossen, und mit einem flammenden*) Schwert (kann mir Jemand sagen, was ein flammendes Schwert ist?) bewacht wurde—gehören durchaus zu der zweiten Geschichte; sie stehen mit der ersten Geschichte in keiner Verbindung. Zufolge der ersten gab es keinen Garten Eden, keinen verbotenen Baum; der Schauplatz war die ganze Erde, und die Früchte aller Bäume waren zu essen erlaubt.

Indem ich dieses Beispiel von dem seltsamen Zustand der Bibel anführe, kann man nicht sagen, ich hätte einen Umweg gemacht, um dasselbe zu suchen; denn ich habe den Anfang des Buches gewählt; eben so wenig kann man sagen, ich hätte die Sache schlimmer gemacht, als sie ist. Daß zwei Geschichten vorhanden sind, ist bei einiger Aufmerksamkeit so leicht zu ersehen, wie daß zwei Capitel vorhanden sind, und daß dieselben von verschiedenen Personen geschrieben sind, Niemand weiß von wem. Wenn sich

---

*) Luther übersetzt: mit einem bloßen hauenden Schwert. Uebers.

also schon der Anfang der Bibel in einem solchen sonderbaren Zustand befindet; so führt dies auf den gerechten Verdacht, daß die andern Theile nicht besser sind, und folglich wird es Jedermann zur Pflicht, die Sache zu untersuchen. Ich habe dies meines Theils gethan, und habe mich überzeugt, daß die Bibel voll Fabeln ist.

Vielleicht wird man mir, nach dem heuchlerischen Geschwätz unserer Tage, wie mir der Bischof von Llandaff und Andere erzählt haben, von den großen und lobenswerthen Bestrebungen erzählen, welche fromme und gelehrte Männer bewiesen haben, um die dunkeln und widersprechenden, oder, nach ihrer Behauptung, nur scheinbar widersprechenden Stellen der Bibel zu erklären und zu vereinbaren. Aber gerade der Umstand, daß die Bibel eines solchen Unternehmens bedarf, ist einer der Hauptgründe für den Verdacht, daß sie nicht das Wort Gottes ist: wenn man diese einzige Betrachtung gehörig beherzigt, so ist sie sehr vielsagend.

Wie! der Schöpfer des Weltalls, die Quelle aller Weisheit, der Ursprung aller Wissenschaft, der Urheber aller Erkenntniß, der Gott der Ordnung und Harmonie, sollte nicht richtig schreiben können?

Wenn wir den ungeheueren Haushalt der Schöpfung beschauen; wenn wir die untrügliche Regelmäßigkeit des sichtbaren Sonnensystems betrachten, die Vollkommenheit, womit alle seine verschiedenen Theile ihre Bahnen durchlaufen, und durch eine entsprechende Zusammenstellung ein Ganzes bilden; — wenn wir unsern Blick in das endlose Meer des Raumes werfen, und uns von unzähligen Welten umringt sehen, von denen nicht Eine von dem ihr angewiesenen Orte weicht — wenn wir die Macht des Schöpfers von einer Milbe bis zu einem Elephanten verfolgen — von einem Atom (Sonnenstäubchen) bis zu einem Weltall; — können wir da annehmen, daß der Geist, welcher einen solchen Plan entwerfen konnte, und die Macht, welche denselben mit unvergleichlicher Vollkommenheit ausführte, nicht ohne Ungereimtheit zu schreiben verstehe? oder daß ein so geschriebenes Buch das Werk einer solchen Macht sein könne? Die Schriften von Thomas Paine, sogar von Thomas Paine bedürfen keines Auslegers, welcher deren verschiedene Theile erklärte, erläuterte, ordnete und wieder ordnete, um sie verständlich zu machen; — er kann eine Thatsache erzählen, oder eine Abhandlung schreiben, ohne auf der Einen Seite zu vergessen, was er auf einer andern geschrieben hat. Gewißlich also, wenn Gott in seiner Vollkommenheit sich herabließe, ein Buch zu schreiben oder in die Feder zu dictiren, würde jenes Buch so vollkommen sein, wie er selbst vollkommen ist; die Bibel ist dieses nicht, und man gesteht dieses ein, indem man versucht, dieselbe zu verbessern.

Vielleicht auch wird man mir sagen, ich hätte wohl Ein Beispiel angeführt, allein ich könnte kein anderes eben so schlagendes vorbringen. Eines genügt, um die Aechtheit oder Glaubwürdigkeit irgend eines Buches, welches das Wort Gottes zu sein vorgiebt, in Zweifel zu stellen; denn ein solches Buch würde, wie zuvor bemerkt wurde, eben so vollkommen sein, wie sein Verfasser vollkommen ist.

Ich will jedoch nur vier Capitel weiter in das erste Buch Moses gehen, und noch ein Beispiel vorlegen, welches genügt, um die Geschichte, zu welcher es gehört, umzustoßen.

Wir Alle haben von der Sündfluth aus den Zeiten Noahs gehört; und man kann an eine wohlbedachte Ersäufung des ganzen Menschengeschlechtes, der Männer, Weiber, Kinder und Säuglinge (mit Ausnahme Einer Familie), unmöglich ohne ein Gefühl schauderhaften Schmerzes denken. Derjenige, der ein solches Schauspiel mit Seelenruhe betrachten kann, muß in der That ein Herz von Stein haben. Es findet sich weder in der alten Götterlehre, noch in der Religion der uns bekannten Völker auf der Erde Etwas, das ein so furchtbar strenges und erbarmungsloses Strafgericht ihres Gottes oder ihrer Götter melbet. Wenn die Geschichte aber nicht wahr ist, so entehrt man Gott durch einen solchen lästerlichen Glauben, und noch mehr, wenn man durch Gesetze und Strafen jenen Glauben Andern aufzwingt. Ich werde nunmehr aus der Erzählung der Geschichte selbst beweisen, daß sie den Beweis ihrer Unwahrheit an der Stirne trägt.

Ich weiß nicht, ob der Richter, die Geschwornen und Hr. Erskine, welche Hrn. Williams richteten und überführten, jemals die Bibel lasen, oder von deren Inhalt irgend etwas kennen, und darum werde ich die Sache genau auseinandersetzen.

Zu der Zeit, als Noah gelebt haben soll, gab es noch kein solches Volk wie die Juden oder Israeliten, und folglich gab es damals auch noch kein solches Gesetz, wie das sogenannte Jüdische oder Mosaische Gesetz. Zufolge der Bibel sind von der Zeit, zu welcher die Sündfluth angeblich eintrat, bis zu Moses Zeiten mehr als 600 Jahre verflossen, und folglich fällt die Zeit als die Sündfluth angeblich eintrat, um mehr als 600 Jahre früher als das sogenannte Mosaische Gesetz, selbst wenn man einräumt, daß Moses der Verfasser jenes Gesetzes gewesen sei, woran man große Ursache zu zweifeln hat.

Wir haben sonach zwei verschiedene Epochen oder Zeitpunkte: die Zeit der Sündfluth und die Zeit des Mosaischen Gesetzes, deren erstere um mehr als 600 Jahre vor der letztern fällt. Hingegen der Verfertiger der Geschichte von der Sündfluth, wer immer derselbe war, hat sich durch einen Schnitzer verrathen; denn er hat die Ordnung der Zeiten umgekehrt. Er hat die Geschichte so erzählt, als ob das Mosaische Gesetz älter als die Sündfluth gewesen wäre; denn er läßt im 7ten Capitel der Genesis, Vers 2, Gott zu Noah sagen: „Aus allem reinem Vieh nimm zu dir je sieben und sieben, das Männlein und sein Fräulein; von dem unreinen Vieh aber je ein Paar, das Männlein und sein Fräulein." Dieses ist das Mosaische Gesetz, und es konnte nur gesagt werden, nachdem jenes Gesetz

9

gegeben war, und nicht früher. Es gab zu Noahs Zeiten noch nichts Derartiges, wie reine und unreine Thiere — es steht auch nirgends geschrieben, daß dieselben so geschaffen wurden. Sie wurden nur als Speisen durch das Mosaische Gesetz für rein oder unrein erklärt, und zwar allein für die Juden, und zur Zeit Noahs gab es noch kein solches Volk wie die Juden. In einem so stümperhaften Zustand befindet sich diese seltsame Geschichte.

Wenn wir über ein so erschrecklich strenges Strafgericht nachdenken, wie dasjenige, wodurch das ganze Menschengeschlecht, mit Ausnahme von acht Personen, wohlbedachter Weise zum Ersäufen verdammt werden — ein Strafgericht, welches den Schöpfer in einem erbarmungsloseren Lichte darstellt, als irgend Einer der sogenannten Heiden jemals den Schöpfer unter der Gestalt irgend einer ihrer Gottheiten darstellte; — so sollten wir mindestens unsern Glauben daran verschieben, sobald wir den gütigen Charakter des Schöpfers mit der furchtbaren Strenge des Urtheils vergleichen; allein wenn wir gar die Geschichte mit einem so offenbaren Widerspruch in den Umständen erzählt sehen, so sollten wir dieselbe für nichts Besseres erklären, als ein jüdisches Mährchen, welches von man weiß nicht wem und man weiß nicht wann erzählt wurde.

Es thut einem reinen, gefühlvollen Menschen wohl, wenn er jene Geschichte als grundlos ausfindet. Er entledigt sich zweier schmerzlicher Empfindungen mit Einem Male, nämlich: um der Härte des Urtheils willen von dem Schöpfer ungünstige Gedanken hegen zu müssen, und über das gräßliche Trauerspiel einer ertränkten Welt zu trauern. Wer die Bedeutung meiner Worte nicht vollkommen fühlt, verdient, nach meiner Würdigung des Charakters, nicht den Namen eines Menschen.

Ich habe so eben bemerkt, daß man mit gutem Grunde bezweifeln darf, ob das sogenannte Mosaische Gesetz von Moses gegeben wurde; die Bücher, welche man die fünf Bücher Moses nennt, und welche unter andern Dingen das sogenannte Mosaische Gesetz enthalten, sind in der Bibel obenan gestellt, gleichsam wie eine Constitution, welcher eine geschichtliche Einleitung vorangeschickt ist. Wären diese Bücher von Moses geschrieben worden, so würden sie ohne Zweifel die ältesten Bücher in der Bibel gewesen sein, und würden den ersten Platz verdienen, und auf das Gesetz und die Geschichte, welche sie enthalten, würden sich die nachfolgenden Bücher häufig beziehen; allein dieses ist nicht der Fall. Von der Zeit Athniels, des ersten Richters (Richter, Cap. 3, Vers 9), bis zum Ende des Buches der Richter, in einem Zeitraum von 410 Jahren, waren jenes Gesetz und jene Bücher nicht in Anwendung, noch unter den Juden bekannt, noch werden dieselben während jenes ganzen Zeitraums auch nur einmal angeführt. Und wenn der Leser das 22ste und 23ste Capitel des 2ten Buches der Könige und das 34ste Capitel des 2ten Buches der Chronika untersuchen will, so wird er finden, daß auch in der Zeit der jüdischen Monarwie weder ein solches Gesetz noch solche Bücher bekannt waren, und daß die Juden während jener ganzen Zeit und während der Zeit ihrer Richter Heiden waren.

Das erste Mal, wo das sogenannte Mosaische Gesetz zum Vorschein kommt, war zur Zeit Josias, ungefähr 1000 Jahre nach Moses Tode; und damals soll es durch Zufall gefunden worden sein. Die Erzählung von diesem Funde oder vorgeblichen Funde wird im 2ten Buche der Chronika, Cap. 34, Vers 14 bis 18, mitgetheilt: „Hilkia, der Priester, fand das Buch des Gesetzes des Herrn, durch Moses gegeben; und Hilkia antwortete und sprach zu Saphan, dem Schreiber: Ich habe das Gesetzbuch gefunden im Hause des Herrn; und Hilkia gab das Buch Saphan. Saphan aber brachte das Buch zum Könige; —— und Saphan sagte es dem Könige (Josia) an, und sprach: Hilkia, der Priester, hat mir ein Buch gegeben."

In Folge dieses Fundes, welcher stark dem Funde des armen Chatterton gleicht, der handschriftliche Gedichte des Mönches Rowley in der Kathedrale zu Bristol fand, oder dem neulichen Funde von Handschriften Shakespeare's in einer alten Kiste (zwei wohl bekannte Betrügereien), schaffte Josia die heidnische Religion der Juden ab, ermordete alle heidnischen Priester, obwohl er selbst ein Heide gewesen war, wie der Leser aus dem 23sten Capitel des 2ten Buches der Könige ersehen wird, und gründete so in Blut das dort sogenannte Gesetz Moses, und stiftete ein Passah zum Andenken daran. Im 22sten Verse heißt es von diesem Passah: „Gewißlich war kein Passah so gehalten, als dieses, von der Richter Zeit an, die Israel gerichtet haben, und in allen Zeiten der Könige Israels und der Könige Judas." Und der 25ste Vers sagt von diesem Priester-Mörder Josia: „Seines Gleichen war vor ihm kein König gewesen, der so von ganzem Herzen, von ganzer Seele, mit allen Kräften sich so zu dem Herrn bekehrete, nach dem ganzen Gesetz Moses; und nach ihm kam seines Gleichen nicht auf." Dieser Vers, wie der zuvor erwähnte, ist eine allgemeine Erklärung gegen alle vorhergehenden Könige ohne Ausnahme; derselbe ist gleichfalls eine Erklärung gegen alle, welche nach ihm regierten, deren vier waren, und deren ganze Regierungszeit nur 22 Jahre und 6 Monate ausmacht; darauf wurden die Juden als Nation gänzlich zerstreut, und ihre Monarchie zerstört. Es ist sonach erwiesen, daß das sogenannte Mosaische Gesetz, wovon die Juden so viel Aufhebens machen, erst in der letzteren Zeit der jüdischen Monarchie verkündigt und eingeführt wurde; und es ist höchst merkwürdig, daß die Juden dasselbe nicht so bald eingeführt hatten, als auch ihr Volksthum vernichtet wurde, gleichsam als Strafe für ihren Betrug, daß sie den Namen des Herrn demselben vorsetzten, und für den Mord ihrer früheren Priester unter dem Vorwand der Religion. Der Inbegriff der jüdischen Geschichte ist kurz folgender: sie blieben ungefähr 1000 Jahre lang eine Nation, darauf führten sie ein

Gesetz ein, welches sie „das Gesetz des Herrn, durch Moses gegeben," nannten, und gingen unter. Dieses ist keine bloße Meinung, sondern geschichtlich erwiesen.

Der Jude Levi, welcher eine Erwiderung auf das „Zeitalter der Vernunft" geschrieben hat, liefert eine seltsame Angabe über das sogenannte Mosaische Gesetz.

Indem er von der Geschichte spricht, zufolge deren die Sonne und der Mond stille standen, damit die Israeliten allen ihren Feinden die Hälse abschneiden, und deren Könige aufhängen konnten, wie im 10ten Capitel des Buches Josua erzählt wird, bemerkt er: „Es giebt noch einen andern Beweis für die Wahrheit dieses Wunders, nämlich die Berufung des Verfassers des Buches Josua auf das Buch Jasher (Vers 13): „Ist dies nicht geschrieben im Buch Jasher?"*) „Daraus," fährt Levi fort, „ergiebt sich offenbar, daß das gemeiniglich sogenannte Buch Jasher zur Zeit, als das Buch Josua geschrieben wurde, vorhanden und wohl bekannt war; und, werther Herr," fährt Levi fort, welches Buch denken Sie wohl, daß dieses war? ei, kein anderes, als das Gesetz von Moses!" Levi, wie der Bischof von Llandaff und viele andere Ausleger, die sich auf's Errathen einlassen, vergißt entweder, oder weiß nicht, was in dem Einen Theile der Bibel steht, wenn er seine Meinung über einen andern abgiebt.

Indessen erwartete ich nicht bei einem Juden in Bezug auf die Geschichte seines Volkes eine so große Unwissenheit anzutreffen, obwohl ich mich bei einem Bischof nicht darüber wundern konnte. Wenn Levi die Erzählung nachlesen will, welche im 1sten Capitel des 2ten Buches Samuel steht, wie der Amalekiter den Saul erschlägt, und dessen Krone und Armgeschmeide zu David bringt; so wird er die folgende Nachricht finden, Vers 15, 17, 18: „Und David sprach zu seiner Jünglinge Einem: Herzu, und schlage ihn (den Amalekiter). Und er schlug ihn, daß er starb. Und David klagte diese Klage über Saul und Jonathan, seinen Sohn; und befahl, man sollte die Kinder Juda den Bogen lehren;—„siehe, es steht geschrieben im Buch Jasher."†) Wenn das Buch Jasher das war, was es von Levi genannt wird, das von Moses geschriebene Mosaische Gesetz, so ist es nicht möglich, daß irgend Etwas, was David that oder sagte, in jenem Gesetz niedergeschrieben sein konnte, weil Moses mehr als 500 Jahre früher starb, ehe David geboren wurde; und andrerseits, wenn man zugiebt, daß das Buch Jasher das sogenannte Mosaische Gesetz sei, so muß jenes Gesetz mehr als 500 Jahre nach Moses Tode verfaßt worden sein, oder es konnte keine Reden oder Thaten Davids berichten. Levi mag unter diesen beiden Fällen wählen, welchen er will, denn beide sind gegen ihn.

Ich bin nicht gesonnen, in diesem Briefe einen Commentar über die

---

*) Luther übersetzt: im Buch des Frommen. Uebers.
†) Luther übersetzt: im Buch der Redlichen. Uebers.

Bibel zu schreiben. Die beiden Beispiele, welche ich angeführt habe, und welche vom Anfang der Bibel genommen sind, beweisen, daß es nothwendig ist, dieselbe zu untersuchen. Sie ist ein Buch, welches mehr gelesen, und weniger geprüft worden ist, als irgend ein Buch, welches jemals bestanden hat. Wäre sie als ein Buch der Araber oder Chinesen uns zugekommen, und ein Heiliges Buch des Volkes genannt worden, von welchem es kam; so würde man für den verworrenen und unordentlichen Zustand, worin es sich befindet, keine Schutzrede gehalten haben. Die Geschichten, welche es von dem Schöpfer erzählt, würden getadelt, und die Leute bemitleidet worden sein, die daran glaubten. Man würde die Güte Gottes gegen ein solches Buch in Schutz genommen, und die Verwerfung des Glaubens daran aus Ehrfurcht vor ihm geprebigt haben. Warum denn handeln wir gegen den Schöpfer in dem Einen Falle nicht ebenso ehrerbietig, wie in dem andern? Als ein chinesisches Buch, würden wir dasselbe genau geprüft haben;—warum sollten wir es als jüdisches Buch nicht ebenfalls genau prüfen? Die Chinesen sind allem Anschein nach ein weit älteres Volk als die Juden, und in Bezug auf Beständigkeit vermögen sich Letztere mit den Ersteren gar nicht zu messen. Sie sind gleichfalls ein sanftmüthiges und wohlgesittetes Volk, ausgenommen wo sie durch den Verkehr mit Europäern verdorben worden sind. Dennoch glaubt man dem Worte eines unruhigen, blutdürstigen Volkes, wie die Juden von Palästina waren, während man dieselbe Beweisquelle von einem bessern Volke verwerfen würde. Man sollte einsehen, daß nur Gewohnheit und Vorurtheil die Leute abgehalten hat, die Bibel zu prüfen. Die Anhänger der englischen Nationalkirche nennen sie heilig, weil die Juden sie so genannt haben, und weil Gewohnheit und gewisse Parlaments-Akten sie so nennen, und sie lesen dieselbe aus Gewohnheit. Andersdenkende (Dissenter) lesen sie, um Lehrsätze bestreiten zu können, und sind äußerst fruchtbar an neuen Entdeckungen und Erfindungen. Allein keine Sekte liest die Bibel, um sich daraus zu belehren, und um dem Schöpfer Gerechtigkeit widerfahren zu lassen; denn keine untersucht, ob der darin enthaltene Beweis den Glauben rechtfertigt, daß sie sei, was sie genannt wird. Anstatt dieses zu thun, nimmt man sie blindlings hin, und macht sie zum Worte Gottes, mag sie dieses sein oder nicht. Ich meines Theils kann es mit meinem Glauben an die Vollkommenheit Gottes nicht vereinbaren, zu glauben, daß ein so augenscheinlich dunkeles, verworrenes und widersprechendes Buch sein Werk sein könne. Ich selbst kann ein besseres Buch schreiben. Dieser mein Unglaube entspringt aus meinem Glauben an den Schöpfer. Ich kann mein Vertrauen nicht auf die Aussage des Priesters Hilfia bauen, welcher sagte, er habe dasselbe, oder irgend einen Theil davon gefunden, noch auf den Schriftgelehrten Saphan, noch auf irgend einen Priester, noch auf irgend einen Schriftgelehrten oder Rechtsgelehrten heutiges Tages.

Was Parlaments-Akte anbelangt, so giebt es auch deren, welche sagen, es gebe Hexen und Zauberer; und die Leute, welche jene Akte verfaßten (es war zur Zeit Jakobs des Ersten), verfaßten ebenfalls einige Akte, welche die Bibel die Heilige Schrift oder das Wort Gottes nennen. Allein Parlaments-Akte entscheiden nichts in Bezug auf Gott; und da diese Parlaments-Akten-Verfasser in Bezug auf Hexen und Zauberer im Irrthum waren, so mögen sie ebenfalls in Bezug auf das fragliche Buch im Irrthum gewesen sein.*) Es ist deshalb nöthig, das Buch selbst zu

---

*) Es ist eine schmerzliche Betrachtung fur den Menschenfreund, daß nach dem Blute, welches zur Begründung der **Göttlichkeit** der jüdischen Bibel vergossen wurde, die Nothwendigkeit eingetreten sein soll, den Menschen eine neue **Offenbarung** zu gewähren, welche wegen Unglaubens und widerstreitender Meinungen über deren wahre Auslegung eben so große oder noch größere Opfer gekostet hat, als die erste. Als die Katholiken das Uebergewicht hatten, verbrannten sie die Protestanten, welche wiederum ihrerseits die Katholiken zum Scheiterhaufen führten; und Beide vereinigten sich, um andere Secten (Dissenters) auszurotten. Als die Dissenters die Obermacht hatten, befolgten sie dasselbe Verfahren. Die teuflische Handlung Calvin's, indem er den Dr. Servetus verbrennen ließ, ist ein furchtbarer Beleg zu dieser Behauptung. Servetus wurde zwei Stunden in einem langsamen Feuer gebraten, ehe ihn das Leben verließ. Die Dissenters, welche aus England flüchteten, hatten sich kaum in den Wildnissen Amerikas niedergelassen, so fingen sie auch schon an, aus dem Lande, welches sie an sich gerissen hatten, alle Jene zu vertreiben, welche sich nicht zu ihrem sogenannten **orthodoxen Glauben** bekannten. Den Priestern, Quäkern und Adamiten wurde bei Todesstrafe verboten, ihr Gebiet zu betreten. Unter Priestern verstanden sie Geistliche der römisch-katholischen, wenn nicht gleichfalls der protestantischen oder bischöflichen Kirche. Ihre eigenen Priester nannten sie Minister (d. h. Diener Gottes). Diese Puritaner bestraften gleichfalls, besonders in der Provinz Massachusetts Bay, viele Personen mit dem Tode, welche der Hexerei angeklagt waren. Indessen haben wir keine Nachricht, daß sie Jemanden lebendig verbrannt hätten, wie in Schottland um dieselbe Zeit geschah, als die Hinrichtungen in Massachusetts Bay stattfanden. In England verurtheilte Sir Matthew Hale, ein wegen **außerordentlicher Frömmigkeit** berühmter Richter, zwei Weiber auf dieselbe Anklage zu Tode.

Es ist jedoch zu zweifeln, ob zur Zeit der Klage gegen Williams Parlaments-Akten in Kraft waren, welche wegen der Behauptung, daß die Bibel nicht das Wort Gottes sei, Strafen und Bußen verhängten, weil die **reblichen** Richter sich gänzlich auf das sogenannte Common Law, — das gemeine oder Gewohnheitsrecht, — zu stützen schienen, um die schrecklichen Verfolgungen zu rechtfertigen, welche in England ausgeübt wurden, zur Schande eines Landes, welches sich so sehr mit seiner Duldsamkeit brüstet.

Da das gemeine Recht aus den Gewohnheiten der alten Engländer herstammt, aus einer Zeit, als sich dieselben noch in einem Zustande der Rohheit und Barbarei befanden; so kann man sich nicht wundern, daß viele seiner Verfügungen den Vorstellungen widerstreiten, welche eine civilisirte und fein gebildete Gesellschaft von der Gerechtigkeit und Billigkeit hegt. Demgemäß findet man, daß die Regierung von Zeit zu Zeit einige der

untersuchen; es ist unsere Pflicht, dasselbe zu untersuchen; und das Recht der Untersuchung zu unterdrücken, ist von irgend einer Regierung, von irgend einem Richter oder Geschwornen-Gerichte sündlich gehandelt. Die Bibel läßt im 5ten Buch Moses, Cap. 7, Vers 2, Gott zu Moses sagen: „Und wann sie der Herr, dein Gott, in deine Hände giebt; so sollst du sie schlagen, und sie gänzlich ausrotten; du sollst keinen Bund mit ihnen machen, noch ihnen **Erbarmen zeigen.**" Weder alle Priester, noch Schriftgelehrte, noch Gerichte in der Welt, noch irgend eine menschliche Obrigkeit sollen mich zu dem Glauben bringen, daß Gott jemals einen solchen **Robespierrischen Befehl** ertheilte, kein Erbarmen zu zeigen; und folglich ist es unmöglich, daß ich, oder irgend Jemand, welcher von dem Schöpfer so ehrerbietige Vorstellungen hat, wie ich, ein solches Buch für das Wort Gottes halten kann.

Es hat Leute gegeben, und es giebt deren noch immer, welche zwar vorgeben, daß sie die Bibel für das Wort Gottes halten, allein dabei dieselbe lächerlich zu machen suchen. Wenn man ihr Vorgeben und ihre Handlungsweise zusammen hält, so handeln sie gotteslästerlich, weil sie handeln, als ob Gott selbst keinen Glauben verdiente. Hingegen ganz anders verhält es sich mit dem „Zeitalter der Vernunft." Jenes Buch ist geschrieben, um aus der Bibel selbst zu beweisen, daß hinlängliche Gründe vorhanden sind, dieselbe nicht für das Wort Gottes zu halten, und zu argwöhnen, daß wir zuerst von Juden, und später von Priestern und Auslegern hintergangen worden sind.

Nicht ein Einziger unter denen, welche versucht haben, Erwiderungen auf das „Zeitalter der Vernunft" zu schreiben, haben sich auf den Standpunkt gestellt, von welchem allein eine Erwiderung ausgehen konnte. Der fragliche Fall dreht sich nicht um einen Lehrsatz, sondern lediglich um eine Thatsache, nämlich um die Frage: Ist die sogenannte Bibel das Wort Gottes, oder ist sie dieses nicht? Wenn sie als solches erwiesen werden kann, so sollte ihr auch in solcher Eigenschaft Glauben geschenkt werden; im entgegengesetzten Falle sollte ihr kein solcher Glaube geschenkt werden. Dieses ist das wahre Sachverhältniß. Das „Zeitalter der Vernunft" liefert Beweise und ich habe in diesem Briefe weitere Beweise geliefert um

---

auffallendsten Albernheiten jenes Gewohnheitsrechtes abgeschafft hat: wie die Gottesurtheile, die Entscheidung durch Zweikampf im Falle einer Behauptung der Unschuld an einem Morde u. s. w. Doch sind noch viele beinahe eben so lächerliche Verfügungen übrig, welche einer ferneren und weitgreifenderen Reinigung bedürfen.

Daß indessen das Christenthum als ein Theil in dieses gemeine Recht aufgenommen wurde, ist ein Betrug, oder aus einer falschen Auslegung des alten Normännisch-Französischen entstanden, wie Thomas Jefferson in einem Schreiben an Major Cardwright vom 5. Juni 1824 schlagend bewiesen hat. Man kann dasselbe in Jeffersons Werken finden.

Engl. Herausg.

darzuthun, daß sie nicht das Wort Gottes ist. Diejenigen, welche das Gegentheil behaupten, sollten beweisen, daß sie das Wort Gottes ist. Allein dieses haben sie weder gethan, noch zu thun versucht, und folglich haben sie ihre Sache um nichts gefördert.

Die Ankläger des Hrn. Williams haben sich vor diesem Punkte scheu zurückgezogen, ebenso wie die Verfasser der Erwiderungs-Schriften. Sie haben sich auf Vorurtheile berufen, anstatt auf Beweise. Wenn vor einem Gerichtshofe eine Schrift vorgelegt und für die Schrift einer gewissen Person ausgegeben würde, und wenn von der Wahrheit oder Unwahrheit dieser Behauptung die Entscheidung eines gewissen Streitpunktes abhinge; so würde vor Allem der Punkt zu beweisen sein, daß solche Schrift die Schrift der gedachten Person sei. Oder wenn der Ausgang einer Streitsache von gewissen Worten abhinge, welche eine gewisse Person gesprochen haben sollte, so würde der Beweispunkt darin bestehen, daß solche Worte von solcher Person gesprochen wurden; und Hr. Erskine würde die Sache von diesem Standpunkte aus verfechten. Gerade so ist es hier: ein gewisses Buch wird für das Wort Gottes ausgegeben. Welchen Beweis liefert man, daß dieses der Fall ist? denn hierauf beruht Alles; und wenn die Anklage dieses nicht beweisen kann, so verliert sie aus Mangel an Beweis allen Halt.

Die Anklage beschuldigt Hrn. Williams, ein Buch mit dem Titel: „das Zeitalter der Vernunft," verlegt zu haben, welches nach ihrer Behauptung eine gotteslästerliche Schrift ist, weil es die Heilige Schrift lächerlich zu machen und in Verachtung zu bringen beabsichtige. Es ist nichts leichter, als Schimpfworte zu finden, und englische Criminal-Klagen sind wegen dieser Art Gemeinheit berüchtigt. Diese Beschuldigung ist übrigens eine spitzfindige Verdrehung; denn die Beschuldigung wegen der gedachten Schrift hätte nicht lauten sollen, daß dieselbe die Heilige Schrift lächerlich zu machen und in Verachtung zu bringen beabsichtige, sondern sie hätte lauten sollen, daß jene Schrift den Beweis führen wolle, das Buch, welches man Heilige Schrift nennt, sei keine Heilige Schrift. Es ist etwas ganz Anderes, wenn ich ein Werk, als von einer gewissen Person geschrieben, lächerlich mache, als wenn ich zu beweisen suche, daß solches Werk nicht von solcher Person geschrieben wurde. Im ersten Falle greif ich die Person vermittelst des Werkes an; in dem andern Falle vertheidige ich die Ehre der Person gegen das Werk. Dieses Letztere ist gerade das, was das Zeitalter der Vernunft thut, und folglich ist die Beschuldigung in der Anklage eine spitzfindige Verfälschung. Jeder wird zugeben, daß man, wenn die Bibel nicht das Wort Gottes ist, sich irrt, wenn man dieselbe für sein Wort hält und daß man nicht daran glauben sollte. Sicherlich also hätte die Anklage zu ihrer Begründung beweisen sollen, daß die Bibel in der That Dasjenige sei, wofür sie ausgegeben wird. Allein dieses hat die Anklage weder gethan, noch kann sie es thun.

In allen Rechtsfällen muß die vorhergehende Thatsache zuerst bewiesen werden, ehe über die nachfolgenden Thatsachen ein Beweis zugelassen werden kann. Bei einer Ehebruchsklage muß die Thatsache der Verehelichung, welches die vorhergehende Thatsache ist, zuvor bewiesen werden, ehe die Thatsachen zum Beweise des Ehebruches angenommen werden können. Wenn die Thatsache der Heirath nicht bewiesen werden kann, so kann auch der Ehebruch nicht bewiesen werden; und gerade so, wenn die Anklage nicht beweisen kann, daß die Bibel das Wort Gottes ist, so ist auch die Beschuldigung der Gotteslästerung ein Hirngespinnst und grundlos.

In der Türkei möchte man, wenn ein solcher Fall vorkäme, beweisen, daß ein gewisses Buch bei einem gewissen Buchhändler gekauft worden, und daß das besagte Buch gegen den Koran geschrieben sei. In Spanien und Portugal möchte man beweisen, daß ein gewisses Buch bei einem gewissen Buchhändler gekauft worden, und daß dasselbe gegen die Unfehlbarkeit des Papstes geschrieben sei. Zur Zeit der alten Götterlehre hätte man beweisen mögen, daß eine gewisse Schrift bei einer gewissen Person gekauft worden, und daß die besagte Schrift gegen den Glauben an eine Mehrzahl von Göttern und für den Glauben an Einen Gott geschrieben sei. Sokrates wurde wegen eines derartigen Werkes verurtheilt.

Alles dieses sind nur nachfolgende Thatsachen, und sind durchaus unerheblich, woferne die vorhergehenden Thatsachen nicht bewiesen werden. Die vorhergehende Thatsache in Bezug auf den ersten Fall besteht darin, ob der Koran das Wort Gottes ist? In Bezug auf den zweiten Fall, ob die Unfehlbarkeit des Papstes eine Wahrheit ist? In Bezug auf den dritten, ob der Glauben an mehre Götter ein wahrer Glauben ist? Und auf dieselbe Weise bei der gegenwärtigen Anklage, ob die sogenannte Bibel das Wort Gottes ist? Wenn die gegenwärtige Anklage nichts weiter beweist, als was in irgend einem jener Fälle oder in allen bewiesen werden könnte, so beweist sie nur, wie dort bewiesen wird, oder wie eine Inquisition zu beweisen pflegt; und wenn dieses der Fall ist, so sollten die Ankläger es sich zum Mindesten nicht mehr einfallen lassen, auf jene höllische Anstalt, die Inquisition, zu schimpfen. Indessen dürfte die Anklage, wenn gleich sie dem Einzelnen schaden mag, die Sache der Wahrheit befördern; weil die Art, wie sie geführt worden ist, vor der Welt als Geständniß erscheint, daß kein Beweis für die Behauptung, die Bibel sei das Wort Gottes, vorhanden ist. Aus welchem Grunde glauben wir denn aber die vielen wunderlichen Geschichten, welche die Bibel von Gott erzählt?

Diese Anklage ist vermittelst einer sogenannten Spezial=Jury betrieben worden, und alle Mitglieder einer Spezial=Jury werden durch einen Beamten der Krone (master of the crown-office) ernannt. Herr Erskine brüstet sich mit der Bill, welche er in Bezug auf die Geschwornenverhöre, wegen der von der Regierungspartei sogenannten Schmähschriften, in dem Parlament vorschlug. Allein wenn bei Anklagen der Krone ein Kronbeamter

fernerhin die ganze Spezial-Jury bestellen darf, was der Fall ist, wenn
er die 48 Personen ernennt, aus denen der Anwalt jeder Partei 12 aus-
zustreichen hat, so geht Herrn Erskines Bill in leeren Rauch auf. Die
Wurzel des Uebels liegt in der Art, wie die Jury gebildet wird, und dagegen schlägt Herrn Erskines Bill keine Abhülfe vor.

Als die Klage gegen Williams verhört werden sollte, erschienen nur 11
der Spezial-Geschworenen, und das Verhör wurde ausgesetzt. In Fällen,
wo die ganze Anzahl nicht erscheint, ist es herkömmlich, den Ausfall dadurch zu ergänzen, daß man aus den in der Court anwesenden Personen
Geschworene nimmt. Diesen legt man den juristischen Namen Tales (Ersatzmänner) bei. Warum geschah dieses nicht in diesem Falle? Der
Grund liegt nahe zur Hand, daß der Regierungsanwalt sich nicht auf
einen zufällig gezogenen Mann verlassen wollte. Als das Verhör wieder
vorkam, erschien die ganze Spezial-Jury, und Williams wurde überwiesen. Es ist eine Thorheit, eine Rechtssache zu verfechten, wo die ganze
Jury von der Einen Partei ernannt wird. Ich will einen kürzlich vorge-
kommenen Fall erzählen, welcher über Spezial-Juries bei Klagen der
Krone viel Licht verbreitet.

Bei dem Verhör von Lambert und Andern, Herausgebern und Eigen-
thümern der **Morning Chronicle**, wegen einer Schmähschrift, wurde
eine Spezial-Jury gezogen, auf die Bitte des General-Anwalts, welchen
man den Diabolus Regis, d. h. den Teufel des Königs, zu nennen pflegte.

Nur 7 oder 8 Glieder der Spezial-Jury erschienen, und da der General-
Anwalt nicht um Tales oder Ersatzmänner bat, so wurde das Verhör auf
einen späteren Tag anberaumt. Als es zum zweitenmale vorkommen
sollte, bat der General-Anwalt um eine neue Spezial-Jury; allein da
dieses nicht zulässig war, so wurde die ursprüngliche Spezial-Jury ent-
boten. Nur 8 Glieder derselben erschienen, worauf der General-Anwalt
erklärte: „Da ich bei einem zweiten Verhöre keine Spezial-Jury bekommen kann, so will ich um Tales bitten." Es wurden darauf vier Personen
aus den in der Court anwesenden Personen gezogen und den 8 Spezial-
Geschworenen beigegeben. Die Jury zog sich um 2 Uhr zurück, um sich
über einen Ausspruch zu berathen, und der Richter (Kenyon) verließ das
Gericht und ging nach Hause, weil er vernahm, daß die Geschworenen
verschiedener Meinung seien. Um 7 Uhr begab sich die Jury, in Beglei-
tung eines Gerichtsdieners, nach dem Hause des Richters, und erklärte in
ihrem Ausspruch die Beklagten für „schuldig der Bekanntmachung
der Schmähschrift; aber mit keiner boshaften Absicht." Der
Richter erklärte: „Ich kann diesen Ausspruch nicht zu Protokoll
geben; dies ist gar kein Ausspruch." Die Jury entfernte sich abermals, und nachdem sie bis 5 Uhr Morgens Rath gepflogen hatte, erklärte
sie die Beklagten für nicht schuldig. Würde dieses der Fall gewesen
sein, wenn sie alle Spezial-Geschworene und von einem Beamten der

Krone ernannt gewesen wären? Dieses ist einer der Fälle, welcher in Bezug auf die Art der Bildung von Spezial=Juries den Leuten die Augen öffnen sollte.

Bei dem Verhör von Williams verbot der Richter dem Anwalt des Beklagten, in der Vertheidigung fortzufahren. Der Ankläger hatte nämlich mehre Stellen aus dem „Zeitalter der Vernunft" ausgesucht, und dieselben in die Klageschrift aufgenommen. Der Anwalt des Beklagten suchte andere Stellen aus, um zu beweisen, daß die Stellen in der Klageschrift nur Schlüsse aus vorausgeschickten Sätzen, und in der Klage von denselben unredlicher Weise losgerissen waren. Der Richter sagte, **er wisse nicht, was er machen solle**; das heißt, ob er den Anwalt in der Vertheidigung fortfahren lassen sollte, oder nicht, und er fragte die Jury, ob sie die Stellen vorlesen hören wolle, welche der Anwalt des Beklagten ausgesucht hatte. Die Jury antwortete mit **Nein**, und der Anwalt des Beklagten schwieg demzufolge stille. So war denn Herr Erskine, wie Falstaff, alleiniger Meister des Schlachtfeldes, und da ihm kein Feind gegenüberstand, so schlug er gar tapfer um sich, und die Jury erklärte den Beklagten für **schuldig**. Ich weiß nicht, ob Herr Erskine aus dem Gerichte lief und Hurrah schrie für die Bibel und das Geschwornenverhör.

Robespierre setzte während des Verhörs von Brissot und Andern ein Dekret durch, des Inhalts, daß, nachdem ein Verhör drei Tage gedauert hatte (welche ganze Zeit in dem Falle Brissots von dem öffentlichen Ankläger gebraucht wurde), der Richter die Geschworenen (welche damals einseitig ausgesucht waren) fragen sollte, ob sie genug gehört hätten? Wenn die Geschworenen mit Ja antworteten, so war das Verhör zu Ende, und die Jury that sofort ihren Ausspruch, ohne die Vertheidigung des angeklagten Theiles anzuhören. Es bedarf keiner tiefen Weisheit, um von diesem Falle eine Anwendung zu machen.

Ich will nunmehr einen Rechtsfall anführen, um zu beweisen, daß das Verhör von Williams, zufolge Kenyons eigener Rechtsauslegung, kein rechtmäßiges Verhör war.

In einem neulichen Prozeß zu London (Selthens gegen Hoosman) über eine Assekuranz=Police, erhob sich Einer der Geschworenen, Herr Dunnage, nachdem er die Eine Seite gehört hatte, und ohne die andere Seite zu hören, und sagte: „Es sei eine so gesetzmäßige Assekuranz=Police, wie jemals eine geschrieben worden." Der Richter, derselbe, welcher bei dem Verhör von Williams den Vorsitz führte, bemerkte: „Es sei ein großes Unglück, wenn irgend ein Geschworener über einen Rechtsfall eher eine Meinung bilde, als bis derselbe vollständig erörtert sei." Herr Erskine, welcher in jener Sache Anwalt für den Beklagten war (in dieser war er gegen den Beklagten), rief aus: „Es ist schlimmer als ein Unglück, es ist ein Fehler." Der Richter erläuterte in seiner Anrede an die Geschworenen, bei der Zusammenfassung des Beweises, ausführlich die Verrichtungen, welche nach dem Gesetz den beiderseitigen Anwälten, den Zeugen und dem Richter zukämen, und sagte: „Nachdem alles Dieses geschehen war," und nicht eher, „war es die Sache der Geschworenen, zu erklären, was in dem Falle recht sei; und es war äußerst voreilig und unklug von irgend Jemandem gehandelt, einen Schluß zu ziehen, ehe alle Vörderfäße (Prämissen), worauf jener Schluß zu bauen war, den Geschworenen vorlagen." Also ist zufolge Kenyons eigener Lehre das Verhör von Williams ein unregelmäßiges Verhör, und als solches nicht zu Protokoll zu nehmen gewesen.

Was Spezial-Juries anbelangt, so sind dieselben erst in neuerer Zeit entstanden; und sie wurden nur darum eingeführt, um Rechts-Fälle zwischen Kaufleuten zu entscheiden; denn da die Art, wie kaufmännische Rechnungen geführt werden, von der Rechnungsführung der gewöhnlichen Gewerbsleute abweicht, und da ihre Geschäfte, welche großentheils in ausländischen Wechseln, Assekuranzen u. s. w. bestehen, von den Geschäften gewöhnlicher Gewerbsleute verschieden sind, so könnte es vorkommen, daß eine gewöhnliche Jury nicht im Stande wäre, einen Ausspruch zu thun. Das Gesetz, welches Spezial-Juries einführte, verlangt, daß die Geschworenen Kaufleute sein, oder im Range von Squires stehen sollen. Eine Spezial-Jury in London besteht gemeiniglich aus Kaufleuten, und im Lande aus sogenannten Land-Squires, das heißt Fuchsjägern, oder Leuten, welche die Geschicklichkeit besitzen, Füchse zu jagen. Die Einen mögen eine recht gute Entscheidung treffen, über einen Rechtsfall, worin es sich um Pfunde, Schillings und Pence oder um Comptoir-Geschäfte handelt, und die Andern über Pferderennen oder Jagden. Hingegen wäre es nicht lächerlich, solche Leute, weil sie dergleichen Fälle entscheiden können, auch über Theologie zu Geschworenen zu machen? Man spreche mit manchen Londoner Kaufleuten über die Schrift, und sie werden dies so verstehen, als spräche man von Scrip (Schuldscheinen), und werden angeben, wie hoch dieselben an der Stockbörse stehen. Man frage sie über Theologie, und sie werden antworten, sie kennten keinen solchen Herrn in der Handelswelt. Man erzähle manchen Land-Squires vom Stillestehen der Sonne auf einem Berggipfel, und des Mondes in einem Thale, und sie werden schwören, das sei eine selbstgebackene Lüge. Man sage ihnen, es stehe in der Bibel, und sie werden eine Bowl Punsch wetten, das sei nicht wahr, und werden den Landpfarrer zum Schiedsrichter aufrufen. Man frage diese über Theologie, und sie werden sagen, sie kennten keinen solchen Mann unter den Liebhabern von Pferderennen. Eine Berufung solcher Juries ist geeignet, die Bibel lächerlicher zu machen, als irgend etwas, das der Verfasser des „Zeitalters der Vernunft" geschrieben hat; und die Art, wie das Verhör geführt worden ist, beweist, daß der Ankläger nicht offen aufzutreten, noch der Vertheidigung des Beklagten zu begegnen wagt.

Allein von allem Andern abgesehen, auf welchem andern Rechtsgrunde beruhen solche Klagen, als welchen eine Inquisition in Anspruch nimmt? Die Religion ist eine Privatsache zwischen jedem Menschen und seinem Schöpfer, und weder ein Gericht, noch eine dritte Partei hat das Recht, sich darein zu mischen. Dieselbe ist eigentlich kein Ding dieser Welt; sie wird nur in dieser Welt erlernt; allein ihr Zweck liegt in einer andern Welt, und sie ist nicht anders ein Gegenstand gerechter Gesetze, als um die gleichen Rechte Aller zu beschützen, so mannigfaltig ihre Glaubensbekenntnisse sein mögen. Wenn es dem Einen beliebt, die sogenannte Bibel für das Wort Gottes zu halten, und wenn ein Anderer wegen seiner innigen Ueberzeugung von der Reinheit und Vollkommenheit Gottes, gegenüber den Widersprüchen jenes Buches, — wegen der Unzüchtigkeit mancher seiner Erzählungen, wie von Lot, welcher sich berauscht, und seine beiden Töchter schwängert, was nicht einmal ein Verbrechen genannt wird, und wofür die albernsten Entschuldigungen vorgebracht werden, — wegen der Unsittlichkeit mancher seiner Vorschriften, wie derjenigen, kein Erbarmen zu zeigen,—und wegen gänzlichen Mangels an Beweis in der Sache — wenn, sage ich, ein solcher Mann denkt, er sollte jenes Buch nicht für das Wort Gottes halten; so hat Jeder derselben ein gleiches Recht zu seinem Glauben; und wenn der Eine das Recht hat, seine Gründe für seinen Glauben anzuführen, so hat auch der Andere ein gleiches Recht, seine Gründe für den **entgegengesetzten** Glauben anzuführen. Alles, was über diese Regel hinausgeht, ist eine Inquisition. Herr Erskine spricht von seiner sittlichen Erziehung; Herr Erskine ist sehr wenig mit theologischen Gegenständen bekannt, wenn er nicht weiß, daß es Leute giebt, welche den **aufrichtigen** und **gottesfürchtigen** Glauben hegen, daß die Bibel nicht das Wort Gottes sei. Dieses ist mein Glaube; es ist der Glaube von Tausenden weit gelehrterer Männer, als Herr Erskine; und es ist ein Glaube, welcher von Tag zu Tag sich ausbreitet. Es ist kein Unglaube, wie es Hr. Erskine gottloser und lästernder Weise nennt; es ist vielmehr gerade das Gegentheil des Unglaubens. Es ist ein reiner gottesfürchtiger Glaube, gebaut auf die Vorstellung von der Vollkommenheit des Schöpfers. Wenn die Bibel das Wort Gottes sein sollte, so bedarf sie nicht der erbärmlichen Hülfe von Verfolgungen, um sie aufrecht zu halten; man möchte mit gleichem Fuge ein Gesetz erlassen, um den Sonnenschein zu beschützen, wie um die Bibel zu beschützen, wenn die Bibel, wie die Sonne, das Werk Gottes wäre. Wir sehen, daß Gott seine Schöpfung wohl behütet. Er läßt keinen Theil derselben zu Grunde gehen; und er wird dieselbe Sorge für sein Wort tragen, wenn er jemals ein **solches von sich gab**. Allein die Menschen sollten sich aus Ehrfurcht vor ihm wohl vorsehen und Bedenken tragen, ehe sie ihm Bücher als sein **Wort** beilegen, welche wegen ihres verworrenen Zustandes einem ganz gewöhnlichen Bücherschmierer zur Unehre gereichen würden, und gegen welche überflüssige Beweise und gute Gründe vorliegen, den Argwohn des Betruges zu schöpfen.

Man überlasse also die Bibel sich selbst. Gott wird dieselbe in seine Obhut nehmen, wenn er etwas damit zu thun hat, wie er sich der Sonne und des Mondes annimmt, welche zu ihrem besseren Schutze euerer Gesetze nicht bedürfen. Da die beiden, zu Anfang dieses Briefes aus dem 1sten Buch Moses angeführten, Beispiele — das Eine in Betreff der sogenannten Mosaischen Schöpfungsgeschichte, das Andere von der Sündfluth — die Nothwendigkeit einer Untersuchung der Bibel zur Genüge darthun, um zu bestimmen, welche Beweise vorhanden sind, um dieselbe als ein Heiliges Buch anzunehmen oder zu verwerfen; so werde ich über jenen Gegenstand nichts weiter bemerken. Allein, um Herrn Erskine zu zeigen, daß es religiöse Gesellschaften für öffentliche Gottesverehrung giebt, welche sich weder zum Glauben an die sogenannte Heilige Schrift bekennen, noch Priester zulassen, will ich mit einem Berichte über einen Verein schließen, welcher vor Kurzem in Paris entstanden ist, und sich sehr rasch ausbreitet.

Der Verein legt sich den Namen „Theophilanthropen" bei, ein Wort, welches aus drei griechischen Wörtern gebildet ist, die Gott, Liebe und Mensch bedeuten. Die Auslegung dieses Wortes ist: „Freunde Gottes und der Menschen," oder „Anbeter Gottes und Freunde der Menschen, adorateurs de Dieu et amis des hommes." Der Verein beabsichtigt, in jedem Jahre einen Band Abhandlungen herauszugeben; der erste Band ist soeben erschienen unter dem Titel:

Religiöses Jahr der Theophilanthropen,
oder

Anbeter Gottes und Freunde der Menschen;

Eine Sammlung der Reden, Vorlesungen, Lobgesänge und Lieder für alle religiösen und moralischen Feste der Theophilanthropen während des ganzen Jahres, sowohl in ihren öffentlichen Tempeln als zum Privat-Gottesdienst; herausgegeben von dem Verfasser des Handbuchs der Theophilanthropen.

Der diesjährige Band, welches der erste ist, enthält 214 Seiten in Duodez-Format.

Folgendes ist das Inhalts-Verzeichniß:
1. Ausführliche Geschichte der Theophilanthropen.
2. Uebungen, welche bei allen Festen vorkommen.
3. Hymne Nr. 1. Gott, von dem das Weltall spricht.
4. Vortrag über das Dasein Gottes.
5. Ode 2. Die Himmel lehren die Erde.
6. Weisheitslehren, gezogen aus dem Buch der Philanthropen.
7. Lied No. 3. Gott, du Schöpfer, Seele der Natur.
8. Auszüge aus den Werken verschiedener Sittenlehrer, über die Beschaffenheit Gottes und über die natürlichen Beweise seines Daseins.
9. Lied No. 4. Beim Erwachen preiset Gott, der das Licht giebt.

10. Sittensprüche, aus der Bibel gezogen.
11. Hymne No. 5. Vater des Weltalls.
12. Betrachtungen der Natur an den ersten Tagen des Frühlings.
13. Ode, No. 6. Herr, Anbetungswürdiger.
14. Auszüge aus den Sittensprüchen des Confucius.
15. Lied zum Lob guter Handlungen, und des Dankes für die Werke der Schöpfung.
16. Fortsetzung der Sittensprüche des Confucius.
17. Hymne No. 7. Die Welt ist voll deiner Größe.
18. Auszüge aus dem Werke eines alten indischen Weisen über die Familienpflichten.
19. Ueber den Frühling.
20. Sittliche Betrachtungen verschiedener chinesischer Verfasser.
21. Lied No. 8. Alles preist die Herrlichkeit des Ewigen.
22. Fortsetzung der sittlichen Betrachtungen chinesischer Schriftsteller.
23. Anrufung für das Vaterland.
24. Auszüge aus den moralischen Betrachtungen des Theognis.
25. Anrufung: Schöpfer der Menschen.
26. Ode No. 9. Ueber den Tod.
27. Auszüge aus dem Buche der Allgemeinen Moral über Glückseligkeit.
28. Ode No. 10. Höchster Schöpfer der Natur.

Einleitung.
Entstehung der Theophilanthropen.

"Um den Monat Vendemiaire des 5ten Jahres (September 1796) erschien in Paris ein kleines Werk unter dem Titel: Handbuch der Theoanthropophilen (später der leichteren Aussprache halber Theophilanthropen genannt); herausgegeben von C—.

"Die in diesem Handbuch aufgestellte Gottesverehrung, deren Ursprung sich vom Anfang der Welt herschreibt, wurde damals von einigen Familien in der Stille des häuslichen Lebens bekannt. Allein kaum war das Handbuch erschienen, so erkannten einige wegen ihrer Kenntnisse und ihres Lebenswandels angesehene Leute in der Bildung einer solchen, dem Publikum offen stehenden Gesellschaft eine leichte Art, wie eine sittliche Religion zu verbreiten wäre, und wie eine große Menge Menschen, welche dieselbe vergessen zu haben scheinen, stufenweise zur Erkenntniß derselben geführt werden könnten. Aus dieser Rücksicht allein schon sollten diejenigen nicht gleichgültig bleiben, welche wissen, daß Sittlichkeit und Religion, welche die dauerhafteste Stütze der Ersteren ist, zur Erhaltung der Staatsgesellschaft eben so nothwendig sind, wie zum Glücke des Einzelnen. Diese Rücksichten veranlaßten die Familien der Philanthropen, sich zur Ausübung ihrer Gottesverehrung öffentlich zu versammeln.

"Die erste derartige Gesellschaft wurde im Monat Nivose, im 5ten

Jahre (Januar 1797), in der Dennis Straße, No. 34, Ecke der Lombard-Straße, eröffnet. Der Führung der Verwaltung dieser Gesellschaft unterzogen sich fünf Familienväter. Sie nahmen das Handbuch der Theophilanthropen an. Sie kamen überein, ihre Tage der öffentlichen Gottesverehrung an den, den Sonntagen entsprechenden Tagen zu halten, aber ohne dadurch andere Gesellschaften zu hindern, einen ihnen mehr gelegenen Tag zu wählen. Bald nachher wurden mehr Vereine gestiftet, deren einige an den Dekaden (den 10ten Tagen) und andere an den Sonntagen Gottesdienst halten. Man beschloß ferner, daß der Ausschuß wöchentlich Eine Stunde zusammentreten solle, um die für die nächste allgemeine Versammlung bestimmten Reden und Vorträge vorzubereiten oder zu untersuchen; — daß die allgemeinen Versammlungen religiöse und moralische Feste heißen sollten; — daß jene Feste dem Geiste und der Form nach, auf eine Weise gehalten werden sollten, daß man sie nicht für die Feste einer ausschließlichen, abgesonderten Gottesverehrung halten könnte; und daß jene Feste, während sie Diejenigen anziehen sollten, die keiner besondern Religion angehören, als sittliche Uebungen ebenfalls von Anhängern jeder Sekte besucht werden möchten, und daß man folglich strenge Alles vermeiden solle, was der Gesellschaft den Namen einer Sekte zuziehen könnte. Die Gesellschaft führt weder Ceremonien (Ritus, Kirchengebräuche) noch eine Priesterschaft ein, und sie wird niemals den Beschluß außer Augen setzen, als Gesellschaft nichts aufzustellen, was irgend einer Sekte zu irgend einer Zeit, in irgend einem Lande, oder unter irgend einer Regierung Anstoß geben könnte.

„Man wird ersehen, daß es für die Gesellschaft um so leichter ist, sich in diesen Schranken zu halten, weil die Glaubenssätze der Theophilanthropen diejenigen sind, über welche alle Sekten sich vereinigt haben; weil ihre Moral der Art ist, daß niemals die geringste Meinungsverschiedenheit darüber geherrscht hat; und weil der Name, welchen sie angenommen haben, den doppelten Zweck aller Sekten ausspricht, nämlich zur **Verehrung Gottes und zur Liebe der Menschen** zu führen.

„Die Theophilanthropen nennen sich nicht die Anhänger dieses oder jenes Mannes. Sie benutzen die Lehren der Weisheit, welche von Schriftstellern aller Länder und aller Zeiten hinterlassen worden sind. Der Leser wird in den Reden, Vorlesungen, Hymnen und Liedern, welche die Theophilanthropen für ihre religiösen und moralischen Feste gewählt haben, und welche sie unter dem Titel: „Religiöses Jahr," dem Publikum übergeben — Auszüge aus den Schriften alter und neuerer Morallehrer finden, entkleidet aller zu strengen oder zu ausschweifenden Lehrsätze, oder welche der Liebe zu Gott oder zu den Menschen widersprechen."

Sodann folgen die Dogmen der Philanthropen, oder die Sätze, welche sie zu glauben vorgeben. Sie haben deren blos zwei, und sprechen dieselben folgendermaßen aus: **Die Theophilanthropen glauben** an das Dasein Gottes, und an die Unsterblichkeit der Seele.

Das Handbuch der Theophilanthropen, ein kleiner Band von 60 Seiten in Duodez-Format, ist besonders erschienen, so wie ebenfalls ihr Katechismus, welcher dasselbe Format hat. Die Grundsätze der Theophilanthropen sind dieselben, wie jene, welche im ersten Theile des „Zeitalters der Vernunft" im Jahre 1793, und im zweiten Theile im Jahre 1795 veröffentlicht wurden. Die Theophilanthropen, als eine Gesellschaft, schweigen über alle Dinge, welche sie nicht vorgeben zu glauben, wie die Heiligkeit der sogenannten Bibel 2c. 2c. Sie bekennen den Glauben an die Unsterblichkeit der Seele; allein sie schweigen über die Unsterblichkeit des Leibes, oder was die Kirche die Auferstehung nennt. Der Verfasser des „Zeitalters der Vernunft" führt Gründe an für Alles, was er nicht glaubt, so wie für Dasjenige, was er glaubt; und wo man dieses nicht ungefährdet thun kann, da ist die Regierung ein Despotismus und die Kirche eine Inquisition.

Es ist länger als drei Jahre her, seit der erste Theil des „Zeitalters der Vernunft" erschien, und mehr als anderthalb Jahr seit dem Erscheinen des zweiten Theiles. Der Bischof von Llandaff versuchte, eine Erwiderung auf den zweiten Theil zu schreiben; und nicht eher als bis es bekannt war, daß der Verfasser des „Zeitalters der Vernunft" dem Bischof antworten würde, brachte man die Anklage gegen das Buch auf die Beine, welche von Geistlichen der englischen Staatskirche betrieben worden sein soll. Wenn der Bischof Einer derselben ist, und dadurch beabsichtigt, eine Blosstellung der zahlreichen und groben Irrthümer zu verhindern, welche er in seinem Werke begangen hat (das er schrieb, als das Gerücht ging, Thomas Paine sei gestorben), so ist dies ein Geständniß, daß er die Schwäche seiner Sache fühlt, und sich unfähig hält, dieselbe zu behaupten. In diesem Falle hat er mir einen Triumph bereitet, welchen ich nicht suchte, und Herr Erskine, der Herold der Anklage, hat denselben vor der Welt verkündigt.

Thomas Paine.

Eine Rede,
gehalten vor der Gesellschaft der Theophilanthropen in Paris.

Die Religion hat hauptsächlich zwei Feinde, die Schwärmerei und den Unglauben, welcher auch Atheismus genannt wird. Die Erstere muß durch Vernunft und Sittlichkeit bekämpft werden, der Letztere durch die Naturwissenschaften.

Das Dasein Gottes ist der erste Glaubenssatz der Theophilanthropen. Für diesen Gegenstand erbitte ich mir Ihre Aufmerksamkeit; denn obwohl derselbe häufig, und zwar höchst erhaben behandelt worden ist, so ist derselbe doch unerschöpflich, und es wird immer noch etwas zu sagen übrig bleiben, das vorher noch nicht vorgebracht worden ist. Ich gehe also zu dem Gegenstande über, und ersuche Sie um Ihre ungetheilte Aufmerksamkeit.

Das Weltall ist die Bibel eines wahren Theophilanthropen. Darin liest er über Gott. Darin sind die Beweise seines Daseins zu suchen und zu finden. Was geschriebene oder gedruckte Bücher anbelangt, welchen Namen dieselben immerhin führen mögen, so sind sie die Werke der Menschenhand, und tragen keinen Beweis an sich, daß Gott der Verfasser von irgend einem derselben ist. Es muß Etwas sein, das der Mensch nicht machen konnte, worin wir Beweise für unsern Glauben zu suchen haben, und jenes Etwas ist das Weltall — die wahre Bibel — das unnachahmliche Werk Gottes.

Wenn wir das Weltall, das ganze System der Schöpfung aus diesem Gesichtspunkte betrachten, so werden wir entdecken, daß alle sogenannten Naturwissenschaften recht eigentlich ein göttliches Studium sind. Sie sind das Studium Gottes vermittelst seiner Werke. Dies ist das beste Studium, wodurch wir zu einer Kenntniß seines Daseins gelangen können, und das einzige, wodurch wir einen Blick in seine Vollkommenheit werfen können.

Wollen wir seine Größe betrachten? Wir sehen sie in der Unermeßlichkeit der Schöpfung? Seine Weisheit? Wir sehen sie in der unwandelbaren Ordnung, wodurch das unbegreifliche All regiert wird. Seine Güte? Wir sehen sie in dem Ueberfluß, womit er die Erde segnet. Seine Barmherzigkeit. Wir sehen sie darin, daß er jenen Ueberfluß nicht einmal dem Undankbaren entzieht. Kurz, wollen wir wissen, was Gott ist? So lasset uns nicht in geschriebenen oder gedruckten Büchern nach ihm suchen, sondern in der Heiligen Schrift, welche man S c h ö p f u n g nennt.

Es ist ein Fehlgriff gewesen, daß man in den Schulen die Astronomie und alle andern Wissenschaften nur als schöne Nebensachen gelehrt hat, während dieselben als theologische Wissenschaften, oder mit Bezug auf das Wesen, welches deren Urheber ist, gelehrt werden sollten; denn alle Grundsätze der Wissenschaft sind göttlichen Ursprungs. Der Mensch kann Grundsätze weder erschaffen, noch erfinden, noch ersinnen. Er kann dieselben nur entdecken: und er sollte durch die Entdeckung bis zu dem Urheber hindurchblicken.

Wenn wir eine ungewöhnliche Maschine, ein staunenswerthes Denkmal der Baukunst, eine wohlgelungene Bildsäule untersuchen, oder ein vortreffliches Gemälde, worin Leben und Thätigkeit täuschend nachgeahmt sind, und die Gewohnheit allein uns abhält, eine durch Licht und Schatten gehobene Oberfläche mit inhaltsvollen Gestalten zu verwechseln, so werden unsere Gedanken natürlicher Weise bis zu dem schöpferischen Genie und dem Talent des Künstlers hinaufgeleitet. Wenn wir die Elemente der Geometrie studiren, so denken wir an Euklid. Wenn wir von der Schwerkraft sprechen, denken wir an Newton. Woher kommt es denn, daß wir, wenn wir die Schöpfungswerke Gottes studiren, nicht weiter gehen, und nicht an Gott denken? Es kommt von dem Fehlgriff der Schulen, welche jene Gegenstände nur als schöne Beigaben lehrten, und dadurch das Studium derselben von dem Wesen trennten, welches der Urheber derselben ist.

Die Schulen haben das Studium der Gottesgelehrtheit (Theologie) in das Studium von Meinungen in geschriebenen oder gedruckten Büchern gesetzt, während die Theologie in den Werken oder Büchern der Schöpfung studirt werden sollte. Das Studium der Theologie aus Büchern voll bloßer Meinungen hat oft Schwärmerei, Religionshaß und grausame Gesinnungen erzeugt, und daraus sind die zahlreichen Verfolgungen, die fanatischen Streitigkeiten, die religiösen Scheiterhaufen und Metzeleien entstanden, welche Europa verwüstet haben. Hingegen das Studium der Theologie in den Werken der Schöpfung bringt ganz die entgegengesetzte Wirkung hervor. Der Geist wird zugleich erleuchtet und erheitert — ein Spiegel des Schauspiels, welches er betrachtet; — Belehrung und Anbetung gehen Hand in Hand, und alle geselligen Tugenden werden gesteigert.

Der Fehler der Schulen, daß sie die Naturwissenschaften nur als eine schöne Beigabe gelehrt haben, hat die schlimme Folge gehabt, in den Zöglingen eine Art Atheismus zu erzeugen. Anstatt durch die Werke der Schöpfung zu dem Schöpfer selbst hinaufzublicken, bleiben sie stehen, und benutzen die erworbenen Kenntnisse, um Zweifel an seinem Dasein zu erregen. Sie bieten ihren Scharfsinn auf, um Alles, was sie sehen, angeborenen Eigenschaften der Materie (Körperwelt) zuzuschreiben; und machen einen großen Sprung, indem sie behaupten, die Materie sei ewig.

Wir wollen diesen Gegenstand näher untersuchen; derselbe verdient eine Untersuchung; denn wenn wir denselben nach allen Seiten betrachten, so wird es sich ergeben, daß das Dasein einer höchsten Ursache, oder welche der Mensch Gott nennt, durch wissenschaftliche Grundsätze entdeckt werden kann.

Man räumt vorerst ein, daß die Materie (sichtbare Dinge) Eigenschaften hat, wovon man sich durch Augenschein überzeugen kann; allein trotzdem fragt sich noch immer, wie kam die Materie zu jenen Eigenschaften? Darauf werden jene Leute antworten: die Materie besitze jene Eigenschaften von Ewigkeit her. Dieses ist kein Beweis, sondern nur eine Behauptung; und die Behauptung des Gegentheils kann eben so wenig bewiesen werden. Darum ist es nöthig, einen Schritt weiter zu gehen; und wenn ein Umstand vorhanden ist, welchen man nicht eine Eigenschaft der Materie nennen kann, und ohne welchen das Weltall, oder um in einem beschränkteren Maße zu sprechen, unser Sonnensystem, bestehend aus Planeten und einer Sonne, nicht einen Augenblick bestehen könnte; so behaupte ich, daß damit alle Gründe, welche der Atheismus aus Eigenschaften der Materie gezogen, und angewendet hat, um das Dasein des Weltalls zu erklären, umgestoßen sein werden, und das Dasein einer höheren Ursache, welche der Mensch Gott nennt, wie zuvor bemerkt wurde, durch die Naturwissenschaften zu entdecken ist.

Ich will nunmehr beweisen, daß ein solcher Umstand vorhanden ist, und worin derselbe besteht:

Das Weltall ist aus der Materie (körperlichen Stoffen) gebildet, und wird als ein System durch Bewegung erhalten. Bewegung ist **nicht eine Eigenschaft der Materie**, und ohne diese Bewegung könnte das Sonnensystem nicht bestehen. Wäre Bewegung eine Eigenschaft der Materie, so würde jenes unentdeckte und unentdeckbare Ding, die sogenannte ewige Bewegung (perpetuum mobile) von selbst sich herstellen. Gerade darum, weil die Bewegung keine Eigenschaft der Materie ist, vermag kein anderes Wesen, als der Schöpfer der Bewegung, eine ewige Bewegung hervorzubringen. Sobald die Anspruchmacher auf Atheismus eine ewige Bewegung hervorbringen können, und nicht früher, mögen sie sich Glauben zu verschaffen erwarten.

Der natürliche Zustand der Materie in Bezug auf den Ort ist ein Zustand der Ruhe. Bewegung oder Veränderung des Ortes ist die Folge einer äußeren Ursache, welche auf die Materie einwirkt. Was jene Eigenschaft der Materie anbelangt, die man Schwerkraft, oder das Streben nach dem Schwer- oder Mittelpunkt nennt; so ist dieselbe der Einfluß, welchen zwei oder mehre Körper gegenseitig auf einander ausüben, sich zu vereinigen und zur Ruhe zu gelangen. Alles, was man bisher in Bezug auf die Bewegung der Planeten im Sonnensystem entdeckt hat, betrifft lediglich die Gesetze, nach welchen die Bewegung thätig ist, aber nicht die Ursache jener Bewegung. Weit entfernt, daß die Schwerkraft von der Bewegung der Planeten, welche das Sonnensystem bilden, die Ursache ist, so würde sie vielmehr das Sonnensystem zerstören, wenn die Achsen-Bewegung der verschiedenen Planeten aufhören sollte; denn wie die rasche Umdrehung einen Kreisel aufrecht hält, so hält die Bewegung um ihre Achsen die Planeten in ihren Bahnen um die Sonne aufrecht, und verhindert, daß dieselben nach der Sonne, als ihrem Schwerpunkte, gezogen werden, und mit derselben Eine Masse bilden. In Einem Sinne des Wortes befindet sich die Materie in fortwährender Bewegung, wie die Wissenschaft weiß, und der Atheismus behauptet. Allein diese Bewegung bezieht sich auf den **Zustand** der Materie, und zwar nur auf der Oberfläche der Erde. Sie ist entweder Zersetzung, welche die Gestalt der materiellen Körper fortwährend auflöst oder zerstört, oder neue Zusammensetzung, welche jene Materie in derselben oder in einer andern Gestalt wieder belebt, da die zersetzten thierischen oder Pflanzen-Stoffe zur Bildung neuer Körper gebraucht werden. Hingegen die Bewegung, welche das Sonnensystem aufrecht hält, ist von ganz verschiedener Art, und ist keine Eigenschaft der Materie. Sie wirkt auch auf einen ganz verschiedenen Zweck hin. Sie wirkt zur ewigen Erhaltung, und um jede Veränderung im Zustand des Systems zu verhindern.

Wenn man sonach der Materie alle Eigenschaften zugesteht, welche sie nach den Lehren der Naturwissenschaft hat, oder alle, welche ihr der Atheismus beilegt, und beweisen kann, und wenn man selbst die Materie als ewig annimmt; so kann der Atheist noch nicht das System des Weltalls oder nur unser Sonnensystem erklären, weil er nicht die Bewegung erklären kann, und weil gerade die Bewegung dasselbe erhält. Sobald wir also einen Umstand von so ungeheurer Wichtigkeit entdecken, daß ohne denselben das Weltall nicht bestehen könnte, und welchen weder die Materie, noch irgend eine Eigenschaft der Materie zu erklären vermag; so werden wir nothwendig auf den vernünftigen und tröstlichen Glauben an das Dasein einer Ursache geführt, welche über der Materie steht; und jene Ursache nennt der Mensch Gott.

Was die sogenannte Natur anbelangt, so besagt dieses Wort nichts weiter als die Gesetze, wodurch Bewegung und Thätigkeit jeder Art in Bezug auf die unvernünftige Schöpfung geordnet wird. Und wenn wir uns des Ausdrucks bedienen, durch die Natur zum Gotte der Natur hinaufzuschauen, so führen wir dieselbe vernünftige Sprache, wie wenn wir sagen, wir blicken durch menschliche Gesetze hinauf zu der Macht, welche dieselben verordnete.

Gott ist die Macht oder erste Ursache, die Natur ist sein Gesetz, und die Materie ist der Gegenstand, welchen das Gesetz ordnet.

Hingegen der Unglaube, welcher jede Naturerscheinung von den Eigenschaften der Materie herschreibt, bildet sich ein System, das er nicht zu erklären vermag, und er macht dennoch einen Anspruch auf Beweisführung. Er zieht Schlüsse aus Dem, was er auf der Oberfläche der Erde sieht; allein er erhebt sich nicht zum Sonnensystem, welches durch Bewegung besteht. Er sieht auf der Oberfläche eine fortwährende Auflösung und Wiederzusammensetzung der Stoffe. Er sieht, daß eine Eiche eine Eichel erzeugt, und wieder eine Eichel eine Eiche, ein Vogel ein Ei, ein Ei einen Vogel, und so fort. In derartigen Dingen sieht er etwas, das er natürliche Ursache nennt; allein keine der Ursachen, welche er sieht, ist die Ursache jener Bewegung, welche das Sonnensystem erhält.

Lasset uns dieses wunderbare und staunenswerthe System, welches aus Materie besteht, und durch Bewegung erhalten wird, näher betrachten. Dasselbe ist keine Materie in einem Zustand der Ruhe, noch in einem Zustand der Auflösung oder neuen Zusammensetzung. Es ist Materie, welche in ein System ewig umkreisender Weltkörper gebracht ist. Jene Bewegung ist das Leben dieses Systems, wie das Athmen das Leben für einen thierischen Körper ist; man nehme dem System die Bewegung, und als System muß es zu Grunde gehen. Wer aber hauchte dem System das Leben der Bewegung ein? Welche Kraft trieb die Planeten zur Bewegung an, da die Bewegung keine Eigenschaft der Materie ist, woraus dieselben bestehen? Wenn wir die ungeheure Schnelligkeit dieser Bewegung betrachten, so steigt unsere Bewunderung, und unsere Anbetung erhebt sich in demselben Maße. Es genüge hier das Beispiel Eines Planeten, der von uns bewohnten Erde; ihre Entfernung von der Sonne, dem Mittelpunkte der Kreisläufe aller Planeten, beträgt, zufolge der Beobachtungen des Durchgangs des Planeten Venus, ungefähr einhundert Millionen Meilen; folglich beträgt der Durchmesser der Bahn oder des Kreises, worin sich die Erde um die Sonne bewegt, das Doppelte jener Entfernung; und der Umfang jenes Kreises, welcher dreimal so groß als der Durchmesser ist, mißt 600 Millionen Meilen. Die Erde vollendet diese Reise in 365 Tagen und einigen Stunden, und bewegt sich folglich mit einer Schnelligkeit von mehr als 1,600,000 Meilen alle 24 Stunden.

Wo will der Ungläubige, wo will der Gottesleugner eine Ursache finden für diese staunenswerthe Schnelligkeit der Bewegung, welche niemals aufhört, niemals nachläßt, und welche die Erde in ihrer Bahn erhält? Nicht dadurch, daß man von einer Eichel auf eine Eiche, oder aus irgend einem Wechsel im Zustand der Materie auf der Oberfläche der Erde Schlüsse zieht, kann man diese Erscheinung erklären. Ihre Ursache ist weder in der Materie, noch in irgend etwas, das man Natur nennt, zu finden. Der Gottesleugner, welcher auf Vernunft Anspruch macht, und der Schwärmer, welcher die Vernunft verwirft, verwickeln sich gleichmäßig in unauflösbare Schwierigkeiten. Der Eine verkehrt das erhabene und erleuchtende Studium der Naturwissenschaften zu einer Mißgestalt von Albernheiten, weil er nicht bis zum Ende fortschließt. Der Andere verliert sich in der Finsterniß übersinnlicher Hirngespinnste, und beschimpft den Schöpfer, weil er das Studium seiner Werke mit Verachtung behandelt. Der Eine ist ein Halbvernünftiger, bei dem noch nicht alle Hoffnung verloren ist, der Andere ein Träumer, den wir bemitleiden müssen.

Wenn wir den ersten Gedanken an einen Schöpfer fassen, so erscheinen uns unsere Vorstellungen unbestimmt und verworren; allein sobald wir einmal wissenschaftliche Schlüsse ziehen, so können jene Vorstellungen leicht geordnet und vereinfacht werden, und wir finden „ein Wesen, dessen Macht seinem Willen gleich ist." Man beobachte die Beschaffenheit des menschlichen Willens. Derselbe ist unendlich. Wir können uns nicht die Möglichkeit von Schranken für den Willen denken. Man beobachte auf der andern Seite, wie außerordentlich beschränkt die Kräfte seiner Thätigkeit sind, im Vergleich mit der Beschaffenheit seines Willens. Man denke sich seine Kräfte seinem Willen gleich, und der Mensch würde ein Gott sein. Er würde wollen, daß er ewig sei, und er würde dies sein. Er könnte eine Schöpfung wollen, und er könnte dieselbe hervorbringen. Bei dieser stufenweisen Schlußfolgerung sieht man in der Beschaffenheit des menschlichen

Willens die Hälfte Dessen, was man sich bei einer Vorstellung von Gott denkt; man füge noch die andere Hälfte hinzu, und man hat die ganze Vorstellung eines Wesens, welches das Weltall erschaffen, und dasselbe durch ewige Bewegung erhalten konnte, weil es jene Bewegung zu schaffen im Stande war.

Wir wissen nichts von der Willensfähigkeit der Thiere, allein wir wissen sehr viel von der Verschiedenheit ihrer Kräfte. Zum Beispiel, wie zahlreich sind die Zwischenstufen, und wie unendlich ist die Verschiedenheit zwischen der Kraft einer Milbe und eines Menschen. Da sonach Alles, was wir unterhalb unseres Standpunktes sehen, eine Stufenfolge der Kräfte zeigt, warum sollte es schwierig sein anzunehmen, daß **an der Spitze aller Dinge ein Wesen stehe, in welchem eine unendliche Kraft mit dem unendlichen Willen vereinigt ist**? Sobald sich diese einfache Vorstellung unserem Geiste darbietet, so haben wir die Vorstellung von einem vollkommenen Wesen, welches der Mensch Gott nennt.

Es ist tröstlich, in dem Glauben an das Dasein einer unendlich schutzreichen Macht zu leben; und es erhöht jenen Trost, wenn man weiß, daß ein solcher Glaube keine leere Grille der Einbildungskraft ist, wie viele der sogenannten Religionssysteme, noch ein Glaube, der sich lediglich auf Ueberlieferungen oder hergebrachte Meinungen stützt, sondern daß es vielmehr ein Glaube ist, welcher durch eine Anwendung der Vernunft auf die Dinge, woraus das Weltall besteht, herzuleiten ist, ein Glaube, welcher auf sichtbaren Thatsachen beruht. Ja, die Wahrheit dieses Glaubens ist so erweisbar, daß, wenn kein solcher Glaube bestanden hätte, gerade die Leute, welche denselben gegenwärtig bestreiten, die Ersten gewesen sein würden, denselben hervorzubringen und zu verbreiten; denn wenn sie einmal angefangen hätten Vernunftschlüsse zu ziehen, so würden sie auch darauf geführt worden sein, stufenweise bis zum Ende vernünftig fort zu schließen, und würden auf solche Weise entdeckt haben, daß die Materie und alle Eigenschaften derselben nicht das System des Weltalls erklären können, und daß nothwendig eine höhere Ursache vorhanden sein muß.

Nur die Uebertreibung eingebildeter Religionssysteme, und die Unduldsamkeit, Verfolgungen, Scheiterhaufen und Metzeleien, welche durch jene Systeme veranlaßt worden waren, bewogen zuerst gewisse Leute, den Unglauben zu verbreiten; denn dieselben dachten, daß es im Ganzen genommen besser sei, gar nichts zu glauben, als an eine Menge Dinge und verwickelte Glaubenssätze zu glauben, welche so viel Unheil in der Welt stifteten. Allein jene Zeiten sind vorüber; die Verfolgung hat aufgehört, und das damals dagegen aufgestellte Gegengift hat nicht länger auch nur die leiseste Entschuldigung für sich. Wir bekennen und wir verkünden im Frieden den reinen, unvermischten, tröstlichen und vernünftigen Glauben an Gott, wie derselbe uns in dem Weltall offenbart wird. Wir thuen dieses, ohne zu befürchten, daß jener Glaube von seinen Bekennern als eine

Ursache der Verfolgung werde benutzt werden, oder daß wir selbst Verfolgung zu erleiden haben mögen. Vor Gott, und nicht vor den Menschen, haben alle Menschen wegen ihres Glaubens Rechenschaft zu stehen.

Es ist gleich bei der ersten Stiftung dieser Gesellschaft richtig bemerkt worden, daß die von derselben bekannten Glaubenssätze sich vom Anfang der Welt herschreiben; daß dieselben nichts Neues sind, sondern eingestandner Maßen allen Religionssystemen zu Grunde liegen, so zahlreich und widersprechend dieselben sein mögen. Alle Menschen sind nach den Anfangssätzen der Religion, welche sie bekennen, Theophilanthropen. Es ist unmöglich, irgend ein Religionssystem zu bilden, ohne dasselbe auf jene Grundsätze zu bauen und deshalb sind es keine sektirischen Grundsätze, woferne wir nicht eine aus der ganzen Welt bestehende Sekte annehmen.

Ich habe im Laufe dieses Vortrags bemerkt, daß das Studium der Naturwissenschaften ein göttliches Studium ist, weil es das Studium der Werke Gottes in der Schöpfung ist. Wenn wir die Theologie aus diesem Gesichtspunkte betrachten, welch ein ausgedehntes Feld des Fortschritts in göttlichen und menschlichen Dingen eröffnet sich vor uns! Alle Grundsätze der Wissenschaft sind göttlichen Ursprungs. Es war nicht der Mensch, welcher die Grundsätze erfand, nach welchen die Astronomie und jeder Zweig der Mathematik gebildet sind, und erforscht werden müssen. Es war nicht der Mensch, welcher dem Kreise und dem Dreieck Eigenschaften verlieh. Jene Grundsätze sind ewig und unwandelbar. Wir sehen in denselben die unveränderliche Natur der Gottheit. Wir sehen in denselben Unsterblichkeit, eine Unsterblichkeit, welche fortbesteht, nachdem die materiellen Gestalten, an denen sich jene Eigenschaften offenbaren, in Staub verfallen sind.

Diese Gesellschaft steht noch in ihrer Kindheit, und ihre Mittel sind gering; allein ich wünsche den von mir angedeuteten Gegenstand im Auge zu behalten, und anstatt die Naturwissenschaften nur als schöne Nebensachen zu lehren, wie sie bisher gelehrt worden sind, dieselben auf eine Art zu lehren, daß theologische Erkenntniß mit wissenschaftlicher Belehrung Hand in Hand gehe; um dieses mit dem besten Erfolge thun zu können, werden einige Instrumente, welche die Gesellschaft noch nicht besitzt, zur Erläuterung erforderlich sein. Allein, da das Augenmerk der Gesellschaft auf das allgemeine Wohl, sowie auf das Wohl des Einzelnen gerichtet ist, und da ihre Grundsätze keine Feinde haben können; so dürfte man für deren Anschaffung die Mittel auftreiben können.

Wenn wir mit der gegenwärtigen Belehrung eine Reihe Vorlesungen über die von mir erwähnten Gegenstände verbinden, so werden wir erstlich die Theologie zum allerangenehmsten und unterhaltendsten Studium machen. Zweitens werden wir wissenschaftliche Belehrung auch Denjenigen ertheilen, welche sich dieselbe nicht auf andere Weise verschaffen könnten. Der Handwerker jeder Art wird hier die mathematischen Grundsätze lernen, welche er nothwendig braucht, um in seiner Kunst Fortschritte machen zu können. Der Landwirth sieht hier die Grundsätze des Pflanzenlebens entwickelt; und zu gleicher Zeit werden sie angewiesen, die Hand Gottes in allen diesen Dingen zu erblicken.

Schreiben an Camille Jordan,
Mitglied des Rathes der Fünfhundert,
veranlaßt durch dessen Bericht über die Priester, die öffentliche Gottes-Verehrung und die Glocken.

Bürger-Repräsentant!

Da Ihr ganzer Bericht, so weit er sich auf den von Ihnen sogenannten Gottesdienst bezieht, mit der sogenannten Heiligen Schrift in Verbindung steht; so fange ich dieses Schreiben mit einer aus derselben entlehnten Stelle an. Dieselbe mag dazu dienen, uns einen Begriff von der eingebildeten Entstehung und Verfertigung jener Bücher zu geben. In 2. Chronika, Cap. 34, Vers 14 ꝛc., heißt es: „Hilkia, der Priester, fand das Buch des Gesetzes des Herrn, durch Moses gegeben. Und Hilkia, der Priester, sprach zu Saphan, dem Schreiber: Ich habe das Gesetzbuch gefunden im Hause des Herrn, und Hilkia gab das Buch Saphan. Und Saphan, der Schreiber, sagte es dem Könige (Josia) an, und sprach: Hilkia, der Priester, hat mir ein Buch gegeben."

Dieser vorgebliche Fund geschah ungefähr 1000 Jahre nach der Zeit, als Moses gelebt haben soll. Vor diesem vorgeblichen Funde wurde nichts Derartiges, wie das sogenannte Mosaische Gesetz, in der Welt befolgt, noch wußte man etwas davon. Da dieses der Fall ist, so ist aller Anschein vorhanden, daß die sogenannten Bücher Moses (welche den ersten Theil der sogenannten Heiligen Schrift bilden) Fälschungen sind, welche zwischen einem Priester und einem Glied der Gerechtigkeit,*) zwischen Hilkia und dem Schriftgelehrten Saphan, 1000 Jahre nach der angeblichen Zeit des Todes von Moses veranstaltet wurden.

So viel über den ersten Theil der Bibel. Jeder andere Theil trägt das Gepräge ebenso verdächtiger Umstände. Wir sollten uns deshalb aus Ehrfurcht vor Gott wohl vorsehen, ehe wir Bücher für sein Wort ausgeben, von welchen wir keinen Beweis haben, und gegen welche hinlänglicher Beweis des Gegentheils vorliegt, und aller Grund zur Vermuthung eines Betrugs vorhanden ist.

In Ihrem Berichte sprechen Sie fortwährend von Etwas unter dem Namen Gottesdienst, und Sie beschränken sich dabei nur auf eine einzige Art, als ob es nur Eine gäbe, und als ob jene Eine unzweifelhaft wahr wäre.

---

*) Zufällig ist Camille Jordan ebenfalls ein Glied der Gerechtigkeit.

Die Arten des Gottesdienstes sind so verschieden, wie die Sekten zahlreich sind; und bei all dieser Verschiedenheit und Mannigfaltigkeit giebt es nur Einen Glaubensartikel, worin alle Religionen in der Welt übereinstimmen. Jener Artikel findet allgemeine Anerkennung. Es ist der Glaube an einen Gott, welchen die Griechen mit dem Worte Theismos, und die Römer mit dem Worte Deismus bezeichneten. Auf diesem Einen Artikel sind alle verschiedenen Glaubens- und Ceremonien-Gebäude aufgeführt worden, welche fortwährend mit einander im Kampfe lagen, und noch immer liegen. Hingegen, die am meisten und am besten in der Theologie bewanderten Männer begnügen sich mit diesem allgemein anerkannten Glaubenssatz, und halten alle darauf gebauten, mannigfaltigen Nebensätze zum mindesten für zweifelhaft, wenn nicht für ganz erfunden.

Der geistige Theil der Religion ist eine Privatsache zwischen jedem Menschen und seinem Schöpfer, worin kein Dritter ein Recht hat, sich einzumischen. Der praktische (werkthätige) Theil besteht darin, daß wir einander Gutes erweisen. Allein, seitdem man aus der Religion ein Handwerk gemacht hat, ist der werkthätige Theil in Ceremonien gesetzt worden, welche von sogenannten Priestern verrichtet werden; und für das Volk ist mit ceremoniellen Schaustellungen, mit Prozessionen (Festzügen) und Glocken ein Zeitvertreib erfunden worden.*) Durch derartige Erfindungen ist die wahre Religion verkannt worden; und solche Mittel wurden ersonnen, um selbst aus den Taschen der Armen Geld zu ziehen, anstatt zu ihrer Unterstützung beizusteuern.

Es sollte Niemand aus der Religion seinen Lebensunterhalt gewinnen. Diese Handlungsweise ist unredlich. Die Religion ist keine Sache, welche durch Stellvertreter abgethan werden kann. Ein Mensch kann nicht für den andern Religion spielen. Jeder Mensch muß diese Rolle selbst übernehmen; und ein Priester kann nichts weiter thun, als ihm sein Geld ab-

---

*) Die Zeit der Erfindung der Glocken ist nicht genau bekannt; bei den Römern war eine Art Glocken im Gebrauche, wodurch die Leute zu den Bädern und sonstigen öffentlichen Orten eingeladen wurden.
In der christlichen Kirche wurde gleich nach der Einführung der Glocken der Aberglaube damit verknüpft, daß die Teufel von deren Geläute erschreckt würden, und sich aus dem Staube machten; und darum hielt man es später für nöthig, dieselben feierlich zu taufen, welches zuerst vom Papst Johann dem Zwölften, im Jahr 968 geschehen ist. — Bald wurden sie bei hohen Kirchenfesten geläutet (um jeden bösen Geist, der etwa in der Nähe herumspuken möchte, fortzujagen), sowie bei der Ankunft hoher Personen, bei welcher Gelegenheit in England die gewöhnliche Gebühr ein Penny war.
Bei Todesfällen wurden die Glocken ursprünglich, im 7ten Jahrhundert, zu welcher Zeit dieselben in allgemeinen Gebrauch kamen, geläutet, um alle Leute aufzufordern, ihr Gebet mit demjenigen des Sterbenden für dessen Seelenheil zu vereinigen. Damals wurden die Glocken vor, nicht nach dem Tode eines Menschen geläutet, welches Letztere gegenwärtig der Fall ist.   Engl. Zeitung.

nehmen, um alsdann die Beute zu verprassen und den leichtgläubigen Narren auszulachen.

Die einzigen Leute, welche als eine besondere christliche Sekte für die Armen in ihrer Gemeine sorgen, sind die sogenannten Quäker. Jene Leute haben keine Priester. Sie erscheinen ruhig in ihren Versammlungsorten, und stören nicht ihre Nachbarn durch Schaugepränge und das Lärmen der Glocken. Die Religion verträgt sich nicht mit Schaustellungen und Lärmen. Die wahre Religion ist frei von Beiden. Wo beides sich findet, da ist keine wahre Religion.

Der vornehmste Gegenstand der Forschung in allen Dingen, ganz besonders in Sachen der Religion, ist Wahrheit. Wir sollten die Wahrheit alles Dessen untersuchen, was wir zu glauben gelehrt werden, und es ist gewiß, daß die sogenannte Heilige Schrift in dieser Hinsicht in einer mehr als zweifelhaften Lage steht. Dieselbe ist unter dem gemeinen Volke durch Kunstgriffe, Schrecken und Verfolgung im Dasein und in einer Art Ansehn erhalten worden; sie genießt unter dem aufgeklärten Theile der Menschen wenig oder keinen Glauben; allein man hat sie als Mittel benutzt, um der Welt eine Unzahl von Priestern aufzuhalsen, welche sich von der Arbeit des Volkes gemästet, und die Nahrung verzehrt haben, die man den Wittwen und Armen hätte zukommen lassen sollen.

Es verräth einen Mangel an Menschengefühl, wenn man von Priestern und Glocken schwatzt, so lange noch so viele Kinder in den Spitälern, und altersschwache und gebrechliche Arme in den Straßen aus Mangel an den nothwendigsten Lebensbedürfnissen zu Grunde gehen. Der Ueberfluß, womit Frankreich gesegnet ist, genügt, bei richtiger Verwendung, für jeden Mangel; allein Priester und Glocken sollten, wie Luxusartikel, am allerwenigsten berücksichtigt werden.

Wir sprechen von Religion; lasset uns von Wahrheit sprechen; denn was keine Wahrheit ist, verdient nicht den Namen Religion.

Wir sehen, daß verschiedene Theile der Erde mit verschiedenen Büchern, überschwemmt sind, deren jedes, obwohl es dem andern widerspricht, von seinen Parteigängern aus göttlichem Ursprung hergeleitet, und zu einer Richtschnur des Glaubens und Handelns gemacht wird. In despotisch regierten Ländern, wo freie Forschung stets verboten ist, sind die Menschen verdammt zu glauben, wie sie von ihren Priestern gelehrt worden sind. Dies war seit vielen Jahrhunderten der Fall in Frankreich; allein dieses Glied in der Kette der Sklaverei ist glücklicher Weise durch die Revolution zerrissen; und damit dasselbe nie wieder zusammengeschmiedet werde, lasset uns einen Theil der Freiheit, welche wir genießen, anwenden, um die Wahrheit zu erforschen. Wir wollen ein Denkmal hinterlassen, welches bekunde, daß wir uns die Sache und Ehre unseres Schöpfers haben angelegen sein lassen. Wenn wir durch die Schreckensmaßregeln der Regierung und durch die Kunstgriffe von Priestern in Glaubenssachen hintergangen worden sind, so lasset uns unserem Schöpfer Gerechtigkeit erweisen, durch eine genaue Prüfung der Sache. Sein Name ist zu heilig, um denselben einem fabelhaften Dinge beizulegen; und es ist unsere Pflicht zu untersuchen, ob wir an Fabel oder wirkliche Thatsachen glauben, oder das Volk aufmuntern, daran zu glauben.

Es dürfte ein unserer gegenwärtigen Lage würdiges Vorhaben sein, zu einer derartigen Untersuchung aufzufordern. Wir haben in der National-Gesetzgebung Ausschüsse für mannigfaltige Gegenstände; unter andern einen Ausschuß für Glocken. Wir haben Anstalten, Akademien und Gesellschaften für mannigfaltige Zwecke; allein wir haben keine für die Untersuchung geschichtlicher Wahrheit in Sachen der Religion.

Man zeigt uns gewisse Bücher, welche man die Heilige Schrift, das Wort Gottes nennt, und mit andern ähnlichen Namen belegt; allein wir sollten erforschen, ob Beweise vorhanden sind, daß wir sie für das, wofür sie ausgegeben werden, halten sollten, und zu welcher Zeit und auf welche Art dieselben entstanden sind. Wir wissen, daß Menschen Bücher machen konnten, und wir wissen, daß Kunstgriffe und Aberglaube denselben einen Namen beilegen, und sie heilig nennen konnten. Allein wir sollten uns vorsehen, daß der Name des Schöpfers nicht mißbraucht werde. Man unterwerfe deshalb alle auf jene Bücher bezüglichen Beweise einer Prüfung. Wenn sich Beweise finden sollten, welche unsern Glauben an dieselben rechtfertigen, so lasset uns dessen Verbreitung befördern; im entgegengesetzten Falle sollten wir uns hüten, der Sache der Täuschung und Unwahrheit behülflich zu sein.

Ich habe bereits von den Quäkern gesprochen — daß sie keine Priester, keine Glocken haben — und daß sie sich durch ihre Fürsorge für die Armen in ihrer Gemeine auszeichnen. Sie zeichnen sich eben so sehr aus durch die Erziehung ihrer Kinder. Ich stamme aus einer Familie jenes Glaubensbekenntnisses her; mein Vater war ein Quäker, und ich denke, man darf mich als einen Beleg für meine Behauptungen gelten lassen. Der Same guter Grundsätze und die zum Fortkommen in der Welt nöthigen wissenschaftlichen Kenntnisse werden frühzeitig der Jugend eingepflanzt. Anstatt also das Vermögen der Nation an Priester zu verschwenden, deren Leben im besten Falle ein Leben der Trägheit ist, lasset uns daran denken, für die Erziehung Derjenigen zu sorgen, welche selbst nicht die Mittel dazu haben. **Ein guter Schulmeister ist mehr werth als hundert Priester.**

Wenn man auf die Lage zurückblickt, worin sich Frankreich unter der alten Regierung befand, so kann man die Priester nicht von dem Vorwurf freisprechen, daß sie die Sittlichkeit der Nation verdorben haben. Ihre vorgebliche Ehelosigkeit veranlaßte sie, Unzucht und eheliche Untreue in jeder Familie einzuführen, worin sie Zutritt finden konnten; und ihre gotteslästerliche Anmaßung der Vergebung von Sünden ermunterte zur

Begehung derselben. Warum ist die französische Revolution mit Verbrecher befleckt worden, wovon die Revolution der Vereinigten Staaten von Amerika frei blieb? Die Menschen haben in allen Ländern dieselbe natürliche Beschaffenheit; nur die Erziehung macht sie verschieden. Man gewöhne ein Volk an den Glauben, daß Priester, oder irgend eine andere Menschenklasse, Sünden vergeben können, und man wird Sünden in Hülle und Fülle bekommen.

Ich will nunmehr auf den Gegenstand Ihres Berichtes genauer eingehn.

Sie nehmen ein, mit der Constitution und den Rechten der Bürger unverträgliches, Vorrecht in Anspruch. Die Verfassung schützt, wie sie thun sollte, jedes Religionsbekenntniß auf gleiche Weise; sie ertheilt keinem ein ausschließliches Vorrecht. Die Kirchen sind das Gemeingut des ganzen Volkes; sie gehören zum National-Vermögen, und können nicht ausschließlich Einem Glaubensbekenntniß eingeräumt werden; weil es nicht recht ist, irgend Einem Dasjenige zu geben, was Allen gehört. Es würde sich mit dem Rechte vertragen, die Kirchen zu verkaufen, und das daraus gelöste Geld als einen Fond für die Erziehung von Kindern armer Aeltern jedes Glaubensbekenntnisses anzulegen, und wenn es für diesen Zweck mehr als hinlänglich wäre, den Ueberschuß zur Unterstützung armer altersschwacher Leute zu verwenden. In Zukunft kann jede Sekte ihr eigenes Gotteshaus erbauen, wenn es ihr beliebt — ihre eigenen Priester erhalten, wenn sie solche haben mag — oder ihren Gottesdienst ohne Priester verrichten, wie es die Quäker machen.

Was die Glocken anbelangt, so sind dieselben eine öffentliche Beschwerlichkeit. Wenn Eine Sekte Glocken bekommen soll, und eine andere hat das Recht, Instrumente derselben Art, oder irgend ein anderes lärmendes Instrument zu brauchen, so mögen Manche belieben, unter dem Donner der Kanonen, Andere unter Trommelwirbel, Andere unter Trompetenschall, und so weiter, zusammen zu kommen, bis das Ganze ein allgemeiner Wirrwarr wird. Hingegen wenn wir an den Zustand der Kranken denken, an die vielen schlaflosen Nächte und Tage, welche sie auszustehen haben, so werden wir es als unschicklich erkennen, deren Leiden durch den Lärmen der Glocken oder irgend anderer lauter Instrumente zu vermehren.

Ruhige und stille häusliche Andacht beleidigt und belästigt Niemanden; und die Verfassung hat die Einführung äußerlicher Gebräuche wohlweislich verboten. Die Glocken gehören unter diese Bezeichnung, und öffentliche Umzüge noch viel mehr — Straßen und Wege sind für die Bequemlichkeit der Leute da, welche ihren verschiedenen Geschäften nachgehen, und kein Sektirer hat das Recht, dieselben zu belästigen. Wenn Einer dieses Recht hat, so hat es auch jeder Andere; und das Zusammentreffen mannigfaltiger und widersprechender Umzüge würde zu Aufruhr führen. Die Verfasser der Constitution hatten diese Fälle reiflich überlegt; und während sie sich beeiferten, das gleiche Recht eines Jeden zu erhalten, benahmen sie einem Jeden die Befugniß, Anstoß zu geben, oder einander zu belästigen.

Leute, welche während einer langen Reihe stürmischer Begebenheiten in stiller Zurückgezogenheit gelebt haben, wie Sie, mögen sich einbilden, wenn sie zu Macht gelangen, daß nichts leichter ist, als die Welt auf der Stelle zurecht zu bringen; sie machen sich glänzende Vorstellungen von dem Gelingen ihrer Entwürfe; allein sie vergessen, die Schwierigkeiten zu betrachten, welche sie umringen, und die Gefahren, wovon sie bedroht sind. Ach! nichts ist leichter, als sich selbst zu täuschen. Wenn alle Menschen dächten, wie Sie denken, oder wie Sie sprechen, so würde Ihr Plan keines Fürsprechers bedürfen, weil derselbe keinen Gegner haben würde; allein es giebt Millionen, welche anders denken als Sie, und welche entschlossen sind, sich weder durch Irrthum oder Täuschung zu Thoren oder Sklaven machen zu lassen.

Sie haben das gute Glück, zur Gewalt zu gelangen zu einer Zeit, wo der Sonnenschein des Wohlstandes nach einer langen und stürmischen Nacht zu lächeln anfängt. Die Festigkeit Ihrer Amtsgenossen und Ihrer Vorgänger — die ungeschwächte Thatkraft des Direktoriums und die beispiellose Tapferkeit der republikanischen Heere haben Ihnen einen ebenen und leichten Weg gebahnt. Wenn Sie auf die Schwierigkeiten, welche bei der Entwerfung der Verfassung bestanden, einen Rückblick werfen, so können Sie den Unterschied zwischen jener Zeit und jetzt nur mit stummer Bewunderung betrachten. Zu jener Zeit stand das Direktorium da, wie ein verlassener Vorposten einer Armee, während Sie in sicherer Zurückgezogenheit geborgen waren. Es behauptete den Posten ehrenvoller Gefahr, und es hat sich um das Vaterland großes Verdienst erworben.

Sie schwatzen von Gerechtigkeit und Wohlthätigkeit; allein Sie fangen am unrechten Orte an. Die Vertheidiger Ihres Vaterlandes und die klägliche Lage der Armee verdienen eher Berücksichtigung, als Priester und Glocken und prachtvolle Umzüge.

Sie schwatzen von Frieden; allein die Art, wie Sie davon sprechen, bereitet dem Direktorium Schwierigkeiten bei dessen Abschluß, und dient dazu, denselben zu vereiteln. Hätten Sie an allen Verhandlungen der Regierung seit ihrem Anbeginn einen thätigen Antheil genommen, so würden Sie zu wohl unterrichtet gewesen sein, als daß Sie Entwürfe vorgeschlagen hätten, welche nur dazu dienen, den Feind zu ermuthigen. Als Sie einen Antheil an der Regierung erhielten, fanden Sie Alles nach einem glücklichen Ausgang gerichtet. Eine Reihe von Siegen, welche in der Weltgeschichte ihres Gleichen suchen, und an deren Erkämpfung Sie keinen Antheil hatten, gingen Ihrem Amtsantritte voraus. Jeder Feind, bis auf Einen, war gedemüthigt; und jener Eine (die hannöversche Regierung von England), beraubt jeder Hoffnung, und bankerott an allen Hülfsquellen, flehte um Frieden. Unter so bewandten Umständen hätte keine neue Frage, welche das Innere des Landes in Aufruhr und Anarchie zu versetzen geeignet ist, aufgeworfen werden sollen; und doch läuft der von Ihnen vorgeschlagene Entwurf geradezu auf jenes Ziel hinaus.

So lange Frankreich eine Monarchie war, und unter der Regierung jenes Zeuges stand, das man Könige und Priester nannte, konnte England dieses Land stets überwinden; allein seitdem sich Frankreich zu einer Republik erhoben hat, kriecht die englische Regierung vor ihm; so groß ist der Unterschied zwischen einer Regierung von Königen und Pfaffen und einer solchen, welche sich auf eine Vertretung des Volkes stützt. Allein könnte die englische Regierung, kraft Ihres Berichtes, einen Weg ausfindig machen, um Frankreich mit einer Sündfluth ausgewanderter Priester zu überschwemmen, so würde sie auch den Weg finden, um es wie früherhin zu beherrschen; sie würde ihre zerrütteten Finanzen auf Ihre eigenen Unkosten wieder herstellen, und das Geläute der Glocken würde das Sturmgeläute Ihres Sturzes sein.

Bestünde der Friede in nichts weiter, als in dem Aufhören des Krieges, so würde derselbe nicht schwierig sein; allein die Bedingungen sind noch zu ordnen; und jene Bedingungen werden besser oder schlechter ausfallen, in dem Verhältniß, wie Frankreich und seine Regierung einig oder getheilt ist. Daß die englische Regierung auf Ihren Bericht und auf andere von ähnlicher Tendenz große Rechnung machte, bezweifelt der Verfasser dieses Schreibens, welcher jene Regierung genau kennt, nicht im Geringsten. Sie sind noch ein Neuling auf dem Schauplatz der Regierung, und Sie sollten in Ihr Urtheil Mißtrauen setzen; die Erfahrung von Männern, welche Ihnen vorangegangen sind, sollte Ihnen von einigem Dienste sein.

Hingegen wenn Sie es, in Folge der von Ihnen vorgeschlagenen Maßregeln, dem Direktorium unmöglich machen, einen guten Frieden zu schließen, und wenn Sie dasselbe nöthigen, Bedingungen anzunehmen, welche Sie später mißbilligen würden, so müssen Sie sich selbst die Schuld davon beimessen.

Sie schließen Ihren Bericht mit folgendem Aufrufe an Ihre Amtsgenossen:

„Repräsentanten des Volkes, lasset uns eilen, diesen schützenden Gesetzen das Siegel unserer einstimmigen Genehmigung aufzudrücken. Alle unsere Mitbürger werden aus dem Genusse religiöser Freiheit lernen, auch politische Freiheit zu schätzen; ihr werdet die mächtigste Waffe eurer Feinde gebrochen, ihr werdet diese Versammlung mit der unüberwindlichsten Brustwehr — mit dem Vertrauen und der Liebe des Volkes — umgeben haben. O, meine Amtsbrüder, wie wünschenswerth ist jene Volksgunst, welche aus guten Gesetzen entspringt! Welch ein Trost wird es für uns später sein, wenn wir zum heimischen Heerde zurückgekehrt sind, von unsern

Mitbürgern diese einfachen Worte zu hören: „Gesegnet seid, ihr Männer „des Friedens! ihr habt uns unsere Tempel zurückgegeben — unsere Prie= „ster — die Freiheit, den Gott unserer Väter anzubeten; ihr habt in unsern „Familien wieder Eintracht, in unsern Herzen wieder Tugend einheimisch „gemacht; ihr habt uns bewogen, die Gesetzgebung zu verehren und alle „ihre Gesetze zu achten!"

Ist es möglich, Bürger=Repräsentant, daß Sie es mit diesem Aufruf ernstlich meinen können? War der Lebenswandel der Priester unter der alten Regierung der Art, daß derselbe irgend eine Ihrer Aeußerungen rechtfertigte? War nicht ganz Frankreich von deren Lasterhaftigkeit über= zeugt? Wurden sie nicht als die Schutzherrn der Unzucht und häuslicher Untreue betrachtet, und nicht als die Beschützer der Sittlichkeit? Was war ihre vorgebliche Ehelosigkeit anders, als ein fortwährender Ehebruch? Was war ihre gotteslästerliche Anmaßung einer Vergebung der Sünden anders, als eine Aufmunterung zur Begehung derselben und eine Liebe zu ihren eigenen Schlechtigkeiten? Wollen Sie wieder in Frankreich alle die Laster einführen, deren Pfleger jene Priester gewesen sind, und wollen Sie die Republik mit englischen Gnadensöldnern überschwemmen? Es ist wohl= feiler zu bestechen, als zu siegen; und da die englische Regierung nicht zu siegen vermag, so wird sie sich zur Bestechung herablassen. Hochmuth und Niederträchtigkeit, obwohl dem Anschein nach entgegengesetzte Laster, ent= springen doch aus demselben Herzen.

Anstatt auf die Art zu schließen, wie Sie gethan haben, hätten Sie vielmehr sagen sollen:

„O, meine Amtsbrüder, wir sind zu einem ruhmvollen Zeitpunkte ge= langt — einem Zeitpunkte, welcher mehr verspricht, als wir hätten erwarten können, und Alles, was wir nur wünschen mochten. Lasset uns eilen, die Ehrenbezeigungen und Belohnungen zu erwägen, welche unsern tapfern Vertheidigern des Vaterlandes gebühren. Lasset uns eilen, den Landbau und die Gewerbe aufzumuntern, damit der Handel wieder auflebe, und unsere Bürger Beschäftigung erhalten. Lasset uns die Lage der nothlei= denden Armen betrachten, und von unserem Lande den Vorwurf abwälzen, daß man sie vernachlässige. Lasset uns auf Mittel sinnen, um Schulen der Aufklärung zu stiften, damit wir die Unwissenheit verbannen mögen, welche die alte Regierung von Königen und Pfaffen unter dem Volke ver= breitet hatte. — Lasset uns eine Sittlichkeit verbreiten, welche vom Aber= glauben entfesselt ist. — Lasset uns Gerechtigkeit und Wohlthun üben, damit der Gott unserer Väter uns segnen möge. Der hülflose Säugling und der altersschwache Bettler schreien zu uns um Hülfe. — Lasset das Elend nicht in unsern Straßen zur Schau tragen. — Lasset Frankreich der Welt das erhabene Beispiel geben, daß es Unwissenheit und Elend zu glei= cher Zeit verbannt.

„Lasset dieses, meine tugendhaften Collegen, die Gegenstände unserer

Bemühungen sein, damit unsere Mitbürger, wenn wir in ihre Mitte zurückkehren, sagen mögen: „Würdige Repräsentanten, ihr habt wohl gethan. „Ihr habt unsern tapfern Vertheidigern des Vaterlandes Gerechtigkeit und „Ehre erwiesen. Ihr habt den Landbau ermuntert — unsere zerrütteten „Gewerbe gepflegt — dem Handel neues Leben, und unsern Bürgern Arbeit verliehen. Ihr habt von unserem Lande den Vorwurf einer Vernachlässigung der Armen abgewälzt — ihr habt den Nothruf der Waisen „gestillt — ihr habt die Thräne im Auge der leidenden Mutter getrocknet „— ihr habt die Greise und die Kranken getröstet — ihr seid in die finstern „Schlupfwinkel des Elends gedrungen und habt dasselbe verbannt. Willkommen unter uns, ihr wackern und tugendhaften Repräsentanten, und „möge euer Beispiel bei euern Nachfolgern Nachahmung finden!"

Paris, 1797.   **Thomas Paine.**

Prüfung
der in dem Neuen Testament aus dem Alten angeführten sogenannten Prophezeihungen über Jesus Christus.

Nebst einem Versuch über Träume und einem Anhang.

Vorrede.
An die Geistlichen und Prediger aller Religions-Sekten.

Es ist die Pflicht jedes Menschen, so weit als seine Kräfte reichen, Täuschung und Irrthum aufzudecken und bloßzustellen. Allein die Natur hat nicht Jedem eine Anlage zu dem Ende verliehen; und Denen, welchen eine solche Anlage verliehen ist, fehlt oft die Neigung oder der Muth dieses zu thun.

Die Welt, oder richtiger gesprochen, jener kleine Theil derselben, welcher die Christenheit oder christliche Welt genannt wird, ist seit länger als 1000 Jahren mit angeblichen Prophezeihungen in dem Alten Testament über die Ankunft des sogenannten Jesus Christus unterhalten worden, und man hat tausende von Predigten gehalten, und tausende von Bänden geschrieben, um die Menschen zum Glauben daran zu bewegen.

In der folgenden Abhandlung habe ich alle, in dem Neuen Testament aus dem Alten angeführten Stellen geprüft, welche Prophezeihungen über Jesus Christus genannt werden, und ich finde kein solches Ding, wie eine Prophezeihung von irgend einer solchen Person, und ich behaupte, daß es keine solche giebt. Die Stellen beziehen sich alle auf Umstände, worin sich das jüdische Volk zu der Zeit befand, als dieselben geschrieben oder gesprochen wurden, und nicht auf irgend Etwas, das mehre hundert Jahre nachher eintreffen sollte oder nicht; und ich habe dargethan, welches die Umstände waren, worauf die Stellen anwendbar sind oder sich beziehen. Ich habe für jede meiner Behauptungen Capitel und Vers angeführt und habe nicht außerhalb der Bücher des Alten und Neuen Testaments nach Beweisen gesucht, daß jene Stellen keine Prophezeihungen von dem sogenannten Jesus Christus sind.

Das Vorurtheil grundloser Glaubensmeinungen artet oft in eine bloße Gewohnheit aus, und wird am Ende gemeine Heuchelei. Wann Leute blos aus Gewohnheit oder Mode, oder aus irgend einem weltlichen Beweggrund einen Glauben bekennen oder vorgeben, welchen sie nicht haben, und wofür sie keinen vernünftigen Grund angeben können; so schleudern sie den Compaß ihrer Moral hinweg; sie handeln nicht länger redlich gegen sich selbst, wie sollten sie ein moralisches Bedenken tragen, gegen Andere ungerecht zu handeln? Dem Einfluß dieses Lasters, der Heuchelei, ist es zuzuschreiben, daß man so viele, in die Kirche und ins Bethaus laufende Bekenner und Nachäffer der Religion so voller Pfiffe und Kniffe, und so saumselig in der Erfüllung ihrer Verbindlichkeiten findet, daß man denselben nicht weiter trauen darf, als die Gesetze des Landes sie zu binden vermögen. Die Sittlichkeit hat keine Wurzel in ihrem Gemüthe, und legt ihren Handlungen keinen Zügel an.

Eine Klasse von Predigern setzt die Erlösung in den Glauben. Sie sagen ihrer Gemeine, ihre Sünden sollten vergeben sein, wenn sie an Christus glaubten. Dieses ist erstlich eine Aufmunterung zur Sünde; gerade so wie ein verschwenderischer junger Bursche, wenn ihm gesagt wird, daß sein Vater alle seine Schulden bezahlen wolle, sich um so schneller in Schulden stürzt, und um so ausschweifender wird. Der Alte bezahlt Alles, spricht er, und geht darauf los. Ganz so ist es in dem andern Falle: **Christus bezahlt Alles**, spricht der Sünder, und sündigt darauf los.

Zweitens aber ist die Lehre, welche diese Leute predigen, nicht wahr. Das Neue Testament verweist die Leichtgläubigen zur Bewahrheitung seiner Lehren auf die sogenannten Prophezeihungen im Alten Testament von dem sogenannten Jesus Christus; und wenn es keine derartigen Prophezeihungen von einer solchen Person im Alten Testament giebt, so ist das Neue Testament eine Fälschung von Seiten der Kirchenversammlungen (Concilien) von Nicäa und Laodicäa, und der darauf gegründete Glaube ist Lug und Trug.*)

Eine andere Klasse Prediger sagen ihrer Gemeine, Gott habe von aller Ewigkeit her eine gewisse Anzahl zur ewigen Seligkeit, und eine gewisse

---

*) Die Concilien von Nicäa und Laodicäa wurden ungefähr 350 Jahre nach der angeblichen Lebenszeit von Christus gehalten; und die Bücher, welche gegenwärtig das Neue Testament bilden, wurden damals durch Abstimmung mit Ja und Nein angenommen, wie man gegenwärtig über ein Gesetz abstimmt. Sehr viele Bücher, welche zur Aufnahme vorgeschlagen wurden, bekamen mehr verneinende Stimmen, und wurden verworfen. Auf diese Art trat das Neue Testament in das Leben.

Anzahl zur ewigen Verdammniß vorherbestimmt und auserkoren. Wenn dieses wahr wäre, so ist der Tag des Weltgerichts vorüber; ihr Predigen ist vergeblich, und sie thäten besser, mit einem nützlichen Geschäft ihren Lebensunterhalt zu verdienen.

Diese Lehre ist ebenso wie die Erstere geradezu geeignet, die Menschheit unsittlich zu machen. Kann ein böser Mensch dadurch gebessert werden, wenn man ihm sagt, seine Besserung werde ihm nichts helfen, wenn er zu Denen gehöre, welche schon vor ihrer Geburt zur Verdammniß bestimmt wurden; und wenn er zur Erlösung bestimmt sei, so werde er erlöst werden, möge er dieses glauben oder nicht; denn dieses ist das Ergebniß der Lehre. Solche Predigten und solche Prediger schaden der Sittlichkeit. Sie gingen besser hinter dem Pfluge her.

Wie mich bei meinen politischen Werken der Beweggrund und die Absicht leiteten, dem Menschen höhere Begriffe von seiner Würde beizubringen, und ihn von dem sclavischen und abergläubischen Unsinn einer Monarchie und erblichen Regierung zu befreien, so war in meinen Schriften über religiöse Gegenstände mein Streben dahin gerichtet, den Menschen zu einer richtigen Anwendung der ihm von Gott verliehenen Vernunft zu bewegen; ihm die erhabenen Grundsätze göttlicher Tugend, Gerechtigkeit, Barmherzigkeit und wohlwollender Liebe zu allen Menschen und allen Geschöpfen einzuprägen, und ihn mit dem Geiste des Vertrauens und zuversichtlichen Trostes gegen seinen Schöpfer zu erfüllen, entfesselt von den Fabeln der Bücher, welche man für das Wort Gottes ausgiebt.

Thomas Paine.

Ueber Träume.

Da in dem Neuen Testament sehr viel über Träume vorkommt, so ist es vorerst nöthig, die Beschaffenheit eines Traumes zu erläutern, und darzuthun, durch welche Thätigkeit des Geistes ein Traum während des Schlafes hervorgebracht wird. Sobald man dieses versteht, wird man besser im Stande sein, zu urtheilen, ob man auf dieselben sein Zutrauen irgend setzen kann; und folglich, ob die verschiedenen, im Neuen Testament enthaltenen, Erzählungen von Träumen den Glauben verdienen, welchen die Verfasser jenes Buches und Priester wie Ausleger denselben beimessen.

Um die Beschaffenheit des Traumes, oder Dessen, was während eines Zustandes des Schlafes in einer eingebildeten Erscheinung vorgeht, zu erkennen, ist es zuvörderst nöthig, die Zusammensetzung und Zersetzung des menschlichen Geistes zu erkennen.

Die drei Hauptfähigkeiten des Geistes sind: Einbildungskraft, Urtheilskraft (Verstand) und Gedächtniß. Jede Geistesthätigkeit fällt unter die eine oder die andere dieser Fähigkeiten. Im Zustande des Wachens, wie zur Tageszeit, sind diese drei Fähigkeiten alle thätig; hingegen im Schlafe ist dies selten der Fall, und niemals vollkommen; und dieses ist die Ursache, daß unsere Träume nicht so regelmäßig und vernünftig sind, wie unsere Gedanken, wann wir wachen.

Der Sitz jener Gesammtheit von Kräften oder Fähigkeiten, welche den sogenannten Geist bilden, ist im Gehirn. Zwar kann man dieses durch anatomische Zerlegung nicht sichtbar beweisen; allein Unglücksfälle, welche lebenden Personen zustoßen, bewahrheiten dieses. Eine Verletzung des Gehirns durch einen Bruch des Hirnschädels, verwandelt bisweilen einen weisen Mann in einen kindischen Schwachkopf — ein geistloses Wesen. Allein so gut hat die Natur jenes Allerheiligste im Menschen, das Gehirn in Schutz genommen, daß von allen äußerlichen Unfällen, welchen die Menschheit ausgesetzt ist, dieser am seltensten vorkommt. Allein wir sehen denselben häufig vorkommen durch lange und angewöhnte Unmäßigkeit.

Ob jene drei Fähigkeiten besondere Abtheilungen des Gehirns einnehmen, ist nur jenem allmächtigen Wesen bekannt, welches dasselbe schuf und einrichtete. Wir können die äußerlichen Wirkungen der Muskelbewegung an allen Gliedern des Körpers beobachten, obwohl dessen primum mobile oder erste Ursache der Bewegung dem Menschen unbekannt ist. Unsere äußeren Bewegungen sind bisweilen absichtlich hervorgebracht, und bisweilen ohne Absicht. Wenn wir sitzen, und aufstehen wollen, oder wenn wir stehen und uns setzen oder herumgehen wollen, so gehorchen die Glieder jenem Willen, als ob sie den Befehl dazu hätten geben hören. Allein wir machen auch täglich tausenderlei Bewegungen, und zwar sowohl im Zustand des Wachens als des Schlafes, welche von keiner vorherigen Absicht bestimmt werden. Jedes Glied handelt, als ob es einen eigenen Willen oder eine eigene Absicht hätte. Der Mensch regiert das Ganze, wann er es zu regieren beliebt, allein in der Zwischenzeit regieren die verschiedenen Theile, wie kleine Vorstädte, sich selbst, ohne den Oberherrn zu fragen.

Jedoch alle diese Bewegungen, mögen sie entspringen aus welcher Ursache sie wollen, sind äußerlich und sichtbar. Hingegen was das Gehirn anbelangt, so kann man darüber keine Beobachtungen mit den Augen anstellen. Alles ist Geheimniß; Alles ist Finsterniß in jener Bärmutter der Gedanken.

Ob das Gehirn eine Masse von Stoffen in fortwährender Ruhe ist; ob dasselbe eine schwingende pulsirende Bewegung hat, oder eine steigende und fallende Bewegung, wie Stoffe im Zustand der Gährung; ob verschiedene Theile des Gehirns verschiedene Bewegungen haben, je nach der Fähigkeit, welche thätig ist, sei es die Einbildungskraft, das Urtheilsvermögen oder das Gedächtniß — davon weiß der Mensch nichts. Er kennt nicht die Ursache seiner eigenen Gedanken. Sein Gehirn verbirgt ihm dieselben.

Wenn man unsichtbare mit sichtbaren Dingen vergleichen darf, wie man übersinnliche (metaphysische) Gegenstände bisweilen mit sinnlichen, oder körperlichen vergleichen kann; so haben die Thätigkeiten jener besondern und verschiedenen Fähigkeiten einige Aehnlichkeit mit dem Triebwerke einer Taschenuhr. Die Hauptfeder, welche Alles in Bewegung setzt, entspricht der Einbildungskraft; der Perpendikel oder die Unruhe, welche jene Bewegung berichtigt und regulirt, entspricht dem Verstande; und der Zeiger und das Zifferblatt, wie das Gedächtniß, verzeichnen die Thätigkeit.

In dem Verhältniß nun, wie diese verschiedenen Fähigkeiten während der Dauer eines Traumes schlafen, schlummern oder sich wach halten, in demselben Verhältniß wird der Traum vernünftig oder unsinnig, erinnerlich oder vergessen sein.

Wenn es im menschlichen Geiste eine Fähigkeit giebt, welche niemals schläft, so ist es jenes flüchtige Ding, die Einbildungskraft; anders verhält es sich mit dem Urtheilsvermögen und dem Gedächtniß. Die gesetzte und nüchterne Beschaffenheit des Verstandes macht denselben leicht zur Ruhe geneigt; und was das Gedächtniß anbelangt, so verzeichnet dasselbe stillschweigend seine Bemerkungen, und tritt nur in Thätigkeit, wann man es dazu auffordert.

Daß die Urtheilskraft bald einschläft, kann man daran erkennen, daß man bisweilen zu träumen anfängt, ehe man selbst vollkommen eingeschlafen ist. Von ungefähr schießt ein Gedanke in den Geist, und man fährt gleichsam in die Erinnerung, daß man zwischen Schlaf und Wachen träumt.

Wenn der Verstand schläft, während die Einbildungskraft noch wach ist, so wird der Traum ein buntes Gewirr mißgestalteter Bilder und toller Vorstellungen, und je thätiger die Einbildungskraft ist, um so wilder wird der Traum sein. Die unvereinbarsten und unmöglichsten Dinge werden als recht erscheinen, weil jene Fähigkeit, deren Aufgabe darin besteht, Ordnung zu halten, abwesend ist. Der Schulmeister ist fortgegangen, und die Schüler sind im Aufruhr.

Wenn das Gedächtniß schläft, so werden wir keine andere Kenntniß vom Traume haben, als daß wir geträumt haben, ohne zu wissen wovon. In diesem Falle ist mehr das Empfindungsvermögen als das Gedächtniß thätig. Der Traum hat uns ein Gefühl des Schmerzes oder Verdrusses verursacht, und wir empfinden denselben eher wie etwas Verletzendes, als daß wir uns desselben als einer Erscheinung erinnern.

Wenn das Gedächtniß allein schlummert, so werden wir eine schwache Erinnerung des Traumes haben, und nach wenigen Minuten wird es bisweilen geschehen, daß uns die Hauptstellen des Traumes vollständiger wieder einfallen. Die Ursache hiervon liegt darin, daß das Gedächtniß bisweilen noch fortschlummert oder fortschläft, nachdem wir selbst schon erwacht sind; und zwar schläft das Gedächtniß bisweilen so vollständig fort, daß wir uns nicht auf der Stelle entsinnen können, wo wir sind, noch was wir vorgehabt haben, noch was wir zu thun haben. Hingegen, sobald das

Gedächtniß erwacht, so bringt es uns, wie ein plötzlicher Lichtstrahl, die Kenntniß dieser Dinge zurück, und bisweilen den Traum dabei.

Allein der merkwürdigste Umstand des Geistes im Zustand des Träumens ist dessen Fähigkeit, der Vermittler oder Vertreter jeder Person, jedes Charakters und Gegenstandes zu werden, wovon er träumt. Er führt Gespräche mit verschiedenen Personen, stellt Fragen, hört Antworten an, ertheilt und empfängt Belehrung, und er spielt alle diese Rollen selbst.

So erfindungsreich und ausschweifend indessen die Einbildungskraft in der Schöpfung von Bildern und Vorstellungen sein mag; so kann sie doch nicht die Stelle des Gedächtnisses in Bezug auf Dinge ersetzen, welche wir im wachenden Zustande vergessen hatten. Zum Beispiel, wenn wir den Namen einer Person vergessen haben, und träumen von derselben, und fragen sie nach ihrem Namen, so kann sie denselben nicht angeben; denn wir stellen ja die Frage an uns selbst.

Aber obschon die Einbildungskraft die Stelle des wirklichen Gedächtnisses nicht ersetzen kann, so hat sie doch die ungebundene Fähigkeit, das Gedächtniß zu verfälschen. Sie träumt von Personen, welche sie niemals kannte, und spricht mit denselben, als ob sie sich ihrer wie alter Bekannter erinnerte. Sie erzählt Begebenheiten, welche niemals vorfielen, und erzählt dieselben, als ob sie wirklich vorgefallen wären. Sie geht nach Orten, welche niemals vorhanden waren, und weiß, wo alle Straßen und Häuser sind, als ob sie schon früher dort gewesen wäre. Die von ihr geschaffenen Auftritte sehen oft aus, wie Auftritte, an die man sich erinnert. Sie stellt bisweilen einen Traum in einem Traum vor, und erzählt während der Täuschung des Träumens einen Traum, welchen man niemals träumte, und erzählt denselben, als ob er aus dem Gedächtniß käme. Man mag auch noch bemerken, daß die Einbildungskraft in einem Traume keine richtige Vorstellung von der Zeit als Zeit hat. Sie rechnet nur nach Begebenheiten; und wenn mehre Umstände hintereinander in einem Traume vorkommen, zu deren Vollführung eine sehr lange Zeit erforderlich sein würde; so wird es dem Träumenden so vorkommen, als ob eine dazu angemessene Zeit wirklich verstrichen wäre.

Da dieses der Zustand des Geistes im Traume ist, so darf man vernunftmäßig behaupten, daß jeder Mensch alle 24 Stunden einmal verrückt ist; denn wollte er bei Tag handeln, wie er Nachts träumt, so würde man ihn in ein Irrenhaus einsperren. Im Zustande des Wachens, wo jene drei Fähigkeiten alle thätig sind und in Uebereinstimmung wirken, bilden sie den vernünftigen Menschen. Im Traume ist es anders, und deßhalb scheint jener Zustand, welcher Wahnsinn genannt wird, nichts Anderes zu sein, als eine Trennung jener Fähigkeiten, und ein Aufhören der Urtheilskraft während des Wachens, wie wir es so oft während des Schlafes erfahren; und Blödsinn, in welchen manche Menschen verfallen, ist jenes

Aufhören der Geisteskräfte, welches wir empfinden, wenn wir früher aufwachen, als unser Gedächtniß.

Wenn man den menschlichen Geist also betrachtet, wie abgeschmackt ist es da, auf Träume sein Vertrauen zu setzen, und wie viel abgeschmackter noch, dieselben zu einer Grundlage der Religion zu machen! und doch fußt sich der Glaube, daß Jesus Christus der Sohn Gottes sei, erzeugt vom Heiligen Geiste, einem früher unerhörten Wesen, auf die Erzählung von dem Traume eines alten Mannes. „Siehe, da erschien dem Joseph ein Engel des Herrn im Traume, und sprach: Joseph, du Sohn Davids, fürchte dich nicht, die Maria, dein Gemahl zu dir zu nehmen; denn das in ihr geboren ist, das ist vom Heiligen Geist." Matth., Cap. 1, Vers 20.

Darauf haben wir die kindischen Erzählungen von drei oder vier andern Träumen: über die Auswanderung Josephs nach Egypten; über seine Rückkehr; über dies und das, und diese Traumgeschichten haben Europa seit mehr als 1000 Jahren in einen Traum versenkt. Alle Anstrengungen, welche Natur, Vernunft und Gewissen gemacht haben, um den Menschen daraus zu erwecken, sind von der Priesterschaft und dem Aberglauben den Einwirkungen des Teufels zugeschrieben worden, und ohne die amerikanische Revolution, welche durch die Begründung **allgemeiner Gewissensfreiheit** der freien Erörterung religiöser Gegenstände zuerst Bahn brach, und ohne die darauf folgende französische Revolution würde diese Religion der Träume noch fernerhin gepredigt worden sein, und zwar, nachdem der Glaube an dieselbe aufgehört hatte. Diejenigen, welche dieselben predigten und nicht glaubten, hielten doch die Täuschung noch für nöthig. Sie waren nicht kühn genug, um ehrlich zu sein, noch ehrlich genug, um kühn zu sein.

[Jede neue Religion braucht, wie ein neues Schauspiel, neu eingerichtete Anzüge und Maschinerien, welche zu den neu geschaffenen Charakteren passen. Die Geschichte von Christus im Neuen Testament bringt ein neues Wesen auf die Bühne, welches der Heilige Geist genannt wird; und die Geschichte von Abraham, dem Stammvater der Juden, in dem Alten Testament, ruft eine neue Ordnung von Wesen in das Dasein, die sogenannten Engel= — Es gab keinen Heiligen Geist vor der Zeit von Christus, noch gab es Engel vor der Zeit Abrahams. — Wir hören von diesen beflügelten Herrchen nichts, bis mehr als 2000 Jahre, zufolge der biblischen Zeitrechnung, nach der Zeit der sogenannten Schöpfung des Himmels, der Erde, sammt allem Zubehör verflossen sind. Danach aber hüpfen sie so dick herum, wie Vögel im Walde. Der Erste, von dem wir hören, macht der Hagar seine Aufwartung in der Wildniß; darauf kommen ihrer drei zur Sarah auf Besuch; ein anderer ringt mit Jacob, wer den Andern zu Boden werfen kann. Und diese Zugvögel, nachdem sie einmal den Weg nach der Erde und zurück gefunden haben, fliegen unaufhörlich herbei und wieder fort; sie essen und trinken, und flugs sind sie wieder im Himmel. — Was sie mit der Nahrung anfangen, die sie zu sich genommen haben, sagt uns die Bibel nicht. — Vielleicht machen sie's, wie die Vögel. * * * *

Man sollte denken, daß ein System, welches mit so groben und gemeinen Albernheiten überladen ist, wie die Bibel-Religion, niemals hätte Glauben finden können; doch wir haben gesehen, was Priester und Schwärmerei thun konnten, und was die Leichtgläubigkeit auf sich binden läßt.

Von Engeln in dem Alten Testament kommen wir zu Propheten, zu Hexen, zu Sehern von Erscheinungen und Träumern von Träumen, und bisweilen wird uns gesagt, wie im ersten Buch Samuels, Cap. 9, Vers 15, Gott habe in das Ohr geflüstert. Ein anders Mal wird uns nicht gesagt, wie der Antrieb gegeben wurde, ob im Schlaf oder im Wachen. Im 2ten Buch Samuels, Cap. 24, V. 1, heißt es: „Und der Zorn des Herrn ergrimmete abermal wider Israel, und reizte David gegen dasselbe, daß er sprach: Gehe hin, zähle Israel und Juda." — Hingegen im 1sten Buch der Chronika, Cap. 21, V. 1, wo dieselbe Geschichte nochmals erzählt wird, heißt es: „Und der Satan stand wider Israel, und gab David ein, daß er Israel zählen ließ."

Ob dieses im Schlafe oder Wachen geschah, wird uns nicht gesagt; allein es scheint, daß David, welcher „ein Mann nach Gottes eigenem Herzen" genannt wird, nicht wußte, von welchem Geiste er aufgeregt wurde; und was die sogenannten gottbegeisterten Schriftsteller anbelangt, so stimmen sie in der Sache so gut überein, daß sie in dem einen Buche sagen, es sei Gott, und in dem andern, es sei der Teufel gewesen.

Die Verfasser des Alten Testaments stellten sich Gott als ein jähzorniges, verächtliches und gemeines Wesen vor. Sie machen ihn zum Mars (Kriegsgott) der Juden, zum Streitgott Israels, zum Zaubergott seiner Priester und Propheten. Sie erzählen uns so viele Mährchen von ihm, wie die Griechen von ihrem Herkules erzählten. * * *

Sie lassen ihren Gott mit Frohlocken rufen: „Ich will Ehre einlegen an dem Pharao, und an aller seiner Macht, an seinen Wagen und Reitern." 2 Moses, Cap. 14, Vers 17. Und damit er sein Wort halten möge, lassen sie ihn in tiefer Nacht für Pharao, sein Heer und seine Rosse im Rothen Meer eine Falle stellen, und sie ersäufen, wie ein Rattenfänger eine Menge Ratten zu ersäufen pflegt. Große Ehre in der That! Das Mährchen von Jack, dem Riesentödter, ist besser erzählt!

Sie hetzen ihn gegen die egyptischen Zauberer, daß sie sich im Zaubern mit einander messen; die drei ersten Versuche lassen den Sieg unentschieden — jeder Theil verwandelt seinen Stab in eine Schlange, die Flüsse in Blut, und läßt Frösche kommen; allein beim vierten Versuche gewinnt der Gott Israels die Lorbeerkrone, er bedeckt sie ganz mit Läusen! — Die egyptischen Zauberer können dieses Kunststück nicht nachmachen, und dieser lausige Triumph entscheidet den Sieg!

Sie lassen ihren Gott Feuer und Schwefel regnen über Sodom und Gomorra, und lassen ihn Feuer und Rauch speien auf dem Berg Sinai, als ob er der Gott der Hölle wäre. Sie lassen ihn Lot's Weib, wie Pöckelfleisch, einsalzen; sie lassen ihn, wie Shakespeare's Königin Mab, in das Hirn ihrer Priester, Propheten und Prophetinnen fahren, und dieselben in Träume hineinkitzeln; und nachdem sie ihn allerlei tückische Streiche haben spielen lassen, verwechseln sie ihn mit dem Satan, und lassen uns in der Unwissenheit, welchen Gott sie meinten.

Dieses ist der Gott nach der Beschreibung des Alten Testaments; und was das Neue anbelangt, so haben zwar die Verfasser desselben den Schauplatz verändert; aber sie haben die gemeinen Vorstellungen von Gott beibehalten.

Soll der Mensch ewig der Narr der Priester, der Sclave des Aberglaubens bleiben? Soll er niemals richtige Vorstellungen von seinem Schöpfer bekommen? Es ist besser, nicht zu glauben, daß es einen Gott giebt, als einen falschen Glauben von ihm zu haben. Wenn wir das gewaltige Weltall betrachten, welches uns umgiebt, und unsere Blicke werfen in die Ewigkeit des Raumes, angefüllt mit unzähligen Weltkörpern, die sich in ewiger Harmonie bewegen; — wie erbärmlich müssen da die Erzählungen des Alten und Neuen Testaments, welche man gotteslästerlicher Weise das Wort Gottes nennt, dem nachdenkenden Menschen erscheinen! Die staunenswerthe Weisheit und unfehlbare Ordnung, welche in diesem ganzen wundervollen Gebäude walten und herrschen, und uns zum Nachdenken auffordern, **machen die Bibel zu Schanden!** — Der Gott der Ewigkeit und aller wirklichen Wesen ist nicht der Gott flüchtiger Träume und der Schattenbilder menschlicher Phantasie. Der Gott der Wahrheit ist nicht der Gott der Fabel; der Glaube an einen geborenen Gott und an einen gekreuzigten Gott ist eine Gotteslästerung. Dies heißt einen gottlosen Gebrauch von der Vernunft machen.]*)

Ich will diesen Versuch über Träume mit den beiden ersten Versen des 34sten Capitels des Buches Jesus Sirach, eines der Apokryphischen Bücher, beschließen:

„**Unweise Leute betrügen sich selbst mit thörichten Hoffnungen, und Narren verlassen sich auf Träume. Wer auf Träume hält, der greift nach dem Schatten, und will den Wind haschen.**"

Ich gehe nunmehr zu einer Prüfung der Bibelstellen über, welche Prophezeihungen von der Ankunft Christi genannt werden, und will beweisen, daß es keine Prophezeihungen von einer solchen Person giebt; — daß die

---

*) Die ganze in Parenthese geschlossene Stelle wurde wegen einiger anstößigen Ausdrücke von Hrn. Paine in der von ihm selbst veranstalteten Ausgabe seiner Werke weggelassen. Die neueren englischen Ausgaben haben sie wieder aufgenommen, jedoch mit Unterdrückung der anstößigen Ausdrücke.

verstohlener Weise sogenannten Prophezeihungen gar keine Prophezeihungen sind, und daß sie sich auf Umstände beziehen, worin sich das jüdische Volk befand zu der Zeit, als dieselben geschrieben oder gesprochen wurden, aber nicht auf eine entfernte zukünftge Zeit oder Person.

Prüfung
der in dem Neuen Testament angeführten Stellen aus dem Alten Testament, welche Prophezeihungen von der Ankunft Jesu Christi genannt werden.

[Dieses Werk wurde von Hrn. Paine in New York zum ersten Mal im Jahre 1807 herausgegeben, und war die letzte seiner, von ihm selbst herausgegebenen Schriften. Es ist augenscheinlich ein Auszug aus seiner Antwort an den Bischof von Landaff, oder aus seinem dritten Theil des „Zeitalters der Vernunft," welche beide Werke er, zufolge seines Testaments, handschriftlich hinterließ. Der Ausdruck „Der Bischof" kommt in dieser Prüfung sechs Mal vor, ohne zu bezeichnen, welcher Bischof gemeint ist. Unter allen Erwiderungen auf seinen zweiten Theil des „Zeitalters der Vernunft" war diejenige von Bischof Watson die einzige, welche er einer besondern Aufmerksamkeit würdigte; und er ist ohne Zweifel die hier angedeutete Person. Bischof Watson's Schutzrede für die Bibel war einige Jahre zuvor erschienen, ehe Hr. Paine Frankreich verließ, und der letztere verfaßte seine Antwort darauf, und gleichfalls seinen dritten Theil des „Zeitalters der Vernunft" während seines Aufenthalts in jenem Land.

Als Hr. Paine in Amerika ankam, und fand, daß freisinnige Ansichten über Religion, durch den Einfluß der Heuchelei und des Aberglaubens, in üblem Gerüche standen, lehnte er die Herausgabe der ganzen von ihm verfaßten Werke ab, indem er bemerkte, „ein Verfasser könne den Ruf, welchen er sich erworben, durch zu vieles Schreiben verlieren." Indessen übergab er die nachfolgende Prüfung in Pamphlet-Format dem Publikum. Allein die Gleichgültigkeit, welche zu jener Zeit in Bezug auf religiöse Forschungen zu herrschen schien, bestimmte ihn vollends, die Herausgabe seiner Theologischen Schriften zu unterbrechen. Für diesen Theil eines der oben erwähnten Werke wählte er einen, dem darin abgehandelten Gegenstand entsprechenden Titel.]

Die sogenannten Prophezeihungen von oder in Bezug auf Jesus Christus in dem Alten Testament kann man in die folgenden beiden Klassen bringen:

Erstens solche, welche in den vier Büchern des Neuen Testaments, den sogenannten vier Evangelisten, Matthäus, Marcus, Lucas und Johannes angeführt sind.

Zweitens solche, welche von Uebersetzern und Auslegern aus eigenem

Einfall zu Prophezeihungen erhoben, und an der Spitze der verschiedenen Capitel des Alten Testaments mit jenem Titel herausgestrichen wurden. An diese Letzteren lohnt es kaum der Mühe, Zeit, Papier und Dinte zu verschwenden; ich werde mich deshalb hauptsächlich auf die, in den vorbesagten vier Büchern des Neuen Testaments angeführten Stellen beschränken. Wenn ich beweise, daß diese weder Prophezeihungen von dem sogenannten Jesus Christus sind, noch auf irgend eine solche Person Bezug haben; so wird es vollkommen unnütz sein, jene Stellen zu bekämpfen, welche von Uebersetzern oder der Kirche erfunden worden sind, und wofür sie keine andere Autorität oder Gewähr hatten, als ihre eigene Einbildungskraft.

Ich fange an mit dem sogenannten

Evangelium St. Matthäi.

Ich 1sten-Capitel, Vers 18, heißt es: „Die Geburt Christi war aber also gethan: als Maria, seine Mutter, dem Joseph vertrauet war, ehe er sie heimholete, erfand sichs, daß sie schwanger war von dem Heiligen Geist." — Dieses geht ein Bischen zu geschwind; denn um diesen Vers mit dem nächsten in Einklang zu bringen, hätte nichts weiter gesagt werden sollen, als daß sie schwanger war; der nächste Vers nämlich lautet: „Joseph aber, ihr Mann, war fromm, und wollte sie nicht öffentlich rügen (zu Schanden machen); er gedachte aber, sie heimlich zu entfernen."*) — Folglich hatte Joseph nichts weiter ausgefunden als daß sie schwanger war, und er wußte, daß sie es nicht von ihm selbst war.

Vers 20: „Indem er aber über diese Dinge nachdachte (nämlich ob er sie heimlich entfernen, oder ein öffentliches Exempel an ihr statuiren sollte), siehe, da erschien ihm ein Engel des Herrn im Traum (d. h. Joseph träumte, daß ihm ein Engel erschienen sei) und sprach: Joseph, du Sohn Davids, fürchte dich nicht, die Maria, dein Gemahl, zu dir zu nehmen; denn das in ihr empfangen ist, das ist von dem Heiligen Geist. Und sie wird einen Sohn gebären, deß Namen sollst du Jesus heißen; denn er wird sein Volk erlösen von seinen Sünden."

Ohne nun auf eine Erörterung des Werthes oder Unwerthes der hier mitgetheilten Erzählung einzugehen, darf man füglich bemerken, daß dieselbe keine höhere Beweisquelle hat, als einen Traum; denn es ist unmöglich, daß ein Mensch etwas Anderes im Traume bemerke, als das, wovon er träumt. Ich frage deshalb nicht, ob Joseph (wenn es einen solchen Mann gab) einen solchen Traum hatte oder nicht; denn angenommen, er hatte einen solchen Traum, so beweist dieses noch nichts. Die Fähigkeit des Geistes in Träumen ist bisweilen so wunderbar und erfindungsreich, daß derselbe die Rolle aller Charaktere spielt, welche seine Einbildungskraft hervorruft; und was er von irgend einem derselben zu hören

---

*) Luther übersetzt: zu verlassen.

glaubt, ist nichts weiter, als was der wilde Flug seiner eigenen Einbildungskraft erfindet. Es ist mir deshalb ganz gleichgültig, wovon Joseph träumte, ob von der Treue oder von der Untreue seiner Frau. — Ich würdige meine eigenen Träume keiner Beachtung, und ich würde in der That ein Schwachkopf sein, wenn ich den Träumen anderer Leute Glauben schenken wollte.

Die Verse, welche auf die von mir angezogenen folgen, sind die Worte des Verfassers des Buches Matthäi. Er sagt: „Das ist aber Alles (d. h. all dieses Träumen und diese Schwangerschaft) geschehen, auf daß erfüllet würde, das der Herr durch den Propheten gesagt hat, der da spricht: Siehe, eine Jungfrau wird schwanger sein,*) und einen Sohn gebären, und sie werden seinen Namen Emanuel heißen, das ist verdollmetschet, Gott mit uns."

Diese Stelle steht im Jesaia, Cap. 7, Vers 14, und der Verfasser des Buches Matthäi will seine Leser glauben machen, daß diese Stelle eine Prophezeihung von dem sogenannten Jesus Christus sei. Die Sache verhält sich aber durchaus nicht also — und ich werde dieses beweisen. Allein zuvörderst ist es nöthig, daß ich die Gelegenheit erkläre, bei welcher diese Worte von Jesaia ausgesprochen wurden; der Leser wird alsdann leicht einsehen, daß dieselben, weit entfernt, eine Prophezeihung von Jesus Christus zu sein, nicht den geringsten Bezug auf eine solche Person haben, noch auf irgend Etwas, das zu der angeblichen Lebenszeit Christi — oder ungefähr 700 Jahre nach der Zeit Jesaias — vorfallen konnte. Die Sache verhält sich folgendermaßen:

Nach dem Tode Salomos spaltete sich das jüdische Volk in zwei Königreiche: das Eine hieß das Königreich Juda, und seine Hauptstadt war Jerusalem; das Andere hieß das Königreich Israel, dessen Hauptstadt war Samaria. Das Königreich Juda hing den Nachkommen Davids an, und das Königreich Israel denen Sauls; und diese beiden feindseligen Monarchien führten häufig grausame Kriege mit einander.

Zu der Zeit, als Ahas König von Juda war, zu welcher Zeit auch Jesaia lebte, war Peka König von Israel; und Peka verbindete sich mit Rezin, dem König Syriens, um gegen Ahas, den König von Juda, Krieg zu führen; und diese beiden Könige zogen mit einem vereinigten und mächtigen Heere vor Jerusalem. Ahas und sein Volk wurden wegen der Gefahr bestürzt, und „es bebte ihnen das Herz, wie die Bäume im Walde beben vom Winde." Jesaia, Cap. 7, Vers 2.

In dieser gefährlichen Lage wandte sich Jesaia an Ahas, und versicherte ihn im Namen des Herrn (der abgedroschene Ausdruck aller Propheten), daß diese beiden Könige nicht gegen ihn siegen würden; und um ihn zu versichern, daß dieses der Fall sein würde (die Sache fiel jedoch gerade

---

*) Im Jesaia, wo die Stelle vorkommt, übersetzt Luther: ist schwanger.

entgegengesetzt aus),*) sagt er zu Ahas, er solle ein Zeichen von dem Herrn fordern. Ahas weigerte sich, dieses zu thun, und führte als Grund an, er wolle den Herrn nicht versuchen; darauf sprach Jesaia, welcher eine göttliche Sendung vorgiebt, im 14ten Verse: „Darum so wird euch der Herr selbst ein Zeichen geben: Siehe, eine Jungfrau wird schwanger sein, und wird einen Sohn gebären, — Butter und Honig wird er essen, daß er wisse, Böses zu verwerfen und Gutes zu erwählen — denn ehe der Knabe lernet Böses verwerfen und Gutes erwählen, wird das Land, davor dir grauet, verlassen sein von seinen zweien Königen;" — darunter werden der König von Israel und der König von Syrien verstanden, welche gegen Ahas zu Felde zogen.

Hier also ist das Zeichen, nämlich die Geburt eines Kindes, und zwar eines Sohnes; und hier ist ebenfalls die Zeit für die Erfüllung des Zeichens beschränkt, nämlich, ehe das Kind lernen würde, Böses verwerfen und Gutes erwählen.

Das Ereigniß deshalb, wenn es ein Zeichen des Sieges für Ahas sein sollte, mußte eintreten, ehe die Entscheidung des, damals zwischen Ahas und den beiden Königen obschwebenden Kampfes bekannt sein konnte. Ein Ding, welches ein Zeichen sein soll, muß dem angezeigten Dinge vorhergehen. Das Zeichen des Regens muß vor dem Regen erscheinen.

Es würde Spott und beleidigender Unsinn von Seiten Jesaias gewesen sein, wenn er zum Zeichen, daß diese beiden Könige nicht gegen ihn siegen würden, dem Ahas versichert hätte, daß 700 Jahre nach seinem Tode ein Kind geboren werden würde, und daß er (Ahas) aus der Gefahr, womit er damals nahe bedroht war, befreit werden sollte, ehe das so geborene Kind lernen würde, Böses verwerfen und Gutes erwählen.

Allein die Sache ist eben die, das Kind, von Jesaia spricht, war sein eigenes Kind, womit seine Frau oder seine Geliebte damals schwanger ging; denn er sagt im nächsten Capitel, Vers 2: „Und ich nahm zu mir zween treue Zeugen, den Priester Uria, und Sacharja, den Sohn Jeberechja, und ging zu der Prophetin, die war schwanger, und gebar einen Sohn;" und er sagt im 18ten Verse desselben Capitels: „Siehe, hier bin

---

*) 2 Chron., Cap. 28, V. 1. „Ahas war zwanzig Jahre alt, da er König ward, und regierete sechzehn Jahre zu Jerusalem, und that nicht, das dem Herrn wohlgefiel." Vers 5. „Darum gab ihm der Herr, sein Gott, in die Hand des Königs zu Syrien, daß sie ihn schlugen, und einen großen Haufen von den Seinen gefangen wegführten, und gen Damascus brachten. Auch ward er gegeben in die Hand des Königs Israel, daß er eine große Schlacht an ihm that.

Vers 6. „Und Pekah (der König von Israel) schlug in Juda hundert und zwanzigtausend auf Einen Tag." Vers 8. „Und die Kinder Israel führten gefangen weg von ihren Brüdern zweihundert tausend Weiber, Söhne und Töchter."

Ich und die Kinder, die mir der Herr gegeben hat, sind für Zeichen und für Wunder da in Israel."

Die Bemerkung dürfte hier nicht am unrechten Orte sein, daß das Wort, welches im Jesaia **eine Jungfrau** übersetzt wird, im Hebräischen nicht eine Jungfrau bedeutet, sondern eine **junge Frau**. Die Zeit ist in der englischen Uebersetzung ebenfalls verfälscht. Levi theilt den hebräischen Text des 14ten Verses des 7ten Capitels von Jesaia mit, und ebenfalls die englische Uebersetzung: „Siehe, eine Jungfrau ist schwanger*) und gebiert einen Sohn." Der Satz steht, nach seiner Behauptung, in der gegenwärtigen Zeit. Diese Uebersetzung stimmt mit den andern, von der Geburt dieses Kindes, welche für Ahas ein Zeichen sein sollte, erzählten Umständen überein. Allein, da die richtige Uebersetzung nicht als eine Prophezeihung von einem, 700 Jahre später zu gebährenden, Kinde der Welt hätte aufgebunden werden können; so haben die christlichen Uebersetzer den Urtext verfälscht, und anstatt den Jesaia sagen zu lassen: siehe, eine **junge Frau** ist schwanger, und **gebiert** einen Sohn—lassen sie ihn sagen: siehe, eine **Jungfrau wird schwanger sein, und wird einen Sohn gebären**. Indessen braucht man nur das 7te und 8te Capitel von Jesaia zu lesen, und man wird sich überzeugen, daß die fragliche Stelle keine Prophezeihung von dem sogenannten Jesus Christus ist. Ich gehe zu der zweiten Stelle über, welche von dem Neuen aus dem Alten Testament als eine Prophezeihung von Jesus Christus angeführt wird.

Matthäus, Cap. 2, Vers 1: „Da Jesus geboren war zu Bethlehem im jüdischen Lande, zur Zeit des Königs Herodes, siehe, da kamen die weisen Männer aus dem Osten gen Jerusalem, und sprachen: Wo ist der neugeborne König der Juden? Wir haben seinen Stern gesehen im Osten, und sind gekommen, ihn anzubeten. Da das der König Herodes hörete, erschrack er, und mit ihm das ganze Jerusalem; und er ließ versammeln alle Hohepriester und Schriftgelehrten unter dem Volk; und erforschete von ihnen, wo Christus sollte geboren werden. Und sie sagten ihm: zu Bethlehem, im jüdischen Lande. Denn also stehet geschrieben durch den Propheten: **Und du Bethlehem im jüdischen Lande, bist mit nichten die kleinste unter den Fürsten von Juda; denn aus dir soll mir kommen der Herzog, der über mein Volk Israel ein Herr sei.**" Diese Stelle steht im Propheten Micha, Cap. 5, Vers 1.

Ich übergehe die Albernheit, daß sie einen Stern am Tage sehen und verfolgen, wie man Nachts einem Irrwisch, oder einem Lichte oder einer Laterne nachzugehen pflegt; und ferner, daß sie denselben im Osten sahen, da sie doch selbst aus dem Osten kamen; denn wenn ein solches Ding überhaupt gesehen werden konnte, um ihnen als Führer zu dienen, so mußte es im Westen von ihnen stehen. Ich beschränke mich lediglich auf die Stelle, welche eine Prophezeihung von Jesus Christus genannt wird.

---

*) Auch Luther übersetzt so.   Uebers.

Das Buch Micha spricht in der oben angeführten Stelle, Cap. 5, Vers 1, von einem Manne, ohne dessen Namen zu nennen, von welchem große Thaten erwartet wurden; allein die Beschreibung, welche er im 4ten Verse von diesem Manne macht, beweist augenscheinlich, daß er nicht den Jesus Christus meint, denn er sagt im 4ten Verse: „Und dieser Mann wird der Friedensstifter sein,*) wenn der Assyrier in unser Land fallen wird; und wenn er unsere Palläste zertreten wird, alsdann werden wir uns gegen ihn (das heißt, gegen den Assyrier) erheben, sieben Hirten und acht Fürsten."—Vers 5: „Und diese werden das Land Assyrien verderben mit dem Schwert, und das Land Nimrod am Eingang desselben; also wird Er (nämlich, der am Anfang des ersten Verses erwähnte Held) uns von dem Assyrier erretten, wenn derselbe in unser Land fällt, und unsere Grenze zertritt."

Dieses ist so augenscheinlich die Schilderung eines Kriegshelden, daß dieselbe nicht auf Christus angewandt werden kann, ohne den Charakter zu verletzen, welchen man ihm vor der Welt beilegt. Ueberdies stehen die Umstände der hier erwähnten Zeit mit den Umständen der Lebenszeit von Christus im Widerspruch. Die Römer, und nicht die Assyrier hatten gesiegt, und waren im Lande Judäa, und zertraten ihre Palläste, als Christus geboren wurde, und als er starb; und anstatt, daß er dieselben aus dem Lande gejagt hätte, waren sie es vielmehr, welche den Befehl zu seiner Hinrichtung unterzeichneten, und an ihm vollzogen.

Ich habe sonach schlagend bewiesen, daß dieses keine Prophezeihung von Jesus Christus ist, und ich gehe zu der dritten Stelle über, welche von dem Neuen aus dem Alten Testament als eine Prophezeihung über ihn angeführt wird.

Diese Stelle, wie die erste, wird vermittelst eines Traumes eingeleitet. Joseph hat einen zweiten Traum, und träumt, daß er einen zweiten Engel sieht. Die Erzählung beginnt im 13ten Verse des zweiten Capitels von Matthäus:

„Der Engel des Herrn erschien dem Joseph im Traum, und sprach: Stehe auf und nimm das Kindlein und seine Mutter zu dir, und fliehe in Egyptenland, und bleibe allda, bis ich dir Nachricht bringe; denn Herodes wird nach dem Leben des Kindleins streben, dasselbe umzubringen. Und er stand auf, und nahm das Kindlein und seine Mutter zu sich, bei der Nacht, und entwich in Egyptenland; und blieb allda bis nach dem Tode Herodes, auf daß erfüllet würde, das der Herr durch den Propheten gesagt hat, der da spricht: Aus Egypten habe ich meinen Sohn gerufen."

Diese Stelle steht im Buche Hosea, Cap. 11, Vers 1. Dort lautet es

---

*) Luthers Uebersetzung weicht hier von der englischen gänzlich ab.
Uebers.

wörtlich: „Da Israel jung war, hatte ich ihn lieb, und rief ihn, meinen Sohn, aus Egypten; — aber wenn man sie jetzt ruft, so wenden sie sich davon, und opfern den Baalim, und räuchern den Bildern."

Diese Stelle, welche fälschlicher Weise eine Prophezeihung von Christus genannt wird, bezieht sich auf die Kinder Israels, wie sie zur Zeit Pharao's aus Egypten kamen, und auf den Götzendienst, welchen sie später begingen. Will man die Stelle auf Jesus Christus anwenden, so muß er alsdann einer der Leute sein, welche „den Baalim opferten, und den Bildern räucherten;" denn die Person, welche unter dem Collectiv- (Sammel-) Namen Israel aus Egypten gerufen wurde, und die Personen, welche diesen Götzendienst begingen, sind die nämlichen Personen, oder die Nachkommen von denselben. Dieses also kann keine Prophezeihung von Jesus Christus sein, man müßte denn einen Götzendiener aus ihm machen wollen. Ich gehe zu der vierten Stelle über, welche von dem Verfasser des Buches Matthäi eine Prophezeihung genannt wird.

Dieselbe wird durch eine Geschichte eingeleitet, welche von Niemanden sonst außer ihm selbst erzählt, und kaum von irgend Jemanden geglaubt wird, nämlich von der Ermordung aller Kinder unter zwei Jahren, auf Befehl des Herodes. Dies ist höchst unwahrscheinlich, weil Herodes nur ein Amt unter der römischen Regierung bekleidete, bei welcher man stets Beschwerde führen konnte, wie wir in der Sache des Paulus sehen.

Nachdem jedoch Matthäus diese Geschichte fabrizirt oder erzählt hat, sagt er im 2ten Capitel, Vers 17: „Da wurde erfüllet, was gesagt ist von dem Propheten Jeremia, der da spricht: „In Ramah*) hat man ein Geschrei gehöret, viel Klagens, Weinens und Heulens; Rahel beweinete ihre Kinder und wollte sich nicht trösten lassen, denn es war aus mit ihnen."

Diese Stelle steht im Propheten Jeremia, Cap. 31, Vers 15, und wenn man diesen Vers von den vorhergehenden und nachfolgenden Versen losreißt, welche dessen Anwendung erklären; so könnte man denselben ebenso füglich auf jeden Fall von Kriegen, Belagerungen oder sonstigen Gewaltthaten anwenden, wie die Christen selbst sich oft gegen die Juden haben zu Schulden kommen lassen, wo Mütter den Verlust ihrer Kinder bejammert haben. Es steht in dem Verse, allein genommen, nichts Anderes was irgend eine besondere Anwendung desselben bezeichnete und andeutete, als daß derselbe auf manche Umstände hindeutet, welche zur Zeit seiner Abfassung bereits eingetreten waren, und nicht auf Etwas, das noch eintreten soll; denn der Vers steht in dem Präteritum oder der vergangenen Zeit. Ich will nunmehr die Veranlassung erklären, und die Anwendung des Verses auseinandersetzen.

Jeremia lebte zu der Zeit, als Nebucabnezar Jerusalem belagerte, einnahm, plünderte und zerstörte, und die Juden nach Babylon in Gefangen-

---
*) Luther übersetzt: auf dem Gebirge.   Uebers

schaft führte. Er trieb die Grausamkeit gegen die Juden auf das Höchste. Er erschlug die Söhne des Königs Zedekia vor dessen Angesicht, darauf stach er diesem die Augen aus, und warf ihn bis zu seinem Tode ins Gefängniß.

Von dieser Zeit des Jammers und Leidens unter den Juden spricht Jeremia. Ihr Tempel war zerstört, ihr Land verwüstet, ihre Nation und Regierung gänzlich zertrümmert, und sie selbst, Männer, Weiber und Kinder, waren in Gefangenschaft geführt. Sie hatten selbst zu vielen eigenen Jammer vor ihren Augen, als daß sie oder ihre Anführer sich Zeit genommen haben sollten, sich mit Dingen zu beschäftigen, welche 700 Jahre später in der Welt eintreten könnten, oder nicht eintreten könnten.

Von dieser Zeit des Jammers und Leidens spricht Jeremia in dem fraglichen Verse, wie bereits bemerkt wurde. In den beiden nächsten Versen, dem 16ten und 17ten, bemüht er sich, die Leidenden zu trösten dadurch, daß er ihnen Hoffnungen macht, und nach der, zu damaliger üblichen, Redeweise ihnen Zusicherungen von dem Herrn ertheilt, daß ihre Leiden ein Ende nehmen werden, und daß **ihre Kinder wieder in ihre eigene Grenze kommen sollen**. Doch ich lasse die Verse für sich selbst sprechen, und das Alte Testament gegen das Neue Zeugniß geben:

Jeremia, Cap. 31, Vers 15: „So spricht der Herr: In Ramah **hat** man ein Geschrei **gehört** (dies ist die vergangene Zeit*), viel Klagen und bitteres Weinen; Rahel weinete über ihre Kinder und wollte sich nicht trösten lassen, denn es war aus mit ihnen."

Vers 16. „Aber der Herr spricht also: Laß dein Schreien und Weinen und die Thränen deiner Augen; denn deine Arbeit wird wohl belohnt werden, spricht der Herr, **und sie sollen wieder kommen aus dem Lande des Feindes**."

Vers 17. „Und deine Nachkommen haben viel Gutes zu erwarten, spricht der Herr; denn **beine Kinder sollen wieder in ihre eigene Grenze kommen**."

Durch welche seltsame Unwissenheit oder Betrügerei ist es gekommen, daß die Kinder, von welchen Jeremia spricht (und worunter er die Leute der jüdischen Nation versteht, die in der Schrift **Kinder Israels** heißen, aber nicht blos Kinder unter zwei Jahren), und welche wieder aus dem Lande des Feindes zurückkehren, und wieder in ihre eigene Grenze kommen sollten, die Kinder bedeuten können, welche Matthäus von Herodes schlachten läßt? Konnten diese Kinder wieder aus dem Lande des Feindes zurückkehren, oder wie kann das Land des Feindes auf sie angewandt werden? Konnten sie wieder in ihre eigene Grenze kommen? Gerechter Himmel! Wie ist die Welt von Testamentmachern, Priestern und vorgeblichen Pro-

---

*) Luther übersetzt hier diese Stelle in der gegenwärtigen Zeit, und im Matthäus in der vergangenen.   Uebers.

phezeihungen betrogen worden. — Ich komme zur fünften Stelle, welche eine Prophezeihung von Jesus Christus genannt wird.

Diese, wie zwei frühere Stellen, wird durch einen Traum eingeführt. Joseph hatte wieder einen Traum, und träumt wieder von einem Engel. Und Matthäus ist wieder der Geschichtschreiber des Traumes und des Träumers. Wenn man die Frage aufwürfe, wie Matthäus wissen konnte, was Joseph träumte; so könnte weder der Bischof noch die ganze Kirche auf die Frage eine Antwort geben. Vielleicht träumte Matthäus und nicht Joseph; d. h. Joseph träumte durch einen Stellvertreter, in dem Gehirn des Matthäus, wie uns erzählt wird, daß Daniel für den Nebukadnezar träumte. Doch dem sei wie ihm wolle, ich komme wieder zur Sache.

Die Erzählung von diesem Traume steht in Matthäus, Capitel 2, Vers 19. „Da aber Herodes gestorben war, siehe, da erschien der Engel des Herrn dem Joseph im Traum in Egyptenland, — und sprach: Stehe auf, und nimm das Kindlein und seine Mutter zu dir, und ziehe hin in das Land Israel; sie sind gestorben, die dem Kinde nach dem Leben standen. — Und er stand auf, und nahm das Kindlein und seine Mutter zu sich, und kam in das Land Israel. Da er aber hörete, daß Archelaus im jüdischen Lande König war, anstatt seines Vaters Herodes, fürchtete er sich dahin zu kommen. Und im T r a u m (hier ist wieder ein Traum) empfing er Befehl von Gott, und zog in die Oerter des galiläischen Landes; und er kam und wohnete in der Stadt, die da heißet N a z a r e t h, auf daß e r f ü l l e t w ü r d e, d a s d a g e s a g t i s t d u r c h d i e P r o p h e t e n: E r s o l l N a z a r e n u s h e i ß e n."

Hier ist ein guter Beweis aus den Umständen vorhanden, daß Matthäus träumte, denn es ist keine solche Stelle im ganzen Alten Testament zu finden; und fordere den Bischof und alle Priester in der Christenheit auf, mit Einschluß der amerikanischen, dieselbe aufzuweisen. Ich gehe zur sechsten Stelle über, welche eine Prophezeihung von Jesus Christus genannt wird.

Dieselbe ist, wie man zu sagen pflegt, m i t d e n H a a r e n h e r b e i - g e z o g e n; man braucht sie nur anzusehen, und man muß sie als eine gezwungene und weit hergeholte Aufschneiderei verhöhnen.

Matthäus, Cap. 4, V. 12: „„Da nun Jesus hörete, daß Johannes überantwortet war, zog er in das galiläische Land und verließ die Stadt Nazareth, kam und wohnete zu Capernaum, die da liegt am Meer, an den Grenzen von Zabulon und Nephthalim; auf daß erfüllet würde, das da gesagt ist durch den Propheten Jesaia, der da spricht: „Das Land Zabu-„lon und das Land Nephthalim, am Wege des Meeres, jenseits des Jor-„dans, und die heidnische Galiläa, das Volk, das in Finsterniß saß, hat „ein großes Licht gesehen, und die da saßen am Ort und Schatten des „Todes, denen ist ein Licht aufgegangen.""

Matthäus hat diese Worte gänzlich aus ihrem Zusammenhang gerissen, und daraus eine Prophezeihung fabrizirt; denn die Stelle lautet im Jesaia,

Cap. 9, V. 1 und 2, folgendermaßen: „Doch es wird wohl eine andere Finsterniß sein, die ihnen Angst macht, als zu der vorigen Zeit, da er leicht betrübte das Land Zabulon und das Land Nephthalim, und hernach schwerer betrübte am Wege des Meeres, jenseits des Jordans, in der Heiden Galiläa."

Alles dieses bezieht sich auf zwei Ereignisse, welche bereits eingetreten waren zu der Zeit, als diese Worte im Jesaia geschrieben wurden: das Eine, als das Land Zabulon und Nephthalim leicht betrübt wurden, und hernach das Andere, als sie schwerer betrübt wurden am Wege des Meeres.

Der Leser gebe aber Acht, wie Matthäus den Text verfälscht hat. Er fängt seinen Auszug an einem Theile des Verses an, wo nicht einmal ein Komma steht, und schneidet dadurch Alles ab, was sich auf die erste Betrübniß bezieht. Er läßt sodann Alles aus, was sich auf die zweite Betrübniß bezieht, und läßt auf diese Weise Alles aus, was den Vers verständlich macht, und verwandelt denselben in ein sinnloses Gerippe von Länder-Namen.

Um diesen Betrug des Matthäus dem Leser recht deutlich und nahe vor Augen zu stellen, will ich den Vers wiederholen und die Worte, welche er ausgelassen hat, in Parenthesen setzen, und die Worte, welche er beibehalten hat, auszeichnen:

[Doch es wird wohl eine andere Finsterniß sein, die ihnen Angst macht, als zu der vorigen Zeit, da er leicht betrübte] **das Land Zabulon und das Land Nephthalim,** [und hernach schwerer betrübte] **am Wege des Meeres, jenseits des Jordans, in der Heiden Galiläa.**

Welch ein grober Betrug ist es, einem Verse auf diese Weise gleichsam die Eingeweide auszureißen, denselben vollkommen sinnlos zu machen, und ihn sodann einer leichtgläubigen Welt als eine Prophezeihung aufzuschwabroniren. Ich gehe zum nächsten Verse über.

Vers 2. „Das Volk, das im Finstern wandelte, hat ein großes Licht gesehen; und die da saßen im finstern Lande des Todes, denen ist ein Licht aufgegangen." Alles dieses ist eine geschichtliche Erzählung, und nicht im Geringsten prophetisch. Das Ganze steht in der vergangenen Zeit; es ist die Rede von Dingen, welche zu der Zeit, als die Worte niedergeschrieben wurden, geschehen waren, und nicht von Dingen, welche später geschehen sollten.

Da sonach die Stelle unmöglich eine Prophezeihung sein kann, noch dazu bestimmt war, und da ein Versuch, dieselbe dazu zu machen, nicht allein die Urschrift verfälscht, sondern auch einen verbrecherischen Betrug verübt; so kann es in jeder andern Hinsicht, als blos um unsere Neugierde zu befriedigen, gleichgültig sein, zu wissen, wer die Leute waren, von denen die Stelle spricht, welche im Finstern saßen, und welches das Licht war, das ihnen aufging. Wenn wir in das vorhergehende Capitel, in das 8te, wovon das 9te nur eine Fortsetzung ist, einen Blick werfen; so werden wir finden, daß der Verfasser im 19ten Verse von "Hexen und Zauberern spricht, die umherschleichen und murmeln," und von Leuten, welche sie um Rath fragten; und daß Jesaia gegen diese abergläubische und finstere Gewohnheit predigt und davon abmahnt. Von diesen Leuten und von dieser finstern Gewohnheit, oder diesem Wandeln in der Finsterniß, spricht er im 2ten Verse des 9ten Capitels; und das Licht, welches ihnen aufgegangen ist, bezieht sich lediglich auf sein eigenes Predigtamt, und auf die Kraft desselben, welches dem Geschäfte der Hexen und Zauberer, die umherschleichen und murmeln, feindlich entgegentrat.

Jesaia ist im Allgemeinen ein ausschweifender, regelloser Schriftsteller, welcher bei der Anordnung seiner Gedanken gemeiniglich keinen klaren Gang befolgt, und folglich aus denselben keine bestimmten Schlüsse zieht. Gerade die Regellosigkeit seines Styls, die Verworrenheit seiner Gedanken und die schwülstigen Bilder, welche er anwendet, haben den Priestern und dem Aberglauben so viele Gelegenheiten dargeboten, jene Mängel als Prophezeihungen von Jesus Christus der Welt aufzubinden. Da sie in denselben keine unmittelbare Bedeutung fanden, und nicht wußten, was sie daraus machen sollten, und da sie zu gleicher Zeit vermutheten, daß dieselben bestimmt waren eine Bedeutung zu haben; so ersetzten sie den Mangel dadurch, daß sie selbst eine Bedeutung erfanden, und dieselbe die seinige nannten. Ich habe indessen in der obigen Stelle dem Jesaia die Gerechtigkeit erwiesen, ihn aus den Klauen des Matthäus, welcher ihn erbarmungslos in Stücke gerissen hat, sowie aus den Händen betrügerischer oder unwissender Priester und Ausleger zu erretten, indem ich den Jesaia selbst sprechen ließ.

Wenn die Worte Wandeln in der Finsterniß und Aufgang des Lichtes irgend prophetisch angewandt werden könnten, was sie nicht können, so würden sie eher auf die Zeiten, worin wir gegenwärtig leben, anwendbar sein, als auf irgend andere. Die Welt ist seit achtzehn hundert Jahren "in der Finsterniß gewandelt," sowohl in Bezug auf Angelegenheiten der Religion als der Regierung, und erst seit dem Ausbruch der amerikanischen Revolution ist das Licht aufgegangen. Der Glaube an Einen Gott, dessen Eigenschaften uns in dem Buch oder der Schrift der Schöpfung offenbart sind, welche keine menschliche Hand nachahmen oder verfälschen kann, und nicht in dem geschriebenen oder gedruckten Buche, welches aus Unwissenheit oder Absicht verändert oder verfälscht werden kann, wie Matthäus bewiesen hat, bricht sich gegenwärtig unter uns Bahn. Und in Regierungssachen ist das Licht bereits aufgegangen; und während man sich hüten sollte, sich durch den Mißbrauch, der damit getrieben wurde, wie zur Zeit der Gewaltthaten Robespierres in Frankreich, blenden zu lassen, sollte man dasselbe mit aller Festigkeit und

Ausdauer, welche uns wahre Weisheit einflößen kann, verehren, ja selbst anbeten.

Ich komme zur siebenten Stelle, welche eine Prophezeihung von Jesus Christus titulirt wird:

Matthäus, Cap. 8, Vers 16. „Am Abend aber brachten sie viele, von Teufeln Besessene zu ihm (Jesus); und er trieb die Geister aus mit Worten, und machte alle Kranke gesund; auf daß erfüllet würde, das gesagt ist durch den Propheten Jesaia, der da spricht: **Er hat unsere Schwachheit auf sich genommen, und unsere Seuche hat er getragen.**"

Diese Fabeln von Leuten, welche von Teufeln besessen sein sollten, und von dem Austreiben derselben waren an der Tagesordnung, als die Bücher des Neuen Testaments geschrieben wurden. Dieselben kamen zu keiner andern Zeit zum Vorschein. Die Bücher des Alten Testaments erwähnen nichts derartiges; eben so wenig spricht die Geschichte irgend eines Volkes oder Landes von dergleichen Dingen. Diese Lehre überrascht uns ganz auf einmal im Buche des Matthäus, und ist durchaus eine Erfindung der Neu=Testament=Macher und der christlichen Kirche. Das Buch des Matthäus ist das erste Buch, worin das Wort Teufel*) vorkommt. Man liest in einigen Büchern des Alten Testaments, von sogenannten Hausgeistern, der angeblichen Gefährten der sogenannten Hexen und Zauberer. Dies war nichts weiter als ein Kunstgriff anmaßlicher Zauberer, um von leichtgläubigen und unwissenden Leuten Geld zu erpressen, oder es war eine ersonnene Beschuldigung von Seiten abergläubischer böser Menschen gegen unglückliche und altersschwache Leute.

Allein die Vorstellung von einem Hausgeiste, wenn man mit dem Ausdruck eine Vorstellung verbinden kann, ist höchst verschieden von der Vorstellung des Besessenseins von einem Teufel. In dem Einen Falle ist der angebliche Hausgeist ein gewandter Geschäftsführer, welcher kommt und geht, wie ihm geheißen wird; im andern Falle ist er ein wüthendes, tobendes Ungeheuer, welches den Körper zerreißt und foltert, bis er in Zuckungen fällt. Leser, wer immer du seist, setze dein Vertrauen auf deinen Schöpfer, brauche die Vernunft, womit er dich begabt hat, und wirf alle solche Fabeln von dir.

Die von Matthäus angedeutete Stelle (denn angeführt ist sie falsch) steht in Jesaia, Cap. 53, Vers 4, und lautet folgendermaßen:

„Fürwahr er (der Mann, von welchem Jesaia spricht) **hat unsern Gram getragen, und unsern Kummer auf sich geladen.**"†) Die Stelle steht in der vergangenen Zeit.

Hier steht nichts vom Austreiben von Teufeln, noch vom Heilen von

---

*) Das personifizirte böse Prinzip.

†) Luther übersetzt anders.   Uebers.

Krankheiten. Anstatt daß also die Stelle eine Prophezeihung von Christus ist, kann sie nicht einmal nach den Umständen angewandt werden.

Jesaia, oder wenigstens der Verfasser des Buches, welches seinen Namen führt, verwendet dieses ganze Capitel, das 53ste, zur Beklagung der Leiden einer verstorbenen Person, von welcher er sehr gefühlvoll spricht. Es ist ein Trauergesang auf den Tod eines Freundes; allein er nennt nicht den Namen desselben, noch führt er irgend einen Umstand von ihm an, nach welchem man seine Person erkennen könnte; und gerade dieses Schweigen, welches gar nichts beweist, macht sich Matthäus zu Nutze, um den Namen von Christus hinzuzusetzen; als ob die Führer der Juden, deren Leiden damals groß waren, und welche in gefahrvollen Zeiten lebten, niemals an ihre eigenen Angelegenheiten, noch an das Schicksal ihrer eigenen Freunde gedacht hätten, sondern fortwährend wilden Gänsen in alle Zukunft hinein nachjagten.

Ein Trauergedicht zu einer Prophezeihung zu machen, ist eine Abgeschmacktheit. Der Charakter und die Umstände der Menschen, selbst in verschiedenen Zeitaltern, sind einander so ähnlich, daß Das, was von Einem Menschen gesagt ist, füglicher Weise von Vielen gesagt werden kann; allein eine solche Aehnlichkeit macht das Gesagte noch nicht zu einer Prophezeihung; und nur ein Betrüger oder ein Blindgläubiger würde eine solche Stelle so nennen.

Jesaia, welcher das schwere Schicksal und den Verlust seines Freundes bejammert, erwähnt nichts weiter von ihm, als was dem Menschen sein irdisches Loos bringt. Alle Umstände, welche er von ihm erwähnt, seine Verfolgungen, seine Gefangenschaft, seine Geduld im Leiden, und seine Ausdauer in Grundsätzen liegen alle in den Grenzen der Natur; sie gehören keinem Einzelnen ausschließlich an, und mögen auf Viele ganz passend angewandt werden. Allein, wenn Jesus Christus die Person war, als welche ihn die Kirche darstellt, so müßte Dasjenige, was ausschließlich auf ihn anwendbar sein würde, Etwas sein, das auf keine andere Person angewandt werden könnte — Etwas außerhalb der Grenzen der Natur — Etwas jenseits des Looses der sterblichen Menschen; — allein es stehen keine solchen Ausdrücke in diesem Capitel, noch in irgend einem andern Capitel des Alten Testaments.

Es ist keine ausschließliche Schilderung, wenn von Jemanden gesagt wird, was Jesaia von dem Manne sagt, den er in diesem Capitel beklagt: „Da er gestraft und gemartert ward, that er seinen Mund nicht auf, wie ein Lamm, das zur Schlachtbank geführet wird; und wie ein Schaf, das verstummet vor seinem Scherer, so that er seinen Mund nicht auf." Dieses kann von Tausenden von Menschen gesagt werden, welche Martern und einen ungerechten Tod mit Geduld, Schweigen und vollkommener Ergebung erlitten haben.

Grotius, welchen der Bischof als einen hochgelehrten Mann achtet, und welcher dieses gewißlich war, vermuthet, daß die Person, von welcher Jesaia spricht, Jeremia ist. Grotius wird zu dieser Ansicht verleitet wegen der Uebereinstimmung, die sich zwischen der Schilderung des Jesaia und dem Falle Jeremias findet, wie derselbe in dem Buche, das seinen Namen führt, angegeben ist. Wenn Jeremia unschuldig war, und kein Verräther im Interesse des Nebucadnezar, als dieser Jerusalem belagerte, so war sein Schicksal hart; er wurde von seinen Landsleuten verklagt, verfolgt, gemartert und in das Gefängniß geworfen, und er sagt von sich selbst (Jeremia Cap. 11, V. 19): „Allein ich war wie ein Lamm oder ein Ochse, die man zur Schlachtbank führet."*)

Ich würde mich zu der Meinung von Grotius hinneigen, wenn Jesaia zu der Zeit gelebt hätte, als Jeremia die Grausamkeiten erlitt, von welchen er spricht; allein Jesaia starb ungefähr 50 Jahre früher; und es ist ein Zeitgenosse, dessen Schicksal Jesaia in dem fraglichen Capitel bejammert, welches mehr als 700 Jahre später durch Betrug und Aberglauben in eine Prophezeihung von dem sogenannten Jesus Christus verdreht wurde.

Ich komme zu der achten Stelle, welche eine Prophezeihung von Jesus Christus genannt wird.

Matthäus Cap. 12, V. 14: „Da gingen die Pharisäer hinaus, und hielten einen Rath über ihn, wie sie ihn umbrächten. Aber da Jesus das erfuhr, wich er von dannen; und ihm folgte viel Volks nach, und er heilete sie alle, und bedrohete sie, daß sie ihn nicht meldeten; auf daß erfüllet würde, das gesagt ist durch den Propheten Jesaia, der da spricht:

„Siehe, das ist mein Knecht, den ich erwählet habe, und mein Liebster, an dem meine Seele Wohlgefallen hat; ich will meinen Geist auf ihn legen, und er soll den Heiden das Gericht verkündigen. Er wird nicht zanken noch schreien, und man wird sein Geschrei nicht hören auf den Gassen; das zerstoßene Rohr wird er nicht zerbrechen, und den glimmende Docht wird er nicht auslöschen, bis daß er ausführe das Gericht zum Siege, und die Heiden werden auf seinen Namen hoffen."

Erstlich hat diese Stelle nicht den geringsten Bezug auf die Umstände, für welche sie angeführt ist.

Matthäus sagt, die Pharisäer hätten einen Rath gegen Jesus gehalten, um ihn umzubringen — Jesus sei von dannen gewichen — viel Volkes sei ihm gefolgt — er habe sie geheilt — und er habe ihnen angelegen, ihn nicht zu melden.

Hingegen die Stelle, welche Matthäus anführt, als wäre sie durch diese Umstände erfüllt worden, ist nicht auf einen einzigen derselben anwendbar. Dieselbe hat nichts zu thun mit den Pharisäern, welche einen Rath halten, wie sie Jesus umbringen sollen — mit seinem Entweichen — mit dem Gefolge vieles Volkes — mit seiner Heilung desselben — noch mit seinem Anliegen, ihn nicht zu melden.

---

*) Luther übersetzt ganz anders.   Uebers.

Die Gelegenheit, für welche die Stelle angezogen wird, und die Stellen selbst sind von einander so verschieden, wie Nichts von Etwas. Allein die Leute sind eben so lange gewohnt gewesen, das sogenannte Alte und Neue Testament mit geschlossenen Augen und befangenen Sinnen zu lesen, daß ihnen die albernsten Widersprüche als Wahrheit, und Betrügereien als Prophezeihungen aufgehängt worden sind. Den allweisen Schöpfer hat man beschimpft, indem man ihn zum Verfasser von Fabeln machte, und der menschliche Geist ist verdorben worden dadurch, daß er an dieselben glaubte.

In dieser Stelle, wie in der zuletzt erwähnten, wird der Name der Person, von welcher die Rede ist, nicht angegeben, und wir werden in dieser Hinsicht im Dunkeln gelassen. Diesen Mangel in der Geschichte haben sich der Aberglaube und der Betrug zu Nutze gemacht, um die Stelle eine Prophezeihung zu nennen.

Hätte Jesaia zur Zeit des Cyrus gelebt, so würde die Schilderung in der Stelle auf ihn passen. Als König von Persien hatte er großes Ansehn unter den Heiden, und von einem solchen Manne spricht die Stelle; und seine Freundschaft für die Juden war groß, denn er befreite dieselben aus der Gefangenschaft, welche damals mit einem zerstoßenen Rohr zu vergleichen waren. Hingegen paßt diese Schilderung nicht auf Jesus Christus, welcher unter den Heiden kein Ansehn hatte; und was seine eigenen Landsleute anbelangt, welche bildlich unter dem zerstoßenen Rohr dargestellt sind, so waren sie es, welche ihn kreuzigten. Eben so wenig kann von ihm gesagt werden, er habe nicht geschrieen, noch habe man seine Stimme auf den Gassen gehört. Als ein Prediger war es seine Sache sich hören zu lassen, und es wird uns erzählt, er habe zu dem Ende das Land durchzogen. Matthäus hat eine lange Predigt mitgetheilt, welche (wenn seine Autorität gut ist, was aber sehr zu bezweifeln, weil er so oft aufschneidet) Jesus vor einer großen Volksmenge auf einem Berg hielt, und es würde ein kleinliches Spiel mit Worten sein, wenn man sagen wollte, daß ein Berg keine Straße ist, da derselbe ein ebenso öffentlicher Ort ist.

Der letzte Vers in der Stelle, nämlich der 4te im 42sten Capitel des Jesaia, welchen Matthäus nicht angezogen hat, lautet: „Er wird nicht unterliegen noch muthlos sein,*) bis daß er auf Erden das Recht aufgerichtet habe; und die Inseln werden auf sein Gesetz warten." Dieses ist ebenfalls auf Cyrus anwendbar. Er ließ den Muth nicht sinken, er unterlag nicht, er eroberte das ganze babylonische Reich, befreite die Juden, und gab den Ueberwundenen seine Gesetze. Hingegen kann dieses nicht von Jesus Christus gesagt werden, welcher zufolge der uns vorliegenden Stelle des Matthäus, aus Furcht vor den Pharisäern, von dannen wich,

---

*) Luther übersetzt wieder anders als König Jakob.   Uebers.

und den Leuten, welche ihm nachfolgten, anbefahl, nicht zu melden, wo er sich aufhalte; und welcher nach andern Stellen des Neuen Testaments fortwährend von einem Orte zum andern zog, um einer Gefangennahme auszuweichen.*)

Jedoch es kann uns, da uns jene Zeit so ferne liegt, gleichgültig sein,

---

*) Im zweiten Theile des „Zeitalters der Vernunft" habe ich dargethan, daß das dem Jesaia zugeschriebene Buch nicht allein ein vermischtes Werk in Bezug auf Gegenstände, sondern auch in Bezug auf die Verfasser ist; daß sich darin Stellen finden, welche nicht von Jesaia geschrieben sein konnten, weil sie von Dingen sprechen, die erst 150 Jahre nach seinem Tode vorfielen. Das Beispiel, welches ich für diese Behauptung in jenem Werke angeführt habe, paßt auf den Gegenstand, welchen ich hier behandle, zum mindesten etwas besser als die Einleitung des Matthäus zu der von ihm angezogenen Stelle.

Jesaia lebte, gegen das Ende seines Lebens, zur Zeit Hiskias, und es verflossen ungefähr 150 Jahre vom Tode Hiskias bis zum ersten Jahre der Regierung des Cyrus, worauf Cyrus eine Proklamation für die Rückkehr der Juden nach Jerusalem erließ, welche im ersten Capitel des Buches Esra mitgetheilt wird. Man kann nicht zweifeln, wenigstens sollte man nicht zweifeln, daß die Juden für diese Handlung wohlwollender Gerechtigkeit einen warmen Dank fühlen mochten, und es ist natürlich, daß sie jenen Dank mit den gewöhnlichen, schwülstigen und übertriebenen Ausdrücken aussprachen, deren sie sich bei außerordentlichen Gelegenheiten bedienten, und die bei allen orientalischen Nationen noch immer im Gebrauche sind.

Das Beispiel, auf welches ich mich beziehe, und welches im zweiten Theile des „Zeitalters der Vernunft" mitgetheilt wird, ist der letzte Vers des 44sten Capitels und der Anfang des 45sten, wo es heißt: „Der ich spreche zu Cyrus: Der ist mein Hirte, und soll allen meinen Willen vollenden, daß man sage zu Jerusalem, sei gebaut, und zu dem Tempel, sei gegründet. So spricht der Herr zu seinem Gesalbten, dem Cyrus, den ich bei seiner rechten Hand ergreife, daß ich die Heiden vor ihm unterwerfe, und den Königen das Schwert abgürte, auf daß vor ihm die Thüren geöffnet werden, und die Thore nicht verschlossen bleiben." — Diese schmeichelhafte Zuschrift steht in der gegenwärtigen Zeit, was beweist, daß die Dinge, wovon die Rede ist, zur Zeit ihrer Abfassung vorhanden waren; und daß folglich der Verfasser zum mindesten 150 Jahre später als Jesaia gelebt haben muß, und daß das Buch, welches seinen Namen führt, ein gesammeltes Werk ist. Die sogenannten Sprüche Salomos, und sogenannten Psalmen Davids sind von derselben Art. Die beiden letzten Verse des zweiten Buches der Chronika, und die drei ersten Verse des ersten Capitels von Esra sind Wort für Wort dieselben. Dies Alles beweist, daß die Sammler der Bibel die Schriften der verschiedenen Verfasser vermengten, und dieselben unter Eine gemeinschaftliche Ueberschrift stellten.

Da wir hier im 44sten und 45sten Capitel ein Beispiel von der Einschwärzung des Namens von Cyrus in ein Buch haben, wohin derselbe nicht gehören kann; so darf man mit gutem Grunde schließen, daß die Stelle im 42sten Capitel, worin der Charakter des Cyrus geschildert wird, ohne seinen Namen zu nennen, auf dieselbe Weise eingeschwärzt wurde, und daß die dort erwähnte Person Cyrus ist.

ob wir wissen, wer jene Person war oder nicht; zu dem Zwecke, welchen ich mir vorgesetzt habe, nämlich Betrug und Unwahrheit aufzudecken, genügt es, wenn wir wissen, wer jene Person nicht war; und ich habe bewiesen, daß jene Person nicht der sogenannte Jesus Christus war.

Ich gehe zur neunten Stelle über, welche eine Prophezeihung von Jesus Christus genannt wird.

Matthäus, Cap. 21, V. 1. „Da sie nun nahe bei Jerusalem kamen gen Bethphage an den Oelberg, sandte Jesus seiner Jünger zween und sprach zu ihnen: Gehet hin in den Flecken, der vor euch liegt, und bald werdet ihr eine Eselin finden angebunden und ein Füllen bei ihr; löset sie auf, und führet sie zu mir. Und so euch Jemand etwas wird sagen, so sprechet: der Herr bedarf ihrer, und sofort wird er sie euch lassen."

„Das geschah aber Alles, auf daß erfüllet würde, das gesagt ist durch den Propheten, der da spricht: „Saget der Tochter Zion, siehe, dein Kö=
„nig kommt zu dir sanftmüthig, und reitet auf einem Esel, und auf einem
„Füllen der lastbaren Eselin."

Armer Esel! lasse es dir bei allen deinen Leiden zu einigem Troste gereichen, daß, wenn die heidnische Welt einen Bären in ein Sternbild verwandelte, die christliche Welt dich zu einer Prophezeihung erhoben hat.

Die Stelle steht im Sacharja, Cap. 9, V. 9, und ist eine der Grillen von Freund Sacharja, womit er seinen Landsleuten Glück wünscht, welche gerade damals, er selbst mit einbegriffen, aus der babylonischen Gefangenschaft nach Jerusalem zurückkehrten. Sie hat auf keinen andern Gegenstand irgend Bezug. Es ist seltsam, daß Apostel, Priester und Ausleger niemals erlauben wollen, oder niemals annehmen, daß die Juden von ihren eigenen Angelegenheiten sprechen. Jede Stelle in den jüdischen Büchern wird zu Bedeutungen verdreht und verzerrt, woran die Verfasser niemals dachten. Sogar der arme Esel muß kein Juden=Esel, sondern ein Christen=Esel sein. Es wundert mich, daß sie keinen Apostel oder Bischof aus ihm machten, oder daß sie ihn nicht zum Mindesten sprechen und prophezeihen ließen. Er hätte so laut schreien können, wie irgend einer unter ihnen.

Sacharja tischt uns im ersten Capitel seines Buches mehre wunderliche Einfälle auf, aus Freude über seine Rückkehr nach Jerusalem. Er sagt im 8ten Verse: „Ich sahe bei der Nacht (Sacharja war ein scharfblickender Seher) und siehe ein Mann saß auf einem **rothen Pferde** (ja wohl, lieber Leser, ein **rothes Pferd**) und er hielt unter den Myrten in der Aue; und hinter ihm waren **rothe, braune und weiße Pferde**."
Er sagt nichts von grünen, noch von blauen Pferden, vielleicht weil es schwierig ist, bei der Nacht Grün von Blau zu unterscheiden; allein ein Christ kann nicht zweifeln, daß dergleichen dort waren, weil „**Glaube der Beweis von Dingen ist, welche man nicht sieht.**"

Sacharja führt darauf einen Engel unter seinen Pferden ein; allein er sagt uns nicht, von welcher Farbe der Engel war, ob schwarz oder weiß, noch ob er kam, um Pferde zu kaufen, oder bloß dieselben als Seltenheiten zu betrachten, denn gewißlich waren sie dieses. Dem sei indessen, wie ihm wolle, er läßt sich mit seinem Engel auf eine Unterredung ein, über das freudige Ereigniß der Rückkehr nach Jerusalem, und er sagt im 16ten Verse: „Darum so spricht der Herr: Ich habe mich wieder zu Jerusalem gekehret mit Barmherzigkeit; und mein Haus soll darinnen gebauet werden, spricht der Herr Zebaoth; dazu soll die Zimmerschnur über Jerusalem gezogen werden." Mit diesem Ausdruck wird der Neubau der Stadt bezeichnet.

So grillenhaft und phantastisch dies Alles ist, so beweist es doch hinlänglich, daß der Einzug der Juden in Jerusalem aus der Gefangenschaft, und nicht der 700 Jahre später gehaltene Einzug Jesus Christi, der Gegenstand ist, über welchen Sacharja fortwährend spricht.

Was das Reiten auf einem Esel betrifft, welches von Auslegern als ein Zeichen der Demuth bei Jesus Christus dargestellt wird; so war er niemals vorher so wohl beritten. Die Esel in jenen Ländern sind groß und wohlgestaltet, und waren ursprünglich die vornehmsten unter den Thieren zum Reiten. Ihre Lastthiere, und welche gleichfalls von ärmeren Leuten zum Reiten benutzt wurden, waren Kameele und Dromedare. Wir lesen im Buche der Richter, Cap. 10, Vers 4: „Jair (einer der Richter von Israel) hatte 30 Söhne auf dreißig Eselsfüllen reiten, und sie hatten dreißig Städte." Allein Ausleger verdrehen jedes Ding.

Ueberdies hat man sehr vernünftige Gründe, zu schließen, daß diese Geschichte von Jesus, wie er in die Stadt Jerusalem öffentlich hineinreitet, im Geleite, wie es im 8ten und 9ten Verse heißt, einer großen Volksmenge, welche vor Freuden jauchzte und jubelte, und ihre Kleider auf den Weg breitete, — durchaus aller Wahrheit entbehrt.

In der letzten Stelle oder sogenannten Prophezeihung, welche ich untersuchte, wird Jesus dargestellt, wie er von bannen weicht, das heißt fortläuft, und sich verbirgt, aus Furcht, er möchte verhaftet werden, und wie er dem Volke anbefiehlt, ihn nicht zu melden. Es war in der Zwischenzeit kein neuer Umstand eingetreten, welcher seine Lage gebessert hätte; und dennoch wird er hier dargestellt, wie er seinen öffentlichen Einzug in die nämliche Stadt hält, aus welcher er, um seiner Sicherheit willen, geflohen war. Die beiden Fälle widersprechen einander so sehr, daß, wenn beide nicht falsch sind, zum Mindesten Einer davon schwerlich wahr sein kann. Ich meines Theils glaube, daß nicht Ein geschichtlich wahres Wort an dem ganzen Buche ist. Ich halte dasselbe höchstens für einen Roman, dessen Hauptperson ein eingebildeter oder allegorischer, aus irgend einer Sage entnommener, Charakter ist, und welcher an vielen Stellen gute Sittenlehren enthält, aber dessen erzählender Theil sehr schlecht und fehlerhaft geschrieben ist.

Ich komme zu der zehnten Stelle, welche eine Prophezeihung von Jesus Christus genannt wird.

Matthäus, Capitel 26, Vers 51: „Und siehe, Einer aus denen, die mit Jesu waren (Petrus ist gemeint) reckte die Hand aus, und zog sein Schwert aus, und schlug des Hohenpriesters Knecht, und hieb ihm ein Ohr ab. Da sprach Jesus zu ihm: Stecke dein Schwert an seinen Ort; denn wer das Schwert nimmt, der soll durchs Schwert umkommen. Oder meinst du, daß ich nicht könnte meinen Vater bitten, daß er mir zuschickte mehr denn zwölf Legionen Engel? Wie würde aber die Schrift erfüllet? Es muß also gehen. Zu derselben Stunde sprach Jesus zu den Schaaren: Ihr seid ausgegangen, als zu einem Mörder, mit Schwertern und mit Stangen, mich zu fahen; bin ich doch täglich gesessen bei euch, und habe gelehrt im Tempel, und ihr habt mich nicht gegriffen. Aber das ist alles geschehen, daß erfüllet würden die Schriften der Propheten."

Diese unbestimmte und allgemeine Redeweise läßt weder eine Entdeckung noch einen Beweis zu. Hier ist keine bestimmte Stelle angeführt, noch der Name eines biblischen Schriftstellers erwähnt, worauf man sich beziehen kann.

Indessen sind einige starke Gründe gegen die Wahrscheinlichkeit der Erzählung vorhanden.

Erstens—Es ist nicht wahrscheinlich, daß den Juden, welche damals ein besiegtes Volk waren, und unter der Botmäßigkeit der Römer standen, erlaubt gewesen sein sollte, Schwerter zu führen.

Zweitens—Wenn Petrus den Diener des Hohenpriester angegriffen, und ihm das Ohr abgehauen hätte, so würde er von der Wache, welche seinen Meister verhaftete, alsbald festgenommen und mit diesem in das Gefängniß geführt worden sein.

Drittens—Welche Art Jünger und predigende Apostel müssen diejenigen von Christus gewesen sein, welche Schwerter führten?

Viertens—Dieser Auftritt soll an demselben Abend stattgefunden haben, wie das sogenannte Abendmahl des Herrn, was, zufolge der dabei beobachteten Gebräuche den Widerspruch des Führens von Schwertern noch größer macht.

Ich komme zu der eilften Stelle, welche eine Prophezeihung von Jesus Christus genannt wird.

Matthäus, Cap. 27, V. 3: „Da das sahe Judas, der ihn verrathen hatte, daß er verdammet war zum Tode, gereuete es ihn, und brachte herwieder die dreißig Silberlinge den Hohenpriestern und den Aeltesten. Und sprach: Ich habe übel gethan, daß ich unschuldig Blut verrathen habe. Sie sprachen: Was gehet uns das an? Da siehe du zu! Und er warf die Silberlinge in den Tempel, hub sich davon, ging hin und erhenkete sich selbst. Aber die Hohenpriester nahmen die Silberlinge, und sprachen: Es taugt nicht, daß wir sie in den Gotteskasten legen, denn es ist Blutgeld.

Sie hielten aber einen Rath, und kauften einen Töpfers-Acker darum zum Begräbniß der Pilger. Daher ist derselbige Acker genennet der Blutacker, bis auf den heutigen Tag. Da ist erfüllet, das gesagt ist durch den Propheten Jeremias, da er spricht: Sie haben genommen dreißig Silberlinge, damit bezahlt ward der Verkaufte, welchen sie kauften von den Kindern Israel; Und haben sie gegeben um einen Töpfers-Acker, als mir der Herr befohlen hat."

Dieses ist ein höchst unverschämter Betrug. Die Stelle im Jeremia, welche vom Kaufe eines Ackers spricht, hat mit dem Falle, auf welchen sie Matthäus anwendet, eben so wenig zu thun, wie mit dem Kaufe von Land in Amerika. Ich will die ganze Stelle anführen:

Jeremia, Cap. 32, V. 6: „Und Jeremia sprach: Es ist des Herrn Wort geschehen zu mir, und spricht: Siehe, Hanameel, der Sohn Sallums, deines Vetters, kommt zu dir und wird sagen: Lieber, kauf du meinen Acker zu Anathoth; denn du hast das nächste Freundrecht darzu, daß du ihn kaufen sollst. Also kam Hanameel, meines Vetters Sohn, wie der Herr gesagt hatte, zu mir vor den Hof des Gefängnisses, und sprach zu mir: Lieber, kauf meinen Acker zu Anathoth, der im Lande Benjamin liegt; denn du hast Erbrecht darzu, und du bist der Nächste; Lieber, kauf ihn. Da merkte ich, daß es des Herrn Wort wäre, und kaufte den Acker von Hanameel, meines Vetters Sohn, zu Anathoth, und wug ihm das Geld dar, sieben Sekel und zehn Silberlinge; und schrieb einen Brief, und versiegelte ihn, und nahm Zeugen darzu, und wug das Geld dar auf einer Wage; und nahm zu mir den versiegelten Kaufbrief nach dem Recht und Gewohnheit, und eine offene Abschrift; und gab den Kaufbrief Baruch, dem Sohne Nerja, des Sohns Mahaseja, in Gegenwärtigkeit Hanameels, meines Vetters, und der Zeugen, die im Kaufbriefe geschrieben stunden, und aller Jüden, die am Hofe des Gefängnisses wohneten; und befahl Baruch vor ihren Augen, und sprach: So spricht der Herr Zebaoth, der Gott Israels: Nimm diese Briefe, den versiegelten Kaufbrief sammt dieser offenen Abschrift, und lege sie in ein irden Gefäß, daß sie lange bleiben mögen. Denn so spricht der Herr Zebaoth, der Gott Israels: Noch soll man Häuser, Aecker und Weinberge kaufen in diesem Lande."

Ich enthalte mich aller Bemerkungen über diesen abscheulichen Betrug von Seiten des Matthäus. Die Sache spricht deutlich genug für sich selbst. Ich sollte vielmehr die Priester und Ausleger tadeln, daß sie so lange Unwahrheit gepredigt, und das Volk in Bezug auf jene Betrügereien in der Finsterniß gehalten haben. Ich streite mit diesen Menschen nicht über Lehrsätze, denn ich weiß, daß die Spitzfindigkeit immer einen Schlupfwinkel zum Entkommen hat. Ich spreche von Thatsachen; denn wenn jemals eine sogenannte Thatsache als eine Unwahrheit erwiesen wird, so ist der darauf gegründete Glaube ein Blendwerk, und die darauf gebaute Lehre ist nicht wahr. O, mein Leser, setze dein Vertrauen auf deinen Schöpfer, und du bist geborgen! Hingegen wenn du dem Buch, der sogenannten Heiligen Schrift vertraust, so vertraust du dem Stabe der Fabel und Lüge. Doch wieder zur Sache!

Unter den Grillen und Träumereien des Sacharja, werden auch dreißig Silberlinge erwähnt, welche einem Töpfer gegeben werden. Jene Menschen können wohl schwerlich so dumm gewesen sein, um einen Töpfer mit einem Acker zu verwechseln; und wenn sie dieses waren, so hat doch die Stelle im Sacharja mit Jesus, Judas und dem Begräbniß-Acker für Fremdlinge (Pilger) eben so wenig zu schaffen, wie die bereits angezogene. Ich will die Stelle anführen:

Sacharja, Cap. 11, V. 7. „Und ich hütete die Schlachtschafe, ja sogar euch, o ihr elenden Schafe; und nahm zu mir zween Stäbe: Einen hieß ich Schönheit, und den andern hieß ich Band;*) und hütete der Schafe. Und ich vertilgte drei Hirten in Einem Monat; denn ich mochte ihrer nicht, so wollten sie meiner auch nicht. Und ich sprach, ich will euch nicht hüten; was da stirbt, das sterbe; was verschmachtet, das verschmachte; und die übrigen fresse ein Jegliches des Andern Fleisch. Und ich nahm meinen Stab Schönheit, und zerbrach ihn, daß ich aufhöbe meinen Bund, den ich mit allen Völkern gemacht hatte. Und er ward aufgehoben des Tages. Und die elenden Schafe, die auf mich hielten, merkten dabei, daß es des Herrn Wort wäre.

„Und ich sprach zu ihnen: Gefällt es euch, so bringet her, soviel ich gelte; wo nicht, so laßt es anstehen. Und sie wogen dar, wie viel ich galt, dreißig Silberlinge. Und der Herr sprach zu mir, wirf es hin, daß es dem Töpfer gegeben werde—ein guter Preis, dessen ich werth geachtet wurde von ihnen. Und ich nahm die dreißig Silberlinge und warf sie dem Töpfer hin im Hause des Herrn.

Darauf zerbrach ich meinen andern Stab Band, daß ich aufhöbe die Brüderschaft zwischen Juda und Israel."†)

---

*) Luther nennt die Stäbe Sanft und Weh.

†) Whiston sagt in seiner Abhandlung über das Alte Testament, die Stelle des Sacharja, wovon ich gesprochen, habe in den Bibel-Abschriften des ersten Jahrhunderts in dem Buch Jeremia gestanden, und sei dort herausgerissen, und ohne Zusammenhang in das Buch Sacharja gesetzt worden. Gut, das mag sein, allein das macht die Sache für das Neue Testament nicht im Geringsten besser; allein es ist ein um so weit schlimmeres Zeichen für das Alte. Denn es beweist, wie ich bereits in Bezug auf einige Stellen in dem sogenannten Buch des Jesaia erwähnt habe, daß die Werke verschiedener Verfasser dergestallt mit einander vermengt und verwechselt worden sind, daß man dieselben gegenwärtig nicht mehr unterscheiden kann, ausgenommen, wo sie geschichtliche, chronologische oder biographische Angaben enthalten; wie in der eingeschobenen Stelle im Jesaia

Aus diesem unzusammenhängenden Kauderwelsch kann man unmöglich klug werden. Seine zwei Stäbe, der Eine Schönheit, der Andere Band genannt, sehen so sehr einem Feenmährchen ähnlich, daß ich zweifle, ob die Geschichte eine andere Entstehung hatte. — Indessen hat kein Theil derselben die geringste Beziehung auf die im Matthäus erzählte Begebenheit; im Gegentheil ist sie in jedem Stücke das Widerspiel derselben. Hier werden die dreißig Silberlinge, wofür dieselben immerhin bezahlt sein mochten, ein **guter Preis** genannt, oder so viel die Sache werth war, und der Handel wurde in der damaligen Ausdrucksweise vom Herrn gut geheißen, und das Geld wurde dem Töpfer im Hause des Herrn gegeben. Hingegen im Falle von Jesus und Judas, wie derselbe im Matthäus erzählt wird, waren die dreißig Silberlinge der Kaufpreis des Blutes; der Handel wurde vom Herrn verdammt, und als das Geld wieder zurückgezahlt wurde, weigerte man sich, dasselbe wieder in den Gotteskasten zu legen. In jedem Stücke sind die beiden Fälle von einander gänzlich verschieden.

Ueberdies wird die Geschichte des Judas in der sogenannten **Apostelgeschichte** ganz anders erzählt, als von Matthäus, ja beide Erzählungen stehen mit einander in direktem Widerspruch; zufolge der Apostelgeschichte nämlich, war Judas weit entfernt, seine That zu bereuen und das Geld zurückzugeben, wofür der Hohepriester einen Acker zum Begräbniß von Pilgern gekauft haben soll, vielmehr behielt Judas das Geld für sich, und kaufte damit einen Acker für sich selbst; und anstatt sich zu erhängen,

---

der Name von Cyrus vorkommt, welcher erst 150 Jahre nach Jesaia's Zeit auftrat, und somit die Einschiebung und den geschichtlichen Verstoß zugleich aufdeckt.

Whiston war ein Mann von großer Belesenheit, und was noch weit mehr werth ist, von gründlicher wissenschaftlicher Bildung. Er war einer der tüchtigsten und berühmtesten Mathematiker seiner Zeit, und wurde deshalb als Professor der Mathematik an die Universität Cambridge berufen. Er schrieb so viel zur Vertheidigung des Alten Testaments, und der von ihm sogenannten Prophezeihungen von Jesus Christus, daß er am Ende gegen die Wahrheit der Schrift Verdacht zu schöpfen anfing, und gegen dieselbe schrieb; denn nur Diejenigen, welche dieselbe untersuchen, lernen den damit getriebenen Betrug einsehn. Die Leute, welche am stärksten daran glauben, sind gerade die Leute, welche am wenigsten davon wissen.

Nachdem Whiston so viel zur Vertheidigung der Bibel geschrieben hatte, wurde er am Ende peinlich verklagt, weil er gegen dieselbe schrieb. Dieses gab Swift die Veranlassung, ihn in einem scherzhaften Epigramm den **Wicht Will Whiston** zu nennen. Allein da Swift ein inniger Freund der damaligen Freigeister war, wie Bolingbroke, Pope und Andere, welche an die sogenannte Heilige Schrift nicht glaubten, so ist es nicht gewiß, ob er ihn im Scherz Wicht nannte wegen seiner Vertheidigung der Bibel, oder wegen seines Schreibens gegen dieselbe. Der bekannte Charakter Swifts läßt auf das Erstere schließen.

wie Matthäus erzählt, stürzte er auf den Kopf und borst entzwei. Manche Ausleger versuchen den Widerspruch zum Theil durch die lächerliche Annahme auszugleichen, daß Judas sich zuerst erhängt habe, und daß das Seil zerrissen sei.

Apostelgeschichte, Cap. 1, Vers 16. „Ihr Männer und Brüder, es mußte die Schrift erfüllet werden, welche zuvor gesagt hat der Heilige Geist durch den Mund Davids von Judas, der ein Führer war derer, die Jesum fingen." (David sagt kein Wort von Judas.) Vers 17. „Denn er (Judas) war mit uns gezählet, und hatte dies Amt mit uns überkommen."

Vers 18. „Dieser Mann nun erwarb einen Acker um den ungerechten Lohn; darauf stürzte er auf den Kopf,*) borst mitten entzwei, und seine Eingeweide wurden ausgeschüttet." Ist es nicht Gotteslästerung, das Neue Testament offenbarte Religion zu nennen, wenn man darin solche Widersprüche und Ungereimtheiten bemerkt?

Ich komme zur zwölften Stelle, welche eine Prophezeihung von Jesus Christus genannt wird.

Matthäus, Cap. 27, Vers 35. „Da sie ihn aber gekreuzigt hatten, theilten sie seine Kleider, und warfen das Loos darum; auf daß erfüllet würde, das gesagt ist durch den Propheten: „Sie haben meine Kleider unter sich getheilet, und über meine Habe haben sie das Loos geworfen." Diese Ausdrücke finden sich im 22sten Psalm, V. 19. Der Verfasser jenes Psalms (wer immer er war, denn die Psalmen sind eine Sammlung, und nicht das Werk eines Mannes) spricht von sich selbst und von seinem eigenen Falle, und nicht von dem Falle eines Andern. Er beginnt diesen Psalm mit den Worten, welche die Verfasser des Neuen Testaments Jesu Christo in den Mund legen: „Mein Gott, mein Gott, warum hast du mich verlassen?" — Worte, welche von einem sich beklagenden Menschen ohne große Unschicklichkeit geäußert werden mögen, aber höchst unschicklich aus dem Munde eines angeblichen Gottes kommen.

Die Schilderung, welche der Verfasser in diesem Psalm von seiner eigenen Lage entwirft, ist in der That betrübt genug. Er prophezeiht nicht, sondern beklagt sein eigenes hartes Loos. Er stellt sich dar als umringt von Feinden, und umlauert von Verfolgungen jeder Art; und um die Erbitterung seiner Verfolger zu zeigen, sagt er im 18ten Verse: „Sie theilen meine Kleider unter sich, und werfen das Loos um meine Habe." Der Ausdruck steht hier in der gegenwärtigen Zeit, und besagt dasselbe, als wenn es hieße, sie verfolgen mich bis zu den Kleidern auf meinem Leibe, und streiten sich, wie sie dieselben theilen sollen; überdies bedeutet das Wort Habe Vermögen jeder Art, und wird wahrscheinlich in diesem Psalm gebraucht, um andere Gegenstände als Kleider zu bezeichnen, weil sonst

---

*) Luther übersetzt: erhenkte sich, um den Widerspruch mit Matthäus zu haben.

das Wort Kleider genügt hätte. Allein Jesus hatte kein Vermögen, denn man läßt ihn von sich selbst sagen: „Die Füchse haben Höhlen, und die Vögel des Himmels haben Nester, aber der Menschensohn hat nicht, wohin er sein Haupt legen könnte."

Doch dem sei wie ihm wolle, wenn wir uns anzunehmen erlauben, daß der Allmächtige sich herablassen möchte, durch den sogenannten Geist der Prophezeihung zu erzählen, was in einem zukünftigen Zeitalter der Weltgeschichte vorfallen könnte; so ist es eine Beleidigung unseres eigenen Verstandes und unserer Vorstellung von seiner Größe, wenn wir uns einbilden, daß seine Prophezeihung einen alten Rock, oder ein Paar alte Hosen betreffen würde, oder irgend Etwas, das die gewöhnlichen Unfälle des Lebens oder die damit verbundenen Streitigkeiten an jedem Tage zum Vorschein bringen.

Das was in der Macht oder dem Willen des Menschen steht zu thun oder nicht zu thun, ist kein Gegenstand für eine Prophezeihung, selbst wenn es ein solches Ding gäbe, weil es keinen Beweis göttlicher Macht oder göttlicher Einmischung mit sich führen kann; die Wege Gottes sind nicht die Wege der Menschen. Das was eine allmächtige Kraft verrichtet oder will, liegt nicht im Bereiche menschlicher Macht zu thun oder zu bestimmen. Irgend ein Henker und seine Henkersknechte konnten sich über die Theilung der Kleider eines Schlachtopfers zanken, oder dieselben ohne Zank theilen, und auf jene Weise das sogenannte Ding Prophezeihung in Erfüllung bringen, oder zu Nichte machen.

In der zuvor untersuchten Stelle habe ich die Unwahrheit der Prophezeihungen aufgedeckt; in dieser stelle ich deren entwürdigende Gemeinheit vor Augen, als eine Beschimpfung für den Schöpfer und eine Beleidigung der menschlichen Vernunft.

Hiermit enden die Stellen, welche von Matthäus Prophezeihungen genannt werden.

Matthäus beschließt sein Buch mit einer Erzählung, daß nach dem Verscheiden Christi am Kreuze, die Felsen zerrissen, die Gräber sich aufthaten, und die Leiber vieler Heiligen daraus aufstanden; und Marcus sagt, es herrschte Finsterniß über das Land von der sechsten bis zur neunten Stunde. Sie führen hierfür keine Prophezeihung an; allein wären diese Dinge wirkliche Thatsachen gewesen, so würden sie ein passender Gegenstand für eine Prophezeihung gewesen sein, weil nur ein allmächtiges Wesen ein Vorherwissen derselben eingeben, und dieselben nachher hätte erfüllen können. Da aber keine derartige Prophezeihung vorhanden ist, wohl aber eine vorgebliche Prophezeihung von einem alten Rocke, so ist füglich daraus zu folgern, daß dergleichen Dinge nicht vorfielen, und daß das Buch des Matthäus voll Fabeln und Lügen ist.

Ich komme zu dem sogenannten

Evangelium St. Marcus.

Es finden sich im Marcus nur wenige Stellen, welche Prophezeihungen genannt werden; und ebenfalls nur wenige im Lucas und Johannes. Diejenigen, welche sich darin finden, werde ich prüfen, und gleichfalls solche andere Stellen, welche mit den von Matthäus angeführten Stellen im Widerspruch stehen.

Marcus beginnt sein Buch mit einer Stelle, welche er in eine Prophezeihung umgestaltet. Marcus, Cap. 1, Vers 1. „Dies ist der Anfang des Evangelii von Jesu Christo, dem Sohne Gottes; wie geschrieben stehet in den Propheten: Siehe, ich sende meinen Engel (Boten) vor dir her, der da bereite deinen Weg vor dir." Maleachi, Cap. 3, Vers 1. Die Stelle steht in der Urschrift in der ersten Person. Marcus macht diese Stelle zu einer Prophezeihung von Johannes dem Täufer, welcher von der Kirche ein Vorläufer Jesu Christi genannt wird. Hingegen wenn wir die Verse betrachten, welche auf die obige Stelle im Maleachi folgen, sowie den ersten und fünften Vers seines nächsten Capitels, so werden wir sehen, daß die obige Anwendung der Stelle irrig und falsch ist.

Maleachi sagt im ersten Verse: „Siehe, ich will meinen Engel senden, der vor mir her den Weg bereiten soll," und im zweiten Verse: „Wer wird aber den Tag seiner Ankunft erwarten mögen? und wer wird bestehen, wann er wird erscheinen? Denn er ist wie das Feuer eines Goldschmieds, und wie die Seife der Wäscher."

Diese Schilderung kann keine Beziehung haben auf die Geburt Jesu Christi, und folglich auch keine auf Johannes den Täufer. Hier wird ein Auftritt der Furcht und des Schreckens geschildert, und die Geburt Christi wird stets als eine Zeit der Freude und froher Botschaft besprochen.

Maleachi spricht im nächsten Capitel über denselben Gegenstand fort, und erklärt im nächsten Capitel den Auftritt, wovon er in den oben angeführten Versen spricht, und wer die Person ist, welchen er den Boten nennt.

„Denn siehe," sagt er im 4ten Capitel, Vers 1, „es kommt ein Tag, der brennen soll, wie ein Ofen; da werden alle Verächter und Gottlose Stroh sein; und der Tag kommt, der sie anzünden wird, spricht der Herr Zebaoth, und wird ihnen weder Wurzel noch Zweig lassen."

Vers 5. „Siehe, ich will euch senden den Propheten Elia, ehe denn da komme der große und schreckliche Tag des Herrn."

Mit welchem Rechte (oder war es aus Betrug oder Unwissenheit), Marcus den Elia in Johannes der Täufer, und Maleachis Schilderung des Gerichtstages in eine Schilderung des Geburtstages von Christus verwandelt hat, überlasse ich dem Bischof zu entscheiden.

Marcus wirft im zweiten und dritten Verse seines ersten Capitels zwei Stellen zusammen, welche aus verschiedenen Büchern des Alten Testaments genommen sind. Der zweite Vers: „Siehe, ich sende meinen Boten vor dir her, der da bereite deinen Weg vor dir," ist, wie ich zuvor bemerkte, aus Maleachi genommen. Der dritte Vers, welcher lautet: „Es ist eine Stimme eines Predigers in der Wüste: Bereitet den Weg des Herrn, machet seine Steige richtig,"—steht nicht im Maleachi, sondern im Jesaia, Cap. 40, Vers 3. Whiston sagt, diese beiden Verse hätten ursprünglich im Jesaia gestanden. In diesem Falle ist es wieder ein Beweis von dem unordentlichen Zustand der Bibel, und bestärkt meine Behauptung in Bezug auf den Namen und die Schilderung von Cyrus, welche sich im Buch des Jesaia finden, wohin dieselben, der Zeitfolge gemäß, nicht gehören können.

Die Worte im Jesaia, Cap. 40, Vers 3: „Es ist eine Stimme eines Predigers in der Wüste: Bereitet dem Herrn den Weg, machet auf dem Gefilde eine ebene Bahn unserem Gott,"—stehen in der gegenwärtigen Zeit, und sind folglich keine Vorhersagung. Dies ist eines jener rednerischen Bilder, welche die Verfasser des Alten Testaments häufig anwenden. Daß dasselbe blos rednerisch und bildlich ist, kann man aus dem 6ten Verse ersehen: „Und es sprach eine Stimme: Predige; und er sprach: Was soll ich predigen? Alles Fleisch ist Heu." Dies ist augenscheinlich nichts weiter als ein Bild, denn Fleisch ist in keinem andern Sinne Heu, als in einem bildlichen oder vergleichenden, wo man Ein Ding an die Stelle eines andern setzt. Ueberdies ist die ganze Stelle zu allgemein und rednerisch, als daß man sie auf einen besondern Mann oder Gegenstand ausschließlich anwenden könnte.

Ich gehe zum eilften Capitel über.

In diesem Capitel spricht Marcus von Christus, wie er auf einem Füllen zu Jerusalem hinein reitet, allein er macht dies nicht zur Erfüllung einer Prophezeihung, wie Matthäus gethan hat, denn er sagt nichts von einer Prophezeihung. Statt dessen giebt er der Sache eine andere Wendung, und um den Esel mit neuen Ehren zu schmücken, macht er ein Wunder daraus; denn er sagt im 2ten Verse, es war „ein Füllen, auf welchem nie kein Mensch gesessen ist", und will damit andeuten, daß der Esel, da er noch nicht gebrochen gewesen, folglich durch höhere Eingebung plötzlich gute Sitten gelernt habe; denn wir hören nicht, daß er ausgeschlagen und Jesum Christum abgeworfen habe. Es steht kein Wort von seinem Ausschlagen in allen vier Evangelisten.

Ich gehe von diesen Heldenthaten in der Reitkunst, welche auf einem Esel verrichtet wurden, zum 15ten Capitel über.

Im 24sten Verse dieses Capitels spricht Marcus vom Theilen der Kleider Christi und vom Loosen um dieselben, allein er wendet keine Prophezeihung darauf an, wie Matthäus thut. Er spricht vielmehr davon, wie von einer Sache, welche damals bei Henkern üblich war, wie sie es noch heutiges Tages ist.

Im 28sten Verse desselben Capitels spricht Marcus von der Kreuzigung Christi zwischen zwei Dieben,*) und sagt: „Da ward die Schrift erfüllet, die da sagt, er ist unter die Uebelthäter gerechnet." Dasselbe könnte man von den Dieben sagen.

Dieser Ausdruck findet sich im Jesaia, Cap. 53, Vers 12. Grotius wendet ihn auf Jeremia an. Allein in der Welt ist schon oft der Fall vorgekommen, wo unschuldige Leute unter Uebelthäter gerechnet wurden, und dieses kommt noch immer vor, so daß es abgeschmackt ist, dieses eine Prophezeihung von einer besondern Person zu nennen. Alle jene Leute, welche die Kirche Märtyrer nennt, wurden unter die Uebelthäter gerechnet. Alle redlichen Vaterlandsfreunde, welche in Frankreich zur Zeit Robespierres auf dem Blutgerüste fielen, wurden unter die Uebelthäter gerechnet; und wenn er selbst nicht gefallen wäre, so würde, zufolge einer von ihm selbst aufgeschriebenen Bemerkung, dasselbe Schicksal mich betroffen haben, und dennoch wird der Bischof, wie ich vermuthe, nicht einräumen, daß Jesaia von Thomas Paine geprophezeiht habe.

Dieses sind alle Stellen im Marcus, welche irgend einen Bezug auf Prophezeihungen haben.

Marcus beschließt sein Buch, indem er Jesum zu seinen Jüngern sagen läßt: „Gehet hin in alle Welt, und prediget das Evangelium jeder Creatur; wer da glaubet und getauft wird, der wird selig werden; wer aber nicht glaubet, der wird verdammt werden;" (sauberes päbstisches Zeug das!) „Die Zeichen aber, die da folgen werden Denen, die da glauben, sind diese: In meinem Namen werden sie Teufel austreiben; mit neuen Zungen werden sie reden; Schlangen werden sie angreifen, und so sie etwas Tödtliches trinken, wird es ihnen nicht schaden; auf die Kranken werden sie die Hände legen, und es wird besser mit ihnen werden."

Um nun zu erfahren, ob er all diesen seligmachenden und wunderthätigen Glauben habe, sollte der Bischof jene Dinge an sich selber erproben. Er sollte eine gehörige Dosis Arsenik einnehmen, und wenn es ihm gefällt, werde ich ihm eine Klapperschlange aus Amerika zuschicken! Was mich selbst anbelangt, der ich nur an Gott glaube, aber durchaus nicht an Jesus Christus, noch an die sogenannte Heilige Schrift, so habe ich mit dem Versuche nichts zu thun.

Ich komme zu dem sogenannten

Evangelium St. Lucä.

Es finden sich keine andern Stellen bei Lucas, welche Prophezeihungen genannt werden, als diejenigen, welche sich auf die bereits von mir untersuchten Stellen beziehen.

---

*) Luther macht sie zu Mördern.   Uebers.

Lucas spricht von der Verlobung Marias mit Joseph, allein er verweist nicht auf die Stelle im Jesaia, wie Matthäus. Er spricht ebenfalls vom Ritte Jesu auf einem Füllen nach Jerusalem, allein er sagt nichts von einer Prophezeihung. Er spricht von Johannes dem Täufer, und bezieht sich auf die Stelle im Jesaia, welche ich bereits besprochen habe.

Im 13ten Capitel, Vers 31, sagt er: „An demselbigen Tage kamen etliche Pharisäer, und sprachen zu ihm (Jesus): Hebe dich hinaus, und gehe von hinnen, denn Herodes will dich tödten. Und er sprach: Gehet hin, und saget demselben Fuchs, siehe, ich treibe Teufel aus, und mache gesund heute und morgen, und am dritten Tage werde ich ein Ende nehmen."

Matthäus läßt den Herodes sterben, während Christus seine Kindheit in Egypten verlebte, und läßt den Joseph mit dem Kinde zurückkehren, als er die Nachricht von dem Tode des Herodes empfängt, welcher das Kind zu tödten getrachtet hatte. Lucas läßt den Herodes am Leben, und läßt ihn Jesu nach dem Leben trachten, als Jesus 30 Jahre alt war; denn er sagt Capitel 3, Vers 23: „Und Jesus ging in das dreißigste Jahr, und ward gehalten für einen Sohn Josephs."

Die Dunkelheit, in welche der geschichtliche Theil des Neuen Testaments in Bezug auf Herodes gehüllt ist, mag Priestern und Auslegern einen Vorwand darbieten, welcher Manchen annehmbar, aber Niemanden befriedigend erscheinen wird, daß der Herodes, von welchem Matthäus spricht, und der Herodes, von welchem Lucas spricht, verschiedene Personen gewesen seien. Matthäus nennt den Herodes König, und Lucas, Cap. 3, V. 1, nennt den Herodes Vierfürst oder Tetrarch (d. h. Gouverneur oder Statthalter) von Galiläa. Allein es konnte keinen König Herodes geben, weil die Juden und ihr Land damals unter der Herrschaft der römischen Kaiser standen, welche damals durch Tetrarchen oder Statthalter regierten.

Lucas, Capitel 2, setzt die Geburt von Jesus in die Zeit, als Cyrenius Landpfleger oder Statthalter von Syrien war, zu welcher Statthalterschaft Judäa gehörte; und diesem zufolge wurde Jesus nicht zur Zeit des Herodes geboren. Lucas sagt nichts davon, daß Herodes Jesu nach dessen Geburt nach dem Leben getrachtet habe; noch von seinem Mordbefehl gegen die Kinder unter zwei Jahren; noch von Josephs Flucht mit Jesus nach Egypten; noch von seiner Rückkehr von dort. Im Gegentheil spricht das Buch des Lucas, als ob die Person, welche darin Christus genannt wird, niemals außerhalb Judäa gewesen wäre, und sagt, Herodes habe ihm nach dem Leben getrachtet, nachdem er zu predigen angefangen, wie zuvor bemerkt wurde. Ich habe bereits dargethan, daß Lucas in der sogenannten Apostelgeschichte (welche von Auslegern dem Lucas zugeschrieben wird) der Erzählung im Matthäus in Bezug auf Judas und die 30 Silberlinge widerspricht. Matthäus sagt, Judas habe das Geld zurückgegeben, und die Hohenpriester hätten dafür einen Acker zum Begräbniß von Pilgern gekauft. Lucas sagt, Judas habe das Geld behalten, und habe damit einen Acker für sich selbst gekauft.

Wie die Weisheit Gottes unmöglich irren kann, so können auch jene Bücher unmöglich durch göttliche Eingebung geschrieben worden sein. Unser Glaube an Gott und an seine unfehlbare Weisheit verbietet uns, dieses zu glauben. Was mich selbst anbelangt, so fühle ich mich gottselig bei einem vollkommenen Unglauben an jene Bücher.

Es giebt im Lucas keine andern Stellen, welche Prophezeihungen genannt werden, als die von mir erwähnten; ich gehe deshalb zum Buche des Johannes über.

Das Evangelium St. Johannes.

Johannes, wie Marcus und Lucas, ist kein großer Prophezeihungs-Krämer. Er spricht von dem Esel, von dem Loosen um die Kleider Jesu, und von einigen andern Kleinigkeiten, die ich bereits erörtert habe.

Johannes läßt Jesum im 5ten Capitel, V. 46, sagen: „Denn hättet ihr dem Moses geglaubet, so würdet ihr auch mir geglaubet haben; denn er hat von mir geschrieben." Die Apostelgeschichte sagt von Jesus im 3ten Capitel, Vers 22: „Denn Moses hat gesagt zu den Vätern: Einen Propheten wird euch der Herr, euer Gott, erwecken aus euern Brüdern, gleichwie mich, den sollt ihr hören in Allem, das er zu euch sagen wird."

Diese Stelle steht im 5ten Buch Moses, Cap. 18, V. 15. Man benutzt dieses als eine Prophezeihung von Jesus. Welcher Betrug! Die Person, wovon im 5ten Buch und gleichfalls im 4ten Buch gesprochen wird, in welchen beiden Fällen dieselbe Person gemeint ist, war Josua, der Gehülfe von Moses und sein unmittelbarer Nachfolger, und vollkommen ein solcher zweiter Robespierrischer Charakter, wie Moses nach den Schilderungen jener Bücher gewesen sein soll. Die Sache verhält sich nach den darin enthaltenen Erzählungen folgendermaßen:

Moses war alt geworden, und war seinem Ende nahe; und um Verwirrung nach seinem Tode zu verhindern, weil die Israeliten kein festbegründetes Regierungssystem hatten, hielt man es für das Beste, dem Moses bei seinen Lebzeiten einen Nachfolger zu bestellen. Dieses geschah, wie uns erzählt wird, auf die folgende Weise:

4. Moses, Cap. 27, V. 12: „Steige auf dies Gebirge Abarim, und besehe das Land, das ich den Kindern Israel geben werde. Und wann du es gesehen hast, sollst du dich sammeln zu deinem Volk, wie dein Bruder Aaron versammelt ist."

Vers 15: „Und Moses redete mit dem Herrn, und sprach: Der Herr, der Gott über alles lebendige Fleisch, wolle einen Mann setzen über die Gemeine, der von ihnen her aus- und eingehe, und sie aus- und einführe, daß die Gemeine des Herrn nicht sei, wie die Schafe ohne Hirten. Und ter Herr sprach zu Moses: Nimm Josua zu dir, den Sohn Nuns, der ein Mann ist, in dem der Geist ist, und lege deine Hände auf ihn; und stelle ihn vor den Priester Eleasar und vor die ganze Gemeine, und gebiete ihm vor ihren Augen; und lege deine Herrlichkeit auf ihn, daß ihm gehorche die ganze Gemeine der Kinder Israel." Vers 22: „Moses that, wie ihm der Herr geboten hatte, und nahm Josua, und stellete ihn vor den Priester Eleasar und vor die ganze Gemeine, und legte seine Hand auf ihn, und gebot ihm, wie der Herr mit Moses geredet hatte."

Ich habe an diesem Orte nichts mit der Wahrheit der Einsetzung eines Nachfolgers von Moses, der diesem gleich war, zu schaffen, noch mit der dabei angewandten Beschwörungs-Ceremonie. Die Stelle beweist zur Genüge, daß es Josua war, und daß Johannes sich einen Betrug zu Schulden kommen ließ, als er eine Prophezeihung von Jesus daraus machte. Allein die Prophezeihungskrämer waren so sehr vom Geiste der Lüge erfüllt, daß sie niemals die Wahrheit sagen."*)

Ich komme zu der letzten Stelle in diesen Fabeln der Evangelisten, welche eine Prophezeihung von Jesus Christus genannt wird.

Nachdem Johannes von dem Verscheiden Jesu am Kreuze zwischen zwei Dieben gesprochen hat, sagt er im 19ten Capitel, Vers 32: „Da kamen die Kriegsknechte, und brachen dem Ersten (nämlich Einem der Diebe) die Beine, und dem Andern, der mit ihm gekreuziget war. Als sie aber zu Jesu kamen, da sie sahen, daß er schon gestorben war, brachen sie ihm die Beine nicht." Vers 36: „Denn solches ist geschehen, daß die Schrift erfüllet würde: Ihr sollt ihm kein Bein zerbrechen."

Die hier angeführte Stelle steht im 2ten Buch Moses, und hat nicht mehr mit Jesus zu thun, als mit dem Esel, auf welchem er nach Jerusalem ritt;—ja nicht einmal so viel, da ein gebratener Esel eben so gut, wie ein gebratener Ziegenbock bei einem jüdischen Osterfeste verzehrt werden könnte. Es möchte einem Esel noch zum Troste gereichen, zu erfahren, daß seine Knochen zwar benagt, aber nicht zerbrochen werden dürften. Ich will die Sache erläutern.

Das zweite Buch Moses (Exodus) sagt, bei Gelegenheit der Einsetzung des jüdischen Osterfestes (Passah), an welchem sie einen Schafbock oder einen Ziegenbock essen sollten, im 12ten Capitel, Vers 5: „Ihr sollt aber ein solches Lamm nehmen, da kein Fehler an ist, ein Männlein, und eines Jahres alt; von den Schafen oder von den Ziegen sollt ihr es nehmen."

Nachdem das Buch einige Ceremonien angegeben hat, welche bei dem Schlachten und Zubereiten desselben zu beobachten sind (es sollte gebraten und nicht gekocht werden), sagt es im 43sten Verse: „Und der Herr sprach

---

*) Eines der abgeschmacktesten Werke über die Prophezeihungen ist von Newton, Bischof von Bristol in England, in drei Bänden unter dem Titel „Abhandlungen über die Prophezeihungen" erschienen.

zu Moses und Aaron: dies ist die Weise, Passah zu halten; kein Fremder soll davon essen; aber wer ein erkaufter Knecht ist, den beschneide man, und dann esse er davon. Ein Hausgenoß und Miethling sollen nicht davon essen. In Einem Hause soll mans essen; ihr sollt nichts von seinem Fleische hinaus vor das Haus tragen; und sollt kein Bein an ihm zerbrechen."

Wir sehen hier, daß die Sache, wie sie im 2ten Buch Moses steht, eine Ceremonie, ein religiöser Gebrauch ist, aber keine Prophezeihung, und daß sie weder mit Jesu Beinen, noch mit irgend einem andern Theile seines Körpers etwas zu schaffen hat.

Nachdem Johannes auf solche Weise das Maß der apostolischen Fabeln voll gemacht hat, beschließt er sein Buch mit einer Aeußerung, welche alle Fabeln überbietet; denn er sagt im letzten Verse: „Es sind auch viele andere Dinge, die Jesus gethan hat, welche, so sie sollten eines nach dem andern geschrieben werden, achte ich, die Welt würde die Bücher nicht begreifen, die zu beschreiben wären."

Dieses ist nicht allein eine Lüge, sondern auch eine Lüge außer allen Grenzen der Möglichkeit; überdies ist es eine Ungereimtheit, denn wenn sie in der Welt zu beschreiben wären, so würde auch die Welt sie fassen. — Hiermit endet die Untersuchung der Stellen, welche Prophezeihungen genannt werden.

Allgemeine Bemerkungen.

Werther Leser, ich habe nunmehr alle Stellen durchgangen und geprüft, welche die vier Bücher der sogenannten Evangelisten Matthäus, Marcus, Lucas und Johannes, aus dem Alten Testament anführen, und Prophezeihungen von Jesus Christus nennen. Als ich mich anfänglich dieser Prüfung unterzog, erwartete ich wohl, Ursache zu einigem Tadel zu finden, allein ich träumte mir kaum, jene Bücher aller Wahrheit und aller Ansprüche darauf so gänzlich entblößt zu finden, wie ich bewiesen habe, daß sie es sind.

Die Verfahrungsweise, deren sich jene Leute bedienen, ist ebenso abgeschmackt wie betrügerisch. Sie erzählen irgend einen unbedeutenden Vorfall aus dem Leben des sogenannten Jesus Christus, und reißen sodann einige Worte aus irgend einer Stelle des Alten Testaments heraus, und nennen dieselben eine Prophezeihung über jenen Vorfall. Hingegen sobald man die so herausgerissenen Worte wieder an die Stelle bringt, woher sie genommen sind, und dieselben im Zusammenhang mit den vorhergehenden und nachfolgenden Worten liest, so strafen sie das Neue Testament Lügen. Ein kurzes Beispiel hiervon oder ein Paar werden statt Aller genügen.

Sie lassen Joseph von einem Engel träumen, welcher ihm den Tod des

Herodes meldet, und ihm sagt, mit dem Kinde aus Egypten zu kommen. Darauf reißen sie einige Worte aus dem Buche Hosea: „**Aus Egypten habe ich meinen Sohn gerufen**," und machen daraus eine Prophezeihung für jenen Vorfall.

Die Worte: „**Und rief ihn, meinen Sohn, aus Egypten**," stehen im Alten Testament;—aber was weiter? Sie sind nur ein Theil eines Satzes, und kein ganzer Satz, und stehen in unmittelbarem Zusammenhang mit andern Worten, welche beweisen, daß sie sich auf den Auszug der Kinder Israel aus Egypten zur Zeit Pharaos beziehen, und auf den Götzendienst, welchen sie später trieben.

Ferner sagen sie uns, als die Soldaten gekommen seien, um die Beine der gekreuzigten Personen zu zerbrechen, hätten sie Jesum bereits todt gefunden, und hätten deßhalb die seinigen nicht zerbrochen. Darauf reißen sie, mit einiger Veränderung der Urschrift, eine Stelle aus dem 2ten Buch Moses heraus, „**es soll kein Bein an ihm zerbrochen werden**," und wenden sie als eine Prophezeihung auf jenen Fall an.

Die Worte: „**und ihr sollt kein Bein an ihm zerbrechen**" (denn man hat den Urtext verändert), stehen im Alten Testament—und was weiter? Sie sind wie in dem vorhergehenden Falle, nur ein Theil eines Satzes, und nicht ein ganzer Satz, und wenn man sie mit den Worten, wozu sie unmittelbar gehören, im Zusammenhang liest, so beweisen sie, daß die Stelle von den Beinen eines Schafbockes oder eines Ziegenbockes spricht.

Diese wiederholten Fälschungen und Betrügereien erregen einen wohlgegründeten Verdacht, daß alle Vorfälle, welche von dem sogenannten Jesus Christus erzählt werden, **erdichtete Vorfälle sind**, welche man vorsätzlich so eingerichtet hat, um einige zerrissene Sätze aus dem Alten Testament bei den Haaren herbeizuziehen, und sie als Prophezeihungen auf jene Vorfälle anzuwenden; und daß Christus, weit entfernt, der Sohn Gottes zu sein, nicht einmal als ein Mensch existirte—daß er vielmehr ein blos eingebildetes oder allegorisches Wesen ist, wie Apollo, Herkules, Jupiter und alle Gottheiten des Alterthums waren. Es ist kein Geschichtswerk vorhanden, welches zu der Zeit, als Jesus Christus gelebt haben soll, geschrieben wurde, und welches von dem Dasein einer solchen Person, sogar nur als eines Menschen, spräche.

Fänden wir in irgend einem andern Buche, welches ein Religionssystem aufzustellen vorgiebt, die Unwahrheiten, Fälschungen, Widersprüche und Abgeschmacktheiten, auf welche man fast in jeder Stelle des Alten und Neuen Testaments stößt; so würden alle Priester unserer Zeit, welche sich dazu fähig hielten, ihre Geschicklichkeit in der Beurtheilungskunst triumphirend beweisen, und dasselbe als den unverschämtesten Betrug verschreien. Allein, da die fraglichen Bücher zu ihrem eigenen Handwerk oder Geschäfte gehören, so suchen sie oder wenigstens Viele unter ihnen, jede Untersuchung derselben zu ersticken, und beschimpfen Diejenigen, welche die Ehrlichkeit und den Muth haben, dieselben zu untersuchen.

Wenn ein Buch, wie mit dem Alten und Neuen Testament der Fall ist, unter dem Titel **Wort Gottes** in die Welt gesetzt wird; so sollte es mit der größten Strenge geprüft werden, um zu erkennen, ob es einen wohlgegründeten Anspruch auf jenen Titel hat oder nicht, und ob man uns betrügt oder nicht; denn wie kein Gift so gefährlich ist, als welches ein Heilmittel vergiftet, so ist keine Unwahrheit so verderblich, als welche zu einem Glaubensartikel erhoben wird.

Diese Prüfung wird um so nöthiger, weil zu der Zeit, als das Neue Testament geschrieben, ich könnte sagen, erfunden wurde, die Buchdruckerkunst noch nicht bekannt war, und weil es damals keine andern Exemplare des Alten Testaments gab, als abschriftliche Exemplare. Ein schriftliches Exemplar jenes Buches mag damals ungefähr eben so viel gekostet haben, was 600 gewöhnliche gedruckte Bibeln heut zu Tage kosten, und befand sich folglich nur in den Händen sehr weniger Personen, und zwar hauptsächlich der Priester. Dieses gab den Verfassern des Neuen Testaments eine Gelegenheit, aus dem Alten Testament nach Belieben Stellen anzuführen, und dieselben Prophezeihungen zu nennen, ohne daß sie dabei große Gefahr liefen, entdeckt zu werden. Ueberdies stand die Kirche mit ihrem Schreckenssystem und ihrer Inquisitionswuth, wie mit einem flammenden, nach allen Seiten schneidenden, Schwerte, wovon sie uns erzählt, vor dem Neuen Testament Schildwache; und die Zeit, welche jedes andere Ding an das Licht bringt, hat nur geholfen, die Finsterniß zu verstärken, welche jene Verfasser vor einer Entdeckung ihrer Fälschungen schützt.

Würde das Neue Testament jetzt zum ersten Male erscheinen, so würde jeder Priester unserer Zeit dasselbe Zeile für Zeile prüfen, und die losgerissenen Worte, welche es Prophezeihungen nennt, mit den ganzen Stellen in dem Alten Testament, woher sie genommen sind, vergleichen. Warum aber stellen sie nicht dieselbe Prüfung gegenwärtig an, welche sie angestellt haben würden, wenn das Neue Testament niemals zuvor erschienen wäre? Wenn die Anstellung dieser Prüfung in dem Einen Falle recht und schicklich ist; so ist sie in dem andern Falle eben so recht und schicklich. Die Länge der Zeit kann in dem Rechte dazu niemals einen Unterschied machen. Vielmehr statt dieses zu thun, machen sie es, wie es ihre Vorgänger vor ihnen machten, und sagen den Leuten, daß es Prophezeihungen von Jesus Christus gebe, während es in Wahrheit keine giebt.

Sie erzählen uns, Jesus Christus sei von den Todten auferstanden, und in den Himmel gefahren. Es ist sehr leicht, dieses zu sagen; eine große Lüge ist eben so leicht erzählt, wie eine kleine. Allein, wenn die Sache sich wirklich so verhielte, so würden jenes die einzigen Umstände in Bezug auf ihn gewesen sein, welche von dem gewöhnlichen Loos der Menschen abgewichen wären; und folglich würde der einzige Fall, welcher auf ihn ausschließlich als Prophezeihung paßte, irgend eine Stelle im Alten Testament sein, welche dergleichen Dinge von ihm vorhersagte. Allein es findet sich nicht eine einzige Stelle im Alten Testament, welche von einer Person spräche, die nach ihrer Kreuzigung, Tödtung und Bestattung von den Todten auferstehen, und in den Himmel fahren würde. Unsere Prophezeihungskrämer ergänzen das Stillschweigen, welches das Alte Testament über dergleichen Dinge beobachtet, dadurch, daß sie uns Stellen herzählen, welche sie Prophezeihungen nennen (und zwar fälschlicher Weise) über Josephs Traum, über alte Kleider, über zerbrochene Beine, und was dergleichen ärmliches Zeug mehr ist.

Bei diesem Gegenstande, wie bei jedem andern, bediene ich mich einer kräftigen und verständlichen Sprache. Ich gebe mich nicht mit bloßen Winken und leisen Hindeutungen ab. Ich habe hierfür mehre Gründe: erstlich, damit ich deutlich verstanden werde; zweitens, damit man einsehe, daß es mir Ernst ist; und drittens, weil es eine Beleidigung der Wahrheit ist, wenn man die Lüge mit Nachsicht behandelt.

Ich will diese Abhandlung mit einem Gegenstande beschließen, welchen ich bereits im ersten Theile des „Zeitalters der Vernunft" berührt habe.

Die Welt ist mit dem Ausdruck **offenbarte Religion** zum Besten gehalten worden, und die meisten Priester wenden diesen Ausdruck auf die Bücher des sogenannten Alten und Neuen Testaments an. Die Muhamedaner wenden denselben Ausdruck auf den Koran an. Es giebt keinen Menschen, welcher an offenbarte Religion stärker glaubt, als ich; allein nicht die Träumereien des Alten und Neuen Testaments, noch des Korans würdige ich jenes heiligen Namens. Was für mich Offenbarung ist, das besteht in Etwas, das kein menschlicher Geist erfinden, keine menschliche Hand nachmachen oder verändern kann.

Das Wort Gottes ist die Schöpfung, welche wir vor Augen haben; und dieses Wort Gottes offenbart dem Menschen Alles, was der Mensch von seinem Schöpfer zu wissen braucht.

Wollen wir seine Macht betrachten? Wir sehen sie in der Unermeßlichkeit seiner Schöpfung.

Seine Weisheit? Wir sehen sie in der unwandelbaren Ordnung, wonach das unbegreifliche Weltall regiert wird.

Seine Güte? Wir sehen sie in dem Ueberfluß, womit er die Erde segnet.

Seine Barmherzigkeit? Wir sehen sie darin, daß er jenen Segen selbst dem Undankbaren nicht entzieht.

Seinen Willen in Bezug auf den Menschen? Die Güte, welche er Allen erweist, ist eine Lehre für unser Betragen gegen einander.

Kurz — wollen wir wissen, was Gott ist? So suche man ihn nicht in dem Buche, welches die Heilige Schrift genannt wird, und welches irgend eine menschliche Hand verfertigen, oder ein Betrüger erfinden konnte; sondern in der Schrift, welche die Schöpfung genannt wird.

Als ich im ersten Theile des „Zeitalters der Vernunft" die Schöpfung die wahre Offenbarung Gottes vor den Menschen nannte, wußte ich nicht, daß schon irgend Jemand sonst denselben Gedanken ausgesprochen hatte. Allein kürzlich kamen mir die Schriften von Doctor Conyers Middleton zur Hand, welche zu Anfang des vorigen Jahrhunderts erschienen, und worin sich derselbe hinsichtlich der Schöpfung auf dieselbe Art ausspricht, wie ich in dem „Zeitalter der Vernunft" gethan habe.

Er war Ober-Bibliothekar der Universität Cambridge in England, welche Stellung ihm reichliche Gelegenheit zum Lesen darbot, und nothwendig erforderte, daß er mit den todten Sprachen eben so wohl wie mit den lebenden vertraut wäre. Er war ein Mann von großer Originalität des Geistes; er hatte den Muth, selbst zu denken, und die Redlichkeit, seine Gedanken auszusprechen.

Er machte eine Reise nach Rom, von woher er Briefe schrieb, um zu beweisen, daß die Gebräuche und Ceremonien der römisch-christlichen Kirche aus dem entarteten Zustand des heidnischen Gottesdienstes, wie derselbe in den späteren Zeiten der Griechen und Römer bestand, entlehnt worden seien. Er griff die Wunder, welche die Kirche zu verrichten vorgiebt, ohne Umschweife an; und in Einer seiner Abhandlungen nennt er die Schöpfung eine Offenbarung. Die englischen Priester damaliger Zeit, welche zur Behauptung ihrer Festung zuvor die Vertheidigung ihrer Außenwerke für nöthig hielten, griffen ihn wegen seines Angriffs auf die römischen Ceremonien an; und Einer derselben tadelt ihn, weil er die Schöpfung eine Offenbarung nenne. Er antwortet ihm darauf folgendermaßen:

„Einer derselben," sagt er, „scheint ein Aergerniß zu nehmen an dem Titel Offenbarung, welchen ich der Selbstverkündigung Gottes in den sichtbaren Werken seiner Schöpfung beigelegt habe. Und doch ist es kein anderer Name, als welchen ihr weise Männer aller Zeiten beigelegt haben, weil sie dieselbe für die bewährteste und unbestreitbarste Offenbarung halten, welche Gott jemals vom Anbeginn der Welt bis auf den heutigen Tag von sich gegeben hat. Sie war es, wodurch die erste Kunde von ihm den Bewohnern der Erde offenbart wurde, und wodurch allein sie seither unter den verschiedenen Nationen derselben erhalten worden ist. Aus derselben war die menschliche Vernunft im Stande, die Beschaffenheit und Eigenschaften Gottes aufzufinden, und durch eine stufenweise Ableitung von Schlußfolgerungen ebenfalls die Natur des Menschen kennen zu lernen, nebst allen dazu gehörigen Pflichten, welche sich entweder auf Gott oder auf seine Mitgeschöpfe beziehen. Diese Einrichtung der Dinge wurde von Gott angeordnet als ein allgemeines Gesetz oder eine allgemeine Verhaltungsregel für den Menschen — als die Quelle aller seiner Erkenntniß — als die Probe aller Wahrheit, nach welcher alle späteren Offenbarungen, die Gott angeblich auf irgend eine andere Weise erlassen haben soll, geprüft werden müssen, und nicht weiter als göttlich angenommen werden können, als sie mit diesem ursprünglichen Maßstabe übereinstimmend und zusammentreffend befunden werden.

„Auf dieses göttliche Gesetz verwies ich in der oben angeführten Stelle," (nämlich in der Stelle, wegen deren man ihn angegriffen hatte) „und suchte die Aufmerksamkeit des Lesers darauf zu lenken, weil dies ihn in den Stand setzen mochte, über den von mir behandelten Gegenstand freier zu urtheilen. Denn durch Betrachtung dieses Gesetzes mag er den unverfälschten Weg entdecken, welchen uns Gott selbst für die Erwerbung wahrer Kenntnisse angedeutet hat; nämlich nicht aus den Machtsprüchen oder Berichten unserer Mitgeschöpfe, sondern aus den lehrreichen Thatsachen und materiellen Gegenständen, welche er in seiner weisen Anordnung der weltlichen Dinge unsern Sinnen zu beständiger Beobachtung vorgestellt hat. Denn wie Gott in diesen Dingen sein Dasein und seine Natur, die wichtigsten Stücke aller Erkenntniß, zuerst dem Menschen entdeckte, so verbreitete jene wichtige Entdeckung ein neues Licht zur Auffindung der übrigen und zwar geringeren Gegenstände menschlicher Erkenntniß, und erleichterte uns deren Entdeckung auf demselben Wege.

„Ich hatte bei Abfassung derselben Stelle noch eine andere Absicht, welche aber auf denselben Endzweck berechnet ist, nämlich die, dem Leser einen erhabneren Begriff von der Streitfrage beizubringen; denn wenn derselbe seinen Geist dem Nachdenken über die Werke des Schöpfers zuwendet, wie dieselben uns in diesem Weltgebäude offenbart sind, so muß er unfehlbar bemerken, daß sie alle groß, erhaben und der Majestät seiner Natur angemessen sind, daß sie den Beweis ihres Ursprungs in sich tragen, und sich als das Erzeugniß eines allweisen und allmächtigen Wesens kund geben. Und wenn er seinen Geist an diese erhabenen Betrachtungen gewöhnt hat, so wird er im Stande sein zu entscheiden, ob jene wunderbaren Einmischungen der Gottheit, welche von den Urvätern so zuversichtlich behauptet werden, vernünftiger Weise für einen Theil des großen Planes der göttlichen Weltregierung gehalten werden können, oder ob es sich damit zusammen reimen läßt, daß Gott, welcher alle Dinge durch seinen Willen erschuf, und ihnen durch denselben Willen jede beliebige Wendung geben kann, zu den besondern Zwecken seiner Regierung und im Dienste der Kirche sich zu dem Aushehelfe von Erscheinungen und Offenbarungen herablassen sollte, welche bisweilen Knaben zur Belehrung älterer Leute, und bisweilen Weibern zur Bestimmung des Schnittes und der Länge ihrer Schleier, und bisweilen den Seelen-Hirten der Kirche zu Theil werden, um ihnen einzuschärfen, daß sie den Einen zu einem Lehrer, und einen Andern zu einem Priester machen sollen. Der Mensch wird alsdann ferner beurtheilen können, ob es jenem Weltregierungsplane entspricht, daß Gott eine Menge von Wundern an dem Scheiterhaufen eines Märtyrers verschwenden sollte, alle vergeblich und nichtssagend, und ohne eine sichtbare Wirkung, sei es auf die Erhaltung des

Lebens oder auf die Linderung der Schmerzen des Heiligen, oder selbst nur auf die Demüthigung seiner Verfolger, welchen stets der volle Genuß des Triumphes ihrer Grausamkeit gegönnt wurde, während der arme Märtyrer eines elenden Todes sterben mußte. Wenn diese Dinge, sag' ich, mit der Urprobe zusammengehalten, und mit den ächten und unbestreitbaren Werken des Schöpfers verglichen werden, wie kleinlich, wie unbedeutend, wie verächtlich müssen sie erscheinen! und für wie unglaublich muß man es halten, daß Gott zur Belehrung seiner Kirche so unsichere, unzuverlässige und unzureichende Diener verwenden sollte, wie die Verzückungen von Weibern und Knaben, und die Gesichte selbstsüchtiger Priester, welche von verständigen Leuten, denen man sie vorlegte, schon damals verlacht wurden.

„Daß dieses allgemeine Gesetz (fährt Middleton fort, worunter er das in den Werken der Schöpfung offenbarte Gesetz versteht) wirklich der heidnischen Welt offenbart war, lange zuvor ehe man das Evangelium kannte, ersehen wir aus den Schriften aller großen Weisen des Alterthums, welche dasselbe zum Hauptgegenstand ihrer Forschungen und Schriften machten.

„Cicero hat uns in einem übrig gebliebenen Bruchstück aus Einem seiner Bücher über Regierungswesen einen kurzen Inbegriff jenes Gesetzes hinterlassen, welchen ich in seinen eigenen Worten hier aufnehmen werde, weil dieselben meine Gedanken auch in den Stellen, welche meinen Gegnern als so dunkel und gefährlich erschienen, erläutern werden."

„Das wahre Gesetz (sagt Cicero) ist die gesunde Vernunft, welche sich nach der Natur der Dinge richtet; es ist sonach beständig, ewig, verbreitet durch das ganze Weltall; es ruft uns zur Pflicht durch sein Gebot — schreckt uns ab von der Sünde durch sein Verbot; es verliert nie seinen Einfluß bei guten Menschen, und erhält ihn niemals bei bösen Menschen. Dieses Gesetz kann nicht durch irgend ein anderes unterdrückt, noch ganz oder zum Theil aufgehoben werden; noch können wir durch den Senat oder das Volk davon entbunden werden; noch dürfen wir irgend einen andern Ausleger oder Dollmetscher dafür suchen, als es selbst, noch kann ein anderes Gesetz in Rom bestehen und ein anderes in Athen — noch ein anderes jetzt und ein anderes in Zukunft; sondern dasselbe ewige, unwandelbare Gesetz umfaßt alle Völker zu allen Zeiten, unter Einem gemeinsamen Herrscher und Oberhaupte Aller — Gott. Er ist der Erfinder, Lehrer und Vollstrecker dieses Gesetzes; und wer demselben nicht gehorchen will, der muß zuvor sich selbst verleugnen, und seine Menschennatur abwerfen; aber thut er dieses, so wird er die schwersten Strafen erleiden, mag er auch allen jenen Qualen entgehen, welche man gemeiniglich für die Gottlosen bestimmt glaubt." Hier endet der Auszug aus Cicero.

„Unsere Doctoren der Gottesgelehrtheit" (fährt Middleton fort) „werden dieses vielleicht als rohen Deismus betrachten; allein sie mögen es nennen, wie sie wollen, ich werde es stets als die Grundlage, als das Wesentliche und Leben jeder wahren Religion bekennen und vertheidigen." Hiermit schließe ich den Auszug aus Middleton.

Ich habe hier dem Leser zwei erhabene Auszüge aus den Werken von Männern gegeben, welche in weit von einander entfernten Zeitaltern lebten, aber welche gleiche Ansichten hatten. Cicero lebte vor der Zeit, zu welcher angeblich Christus geboren wurde. Middleton darf ein Mann unserer Zeit genannt werden, weil er in demselben Jahrhundert mit uns lebte.

In Cicero bemerken wir jene gewaltige Ueberlegenheit des Geistes, jene Erhabenheit richtiger Vernunftschlüsse und jene Klarheit der Begriffe, welche der Mensch nicht durch das Studium von Bibeln und Testamenten und der darauf gebauten Schul-Theologie sich aneignet, sondern durch das Studium des Schöpfers in der Unermeßlichkeit und unabänderlichen Ordnung seiner Schöpfung, und in der Unwandelbarkeit seines Gesetzes. „Es kann nicht," sagt Cicero, „ein anderes Gesetz jetzt geben, und ein anderes in Zukunft; sondern dasselbe ewige, unwandelbare Gesetz begreift alle Völker zu allen Zeiten, unter Einem gemeinschaftlichen Herrscher und Oberhaupt Aller — Gott." Hingegen zufolge der Lehre von Schulen, welche Priester gestiftet haben, sehen wir wie Ein Gesetz, genannt das Alte Testament, in dem Einen Zeitalter der Welt gegeben wurde, und ein anderes Gesetz, genannt das Neue Testament, in einem andern Zeitalter der Welt gegeben wurde. Da dies Alles der ewigen, unwandelbaren Natur, und der unfehlbaren und unveränderlichen Weisheit Gottes widerspricht, so sind wir genöthigt, diese Lehre für falsch, und das alte wie das neue Gesetz, welche das Alte und das Neue Testament genannt werden, für Betrügereien, Mährchen und Fälschungen zu halten.

In Middleton sehen wir die männliche Beredtsamkeit eines allseitig gebildeten Geistes und die ächten Gesinnungen eines an seinen Schöpfer aufrichtig glaubenden Mannes. Anstatt seinen Glauben auf Bücher zu bauen, welchen Namen sie immerhin führen mögen, ob Altes oder Neues Testament, stellt er die Schöpfung als den großen Ur-Maßstab fest, nach welchem jedes andere Ding, welches das Wort oder Werk Gottes genannt wird, zu prüfen ist. Hieran haben wir eine unbestreitbare Richtschnur, womit wir jedes ihm beigelegte Wort oder Werk messen können. Wenn das so beigelegte Ding nicht den Beweis derselben allmächtigen Kraft, derselben unfehlbaren Wahrheit und Weisheit, und derselben unveränderlichen Ordnung in all seinen Theilen an sich trägt, welche in dem Prachtgebäude des Weltalls unsern Sinnen sichtbar vorgestellt, und unserer Vernunft unbegreiflich sind; so ist jenes Ding nicht das Wort oder Werk Gottes. Man prüfe also die beiden Bücher, das sogenannte Alte und Neue Testament, nach diesem Maßstabe, und es wird sich ergeben, daß die Verfasser derselben, wer sie immer waren, einer Fälschung zu überweisen sind.

Die unwandelbaren Grundsätze und die unabänderliche Ordnung, welche die Bewegungen aller Bestandtheile des Weltalls bestimmen, liefern sowohl für unsere Sinne als für unsere Vernunft den Beweis, daß dessen Schöpfer ein Gott unfehlbarer Wahrheit ist. Hingegen das Alte Testament (abgesehen von den zahllosen, abgeschmackten und kleinlichen Geschichten, welche es von Gott erzählt) stellt ihn als einen Gott des Betrugs dar, als einen Gott, auf welchen man sich nicht verlassen kann. Hesekiel läßt im 14ten Capitel, B. 9, seinen Gott sagen: „Wo aber ein Prophet betrogen ist, wann er etwas redet, **den Propheten habe ich, der Herr, betrogen.**"*) Und im 20sten Capitel, Vers 25, läßt er Gott von den Kindern Israel sagen: „Darum gab ich ihnen Satzungen, welche nicht gut waren, und Rechte, nach welchen sie nicht leben konnten."

Weit gefehlt, daß dieses das Wort Gottes wäre, ist es vielmehr eine abscheuliche Lästerung gegen ihn. Mein Leser, setze beine Zuversicht auf deinen Gott, und setze kein Vertrauen auf die Bibel.

Nachdem dasselbe Alte Testament uns gesagt hat, daß Gott Himmel und Erde in sechs Tagen geschaffen habe, läßt es dieselbe allmächtige Kraft und ewige Weisheit sich mit der Ertheilung von Anweisungen beschäftigen, welchen Schnitt das Gewand eines Priesters haben und aus welchem Zeuge dasselbe verfertigt sein solle, und woraus die Hebeopfer bestehen sollen, nämlich aus Gold, Silber, Erz, aus blauem, purpurnem scharlachrothem und weißem Linnenzeug; aus Ziegenhaaren, rothgefärbten Widderfellen, Dachsfellen u. s. w. 2. Moses, Cap. 25, Vers 3; und in Einer der vorgeblichen Prophezeihungen, welche ich kurz zuvor geprüft habe, läßt man Gott einen Küchenzettel machen, wie man einen Schafbock oder einen Ziegenbock schlachten, zubereiten und essen soll. Aber um das Maß abscheulichen Unsinns voll zu machen, läßt Hesekiel im 4ten Capitel sich von Gott den Befehl ertheilen (Vers 9 und 12): „Nimm zu dir Weizen, Gerste, Bohnen, Linsen, Hirse und Spelt, und mache drei Brode daraus; — du sollst dies essen als Gerstenkuchen, die du vor ihren Augen mit **Menschenmist** backen sollst;" da sich aber Hesekiel beklagte, daß dieses Gericht etwas zu stark für seinen Magen sei, so verglich man sich dahin, daß Gott Kuhmist für Menschenmist zuließ; Hesekiel, Cap. 4, Vers 15. Man vergleiche all dieses ekelhafte Zeug, welches man gotteslästerlicher Weise das Wort Gottes nennt, mit der allmächtigen Kraft, welche das Weltall schuf, und deren ewige Weisheit alle seine gewaltigen Bewegungen bestimmt und regiert, — und man wird verlegen sein, einen hinlänglich verächtlichen Namen dafür zu finden.

In den Verheißungen, welche nach der Angabe des Alten Testaments Gott seinem Volke machte, herrschen dieselben entehrenden Vorstellungen von ihm. Es läßt Gott dem Abraham versprechen, daß sein Same so

---

*) Luther übersetzt im Futurum. Uebers.

unzählig wie die Sterne am Himmel werden solle, und wie der Sand am Meere, und daß er ihnen das Land Canaan auf ewig zum Erbtheil geben wolle. Allein merke wohl, o Leser, wie die Erfüllung dieser Verheißung anfangen sollte, und frage alsdann deine eigene Vernunft, ob die Weisheit Gottes, dessen Macht seinem Willen gleich ist, im Einklang mit jener Macht und jener Weisheit eine solche Verheißung machen konnte.

Die Erfüllung der Verheißung sollte, zufolge jenes Buches, mit 400 Jahren der Knechtschaft und Plage anfangen. 1. Moses, Cap. 15, Vers 13: „Da sprach Gott zu Abraham: Das sollst du wissen, daß dein Same wird fremd sein in einem Land, das nicht sein ist; und da wird man sie zu dienen zwingen, und plagen vierhundert Jahre." Diese Verheißung also, welche dem Abraham und seinem Samen gemacht wurde, ihnen das Land Canaan auf ewig zum Erbtheil zu geben (wenn sie nämlich eine wirkliche Thatsache und keine Fabel gewesen wäre), sollte von vornen herein 400 Jahre lang als Fluch auf das ganze Volk, auf Kinder und Kindeskinder wirken!

Das Buch Genesis wurde eben nach der egyptischen Knechtschaft geschrieben, und um den Schimpf abzuwälzen, daß das auserwählte Volk Gottes, wie sich die Juden selbst nennen, in der Knechtschaft der Heiden gestanden habe, macht man Gott zum Urheber derselben, und läßt ihn dieselbe als eine Bedingung einer vorgeblichen Verheißung anhängen; gleichsam als ob Gott bei der Ertheilung jener Verheißung seine Macht zur Erfüllung derselben überschritten, und folglich auch gegen seine Weisheit bei deren Ertheilung gefehlt hätte, und genöthigt gewesen wäre, sich mit ihnen zu Einer Hälfte, und mit den Egyptern, bei denen sie Knechte werden sollten, zu der andern Hälfte abzufinden.

Ohne meine eigene Vernunft herabzuwürdigen durch eine Vergleichung jener elenden und verächtlichen Erzählungen mit der allmächtigen Kraft und ewigen Weisheit, welche der Schöpfer in der Schöpfung des Weltalls unsern Sinnen kundgegeben hat, will ich mich auf die Bemerkung beschränken, daß man jene Erzählungen nur mit den göttlichen und erhabenen Aussprüchen Cicero's zusammenzuhalten braucht, um einzusehen, daß der menschliche Geist durch den Glauben an dieselben ausgeartet ist. Der Mensch verliert in einem Zustand kriechenden Aberglaubens, aus welchem er nicht den Muth hat, sich zu erheben, die Kraft seiner Geistesthätigkeiten.

Ich will den Leser nicht mit weiteren Bemerkungen über das Alte Testament ermüden.

Was das Neue Testament anbelangt, so wird man dasselbe ebenso falsch, kleinlich und ungereimt finden, wie das Alte, wenn man dasselbe nach jenem Maßstabe der Allmacht und Weisheit Gottes prüft und mißt, welchen derselbe, nach Middletons weisem Ausspruche, in der Schöpfung und Regierung des sichtbaren Weltalls unsern Sinnen offenbart hat.

Ohne mich an diesem Orte auf irgend eine andere Beweisführung zu dem Ende einzulassen, daß die Geschichte von Christus eine menschliche Erfindung und nicht göttlichen Ursprungs ist, will ich mich nur darauf beschränken, darzuthun, daß dieselbe durch den Plan ihrer ganzen Anlage für Gott entehrend ist; und zwar aus dem Grunde, weil die Mittel, welche nach ihrer Angabe Gott benutzt, zu dem zu erreichenden Zwecke nicht zulänglich sind, und deshalb seiner Allmacht und seiner ewigen Weisheit Unehre machen.

Das Neue Testament nimmt an, daß Gott seinen Sohn auf die Erde sandte, um mit den Menschen einen neuen Bund zu schließen, welchen die Kirche den Bund der Gnade nennt, und um der Menschheit eine neue Lehre beizubringen, welche sie Glauben nennt. Sie versteht aber darunter nicht den Glauben an Gott, denn Cicero und alle wahren Deisten hatten stets diesen Glauben, und werden denselben stets haben; sondern den Glauben an die Person des sogenannten Jesus Christus, und zwar in der Art, daß Jeder, der diesen Glauben nicht hätte, um mich der Worte des Neuen Testaments zu bedienen, verdammt sein sollte.

Wenn nun dieses sich wirklich so verhielte, so entspricht es jener Eigenschaft Gottes, welche seine Güte genannt wird, daß er keine Zeit hätte verlieren sollen, um es der armen unglücklichen Menschheit zu wissen zu thun. Und da jene Güte mit allmächtiger Kraft, und jene Kraft mit allmächtiger Weisheit verschwistert war, so hatte der Schöpfer alle Mittel in Händen, um jene Lehre auf der Stelle über den ganzen Erdkreis zu verbreiten, auf eine, der Allmacht seines göttlichen Wesens entsprechende Art, und mit Beweisen, welche die Menschheit nicht im Zweifel lassen konnten, denn es liegt uns stets in allen Fällen die Pflicht ob, zu glauben, daß der Allmächtige stets nicht unvollkommene Mittel anwendet, wie der unvollkommene Mensch, sondern solche, welche mit seiner Allmacht im Einklang stehen. Nur dieses kann das untrügliche Kennzeichen abgeben, wodurch wir möglicher Weise die Werke Gottes von den Werken der Menschen unterscheiden können.

Der Leser merke nun wohl auf, wie die Vergleichung zwischen dieser angeblichen Sendung Christi, woran der Glaube oder Unglaube, nach der Lehre der Kirche, den Menschen zur Seligkeit oder Verdammniß führen soll — er merke wohl auf, sage ich, wie die Vergleichung zwischen dieser Lehre und der Allmacht und Weisheit Gottes, welche in der sichtbaren Schöpfung unsern Sinnen offenbart sind, fortschreitet.

Das Alte Testament erzählt uns, Gott habe Himmel und Erde mit Allem, was darinnen ist, in sechs Tagen erschaffen. Der Ausdruck sechs Tage ist lächerlich genug auf Gott angewandt; allein abgesehen von jener Ungereimtheit, enthält er den Begriff, daß die allmächtige Kraft mit der allmächtigen Weisheit im Bunde wirkte, um ein unermeßliches Werk, die Schöpfung des Weltalls mit Allem, was darinnen ist, in einer kurzen Zeit zu Stande zu bringen.

Da nun die ewige Seligkeit des Menschen von weit größerer Wichtigkeit ist als seine Schöpfung, und da jene Seligkeit, nach der Lehre des Neuen Testaments, von der Bekanntschaft des Menschen mit der Person des sogenannten Jesus Christus, und von seinem Glauben an jene Person abhängt; so folgt nothwendig aus unserm Glauben an die Güte und Gerechtigkeit Gottes, und aus unserer Erkenntniß seiner Allmacht und Weisheit, wie dieselben sich in der Schöpfung offenbaren, daß er alles dieses, wenn es wahr wäre, allen Theilen der Welt zum Mindesten in ebenso kurzer Zeit bekannt gemacht haben würde, wie er zur Erschaffung der Welt brauchte. Anzunehmen, der Allmächtige würde der Schöpfung und Einrichtung seelenloser Dinge größere Aufmerksamkeit und Achtung schenken, als der Erlösung unzähliger Millionen vernünftiger Wesen, welche er „sich selbst zum Bilde" geschaffen hatte, heißt seiner Güte und seiner Gerechtigkeit einen Schimpf anthun.

Der Leser merke nun wohl auf, wie die Verkündigung dieser vorgeblichen Erlösung vermittelst einer Bekanntschaft mit Jesus Christus und vermittelst des Glaubens an ihn, voranschritt, im Vergleich mit dem Werke der Schöpfung.

Erstlich bedurfte es längerer Zeit um ein Kind zuwege zu bringen, als um die Welt zu erschaffen, denn neun Monate verstrichen mit der Schwangerschaft, und gingen gänzlich verloren; dies ist mehr als das Vierzigfache der Zeit, welche Gott, zufolge der biblischen Angabe, zur Erschaffung der Welt brauchte. Zweitens gingen mehr Jahre des Lebens Christi in einem Zustande menschlicher Kindheit verloren. Hingegen das Weltall stand in vollkommener Reife da in dem Augenblick, als es in das Dasein trat. Drittens, Christus war nach der Behauptung des Lucas dreißig Jahre alt, ehe er seine sogenannte Sendung zu predigen begann. Millionen Seelen starben inzwischen, ohne dieselbe kennen zu lernen. Viertens, es verstrichen über 300 Jahre nach jener Zeit, ehe das sogenannte Neue Testament zu einem handschriftlichen Exemplar zusammengetragen wurde; vor jener Zeit gab es kein solches Buch. Fünftens, es verflossen über tausend Jahre nach jener Zeit, ehe jenes Buch weit verbreitet werden konnte; denn weder Jesus noch seine Apostel hatten eine Kenntniß oder göttliche Eingebung von der Buchdruckerkunst; und folglich, da die Mittel zur allgemeinen Bekanntmachung des Buches nicht vorhanden waren, so entsprachen auch die Mittel nicht dem Zwecke, und es ist deshalb nicht das Werk Gottes.

Ich will hier nochmals den neunzehnten Psalm aufnehmen, welcher wahrhaft deistisch ist, um zu zeigen, wie allgemein und augenblicklich die Werke Gottes sich bekannt machen, im Vergleich mit dieser vorgeblichen Erlösung durch Jesus Christus.

„Die Himmel erzählen die Ehre Gottes, und die Veste verkündiget seiner Hände Werk. Ein Tag sagt's dem andern, und eine Nacht thut's kund der andern. Es ist keine Sprache noch Rede, da man nicht ihre Stimme höre. Ihre Schnur gehet aus in alle Lande, und ihre Rede an der Welt Ende; er hat der Sonne eine Hütte in derselbigen gemacht; Und dieselbe gehet heraus, wie ein Bräutigam aus seiner Kammer, und freuet sich wie ein Held, zu laufen den Weg. Sie gehet auf an einem Ende des Himmels, und läuft um bis wieder an dasselbe Ende; und bleibt nichts vor ihrer Hitze verborgen."

Wäre nun die Kunde von der Erlösung durch Jesus Christus auf die Scheibe der Sonne oder des Mondes geschrieben worden, in Zeichen, welche alle Völker verstanden hätten; so würde sie der ganzen Erde in 24 Stunden zu Gesichte gekommen sein, und alle Völker würden daran geglaubt haben. Hingegen obwohl nun mehr fast 2000 Jahre seit der Zeit verflossen sind, als nach der Angabe der Kirche Christus auf die Erde kam, weiß nicht der zwanzigste Theil ihrer Bevölkerung etwas von jener Lehre, und unter Jenen, welche etwas davon wissen, glauben die Weisern nicht daran. Ich habe sonach, werther Leser, alle Stellen durchgangen, welche Prophezeihungen von Jesus Christus genannt werden, und habe bewiesen, daß es nichts dergleichen giebt.

Ich habe ferner die über Jesus Christus erzählte Geschichte untersucht, und die verschiedenen Umstände derselben mit jener Offenbarung der Allmacht und Weisheit Gottes verglichen, welche derselbe, nach Middletons weiser Bemerkung, in dem Bau des Weltalls uns vor Augen gestellt hat, und nach welcher jedes ihm zugeschriebene Ding zu prüfen ist. Und ich bin zu dem Resultat gekommen, daß die Geschichte Christi in ihrem Charakter oder in den angewandten Mitteln nicht einen einzigen Zug aufweisen kann, welcher mit der, in der Schöpfung des Weltalls offenbarten, Allmacht und Weisheit Gottes die geringste Aehnlichkeit hätte. Alle Mittel sind menschliche Mittel, langsam, ungewiß und unzulänglich zu der Erreichung des vorgesetzten Zweckes, und darum ist das Ganze eine fabelhafte Erfindung und verdient keinen Glauben.

Die Priester heutiges Tages geben vor, daß sie an jene Geschichte glauben. Sie erwerben ihren Lebensunterhalt damit, und sie schreien gegen Etwas, das sie Unglauben nennen. Ich will eine genaue Bestimmung dieses Wortes geben: **Wer an die Geschichte von Christus glaubt, der hat keinen Glauben an Gott.**

Thomas Paine.

Widersprechende Lehren
in dem Neuen Testament zwischen Matthäus und Marcus.

In dem Neuen Testament, Marcus Capitel 16, Vers 16, heißt es: „Wer da glaubet und getauft wird, der wird selig werden; wer aber nicht glaubet, der wird verdammt werden." Hiernach wird die Erlösung, oder mit andern Worten, die Glückseligkeit des Menschen nach diesem Leben gänzlich vom Glauben, und zwar von dem christlichen Glauben abhängig gemacht.

Hingegen das 25ste Capitel des Evangeliums von Matthäus läßt Jesum Christum eine geradezu entgegengesetzte Lehre predigen von dem Evangelium des Marcus; denn es macht die Erlösung oder die künftige Glückseligkeit des Menschen gänzlich von guten Werken abhängig; und jene guten Werke sind nicht Werke, welche man für Gott thut, denn er bedarf deren nicht, sondern gute Werke, welche man den Menschen erweist.

In der angeführten Stelle des Matthäus wird eine Schilderung des sogenannten jüngsten Tages oder des jüngsten Gerichtes geliefert, wo die ganze Welt als in zwei Theile geschieden dargestellt wird, in die Gerechten und die Ungerechten, welche bildlich die Schafe und die Ziegen*) genannt werden.

Zu der Einen Abtheilung, den sogenannten Gerechten, oder den Schafen sagt Jesus: „Kommet her, ihr Gesegneten meines Vaters, ererbet das Reich, das euch bereitet ist, vom Anbeginn der Welt; — denn ich bin hungrig gewesen, und ihr habt mich gespeiset; — ich bin durstig gewesen, und ihr habt mich getränket; — ich bin ein Gast gewesen und ihr habt mich beherberget; — ich bin nackend gewesen, und ihr habt mich bekleidet; — ich bin krank gewesen, und ihr habt mich besucht; — ich bin gefangen gewesen, und ihr seid zu mir gekommen.

„Dann werden ihm die Gerechten antworten und sagen: Herr, wann haben wir dich hungrig gesehen, und haben dich gespeiset? Oder durstig, und haben dich getränket? Wann haben wir dich einen Gast gesehen, und beherbergt? Oder nackend, und haben dich bekleidet? Wann haben wir dich krank oder gefangen gesehen, und sind zu dir gekommen?

„Und der König wird antworten und sagen zu ihnen: „Wahrlich, ich „sage euch, was ihr gethan habt Einem unter diesen meinen geringsten „Brüdern, das habt ihr mir gethan."

Hier steht nichts von dem Glauben an Christus — nichts von jenem Glauben, der ein bloßes Trugbild der Phantasie ist. Die hier erwähnten Werke sind Werke der Menschenliebe und Wohlthätigkeit, oder mit andern Worten das Bestreben, Gottes Geschöpfe glücklich zu machen. Hier steht nichts vom Predigen und Hersagen langer Gebete, in welchen der Mensch seinem Gott gleichsam Gesetze vorschreiben will, noch von dem Erbauen von Kirchen und Bethäusern, noch von dem Miethen von Priestern zum Beten und Predigen in denselben. Hier steht nichts von der Vorherbestimmung jener Begierde, welche manche Leute haben, einander zu ver-

---

*) Luther übersetzt Böcke.   Uebers.

dammen. Hier steht nichts von der Taufe, geschehe dieselbe durch Besprengen oder Untertauchen, noch von irgend einer jener Ceremonien, wegen deren die Anhänger der christlichen Kirche einander bekriegt, verfolgt und verbrannt haben, so lange es eine christliche Kirche gegeben hat.

Wenn man fragt, warum die Priester die in diesem Capitel enthaltene Lehre nicht predigen, so ist die Antwort leicht gefunden: sie befolgen dieselbe selbst nicht gerne. Dieselbe entspricht nicht ihrem Handwerk. Sie nehmen lieber, als daß sie geben. Ihre Mildthätigkeit beginnt und endet bei ihnen selbst.

Hätte es geheißen: „Kommet her, ihr Gesegneten, ihr habt die Prediger des Wortes reichlich bezahlt, ihr habt zum Bau von Kirchen und Bethäusern freigebig beigesteuert;" so giebt es keinen gedungenen Priester in der Christenheit, welcher jene Stelle nicht unaufhörlich seiner Gemeinde in die Ohren gedonnert haben würde. Allein da dieselbe durchaus nur von guten Werken gegen Mitmenschen spricht, so übergehen sie die Priester mit Stillschweigen, und werden mich beschimpfen, weil ich sie an das Licht gezogen habe. **Thomas Paine.**

Meine eigenen Gedanken
über ein zukünftiges Leben.

Ich habe im ersten Theile des „Zeitalters der Vernunft" geäußert: „Ich hoffe auf Glückseligkeit nach diesem Leben." Diese Hoffnung hat etwas Tröstliches für mich, und ich maße mir nicht an, in Bezug auf einen zukünftigen Zustand, über die tröstliche Vorstellung einer Hoffnung hinauszugehen.

Ich stelle mich ganz den Händen meines Schöpfers anheim, in der Ueberzeugung, daß er nach diesem Leben, gemäß seiner Gerechtigkeit und Güte mit mir verfahren wird. Ich überlasse dies Alles ihm, als meinem Schöpfer und Freunde, und ich halte es für eine Anmaßung von Seiten des Menschen, wenn er einen Glaubensartikel über Das macht, was der Schöpfer in Zukunft mit uns anfangen wird.

Ich glaube nicht, daß dem Schöpfer darum, weil ein Mann und eine Frau ein Kind zeugen, die unumgängliche Verbindlichkeit obliegt, das so erzeugte Wesen in alle Ewigkeit am Leben zu erhalten. Es steht in seiner Macht, dieses zu thun oder nicht zu thun, und es steht nicht in unserer Macht zu entscheiden, was er thun wird.

Das sogenannte Neue Testament, welches ich für fabelhaft halte, und als falsch bewiesen habe, liefert uns im 25sten Capitel des Matthäus eine Erzählung von dem sogenannten jüngsten Tage oder jüngsten Gerichte. Die ganze Welt wird, zufolge jener Erzählung, in zwei Theile getheilt, in die Gerechten und die Ungerechten, welche bildlich die Schafe und die

Ziegen (Böcke) genannt werden. Darauf sollen sie ihr Urtheil empfangen. Zu dem Einen, den bildlich sogenannten Schafen, sagt der Richter: „Kommet her, ihr Gesegneten meines Vaters, ererbet das Reich, das euch bereitet ist vom Anbeginn der Welt." Zu den Andern, den bildlich sogenannten Ziegen, wird gesagt: „Gehet hin von mir, ihr Verfluchten, in das ewige Feuer, das bereitet ist dem Teufel und seinen Engeln."

In der That aber kann die Welt nicht auf solche Weise eingetheilt werden; — die moralische Welt, wie die physische Welt, besteht aus zahlreichen Abstufungen der Eigenthümlichkeit, welche so unmerklich in einander übergehen, daß man weder hier noch dort einen feststehenden Theilungspunkt annehmen kann. Jener Punkt ist überall oder nirgends. Der Zahl nach könnte man die ganze Menschheit in zwei Theile abscheiden, aber nicht nach dem sittlichen Charakter; und darum ist das Bild ihrer Unterscheidung, wie man Schafe und Ziegen unterscheiden kann, deren Verschiedenheit durch ihre äußere Gestalt bezeichnet ist, eine Ungereimtheit. Alle Schafe sind immer Schafe; alle Ziegen sind immer Ziegen; ihre natürliche Beschaffenheit macht sie dazu. Hingegen besteht weder Ein Theil der Welt aus lauter gleich guten Menschen, noch der andere Theil aus lauter gleich bösen Menschen. Es giebt manche sehr gute, und wieder manche sehr böse Menschen. Es giebt noch eine andere Klasse von Menschen, welche weder zu den Einen, noch zu den Andern gerechnet werden können — sie gehören weder zu den Schafen, noch zu den Ziegen.

Meine eigene Ansicht ist die, daß Solche, welche ihr Leben zu guten Werken und zu dem Glück ihrer Nebenmenschen verwendet haben (denn dieses ist die einzige Art, wie wir Gott dienen können), in einem andern Leben glücklich sein werden; und daß sehr böse Menschen eine Strafe erleiden werden. Dieses ist meine Ansicht. Dieselbe verträgt sich mit meiner Vorstellung von Gottes Gerechtigkeit, und der Vernunft, welche mir Gott verliehen hat. **Thomas Paine.**

Auszug
aus einer Erwiderung an den Bischof von Llandaff.

[Dieser Auszug aus Hrn. Paine's Erwiderung gegen Watson, Bischof von Llandaff, wurde von ihm, nicht lange vor seinem Tode, der Mrs. Palmer, Wittwe von Elihu Palmer, übergeben. Er behielt das vollständige Werk für sich, und muß deshalb diesen Theil abgeschrieben haben, was bei ihm etwas Ungewöhnliches war. Wahrscheinlich hatte er Irrthümer entdeckt, welche er in der Abschrift berichtigte. Mrs. Palmer schenkte das Manuscript dem Herausgeber einer in New York erscheinenden Zeitschrift, genannt der „Theophilanthrop," worin es im Jahre 1810 abgedruckt wurde.]

Genesis.

Der Bischof sagt: „Das älteste Buch in der Welt ist die Genesis." Dieses ist eine bloße Behauptung; er liefert keinen Beweis dafür, und ich werde dieselbe widerlegen, und darthun, daß das Buch Hiob, welches kein hebräisches Buch, sondern eine hebräische Uebersetzung eines Buches der Heiden ist, weit älter ist als das Buch Genesis.

Das Buch Genesis bedeutet das Buch der Zeugungen oder Geschlechter; demselben sind zwei Capitel, das erste und zweite, vorgesetzt, welche zwei verschiedene Kosmogenien, das heißt zwei verschiedene Erzählungen von der Schöpfung der Welt enthalten, welche von verschiedenen Personen geschrieben wurden, wie ich in einem andern Theile dieses Werkes dargethan habe.*)

Die erste Kosmogenie beginnt mit dem ersten Verse des ersten Capitels, und endet am Ende des 3ten Verses des zweiten Capitels; denn das adverbiale Bindewort also, womit das zweite Capitel anfängt, beweist, daß jene drei Verse zu dem ersten Capitel gehören. Die zweite Kosmogenie beginnt mit dem vierten Verse des zweiten Capitels, und endet mit jenem Capitel.

In der ersten Schöpfungsgeschichte wird der Name Gott ohne irgend ein weiteres Beiwort gebraucht, und wird 35 Mal wiederholt. In der zweiten Schöpfungsgeschichte heißt es immer Gott der Herr, welcher Ausdruck 11 Mal wiederholt wird. Aus diesen beiden verschiedenen Ausdrucksweisen ergiebt sich, daß diese beiden Capitel das Werk von zwei verschiedenen Personen sind, und die Widersprüche, welche sie enthalten, beweisen, daß sie nicht das Werk einer und derselben Person sein können, wie ich bereits dargethan habe.

Das dritte Capitel, worin der Ausdruck Gott der Herr jedes Mal beibehalten ist, ausgenommen in dem angeblichen Gespräche zwischen dem Weibe und der Schlange (in jeder Stelle jenes Capitels, wo der Verfasser selbst spricht, heißt es immer Gott der Herr), gehört sonach zu der zweiten Schöpfungsgeschichte.

Dieses Capitel liefert eine Erzählung von dem sogenannten Sündenfall des Menschen, welcher nichts weiter ist als eine Fabel, die der Religion des Zoroaster oder der alten Perser, oder dem jährlichen Fortrücken der Sonne durch die zwölf Zeichen des Thierkreises entlehnt, und darauf gebaut wurde. Der Fall oder Herbst des Jahres (das Herannahen und das Uebel des Winters), welcher durch den Aufgang des herbstlichen Sternbildes, der Schlange des Thierkreises, angedeutet wird, und nicht der moralische Fall des Menschen ist der Schlüssel der Allegorie, sowie der davon entlehnten Fabel in der Genesis.

Der Fall des Menschen in der Genesis soll durch das Essen einer ge-

---

*) Siehe das Schreiben an Hrn. Erskine.

wissen Frucht, welche man gemeiniglich für einen Apfel hält, hervorgebracht worden sein. Der Herbst ist die Jahreszeit, wo die frischen Aepfel jedes Jahres gepflückt und gegessen werden. Die Allegorie paßt sonach in Bezug auf die Frucht, was nicht der Fall sein würde, wenn es eine frühe Sommerfrucht gewesen wäre. Sie paßt gleichfalls mit Bezug auf den Ort. Der Baum soll **mitten in den Garten** gesetzt worden sein. Aber warum eher in die Mitte des Gartens, als an einen andern Ort? Die Stellung der Allegorie liefert die Antwort auf diese Frage, nämlich die: der Herbst des Jahres, wann Aepfel und andere Herbstfrüchte reif sind, und wann Tage und Nächte gleiche Länge haben, ist die Mittel-Jahreszeit zwischen Sommer und Winter.

Sie paßt gleichfalls in Bezug auf Kleidung und die Temperatur der Luft. Es heißt in der Genesis, Cap. 3, Vers 21: „Und Gott der Herr machte Adam und seinem Weibe Röcke von Fellen, und zog sie ihnen an." Aber warum werden Röcke von Fellen erwähnt? Dies kann sich nicht auf irgend Etwas nach Art eines **moralischen Uebels** beziehen. Die Auflösung der Allegorie liefert abermals die Antwort auf diese Frage, nämlich, das **Uebel des Winters**, welches auf den **Fall des Jahres** folgt (der in der Genesis der Fall des Menschen genannt wird), macht warme Kleidung nöthig.

Allein von diesen Dingen werde ich ausführlicher sprechen, wenn ich in einem andern Theile die uralte Religion der Perser erörtern und dieselbe mit der späten Religion des Neuen Testaments vergleichen werde.*) Gegenwärtig werde ich mich auf die Vergleichung des Alters der Bücher Genesis und Hiob beschränken, und werde dabei Alles, was mir in Bezug auf die Fabelhaftigkeit des Buches Genesis in den Weg kommt, mitnehmen; denn wenn der sogenannte Fall des Menschen in der Genesis fabelhaft oder allegorisch ist, so kann auch die sogenannte Erlösung im Neuen Testament keine Wahrheit sein. Es ist moralisch unmöglich, und es ist gleichfalls nach der Natur der Dinge unmöglich, daß etwas **moralisch Gutes** ein **physisches Uebel** erlösen oder gut machen kann. Doch wieder zum Bischof!

Wenn die Genesis, wie der Bischof behauptet, das älteste Buch in der Welt, und folglich das älteste und zuerst geschriebene wäre, und wenn die darin erzählten außerordentlichen Dinge, wie die Schöpfung der Welt in sechs Tagen, der Baum des Lebens und des Guten und Bösen, die Geschichte von der Eva und der redenden Schlange, der Fall des Menschen und seine Verjagung aus dem Paradiese — wirkliche Thatsachen wären, oder wenn sie nur von den Juden als Thatsachen geglaubt worden wären; so würden sie in den Büchern der Bibel, welche von verschiedenen Verfassern später geschrieben wurden, und zwar sehr häufig als Funtamental-

---

*) Ist nicht im Druck erschienen.

Sätze angeführt werden. Statt dessen findet sich in der Bibel von der Zeit, als Moses das Buch Genesis geschrieben haben soll, bis zum Buche Maleachi, nicht ein Buch, Capitel oder Vers, worin jene Dinge oder irgend eines derselben, erwähnt würden, ja es wird nicht einmal auf dieselben angespielt. Wie will der Bischof diese Schwierigkeit lösen, welche seine Behauptung durch die Umstände widerlegt?

Man kann dieselbe nur auf zweierlei Art lösen:

Erstens durch die Annahme, daß das Buch Genesis kein altes Buch ist, daß dasselbe vielmehr von einer (gegenwärtig) unbenannten Person, nach der Rückkehr der Juden aus der babylonischen Gefangenschaft, ungefähr 1000 Jahre nach der angeblichen Lebenszeit von Moses, geschrieben und den andern Büchern des Alten Testaments als Vorrede oder Einleitung vorgesetzt worden ist, als dieselben zur Zeit des zweiten Tempels zu einem Ganzen gesammelt wurden; und da es sonach nicht vor jener Zeit vorhanden war, so konnte sich in jenen Büchern auch nicht auf dasselbe bezogen werden.

Zweitens kann man annehmen, daß die Genesis von Moses geschrieben wurde, aber daß die Juden die darin erzählten Dinge nicht für wahr hielten, und sich deshalb auf dieselben nicht als Fabeln beziehen wollten, weil sie dieselben nicht für Thatsachen ausgeben konnten. Die erste dieser Erklärungen widerspricht dem hohen Alter des Buches, und die Zweite seiner Glaubwürdigkeit, und der Bischof mag wählen, welche er will.

Doch sei der Verfasser der Genesis, wer er wolle, so ist sowohl aus den frühesten christlichen Schriftstellern, als aus den Schriften der Juden selbst zur Genüge zu beweisen, daß die in jenem Buche erzählten Dinge nicht für Thatsachen gehalten wurden. Warum dieselben seit jener Zeit als Thatsachen geglaubt wurden, da man bessere und vollständigere Kenntnisse über die Sache besaß, als man gegenwärtig hat, — das kann nur aus dem Betruge der Priester erklärt werden.

Augustinus, einer der frühesten Vorkämpfer der christlichen Kirche, gesteht in seiner Stadt Gottes ein, daß das Abenteuer der Eva mit der Schlange, und die Beschreibung des Paradieses allgemein als eine Dichtung oder Allegorie betrachtet wurde. Er selbst hält dieselben für eine Allegorie, ohne daß er eine Erklärung davon zu geben versucht; allein er vermuthet, daß sich eine bessere Erklärung finden lassen dürfte, als diejenige, welche man zuvor aufgestellt hatte.

Origenes, ein anderer Verfechter der Kirche in der frühesten Zeit, sagt: „Welcher Mensch mit gesundem Verstande kann sich jemals überreden, daß es einen ersten, einen zweiten und einen dritten Tag gab, und daß jeder dieser Tage eine Nacht hatte, da es doch noch weder Sonne, Mond noch Sterne gab? Welcher Mensch kann so einfältig sein zu glauben, daß Gott den Gärtner gespielt, und einen Garten gegen Morgen (im Osten) gepflanzt habe, daß der Baum des Lebens ein wirklicher Baum gewesen sei, und daß dessen Frucht die Eigenschaft besessen habe, diejenigen, die davon aßen, ein ewiges Leben zu sichern?"

Marmonides, einer der gelehrtesten und berühmtesten jüdischen Rabbiner, welcher im 11ten Jahrhundert lebte (vor ungefähr 700 bis 800 Jahren), und auf welchen sich der Bischof in seiner Antwort an mich bezieht, verbreitet sich in seinem Buche More Nebachim sehr ausführlich über die Unwirklichkeit der Dinge, welche in der, von dem Buche Genesis mitgetheilten Schöpfungsgeschichte erzählt werden.

„Wir sollten (sagt er) das was in dem Buche der Schöpfung (Genesis) geschrieben steht, nicht buchstäblich verstehen, noch annehmen, noch uns dieselben Vorstellungen davon machen, wie der gemeine Mann; sonst würden unsere alten Weisen nicht so angelegentlich empfohlen haben, den Sinn davon zu verhehlen, und den allegorischen Schleier, welcher die darin enthaltenen Wahrheiten verhüllt, nicht zu lüften. Wenn man das Buch Genesis buchstäblich versteht, so führt es zu den ungereimtesten und den ausschweifendsten Vorstellungen von der Gottheit. Wer immer den Sinn davon ausfindig machen wird, sollte sich enthalten, denselben bekannt zu machen. Dies ist eine Verhaltungsregel, welche alle unsere Weisen wiederholen, und ganz besonders in Bezug auf das Werk von sechs Tagen.

Vielleicht mag Jemand, mit Hülfe Anderer, die Bedeutung davon errathen; in solchem Falle sollte er sich Stillschweigen auferlegen; oder wenn er davon spricht, so sollte er in dunklen Worten und auf eine räthselhafte Weise davon sprechen, wie ich es selbst mache, und sollte das Uebrige Denen, welche es verstehen können, zum Auffinden überlassen."

Dieses ist sicherlich eine höchst merkwürdige Erklärung von Marmonides, wenn man alle Theile derselben zusammen nimmt.

Erstens erklärt er, daß die Erzählung von der Schöpfung in dem Buche Genesis auf keinen Thatsachen beruht; daß der Glaube an deren Wirklichkeit zu den abgeschmacktesten und ausschweifendsten Vorstellungen von der Gottheit führe.

Zweitens, daß dieselbe eine Allegorie sei.

Drittens, daß die Allegorie ein verborgenes Geheimniß enthalte.

Viertens, daß Jeder, wer das Geheimniß auffinden könne, dasselbe nicht offenbaren sollte.

Diese letzte Erklärung ist gerade das Merkwürdigste. Warum geben sich die jüdischen Rabbiner so große Mühe, um zu verhindern, daß die sogenannte verborgene Meinung oder das Geheimniß bekannt werde, und warum schärfen sie Jedem ihrer Stammgenossen ein, dasselbe nicht auszuschwatzen, wenn er es ausfindig machen sollte? Es muß also gewißlich Etwas gewesen sein, vor dessen Verbreitung in der Welt sich die jüdische Nation zu scheuen oder zu schämen hat. Es muß sie, als Volk, persönlich angehen, und kann nicht ein Geheimniß göttlicher Art sein, welches den

Ruhm des Schöpfers und die Dankbarkeit und Glückseligkeit des Menschen um so mehr erhöht, jemehr es bekannt wird. Nicht Gottes Geheimniß, sondern ihr eigenes wollten die jüdischen Priester bewahren. Ich will das Geheimniß entschleiern.

Die Sache verhält sich eben folgendermaßen: die Juden haben ihre Kosmogenie, das heißt ihre Erzählung von der Schöpfung, aus der in dem Buche Zoroasters, des persischen Gesetzgebers, enthaltenen, Kosmogenie gestohlen, und dieselben mit nach Hause gebracht, als sie durch die Wohlthat des persischen Königs Cyrus aus der Gefangenschaft zurückkehrten; denn es erhellt aus dem Stillschweigen aller Bücher des Alten Testaments über die Schöpfung, daß die Juden vor jener Zeit keine Kosmogenie hatten. Wenn sie seit Moses Zeiten eine Kosmogenie gehabt hätten, so würden einige ihrer Richter, welche länger als 400 Jahre regierten, oder ihrer Könige (wie David und Salomo), welche beinahe 500 Jahre regierten, oder ihrer Propheten und Psalmisten, welche zu denselben Zeiten lebten, dieselbe erwähnt haben. Sie würde, als eine Thatsache oder als Fabel, der erhabenste aller Gegenstände für einen Psalm gewesen sein. Sie würde dem schwülstigen, poetischen Genie des Jesaia auf ein Haar zugesagt, oder dem schwermüthigen Jeremia zur Herzstärkung gedient haben. Aber nicht ein einziges Wort, auch nicht das leiseste, läßt irgend einer der biblischen Verfasser über den Gegenstand verlauten.

Um den Diebstahl zu verhehlen, haben die Rabbiner des zweiten Tempels die Genesis für ein Buch von Moses ausgegeben, und haben allen ihren Stammgenossen Stillschweigen auferlegt, welche durch Reisen oder auf andere Weise zufällig entdecken möchten, woher die Kosmogenie entlehnt wurde. Der Beweis aus Umständen ist oft unwiderleglich, und es giebt keine andere Erklärung als die obige, welche über das Ganze Aufschluß giebt.

Diogenes Laertius, ein alter und angesehener Schriftsteller, welchen der Bischof in seiner Antwort gegen mich bei einer andern Veranlassung anführt, hat eine Stelle, welche mit der hier mitgetheilten Auflösung übereinstimmt. Wo derselbe von der Religion der Perser spricht, wie dieselbe von ihren Priestern oder Magiern bekannt gemacht wurde, sagt er, die jüdischen Rabbiner seien die Erben ihrer Lehre gewesen. Da ich solchergestalt über den gelehrten Diebstahl (Plagiat) und über die Unwirklichkeit des Buches Genesis gesprochen habe, so will ich noch einige weitere Beweise anführen, daß Moses nicht der Verfasser jenes Buches ist.

Eben Ezra, ein berühmter jüdischer Schriftsteller, welcher vor etwa 700 Jahren lebte, und welcher, nach des Bischofs eigenem Geständniß, ein Mann von großer Gelehrsamkeit war, hat sehr viele Beobachtungen gemacht, deren Wiederholung zu weitläufig sein würde, um zu beweisen, daß Moses der Verfasser des Buches Genesis, sowie irgend eines andern der fünf Bücher, welche seinen Namen führen, weder war, noch sein konnte.

Spinoza, ein anderer gelehrter Jude, welcher ungefähr vor 130 Jahren lebte, wiederholt in seiner Abhandlung über die älteren und neueren Ceremonien der Juden die Beobachtungen von Eben Ezra und fügt denselben noch viele andere bei, um zu beweisen, daß Moses nicht der Verfasser dieser Bücher ist. Er behauptet ferner, und führt für diese Behauptung seine Gründe an, daß die Bibel als ein Buch nicht eher als zur Zeit der Makkabäer erschien, also mehr als 100 Jahre nach der Rückkehr der Juden aus der babylonischen Gefangenschaft.

Im zweiten Theil des „Zeitalters der Vernunft" habe ich mich unter anderen Dingen auf neun Verse im 36sten Capitel der Genesis bezogen, welche mit dem 31sten Verse anfangen, wo es heißt: „Dies sind die Könige, die im Lande Edom regiert haben, ehe denn irgend ein König regierte über die Kinder Israel;" diese Stelle konnte unmöglich von Moses oder zu Moses Zeiten geschrieben worden sein, sondern erst nachdem die jüdischen Könige in Israel zu regieren angefangen hatten, also erst mehre hundert Jahre nach den Zeiten von Moses.

Der Bischof räumt dieses ein, und sagt: „Ich denke, Sie haben Recht." Allein darauf macht er Spitzfindigkeiten und sagt, ein kleiner Zusatz zu einem Buche zerstöre weder die Aechtheit noch die Glaubwürdigkeit des ganzen Buches. Das ist ächt pfäffisch! Diese Verse stehen in dem Buche nicht als ein Zusatz dazu, sondern als ein Theil des ganzen Buches, und zwar welchen Moses unmöglich geschrieben haben konnte. Der Bischof würde das hohe Alter irgend eines andern Buches verwerfen, wenn aus den Worten solches Buches selbst bewiesen werden könnte, daß ein Theil davon nicht eher geschrieben worden sein konnte, als mehre hundert Jahre nach dem Tode des angeblichen Verfassers desselben. Er würde ein solches Buch eine Fälschung nennen. Ich bin demnach berechtigt, das Buch Genesis eine Fälschung zu nennen.

Wenn man also alle vorstehenden Umstände in Bezug auf das Alter und die Aechtheit des Buches Genesis zusammenfaßt, so wird sich daraus leicht ein natürlicher Schluß ziehen lassen; jene Umstände sind:

Erstens, daß gewisse Theile des Buches unmöglich von Moses geschrieben worden sein können, und daß die andern Theile keinen Beweis an sich tragen, daß sie von ihm geschrieben wurden.

Zweitens, das allgemeine Stillschweigen aller nachfolgenden Bücher der Bibel, während eines Zeitraums von ungefähr 1000 Jahren, über die außerordentlichen Dinge, welche in der Genesis besprochen werden, wie die Schöpfung der Welt in sechs Tagen — der Garten Eden — der Baum der Erkenntniß — der Baum des Lebens — die Geschichte von Eva und der Schlange — der Fall des Menschen und seine Vertreibung aus diesem schönen Garten, nebst Noahs Sündfluth und dem babylonischen Thurme.

Drittens, das Stillschweigen aller Bücher des Alten Testaments sogar über den Namen von Moses, vom Buche Josua bis zum zweiten Buche der Könige, welches nicht eher als nach der babylonischen Gefangenschaft geschrieben wurde, da es einen Bericht über die Gefangenschaft enthält — also während eines Zeitraums von ungefähr 1000 Jahren. Es ist sonderbar, daß ein Mann, welcher als der Geschichtschreiber der Schöpfung ausgeschrieen wird, als der Geheimerath und Vertraute des Allmächtigen — als der Gesetzgeber der jüdischen Nation und der Stifter ihrer Religion, — es ist sonderbar, sage ich, daß sogar der Name eines solchen Mannes in ihren Büchern 1000 Jahre lang nicht eine Stelle finden sollte, wenn man irgend etwas von ihm oder von den, angeblich von ihm geschriebenen Büchern gewußt oder geglaubt hätte.

Viertens, die auf Gründe gestützte Meinung einiger der berühmtesten jüdischen Bibel-Ausleger, daß Moses nicht der Verfasser des Buches Genesis sei.

Fünftens, die Meinung der frühesten christlichen Schriftsteller, und des Marmonides, des großen Vertheidigers der jüdischen Literatur, daß das Buch Genesis keine Thatsachen enthalte.

Sechstens, das Stillschweigen, welches alle jüdischen Rabbiner und Marmonides selbst der jüdischen Nation auflegte, in Bezug auf Alles, was man hinsichtlich der Kosmogenie (oder Erschaffung der Welt) in dem Buch Genesis zufällig erfahren oder entdecken möge.

Aus diesen Umständen ergeben sich die folgenden Schlüsse:

Erstens, daß das Buch Genesis kein Buch wirklicher Begebenheiten ist.

Zweitens, daß das besagte Buch nicht eher geschrieben worden ist, als nachdem die andern Bücher geschrieben waren, und daß es als eine Vorrede vor die Bibel gesetzt wurde, weil in dem ganzen Alten Testament keines der, in der Genesis erzählten außerordentlichen Dinge erwähnt wird. Jedermann weiß, daß die Vorrede eines Buches, obwohl sie voransteht, zuletzt geschrieben wird.

Drittens, daß das Stillschweigen, welches von allen jüdischen Rabbinern und von Marmonides der jüdischen Nation auferlegt wird in Bezug auf Alles, was in ihrer Schöpfungsgeschichte erzählt wird, ein Geheimniß verräth, dessen Aufdeckung sie nicht gerne sehen. Das Geheimniß erklärt sich demnach von selbst in der Art, daß die Juden, als sie in Babylon und Persien gefangen waren, die Kosmogenie der Perser, wie dieselbe in der Zent-Avesta von dem persischen Gesetzgeber Zoroaster niedergeschrieben wurde, kennen lernten, und dieselbe nach ihrer Rückkehr aus der Gefangenschaft zu ihrer eigenen machten und umgestalteten, und dieselbe zurückdatirten, indem sie ihr den Namen von Moses beilegten. Die Sache läßt sich auf eine andere Weise aufklären. Aus diesem Allen ergiebt sich, daß das Buch Genesis, anstatt das älteste Buch in der Welt zu sein, wie es der Bischof nennt, das zuletzt geschriebene Buch des Alten Testaments gewesen, und daß die darin enthaltene Kosmogenie fabrizirt worden ist.

Eigennamen in dem Buch Genesis.

Jedes Ding in der Genesis beweist oder deutet an, daß das Buch in einem späten Zeitraum der jüdischen Nation verfaßt worden ist. Sogar die darin erwähnten Namen dienen zu diesem Ende.

Es ist nichts gewöhnlicher oder natürlicher, als den Kindern späterer Geschlechter die Namen derer beizulegen, welche in einem früheren Geschlechte berühmt gewesen waren. Dieses gilt in Bezug auf alle Völker und alle Geschichten, welche wir kennen, allein es gilt nicht bei der Bibel. Es muß hierfür eine Ursache geben.

Dieses Buch Genesis erzählt uns von einem Manne, welchen es Adam nennt, und von seinen Söhnen Abel und Seth; von Henoch, welcher 365 Jahre lebte (genau so viel, als Tage im Jahre sind), und welchen Gott darauf hinweg nahm. Dies hat das Aussehn, als ob es aus einer Allegorie der Heiden über den Anfang und das Ende des Jahres entlehnt ist, welche Zeitpunkte durch das scheinbare Fortrücken der Sonne in den 12 Zeichen des Thierkreises bezeichnet werden, worauf sich die allegorische Religion der Heiden gründete.

Jenes Buch erzählt uns im 5ten Capitel von Methusalah, welcher 969 Jahre lebte, und von einer langen Reihe anderer Namen. Darauf geht es zu einem Manne über, welchen es Noah nennt, und zu dessen Söhnen Sem, Ham und Japhet; sodann kommt es auf Lot, Abraham, Isaac und Jacob, und dessen Söhne, womit das Buch Genesis schließt.

Alle diese Leute waren, zufolge der in jenem Buche enthaltenen Erzählung, die außerordentlichsten und berühmtesten Männer. Sie waren außerdem Stammväter von Familien. Adam war der Vater der Menschheit. Henoch wurde wegen seines göttlichen Lebenswandels in den Himmel aufgenommen. Methusalah lebte fast tausend Jahre. Er war der Sohn Henochs, des Mannes der 365, der Zahl der Tage im Jahr. Dies sieht aus wie eine Fortsetzung der Allegorie auf die 365 Tage des Jahres, und auf dessen reichliche Erzeugnisse. Noah wurde aus der ganzen Welt auserlesen, um vom Ertrinken gerettet zu werden, und wurde der zweite Vater der Menschheit. Abraham war der Stammvater des gläubigen Volkes. Isaac und Jacob waren die Erben seines Ruhmes, und der Letzte war der Vater der zwölf Stämme.

Wenn nun diese höchst wunderbaren Männer und ihre Namen und das Buch, welches sie enthält, den Juden vor der babylonischen Gefangenschaft bekannt gewesen wären; so würden sie unter ihnen vor jener Zeit ebenso gebräuchlich gewesen sein, wie nachher. Wir hören gegenwärtig von Tausenden mit den Namen Abraham, Isaac und Jacob unter den Juden, allein es kommt keiner jener Namen vor der babylonischen Gefangenschaft vor. Die Bibel erwähnt nicht eines Einzigen, obwohl seit der Zeit, zu welcher Abraham angeblich gelebt hat, bis zur Zeit der babylonischen Gefangenschaft ungefähr 1400 Jahre verstrichen.

Wie ist es zu erklären, daß es so viele Tausende, ja vielleicht Hundert=
tausende von Juden mit den Namen Abraham, Isaac und Jacob seit jener
Zeit gegeben hat, und nicht Einen vor derselben? Dies kann nur auf Eine
Art erklärt werden, und zwar, daß die Juden vor der babylonischen Ge=
fangenschaft kein solches Buch wie die Genesis hatten, noch etwas von den
darin erwähnten Namen und Personen, und von den darin erzählten Din=
gen wußten, und daß die Geschichten in demselben seit jener Zeit fabrizirt
wurden. Aus dem arabischen Namen Ibrahim (wie die Türken jenen
Namen bis auf den heutigen Tag schreiben) haben die Juden höchst wahr=
scheinlich ihren Abraham gemacht.

Ich will meine Beobachtungen noch etwas weiter ausdehnen, und von
den Namen Moses und Aaron sprechen, welche im 2ten Buch Moses
(Exodus) zum ersten Male vorkommen. Es giebt noch, und hat seit der
Zeit der babylonischen Gefangenschaft, oder bald nachher fortwährend
Tausende von Juden mit den Namen Moses und Aaron gegeben, und
wir lesen von Keinem, der vor jener Zeit jene Namen geführt hätte. Die
Bibel nennt nicht Einen. Hieraus läßt sich geradezu der Schluß folgern,
daß die Juden vor der babylonischen Gefangenschaft von keinem solchen
Buche, wie Exodus, etwas wußten; daß dasselbe vor jener Zeit in der
That nicht vorhanden war, und daß erst seit der Erfindung jenes Buches die
Namen Moses und Aaron unter den Juden gebräuchlich geworden sind.

Die Bemerkung ist hier am rechten Orte, daß die Malerei mit Steinen,
die sogenannte Mosaische (Mosaik-) Arbeit, welches Wort gerade
so geschrieben wird, wie die Mosaische Erzählung von der Schöpfung,
nicht von dem Worte Moses, sondern von dem aus dem Griechischen
stammenden Worte Musen (Göttinnen der Künste und Wissenschaften)
abgeleitet ist, weil der Fußboden in den Tempeln der Musen aus bunten
Steingemälden bestand. Die Folgerung liegt sehr nahe, daß der Name
Moses aus derselben Quelle abgeleitet, und daß er keine wirkliche, son=
dern eine allegorische Person ist, gerade so wie nach der Behauptung des
Marmonides die sogenannte Mosaische Erzählung von der Schöpfung
eine Allegorie ist.

Ich will noch einen Schritt weiter gehen. Die Juden kennen gegen=
wärtig das Buch Genesis und die Namen aller in den ersten zehn Ca=
piteln jenes Buches erwähnten Personen, von Adam bis Noah; dennoch
hören wir (ich spreche nur in meinem eigenen Namen) heutiges Tages von
keinem Juden Namens Adam, Abel, Seth, Henoch, Methusalah, Noah,*)
Sem, Ham oder Japhet (lauter Namen, welche in den ersten zehn Capi=
teln vorkommen), obwohl dieselben, zufolge der Erzählung in jenem Buche,
die außerordentlichsten aller Namen sind, welche das Verzeichniß der jüdi=
schen Zeitrechnung ausmachen.

---

*) Noah ist eine Ausnahme; es giebt Juden mit jenem Namen.
Engl. Herausg.

Die Namen, welche die Juden gegenwärtig wählen, sind diejenigen, welche in der Genesis nach dem 10ten Capitel vorkommen, wie Abraham, Isaac, Jacob ꝛc. Woher kommt es denn, daß sie nicht die Namen wählen, welche in den ersten zehn Capiteln stehen? Hier ist offenbar in Bezug auf die Wahl von Namen eine Scheidelinie gezogen zwischen den ersten zehn Capiteln der Genesis und den übrigen Capiteln. Es muß hierfür irgend eine Ursache geben, und ich will eine Auflösung des Räthsels versuchen.

Der Leser wird sich der Stelle entsinnen, welche ich oben aus einem Werke des jüdischen Rabbiners Marmonides angezogen habe, worin es heißt: „Man sollte das, was im Buche der Schöpfung (Genesis) geschrieben steht, nicht buchstäblich verstehen, noch auslegen. Dies ist eine Verhaltungsregel (sagt er), welche alle unsere Weisen wiederholen, vor Allem in Bezug auf das Werk von sechs Tagen."

Der einschränkende Ausdruck vor Allem, giebt zu verstehen, daß es noch andere, obwohl nicht so wichtige Theile des Buches giebt, welche nicht buchstäblich verstanden oder ausgelegt werden sollten; und da die Juden die in den ersten zehn Capiteln vorkommenden Namen nicht annehmen, so ist es offenbar, daß jene Capitel in der Vorschrift begriffen sind, dieselben nicht wörtlich oder buchstäblich zu verstehen; und daraus folgt, daß die in den ersten zehn Capiteln erwähnten Personen oder Charaktere, wie Adam, Abel, Seth, Henoch, Methusalah und so fort bis auf Noah, nicht wirkliche, sondern erdichtete oder allegorische Personen sind, und die Juden deshalb deren Namen nicht in ihre Familien aufnehmen. Wenn sie mit ihnen denselben Begriff der Wirklichkeit verbänden, wie mit jenen, welche nach dem zehnten Capitel folgen, so würden die Namen Adam, Abel, Seth u. s. w. unter den Juden heutiges Tages so üblich sein, wie die Namen Abraham, Isaac, Jacob, Moses und Aaron.

In dem Aberglauben, worin sie befangen waren, würde kaum eine jüdische Familie ohne einen Henoch geblieben sein, als eine Vorbedeutung, daß er als Gesandter für die ganze Familie in den Himmel führe. Jede Mutter, welche wünschte, daß ihr Sohn lange leben möge im Lande, würde ihn Methusalah nennen; und alle Juden, welche über das Weltmeer zu gehen haben möchten, würden Noah genannt werden, als Zaubermittel gegen Schiffbruch und Ertrinken.

Dieses ist ein aus dem Hause entnommener Beweis gegen das Buch Genesis, welcher in Verein mit den verschiedenen zuvor angeführten Arten Beweis, darthut, daß das Buch Genesis nicht älter als die babylonische Gefangenschaft und erdichtet ist. — Ich komme nunmehr zur Bestimmung der Beschaffenheit und des Alters des Buches

Hiob.

Das Buch Hiob hat nicht im Geringsten das Aussehen, als ob es ein Buch der Juden wäre, und obwohl es unter den Büchern des Alten Testaments abgedruckt ist, gehört es doch nicht dazu. Es findet sich keine Bezugnahme in demselben auf irgend welche jüdische Gesetze oder Ceremonien. Im Gegentheil deuten alle darin enthaltenen, inneren Beweise darauf hin, daß es ein Buch der Heiden ist, entweder ein persisches oder chaldäisches.

Der Name Hiob scheint kein jüdischer Name zu sein. Es giebt keinen Juden jenes Namens in irgend einem Buche der Bibel, noch giebt es gegenwärtig einen solchen, so viel ich je gehört habe. Das Land, wo Hiob gelebt haben soll, oder vielmehr wohin der Schauplatz der Handlung gelegt ist, heißt Uz, und den Juden gehörte niemals ein Ort jenes Namens. Wenn Uz dasselbe ist wie Ur, so lag es in Chaldäa, dem Lande der Heiden.

Die Juden können uns keine Erklärung geben, wie sie zu diesem Buche kamen, noch wer der Verfasser war, noch zu welcher Zeit dasselbe geschrieben wurde. Origenes in seiner Schrift gegen Celsus (in den ersten Zeiten der christlichen Kirche) sagt, das Buch Hiob ist älter als Moses. Eben Ezra, der jüdische Ausleger, welchem (wie ich zuvor bemerkte) der Bischof große Gelehrsamkeit nicht abspricht, und welcher gewißlich seine eigene Sprache verstand, sagt, das Buch Hiob sei aus einer andern Sprache ins Hebräische übersetzt worden. Spinoza, ein anderer sehr gelehrter jüdischer Ausleger, bestätigt die Meinung von Eben Ezra, und sagt überdies: „Je crois que Job etait Gentile,"*) ich glaube, daß Hiob ein Heide war.

Der Bischof sagt (in seiner Antwort gegen mich:) „Die Anlage des ganzen Buches Hiob, mag man dasselbe als Geschichte oder als Drama betrachten, gründet sich auf den Glauben an einen guten und einen bösen Geist, welcher bei den Persern und Chaldäern und andern heidnischen Völkern herrschte."

Indem der Bischof von dem guten und bösen Geist der Perser spricht, schreibt er deren Namen Arimanius und Oramasdes. Ich will mit ihm über die Orthographie nicht streiten, weil ich weiß, daß übersetzte Namen in verschiedenen Sprachen verschieden geschrieben werden. Allein er hat nichts destoweniger einen Hauptfehler begangen. Er hat den Teufel zuerst gesetzt; den Arimanius, oder wie er gewöhnlicher geschrieben wird, Ahriman ist der böse Geist, und Dromasdes oder Ormuz der gute Geist. Er hat denselben Fehlgriff in demselben Paragraphen gemacht; indem er von dem guten und bösen Geist der alten Egyptier Osiris und Typho spricht, setzt er den Typho vor den Osiris. Der Irrthum ist genau derselbe, als ob der Bischof in einer Schrift über die christliche Religion, oder in einer Predigt sagen wollte, der Teufel und Gott. Ein Priester sollte sein Handwerk besser verstehen. Wir sind indessen über die Anlage des Buches Hiob einverstanden, daß dasselbe ein heidnisches Buch ist. Ich habe im zweiten Theil des „Zeitalters der Vernunft" be-

---

*) Spinoza über die Ceremonien der Juden, Seite 296, welches Werk in französischer Sprache zu Amsterdam 1678 erschien.

hauptet, und meine Gründe angeführt, daß das Drama nicht Hebräisch ist.

Aus den von mir angeführten Gewährsmännern, nämlich Origenes, welcher vor ungefähr 1400 Jahren behauptete, das Buch Hiob sei älter als Moses; — aus Eben Ezra, welcher in seinem Commentar über Hiob behauptet, jenes Buch sei aus einer andern Sprache (und folglich aus einer heidnischen Sprache) ins Hebräische übersetzt worden; — aus Spinoza, welcher nicht allein dasselbe sagt, sondern auch daß der Verfasser ein Heide gewesen sei; — und aus der Schrift des Bischofs, welcher erklärt, daß die Anlage des ganzen Buches Heidnisch sei; — ergiebt sich sonach erstlich, daß das Buch Hiob in der Urschrift kein Buch der Juden war.

Um sodann zu bestimmen, welchem Volke ein Religionsbuch angehört, müssen wir dasselbe mit den vornehmsten Glaubenssätzen und Lehren jenes Volkes vergleichen; und deshalb gehört, nach des Bischofs eigener Auslegung, das Buch Hiob entweder den alten Persern, den Chaldäern oder Egyptiern an; denn die Anlage desselben entspricht dem bei ihnen herrschenden Glauben an einen guten und einen bösen Geist, welche bei Hiob Gott und Satan heißen, und welche als besondere und getrennte Wesen bestehen; allein sie stimmt nicht mit irgend einem Glaubenssatze der Juden überein.

Der Glaube an einen guten und einen bösen Geist, welche als besondere und getrennte Wesen bestehen, ist ein Dogma, welches in keinem Buche des Alten Testaments zu finden ist. Erst wann wir in das Neue Testament kommen, hören wir von einem solchen Dogma etwas. Dort hält die Person, welche der Sohn Gottes genannt wird, mit Satan auf einem Berge eine so vertraute Unterredung, wie in dem Drama Hiob dargestellt ist. Folglich kann der Bischof nicht sagen, daß sich das Neue Testament in dieser Hinsicht auf das Alte stütze. Zufolge des Alten Testaments, war der Gott der Juden der Gott über Alles. Alles Gute und alles Böse kam von ihm. Zufolge des zweiten Buches Moses (Exodus) war es Gott, und nicht der Teufel, welcher Pharao's Herz verhärtete. Zufolge des Buches Samuel war es ein böser Geist von Gott, welcher den Saul plagte. Und Hesekiel läßt Gott von den Juden sagen: „Ich gab ihnen Gesetze, welche nicht gut waren, und Rechte, unter welchen sie nicht leben konnten." Die Bibel schildert den Gott Abrahams, Isaacs und Jacobs auf eine so widersprechende Art, und mit einem so zweideutigen Charakter, daß man nicht wissen konnte, wann er es ernstlich meinte, und wann er nur Scherz trieb; wann man ihm glauben durfte, und wann nicht. Was die Vorschriften, Grundsätze und Lebensregeln im Buche Hiob anbelangt, so beweisen dieselben, daß die Leute, welche in den Büchern der Juden mit dem Schimpfnamen Heiden belegt werden, die erhabensten Vorstellungen von dem Schöpfer und die reinste religiöse Sittenlehre hatten. Nur die Juden entehrten Gott. Die Heiden verherrlichten ihn. Was die fabelhaften

Personificationen betrifft, welche die griechischen und lateinischen Dichter aufbrachten; so waren dieselben eine Verderbniß der alten Religion der Heiden, welche in der Anbetung einer ersten Ursache der Werke der Schöpfung bestand, worin die Sonne die hauptsächlichste sichtbare Wirksamkeit äußert.

Es scheint eine Religion der Dankbarkeit und Anbetung gewesen zu sein, und nicht des Gebetes und unzufriedener Forderungen. Im Hiob finden wir Anbetung und Ergebung, aber keine Gebete. Sogar die zehn Gebote legen keine Gebete auf. Gebete sind von der römischen Kirche dem Gottesdienste zugefügt worden, als Quellen von Gebühren und Sporteln. Alle Gebete von Seiten der Priester der christlichen Kirche, mögen sie dieselben öffentlich oder im Geheimen verrichten, müssen bezahlt werden. Es mag recht sein, wenn der Einzelne um Tugend oder geistige Belehrung bittet, aber nicht um irdische Dinge. Dies ist ein Versuch, dem Allmächtigen in der Regierung der Welt Vorschriften zu machen. Doch wieder zum Buche Hiob.

Da sich das Buch Hiob sonach selbst als ein Buch der Heiden ausweist, so ist zunächst auszumitteln, welcher besondern Nation es angehört, und zuletzt, wie alt es ist.

Sein Inhalt ist erhaben, schön und wissenschaftlich; es ist voll sinniger Sprüche, und ist reich an großartigen Bildern. Als Drama ist es regelmäßig. Die handelnden Personen, welche die verschiedenen Rollen übernehmen, werden regelmäßig eingeführt, und sprechen ohne Unterbrechung oder Verwirrung. Der Schauplatz ist, wie ich zuvor bemerkte, in das Land der Heiden gelegt, und die Einheiten, obwohl in einem Drama nicht immer nöthig, sind hier so strenge beobachtet, wie es der Gegenstand erlaubte.

Im letzten Akt, wo der Allmächtige aus dem Sturmwind redend eingeführt wird, um die Streitfrage zwischen Hiob und seinen Freunden zu entscheiden, haben wir eine so großartige Vorstellung, wie sie die Einbildungskraft des Dichters nur zu fassen vermag. Was von Hiobs späterem Wohlstande gesagt wird, gehört nicht zum Drama. Es ist eine Schlußrede (der Epilog) des Verfassers, wie die ersten Verse des ersten Capitels, welche vom Hiob, seinem Lande und seinem Reichthum Nachricht geben, die Vorrede (der Prolog) sind.

Das Buch hat das Aussehen, als ob es das Werk eines persischen Magiers ist, nicht allein, weil dessen Anlage den von Zoroaster eingeführten Glaubenslehren jener Leute entspricht, sondern auch wegen der darin enthaltenen astronomischen Hindeutungen auf die Sternbilder des Thierkreises und andere Gegenstände am Himmel, deren vornehmster die Sonne war, welche in ihrer Religion Mithra genannt wird. Wo Hiob die Macht Gottes schildert (Hiob 9, Vers 7), sagt er: „Er spricht zur Sonne, so gehet sie nicht auf, und versiegelt die Sterne; — er breitet den

Himmel aus allein, und gehet auf den Wogen des Meers; — er macht den Arcturus (Wagen), den Orion und die Pleiaden, und die Sterne gegen Mittag." Alle diese astronomischen Anspielungen stimmen mit der Religion der Perser überein.

Wenn man also das Buch Hiob als das Werk eines persischen oder morgenländischen Magiers annimmt, so ist es eine natürliche Folgerung, daß die Juden, als sie durch die Erlaubniß des persischen Königs Cyrus aus der Gefangenschaft zurückkehrten, dieses Buch mitbrachten, dasselbe in's Hebräische übersetzen ließen, und es unter ihre heiligen Bücher aufnahmen, von welchen erst nach ihrer Rückkehr eine Sammlung veranstaltet wurde. Hieraus erklärt sich, daß der Name Hiob im Hesekiel (Cap. 14, V. 14) erwähnt wird, welcher einer der Gefangenen war, und gleichfalls, daß er in keinem Buche vorkommt, welches angeblich oder muthmaßlich vor der Gefangenschaft geschrieben wurde.

Unter den astronomischen Anspielungen in dem Buche findet sich Eine, welche dessen hohes Alter zu bestimmen geeignet ist. Es ist diejenige, wo Gott zu Hiob im Tone des Vorwurfes angeblich sagt: „Kannst du den milden Einfluß der Pleiaden des Siebengestirns fesseln?" (Cap. 38, V. 31.) Da die Erklärung dieser Stelle von einer astronomischen Berechnung abhängt, so will ich zum Besten Derer, welche sie sonst nicht verstehen würden, versuchen, dieselbe so deutlich zu erklären, wie dies geschehen kann.

Die Pleiaden sind ein Klumpen bleicher, milchfarbiger Sterne, ungefähr von der Größe einer Manneshand, in dem Sternbilde des Stieres. Dies ist eines der Sternbilder des Thierkreises, deren es zwölfe giebt, welche den zwölf Monaten des Jahres entsprechen. Die Pleiaden sind in den Winter-Nächten sichtbar, aber nicht in den Sommer-Nächten, weil sie dann unter dem Gesichtskreise stehen.

Der Thierkreis ist ein eingebildeter Gürtel oder Kreis am Himmel, 18 Grade breit, worin die Sonne scheinbar ihre jährliche Bahn zurücklegt, und worin sich alle Planeten bewegen. Wenn die Sonne für unser Auge zwischen uns und diesem oder jenem Sternbilde zu stehen scheint, so sagt man, daß sie in jenem Sternbilde stehe. Folglich ist das Sternbild, worin sie im Sommer zu stehen scheint, geradezu entgegengesetzt demjenigen, worin sie im Winter erschien, und dasselbe gilt in Bezug auf Frühling und Herbst.

Außerdem daß der Thierkreis in zwölf Sternbilder eingetheilt ist, wird er auch, wie jeder andere große oder kleine Kreis, in 360 gleiche Theile getheilt, welche man Grade nennt; folglich enthält jedes Sternbild 30 Grade. Die Sternbilder des Thierkreises werden gemeiniglich Zeichen genannt, um sie von den Sternbildern zu unterscheiden, welche außerhalb des Thierkreises stehen, und auch ich werde mich dieses Namens bedienen.

Der Vortritt der Aequinoctien oder Tag- und Nachtgleichen ist der am schwierigsten zu erklärende Theil, und hiervon hängt die Erklärung hauptsächlich ab.

Die Aequinoctien entsprechen den beiden Jahreszeiten, wenn die Sonne Tag und Nacht gleich macht.

[Folgendes ist ein abgerissener Theil desselben Werkes, und erscheint gegenwärtig (1824) zum ersten Male im Druck.]

Vom Sabbath oder Sonntag.

Der siebente Tag, oder richtiger gesprochen, der Zeitraum von sieben Tagen war ursprünglich eine Zahlen-Eintheilung der Zeit, und nichts weiter; und wäre der Bischof mit der Geschichte der Astronomie bekannt gewesen, so würde er dieses gewußt haben. Der jährliche Umlauf der Erde bringt ein sogenanntes Jahr zu Stande.

Das Jahr wird künstlich in Monate getheilt, die Monate in Wochen von 7 Tagen, die Tage in Stunden ꝛc. Der Zeitraum von 7 Tagen, wie jede andere der künstlichen Eintheilungen des Jahres, ist nur ein Bruchtheil desselben, welchen man zur Bequemlichkeit der Menschen ausgedacht hat.

Nur Unwissenheit, Betrug und Priester haben jene Eintheilung anders genannt. Man könnte von dem Monate des Herrn, von der Woche des Herrn, von der Stunde des Herrn eben so wohl sprechen, wie von dem Tage des Herrn. Alle Zeit ist die seinige, und kein Theil derselben ist heiliger oder göttlicher als ein anderer. Allein es ist zum Handwerk eines Priesters erforderlich, einen Unterschied der Tage zu predigen.

Ehe die Wissenschaft der Astronomie studirt, und zu der Stufe der Vollkommenheit erhoben wurde, wozu sie die Egyptier und Chaldäer erhoben, hatten die damaligen Völker keine andern Hilfsmittel, um sich den Fortschritt der Zeit zu merken, als welche ihnen die gewöhnliche Beobachtung der allersichtbarsten Veränderungen der Sonne und des Mondes darbot. So weit aus der Geschichte erweislich ist, waren die Egyptier das erste Volk, welches das Jahr in 12 Monate theilte. Herodot, welcher vor länger als 2200 Jahren lebte, und der älteste Geschichtschreiber ist, dessen Werke auf unsere Zeit gekommen sind, sagt, sie thaten dieses vermittelst der Kenntniß, welche sie von den Sternen besaßen. Was die Juden anbelangt, so giebt es nicht einen einzigen Fortschritt in irgend einer Wissenschaft oder in irgend einer wissenschaftlichen Kunst, welchen sie jemals zu Stande brachten. Sie waren die unwissendsten unter allen ungebildeten Völkern. Wenn das Wort des Herrn ihnen zugekommen wäre, wie sie behaupten, und wie der Bischof zu glauben vorgiebt, und wenn sie die Vorboten desselben für die übrige Welt hätten sein sollen, so würde der Herr sie in dem Gebrauch der Buchstaben und in der Buchdruckerkunst unterwiesen haben; denn ohne die Mittel zur Mittheilung seines Wortes konnte dasselbe nicht verbreitet werden; —hingegen die

Buchstabenschrift war eine Erfindung der heidnischen Welt, und die Buchdruckerei eine Erfindung der neueren Zeit. Doch wieder zur Sache.

Vor den Hülfsmitteln, welche die Wissenschaft darbot, hatten die Völker, wie oben bemerkt wurde, keine andern, wodurch sie sich den Fortgang der Zeit merken konnten, als welche die gewöhnlichen und allersichtbarsten Veränderungen an der Sonne und dem Monde darboten. Sie sahen wohl, daß eine große Anzahl Tage ein Jahr ausmachten; allein die Aufzeichnung davon war zu lästig und zu schwierig in Zahlen von 1 bis 365 zu bewahren; eben so wenig kannten sie die genaue Zeit eines Sonnen-Jahres. Es wurde deshalb, behufs der Anmerkung des Fortganges der Tage nothwendig, dieselben in kleine Abtheilungen zu stellen, wie diejenigen, welche gegenwärtig Wochen genannt werden, und welche aus 7 Tagen bestanden, wie noch in der gegenwärtigen Zeit. Auf diese Weise kam man dem Gedächtniß zu Hülfe, wie noch heutiges Tages bei uns geschieht; denn wir sagen nicht von etwas Vergangenem, daß es vor 50, 60 oder 70 Tagen geschah, sondern vor so vielen Wochen, oder bei einer längern Zeit, vor so vielen Monaten. Es ist unmöglich, ohne dergleichen Hülfsmittel eine Rechnung über die Zeit zu führen.

Julius Scaliger, der Erfinder der Julianischen Periode von 7980 Jahren, welche durch die Multiplikation des Cyclus (Zeitkreis) des Mondes, des Cyclus der Sonne und der Jahre der Römer Zinszahl 19, 28, 15, mit einander zuwege gebracht wird, — sagt, die Gewohnheit, nach Zeiträumen von 7 Tagen zu rechnen, sei von den Assyriern, den Egyptern, den Hebräern, den Einwohnern Indiens, den Arabern und von allen Völkern des Morgenlandes beobachtet worden.

Außer dieser Bemerkung Scaliger's, ist es erweislich, daß in Britanien, in Deutschland und im Norden Europas die Leute schon lange vorher nach Zeiträumen von 7 Tagen rechneten, ehe die sogenannte Bibel in jenen Ländern bekannt war; und folglich, daß sie jene Rechnungsweise nicht aus irgend einer Angabe in jenem Buche entlehnten.

Daß sie nach Zeiträumen von 7 Tagen rechneten, ist aus dem Umstande ersichtlich, daß sie sieben und nicht mehr Namen für die verschiedenen Tage hatten; und zwar welche nicht die entfernteste Beziehung auf irgend eine Stelle in dem Buch Genesis haben, oder auf das sogenannte vierte Gebot. Jene Namen sind noch immer in England und unter andern germanischen Völkern im Gebrauch, und stammen aus dem Altgermanischen her.

1. **Sonntag**, von **Sonne** und **Tag**, der der Sonne geweihte Tag.
2. **Montag**, von **Mond** abstammend, der dem Monde geweihte Tag.
3. **Dienstag**, von **Tuisco**, der diesem Gotte geweihte Tag.
4. **Wodanstag** (engl. Wednesday), der dem Kriegsgott Wodan oder Odin geweihte Tag.*)

---

*) Im Deutschen hat er den ursprünglichen Namen verloren.

5. Donnerstag, ursprünglich Vors- oder Thors-Tag, der dem Gotte Thor geweihte Tag.

6. Freitag, von Freia, der Göttin der Liebe, der dieser Gottheit geweihte Tag.

7. Samstag, angelsächsisch Saterday, der dem Gotte Seaten oder Saturn geweihte Tag; dieser Gott war eines der Sinnbilder zur Darstellung der Zeit, welche unaufhörlich zu Ende geht und sich wieder erneuert; darum ist der letzte Tag des Zeitraums von 7 Tagen ihm geweiht.

Wenn man unter ganz getrennten Völkern, welche in Religion und Regierungsweise von einander abweichen, und mit einander zum Theil ganz unbekannt sind, eine gewisse Rechnungsart allgemein im Gebrauche findet; so darf man sich darauf verlassen, daß dieselbe aus einer natürlichen und gemeinsamen Ursache entspringt, welche gleichmäßig bei allen vorherrscht, und welche jedem Volke auf dieselbe Art auffällt. So haben alle Nationen nach Zehnern gerechnet, weil alle Menschen zehn Finger haben. Hätten sie mehr oder weniger als zehn Finger, so würde die Art des Rechnens mit Zahlen sich nach solcher Zahl gerichtet haben, denn die Finger sind eine natürliche Zählungstafel für die ganze Welt. —Ich will nunmehr zeigen, warum der Zeitraum von 7 Tagen so allgemein eingeführt worden ist.

Obwohl die Sonne das Hauptlicht der Welt und die belebende Ursache aller Früchte der Erde ist, so diente doch der Mond, weil er sich mehr als zwölf Mal öfter als die Sonne erneuet, die nur Einmal in jedem Jahre wieder in dieselbe Stellung kommt, der Land-Bevölkerung als ein natürlicher Kalender, wie ihr die Finger als eine Zählungstafel dienten. Die ganze Welt konnte den Mond, seine Wechselerscheinungen und seine monatlichen Umwälzungen bemerken; und ihre Art der Zeitberechnung wurde so nahe, als möglicher Weise in runden Zahlen geschehen konnte, den Veränderungen in dem Aussehn jenes Planeten, ihres natürlichen Kalenders, angepaßt.

Der Mond vollbringt seinen natürlichen Umlauf um die Erde in 29 Tagen und einem halben Tage. Er geht von einem Neumonde zu einem Halbmonde, sodann zu einem Vollmonde, sodann zu einem erhabenen oder gewölbten Halbmonde, und sodann wieder zu einem Neumonde über. Jede dieser Veränderungen wird in 7 Tagen und 9 Stunden vollbracht; allein 7 Tage ist die nächste Eintheilung in runden Zahlen, welche man wählen konnte; und dieses genügte, um die allgemeine Gewohnheit des Rechnens nach Zeiträumen von 7 Tagen zu veranlassen, weil es unmöglich ist, die Zeit ohne einen regelmäßigen Zeitraum zu berechnen.

Die Verwendung der ungeraden Stunden, ohne Störung der regelmäßigen Perioden von 7 Tagen, falls die Alten mit jedem Neumonde einen neuen siebentheiligen Zeitraum anfingen, machte keine größere

Schwierigkeit, als die spätere Eintheilung des egyptischen Kalenders in 12 Monate von je 30 Tagen, oder die ungerade Stunde in dem Julianischen Kalender, oder die ungeraden Tage und Stunden in dem Kalender der französischen Republik. In allen Fällen geschieht es durch die Hinzufügung von Schalttagen; und es kann auf keine andere Weise geschehen.

Der Bischof weiß, daß das Sonnen-Jahr nicht mit dem Ende eines sogenannten Tages schließt, sondern einige Stunden in den nächsten Tag hineinläuft, gerade wie die Mondsviertel um einige Stunden über 7 Tage hinaus laufen; daß es also unmöglich ist, dem Jahre eine bestimmte Anzahl Tage zu geben, welche nicht nach dem Verlauf mehrer Jahre unrichtig werden, und eine Ergänzungszeit nothwendig machen, um das sogenannte Jahr mit dem Sonnenjahr gleichlaufend zu erhalten. Dasselbe müssen diejenigen erfahren haben, welche die Zeit früher nach Umläufen des Mondes berechneten. Sie mußten drei Tage zu jedem zweiten Monde hinzufügen, oder in jenem Verhältnisse zu längeren Zeiträumen, um den Neumond und die neue Woche zusammen anfangen zu lassen, wie das sogenannte Kalenderjahr und das Sonnenjahr.

Diodor von Sicilien, welcher vor Christi Geburt lebte, giebt uns eine Nachricht von Zeitrechnungen, welche lange vor seiner eigenen Zeit im Gebrauche waren, nämlich nach Jahren von 3 Monaten, von 4 Monaten und von 6 Monaten. Dies konnten keine andern sein, als Jahre, welche aus Mondumläufen bestanden, und deshalb müssen Ergänzungstage angenommen worden sein, um die verschiedenen Zeiträume von 7 Tagen mit solchen Jahren in Uebereinstimmung zu bringen.

Der Mond war der erste Kalender, welchen die Welt kannte, und der einzige, welchen der Anblick des Himmels dem gewöhnlichen Beschauer darbot. Seine Veränderungen und seine Umläufe sind in alle Kalender aufgenommen worden, welche man in der bekannten Welt gehabt hat.

Die Eintheilung des Jahres in 12 Monate, welche, wie zuvor bemerkt wurde, zuerst von den Egyptern vorgenommen wurde, und zwar mit astronomischer Kenntniß, hatte Bezug auf die 12 Monde, oder richtiger gesprochen, auf die 12 Mondumläufe, welche im Zeitraume eines Sonnenjahres vorkommen, — gerade wie sich der Zeitraum von 7 Tagen auf Einen Umlauf des Mondes bezog. Die Feste der Juden richteten sich, und diejenigen der christlichen Kirche richten sich noch immer nach dem Monde. Die Juden begingen die Feste des Neumondes und des Vollmondes, und deshalb war ihnen der Zeitraum von 7 Tagen nothwendig.

Alle Feste der christlichen Kirche richten sich nach dem Monde. Das sogenannte Oesterfest bestimmt alle übrigen, und der Mond bestimmt Ostern. Es fällt immer auf den ersten Sonntag nach dem ersten Vollmonde, welcher nach Frühlings-Anfang oder dem 21. März eintritt.

In dem Maße wie die Wissenschaft der Astronomie von den Egyptern und Chaldäern erforscht und ausgebildet, und das Sonnen-Jahr durch astronomische Beobachtungen berichtigt wurde, verlor die Gewohnheit des Rechnens nach Mond-Umläufen immer mehr ihren Nutzen, und hörte mit der Zeit ganz auf. Allein alle Theile des Getriebes des Weltalls stehen in solchem Einklang, daß eine nach der Bewegung Eines Theiles angestellte Berechnung der Bewegung eines andern Theiles entsprechen wird.

Der aus dem Umlauf des Mondes um die Erde abgeleitete Zeitraum von 7 Tagen entsprach näher, als irgend ein anderer Zeitraum von Tagen dies thun würde, dem Umlauf der Erde um die Sonne. 52 Zeiträume von 7 Tagen machen 364 Tage aus, was bis auf Einen Tag und einige ungerade Stunden einem Sonnenjahr gleichkommt; und es giebt keine andere periodische Zahl, welche denselben Dienst leistet, bis man zur Zahl dreizehn kommt, welche zu groß zum gewöhnlichen Gebrauch ist, und die Zahlen vor sieben sind zu klein. Die Gewohnheit, nach Perioden von 7 Tagen zu rechnen, weil dieselbe am besten zum Umlaufe des Mondes paßte, war sonach mit gleicher Schicklichkeit auf das Sonnen-Jahr anwendbar, und wurde mit demselben verschwistert. Allein die nach Zehnern berechnete Eintheilung der Zeit, wie dieselbe im französischen Kalender vorkommt, ist jeder andern Berechnungsart vorzuziehen.

Es giebt keinen Theil der Bibel, welcher von Personen, die vor der Zeit Josias (etwa 1000 Jahre nach der Zeit von Moses) lebten, muthmaßlich geschrieben wurde, welcher etwas von dem Sabbath sagte, als einem, dem sogenannten vierten Gebote geweihten Tage, oder daß die Juden einen solchen Tag feierten. Wäre ein solcher Tag während der tausend Jahre, wovon ich spreche, gefeiert worden, so würde dies gewißlich häufig erwähnt worden sein; und der Umstand, daß dies niemals erwähnt wurde, ist ein starker, mittelbarer Vermuthungs-Beweis, daß kein solcher Tag gefeiert wurde. Hingegen wird der Feste des Neumondes und des Vollmondes häufig Erwähnung gethan; denn die Juden beteten, wie zuvor bemerkt wurde, den Mond an; und das Wort Sabbath wurde von den Juden den Festen jenes Planeten und ihrer andern Gottheiten beigelegt. Es heißt bei Hosea, Cap. 2, Vers 11, von der jüdischen Nation: "Und ich will ein Ende machen mit allen ihren Freuden, Festen, Neumonden, Sabbathen und allen ihren Feiertagen." Es wird Niemand so einfältig sein zu behaupten, daß die hier erwähnten Sabbathe Mosaische Sabbathe seien. Die Wortstellung des Verses läßt schließen, daß es Mond-Sabbathe sind. Man sollte ferner bedenken, daß Hosea zur Zeit von Ahas und Hiskia lebte, ungefähr 70 Jahre vor der Zeit Josias, unter dessen Regierung das Mosaische Gesetz angeblich gefunden wurde; und folglich sind die Sabbathe, von denen Hosea spricht, Sabbathe des Götzendienstes.

Als jene priesterlichen Reformatoren (Betrüger sollte man sie nennen) Hilkia, Esra und Nehemia Bücher unter dem Namen Bücher Moses zum

Vorschein brachten, fanden sie das Wort Sabbath im Gebrauch; und der Zeitraum von 7 Tagen hatte, wie die Zahlen-Rechnung nach Zehnern, seit undenklichen Zeiten bestanden. Da sie nun dieselben im Gebrauche fanden, so ließen sie dieselben fortan zur Aufrechthaltung ihres neuen Betruges dienen. Sie schmiedeten eine Geschichte von der Vollbringung der Schöpfung in 6 Tagen, und vom Ausruhen des Schöpfers am siebenten Tage, um sie mit dem Mond-Zeitraum von sieben Tagen in Einklang zu bringen; und sie verfertigten ein Gebot, welches mit Beiden übereinstimmte. Betrüger verfahren stets auf diese Weise. Sie setzen Fabeln an die Stelle von Wahrheiten, und Ursachen an die Stelle von Wirkungen.

Es giebt kaum einen Theil der Wissenschaft oder irgend etwas in der Natur, welches jene Betrüger und Lästerer der Wissenschaft, die sogenannten Priester, christliche sowohl als jüdische, nicht zu einer oder der andern Zeit zu den Zwecken des Aberglaubens und der Lüge mißbraucht, verdreht oder zu mißbrauchen gesucht haben. Jeder etwas wunderbar aussehende Gegenstand ist Engeln, Teufeln oder Heiligen zugeschrieben worden. Jedem alten Dinge hat man eine sagenhafte Erzählung angehängt. Die gewöhnlichsten Verrichtungen der Natur sind ihrer Gewohnheit, Alles zu verderben, nicht entgangen.

Von einem zukünftigen Zustand.

Die Vorstellung von einem zukünftigen Zustand war unter allen Völkern des Alterthums allgemein verbreitet, ausgenommen unter den Juden. Zu der Zeit und lange vorher, ehe Jesus Christus und seine sogenannten Jünger geboren wurden, war diese Lehre von Cicero in seinem Buche über das Alter, von Plato, Sokrates, Xenophon und andern Theologen des Alterthums, welche die lästersüchtige christliche Kirche Heiden schimpft, erhaben abgehandelt worden. Xenophon läßt den älteren Cyrus auf folgende Weise reden:

„Glaubet nicht, meine theuersten Kinder, daß ich nach meiner Trennung von euch nicht mehr sein werde; vielmehr bedenket, daß meine Seele, selbst so lange ich unter euch lebte, für euch unsichtbar war; nur durch meine Handlungen wurdet ihr inne, daß dieselbe in diesem Körper waltete. Glaubet darum, daß sie auch fernerhin fortbesteht, obwohl sie euch fernerhin unsichtbar ist. Wie schnell würde die Ehre berühmter Männer nach ihrem Tode vergehen, wenn ihre Seelen nichts verrichteten, was ihren Ruhm verewigte? Ich meines Theils konnte mir niemals denken, daß die Seele während ihres Aufenthaltes in einem sterblichen Leibe lebe, hingegen nach ihrer Trennung von demselben sterbe; oder daß ihr Bewußtsein verloren gehe, sobald sie einer bewußtlosen Behausung entledigt ist. Vielmehr fängt ihr wahres Leben erst dann an, wenn sie von allen körperlichen Banden befreit ist."

Da sonach die Vorstellung von einem Fortleben der Seele nach dem Tode allgemein war, so darf man wohl fragen, welche neue Lehre das Neue Testament aufgebracht habe? Ich antworte, es hat die Lehre der älteren Theologen (Gottesgelehrten) verdorben, indem es die einfältige und finstere Lehre der Auferstehung des Leibes daran hängte. Was die Auferstehung des Leibes anbelangt, sei es desselben Leibes oder eines andern, so ist dies ein jämmerlicher Einfall, welcher nur geeignet ist, dem Menschen, als einem thierischen Wesen gepredigt zu werden. Er verdient nicht den Namen einer Lehre. — Eine solche Vorstellung kam nie einem andern Träumer in den Kopf, als den Stiftern der christlichen Kirche; — dennoch besteht gerade hierin die von den Neuen Testament aufgebrachte Neuerung. Alle andern Gegenstände dienen nur als Stützen für diese Lehre, und jene Stützen sind höchst esbärmlich zusammengeflickt.

Wunder.

Die christliche Kirche wimmelt von Wundern. In einer Kirche Brabants zeigt man mehre Kanonenkugeln, welche die Jungfrau Maria in einem früheren Kriege, wie sie aus den Kanonen geflogen kamen, angeblich mit ihrer baumwollenen Schürze aufgefangen hat, um die Heiligen ihrer Lieblings-Armee vor Schaden zu bewahren. Sie verrichtet heutzutage keine solche Kunststücke mehr. Vielleicht liegt der Grund davon in dem Umstand, daß ihr die Ungläubigen ihre baumwollene Schürze weggenommen haben. Man zeigt gleichfalls zwischen dem Montmartre und dem Flecken St. Denis mehre Stellen, wo der heilige Dionysius (St. Denis) mit seinem Kopf in der Hand stehen blieb, nachdem ihm derselbe auf dem Montmartre abgeschlagen worden war. Die Protestanten pflegen dergleichen Dinge Lügen zu nennen; und wo ist der Beweis, daß alle andern sogenannten Wunder nicht eben so große Lügen sind, wie jene.

[Hier scheint eine Lücke im Manuscript zu sein.]

Christus erschien, wie jene Cabalisten (geheimnißvollen Offenbarungsschmiede) sich ausdrücken, in der Fülle der Zeit. Und man sage mir gefälligst, was ist die Fülle der Zeit? Die Worte lassen keinen Begriff zu. Sie sind ächt cabalistisch. Zeit ist ein Wort, welches erfunden wurde, um uns eine Vorstellung von einem größeren oder geringeren Theil der Ewigkeit zu geben. Es kann eine Minute sein, ein Theil der Ewigkeit, welcher durch die Schwingung eines Perpendikels von einer gewissen Länge gemessen wird; — es kann ein Tag sein, ein Jahr, hundert Jahre, oder tausend Jahre, oder eine beliebige Anzahl Jahre. Jene Theile sind nur vergleichsweise größer oder kleiner.

Das Wort Fülle ist auf keinen jener Theile anwendbar. Man kann sich von einer Fülle der Zeit keine Vorstellung machen. Von einer schwangeren Frau, welche im Begriff der Niederkunft steht, wie Maria stand, als Christus geboren wurde, kann man sagen, sie sei ihre volle Zeit gegangen; allein hier hat die Frau die Fülle, nicht die Zeit.

Man kann ebenfalls in gewissen Fällen bildlich sagen, die Zeiten seien voll von Ereignissen; allein die Zeit ist unfähig, von sich selbst voll zu sein. Ihr Heuchler! lernet euch einer verständlichen Sprache bedienen.

Es war gerade eine Zeit des Friedens, als nach ihrer Angabe Christus geboren wurde; was soll das bedeuten? Es hatte viele solche Zwischenräume vorher gegeben; und es hat deren viele nachher gegeben. Die Zeit war nicht voller in dem Einen als in dem Andern. Wenn sie dies gewesen wäre, so würde sie gegenwärtig voller sein als jemals zuvor. Wenn sie damals voll war, so muß sie jetzt zerplatzen. Allein Krieg oder Frieden haben nur Bezug auf Umstände, und nicht auf die Zeit; und jene Cabalisten würden eben so verlegen sein, der Fülle der Umstände eine Bedeutung beizulegen, wie der Fülle der Zeit; und wenn sie die könnten, so würde es ein Unglück sein; denn die Fülle der Umstände würde bedeuten, wenn keine Umstände mehr eintreten sollen; und die Fülle der Zeit, wenn keine Zeit mehr folgen soll.

Christus befand sich sonach, wie jeder andere Mensch, weder in der Fülle der Umstände noch der Zeit.

Allein obwohl wir uns weder einen Begriff machen können von einer Fülle der Zeit, weil wir uns keinen Begriff machen können von einer Zeit, wann es keine Zeit mehr geben wird, — noch von einer Fülle der Umstände, weil wir uns nicht einen Zustand des Daseins ohne Umstände denken können; so können wir oft, nachdem ein Ding geschehen ist, einsehn, ob irgend ein Umstand, welcher erforderlich war, um jenem Ding die größte Wirksamkeit und das beste Gelingen zu sichern, zu der Zeit, als das Ding eintrat, mangelte. Wenn ein solcher Umstand mangelte, so dürfen wir uns sicher darauf verlassen, daß das Ereigniß, welches eintrat, nicht auf Gottes Befehl geschah; denn sein Wirken ist stets vollkommen, und seine Mittel sind vollkommene Mittel. Man sagt uns, Christus sei der Sohn Gottes gewesen; in jenem Falle würde er Alles gewußt haben; und er würde auf die Erde gekommen sein, um den Willen Gottes den Menschen auf der ganzen Erde kund zu thun. Wenn dieses wahr gewesen wäre, so würde Christus alle möglichen Mittel zur Vollführung seines Auftrags gekannt und besessen haben; und er würde die Menschheit, oder zum Mindesten seine Apostel in der Anwendung solcher Mittel, als sie selbst gebrauchen konnten, unterwiesen haben, um die Erfüllung seiner Sendung zu erleichtern. Folglich würde er sie in der Buchdruckerkunst unterrichtet haben, denn die Presse ist die Zunge der Welt; und ohne dieselbe war sein oder ihr Predigen weniger, als der Laut einer Pfeife im Vergleich mit dem Dröhnen des Donners. Da er aber dieses nicht that, so hatte er auch nicht die zu der Sendung erforderlichen Mittel; und folglich hatte er auch nicht die Sendung.

In der Apostelgeschichte, Cap. 2, wird uns eine höchst einfältige Geschichte, wie die Apostel die Gabe der Zungen bekamen; nämlich **gespaltene feurige Zungen** kamen vom Himmel herab, und setzten sich auf Jeglichen unter ihnen. Vielleicht war es diese Geschichte von den gespaltenen Zungen, welche die Leute auf den Einfall brachte, Dohlen die Zungen zu zerschlitzen, um sie sprechen zu lehren. Dem sei jedoch wie ihm wolle, die Gabe der Zungen, selbst wenn die Geschichte wahr wäre, würde ohne die Buchdruckerkunst nur von geringem Nutzen sein. Ich kann in meinem Zimmer sitzen, wie ich beim Niederschreiben dieser Zeilen gegenwärtig sitze, und kann die Gedanken, welche ich niederschreibe, in wenigen Monaten durch den größten Theil Europa's, nach Ostindien und durch ganz Nordamerika verbreiten. Jesus Christus und seine Apostel konnten dieses nicht thun. Sie hatten nicht die Mittel, und der Mangel der Mittel stellt die vorgebliche Sendung in ihre Blöße dar.

Es giebt drei Arten einer Mittheilung der Gedanken: durch Sprechen, durch Schreiben und durch den Bücherdruck. Die erste Art ist äußerst beschränkt. Die Stimme eines Menschen ist nur auf eine kurze Entfernung hörbar, und seine Person kann nur an Einem Orte sein.

Das Schreiben hat einen weitern Wirkungskreis; allein das Geschriebene kann nur mit großen Kosten vervielfältigt werden, und die Vervielfältigung wird langsam und ungenau sein. Gäbe es kein anderes Mittel, das von den Priestern sogenannte Wort Gottes (das Alte und Neue Testament) zu verbreiten, als vermittelst Abschriften, so könnte eine solche Abschrift nicht um weniger als 40 Pfund Sterling gekauft werden; folglich könnten sie nur wenige Leute kaufen, während die Abschreiber kaum ihren Lebensunterhalt dabei gewinnen könnten. Hingegen die Buchdruckerkunst hat der Sache ein ganz anderes Aussehn gegeben und eröffnet dem Gedanken einen Wirkungskreis, so groß wie die Welt. Sie verleiht dem Menschen eine Art göttliche Eigenschaft. Sie verleiht ihm geistige Allgegenwart. Er kann überall sein in demselben Augenblick; denn wo immer sein Werk gelesen wird, da ist er geistig gegenwärtig.

Das Gesagte streitet nicht allein gegen die vorgebliche Sendung Christi und seiner Apostel, sondern auch gegen Alles, was Priester das Wort Gottes nennen, und gegen Alle, welche dasselbe vorgeblich verbreiten; denn hätte Gott jemals ein mündliches Wort von sich gegeben, so würde er auch die Mittel zu dessen Verbreitung gelehrt haben. Das Eine ohne das Andere verträgt sich nicht mit unserer Vorstellung von der Weisheit des Schöpfers.

Das 3te Capitel der Genesis, Vers 21, erzählt uns: „**Und Gott der Herr machte Adam und seinem Weibe Röcke von Fellen, und zog sie ihnen an.**" Es wäre unendlich wichtiger gewesen wenn er den Menschen die Buchdruckerkunst gelehrt hätte, als daß er dem Adam lehrte, ein Paar lederne Hosen zu machen und seiner Frau einen Unterrock.

Es knüpft sich noch eine andere ebenso augenfällige und wichtige Betrachtung an jene Bemerkungen gegen dieses vorgebliche Wort Gottes, dieses Machwerk, die sogenannte offenbarte Religion.

Wir wissen, daß Alles was Gott thut, von dem Menschen nicht geändert werden kann, ausgenommen gemäß den Gesetzen, welche der Schöpfer angeordnet hat. Wir können nicht bewerkstelligen, daß ein Baum mit der Wurzel in die Luft und mit der Frucht in den Boden wachse; wir können nicht Eisen in Gold, noch Gold in Eisen verwandeln; wir können nicht bewirken, daß Lichtstrahlen Finsterniß hervorbringen, noch daß die Finsterniß Licht ausstrahle. Wenn es ein solches Ding, wie ein Wort Gottes, gäbe, so würde es dieselben Eigenschaften besitzen, wie alle seine andern Werke. Es würde einer zerstörenden Veränderung widerstehen. Allein wir sehen, daß das Buch, welches man das Wort Gottes nennt, nicht diese Eigenschaften besitzt. Jenes Buch sagt, Genesis, Cap. 1, Vers 27: „Und Gott schuf den Menschen ihm zum Bilde;" allein der Drucker kann machen, daß es lautet: „Und der Mensch schuf Gott ihm zum Bilde." Die Worte lassen sich geduldig hinstellen, wohin man will, oder sie können ganz verdrängt, und andere an deren Stelle gesetzt werden. Dieses ist nicht der Fall mit irgend Etwas, das Gott verrichtet; und deshalb erweis't sich dieses Buch, welches das Wort Gottes genannt wird, als eine Fälschung, wenn man es nach derselben allgemeinen Regel prüft, nach welcher jedes andere Werk Gottes in unserem Bereiche geprüft werden kann.

Der Bischof sagt: „Wunder sind angemessene Beweise einer göttlichen Sendung." Ich will das zugeben. Allein man weiß, daß die Menschen, und ganz besonders Priester, Lügen erzählen, und dieselben Wunder nennen können. Es ist deshalb nöthig, daß ein sogenanntes Wunder zuerst als wahr bewiesen wird, und gleichfalls daß es wunderbar war, ehe man es als Beweis für eine sogenannte Offenbarung zulassen kann.

Der Bischof muß sich schlecht auf die Folgerung von Vernunftschlüssen verstehen, wenn er nicht weiß, daß man Ein zweifelhaftes Ding nicht als Beweis für die Wahrheit eines andern zweifelhaften Dinges zulassen kann. Das wäre gerade so, als wenn man beweisen wollte, daß ein Lügner kein Lügner sei, durch das Zeugniß eines Andern, welcher ein eben so großer Lügner ist wie jener.

Obwohl der Umstand, daß Jesus Christus die Buchdruckerkunst nicht kannte, beweist, daß er nicht die zu einer göttlichen Sendung nöthigen Mittel besaß, und folglich keine solche Sendung hatte; so folgt daraus noch nicht, daß, wenn er jene Kunst gekannt hätte, die Göttlichkeit seiner sogenannten Sendung dadurch bewiesen werden würde, ebenso wenig wie cie Göttlichkeit des wirklichen Erfinders der Buchdruckerkunst dadurch bewiesen ist. Es wäre deshalb noch etwas außer jener Kunst, wenn er sie gekannt hätte, nöthig gewesen, um ein Wunder daraus zu machen, und dadurch zu beweisen, daß das, was er verkündete, das Wort Gottes war; und zwar hätte das Buch, worin jenes Wort enthalten sein sollte, welches gegenwärtig das Alte und Neue Testament genannt wird, die wunderbare, von allen menschlichen Büchern verschiedene, Eigenschaft besitzen sollen, daß es jeder Veränderung widerstände. Dies würde nicht allein ein Wunder sein, sondern auch ein ewiges und allgemeines Wunder; während jene Wunder, wovon uns jene Bücher erzählen, selbst wenn sie wahr gewesen wären, nur vorübergehend und auf gewisse Orte beschränkt waren; sie ließen nach dem Verlauf von weniger Jahre keine Spur hinter sich, daß sie jemals vorgekommen waren; — hingegen die Eigenschaft der Unveränderlichkeit würde zu allen Zeiten und an allen Orten das Buch als ein göttliches und nicht menschliches Werk beweisen, ebenso wirksam und ebenso bequem, wie Scheidewasser das Gold als Gold erweist, weil es nicht im Stande ist darauf zu wirken, und wie dasselbe alle andern Metalle und alle gefälschten Compositionen (Metallmischungen) durch deren Auflösung aufdeckt. Da sonach das einzige Wunder mangelt, welches jedes Beweises fähig ist, und welches jedem Dinge von göttlichem Ursprung eigenthümlich ist; so sind alle Erzählungen von Wundern, womit das Alte und Neue Testament angefüllt sind, nur geeignet, um von Betrügern gepredigt und von Narren geglaubt zu werden.

Ursprung der Freimaurerei.

[Die folgende Abhandlung ist ein Capitel aus dem nicht erschienenen dritten Theile des „Zeitalters der Vernunft." Dieselbe wurde von Mrs. Bonneville, der Testamentsvollstreckerin des Hrn. Paine, nach seinem Tode aus seinen Schriften herausgezogen, und in einem verstümmelten Zustande dem Druck übergeben. Stellen, welche sich auf die christliche Religion bezogen, ließ sie weg, ohne Zweifel in der Absicht, um das Werk den Vorurtheilen der Blindgläubigen anzupassen. Diese hat man jedoch aus dem ursprünglichen Manuscript wieder hergestellt, mit Ausnahme weniger Zeilen, welche unleserlich geworden waren.]

Man hat stets gehört, daß die Freimaurer ein Geheimniß hätten, welches sie sorgfältig verhehlten; allein nach Allem, was man aus ihren eigenen Nachrichten aus der Maurerei entnehmen kann, ist ihr wirkliches Geheimniß nichts weiter als ihr Ursprung, welchen nur Wenige unter ihnen verstehen; und diejenigen, welche davon etwas wissen, hüllen es in Geheimniß.

Die Gesellschaft der Freimaurer wird in drei Classen getheilt: 1) die angehenden Lehrlinge; 2) die Maurergesellen; 3) die Maurermeister.

Der angehende Lehrling kennt von der Maurerei nur wenig mehr, als den Gebrauch von Zeichen und Sinnbildern, und gewisse Schritte und Worte, woran Maurer einander erkennen können, ohne von einem Nicht-Maurer entdeckt zu werden. Der Maurergeselle ist in der Maurerei nicht viel besser belehrt, als der angehende Lehrling. Nur in der Loge der Maurermeister wird alle Kenntniß aufbewahrt und verhehlt, welche sich von dem Ursprung der Maurerei noch vorfindet.

Im Jahre 1730 gab Samuel Pritchard, Mitglied einer regelmäßigen Loge in England, eine Abhandlung unter dem Titel „Zergliederung der Maurerei" heraus; und beschwor vor dem Lord Mayor von London, daß es eine getreue Abschrift ihrer Bücher sei:

„Samuel Pritchard schwört, daß die beifolgende Abschrift in jedem Stücke eine getreue und ächte Abschrift ist."

In seinem Werke hat er den Katechismus oder Fragen und Antworten für Lehrlinge, Maurergesellen und Meister mitgetheilt. Dies war nicht schwierig, weil es bloße Formeln sind.

In seiner Einleitung sagt er: „Der ursprüngliche Zweck der Stiftung der Maurerei bestand in der Einführung der freien Künste und Wissenschaften, allein ganz besonders der Geometrie; denn bei dem Bau des babylonischen Thurmes wurde die Kunst und das Geheimniß der Maurerei zuerst angewandt, und von dort ging die Kunst auf Euklid, einen würdigen und vortrefflichen Mathematiker in Egypten, über; und dieser theilte sie Hiram mit, dem Maurermeister, welcher mit dem Bau von Salomos Tempel in Jerusalem beauftragt war.

Außer der Ungereimtheit, daß man die Maurerei von dem Thurmbau von Babel herschreibt, wo zufolge der Erzählung, die Verwirrung der Sprachen verhinderte, daß die Baumeister einander verstanden, und folglich sich Kenntnisse mittheilten, welche sie besitzen mochten, findet sich ein grober Widerspruch in der von ihm mitgetheilten Nachricht hinsichtlich der Zeitrechnung.

Salomos Tempel wurde 1004 Jahre vor der christlichen Zeitrechnung erbaut und eingeweiht; und Euklid lebte 277 Jahre vor derselben Zeitrechnung, wie man aus den chronologischen Tabellen ersehen kann. Es war demnach unmöglich, daß Euklid dem Hiram etwas mittheilen konnte, da Euklid erst 700 Jahre nach der Zeit Hirams lebte.

Im Jahre 1783 gab Capitain Georg Smith, Inspector der königlichen Artillerie-Akademie zu Woolwich in England, und Provinzial-Großmeister des Freimaurer-Ordens für die Grafschaft Kent, eine Abhandlung heraus, unter dem Titel „von dem Nutzen und Mißbrauch der Freimaurerei."

In seinem Capitel über das hohe Alter der Freimaurerei macht er dieselbe so alt wie die Schöpfung. Er sagt: „Damals führte der Allerhöchste Baumeister nach Maurer-Grundsätzen den herrlichen Erdball auf, und befahl jener Meisterwissenschaft, der Geometrie, die Planetenwelt einzurichten, und nach ihren Gesetzen das ganze staunenswürdige System zu regieren, und dasselbe in unfehlbaren Verhältnissen um seinen Mittelpunkt, die Sonne, rollen zu lassen."

„Doch," sagt er weiter, „es steht mir nicht frei, den Schleier öffentlich zu lüften, und mich über diesen Gegenstand weitläufig zu verbreiten; derselbe ist heilig und wird es ewig bleiben; diejenigen, deren Ehre das Geheimniß anvertraut ist, werden dasselbe nicht offenbaren, und diejenigen, welche es nicht wissen, können es nicht verrathen." — Unter diesen Letzteren versteht Smith die beiden untersten Klassen, die Maurergesellen und die angehenden Lehrlinge, denn er sagt auf der nächsten Seite seines Werkes: „Nicht Jedem, der eben erst in den Freimaurer-Orden eingeweiht ist, werden alle dazu gehörigen Geheimnisse anvertraut; ihre Erreichung versteht sich nicht von selbst, noch ist sie jedem Grade möglich."

Der gelehrte, aber unglückliche Doctor Dobb, Großkanzler des Freimaurer-Ordens, verfolgt in seiner Festrede bei der Einweihung der Freimaurer-Halle in London die Freimaurerei durch eine Menge Stufen. „Die Maurer," sagt er, „haben aus ihren eigenen geheimen und inneren Urkunden die zuverlässige Nachricht, daß der Bau von Salomos Tempel ein wichtiger Zeitabschnitt ist, wohin sie viele Mysterien ihrer Kunst ableiten. Nun aber bedenke man wohl, daß dieses große Ereigniß ungefähr 1000 Jahre vor der christlichen Zeitrechnung stattfand, und folglich mehr als ein Jahrhundert früher, ehe Homer, der erste griechische Dichter, seine Werke schrieb; und über fünf Jahrhunderte früher, ehe Pythagoras sein erhabenes System wahrhaft maurerischer Belehrung zur Erleuchtung unserer westlichen Welt aus dem Morgenlande brachte.

„Doch so entfernt dieser Zeitraum ist, so schreiben wir nicht von daher den Anfang unserer Kunst. Denn obwohl sie dem weisen und ruhmreichen König Israels einige ihrer vielen geheimnißvollen Formeln und hieroglyphischen Ceremonien verdanken möchte, so ist doch die Kunst selbst sicherlich von gleichem Alter mit dem Menschen, dem Hauptgegenstande derselben.

„Wir verfolgen ihre Schritte bis in die entferntesten und abgelegensten Zeiten und Nationen der Welt. Wir finden sie unter den ersten und berühmtesten Beförderern der Gesittung im Morgenlande. Wir leiten sie regelmäßig ab von den ersten Astronomen auf den Gefilden Chaldäas bis zu den gebildeten und mystischen Königen und Priestern Egyptens, den Weisen Griechenlands und den Philosophen Roms."

Aus diesen Berichten und Erklärungen sehr hochgestellter Freimaurer ersehen wir, daß die Freimaurerei, ohne dies öffentlich zu erklären, auf eine göttliche Offenbarung von dem Schöpfer Anspruch macht, und zwar ganz verschieden und getrennt von der, von den Christen sogenannten

Bibel; und hieraus ergiebt sich die natürliche Folgerung, daß die Maurerei von einer sehr alten Religion abstammt, welche von jenem Buche völlig unabhängig und getrennt ist.

Um sogleich zur Sache zu kommen, behaupte ich, daß die Freimaurerei (wie ich aus den Gebräuchen, Ceremonien, Hieroglyphen und der Zeitrechnung der Maurerei darthun werde) von der Religion der alten Druiden herstammt, und ein Ueberbleibsel ist; und diese, wie die persischen Magier, und die Priester von Heliopolis in Egypten, waren Priester der Sonne. Sie beteten diesen großen Lichtkörper an, als den vornehmsten sichtbaren Stellvertreter einer großen, unsichtbaren ersten Ursache, welche sie Zeit ohne Ende nannten.

Die christliche Religion und die Maurerei haben einen und denselben gemeinsamen Ursprung, denn beide stammen von der Verehrung der Sonne ab; der Unterschied zwischen ihrem Ursprung besteht darin, daß die christliche Religion eine verzerrte Nachbildung (Parodie) des Sonnen-Gottesdienstes ist, indem sie einen Mann, den sogenannten Christus, an die Stelle der Sonne setzt, und ihm dieselbe Anbetung zollt, welche ursprünglich der Sonne gezollt wurde, wie ich in dem Capitel über den Ursprung der christlichen Religion dargethan habe.*)

In der Maurerei werden viele Ceremonien der Druiden in ihrem ursprünglichen Zustande, zum mindesten ohne Verzerrung bewahrt. Bei den Maurern ist die Sonne noch immer die Sonne, und ihr Bildniß, in Gestalt der Sonne, ist die höchste sinnbildliche Verzierung von Freimaurer-Logen und Freimaurer-Anzügen. Sie ist das Central-Bild auf ihren Schürzen, und sie tragen es gleichfalls auf der Brust in den Logen und bei ihren öffentlichen Umzügen. Sie hat die Gestalt eines Mannes, welcher gleichsam vor der Sonne steht, wie Christus immer abgebildet wird.

In welcher Zeit des Alterthums, oder unter welchem Volke diese Religion zuerst aufkam, ist in dem Labyrinth der Sagenzeit verloren gegangen. Sie wird gemeiniglich den alten Egyptern, den Babyloniern und Chaldäern zugeschrieben, und wurde später in ein System gebracht, welches durch den scheinbaren Fortgang der Sonne durch die zwölf Zeichen des Thierkreises von Zoroaster, dem Gesetzgeber Persiens, geordnet wurde, von woher es Pythagoras nach Griechenland verpflanzte. Auf diese Dinge bezieht sich Dr. Dodd in der, aus seiner Rede oben angeführten Stelle.

Die Anbetung der Sonne, als des großen sichtbaren Stellvertreters einer großen unsichtbaren ersten Ursache, der Zeit ohne Ende, verbreitete

---

*) Dies bezieht sich auf einen nicht im Druck erschienenen Theil dieses Werkes.

sich über einen beträchtlichen Theil Asiens und Afrikas, von dort nach Griechenland und Rom, durch das ganze alte Gallien und bis nach Britanien und Irland.

Smith in seinem Capitel über das Alter der Maurerei in Britanien sagt: „Ungeachtet der Dunkelheit, in welche die Geschichte des Ordens in jenem Lande gehüllt ist, so liefern doch mannichfache Umstände den Beweis, daß die Freimaurerei ungefähr 1030 Jahre vor Christi Geburt in Britanien eingeführt wurde."

Smith kann hier unmöglich die Maurerei in ihrem gegenwärtigen Zustand meinen. Die Druiden genossen zu der Zeit, wovon er spricht, in Britanien das höchste Ansehn, und von ihnen stammt die Maurerei her. Smith hat das Kind an die Stelle des Vaters gesetzt.

Es widerfährt uns bisweilen im Schreiben wie in der Unterredung, daß uns ein Ausdruck entschlüpft, welcher dasjenige, was wir gerne verhehlen möchten, zu enträthseln geeignet ist, und gerade so ist es Smith ergangen; denn in demselben Capitel sagt er: „Wenn die Druiden etwas niederschrieben, bedienten sie sich des griechischen Alphabets, und ich wage zu behaupten, daß die vollkommensten Ueberbleibsel von den Religions-Gebräuchen und Ceremonien der Druiden, welche sich noch unter den Menschen vorfinden, in den Gebräuchen und Ceremonien der Freimaurer aufbehalten sind. „Meine Brüder," sagt er, „mögen im Stande sein, denselben genauer nachzuspüren, als mir vergönnt ist vor dem Publikum zu erklären."

Dieses ist ein Geständniß eines Maurermeisters, ohne daß dasselbe von dem Publikum so verstanden werden soll, daß die Maurerei das Ueberbleibsel der Religion der Druiden ist; die Gründe, warum die Maurer hieraus ein Geheimniß machen, werde ich im Laufe dieses Werkes auseinandersetzen.

Da die Erforschung und Betrachtung des Schöpfers in den Werken der Schöpfung, als dessen großer sichtbarer Stellvertreter die Sonne der sichtbare Gegenstand der Anbetung der Druiden war, ihre Religion bildete; so hatten alle ihre Religionsgebräuche und Ceremonien auf den scheinbaren Fortgang der Sonne durch die 12 Zeichen des Thierkreises, und auf ihren Einfluß auf die Erde Bezug. Die Maurer befolgen dieselben Gewohnheiten. Das Dach ihrer Tempel oder Logen ist mit einer Sonne verziert, und der Fußboden ist eine Darstellung der bunten Oberfläche der Erde, entweder durch gewirkte Teppiche oder durch Mosaik-Arbeit.

Die Freimaurer-Halle in der Great Queen Street, Lincolns Inn Fields, zu London, ist ein prachtvolles Gebäude und kostet über 12,000 Pfund Sterling. Smith sagt von diesem Gebäude (Seite 152): Die Decke dieser prachtvollen Halle ist höchstwahrscheinlich das Meisterstück der feinsten Baukunst in Europa. Im Mittelpunkte dieser Decke ist eine höchst glanzvolle Sonne in polirtem Gelbe abgebildet, umgeben von den 12 Zeichen des Thierkreises mit ihren betreffenden Charakteren:

♈ Widder,   ♎ Waage,
♉ Stier,   ♏ Scorpion,
♊ Zwillinge,   ♐ Schütze,
♋ Krebs,   ♑ Steinbock,
♌ Löwe,   ♒ Wassermann,
♍ Jungfrau,   ♓ Fische.

Nach dieser Schilderung sagt er: „Die sinnbildliche Bedeutung der Sonne ist dem aufgeklärten und forschbegierigen Freimaurer wohl bekannt, und wie die wirkliche Sonne im Mittelpunkt des Weltalls thront, so ist die sinnbildliche Sonne der Mittelpunkt der wahren Maurerei. Wir alle wissen, daß die Sonne die Quelle des Lichtes ist, die Urheberin der Jahreszeiten, die Ursache des Wechsels von Tag und Nacht, die Mutter des Pflanzenwachsthums, die Freundin des Menschen; darum kennt allein bur wissenschaftliche Freimaurer den Grund, warum die Sonne in den Mittelpunkt dieser herrlichen Halle gestellt ist."

Um sich vor den Verfolgungen der christlichen Kirche zu schützen, haben die Maurer von dem Bilde der Sonne in ihren Logen stets in unverständlichen Ausdrücken gesprochen, oder haben, wie der Astronom Lalande, welcher ein Freimaurer ist, von der Sache ganz geschwiegen. Sie halten dies geheim, besonders in katholischen Ländern, weil das Bild der Sonne das ausdrucksvolle Merkmal ist, woran man erkennt, daß sie von den Druiden abstammen, und daß jene weise, gebildete wissenschaftliche Religion gerade das Gegentheil von dem Glauben der finstern christlichen Religion war.

Die Maurer=Logen, wenn eigens zu dem Zwecke gebaut, sind so angelegt, daß sie einigermaßen der scheinbaren Bewegung der Sonne entsprechen. Ihre Lage ist von Osten nach Westen. Der Platz des Meisters ist stets im Osten. Bei der Prüfung eines angehenden Lehrlings fragt ihn der Meister unter vielen andern Fragen:

F. Wie ist die Loge gelegen?
A. Von Osten nach Westen.
F. Warum dieses?
A. Weil alle Kirchen und Kapellen so liegen, oder doch so liegen sollten.

Diese Antwort, welche eine bloße Katechismus=Formel ist, beantwortet nicht die Frage. Sie schiebt nur die Frage weiter hinaus, nämlich daß sie lautet, warum sollten alle Kirchen und Kapellen so liegen? Allein da der angehende Lehrling nicht in die Druidischen Geheimnisse der Maurerei eingeweiht ist, so werden an ihn keine Fragen gestellt, deren unmittelbare Beantwortung dazu führen würde.

F. Wo steht Ihr Meister?
A. Im Osten.

F. Warum dieses?

A. Wie die Sonne im Osten aufgeht und den Tag eröffnet, so steht der Meister im Osten (mit der rechten Hand auf der linken Brust, welches ein Zeichen ist, und mit dem Winkelmaß um den Hals), um die Loge zu eröffnen, und seine Leute an die Arbeit zu stellen.

F. Wo stehen ihre Aufseher?

A. Im Westen.

F. Was ist ihr Geschäft?

A. Wie die Sonne im Westen untergeht, um den Tag zu beschließen, so stehen die Aufseher im Westen (mit der rechten Hand auf der linken Brust, als einem Zeichen, und mit Richtscheit und Senkblei um den Hals), um die Loge schließen, und die Leute von der Arbeit zu entlassen, nach Bezahlung ihres Lohnes.

Hier wird der Name der Sonne erwähnt, allein man muß füglich bemerken, daß sie in dieser Stelle nur auf Arbeit oder auf die Zeit der Arbeit Bezug hat, und nicht auf irgend einen Religionsgebrauch oder eine Ceremonie der Druiden, wie bei der Lage der Logen von Osten nach Westen der Fall ist. Ich habe in dem Capitel über den Ursprung der christlichen Religion bereits bemerkt, daß die Lagen der Kirchen von Osten nach Westen von der Anbetung der Sonne entlehnt ist, welche im Osten aufgeht, und daß dieselbe nicht den geringsten Bezug auf die Person des sogenannten Jesus Christus hat. Die Christen begraben ihre Todten niemals auf der Nordseite einer Kirche,*) und eine Maurer-Loge hat immer (oder dies wird zum Mindesten angenommen) drei Fenster, welche feste Lichter genannt werden, um sie von dem wandelbaren Lichte der Sonne und des Mondes zu unterscheiden. Der Meister fragt den angehenden Lehrling:

F. Wo liegen sie (die festen Lichter)?

A. Im Osten, Westen und Süden.

F. Wozu dienen sie?

A. Um den Menschen nach und von ihrer Arbeit zu leuchten.

F. Warum giebt es keine Lichter im Norden?

A. Weil die Sonne von dorther keine Strahlen wirft.

Dieses Beispiel, unter einer Menge anderer Beispiele, beweist, daß die christliche Religion und die Maurerei einen und denselben gemeinsamen Ursprung haben, nämlich die alte Anbetung der Sonne.

Das höchste Fest der Freimaurer fällt auf den sogenannten St. Johannistag; allein jeder aufgeklärte Maurer muß wissen, daß das Halten ihres Festes an diesem Tage, auf den sogenannten St. Johannistag keinen Bezug hat, und daß sie nur zur Verheimlichung des wahren Grundes, warum sie es an diesem Tage halten, dem Feste jenen Namen beilegen.

---

*) Gegenwärtig wird darauf wohl wenig Rücksicht genommen, zumal da die meisten Kirchhöfe nicht mehr bei den Kirchen liegen, sondern abgesonderte Plätze sind. Engl. Herausgeber.

Da es Freimaurer oder zum Mindesten Druiden viele Jahrhunderte vor der Zeit des St. Johannes gab (wenn nämlich eine solche Person jemals lebte); so muß sich das Halten ihres Festes an diesem Tage auf eine Ursache beziehen, welches mit Johannes durchaus nichts zu schaffen hat.

Die Sache verhält sich eben in der Art, daß der sogenannte St. Johannistag der 24. Juni oder der sogenannte Mitt=Sommertag ist; die Sonne ist alsdann zur Sommer=Sonnenwende gekommen, und scheint in ihrer Mittagshöhe einige Tage lang gleich hoch zu stehen. Der astronomisch längste Tag, wie der kürzeste Tag, fällt nicht in jedem Jahre, wegen des Schaltjahrs, auf denselben Monatstag, und darum wird der 24. Juni immer als Sommer=Sonnenwende angenommen; und nur zu Ehren der Sonne, welche alsdann für unsere Hemisphäre ihre größte Höhe erreicht hat, und aus irgend einer Rücksicht auf St. Johannes, wird dieses Jahresfest der Maurer, welches von den Druiden entlehnt ist, am Mitt=Sommertage gefeiert.

Gewohnheiten überleben oft die Erinnerung an deren Ursprung, und dieses gilt von einer noch immer in Irland herrschenden Gewohnheit, wo die Druiden zu derselben Zeit in Ansehn standen, wie in Britanien. Am Vorabend des St. Johannistages, das heißt am Vorabend des Mitt=Sommertages, machen die Irländer Feuer auf den Gipfeln der Berge. Dies kann keine Beziehung haben auf St. Johannes; vielmehr hat es eine sinnbildliche Beziehung auf die Sonne, welche an jenem Tage ihre höchste Mittagshöhe erreicht, und von welcher man in Volkssprache sagen könnte, sie habe den Gipfel des Berges erstiegen.

Was Freimaurer und Bücher ihres Ordens uns von Salomo's Tempel zu Jerusalem erzählen, so ist es durchaus nicht unwahrscheinlich, daß manche Ceremonien der Freimaurer von dem Bau jenes Tempels hergeleitet worden sein mögen; denn die Verehrung der Sonne war um viele Jahrhunderte früher im Gebrauche, ehe der Tempel vorhanden war, ja ehe die Israeliten aus Egypten kamen. Und wir ersehen aus der Geschichte der jüdischen Könige, 2. Könige, Cap. 22 und 23, daß der Gottesdienst der Sonne von den Juden in jenem Tempel verrichtet wurde. Indessen steht sehr zu bezweifeln, ob jener Gottesdienst mit derselben wissenschaftlichen Reinheit und religiösen Moral vollzogen wurde, wie dies bei den Druiden der Fall war, welche zufolge aller geschichtlichen Nachrichten, die wir noch von ihnen übrig haben, eine weise, gelehrte und tugendhafte Classe von Leuten waren. Die Juden hingegen waren unbekannt mit der Astronomie und mit der Wissenschaft im Allgemeinen, und wenn eine auf Astronomie gegründete Religion in ihre Hände fiel, so ist es fast gewiß, daß sie verdorben werden mußte. Wir lesen weder in der biblischen, noch in einer andern Geschichte der Juden, daß sie irgend eine Kunst oder Wissenschaft erfunden oder vervollkommnet hätten. Selbst bei dem Bau dieses Tempels mußten die Juden nicht, wie sie das Bauholz zum Anfang und zur Fortsetzung des Werkes abmessen und zusammensetzen sollten; und Salomo sah sich genöthigt, zu Hiram, König von Tyrus (Sidon) zu senden, um sich Arbeiter zu verschaffen; „denn du weißt," läßt Salomo zu Hiram sagen, 1. Könige, Cap. 5, Vers 6, „daß bei uns Niemand ist, der Holz zu hauen wisse, wie die Sidonier." Dieser Tempel war eigentlich mehr Hiram's als Salomo's Tempel, und wenn die Maurer von dem Bau desselben irgend etwas herleiten, so verdanken sie es den Sidoniern und nicht den Juden. — Doch wieder zur Verehrung der Sonne in diesem Tempel.

Es heißt, 2. Könige, Cap. 23, Vers 5: „Und König Josia that ab alle Götzen-Priester — welche räucherten der Sonne, dem Monde, den Planeten und allem Heer am Himmel." — Und im 11ten Verse heißt es: „Und er that ab die Rosse, welche die Könige von Juda hatten der Sonne gesetzt im Eingange des Hauses des Herrn; — und die Wagen der Sonne verbrannte er mit Feuer." Vers 13: „Auch die Höhen, die vor Jerusalem waren, zur Rechten am Berge Mashith, die Salomo, der König Israels, gebaut hatte für Astoreth, den Greuel der Sidonier," (gerade die Leute, welche den Tempel bauten, „verunreinigte der König."

Außer diesen Dingen, gleicht die Schilderung, welche Josephus von den Verzierungen dieses Tempels liefert, einem größeren Maßstabe denen einer Maurer-Loge. Er sagt, die Anordnung der verschiedenen Theile des Tempels der Juden habe die ganze Natur vorgestellt, besonders die augenfälligsten Theile derselben, wie die Sonne, den Mond, die Planeten, den Thierkreis, die Erde, die Elemente; und das Weltsystem sei durch viele geistreiche Sinnbilder darin vergegenwärtigt worden. Diese sind aller Wahrscheinlichkeit nach dasjenige, was Josia in seiner Unwissenheit den Greuel der Sidonier nennt.*) Alles jedoch, was man aus diesem Tempel†) hergeleitet und auf die Maurerei angewandt hat, bezieht sich

---

*) Wo Smith von einer Loge spricht, sagt er, wann die Loge einem eintretenden Maurer offenbart wird, so entdeckt sie ihm eine Darstellung der Welt; hier werden wir von den Wundern der Natur zur Betrachtung ihres großen Urhebers und zu seiner Verehrung durch seine gewaltigen Werke geführt; und wir werden dadurch gleichfalls veranlaßt, jene moralischen und geselligen Tugenden auszuüben, welche den Menschen, als den Dienern des großen Baumeisters der Welt, geziemen.

†) Die Bemerkung mag hier nicht am unrechten Orte sein, das das sogenannte Mosaische Gesetz nicht zur Zeit der Erbauung dieses Tempels bestanden haben konnte. Darin befanden sich die Bilder von Dingen droben im Himmel und unten auf der Erde. Und wir lesen 1. Könige, Cap. 6 und 7, daß Salomo Cherubims machen ließ, daß er an allen Wänden des Hauses um und um Schnitzwerk von Cherubim, Palmen und Blumenwerk machen ließ; ferner ein gegossenes Meer, welches auf zwölf Rindern stand, und Leisten mit Löwen, Ochsen und Cherubim verziert waren; — dies Alles steht mit dem sogenannten Mosaischen Gesetz im Widerspruch.

immer auf die Verehrung der Sonne, so sehr dieselbe von den Juden verdorben oder mißverstanden sein mochte, und folglich auf die Religion der Druiden.

Ein anderer Umstand, welcher beweist, daß die Maurerei von einem alten Religionssystem abstammt, welches älter ist als die christliche Religion, und mit derselben nichts zu schaffen hat, ist die Chronologie oder Art der Zeitrechnung, welche von den Maurern in den Urkunden ihrer Logen angewandt wird. Sie bedienen sich nicht der sogenannten christlichen Zeitrechnung; und sie zählen ihre Monate nach der Zahlenfolge, wie die alten Egypter zu thun pflegten, und wie die Quäker noch heutzutage thun. Ich besitze eine Urkunde einer französischen Loge, aus der Zeit, als der ehemalige Herzog von Chartres, Großmeister des Freimaurer-Ordens von Frankreich war. Dieselbe beginnt mit folgenden Worten: „Le trentieme jour due sixieme mois de l'an de la V. L. cinq. mil sept cent soixante trois;" das heißt, am 13ten Tage des sechsten Monats des Jahres der ehrwürdigen Loge 5763. Wie ich aus englischen Büchern über den Freimaurer-Orden ersehe, so bedienen sich die englischen Maurer der Anfangsbuchstaben A. L. und nicht V. L. Unter A. L. verstehen sie im Jahre der Loge,*) wie die Christen unter A. D. (Anno Domini) im Jahre des Herrn verstehen. Allein A. L. wie V. l. bezieht sich auf denselben chronologischen Punkt, das heißt auf die muthmaßliche Zeit der Schöpfung. Im Capitel über den Ursprung der christlichen Religion habe ich dargethan, daß die Kosmogenie das heißt die Erzählung von der Schöpfung, womit das Buch Genesis anhebt, aus der Zend-Avesta des Zoroaster genommen und verstümmelt worden ist, und nach der Rückkehr der Juden aus der babylonischen Gefangenschaft der Bibel als eine Vorrede vorgesetzt wurde, und daß die Rabbiner der Juden ihre Erzählungen in der Genesis nicht für Thatsachen, sondern für bloße Allegorien halten. Die 6000 Jahre in der Zend-Avesta sind in der Erzählung der Genesis in sechs Tage verwandelt oder verfälscht. Die Maurer scheinen denselben Zeitraum gewählt zu haben, und haben, vielleicht um den Verdacht und die Verfolgung der Kirche zu vermeiden, die Zeitrechnung der Welt als die Zeitrechnung des Freimaurer-Ordens gewählt. Das V. L. der französischen und das A. L. der englischen Freimaurer entspricht dem A. M., Anno Mundi, oder Jahre der Welt.

Obwohl die Freimaurer viele ihrer Ceremonien und Hieroglyphen von den alten Egyptern entlehnt haben, so haben sie doch gewißlich ihre Zeitrechnung nicht von daher entlehnt. Hätten sie dieses gethan, so würde sie

---

*) V. L., welche Buchstaben die französischen Maurer brauchen, sind die Anfangsbuchstaben von Vroie Lumiere, wahres Licht; — und A. L., welche die englischen Maurer anwenden, sind die Anfangsbuchstaben von Anno Lucis, im Jahre des Lichtes. Allein da in beiden Fällen, wie Hr. Paine bemerkt, auf die muthmaßliche Zeit der Schöpfung hingewiesen wird, so hat sein Irrthum nichts zu bedeuten. Engl. Herausgeber.

die Kirche bald auf den Scheiterhaufen spedirt haben; denn die Zeitrechnung der Egypter, wie diejenige der Chinesen, geht um viele tausend Jahre weiter zurück, als die Zeitrechnung der Bibel.

Die Religion der Druiden war, wie oben bemerkt wurde, dieselbe wie die Religion der alten Egypter. Die egyptischen Priester waren die Erforscher und Lehrer der Wissenschaft, und wurden Priester von Heliopolis, d. h. der Stadt der Sonne, genannt. Die Druiden in Europa, welche derselben Classe von Leuten angehörten, haben ihren Namen aus der teutonischen oder altgermanischen Sprache; die Deutschen wurden in älteren Zeiten Teutonen genannt. Das Wort Druide bezeichnet einen weisen Mann. In Persien wurden sie Magier genannt, was dasselbe bedeutet.

„Egypten," sagt Smith, „von woher wir viele unserer Mysterien ableiten, hat stets einen ausgezeichneten Rang in der Geschichte behauptet, und war einst vor allen andern Nationen wegen seiner Alterthümer, Gelehrsamkeit, Reichthümer und Fruchtbarkeit berühmt. In dem Religionssystem der Egypter stellten ihre Haupt-Gottheiten, Osiris und Isis, theologisch das Höchste Wesen und die allgemeine Natur dar; und physisch die beiden großen himmlischen Lichtkörper, die Sonne und den Mond, durch deren Einfluß die ganze Natur in Thätigkeit gesetzt wurde. Die erfahrenen Brüder der Gesellschaft (sagt Smith in einer Anmerkung zu dieser Stelle) wissen wohl, welche Verwandtschaft diese Sinnbilder mit der Maurerei haben, und warum sie in allen Maurer-Logen gebraucht werden."

Wo er von dem Anzug der Maurer in ihren Logen spricht, wozu ein weißes Schurzfell gehört, wie wir bei ihren öffentlichen Umzügen sehen, sagt er: „Die Druiden waren zur Zeit ihrer Opfer und gottesdienstlichen Verrichtungen weiß angezogen. Die egyptischen Priester des Osiris trugen schneeweiße baumwollene Gewänder. Die griechischen und die meisten andern Priester trugen weiße Anzüge. Als Freimaurer, achten wir die Grundsätze Derer, welche die ersten Verehrer des wahren Gottes waren, wir behalten deren Anzug, und wählen das Zeichen der Unschuld."

„Die Egypter," sagt Smith weiter, „bildeten in den frühesten Zeiten sehr viele Logen, aber hielten ihre Maurer-Geheimnisse sorgfältig vor allen Fremden verborgen. Diese Geheimnisse sind uns nur durch Ueberlieferung unvollständig zugekommen, und sollten vor den Arbeitern, Gesellen und Lehrlingen so lange verborgen gehalten werden, bis sie durch gutes Betragen und langes Studium in der Geometrie und den freien Künsten besser bewandert, und dadurch zu Meistern und Vorstehern befähigt werden, was bei den englischen Maurern selten oder je der Fall ist."

In dem von dem Astronomen Lalande verfaßten Artikel über Freimaurerei in der französischen Encyclopädie erwartete ich, wegen seiner großen astronomischen Kenntniſſe, viele Aufſchlüſſe über den Urſprung der Maurerei zu finden; denn welche Verbindung kann zwiſchen einer Anſtalt und der Sonne und den zwölf Zeichen des Thierkreiſes beſtehen, wenn ſich in jener Anſtalt oder in ihrem Urſprung nicht Etwas vorfindet, das auf Aſtronomie Bezug hat. Jedes Ding, welches als eine Bilderſprache gebraucht wird, hat Bezug auf den Gegenſtand und Zweck, wofür es gebraucht wird; und wir können nicht annehmen, daß die Freimaurer, unter denen es ſehr viele gelehrte und wiſſenſchaftliche Männer giebt, ſolche Thoren ſeien, daß ſie aſtronomiſche Zeichen brauchten, welche keine aſtronomiſche Bedeutung hätten.

Allein ich fand mich in meinen Erwartungen von Lalande getäuſcht. Von dem Urſprung der Freimaurerei ſagt er: "L'origine de la maconnerie se perd, comme tant d'autres dans l'obscurité des temps;" das heißt, der Urſprung der Freimaurerei, wie ſo manches Andere, verliert ſich im Dunkel der Zeiten. Als ich auf dieſen Ausdruck ſtieß, vermuthete ich daß Lalande ein Maurer ſei, und bei einer Erkundigung fand ich meine Vermuthung beſtätigt. Dieſes Uebergehen der Frage zog ihn aus der Verlegenheit, worin ſich Maurer in Bezug auf die Enthüllung ihres Urſprungs befinden, welchen ſie geheim zu halten geſchworen haben. Es beſteht eine Freimaurer-Geſellſchaft in Dublin, welche ſich den Namen Druiden beilegen; dieſe Maurer müſſen, allem Vermuthen nach, einen Grund für die Annahme jenes Namens haben.

Ich will nunmehr von der Urſache ſprechen, warum die Maurer Geheimniſſe haben.

Die natürliche Quelle von Geheimniſſen iſt die Furcht. Wenn eine neue Religion eine ältere Religion überflügelt, ſo werden die Bekenner der neuen Religion die Verfolger der alten. Wir ſehen dies in allen Beiſpielen, welche uns die Geſchichte vor Augen ſtellt. Als der Prieſter Hilkia und der Schriftgelehrte Saphan unter der Regierung des Königs Joſia das ſogenannte Moſaiſche Geſetz fanden oder gefunden zu haben vorgaben, tauſend Jahre nach den Zeiten von Moſes (und es iſt aus dem 2ten Buch der Könige, Cap. 22 und 23, nicht erſichtlich, daß jenes Geſetz vor der Zeit Joſia's jemals befolgt wurde, oder nur bekannt war); da führte Joſia jenes Geſetz als National-Religion ein, und ließ alle Prieſter der Sonne ums Leben bringen. Als die chriſtliche Religion die jüdiſche Religion verdrängte, erlitten die Juden fortwährende Verfolgungen in allen chriſtlichen Ländern. Als die proteſtantiſche Religion in England die römiſch-katholiſche Religion überwältigte, wurde es einem katholiſchen Prieſter bei Todesſtrafe verboten, ſich in England betreffen zu laſſen. Da dieſes in allen Fällen, welche wir kennen, an der Tagesordnung geweſen iſt ſo ſind wir auch genöthigt, in Bezug auf den fraglichen Fall das gleiche anzunehmen, und zwar daß die Druiden Gegenſtände der Verfolgung wurden, als die chriſtliche Religion die Religion der Druiden in Italien, im alten Gallien, Britanien und Irland überwältigte. Dies mußte solche unter ihnen, welche ihrer ursprünglichen Religion ergeben blieben, natürlich und nothwendig veranlassen, sich im Geheimen und unter dem strengsten Gebote des Geheimnisses zu versammeln. Ihre Sicherheit hing davon ab. Ein falscher Bruder konnte das Leben Vieler dem Verderben aussetzen; und aus den so erhaltenen Ueberbleibseln der Druiden-Religion entsprang die Anstalt, welche, um den Namen Druide zu vermeiden, den Namen Maurer wählte, und unter diesem neuen Namen die Religionsgebräuche und Ceremonien der Druiden ausübte.

Schreiben an Samuel Adams.

Mein theurer und ehrwürdiger Freund!

Mit großem Vergnügen las ich Ihr freundschaftliches und liebevolles Schreiben vom 30. November, und ich danke Ihnen ebenfalls für dessen Freimüthigkeit. Zwischen Männern, deren Streben nach Wahrheit geht, und deren Ziel das Glück der Menschen in diesem wie in einem zukünftigen Leben ist, sollte kein Rückhalt bestehen. Sogar der Irrthum hat einen Anspruch auf Nachsicht, wenn nicht auf Achtung, wann derselbe aufrichtig für Wahrheit gehalten wird. Ich bin Ihnen verbunden für Ihr liebevolles Andenken an meine, von Ihnen so genannten, Dienste bei Erweckung der öffentlichen Meinung zu einer Erklärung der Unabhängigkeit, und bei der Behandlung derselben, nachdem sie erklärt worden war. Wie Sie, habe auch ich oft zurückgeblickt auf jene Zeiten, und habe gedacht, daß, wäre die Unabhängigkeit nicht zu der Zeit erklärt worden, als dies geschah, die öffentliche Meinung später nicht dazu hätte bewogen werden können. Sie werden, da Sie mit den damaligen Zeitverhältnissen so innig vertraut waren, alsbald auf den Gedanken kommen, daß ich die trüben Zeiten des Jahres sechs und siebenzig im Auge habe; denn obwohl ich weiß, und Sie, mein Freund, ebenfalls wissen, daß dies nur die natürliche Folge der militärischen Fehler jenes Feldzuges war; so hätte doch das Land dieselben als die Folgen einer natürlichen Unfähigkeit zur Behauptung seiner Sache gegen den Feind betrachten, und hätte unter der Trostlosigkeit jener falschen Vorstellung erliegen können. Gegen diese Ansicht mußte man das Volk auf das Eindringlichste einnehmen.

Ich komme nunmehr zu dem zweiten Theile Ihres Schreibens, und werde mich darüber so freimüthig gegen Sie aussprechen, wie Sie dies gegen mich thun. „Aber (sagen Sie), als ich hörte, Sie beschäftigten sich mit einer Vertheidigung des Unglaubens, gerieth ich in großes Erstaunen," ꝛc. Wie, mein wackerer Freund, nennen Sie den Glauben an Gott Unglauben? denn das ist der Hauptpunkt, welcher im „Zeitalter der Vernunft" gegen alle getheilten Glaubenssysteme und allegorischen Gottheiten aufgestellt ist. Der Bischof von Llandaff (Dr. Watson) erkennt dieses nicht allein an, sondern macht mir sogar einige Lobeserhebungen darüber, in seiner Antwort auf den zweiten Theil jenes Werkes. „Einige Gedanken (sagt er) sind voll philosophischer Erhabenheit, wo Sie über den Schöpfer des Weltalls sprechen."

Was aber, mein hochgeschätzter Freund (denn ich achte Sie darum nicht minder, weil unsere religiösen Meinungen von einander abweichen, und das wahrscheinlich nicht bedeutend), was, frage ich, ist der sogenannte Unglaube? Wenn wir zu Ihren und meinen Vorfahren um drei bis vier hundert Jahre zurückgehen (denn wir müssen Väter und Großväter gehabt haben, sonst wären wir nicht hier); so werden wir finden, daß dieselben zu Heiligen und Jungfrauen beteten, und an ein Fegfeuer und an eine wirkliche Verwandlung des Brodes und des Weines in den Leib und das Blut Christi (Transsubstantiation) glaubten; und deshalb sind wir Alle Ungläubige, zufolge des Glaubens unserer Vorältern. Wenn wir in noch ältere Zeiten zurückgehen, so sind wir abermals Ungläubige, zufolge des Glaubens von wieder andern Vorältern.

Es ist eben eine ausgemachte Sache, mein Freund, daß die Welt geplagt worden ist mit Fabeln und Glaubenssätzen von menschlicher Erfindung, mit dem Sektenhaß ganzer Nationen gegen andere Nationen, und wieder mit dem Sektenhaß verschiedener Parteien in einer jeden derselben. Jede Sekte, mit Ausnahme der Quäker, hat Verfolgungen verübt. Diejenigen, welche der Verfolgung entgangen waren, verfolgten wieder ihrerseits, und gerade diese Verwirrung von Glaubensbekenntnissen hat die Welt mit Verfolgungswuth erfüllt, und mit Blut überschwemmt. Sogar die Plünderung unseres Handels von Seiten der afrikanischen Raubstaaten entsprang aus den Kreuzzügen der Kirche gegen jene Mächte. Es war ein Krieg eines Glaubenssystems gegen ein anderes; jedes rühmte Gott als seinen Stifter, und schimpfte die Anhänger des andern Systems Ungläubige. Wenn ich nicht glaube, wie Sie glauben, so beweist dies eben, daß Sie nicht glauben, wie ich glaube, und es beweist weiter nichts.

Indessen giebt es Einen Vereinigungspunkt, worin alle Religionen übereinstimmen, und zwar im ersten Glaubensartikel jedes Menschen und jedes Volkes, welche überhaupt einen Glauben haben, nämlich: Ich glaube an Gott. Diejenigen, welche hier stehen bleiben, und es giebt Millionen, welche dies thun, können sich nicht irren, soweit ihr Glaubensbekenntniß geht. Diejenigen, welche weiter zu gehen belieben, mögen sich irren; denn es ist unmöglich, daß Alle Recht haben können, da so viele Widersprüche unter ihnen obwalten. Die Ersteren haben demnach, meines Bedünkens, den sichersten Theil erwählt.

Vermuthlich sind Sie mit der Kirchengeschichte so weit vertraut, daß Sie wissen (und der Bischof war genöthigt, in seiner Antwort auf meine Schrift die Thatsachen einzugestehen), daß die Bücher, welche das Neue Testament bilden, von den päbstlichen Concilien von Nicäa und Laodicäa, vor ungefähr 1450 Jahren, durch Abstimmung mit Ja und Nein für das Wort Gottes erklärt wurden. In Bezug auf diese Thatsache herrscht kein Streit, auch erwähne ich dieselbe nicht, um darüber eine Streitfrage zu führen. Diese Abstimmung mag für Manche genügende Beweiskraft besitzen, und für Andere wieder nicht. Indessen sollte Jedermann füglicher Weise diese Thatsache kennen lernen.

In Bezug auf das „Zeitalter der Vernunft," welches Sie so sehr verdammen, und zwar wie ich glaube, ohne es gelesen zu haben (denn Sie sagen nur, Sie hätten davon **gehört**), will ich Sie von einem Umstande in Kenntniß setzen, weil Sie denselben nicht auf andere Weise wissen können.

Ich habe auf der ersten Seite des ersten Theiles jenes Werkes bemerkt, es sei längst meine Absicht gewesen, meine Gedanken über Religion im Druck erscheinen zu lassen, allein ich hätte dieses auf eine spätere Lebenszeit verspart. Ich habe Ihnen jetzt zu melden, warum ich dieselben zu einer früheren Zeit niederschrieb und der Oeffentlichkeit übergab.

Erstlich sah ich mein Leben in fortwährender Gefahr. Meine Freunde fielen so schnell als die Guillotine ihre Köpfe abschlagen konnte; und da ich täglich dasselbe Schicksal erwartete, so beschloß ich, mein Werk zu beginnen. Ich kam mir vor, als läge ich auf einem Todesbette, denn der Tod umringte mich von allen Seiten, und ich hatte keinen Augenblick zu verlieren. Dies ist der Grund, warum ich zu der Zeit schrieb, die ich wählte, und so genau stimmten Zeit und Absicht überein, daß ich den ersten Theil des Werkes nicht über sechs Stunden beendigt hatte, als ich verhaftet und in das Gefängniß geführt wurde. Joel Barlow war bei mir, und weiß, daß sich die Sache so verhält.

Zweitens stürzte sich das französische Volk damals Hals über Kopf in den Abgrund des Atheismus, und ich ließ das Werk in seiner Sprache übersetzen und in derselben erscheinen, um ihm auf jener Bahn Einhalt zu thun, und es an den ersten Artikel (wie ich zuvor bemerkte), des Glaubensbekenntnisses jedes Menschen, welcher überhaupt ein Glaubensbekenntniß hat, zu fesseln, nämlich an den Artikel: Ich glaube an Gott. Ich brachte mein Leben in Gefahr, einmal dadurch, daß ich mich im Convent der Hinrichtung des Königs widersetzte, und zu beweisen suchte, daß man den Monarchen zu richten habe, und nicht den Menschen, und daß die ihm beigemessenen Verbrechen die Verbrechen des monarchischen Systems seien; — und zum zweiten Male gefährdete ich mein Leben dadurch, daß ich mich dem Atheismus widersetzte, und dennoch erheben **manche** der jetzigen Priester (denn ich glaube nicht, daß Alle verdorben sind) das wilde Kriegsgeschrei monarchischer Priester: welch ein Ungläubiger! welch ein gottloser Mensch ist Thomas Paine! Sie könnten eben sowohl hinzuſetzen: denn er glaubt an Gott und iſt gegen das Vergießen von Menſchenblut.

Doch dieſes ganze Kriegsgeſchrei der Kanzelmänner hat eine verdeckte Abſicht. Die Religion iſt nicht der wahre Grund davon, ſondern ſie iſt nur der Deckmantel. Sie ſchieben dieſelbe vor, um ſich ſelbſt dahinter zu verbergen. Es iſt kein Geheimniß, daß es eine Partei gegeben hat, beſtehend aus den Anführern der Föderaliſten (denn ich ſtelle nicht alle Föderaliſten mit ihren Anführern in dieſelbe Kategorie), welche ſeit mehren Jahren auf mannichfaltige Weiſe daran gearbeitet haben, die auf das Repräſentativ=Syſtem gegründete Bundes=Verfaſſung umzuſtürzen, und die Regierung in der Neuen Welt auf das verdorbene Syſtem der Alten zu bauen. Zur Erreichung dieſes Zieles war ein zahlreiches ſtehendes Heer nothwendig, und als ein Vorwand für ein ſolches Heer, muß die Gefahr eines feindlichen Einfalls von der Kanzel, von der Preſſe und von ihren öffentlichen Rednern in die Welt gebrüllt werden.

Ich bin von Natur nicht zum Argwohn geneigt. Derſelbe iſt an und für ſich eine gemeine und feige Leidenſchaft, und im Ganzen, ſelbſt wenn man ſich irren mag, iſt es beſſer und gewißlich großmüthiger, ſich auf Seiten des Zutrauens zu irren, als auf Seiten des Argwohns. Allein ich weiß es als Thatſache, daß die engliſche Regierung jährlich 1500 Pfund Sterling unter den presbyterianiſchen Geiſtlichen in England, und 100 unter denen von Irland vertheilt;*) und wenn ich von den ſeltſamen Vorträgen mancher jetziger Prediger und Profeſſoren von Collegien höre, ſo kann ich, wie die Quäker ſagen, in meinem Geiſte keine Freiheit finden, dieſelben für unſchuldig zu erklären. Ihre antirevolutionären Lehren nöthigen uns wider Willen zum Verdachte, und laſſen uns bei aller Menſchenliebe nichts Gutes von ihnen denken.

Da Sie mir eine Bibelſtelle vorgehalten haben, ſo will ich Ihnen eine andere für jene Prediger vorhalten. Es heißt im 2ten Buch Moſes, Cap. 22, Vers 28: „Du ſollſt die Götter nicht läſtern, noch dem Oberhaupt deines Volkes fluchen." Allein jene Prediger, ich meine ſolche, wie Dr. Emmons, fluchen ſowohl dem Oberhaupte wie dem Volke, denn die Mehrheit iſt in politiſchem Sinne das Volk, und ſie fluchen denen, welche das Oberhaupt gewählt haben.

Was den erſten Theil des Verſes anbelangt, nämlich die Götter nicht zu läſtern, ſo bildet derſelbe keinen Theil meiner Bibel: ich habe nur Einen Gott.

Seitdem ich dieſes Schreiben angefangen habe (denn ich ſchreibe ſtückweiſe, wie ich gerade Muße habe), ſind mir die vier Briefe, welche zwiſchen

---

*) Es muß hier in Bezug auf den angeblich verwendeten Betrag ohne Zweifel ein ſehr ſtarkes Verſehen obwalten; wahrſcheinlich ſollte es fünfzehnhunderttauſend und einhunderttauſend Pfund heißen.

Engl. Herausg.

Ihnen und John Adams gewechselt wurden, zu Gesichte gekommen. In Ihrem ersten Briefe sagen Sie: „Lasset Gottesgelehrte und Weltweise, Staatsmänner und Patrioten vereint dahin streben, **ein neues Zeitalter herbeizuführen,** dadurch daß sie dem Gemüthe der Jugend **Ehrfurcht und Liebe zur Gottheit und allgemeine Menschenliebe einflößen.** „Ei, mein theurer Freund, das ist gerade meine Religion, und ist der ganze Inbegriff derselben. Damit Sie sich eine Vorstellung machen können, daß das „Zeitalter der Vernunft" (denn ich glaube, Sie haben dasselbe nicht gelesen) diese Ehrfurcht und Liebe zur Gottheit einprägt, will ich Ihnen eine Stelle daraus mittheilen:

„Wollen wir die Macht des Schöpfers betrachten? Wir sehen sie in der Unermeßlichkeit der Schöpfung. Seine Weisheit? Wir sehen sie in der unwandelbaren Ordnung, wodurch das unbegreifliche Weltall regiert wird. Seine Güte? Wir sehen sie in dem Ueberfluß, womit er die Erde segnet. Seine Barmherzigkeit? Wir sehen sie darin, daß er jenen Ueberfluß sogar dem Undankbaren nicht vorenthält."

Wie ich in dem ersten Theile Ihrer Ansicht, nämlich in Bezug auf die Gottheit, mit Ihnen vollkommen einverstanden bin, so bin ich dies gleichfalls im zweiten Theile, nämlich der **allgemeinen Menschenliebe;** hierunter verstehe ich nicht blos das sentimentale Wohlwollen vermittelst guter Wünsche, sondern das praktische Wohlwollen vermittelst guter Handlungen. Wir können Gott nicht auf dieselbe Weise dienen, wie wir Denen dienen, welche jener Dienste nicht entbehren können. Er bedarf unserer Dienste nicht. Wir können zu der Ewigkeit nichts hinzuthun. Allein es steht in unserer Macht, einem ihm **angenehmen Dienst** zu erweisen, und zwar nicht durch Beten, sondern durch das Bestreben, seine Geschöpfe glücklich zu machen. Ein Mensch dient nicht Gott, wenn er betet, sondern er versucht sich selbst zu dienen; und was das Miethen oder Bezahlen von Leuten zum Beten anbelangt, so sieht dies gerade so aus, als ob die Gottheit einer Belehrung bedürfte, und ist ein Greuel in meinen Augen. Ein guter Schulmeister ist nützlicher und mehr werth, als eine ganze Ladung solcher Pfaffen, wie Dr. Emmons und einige Andere.

Sie, mein theurer und hochgeschätzter Freund, stehen bereits tief an der Neige des Lebens; ich habe, wie ich glaube, noch einige Jahre vor mir, denn ich freue mich eines gesunden Leibes und eines heiteren Geistes; ich habe auf Beides wohl Acht, und nähre den Ersteren mit Mäßigkeit, und den Letzteren mit Ueberfluß.

Dieses werden Sie, wie ich glaube, als die wahre Lebensweisheit anerkennen. Sie werden aus meinem dritten Schreiben an die Bürger der Ver. Staaten ersehen, daß ich vielen Gefahren ausgesetzt gewesen, und aus denselben errettet worden bin; allein anstatt Gott mit Gebeten zu bestürmen, als ob ich ihm mißtraute, oder ihm Vorschriften machte müßte, verließ ich mich auf seinen Schutz; und Sie, mein Freund, werden sogar in Ihren letzten Augenblicken, mehr Trost finden in dem Stillschweigen der Ergebung, als in dem murrenden Wunsche des Gebetes.

In Allem, was Sie in Ihrem zweiten Briefe an John Adams hinsichtlich unserer Rechte als Menschen und Bürger in dieser Welt sagen, bin ich vollkommen mit Ihnen einverstanden. Ueber andere Punkte haben wir unserem Schöpfer Rede zu stehen, und nicht Einer dem Anderen. Der Schlüssel zum Himmel befindet sich nicht in dem Gewahrsam irgend einer Sekte, noch sollte der Weg dahin von irgend einer verschlossen werden. In dieser Welt stehen wir nur als Menschen zu einander im Verhältniß, und derjenige Mensch, welcher ein Freund seiner Nebenmenschen und ihrer Rechte ist, mögen seine religiösen Ansichten sein, welche sie wollen, ist ein guter Bürger, welchem ich die Hand der Bruderliebe reichen kann, und eben so wie jeder Andere reichen sollte, und zwar Keinem mit herzlicherem Wohlwollen, als Ihnen, mein theurer Freund.

Bundesstadt, (Washington), am 1sten Januar 1803.

Thomas Paine.

Auszug aus einem Schreiben
an Andrew A. Dean.*)

Geschätzter Freund!

Ihr freundschaftliches Schreiben ist mir zugekommen, und ich bin Ihnen dafür sehr verbunden. Heute (Sonntag den 15ten August) vor drei Wochen hatte ich einen Schlagfluß=Anfall, welcher mir alle Besinnung und Bewegung raubte. Mein Puls und mein Athem standen still, und meine Umgebung hielt mich für todt. Ich hatte mich an jenem Tage äußerst wohl befunden, und hatte eben erst ein Stückchen Butterbrod zum Abendessen eingenommen, und wollte mich zu Bette begeben. Der Anfall traf mich auf der Treppe so plötzlich, als ob ich durch den Kopf geschossen worden wäre; und ich verletzte mich so stark durch den Fall, daß ich nicht im Stande war, seit jenem Tage aus dem Bett oder hinein zu steigen, sondern zwei Leute mußten mich in einer Decke herausheben; dennoch blieben meine Geisteskräfte die ganze Zeit über so ungeschwächt, wie ich dieselben jemals genoß. Ich betrachte den Auftritt, welchen ich durchgemacht habe, als einen Versuch im Sterben, und ich finde, daß der Tod für mich keinen Schrecken hat. Was die sogenannten Christen betrifft, so haben sie keinen Beweis, daß ihre Religion wahr ist.†) Es ist

---

*) Hr. Dean hatte Hrn. Paine's Landgut bei New Rochelle gepachtet.

†) Man darf annehmen, daß der Uebergang auf die Religion in dem

nicht mehr Beweis vorhanden, daß die Bibel das Wort Gottes ist, als daß der Koran Muhameds das Wort Gottes ist. Nur die Erziehung macht den ganzen Unterschied aus. Ehe der Mensch selbst zu denken anfängt, ist er in Glaubensbekenntnissen eben so sehr das Kind der Gewohnheit, wie im Pflügen und Säen. Jedoch Glaubensbekenntnisse, wie Meinungen, beweisen nichts.

Wo ist der Beweis, daß der sogenannte Jesus Christus der von Gott erzeugte Sohn desselben ist? Die Sache läßt keinen Beweis zu, weder für unsere Sinne, noch für unsere Geisteskräfte; eben so wenig hat Gott dem Menschen irgend eine Fähigkeit verliehen, wodurch so etwas begreiflich ist. Dies kann deshalb kein Gegenstand des Glaubens sein, denn der Glaube ist nichts weiter, als eine Zustimmung des Geistes zu Etwas, was man für wahr zu halten gute Gründe hat. Hingegen Priester, Prediger und Schwärmer setzen die Einbildungskraft an die Stelle des Glaubens, und es ist der Einbildungskraft eigenthümlich, ohne Beweis zu glauben.

Wenn der Zimmermann Joseph träumte (wie das Buch des Matthäus im ersten Kapitel von ihm erzählt) daß seine anverlobte Frau, Märia, vom Heiligen Geist geschwängert sei, und daß ihm ein Engel dies sagte; so bin ich nicht verbunden, seinem Traume Glauben zu schenken, denn ich schenke meinen eigenen Träumen keinen Glauben, und ich würde in der That ein Schwachkopf und ein Thor sein, wenn ich den Träumen Anderer Glauben schenken wollte.

Die christliche Religion entehrt den Schöpfer in all' ihren Glaubenssätzen. Sie stellt den Schöpfer auf eine niedere Stufe, und stellt den christlichen Teufel über ihn. Dieser ist es, welcher zufolge der abgeschmackten Geschichte in der Genesis, den Schöpfer im Garten Eden übertölpelt, und ihm sein Lieblingsgeschöpf, den Menschen stiehlt, und ihn zuletzt nöthigt, einen Sohn zu erzeugen, und jenen Sohn um's Leben zu bringen, um den Menschen wieder zurück zu bekommen, und dieses nennen die Priester der christlichen Religion Erlösung.

Christliche Schriftsteller erheben ein Geschrei gegen die Gewohnheit, Menschenopfer darzubringen, was nach ihrer Behauptung in manchen Ländern geschieht; und jene Schriftsteller erheben jenes Geschrei, ohne

---

Briefe des Hrn. Paine durch die folgende Stelle in Hrn. Dean's Brief veranlaßt wurde:

„Ich habe Ihr Manuscript über Träume und Ihre Untersuchung der Prophezeihungen in der Bibel mit großer Aufmerksamkeit gelesen. Ich prüfe gegenwärtig die alten Prophezeihungen, und vergleiche sie mit jenen, welche angeblich im Neuen Testament angeführt sind. Ich gestehe, diese Vergleichung verdient unsere ernstliche Aufmerksamkeit; ich weiß nicht eher, zu welchem Resultat ich kommen werde, als bis ich zu Ende bin; wenn Sie alsdann noch am Leben sind, werde ich Ihnen dasselbe mittheilen; ich hoffe, bald bei Ihnen zu sein."

jemals zu bedenken, daß ihre eigene Erlösungslehre sich auf ein Menschenopfer gründet. Sie werden, wie sie sagen, durch das Blut Christi erlöst. Die christliche Religion fängt mit einem Traume an und endet mit einem Mord.

Da ich mich gegenwärtig so wohl befinde, um einige Stunden täglich aus dem Bette zu sein, obschon nicht so wohl, um ohne Hülfe aufzustehen; so beschäftige ich mich, wie ich stets gethan habe, mit dem Streben, den Menschen zu der richtigen Anwendung der ihm von Gott verliehenen Vernunft zu bewegen, und seinen Geist unmittelbar zu seinem Schöpfer zu legen, und nicht zu eingebildeten, untergeordneten Wesen, welche man Vermittler nennt, als ob Gott altersschwach oder ein Bullenbeißer wäre.

Was die sogenannte Bibel anbelangt, so ist es eine Gotteslästerung, dieselbe das Wort Gottes zu nennen. Dieselbe ist ein Buch voll Lügen und Widersprüchen, und eine Geschichte schlimmer Zeiten und schlimmer Menschen. Es finden sich nur wenige gute Charaktere in dem ganzen Buche. Das Mährchen von Christus und seinen 12 Aposteln, welches ein Zerrbild der Sonne und der 12 Zeichen des Thierkreises ist, und aus den alten Religionen des Morgenlandes entlehnt wurde, ist noch der am mindesten schädliche Theil. Alles, was von Christus erzählt wird, hat Bezug auf die Sonne. Seine angebliche Auferstehung findet um Sonnenaufgang statt, und zwar am ersten Tage der Woche, d. h. an dem, von altersher der Sonne geweihten, und deshalb Sonntag genannten, Tage; im Lateinischen heißt derselbe Dies Solis, der Tag der Sonne, wie der nächste Tag Montag, d. h. Tag des Mondes. Doch mangelt es in einem Briefe an Raum, um diese Dinge gehörig zu erläutern.

So lange der Mensch dem Glauben an Einen Gott treu bleibt, geht seine Vernunft mit seinem Glaubensbekenntniß Hand in Hand. Er wird nicht durch Widersprüche und gräßliche Erzählungen beleidigt. Seine Bibel ist der Himmel und die Erde. Er betrachtet seinen Schöpfer in all' seinen Werken, und Alles, was er betrachtet, erfüllt ihn mit Ehrfurcht und Dankbarkeit. Von der Güte Gottes gegen Alle lernt er seine Pflicht gegen seine Nebenmenschen, und klagt sich selbst an, wenn er dagegen fehlt. Ein solcher Mensch ist kein Verfolger.

Hingegen wenn er sein Glaubensbekenntniß mit eingebildeten Dingen vervielfacht, wovon er weder einen Beweis noch Begriff haben kann, wie da ist die Erzählung von dem Garten Eden, von der redenden Schlange, von dem Sündenfall des Menschen, von den Träumen des Zimmermanns Joseph, von der vorgeblichen Auferstehung und Himmelfahrt, wovon sich nicht einmal eine geschichtliche Kunde vorfindet (denn kein Geschichtschreiber damaliger Zeit erwähnt etwas dergleichen); — so geräth er in das pfadlose Gebiet der Verwirrung, und wird entweder ein Verrückter oder Heuchler. Er thut seinem Geiste Zwang an, und giebt vor zu glauben, was er in der That nicht glaubt. Dieses ist im Allgemeinen bei den Methodisten der Fall. Ihre Religion ist lauter Glauben und kein sittliches Handeln.

Ich habe Ihnen, mein Freund, hiermit ein getreues Bild (Facsimile) meiner Gedanken über Religion und Glaubensbekenntnisse gegeben, und ich wünsche, daß Sie dieses Schreiben so öffentlich bekannt machen, wie Sie dazu Gelegenheit finden.

Mit Freundschaft der Ihrige,   Thomas Paine.
New-York, im August 1806.

Vermischte Aufsätze.

Auszüge aus dem „Prospect, oder Ueberblick der moralischen Welt," einer Zeitschrift welche von Elihu Palmer zu New-York im Jahre 1804 redigirt und herausgegeben wurde.

[Folgende flüchtige Aufsätze wurden von Hrn. Paine zum Zeitvertreib in müßigen Stunden geschrieben und für den „Prospect" eingesendet, um seinem Freunde, Hrn. Palmer, zur Aufrechthaltung jener Zeitschrift behülflich zu sein. In manchen Fällen mag es vorkommen, daß dieselben Gedanken in seinen andern Werken ausgesprochen worden sind; allein alsdann werden die verschiedenen Gesichtspunkte, aus welchen sie hier betrachtet werden, vermuthlich nicht verfehlen, diesen vermischten Bemerkungen Interesse zu verleihen. Man hat dieselben Unterschriften beibehalten, welche unter den Original-Mittheilungen standen.]

Bemerkungen über R. Hall's Predigten.

[Folgender Aufsatz, welcher von Herrn Paine für den „Prospect" gütig eingesandt wurde, ist voll jener Schärfe des Geistes, jener Faßlichkeit des Ausdrucks und jener Klarheit des Urtheils, wodurch sich dieser vortreffliche Verfasser in all' seinen Schriften so sehr auszeichnet.]

Robert Hall, ein protestantischer Geistlicher in England, hielt eine Predigt gegen den sogenannten Unglauben der neuern Zeit, und ließ dieselbe im Druck erscheinen. Ein Exemplar davon wurde einem angesehenen Manne in Amerika übersendet, mit dem Ersuchen, seine Meinung darüber abzugeben. Jener Mann schickte dasselbe an einen seiner Freunde in New-York mit dem auf den Umschlag geschriebenen Verlangen, — und dieser Letztere schickte es an Thomas Paine, welcher die folgenden Bemerkungen auf das weiße Blatt am Ende der Predigt schrieb:

Der Verfasser der vorstehenden Predigt spricht sehr viel über Unglauben, allein bestimmt nicht genauer, was er darunter versteht. Seine Rede ist weiter nichts als ein allgemeines Geschrei. Alles, was nicht in seinem Glaubensbekenntniß steht, ist, wie ich vermuthe, bei ihm Unglaube, und sein Glaubenskenntniß ist für mich Unglaube. Unglaube ist ein falscher Glaube. Wenn das, was die Christen glauben, nicht wahr ist, so sind die Christen die Ungläubigen.

Der Streitpunkt zwischen Deisten und Christen betrifft nicht Lehren, sondern Thatsachen; — denn wenn die von den Christen für wahr gehaltenen Dinge keine Thatsachen sind, so fällt die darauf gegründete Lehre von selbst zusammen. Es giebt zwar ein Buch, welches Bibel genannt wird, allein es fragt sich, ist es eine Thatsache, daß die Bibel **offenbarte Religion** ist? Die Christen können dieses nicht beweisen. Sie berufen sich auf Ueberlieferungen, anstatt auf Beweise; allein Ueberlieferungen sind keine Beweise. Wenn dieses der Fall wäre, so könnte die Wirklichkeit von Hexen durch dieselbe Art Beweis dargethan werden.

Die Bibel ist eine Geschichte der Zeiten, von welchen sie spricht, und Geschichte ist keine Offenbarung. Die unzüchtigen und gemeinen Erzählungen in der Bibel widerstreiten unsere Vorstellungen von der Reinheit eines göttlichen Wesens eben so sehr, wie die schrecklichen Grausamkeiten und Mordthaten, welche sie ihm beilegt, und unsern Vorstellungen von seiner Gerechtigkeit zuwiderlaufen. Gerade die Ehrfurcht der **Deisten** vor den Eigenschaften der **Gottheit** ist die Ursache, daß sie die Bibel verwerfen.

Sind die Nachrichten, welche uns die christliche Kirche von dem sogenannten Jesus Christus liefert, Thatsachen oder Fabeln? Ist es eine Thatsache, daß er von dem Heiligen Geist erzeugt wurde? Die Christen können dies nicht beweisen, denn die Sache läßt keinen Beweis zu. Die sogenannten Wunder der Bibel, wie z. B. die Auferweckung von Todten, gestatteten, **wenn sie wahr waren**, einen augenscheinlichen Beweis, allein die Geschichte von der Empfängniß Jesu Christi im Mutterleibe ist ein Fall außer dem Bereiche der Wunder, denn derselbe ließ keinen Beweis zu. Maria, die angebliche Mutter Jesu, welche es vermuthlich am besten gewußt haben muß, sagte selbst dieses niemals, und wir haben keinen weiteren Beweis dafür, als daß das Buch des Matthäus sagt, Joseph habe geträumt, ein Engel habe ihm dieses erzählt. Hätte eine zwei bis drei hundert Jahren alte Jungfer ein Kind zur Welt gebracht, so würde dies ein weit besserer präsumtiver Beweis einer übernatürlichen Empfängniß gewesen sein, als die Erzählung des Matthäus vom Traume Josephs über seine junge Frau.

Ist es eine Thatsache, daß Jesus Christus für die Sünden der Welt starb, und wie wird dieselbe bewiesen? War er ein Gott, so konnte er nicht sterben, und als Mensch konnte er nicht erlösen; wie also wird diese Erlösung als Thatsache bewiesen? Es wird erzählt, Adam habe von der verbotenen Frucht, welche gemeiniglich ein Apfel genannt wird, gegessen, und habe dadurch über sich und seine ganze Nachkommenschaft für alle Zeiten ewige Verdammniß herabgerufen. Dies ist schlimmer als das Heimsuchen der Sünden der Väter an den Kindern bis in das **dritte und vierte Glied**. Aber wie sollte der Tod Jesu Christi die Sache anders oder besser machen? — Dürstete Gott nach Blut? Würde es alsdann nicht besser gewesen sein, den Adam auf der Stelle an den verbotenen Baum zu hängen, und einen neuen Menschen zu schaffen? Würde dieses nicht dem Schöpfer ähnlicher gewesen sein, als den alten Menschen auszubessern? Oder entsagte Gott bei der Erschaffung Adams, wenn man die Geschichte als wahr annimmt, dem Rechte, einen andern Menschen zu schaffen? Oder legte er sich die Verbindlichkeit auf, nur die alte Race fortzupflanzen? Die Priester sollten zuerst Thatsachen beweisen, und erst nachher Lehren daraus ableiten. Allein statt dessen nehmen sie Alles an und beweisen nichts. Aus der Bibel gezogene Beweisstellen sind nichts weiter als aus andern Büchern gezogene Beweisstellen, woferne man nicht beweist, daß die Bibel eine Offenbarung ist.

Diese Geschichte von der Erlösung hält keine Prüfung aus. Daß der Mensch sich von der Sünde eines Apfelbisses durch einen Mord an Jesus Christus erlösen sollte, ist das seltsamste Religionssystem, welches jemals aufgestellt wurde. Der Deismus ist im Vergleich damit die vollkommenste Reinheit. Es ist ein feststehender Grundsatz bei den Quäkern, kein Blut zu vergießen;—angenommen also, alle Einwohner von Jerusalem wären zu Christi Zeiten Quäker, so würde Niemand dagewesen sein, um ihn zu kreuzigen, und in jenem Falle, wenn die Menschheit durch sein Blut erlöst wird, welches der Glaube der Kirche ist, hätte keine Erlösung stattfinden können—und die Einwohner von Jerusalem hätten alle verdammt werden müssen, weil sie zu gut gewesen, um einen Mord zu begehen. Das christliche Religionssystem ist eine Beleidigung des gesunden Menschenverstandes. Warum fürchtet sich der Mensch zu denken?

Warum machen die Christen, wenn sie folgerecht handeln wollen, nicht den Judas Ischarioth und den Pontius Pilatus zu Heiligen? denn dieses waren die Leute, welche die Erlösung herbeiführten. Das Verdienst bei einem Opfer, wenn etwas Verdienstliches dabei sein kann, kam niemals dem geopferten Gegenstand zu, sondern der Person, welche das Opfer darbrachte;—und deshalb sollten Judas und Pontius Pilatus im Heiligen-Kalender obenan stehen.

Thomas Paine.

Ueber das Wort Religion
und über andere Worte von unbestimmter Bedeutung.

Das Wort Religion leidet eine gezwungene Anwendung, wenn es in Bezug auf die Verehrung Gottes gebraucht wird. Die Wurzel des Wortes ist das lateinische Zeitwort ligo, fesseln oder binden.

Von ligo stammt religo ab, nochmals fesseln oder binden, oder fester machen—von religo stammt das Hauptwort religio her, welches mit dem Zusatz des Buchstabens n unser Wort Religion bildet. Die Franzosen wenden das Wort im folgenden Beispiel in seiner eigentlichen Bedeutung an: wenn ein Frauenzimmer sich in ein Kloster aufnehmen läßt, so wird sie eine Novice genannt, das heißt, sie hält ihre Probe oder Prüfungszeit aus; erst wenn sie den Eid ablegt, wird sie eine religieuse genannt, das heißt, sie ist durch jenen Eid an die Erfüllung der übernommenen Pflichten gefesselt oder gebunden.

Allein wie das Wort, ohne Rücksicht auf seine Abstammung, bei uns gebraucht wird, so hat es keine bestimmte Bedeutung, weil es nicht bezeichnet, zu welcher Religion Jemand gehört. Es giebt eine Religion der Chinesen, der Tartaren, der Braminen, der Perser, der Juden, der Türken u. s. w.

Das Wort **Christenthum** ist ebenso unbestimmt, wie das Wort Religion. Nicht zwei Sekten können sich darüber verständigen, was es ist. Die Eine sagt: **schauet hierhin**, und die Andere: **schauet dorthin!** Die beiden Haupt=Sekten, die Katholiken und die Protestanten haben sich oft einander die Hälse darüber abgeschnitten: die Katholiken nennen die Protestanten Ketzer, und die Protestanten nennen die Papisten Götzendiener. Die kleineren Sekten haben dieselbe Erbitterung gegen einander bewiesen, allein da das bürgerliche Gesetz sie vom Blutvergießen abhält, so begnügen sie sich damit, gegen einander Verdammniß zu predigen.

Das Wort **Protestant** hat eine bestimmte Bedeutung in dem Sinne, wie es gebraucht wird; es bedeutet das Protestiren, das heißt Einspruchthun gegen die Autorität des Papstes, und dieses ist der einzige Artikel, worin die Protestanten einverstanden sind. In jedem andern Sinne, mit Bezug auf Religion, ist das Wort Protestant so unbestimmt, wie das Wort Christ. Wenn man von einem Bischöflichen (Episcopalianer), einum Presbyterianer, einem Papisten, einem Quäker spricht, so weiß man, was jene Leute sind, und welche Glaubenssätze sie haben; — hingegen wenn man von einem Christen spricht, so weiß man wohl, er ist weder ein Jude noch ein Muhamedaner, allein man weiß nicht, ob er ein Trinitarier oder Anti=Trinitarier ist, ob er an die sogenannte unbefleckte Empfängniß glaubt, oder nicht, ob er sieben Sakramente hat, oder nur zwei, oder gar keine. Das Wort Christ besagt, was Jemand nicht ist, aber es besagt nicht, was Jemand ist.

Das Wort **Theologie**, welches von dem griechischen Wort **Theos**, das heißt Gott, abstammt, und welches die Erforschung und Erkenntniß Gottes bedeutet, ist ein Wort, welches genau genommen nur den Theisten oder Deisten angehört, und nicht den Christen. Das Oberhaupt der christlichen Kirche ist der sogenannte Jesus Christus — hingegen das Oberhaupt der Kirche der Theisten oder Deisten (wie sie gewöhnlicher genannt werden, von Deus, dem lateinischen Wort für Gott), ist Gott selbst, und demnach gehört das Wort Theologie jener Kirche an, deren Oberhaupt **Theos** oder Gott ist, und nicht der christlichen Kirche, deren Oberhaupt der sogenannte Christus ist. Ihr beziehendes Wort ist **Christenthum**, und sie kann sich nicht darüber verständigen, was Christenthum ist.

Die Worte offenbarte Religion und Natur-Religion bedürfen ebenfalls der Erläuterung. Sie sind beides erfundene Ausdrücke, welche von der Kirche zur Unterstützung der Priesterschaft ersonnen wurden. In Bezug auf das erste findet sich kein Beweis von irgend etwas dergleichen, ausgenommen in der allgemeinen Offenbarung der Macht, der Weisheit und der Güte Gottes in dem Bau des Weltalls und in allen Werken der Schöpfung. Nach Allem was wir in jenen Werken sehen, haben wir weder Ursache noch Grund zu vermuthen, daß Gott die Menschheit parteiisch behandeln, und der Einen Nation Kenntnisse offenbaren und dieselben einer andern Nation vorenthalten, und dieselbe alsdann wegen ihres Nichtwissens verdammen sollte. Die Sonne wirft ein gleiches Licht über die ganze Welt — und die Menschen in allen Zeiten und Ländern sind mit Vernunft begabt, und mit Augen gesegnet, um die sichtbaren Werke Gottes in der Schöpfung zu lesen, und dieses Buch ist so verständlich, daß man es auf den ersten Blick lesen kann. Wir bewundern die Weisheit der Alten, und doch hatten sie weder Bibeln, noch Bücher, welche sie Offenbarung nannten. Sie bildeten die ihnen von Gott verliehene Vernunft aus, erforschten ihn in seinen Werken, und erhoben sich zu ausgezeichneter Größe.

Was die Bibel anbelangt, so mag dieselbe wahr oder fabelhaft sein; so ist dieselbe eine Geschichte, und Geschichte ist keine Offenbarung. Wenn Salomo sieben hundert Weiber und drei hundert Beschläferinnen hatte, und wenn Simson in Delilas Schooße schlief, und sie sein Haar abschnitt, so ist die Erzählung jener Dinge eine bloße Geschichte, zu deren Aufzeichnung man keiner himmlischen Offenbarung bedurfte; ebensowenig bedarf es einer Offenbarung um uns zu erzählen, daß Simson für seine Thorheit zu büßen hatte, und Salomo ebenfalls.

Was die so oft in der Bibel gebrauchten Ausdrücke betrifft, das **Wort des Herrn kam zu Diesem oder Jenem**, so war dieses eine damals übliche Redensart, ähnlich dem von einem Quäker gebrauchten Ausdruck: **Der Geist bewegt ihn**, oder der Redensart, deren sich die Priester bedienen, **sie verspüren einen innern Ruf**. Wir sollten uns nicht von Redensarten darum täuschen lassen, weil dieselben alt sind. Allein wenn wir selbst der Vermuthung Raum geben wollen, daß sich Gott herablassen würde sich in Worten zu offenbaren; so sollten wir doch nicht glauben, daß er dieses in solchen unnützen und lasterhaften Erzählungen thun würde, wie sie in der Bibel stehen; und aus diesem Grunde, unter andern, welche uns unsere Ehrfurcht vor Gott eingiebt, stellen die Deisten in Abrede, daß die sogenannte Bibel das Wort Gottes oder offenbarte Religion sei.

Was den Ausdruck natürliche oder Natur-Religion anbelangt, so besagt derselbe schon auf den ersten Blick, daß er der Gegensatz der künstlichen Religion ist, und es kann unmöglich irgend Jemand mit Bestimmtheit wissen, daß die sogenannte **offenbarte Religion** nicht eine künstliche ist. Der Mensch besitzt die Fähigkeit, Bücher zu machen, Geschichten von Gott zu erfinden, und dieselben eine Offenbarung oder das Wort Gottes zu nennen.

Der Koran liefert ein Beispiel, daß dies geschehen kann, und wir müssen in der That leichtgläubig sein, wenn wir annehmen, daß dieses das einzige Beispiel, und Muhamed der einzige Betrüger sei. Die Juden konnten es ihm gleich thun, und die römische Kirche konnte die Juden überbieten. Die Muhamedaner glauben an den Koran, die Christen an die Bibel, und nur die Erziehung macht den ganzen Unterschied aus.

Bücher, heißen sie Bibel oder Koran, tragen keinen Beweis an sich, daß sie das Werk einer andern Macht als des Menschen sind. Nur das, was der Mensch nicht thun kann, trägt den Beweis an sich, daß es das Werk einer höheren Macht ist. Der Mensch konnte das Weltall nicht ersinnen noch erschaffen — er konnte die Natur nicht ersinnen, denn die Natur ist göttlichen Ursprungs; sie ist der Inbegriff der Gesetze, nach welchen das Weltall regiert wird. Wenn wir deshalb durch die Natur zu dem Gott der Natur hinaufblicken, so befinden wir uns auf dem rechten Pfade zur Glückseligkeit — hingegen wenn wir uns auf Bücher als das Wort Gottes verlassen, und denselben als einer offenbarten Religion vertrauen, so schwanken wir unstät auf dem Meere der Ungewißheit, und werden in streitende Faktionen zertrümmert. Der Ausdruck **Natur-Religion** erklärt sich sonach als göttliche Religion, und der Ausdruck **offenbarte Religion** enthält in sich den Verdacht, daß sie **künstlich** ist.

Um zu zeigen, wie nöthig es ist, die Bedeutung von Worten zu verstehen, will ich ein Beispiel von einem Geistlichen, ich glaube der bischöflichen Kirche zu Newark in Jersey, anführen. Er schrieb ein Buch unter dem Titel „Ein Gegengift gegen Deismus," und ließ dasselbe im Druck erscheinen. Ein Gegengift gegen Deismus muß Atheismus sein. Derselbe hat keinen andern Gegensatz — denn was anders kann ein Gegensatz gegen den Glauben an Gott sein, als der Nichtglaube an Gott? Was kann man unter der Leitung solcher Hirten sonst erwarten, als Unwissenheit und falsche Belehrung! *Thomas Paine.*

Cain und Abel.

Die Geschichte von Cain und Abel wird im 4ten Capitel der Genesis erzählt; Cain war der ältere Bruder und Abel der jüngere, und Cain erschlug Abel. Die egyptische Sage von Typhon und Osiris, und die jüdische Sage in der Genesis von Cain und Abel, haben das Aussehn, als sei Beides dieselbe Geschichte, welche ursprünglich aus Egypten kam.

In der egyptischen Sage sind Typhon und Osiris Brüder; Typhon ist der ältere, und Osiris der jüngere, und Typhon tödtet den Osiris. Die Sage ist eine Allegorie auf Finsterniß und Licht; Typhon, der ältere

Bruder, ist Finsterniß, weil die Finsterniß für älter als das Licht angenommen wurde; Osiris ist das gute Licht, welches während der Sommermonate regiert, und die Früchte der Erde hervorbringt, und ist der Liebling, wie Abel gewesen sein soll, weshalb Typhon ihn haßt; und wenn der Winter kommt, und Kälte und Finsterniß die Erde bedeckt, so wird Typhon dargestellt, als habe er den Osiris aus Bosheit getödtet, wie Cain den Abel getödtet haben soll.

Die beiden Sagen sind in ihren Umständen und ihrem Ausgang einander ähnlich, und sind wahrscheinlich nur dieselbe Sage; diese Ansicht wird noch durch den Umstand bestärkt, daß das 5te Capitel der Genesis der Wirklichkeit der Geschichte von Cain und Abel in dem 4ten Capitel historisch widerspricht; denn obwohl der Name Seth als Sohn Adam's im 4ten Capitel erwähnt wird, so wird von ihm im 5ten Capitel gesprochen, als ob er der Erstgeborene Adam's sei. Das Capitel fängt folgendermaßen an:

„Dies ist das Buch von den Nachkommen Adams.*) Da Gott den Menschen schuf, machte er ihn nach dem Gleichniß Gottes. Und Gott schuf sie ein Männlein und Fräulein, und segnete sie, und hieß ihren Namen Adam, zur Zeit, da sie geschaffen wurden. Und Adam war hundert und dreißig Jahre alt, und zeugete einen Sohn, der seinem Bilde ähnlich war, und hieß ihn Seth." Das übrige Capitel setzt das Geschlechtsregister fort.

Wer dieses Capitel liest, kann sich nicht denken, daß vor Seth irgend ein Sohn geboren wurde. Das Capitel fängt mit der sogenannten Erschaffung Adam's an, und nennt sich das Buch der Nachkommen Adam's, und dennoch wird solcher Personen, wie Cain und Abel keiner Erwähnung gethan; indessen ist Etwas auf den ersten Blick aus diesen beiden Capiteln ersichtlich, nämlich daß dieselbe Person nicht der Verfasser von beiden ist; der fehlerhafteste Geschichtschreiber hätte sich nicht auf eine solche Weise versündigen können.

Obwohl ich Alles, was in den ersten 10 Capiteln der Genesis steht, für Dichtung halte, so sollte doch eine für Geschichte ausgegebene Dichtung übereinstimmend sein, während jene beiden Capitel dieses nicht sind. Der Cain und Abel der Genesis sind augenscheinlich keine andern Personen, als der Typhon und Osiris der alten egyptischen Sage, die Finsterniß und das Licht, welche sehr passend war als Allegorie, wenn sie nur nicht als eine Thatsache geglaubt wurde.

Der Thurm zu Babel.

Die Erzählung von dem Thurmbau zu Babel steht in dem 11ten Capitel der Genesis. Dieselbe beginnt folgendermaßen: „Es hatte aber die

---

*) Luther übersetzt: von des Menschen Geschlecht.

ganze Erde (nur ein sehr geringer Theil derselben war damals bekannt) einerlei Zunge und Sprache. Da sie nun zogen vom Morgen her, fanden sie ein ebenes Land im Lande Sinear, und wohneten daselbst. — Und sie sprachen unter einander: machet fort,*) lasset uns Ziegel streichen und brennen; und sie nahmen Ziegel zu Stein, und Kalk zu Mörtel. — Und sprachen: machet fort, lasset uns eine Stadt und einen Thurm bauen, dessen Spitze bis an den Himmel reiche, daß wir uns einen Namen machen, denn wir werden vielleicht zerstreut in alle Länder. — Da fuhr der Herr hernieder, daß er sähe die Stadt und den Thurm, so die Menschenkinder baueten. — Und der Herr sprach: siehe, es ist einerlei Volk und einerlei Sprache unter ihnen allen, und haben das angefangen zu thun; sie werden nun nicht mehr ablassen von Allem, was sie sich vorgenommen haben zu thun. — Machet fort, lasset uns hernieder fahren, und ihre Sprache daselbst verwirren, daß keiner des Andern Sprache verstehe. — Also (d. h. durch jenes Mittel) zerstreuete sie der Herr von bannen in alle Länder, daß sie mußten aufhören die Stadt zu bauen.

Dieses ist die Geschichte, und es ist eine sehr thörichte, widersprechende Geschichte. Erstlich ist die gemeine und unehrerbietige Art, wie in diesem Capitel von dem Allmächtigen gesprochen wird, für ein ernstes Gemüth anstößig. Was das Vorhaben betrifft, einen Thurm zu bauen, dessen Spitze in den Himmel reichen sollte, so kann es niemals Leute gegeben haben, welche einen so thörichten Einfall hatten; allein daß man gar den Allmächtigen als eifersüchtig wegen des Versuches darstellt, wie der Verfasser jener Geschichte gethan hat, häuft noch Gottesläſterung auf die Thorheit. „Machet fort" sagen die Erbauer, „lasset uns einen Thurm bauen, des Spitze an den Himmel reiche." „Machet fort," sagt Gott, „lasset uns hernieder fahren und ihre Sprache verwirren." Dieser seltsame Einfall ist ungebührlich, und der dafür angeführte Grund ist noch schlimmer, denn „sie werden nun nicht mehr ablassen von Allem, was sie sich vornehmen zu thun." Dieses schildert den Allmächtigen als eifersüchtig, die Menschen möchten in den Himmel klettern. Die Geschichte ist sogar als Fabel zu lächerlich, um die Verschiedenheit der Sprachen in der Welt zu erklären, zu welchem Ende sie erfunden worden zu sein scheint.

Was das Vorhaben betrifft, ihre Sprache zu verwirren, um sie zu trennen, so ist dasselbe durchaus ungereimt; denn anstatt diese Wirkung hervorzubringen, würde es durch die Vermehrung ihrer Schwierigkeiten sie einander mehr nothwendig machen, und sie zum Zusammenhalten veranlassen. Wohin konnten sie gehen, um ihre Lage zu verbessern?

Eine andere Bemerkung drängt sich bei dieser Geschichte auf, nämlich die Unverträglichkeit derselben mit der Ansicht, daß die Bibel das zur Be-

---

*) Luther übersetzt: wohlauf.

lehrung der Menschheit kund gegebene Wort Gottes sei; denn nichts konnte das Bekanntwerden eines solchen Wortes unter der Menschheit so wirksam verhindern, wie die Verwirrung ihrer Sprache. Die Leute, welche nach diesem Vorfall verschiedene Sprachen redeten, konnten ein solches Wort eben so wenig allgemein verstehn, wie die Erbauer von Babel einander verstehen konnten. Wäre demnach ein solches Wort jemals verkündet worden, oder wäre es jemals Gottes Absicht gewesen, dasselbe zu verkünden, so würde es nöthig gewesen sein, daß die ganze Erde einerlei Zunge und Sprache gehabt hätte (was sie nach der Erzählung der Bibel Anfangs gehabt haben soll), und daß dieselbe niemals verwirrt worden wäre.

Doch es ist eine ausgemachte Sache, daß die Bibel in keinem Theile eine Prüfung aushält, was der Fall sein würde, wenn sie das Wort Gottes wäre. Die Leute, welche am meisten daran glauben, sind gerade die Leute, welche das wenigste davon wissen, und die Priester geben sich stets Mühe die widersinnigen und widersprechenden Theile den Augen der Welt zu entziehen.
T. P.

Vergleichung des Deismus
mit der christlichen Religion, und Vorzug des Ersteren vor der Letzteren.

Jeder Mensch, er gehöre zu welcher religiösen Sekte er wolle, ist in dem ersten Artikel seines Glaubenskenntnisses ein Deist. Deismus, von dem lateinischen Wort Deus, Gott, ist der Glaube an Gott, und dieser Glaube ist der erste Artikel in dem Glaubensbekenntniß jedes Menschen.

Auf diesen, von der ganzen Menschheit allgemein anerkannten, Glaubensartikel baut der Deist seine Kirche, und dabei bleibt er stehen. Sobald wir von diesem Artikel abweichen, und denselben mit Artikeln von menschlicher Erfindung vermengen; so verlieren wir uns in einem Irrgarten von Ungewißheit und Fabeln, und setzen uns jeder Art des Betruges von Seiten anmaßlicher Offenbarungs-Empfänger aus. Der Perser zeigt die Zend-Avesta des persischen Gesetzgebers Zoroaster, und nennt dieselbe das göttliche Gesetz;—der Bramine zeigt das Buch Shaster, welches nach seiner Behauptung durch Gott dem Brama offenbart, und demselben aus einer Wolke überreicht wurde;—der Jude zeigt das sogenannte Mosaische Gesetz, welches nach seiner Behauptung von Gott auf dem Berg Sinai gegeben wurde;—der Christ zeigt eine Sammlung von Büchern und Briefen, welche von man weiß nicht wem geschrieben wurden, und welche das Neue Testament genannt werden;—und der Muhamedaner zeigt den Koran, welcher nach seiner Aussage von Gott dem Muhamed gegeben wurde. Jedes dieser Bücher nennt sich offenbarte Religion, und das allein wahre Wort Gottes, und dieses geben die Anhänger eines jeden jener Bücher zu glauben vor, aus der Gewohnheit der Erziehung, und jede Sekte glaubt, daß alle andere Sekten betrogen sind.

Hingegen wenn die göttliche Gabe der Vernunft sich im Menschen zu entwickeln anfängt, und den Menschen zum Nachdenken auffordert, so ließ und betrachtet er Gott in seinen Werken, und nicht in den Büchern, welche sich für Offenbarung ausgeben. Die Schöpfung ist die Bibel desjenigen, der in Wahrheit an Gott glaubt. Jeder Gegenstand in diesem ungeheuren Buche erfüllt ihn mit erhabenen Vorstellungen von dem Schöpfer. Die kleinen und erbärmlichen, und oft unzüchtigen Erzählungen der Bibel versinken in ein Nichts, wenn man sie mit diesem gewaltigen Werke in Vergleich stellt. Der Deist bedarf keiner jener Kunststücke und Schaustellungen, welche man Wunder nennt, zur Bestärkung seines Glaubens; denn was kann ein größeres Wunder sein als die Schöpfung selbst und sein eigenes Dasein.

Es liegt in dem Deismus, wenn derselbe richtig verstanden wird, eine Glückseligkeit, welche in keinem andern Religionssystem zu finden ist. Alle andern Systeme haben Etwas an sich, das entweder unser Gefühl verletzt, oder unserer Vernunft widerspricht; und wenn der Mensch überhaupt nachdenkt, so muß er seine Vernunft unterdrücken, um sich zum Glauben an dieselben zu zwingen. Hingegen im Deismus reichen sich unsere Vernunft und unser Glaube zum glücklichen Bunde die Hand. Der wunderbare Bau des Weltalls, und Alles, was wir im System der Schöpfung betrachten, beweisen uns weit besser, als dies Bücher thun können, das Dasein eines Gottes, und verkünden zu gleicher Zeit dessen Eigenschaften. Durch die Anwendung unserer Vernunft sind wir im Stande, Gott in seinen Werken zu betrachten, oder ihm auf seinen Wegen zu folgen. Wenn wir sehen, wie er seine Obhut und Güte über alle seine Geschöpfe ausdehnt, lehrt dies uns unsere Pflicht gegen einander, während es uns zur Dankbarkeit gegen ihn auffordert. Weil der Mensch Gott in seinen Werken vergessen hat, und den Büchern der vorgeblichen Offenbarung nachgelaufen ist, ging er irre von dem geraden Wege der Pflicht und Glückseligkeit, und wurde abwechselnd das Opfer des Zweifels und der Narr des Betruges.

Mit Ausnahme des ersten Artikels in dem christlichen Glaubensbekenntniß, nämlich des Glaubens an Gott, findet sich nicht ein Artikel in demselben, welcher nicht hinsichtlich seiner Wahrheit den Geist mit Zweifel erfüllt, sobald der Mensch nachzudenken anfängt. Nun aber sollte jeder Glaubens-Artikel, welcher zur Glückseligkeit und Erlösung des Menschen nothwendig ist, für die Vernunft und die Fassungskraft des Menschen so einleuchtend sein, wie der erste Artikel ist; denn Gott hat uns die Vernunft nicht zu dem Ende verliehen, um uns zu verwirren, sondern damit wir dieselbe zu unserer eigenen Glückseligkeit und zu seiner Ehre anwenden sollen.

Die Wahrheit des ersten Artikels ist durch Gott selbst erwiesen, und ist allgemein anerkannt; denn die Schöpfung ist an und für sich ein Beweis des Daseins eines Schöpfers. Hingegen der zweite

Artikel, nämlich die Zeugung eines Sohnes durch Gott, ist nicht auf gleiche Art erwiesen, und beruht auf keiner andern Autorität, als derjenigen einer Erzählung. Gewisse Bücher in dem sogenannten Neuen Testament erzählen uns nämlich, Joseph habe geträumt, der Engel habe es ihm erzählt. (Matthäus, Capitel 1, Vers 20.) „Siehe, da erschien der Engel des Herrn dem Joseph im Traum, und sprach: Joseph, du Sohn Davids, fürchte dich nicht, die Maria, dein Gemahl zu dir zu nehmen; denn das in ihr geboren ist, das ist von dem Heiligen Geist." Der Beweis dieses Artikels hält keinen Vergleich aus mit dem Beweis des ersten Artikels, und verdient deshalb nicht denselben Glauben, und sollte nicht zu einem Glaubensartikel gemacht werden, weil in dem Beweise darüber Lücken sind, und der vorhandene Beweis zweifelhaft und verdächtig ist. Den ersten Artikel glauben wir nicht auf die Autorität von Büchern, mögen dieselben Bibel oder Koran heißen, noch weniger auf die gehaltlose Autorität von Träumen, sondern auf die Autorität von Gottes eigenen sichtbaren Werken in der Schöpfung. Die Völker, welche niemals von dergleichen Bücher, noch von dergleichen Leuten, wie Juden, Christen oder Muhamedaner, hörten, glauben an das Dasein eines Gottes eben so vollkommen, wie wir, weil dasselbe sich von selbst erweist. Das Werk der Menschenhand ist ein eben so vollkommener Beweis des Daseins von Menschen, wie sein persönliches Erscheinen sein würde. Wenn wir eine Uhr sehen, so haben wir einen eben so positiven Beweis von dem Dasein eines Uhrmachers, als wenn wir denselben vor Augen sähen; und auf dieselbe Weise ist die Schöpfung für unsere Vernunft und für unsere Sinne Beweis von dem Dasein eines Schöpfers. Hingegen ist in den Werken Gottes kein Beweis vorhanden, daß er einen Sohn erzeugte, noch findet sich irgend Etwas in dem System der Schöpfung, welches eine solche Vorstellung bestätigt, und deshalb sind wir nicht berechtigt, daran zu glauben.

Doch die menschliche Anmaßung kann irgend Etwas behaupten, und deshalb legt sie Josephs Traum eine gleiche Beweiskraft bei, wie den Beweisen von dem Dasein Gottes, und um sich fortzuhelfen, nennt sie die Sache Offenbarung. Es ist unmöglich, daß der Geist des Menschen in seinen Augenblicken ernsten Nachdenkens, so sehr derselbe durch Erziehung befangen oder durch Priester verwirrt worden sein mag, nicht inne halte, und an der Wahrheit dieses Artikels und seines Glaubensbekenntnisses zweifle. Doch dies ist noch nicht Alles.

Nachdem der zweite Artikel des christlichen Glaubensbekenntnisses den Sohn der Maria in die Welt gebracht hat (und diese Maria war zufolge der chronologischen Tabellen, ein Mädchen von nur fünfzehn Jahren als dieser Sohn geboren wurde), liefert uns der nächste Artikel eine Erklärung des Grundes, warum er erzeugt wurde; und zwar besteht dieser Grund darin, daß er, wann er zum Mann geworden, getödtet werden sollte, um, wie es heißt, die Sünde abzubüßen, welche Adam durch das Essen eines Apfels oder irgend einer verbotenen Frucht in die Welt brachte.

Allein, obwohl dieses das Glaubensbekenntniß der römischen Kirche ist, woher es die Protestanten entlehnten; so ist es ein Glaubensbekenntniß, welches jene Kirche aus sich selbst fabrizirt hat, denn es ist weder in dem sogenannten Neuen Testament enthalten, noch daraus abgeleitet. Die vier Bücher der sogenannten Evangelisten, Matthäus, Marcus, Lucas und Johannes, welche die Geburt, die Reden, das Leben, die Predigten und den Tod von Jesus Christus beschrieben, erwähnen nichts von dem sogenannten Sündenfall des Menschen; eben so wenig findet sich der Name Adam in irgend einem jener Bücher, was gewißlich der Fall sein würde, wenn die Verfasser derselben glaubten, daß Jesus erzeugt, geboren und getödtet worden sei, um die Menschheit von der Sünde zu erlösen, welche Adam in die Welt gebracht hatte. Jesus selbst spricht niemals von Adam, von dem Garten Eden, noch von dem sogenannten Sündenfall des Menschen.

Vielmehr hat die römische Kirche eine neue Religion aufgestellt, welche sie Christenthum nannte, und hat das Glaubensbekenntniß erfunden, welches sie das Apostolische Glaubensbekenntniß nannte; darin wird Jesus der **eingeborene Sohn Gottes** genannt, **empfangen von dem Heiligen Geiste, und geboren von der Jungfrau Maria,** — Dinge, wovon sich weder ein Mann noch eine Frau eine Vorstellung machen kann, und folglich nur ein Glaube an leere Worte; und wofür man keine andere Autorität hat, als die nichtssagende Erzählung von Josephs Traum im ersten Capitel des Matthäus, welche irgend ein listiger Betrüger oder verrückter Schwärmer verfertigen konnte. Darauf machte die römische Kirche die Allegorien in dem Buche Genesis zu Thatsachen, und den allegorischen Baum des Lebens und den Baum der Erkenntniß zu wirklichen Bäumen, in Widerspruch mit dem Glauben der ersten Christen, und wofür sich nicht die geringste Autorität in irgend einem Buche des Neuen Testaments vorfindet; denn in keinem derselben wird eines solchen Ortes, wie des Gartens Eden, Erwähnung gethan, noch irgend eines Ereignisses, welches daselbst vorgefallen sein soll.

Allein die römische Kirche konnte den sogenannten Jesus Christus nicht zu einem Erlöser der Welt erheben, ohne die Allegorien in dem Buche Genesis zu Thatsachen zu machen, obwohl das Neue Testament, wie zuvor bemerkt wurde, keine Autorität dafür an die Hand giebt. Mit Einem Male wurde der allegorische Baum der Erkenntniß, zufolge der Kirche, zum wirklichen Baum, die Frucht desselben zur wirklichen Frucht, und das Essen derselben zur Sünde. Da die Priester stets die Feinde der Erkenntniß waren, weil die Priester von der Erhaltung des Volkes in Täuschung und Unwissenheit leben; so stand es mit ihrer Politik im Einklang, die Erwerbung von Erkenntniß zu einer wirklichen Sünde zu machen.

Nachdem die römische Kirche dieses gethan hat, stellt sie Jesum, den Sohn der Maria, dar, wie er den Tod erleidet, um die Menschheit von der Sünde zu erlösen, welche nach der Behauptung jener Kirche Adam dadurch in die Welt gebracht hatte, daß er die Frucht vom Baume der Erkenntniß aß. Allein da es der Vernunft unmöglich ist, eine solche Geschichte zu glauben, weil sie keinen Grund für dieselbe einsehen, noch einen Beweis davon erhalten kann; so sagt nun die Kirche, wir müßten nicht auf unsere Vernunft achten, sondern daß wir die Sache glauben müßten, wie sie wäre, und zwar durch dick und dünn, als ob Gott dem Menschen die Vernunft wie ein Kinder-Spielzeug gegeben hätte, um mit ihm seinen Spaß zu treiben. Die Vernunft ist der verbotene Baum der Priesterschaft, und mag dazu dienen, um die Allegorie von dem verbotenen Baum der Erkenntniß zu erläutern, denn wir dürfen mit Wahrscheinlichkeit annehmen, daß die Allegorie zu der Zeit als sie erfunden wurde, irgend eine Bedeutung und Anwendung hatte. Die Völker des Morgenlandes waren gewohnt, ihre Meinung durch Allegorie auszusprechen, und dieselbe nach Art von Thatsachen zu erzählen. Jesus bediente sich derselben Ausdrucksweise, und doch bildete sich niemals Jemand ein, daß die Allegorie oder Parabel von dem reichen Mann und Lazarus, von dem verlorenen Sohn, von den zehn Jungfrauen 2c. wirkliche Begebenheiten waren. Warum also sollte der Baum der Erkenntniß, welcher eine weit abenteuerlichere Vorstellung enthält, als die Parabeln im Neuen Testament, für einen wirklichen Baum gehalten werden?*) Man muß hierauf zur Antwort geben, weil die Kirche ihr neu erdichtetes System, genannt Christenthum, ohne dieses nicht in Zusammenhang bringen konnte. Christum wegen eines allegorischen Baumes sterben zu lassen, würde eine zu unverschämte Fabel gewesen sein.

Allein so schwärmerisch die von Jesus Christus im Neuen Testament mitgetheilte Erzählung ist, so unterstützt sie doch nicht das Glaubensbekenntniß der Kirche, daß er für die Erlösung der Welt gestorben sei. Zufolge jener Erzählung, wurde er am Freitag gekreuzigt und begraben, und stand gesund am Sonntag Morgen wieder auf; denn wir hören nicht, daß er krank war. Dieses kann nicht Sterben genannt werden, und es heißt eher mit dem Tode Scherz treiben, als denselben leiden. Es giebt Tausende von Männern, ja sogar von Weibern, welche, wenn sie wüßten, daß sie in ungefähr 36 Stunden wieder gesund zurückkommen würden, eine solche Art Tod des Versuches halber ausstehen möchten, um zu erfahren, wie es jenseits des Grabes aussähe. Warum also soll das, was

---

*) Die treffende Bemerkung des Kaisers Julianus über die Erzählung vom Baume der Erkenntniß verdient eine Aufnahme. „Wenn es jemals," sagt er, „einen Baum der Erkenntniß gegeben hätte, so würde Gott, anstatt dem Menschen das Essen seiner Früchte zu verbieten, ihm vielmehr befehlen, gerade davon am meisten zu essen."

für uns nur eine neugierige Lustreise sein würde, bei Christus zu einem Verdienste und Leiden vergrößert werden? Wenn er ein Gott war, so konnte er nicht den Tod erleiden, denn das Unsterbliche kann ja nicht sterben, und war er ein Mensch, so konnte sein Tod nicht mehr helfen, als der Tod irgend eines andern Menschen.

Der Glaube an die Erlösung durch Jesus Christus ist durchaus eine Erfindung der römischen Kirche, nicht die Lehre des neuen Testaments. Was die Verfasser des Neuen Testaments durch die Todesgeschichte Jesu beweisen wollten, ist **die Auferstehung desselben Leibes aus dem Grabe**, welches der Glaube der Pharisäer war, im Widerspruche mit den Sabbucäern (einer jüdischen Sekte), welche jene Lehre in Abrede stellten. Paulus, welcher als Pharisäer auferzogen worden war, besteht hartnäckig auf diesem Punkte, denn dies war das Glaubensbekenntniß seiner eigenen pharisäischen Kirche. Das 15te Capitel der ersten Epistel an die Korinther ist voll von Vermuthungen und Behauptungen über die Auferstehung desselben Leibes; allein es steht darin kein Wort von der Erlösung. Dieses Capitel bildet einen Theil des Todten=Amtes der bischöflichen Kirche. Das Dogma von der Erlösung ist die Fabel der Priester, welche dieselben seit der Sammlung der Bücher des Neuen Testaments ersannen, und die angenehme Täuschung in derselben sagte der Verdorbenheit lasterhafter Menschen zu. Wenn den Menschen gelehrt wird, alle ihre Verbrechen und Laster den Versuchungen des Teufels zuzuschreiben, und zu glauben, daß Jesus durch seinen Tod das ganze Sündenregister auswischt, und sie auf der Reise in den Himmel frei hält; so werden sie so nachlässig in ihrem Lebenswandel, wie ein Verschwender mit dem Gelde umgehen würde, wenn man ihm sagte, sein Vater habe versprochen, überall seine Zeche zu bezahlen. Es ist eine Lehre, welche nicht allein die Sittlichkeit in dieser Welt gefährdet, sondern auch die Glückseligkeit der Menschen in einem andern Leben, weil sie einen so wohlfeilen, leichten und faulen Weg zum Himmel anzeigt, daß er die Menschen veranlaßt, die Täuschung zu ihrem eigenen Verderben lieb zu gewinnen.

Allein es giebt Augenblicke ernsten Nachdenkens im Leben des Menschen, und in solchen Augenblicken fängt er an, die Wahrheit der christlichen Religion zu bezweifeln; und mit einem guten Grunde mag er dieses thun, denn dieselbe ist zu schwärmerisch und zu sehr angefüllt mit Muthmaßungen, Widersprüchen, Unwahrscheinlichkeiten und Ungereimtheiten, als daß sie dem nachdenkenden Menschen Trost gewähren könnte. Seine Vernunft empört sich gegen sein Glaubensbekenntniß. Er sieht ein, daß kein Artikel desselben bewiesen ist, oder bewiesen werden kann. Er mag glauben, daß eine solche Person, wie diejenige, welche Jesus genannt wird (denn Christus war nicht sein Name), geboren wurde, und zum Manne heranwuchs, weil dies nichts mehr als eine natürliche und wahrscheinliche Sache ist. Allein wer kann beweisen, daß er der Sohn Gottes ist, daß er von dem Heiligen Geist erzeugt wurde? Für diese Dinge kann es keinen Beweis geben; und das, was keinen Beweis zuläßt, und gegen die Gesetze der Wahrscheinlichkeit ist, sowie gegen die Ordnung der Natur, welche Gott selbst gegründet hat, ist kein Gegenstand des Glaubens. Gott hat dem Menschen die Vernunft nicht verliehen, um ihn zu verwirren, sondern um ihn zu beweisen, daß er betrogen wird.

Man mag glauben, daß Jesus gekreuzigt wurde, weil viele andere Menschen gekreuzigt worden sind, allein wer will beweisen, daß er **für die Sünder der Welt** gekreuzigt wurde? Für diesen Artikel giebt es keinen Beweis, selbst nicht in dem Neuen Testament; und wenn es einen solchen gäbe, wo ist der Beweis, daß das Neue Testament Glauben verdient, wenn es Dinge erzählt, welche weder wahrscheinlich sind, noch bewiesen werden können? Wenn ein Glaubensartikel weder einen Beweis zuläßt, noch wahrscheinlich ist, so behilft man sich der Ausflucht, daß man denselben Offenbarung nennt; allein dieses setzt nur eine Schwierigkeit an die Stelle einer andern; denn es ist eben so unmöglich, Etwas als Offenbarung zu beweisen, wie es unmöglich ist zu beweisen, daß Maria von dem Heiligen Geiste geschwängert wurde.

Hier ist der Punkt, wo der Deismus vor der christlichen Religion einen Vorzug hat. Derselbe ist frei von allen jenen erfundenen und verkehrten Glaubenssätzen, welche unsere Vernunft beleidigen, oder unser Menschengefühl verletzen, und womit die christliche Religion überfüllt ist. Das Glaubensbekenntniß des Deisten ist rein und voll erhabener Einfachheit. Er glaubt an Gott und bleibt dabei stehen. Er ehrt die Vernunft als die herrlichste Gabe Gottes für den Menschen, und als die Fähigkeit, vermittelst deren er im Stande ist, die Macht, Weisheit und Güte des Schöpfers in der Schöpfung offenbart zu sehen; und indem er sich in diesem und in jenem Leben auf seinen Schutz verläßt, vermeidet er alle anmaßlichen Glaubenssätze, und verwirft alle Bücher voll vorgeblicher Offenbarungen als die fabelhaften Erfindungen von Menschen. T. P.

An die Mitglieder des sogenannten Missions-Vereins.

Die New-Yorker Gazette vom 16. August enthält den folgenden Artikel: „Am Dienstag hatte eine Committee des Missions-Vereins, bestehend hauptsächlich aus angesehenen Geistlichen, in dem City-Hotel eine Unterredung mit den gegenwärtig in dieser Stadt (New-York) befindlichen Häuptlingen des Stammes der Osage-Indianer, und überreichte denselben eine Bibel, nebst einer Zuschrift, deren Zweck war, sie zu benachrichtigen, daß dieses gute Buch den Willen und die Gesetze des **Großen Geistes** enthalte."

Es ist zu hoffen, daß irgend ein Menschenfreund, sowohl um unserer Grenzbewohner, als um der Indianer selbst willen, dieselben in Bezug auf das Geschenk enttäuschen wird, welches ihnen die Missionäre gemacht

haben, und welches sie ein **gutes Buch** nennen, das nach ihrer Angabe
den **Willen und die Gesetze des Großen Geistes** enthalten soll.
Können jene Missionäre annehmen, daß die Ermordung von Männern,
Weibern, Kindern und Säuglingen, welche in den sogenannten Büchern
von Moses, Josua ꝛc. erzählt wird, und von welchen Schandthaten gottesläſterlicher Weiſe behauptet wird, daß ſie auf den Befehl des Herrn oder
des großen Geiſtes geſchahen, für unſere indianiſchen Nachbarn belehrend,
oder für uns vortheilhaft ſein kann? Iſt die Kriegsweiſe der Bibel nicht
dieſelbe Art Krieg zu führen, welche die Indianer ſelbſt befolgen, nämlich
ein rückſichtsloſes Gemetzel, wovor es dem Menſchenfreund ſchaudert;
können die gräßlichen Beiſpiele und die gemeinen Zoten, womit die Bibel
überfüllt iſt, die Sittlichkeit der Indianer beſſern, oder ihr Betragen anſtändiger machen? Werden ſie Mäßigkeit und Zucht lernen von dem betrunkenen Noah und von dem viehiſchen Lot; oder werden ihre Töchter ſich
erbauen an dem Beiſpiel der Töchter Lot's? Würden ſie ihre Kriegsgefangenen beſſer behandeln, wenn ſie die abſcheuliche Geſchichte erfahren,
wie Samuel den Agag in Stücke haut, gleich einem Holzklotz, oder wie
David die Gefangenen mit eiſernen Eggen zerfleiſcht? Werden nicht die
entſetzlichen Erzählungen von der Ausrottung der Cananiter, als die Israeliten ihr Land überfielen, ſie auf den Gedanken bringen, daß wir mit
ihnen bereinſt ähnlich verfahren mögen, oder können jene Erzählungen ſie
nicht anreizen, unſern Grenzbewohnern daſſelbe Loos zu bereiten, und
können ſie alsdann nicht ihre Mordthaten durch die Bibel rechtfertigen,
welche ihnen die Miſſionäre gegeben haben? Wollen denn jene Miſſions-
Vereine niemals aufhören, Unheil zu ſtiften?

In dem Berichte, welchen die Miſſions-Committee über ihre Unterredung
erſtattete, läßt ſie den Häuptling der Indianer ſagen: „Da weder er noch
ſeine Leute daſſelbe leſen könnten, ſo bitte er, man möge ihnen einen guten
weißen Mann ſchicken, der ſie belehre."

Die Bundesregierung ſollte auf jene Miſſions-Vereine ein wachſames
Auge haben, welche unter dem Vorwand, die Indianer zu belehren, in deren
Land Späher ſchicken, um das beſte Land auszuſuchen. Es ſollte keiner
Geſellſchaft geſtattet werden, mit den Indianerſtämmen Verkehr zu unterhalten, noch irgend Jemanden anders unter ſie zu ſchicken, als mit der Kenntniß und Einwilligung der Regierung. Die gegenwärtige Adminiſtration
hat die Indianer freundſchaftlich geſtimmt, und ſorgt für deren ſittliche Beſſerung, wie für ihre Lebensbequemlichkeit; allein wenn dieſen ſelbſtgeſchaffenen Geſellſchaften geſtattet wird, ſich einzumiſchen und ihre ſpekulirenden
Miſſionäre unter ſie zu ſchicken, ſo wird der lobenswerthe Zweck der Regierung vereitelt werden. Die Prieſter ſtehen, wie man weiß, nicht in dem Rufe,
daß ſie etwas unentgeltlich thun; ſie haben gemeiniglich bei Allem, was ſie
thun, eine Abſicht, ſei es um die Unwiſſenden zu betrügen, oder die Thätigkeit
der Regierung zu lähmen. **Ein Freund der Indianer.**

Vom Sabbath=Tage in Connecticut.

Das Wort Sabbath bedeutet Ruhe, das heißt Einstellung der Arbeit; allein die einfältigen Blauen Gesetze*) von Connecticut machen aus der Ruhe eine Arbeit, denn sie nöthigen den Menschen, von Sonnenaufgang bis Sonnenuntergang am Sabbath=Tage still zu sitzen, was eine schwere Arbeit ist. Die Schwärmerei machte jene Gesetze, und die Heuchelei giebt vor, sie in Ehren zu halten; denn wo solche Gesetze herrschen, da wird auch Heuchelei herrschen.

Eines dieser Gesetze lautet: „An einem Sabbath=Tage soll man weder in seinem Garten, noch sonstwo laufen, noch spazieren gehen, sondern man soll ehrerbietig in die Kirche und wieder heraus gehen." Diese verfolgungswüthigen Heuchler vergaßen, daß Gott nicht in Tempeln wohnt, welche von Menschenhänden gebaut sind, daß die Erde voll seiner Herrlichkeit ist. Einen ausgezeichnet schönen Anblick und Gegenstand religiöser Betrachtung bietet ein Spaziergang in den Wald und durch das Gefilde dar, wo man die Werke Gottes in der Schöpfung vor Augen hat. Der weite Himmelsbogen, das grüne Gewand der Erde, der hochragende Wald, das Wogen der Aerntefelder, der majestätische Strom gewaltiger Flüsse und das wohltönende Murmeln der froh dahin hüpfenden Bäche, sind Gegenstände, welche die Seele mit Dankbarkeit und Wonne erfüllen; allein dieses darf der finstere Calvinist von Connecticut an einem Sabbath nicht betrachten. Begraben in den Wänden seines Hauses, verschließt er den Tempel der Schöpfung vor seinem Blicke. Die Sonne scheint ihm nicht zur Freude. Die erheiternde Stimme der Natur ruft ihm vergebens zu. Er ist taub, stumm und blind für Alles, was Gott rings um ihn geschaffen hat. Das ist der Sabbath=Tag von Connecticut.

Woher konnte dieser erbärmliche Begriff von Frömmigkeit entstehen? Derselbe entsteht aus der Trübsinnigkeit des Calvinischen Glaubensbekenntnisses. Wenn die Menschen die Finsterniß lieber haben als das Licht, weil ihre Werke schlecht sind, so kann das verpestete Gemüth eines Calvinisten, welcher Gott nur in Schrecknissen sieht, und über den Bildern der Hölle und Verdammniß hinbrütet, keine Freude haben an der Betrachtung der Herrlichkeiten von Gottes Schöpfung. Es giebt Nichts in jenem gewaltigen und wunderbaren Bau, was mit seinen Grundsätzen oder seiner Andacht übereinstimmt. Er sieht darin Nichts, was ihm sagt, daß Gott Millionen blos in der Absicht geschaffen habe, um sie zu verdammen, und daß Kinder von der Länge einer Spanne geboren seien, um ewig in der Hölle zu braten. Die Schöpfung predigt eine ganz andere Lehre als diese. Wir sehen darin, daß Gott seine Obhut und Güte auf seine Geschöpfe unparteiisch ausdehnt. Der an der Erde hinkriechende Wurm erfreut sich

---

*) Sie wurden Blaue Gesetze genannt, weil sie ursprünglich auf blaues Papier gedruckt waren.

seines Schutzes eben so gut wie der ungeheure Elephant. Das Gras, welches zu unseren Füßen sproßt, wächst eben so wohl durch seine Güte, wie die Cedern am Libanon. Jeder Gegenstand der Schöpfung tadelt den Calvinisten wegen seiner ungerechten Vorstellungen von Gott, und mißbilligt seine grausamen und undankbaren Grundsätze. Darum meidet er deren Anblick an einem Sabbath=Tage.

Ein Feind der Heuchelei und des Betruges.

Von dem Alten und Neuen Testament.

Erzbischof Tillotson sagt: „Der Unterschied zwischen dem Styl des Alten und Neuen Testaments ist so höchst auffallend, daß eine der größten Sekten in den ersten Zeiten der christlichen Kirche gerade auf diesen Grund ihre Ketzerei von zwei Göttern baute, deren Einer böse, grausam und blutdürstig war, und der Gott des Alten Testaments genannt wurde, und der Andere gut, liebevoll und barmherzig, welchen man den Gott des Neuen Testaments nannte. Der Unterschied zwischen den Darstellungen, welche uns die Bücher der jüdischen und christlichen Religion von Gott liefern, ist so groß, daß für eine Annahme von zwei Göttern zum Mindesten einiger Vorwand und Anlaß vorhanden ist." So weit Tillotson.

Die Sache ist eben auf folgende Art zu erklären: Da die Kirche mehre Stellen aus dem Alten Testament ausgesucht hatte, welche sie höchst einfältiger und lügnerischer Weise Prophezeihungen von Jesus Christus nennt (während es keine Prophezeihung von irgend einer solchen Person giebt, wie Jedermann sehen kann, wenn er die Stellen untersucht und die Vorfälle, auf welche sie anwendbar sein sollen); so war sie genöthigt, die Ehre des Alten Testaments aufrecht zu halten; denn wenn jenes über den Haufen fiel, so mußte das Neue Testament bald nachfolgen, und mit dem christlichen Glaubenssystem war es bald zu Ende. Als Sittensprüche sind einige Theile des Neuen Testaments untadelhaft; allein sie sind keine andern, als welche schon mehre Jahrhunderte vor Christi Geburt, im Morgenlande gepredigt worden waren. Confucius, der chinesische Philosoph, welcher 500 Jahre vor Christi Zeiten lebte, sagt: „Erwiedere empfangene Wohlthaten durch andere Wohlthaten, allein räche niemals Beleidigungen."

Die Geistlichkeit in katholischen Ländern war schlau genug, einzusehen, daß der Betrug des Neuen Testaments in Bezug auf Christus aufgedeckt werden würde, wenn man das Alte Testament bekannt werden ließe, und verbot deshalb das Lesen der Bibel, und nahm dieselbe hinweg, wo immer sie gefunden wurde. Die Deisten im Gegentheil munterten stets zum Lesen jenes Buches auf, damit die Leute selbst einsehen und urtheilen möchten, daß ein mit Widersprüchen und Schlechtigkeit so angefülltes Buch nicht das Wort Gottes sein kann, und daß man Gott entehrt, wenn man ihm dasselbe zuschreibt.

Ein wahrer Deist.

Winke zur Bildung einer Gesellschaft,

welche die Wahrheit oder Unwahrheit der alten Geschichte untersuchen soll, insofern jene Geschichte mit älteren und neueren Religions-Systemen in Verbindung steht.

Man theilt gewöhnlich die Geschichte in drei Classen, in die Heilige oder Biblische, die Profane (Weltgeschichte) und die Kirchen-Geschichte. Unter der ersteren versteht man die Erzählungen der Bibel; unter der zweiten die Geschichte der Völker, der Menschen und Ereignisse; und unter der dritten die Geschichte der Kirche und ihrer Priester.

Es ist nichts leichter, als Namen zu geben, und darum bedeuten bloße Namen nichts, woferne sie nicht zu der Entdeckung eines Grundes führen, warum jener Name gegeben wurde. Zum Beispiel wird der erste Tag der Woche in der englischen Sprache Sunday (Sonntag) genannt, gerade wie der lateinische Name dieses Tages (Dies Solis) dieselbe Bedeutung hat, und ebenso im Deutschen und mehren andern Sprachen. Warum nun wurde dieser Name jenem Tage beigelegt? Weil es der Tag war, welcher im Alterthum dem Lichtkörper geweiht wurde, den wir die Sonne nennen, und welchen man darum Sonntag oder den Tag der Sonne nannte; gerade so wie man den zweiten Tag Montag, den dem Monde geweihten Tag nennt.

Hier führt der Name Sonntag auf den Grund, warum der Tag so genannt wurde, und wir haben den sichtbaren Beweis der Thatsache, weil wir die Sonne, woher der Name kommt, mit unseren Augen sehen; allein dieses ist nicht der Fall, wenn man Einen Theil der Geschichte vor einem andern durch den Namen heilig auszeichnet. Alle Geschichten sind von Menschen geschrieben worden. Wir haben weder einen Beweis, noch eine Ursache zu glauben, daß irgend eine Geschichte von Gott geschrieben wurde. Jener Theil der Bibel, welcher das Alte Testament genannt wird, ist die Geschichte der jüdischen Nation von Abraham's Zeiten (welche im 11ten Capitel der Genesis anfängt) bis zum Sturz jener Nation durch Nebukadnezar, und verdient eben so wenig heilig genannt zu werden, wie irgend eine andere Geschichte. Nur die Kunst der Priester hat derselben jenen Namen beigelegt. Weit entfernt, heilig zu sein, hat dieselbe nicht einmal das Aussehn, als ob sie in vielen ihrer Erzählungen der Wahrheit treu ist. Es muß eine bessere Autorität vorhanden sein, als ein Buch, welches irgend ein Betrüger verfertigen konnte, wie Muhamed den Koran verfertigte, wenn ein nachdenkender Mensch glauben soll, daß die Sonne und der Mond stille standen, oder daß Moses und Aaron den Nil, welcher größer ist als die Delaware, in Blut verwandelten, und daß die egyptischen Zauberer dasselbe thaten. Diese Dinge sehen zu sehr wie abenteuerliche Dichtung aus, als daß man sie für Thatsachen halten könnte.

Es würde nützlich sein, die Zeit zu erforschen und auszumitteln, wann jener Theil der Bibel, welcher das Alte Testament genannt wird, zuerst

erschien. Nach allen vorhandenen Nachrichten war ein solches Buch nicht
eher vorhanden, als bis die Juden aus der babylonischen Gefangenschaft
zurückgekehrt waren, und dasselbe war zufolge jener Nachrichten das Werk
der Pharisäer des zweiten Tempels. Wie sie dazu kamen, das 19te Capitel
des 2ten Buches der Könige und das 37ste Capitel von Jesaia Wort für
Wort gleichlautend zu machen, läßt sich nur dadurch erklären, daß sie keinen bestimmten Plan hatten, welchen sie befolgten, und nicht wußten was
sie zu thun hatten. Dasselbe gilt in Bezug auf die letzten Verse im 2ten
Buch der Chronica, und die ersten Verse in Esra; diese sind ebenfalls
Wort für Wort gleich, — ein Beweis, daß die Bibel auf Geradewohl zusammengesetzt worden ist.

Allein außer diesen Dingen hat man guten Grund zu glauben, daß die
Welt in Bezug auf das hohe Alter der Bibel hintergangen worden ist, und
ganz besonders in Bezug auf die dem Moses zugeschriebenen Bücher.
Herodot, welcher der Vater der Geschichte genannt wird, und der älteste
Geschichtschreiber ist, dessen Werke auf unsere Zeit gekommen sind, und
welcher nach Egypten reiste, mit den Priestern, Geschichtschreibern, Astro-
nomen und gelehrten Männern jenes Landes verkehrte, um alle möglichen
Aufschlüsse über dasselbe zu erhalten, und welcher uns Nachrichten über
dessen ältere Geschichte mittheilt, — erwähnt keines solchen Mannes, wie
Moses, obwohl ihn die Bibel zu dem größten Helden in der egyptischen
Geschichte macht. Eben so wenig erzählt Herodot irgend einen der, in dem
zweiten Buch Moses (Exodus) in Bezug auf Egypten erwähnten Vorfälle, wie da sind die Verwandlung der Flüsse in Blut, des Staubes in
Läuse, der Tod der Erstgeburt im ganzen Land Egypten, der Durchgang
durch das Rothe Meer, das Ertrinken Pharaos und seines ganzen Heers —
lauter Dinge, welche in Egypten kein Geheimniß gewesen sein konnten,
und allgemein bekannt gewesen sein mußten, wenn sie wirklich geschehen
wären. Da nun zu der Zeit, als Herodot in Egypten war, was etwa
2200 Jahre her ist, weder solche Dinge, noch ein solcher Mann wie Moses
in jenem Lande bekannt waren; so beweist dies, daß die Erzählung dieser
Dinge in den, dem Moses zugeschriebenen Büchern eine in späteren Zeiten,
d. h. nach der Rückkehr der Juden aus der babylonischen Gefangenschaft
fabrizirte Geschichte, und daß Moses nicht der Verfasser der ihm zugeschriebenen Bücher ist.

Was die Kosmogenie oder die Erzählung von der Schöpfung im ersten
Capitel der Genesis anbelangt, die Erzählung von dem Garten Eden im
zweiten Capitel, und von dem sogenannten Fall des Menschen im dritten
Capitel; so besitzen wir in dieser Hinsicht über Einen Punkt keine geschichtliche Aufklärung.

In keinem späteren Buche der Bibel nach der Genesis wird irgend eines
dieser Dinge erwähnt, oder nur leise angedeutet. Wie ist dieses zu erklären? Am natürlichsten ist die Schlußfolgerung, daß dieselben entweder

nicht bekannt waren, oder von den Verfassern der andern Bücher der Bibel nicht für Thatsachen gehalten wurden, und daß Moses nicht der Verfasser der Capitel ist, worin diese Nachrichten mitgetheilt werden.

Die nächste Frage bei dieser Sache ist die: wie kamen die Juden zu diesen Vorstellungen, und zu welcher Zeit wurden sie niedergeschrieben?

Um diese Frage zu beantworten, müssen wir zuerst betrachten, welches der Zustand der Welt war zu der Zeit, als die Juden ein Volk zu werden anfingen; denn die Juden sind nur ein neueres Geschlecht, im Vergleich mit dem Alter anderer Nationen. Zu der Zeit, als es nach ihren eigenen Berichten nur dreizehn Juden oder Israeliten in der Welt gab, nämlich **Jacob und seine zwölf Söhne** (und vier darunter waren Bastarde), da waren die Länder Egypten, Chaldäa, Persien und Indien von großen mächtigen Völkern bewohnt, welche sich durch Gelehrsamkeit und Wissenschaft, ganz besonders durch astronomische Kenntnisse, auszeichneten, wovon die Juden niemals etwas verstanden. Die chronologischen Tabellen erwähnen, daß die Finsternisse der Himmelskörper länger als 2000 Jahre vor der christlichen Zeitrechnung zu Babylon beobachtet wurden, also ehe es noch einen einzigen Juden oder Israeliten in der Welt gab.

Alle jene Völker des Alterthums hatten ihre Kosmogenien, d. h. ihre Berichte, wie die Welt geschaffen wurde, lange vorher, ehe es ein solches Volk wie die Juden oder Israeliten gab. Die Nachricht über diese Kosmogenien Indiens und Persiens wurde von Henry Lord, Kapellan der ostindischen Compagnie zu Surat, mitgetheilt, und erschien zu London im Jahre 1630 im Druck. Der Verfasser dieses Aufsatzes hat ein Exemplar der Ausgabe von 1630 gesehen, und Auszüge daraus gemacht. Das Werk, welches gegenwärtig selten ist, wurde von Lord dem Erzbischof von Canterbury gewidmet.

Wir wissen, daß die Juden von Nebukadnezar nach Babylon in die Gefangenschaft geführt wurden, und mehre Jahre gefangen blieben, worauf sie von dem persischen König Cyrus in Freiheit gesetzt wurden. Während ihrer Gefangenschaft hatten sie wahrscheinlich eine Gelegenheit, eine Kenntniß von der Kosmogenie der Perser zu erlangen, oder sich zum Mindesten einige Gedanken zur Verfertigung einer eigenen Kosmogenie anzueignen, welche sie nach ihrer Rückkehr aus der Gefangenschaft an die Spitze ihrer eigenen Geschichte stellen konnten. Dieses wird die Ursache erklären (denn es muß irgend eine Ursache dazu vorhanden gewesen sein), warum in keinem der Bücher des Alten Testaments, welche muthmaßlich vor der Gefangenschaft geschrieben wurden, der Kosmogenie der Genesis weder Erwähnung gethan noch darauf hingewiesen wird, und warum der Name Adams in keinem jener Bücher zu finden ist.

Die Bücher der Chronica wurden nach der Rückkehr der Juden aus der Gefangenschaft geschrieben; denn das dritte Capitel des ersten Buches liefert ein Verzeichniß aller jüdischen Könige von David bis auf Zedekia,

welcher nach Babylon in die Gefangenschaft geführt wurde, und noch vier Geschlechter über die Zeit Zedekia's hinaus. In dem ersten Verse des ersten Capitels dieses Buches wird der Name Adam genannt, hingegen in keinem Buche der Bibel, welches vor jener Zeit geschrieben wurde; auch konnte dieses nicht der Fall sein, denn Adam und Eva sind Namen, welche aus der Kosmogenie der Perser entlehnt wurden. Henry Lord in seinem, von Surat aus geschriebenen, und, wie bereits bemerkt wurde, dem Erzbischof von Canterbury gewidmeten Buche sagt, in der persischen Kosmogenie habe der erste Mann Abamoh und die Frau Hevah*) geheißen. Von daher stammen der Adam und die Eva der Genesis. In der Kosmogenie der Ostindier, von welcher ich in einer spätern Nummer sprechen werde, hieß der erste Mann Pourous und die erste Frau Parcoutee. Da mir eine Kenntniß der Sanskrit=Sprache von Ostindien abgeht, so kenne ich die Bedeutung jener Namen nicht, und ich erwähne dieselben an diesem Orte lediglich in der Absicht, um zu zeigen, daß die Kosmogenie in der Genesis von den Juden, welche durch die Gnade des persischen Königs Cyrus aus der Gefangenschaft zurückkehrten, eher aus der Kosmogenie der Perser, als aus derjenigen der Ostindier fabrizirt worden ist. Indessen hat man auf die Autorität des Sir William Jones, welcher mehre Jahre in Ostindien wohnte, Grund zu schließen, daß diese Namen in der Sprache, welcher sie angehörten, sehr ausdrucksvoll waren; denn er spricht sich über jene Sprache in dem Asiaten Researches folgendermaßen aus:
„Die Sanskrit=Sprache, wie alt sie immerhin sein mag, hat einen wundervollen Bau; sie ist vollkommener als die griechische, reichhaltiger als die lateinische, und ist weit feiner ausgebildet als irgend eine jener Sprachen."

Diese Winke, welche man fortzusetzen gedenkt, werden dazu dienen, um zu beweisen, daß ein Verein für die Untersuchung der ältesten Zustände der Welt und der Urgeschichte der Völker, insoweit die Geschichte mit den älteren und neueren Religionssystemen in Verbindung steht, eine nützliche und belehrende Anstalt werden mag. Man hat guten Grund zu glauben, daß die Menschheit sowohl in Bezug auf das hohe Alter der Bibel in großem Irrthum befangen gewesen, als durch deren Inhalt betrogen worden ist.

Nach Wahrheit sollte das Streben jedes Menschen gerichtet sein; denn ohne Wahrheit kann es für ein nachdenkendes Gemüth weder wahres Glück in diesem Leben, noch eine Gewißheit eines glücklichen Jenseits geben. Es ist die Pflicht des Menschen, sich so viel Kenntnisse zu verschaffen als er kann, und alsdann den besten Gebrauch davon zu machen.   T. P.

---

*) In einer englischen Ausgabe der Bibel vom Jahre 1583 wird die erste Frau Hewah genannt.   Prospect.
In der Lutherischen Uebersetzung heißt sie ebenfalls Heva.   Uebers.

An Hrn. Moore von New York,
gemeiniglich genannt Bischof Moore.

Ich habe in den Zeitungen ihren Bericht gelesen, über den Besuch, welchen Sie dem unglücklichen General Hamilton abstatteten, und daraus ersehen, daß Sie an ihm eine Ceremonie Ihrer Kirche vollzogen haben, welche Sie das Heilige Abendmahl nennen.

Ich bedaure das Schicksal von General Hamilton, und ich hoffe so weit mit Ihnen, daß dasselbe für unbesonnene Menschen eine Warnung sein wird, das ihnen von Gott verliehene Leben nicht leichtsinnig zu verscherzen; allein andere Theile Ihres Schreibens halte ich für höchst tadelhaft, und glaube, daß dieselben eine große Unbekanntschaft mit wahrer Religion verrathen. Doch Sie sind ein Priester, Sie gewinnen Ihren Unterhalt mit Täuschung, und Sie finden nicht Ihren weltlichen Vortheil dabei, wenn Sie sich enttäuschen.

Nach einer Schilderung Ihrer Darreichung des von Ihnen sogenannten Heiligen Abendmahls an den Verstorbenen setzen Sie hinzu: „Durch Nachdenken über dieses traurige Ereigniß lasset den bemüthigen Christen Muth fassen, ewig an jenem kostbaren Glauben fest zu halten, welcher die einzige Quelle wahren Trostes in den letzten Nöthen der Menschennatur ist. Der Ungläubige aber möge überredet werden, seine Widersetzlichkeit gegen das Evangelium aufzugeben."

Um Ihnen, mein Herr, zu zeigen, daß Ihr Versprechen des Trostes aus der Schrift keinen zuverlässigen Grund hat, will ich Ihnen eine der größten Lügen anführen, welche in Büchern geschrieben steht, und welche, wie die Schrift sagt, als Trost gelten sollte, und als solcher verheißen wurde.

In der sogenannten „ersten Epistel Pauli an die Thessalonicher," Capitel 4, tröstet der Verfasser die Thessalonicher hinsichtlich ihrer Freunde, welche bereits gestorben waren. Er thut dieses, indem er ihnen meldet, und zwar wie er sagt, als ein Wort des Herrn (es ist aber die alleroffenkundigste Lüge), daß die allgemeine Auferstehung der Todten und die Himmelfahrt der Lebenden bei seiner und bei ihren Lebzeiten stattfinden werde; daß ihre Freunde alsdann wieder lebendig werden, und daß die Todten in Christo zuerst auferstehen würden. „Darnach wir (sagt er Vers 17), die wir leben und überbleiben, werden zugleich mit denselbigen hingerückt werden in den Wolken, dem Herrn entgegen in der Luft, und werden also bei dem Herrn sein allezeit. So tröstet euch nun mit diesen Worten unter einander."

Lug und Trug können wohl nicht weiter getrieben werden, als in dieser Stelle der Fall ist. Sie, mein Herr, sind noch ein Neuling in der Kunst. Die Worte lassen keine doppelte Deutung zu. Die ganze Stelle steht in der ersten Person und in der gegenwärtigen Zeit: „Wir, die wir leben." Hätte der Verfasser eine zukünftige Zeit und eine entfernte Generation gemeint, so hätte er die dritte Person und die zukünftige Zeit brauchen müssen.

„Diejenigen, die alsdann leben werden." Ich gehe absichtlich so sehr auf das Einzelne ein, um Sie strenge an den Text zu binden, damit Sie nicht davon abschweifen, noch den Worten andere Auslegungen geben können, als dieselben vertragen, was Priester so gerne thun.

Nun, mein Herr, es ist unmöglich, daß ein ernstlich nachdenkender Mensch, welchem Gott die göttliche Gabe der Vernunft verliehen hat, und welcher jene Vernunft zur Verehrung und Anbetung Gottes, der dieselbe verlieh, anwendet, ich sage, es ist unmöglich, daß ein solcher Mensch einem Buche Zutrauen schenken soll, welches von Fabeln und Unwahrheiten wimmelt, wie das Neue Testament. Diese Stelle ist nur ein Pröbchen von dem, was ich Ihnen zum Besten geben könnte.

Sie fordern die von Ihnen sogenannten Ungläubigen auf (und diese hinwiederum könnten Sie einen Götzendiener oder Anbeter falscher Götter, einen Prediger falscher Lehren nennen), „ihrer Widersetzlichkeit gegen das Evangelium zu entsagen." Nein Herr, beweisen Sie, daß das Evangelium wahr ist, und die Widersetzlichkeit wird von selbst aufhören; allein bis Sie dieses thun, (was Sie, wie wir wissen, nicht thun können) haben Sie kein Recht zu erwarten, daß dieselben Ihre Aufforderung beachten werden. Wenn Sie unter Ungläubigen die Deisten verstehen, (und Sie müssen mit dem Ursprung des Wortes Deist äußerst unbekannt sein, und nur wenig von Deus wissen, wenn Sie dem Worte jene Deutung geben); so werden Sie überlegene Gegner finden, wenn Sie sich auf einen Streit mit denselben einlassen. Priester mögen sich mit Priester, und Sektirer mit Sektirern über die Bedeutung der nach ihrem Einverständniß sogenannten, heiligen Schrift streiten, und am Ende nicht weiter kommen, als sie Anfangs waren; allein wenn Sie mit einem Deisten anbinden, dann müssen Sie sich an Thatsachen halten. Nun, mein Herr, Sie können nicht einen einzigen Artikel ihrer Religion als wahr beweisen, und wir sagen Ihnen dies öffentlich ins Gesicht. Thun Sie es, wenn Sie können. Den deistischen Artikel, den Glauben an einen Gott, womit Ihr Glaubensbekenntniß anfängt, hat Ihre Kirche von den alten Deisten geborgt, und sogar diesen Artikel entehren Sie, indem Sie ein Traum-erzeugtes Gespenst*), welches Sie seinen Sohn nennen, über ihn stellen, und Gott behandeln, als ob er altersschwach wäre. Der Deismus ist das einzige Religions-Bekenntniß, welches eine reine Verehrung und Anbetung Gottes zuläßt, und das einzige, auf welches das

---

*) Das erste Capitel des Matthäus erzählt, Joseph, der verlobte Mann der Maria, habe geträumt, der Engel habe ihm gesagt, seine verlobte Braut sei vom Heiligen Geiste schwanger. Nicht jeder Ehemann, sei er ein Zimmermann oder Priester, läßt sich so leicht abspeisen; denn siehe! es war ein Traum. Ob Maria träumte, als dies mit ihr vorging, wird uns nicht gesagt. Es ist und bleibt immer eine possirliche Geschichte. Es lebt keine Frau, welche dieselbe verstehen kann.

nachdenkende Gemüth mit ungetrübter Seelenruhe bauen kann. In der
christlichen Religion wird Gott fast ganz vergessen. Jedes Ding, sogar
die Schöpfung, wird dem Sohne der Maria zugeschrieben.

In der Religion, wie in jedem andern Dinge, besteht die Vollkommenheit in der Einfachheit. Die christliche Religion mit ihren Göttern in
Göttern, gleich Rädern in Rädern, ist einer verwickelten Maschine ähnlich, welche niemals richtig geht, und jeder Planmacher in der Kunst des
Christenthums versucht dieselbe auszubessern. Gerade ihre Gebrechen
haben verursacht, daß so viele und so verschiedenartige Denker daran ge-
hämmert haben, und daß dies Triebwerk dennoch nicht recht gehen will.
In der sichtbaren Welt kann keine Uhr ebenso genau gehen wie die Sonne;
und auf dieselbe Weise kann keine verwickelte Religion ebenso wahr sein,
wie die reine und unvermischte Religion des Deismus.

Hätten Sie nicht auf eine Klasse von Leuten, welchen Sie einen falschen
Namen beilegen einen beleidigenden Blick geworfen, so würden Sie mit
dieser Zuschrift weder belästigt noch beehrt worden sein; eben so wenig hat
der Verfasser derselben den Wunsch oder die Absicht, sich mit Ihnen auf
eine Streitfrage einzulassen. Er hält die weltliche Ausstattung Ihrer
Kirche für politisch ungerecht, und höchst unbillig; allein was die Religion
selbst anbelangt, abgesehen von weltlichen Stiftungen, so fühlt er sich in
dem Genusse seiner eigenen glücklich, und stellt es Ihnen frei, sich die
Ihrige so gut zu Nutze zu machen, als Sie können.

Ein Mitglied der deistischen Kirche.

An John Mason,
einen der Geistlichen der schottischen Presbyterianer-Kirche von New York,
in Bezug auf seinen Bericht über seinen Besuch bei dem
verstorbenen General Hamilton.

„Kommt nun, und lasset uns vernünftig mit einander reden, spricht
der Herr." Dieses ist eine der Stellen, welche Sie in Ihrer Unterredung
mit General Hamilton anzogen, wie dieselbe in Ihrem, mit Ihrem Namen
unterzeichneten Briefe mitgetheilt, und in dem Commercial Advertiser und
andern Zeitungen der Stadt New York erschienen ist; und ich führe die
Stelle nochmals an, um zu beweisen, daß Ihr Text und Ihre Religion
einander widersprechen.

Es ist unmöglich, über Dinge, welche von der Vernunft nicht
zu begreifen sind, vernünftig zu reden; und darum, wenn Sie sich
an Ihren Text halten, was Priester selten thun (denn gemeiniglich stellen
sie sich entweder über denselben oder unter denselben, oder vergessen denselben ganz), müssen Sie eine Religion zulassen, auf welche die Vernunft
anwendbar ist; und dies ist sicherlich nicht die christliche Religion.

Es giebt keinen Artikel in der christlichen Religion, welcher durch Vernunft zu erkennen ist. Der deistische Artikel Ihrer Religion, der Glaube

an einen Gott, ist eben so wenig ein christlicher Glaubensartikel, wie er ein muhamedanischer ist. Er ist ein allgemeiner, allen Religionen angehöriger Artikel, und welcher von den Türken in größerer Reinheit erhalten wird, als von den Christen; aber die deistische Kirche ist die einzige, welche denselben in wirklicher Reinheit erhält, weil jene Kirche keinen Geschäftsgenossen neben Gott anerkennt. Sie glaubt an ihn allein, und weiß nichts von Söhnen, schwangern Jungfrauen oder Geistern. Sie hält alle diese Dinge für Mährchen der Priester.

Warum also schwatzen Sie von Vernunft, oder berufen sich auf dieselbe, da doch Ihre Religion weder etwas mit der Vernunft, noch die Vernunft etwas mit Ihrer Religion zu schaffen hat? Sie sagen den Menschen, wie Sie Hamilton sagten, daß sie Glauben haben müssen! Glauben an was? Sie sollten wissen, daß der Geist, ehe er Glauben an Etwas haben kann, dasselbe entweder als Thatsache wissen, oder aus einem, vor dem Richtstuhle der Vernunft gültigen, Beweise eine Ursache erkennen muß, warum er es als wahrscheinlich glauben soll; hingegen ihre Religion vermag keines von Beiden zu thun; denn erstlich können Sie dieselbe nicht als Thatsache beweisen, und zweitens können Sie dieselbe nicht durch Vernunft als wahrscheinlich darstellen, nicht allein weil sie nicht durch Vernunft zu erkennen ist, sondern weil sie sogar der Vernunft widerspricht. Welche Vernunft kann in der Annahme oder dem Glauben liegen, daß „Gott sich selbst getödtet habe, um sich selbst zu versöhnen, und um sich an dem Teufel wegen der Sünden Adam's zu rächen?" denn man erzähle die Geschichte auf welche Weise man wolle, und sie läuft am Ende auf dieses hinaus.

Da Sie sich zur Unterstützung einer unvernünftigen Religion nicht auf Vernunft berufen können, so helfen Sie (und Andere Ihres Standes) sich damit aus, daß Sie den Leuten sagen, sie dürften nicht an die Vernunft, sondern nur an Offenbarung glauben. Dieses ist ein Kunstgriff, welcher nur durch die Gewohnheit ohne Nachdenken bei den Menschen gelingen kann. Dies heißt leere Worte an die Stelle von wirklichen Dingen setzen; denn Sie sehen nicht ein, daß, wenn Sie den Leuten sagen, sie sollen an Offenbarung glauben, Sie zuvor beweisen müssen, daß das, was Sie Offenbarung nennen, auch wirkliche Offenbarung ist; und da Sie dieses nicht thun können, so setzen Sie das Wort, welches sich leicht hinspricht, an die Stelle des Dinges, welches Sie nicht beweisen können. Sie haben nicht mehr Beweis dafür, daß Ihr Evangelium Offenbarung ist, als die Türken haben, daß ihr Koran Offenbarung ist, und der einzige Unterschied zwischen denselben und Ihnen besteht darin, daß Jene ihren Wahnglauben predigen, und Sie den Ihrigen.

In Ihrer Unterredung mit General Hamilton sagen Sie zu ihm: „Die einfachen Wahrheiten des Evangeliums, welche keiner ins Dunkle gehenden Untersuchung bedürfen, sondern nur des Glaubens an die Wahrhaftigkeit Gottes, welcher

nicht lügen kann, eignen sich am besten zu ihrer gegenwärtigen
Lage."

Wenn jene Dinge, welche Sie „einfache Wahrheiten" nennen,
wirklich das sind was Sie dieselben nennen, und keiner dunklen Untersuchung bedürfen, so sollten dieselben so einleuchtend sein, daß sie die Vernunft leicht begreifen könnte; und doch predigen Sie zu andern Zeiten die
Lehre, daß die Geheimnisse des Evangeliums außer dem
Bereiche der Vernunft liegen. Wenn Ihre erste obige Behauptung wahr ist, daß die christliche Religion einfache Wahrheiten enthält, so sind Priester unnöthig, denn wir brauchen keine Priester um uns
zu sagen, daß die Sonne scheint; und wenn Ihre zweite obige Behauptung
wahr ist, so bleibt die Sache hinsichtlich der Wirkung ganz dieselbe, denn
es heißt das Geld wegwerfen, wenn man einen Mann für die Erklärung
unerklärlicher Dinge bezahlt, und es ist Zeitverlust, wenn man ihm zuhört.
Daß Gott nicht lügen kann, hilft Ihrer Behauptung nichts, weil
dies noch kein Beweis ist, daß die Priester nicht lügen können, oder daß die
Bibel nicht lügt! Log Paulus nicht, als er den Thessalonichern sagte, die
allgemeine Auferstehung der Todten werde bei seinen Lebzeiten stattfinden,
und er werde mit ihnen lebendig in die Wolken hinauffahren, dem Herrn
entgegen in die Luft? 1. Thessal., Cap. 4, V. 17.

Sie sprachen von dem sogenannten „kostbaren Blut Christi."
Diese rohe Sprache gehört den Priestern der christlichen Religion an. Die
Bekenner dieser Religion sagen, sie seien empört über die Nachrichten von
Menschenopfern, von denen man in der Geschichte mancher Länder liest.
Sehen sie nicht ein, daß ihre eigene Religion sich auf ein Menschenopfer
gründet, auf das Blut eines Mannes, wovon ihre Priester schwatzen, wie
die Schlächter von ihrem Handwerk? Man kann sich nicht wundern, daß
die christliche Religion so blutige Früchte getragen hat, denn dieselbe entsprang aus Blut, und viele Tausende von Menschenopfern sind seither auf
dem Altare der christlichen Religion geopfert worden.

Damit eine Religion wahr und unwandelbar sei, wie Gott selbst, muß
nothwendig der Beweis derselben gleichmäßig derselbe sein in allen Zeiten
und unter allen Umständen. Dieses ist bei der christlichen Religion nicht
der Fall, und eben so wenig bei der jüdischen, welche derselben voranging
(denn es gab eine Zeit, und zwar wie die Geschichte weiß, zu welcher jene
Religionen nicht vorhanden waren); auch ist dieses bei keiner uns bekannten Religion der Fall, als bei der Religion des Deismus. In dieser sind
die Beweise ewig und allgemein. — „Die Himmel erzählen die Ehre Gottes, und die Veste verkündiget seiner Hände Werk. — Ein Tag sagt es dem
andern, und eine Nacht thut es kund der andern."*)

---

*) Dieser Psalm, der 19te, welcher ein deistischer Psalm ist, gleicht
so sehr einigen Theilen des Buches Hiob (welches kein Buch der Juden ist,
und nicht zur Bibel gehört), daß er das Aussehn hat, als ob er aus der-

Hingegen alle andern Religionen verdanken ihre Entstehung irgend einem örtlichen Umstande, und werden durch eine vorübergehende Kleinigkeit eingeführt, welche deren Anhänger ein Wunder nennen, allein wofür es keinen andern Beweis giebt, als die Erzählung davon.

Die jüdische Religion entstand, zufolge ihrer Geschichte, in einer Wildniß, und die christliche Religion in einem Stall. Die jüdischen Bücher erzählen uns von Wundern, welche auf dem Berge Sinai zur Schau gestellt wurden. Zufällig lebte Niemand in der dortigen Gegend, welcher der Erzählung hätte widersprechen können. Die christlichen Bücher erzählen uns von einem Sterne, welcher bei der Geburt Christi über dem Stall stand. Es steht gegenwärtig kein Stern mehr dort, noch lebt irgend Jemand, welcher denselben sah. Hingegen alle Sterne am Himmel geben ewiges Zeugniß für die Wahrheit des Deismus. Derselbe entstand nicht in einem Stall, noch in einer Wildniß; er entstand überall. Das ganze Weltall ist der Schauplatz seiner Geburt.

Da die Anbetung irgend eines andern Wesens, als Gottes selbst, Götzendienst ist, so gehört die christliche Religion, welche einem, von einer Frau Namens Maria geborenen, Manne göttliche Verehrung erweist, zu den abgöttischen Religionen, und folglich ist der aus derselben geschöpfte Trost leere Täuschung. Sie und Ihr Nebenbuhler in Abendmahls-Ceremonien, Dr. Moore von der bischöflichen Kirche, haben, um sich selbst einige Wichtigkeit beizulegen, General Hamilton's Charakter zu demjenigen eines schwachsinnigen Menschen herabgewürdigt, welcher bei seinem Ausgange aus der Welt einen Paß von einem Priester verlangte. An welchen von ihnen man sich zuerst oder zuletzt zu dem Ende wandte, ist etwas ganz Gleichgültiges.

Der Mensch, mein Herr, welcher sein Vertrauen und seine Zuversicht auf Gott setzt, welcher ein gerechtes und sittliches Leben führt, und sich bestrebt, seinen Nebenmenschen Gutes zu erweisen, kümmert sich nicht um Priester, wenn die Stunde seines Scheidens schlägt, noch erlaubt er Priestern, sich um ihn zu kümmern. Sie sind gemeiniglich schadenfrohe Wesen, wo der gute Ruf im Spiele ist; eine Berathschlagung von Priestern ist schlimmer als eine Berathschlagung von Aerzten.

Ein Mitglied der deistischen Gemeine.

selben Sprache, worin das Buch Hiob ursprünglich geschrieben war, in das Hebräische übersetzt, und von den Juden, bei ihrer Rückkehr aus der Gefangenschaft, aus Chaldäa oder Persien mitgebracht wurde. Die Betrachtung des Himmels bildete einen wichtigen Theil der religiösen Andacht der Chaldäer und Perser, und ihre religiösen Feste waren nach dem Fortgang der Sonne durch die zwölf Zeichen des Thierkreises eingerichtet. Hingegen die Juden wußten nichts von der Himmelskunde, sonst würden sie nicht die thörichte Geschichte vom Stillstehen der Sonne auf einem Berge, und des Mondes in einem Thale erzählt haben. Wozu konnten sie den Mond zur Tageszeit brauchen?

Ueber Deismus
und die Schriften von Thomas Paine.

Die folgenden, im letzten Winter niedergeschriebenen, Betrachtungen wurden durch gewisse Aeußerungen in einigen öffentlichen Zeitungen gegen Deismus und gegen die Schriften von Thomas Paine über jenen Gegenstand veranlaßt.

"Groß ist die Diana der Epheser," war das Geschrei der Bewohner von Ephesus;*) und das Geschrei: "unsere heilige Religion," ist von jenem Tage an bis auf den heutigen Tag das Geschrei des Aberglaubens bei Manchen, und der Heuchelei bei Andern gewesen.

Der Bramine, der Anhänger Zoroasters, der Jude, der Muhamedaner, die römische Kirche, die griechische Kirche, die protestantische Kirche, welche in mehre hundert widersprechende Sekten zerfallen ist, die in manchen Fällen Verdammniß gegen einander predigen, — Alle schreien: "unsere heilige Religion." Der Calvinist, welcher Kinder von der Länge einer Spanne zur Hölle verdammt, um darin zur Ehre Gottes ewiglich zu braten (und dieses wird Christenthum genannt), und der Universalist, welcher predigt, daß Jeder erlöst und Keiner verdammt werden soll (und auch dieses wird Christenthum genannt), brüsten sich auf gleiche Weise mit ihrer heiligen Religion und ihrem christlichen Glauben. Es ist deshalb noch etwas mehr erforderlich als bloßes Geschrei und Behaupten in die Welt hinein, und dieses Etwas ist Wahrheit; und da Forschung der einzige Weg zur Wahrheit ist, so kann derjenige, welcher sich der Forschung widersetzt, kein Freund der Wahrheit sein.

Der Gott der Wahrheit ist nicht der Gott der Fabeln; wenn deshalb irgend ein Buch als das Wort Gottes in die Welt eingeführt und zur Grundlage einer Religion gemacht wird, so sollte es schärfer geprüft werden, als andere Bücher, um zu sehen, ob es auch den Beweis an sich trägt, daß es das ist, was es genannt wird. Unsere Ehrfurcht vor Gott verlangt dieses von uns, damit wir Gott nicht zuschreiben, was nicht sein ist; und unsere Pflicht gegen uns selbst verlangt dieses, damit wir nicht Fabeln für Thatsachen annehmen, und unsere Hoffnung einer Erlösung auf eine falsche Grundlage bauen. Nicht dadurch, daß wir ein Buch heilig nennen, wird es dieses, eben so wenig wie unser Heiligsprechen einer Religion dieselbe zu dem Namen berechtigt. Es ist deshalb Forschung nothwendig, um zur Wahrheit zu gelangen. Allein die Forschung muß einen Grundsatz haben, von welchem sie ausgeht, einen Maßstab, nach welchem sie urtheilen kann, und welcher über der menschlichen Autorität steht.

Wenn wir die Werke der Schöpfung betrachten, die Umwälzungen des Planetensystems und die ganze Einrichtung oder den Haushalt der sogenannten Natur (welche nichts anderes ist, als die Gesetze, die der Schöpfer

---

*) Apostelgeschichte, Cap. 19, V. 28.

der Körperwelt vorgeschrieben hat); so sehen wir, daß unfehlbare Ordnung und allgemeine Harmonie überall durch das Ganze herrschen. Kein Theil steht mit einem andern im Widerspruch. Die Sonne läuft nicht gegen den Mond an, noch der Mond gegen die Sonne, noch die Planeten gegen einander. Jedes Ding hält seine bestimmte Zeit und seinen bestimmten Ort. Diese Harmonie in den Werken Gottes ist so augenfällig, daß der Landmann, welcher das Feld baut, obwohl er Finsternisse nicht zu berechnen vermag, dieselben eben so gut inne wird, wie der wissenschaftliche Astronom. Er erblickt den Gott der Ordnung in jedem Theile des sichtbaren Weltalls.

Hier also hat man den Maßstab, welchen man an jedes Ding legen muß, das sich für das Werk oder Wort Gottes ausgiebt, und nach diesem Maßstab muß man es beurtheilen, ohne Rücksicht auf Alles und Jedes, was der Mensch sagen oder thun kann. Seine Meinung liegt federleicht in der Wagschale, im Vergleich mit dem Maßstabe, welchen Gott selbst aufgestellt hat.

Nach diesem Maßstabe also müssen die Bibel und alle andern Bücher, welche man für das Wort Gottes ausgiebt (und es finden sich deren viele in der Welt), beurtheilt werden, und nicht nach den Meinungen von Menschen oder den Beschlüssen von Kirchen-Versammlungen (Concilien). Dieselben sind so widersprechend gewesen, daß man oft in der Einen Kirchenversammlung verworfen hat, was man in einer Andern durch Stimmenmehrheit für das Wort Gottes erklärt hatte; und daß man umgekehrt annahm, was man vorher verworfen hatte. In diesem Zustande der Ungewißheit, worin wir uns befinden, und welcher durch die zahlreichen widersprechenden Sekten, die seit Luthers und Calvins Zeiten entstanden sind, noch weit ungewisser geworden ist, was soll da der Mensch thun? Die Antwort ist leicht. Man fange an der Wurzel an — man fange bei der Bibel selbst an. Man untersuche dieselbe mit der größten Strenge. Es ist unsere Pflicht dieses zu thun. Man vergleiche ihre einzelnen Theile mit einander, und das Ganze mit der harmonischen, herrlichen Ordnung, welche durch das ganze Weltall herrscht; und wenn dieselbe allmächtige Weisheit, welche das Weltall schuf, auch die Bibel eingab, so muß sich als Ergebniß herausstellen, daß die Bibel in allen ihren Theilen, wie im Ganzen eben so harmonisch und herrlich ist, wie das Weltall. Hingegen wenn statt dessen die einzelnen Theile im Streite mit einander gefunden werden, und die Eine Stelle im Widerspruch steht mit einer andern Stelle (wie 2. Sam., Cap. 24, V. 1, mit 1. Chron., Cap. 21, V. 1, wo dieselbe Handlung in dem einen Buch Gott, und in dem andern dem Satan zugeschrieben wird), wenn das Buch ferner mit unnützen und unzüchtigen Geschichten überfüllt ist, und den Allmächtigen als ein leidenschaftliches, launiges Wesen darstellt, welches fortwährend seine Gesinnung ändert, und seine eigenen Werke, die es eben vollbracht hat, im nächsten Augenblick wieder zerstört, gerade als ob es nicht wüßte, was es vorhätte; — so mögen wir es für gewiß annehmen, daß der Schöpfer des Weltalls nicht der Verfasser eines solchen Buches ist, daß dasselbe nicht das Wort Gottes ist, und daß man seinen Namen beschimpft, wenn man es also nennt. Die Quäker, welche einen sittlicheren und ordentlicheren Lebenswandel führen, als die Anhänger anderer Sekten, und im Allgemeinen in diesem Rufe stehen, halten die Bibel nicht für das Wort Gottes. Sie nennen dieselbe eine **Geschichte der Zeiten**, und wahrlich eine schlimme Geschichte ist es, und zwar eine Geschichte schlimmer Menschen und schlimmer Handlungen, und reich an schlimmen Beispielen.

Seit vielen Jahrhunderten hat sich der Streit um Glaubenslehren gedreht. Jetzt betrifft derselbe Thatsachen. Es fragt sich: Ist die Bibel das Wort Gottes oder nicht? denn ehe dieser Punkt entschieden ist, kann keine aus der Bibel gezogene Lehre dem Menschen wahren Trost gewähren, und er sollte sich wohl vorsehen, daß er Täuschung nicht mit Wahrheit verwechsele. Dieses ist eine Sache, welche alle Menschen auf gleiche Weise angeht.

Es hat in Europa und gleichfalls in Amerika seit dessen Ansiedelung stets eine zahlreiche Classe Leute gegeben (ich meine hier nicht die Quäker), welche die Bibel nicht für das Wort Gottes hielten, noch gegenwärtig halten. Diese Leute bildeten niemals einen festen Verein unter einander, sondern sind unter allen bestehenden Sekten zu finden, und sind zahlreicher als irgend eine Sekte, ja vielleicht so zahlreich wie alle zusammengenommen, und erhalten täglich neuen Zuwachs. Von Deus, dem lateinischen Wort für Gott, haben sie den Namen **Deisten** erhalten, das heißt Leute, welche an Gott glauben. Es ist die ehrenvollste Benennung, welche dem Menschen beigelegt werden kann, weil dieselbe unmittelbar von der Gottheit abgeleitet ist. Es ist kein künstlicher Name, wie Episcopalianer (Mitglied der englischen Staatskirche), Presbyterianer u. s. w., sondern es ist ein Name von heiliger Bedeutung, und wer denselben beschimpft, der beschimpft den Namen Gottes.

Da sonach hinsichtlich der Bibel so viel Zweifel und Ungewißheit herrscht, indem Manche behaupten, daß sie das Wort Gottes sei, und Andere dieses in Abrede stellen, so ist es das Beste, die ganze Sache an das Licht zu bringen. Zur Belehrung der Welt ist dieses durchaus nothwendig. Eine günstigere Zeit kann hierfür nicht eintreten als die gegenwärtige, wo die Regierung keine Sekte oder Glaubensmeinung vor einer andern begünstigt, und die Rechte Aller gleichmäßig beschützt; und gewißlich muß Jedermann den Gedanken an eine geistliche Tyrannei verachten, welche die Rechte der Presse verschlingen, und dieselben nur für sich frei benutzen könnte.

So lange die Schrecknisse der Kirche und die Tyrannei des Staates wie ein scharfes Schwert über Europa hingen, wurde den Menschen befohlen, zu glauben, was ihnen die Kirche vorschrieb, oder den Scheiterhaufen zu besteigen. Alle Untersuchungen hinsichtlich der Aechtheit und Glaubwürdigkeit der Bibel waren durch die Inquisition abgeschnitten. Wir sollten deßhalb füglich Verdacht schöpfen, daß eine große Masse von Aufschlüssen hinsichtlich der Bibel, und hinsichtlich ihrer Einführung in die Welt, welche bekannt sein sollten, durch die vereinte Tyrannei der Kirche und des Staates unterdrückt worden ist, um die Völker in Unwissenheit zu erhalten.

Die Bibel ist von den Protestanten auf die Glaubwürdigkeit der katholischen Kirche hin angenommen worden, und auf keine andere Autorität. Jene Kirche hat erklärt, daß die Bibel das Wort Gottes sei. Wir räumen die Glaubwürdigkeit jener Kirche nicht ein, in Bezug auf ihre vorgebliche Unfehlbarkeit, ihre selbstverfertigten Wunder, ihre Anmaßung der Sündenvergebung, ihre doppelartige Lehre von der Transsubstantiation u. s. w.; und wir sollten auf unserer Hut sein hinsichtlich irgend eines Buches, welches von derselben oder von ihren Kirchenversammlungen eingeführt, und von ihr das Wort Gottes genannt worden ist; um so mehr, weil sie durch die Verbreitung jenes Glaubens und durch dessen Unterstützung mit Feuer und Schwert ihre weltliche Macht aufrecht hielt. Daß der Glaube an die Bibel in der Welt nichts Gutes stiftet, kann man aus dem unordentlichen Lebenswandel Derer, welche dieselbe für das Wort Gottes zu halten vorgeben, sowohl der Priester wie der Laien, und aus dem sittlichen Leben der Quäker, welche nicht an die Bibel glauben, ersehen. Dieselbe ist zu reich an bösen Beispielen, als daß sie zur Richtschnur der Moral gemacht werden könnte, und wollte sich Jemand nach dem Leben mancher ihrer berühmtesten Charaktere richten, so würde er an den Galgen kommen.

Thomas Paine hat geschrieben, um zu beweisen, daß die Bibel nicht das Wort Gottes ist, daß die darin enthaltenen Bücher nicht von den Personen, welchen sie zugeschrieben werden, verfaßt wurden, daß dieselbe keine bekannten Verfasser hat, und daß wir keinen Beweis haben, um dieselbe das Wort Gottes zu nennen, oder für die Behauptung, daß sie von gottbegeisterten Schriftstellern geschrieben wurde, da wir nicht wissen, wer die Verfasser waren. Dieses ist die Ansicht nicht allein von Thomas Paine, sondern von Tausenden und abermal Tausenden der achtbarsten Männer in den Ver. Staaten und in Europa. Diese Leute haben dasselbe Recht zu ihren Meinungen, wie Andere zu entgegengesetzten Meinungen, und besitzen dasselbe Recht, dieselben bekannt zu machen. Kirchliche Tyrannei ist in den Ver. Staaten nicht zulässig.

Aus dem Gesichtspunkte der Moral betrachtet, zeichnen sich die Schriften von Thomas Paine durch Reinheit und Menschenliebe aus; und obwohl er dieselben oft mit witzigen und launigen Einfällen würzt, so verliert er den wahren Ernst seines Gegenstandes niemals aus den Augen. Die

Moral keines Menschen, sei es in Bezug auf seinen Schöpfer, auf sich
selbst, oder auf seinen Nebenmenschen, kann durch die Schriften von
Thomas Paine Schaden leiden.

Es ist gegenwärtig zu spät, den Deismus zu lästern, besonders in einem
Lande, wo die Presse frei ist, oder wo freie Pressen gegründet
werden können. Derselbe ist eine Religion, welche Gott zu ihrem
Schutzherrn hat, und ihren Namen von ihm selbst herleitet. Der nachdenkende Mensch, überdrüssig der endlosen Streitigkeiten von Sekten gegen
Sekten, von Lehren gegen Lehren, und von Priestern gegen Priester, findet am Ende seine Ruhe in der bedeutungsvollen Erkenntniß und Anbetung Eines Gottes und in der Ausübung der Tugend; denn wie Pope
weise bemerkt:
  „Nicht irren kann der Mensch, der nur der Tugend lebt."

Ueber die Bücher des Neuen Testaments.
Zuschrift an die Bibelgläubigen.

Das Neue Testament enthält sieben und zwanzig Bücher, wovon vier
die Evangelien heißen, und Eines die Apostelgeschichte, und vierzehn
Episteln dem Paulus, Eine dem Jacobus, zwei dem Petrus, drei dem
Johannes, und Eine dem Judas zugeschrieben werden, und Ein Buch die
Offenbarung genannt wird.

Keines jener Bücher hat das Aussehn, als wäre es von der Person,
deren Namen es führt, geschrieben, und wir wissen nicht, wer die Verfasser
waren. Dieselben kommen uns unter keiner andern Autorität zu, als
unter der Autorität der römischen Kirche, welche die protestantischen Priester, insbesondere diejenigen von New England, die **Babylonische
Hure** nennen. Diese Kirche berief verschiedene Kirchen-Versammlungen
(Concilien), um Glaubensbekenntnisse für das Volk zu verfassen, und um
die Kirchenangelegenheiten zu ordnen. Die beiden hauptsächlichsten dieser
Concilien waren dasjenige von Nicäa und Laodicäa (Namen der Städte,
wo die Concilien gehalten wurden), welche ungefähr 350 Jahre nach der
Zeit, zu welcher Jesus gelebt haben soll, stattfanden. Vor dieser Zeit gab
es kein solches Buch wie das Neue Testament. Allein die Kirche konnte
nicht wohl fortbestehen, ohne daß sie etwas als Glaubensquelle aufzuweisen
hatte, wie die Perser die Zendavesta aufwiesen, welche nach ihrer Behauptung von Gott dem Zoroaster offenbart wurde; die Braminen Indiens
den Shaster, welcher nach ihrer Behauptung von Gott dem Brama offenbart, und ihm aus einer dunkeln Wolke überreicht wurde; die Juden die
Bücher, welche sie das Mosaische Gesetz nennen, das nach ihrer Behauptung ebenfalls aus einer Wolke auf dem Berge Sinai gegeben wurde;
darum ging die Kirche ans Werk, und bildete ein Gesetzbuch für sich aus
solchen Materialien, als sie finden oder habhaft werden konnte. Aber
woher sie jene Materialien holte, in welcher Sprache dieselben verfaßt.

oder von welcher Hand sie geschrieben, oder ob es Urschriften oder Abschriften waren, oder auf welche Beweisquelle sie sich stützten, davon wissen wir nichts, noch sagt dies uns das Neue Testament. Die Kirche war entschlossen, ein Neues Testament zu bekommen, und da nach dem Verlaufe von mehr als 300 Jahren keine Handschrift als ächt oder unächt bewiesen werden konnte, so mochte die Kirche, welche, wie frühere Betrüger, sich damals der Staatsregierung bemeistert hatte, ganz nach ihrem Wohlgefallen schalten und walten. Sie erfand Glaubensbekenntnisse, wie das sogenannte Apostolische Glaubensbekenntniß, das Nicenische Glaubensbekenntniß, das Athanasianische Glaubensbekenntniß; und aus dem Unrath, welchen man Labungsweise an das Licht brachte, erklärte sie durch Stimmenmehrheit vier Bücher für Evangelien und andere für Episteln, in der Ordnung, wie wir dieselben gegenwärtig finden.

Von sogenannten Evangelien wurden ungefähr vierzig vorgebracht, deren jedes auf Aechtheit Anspruch machte. Nur vier davon wurden angenommen, und erhielten die folgenden Titel: „das Evangelium gemäß St. Matthäus—das Evangelium gemäß St. Marcus—das Evangelium gemäß St. Lucas—das Evangelium gemäß St. Johannes."*)

Das Wort gemäß zeigt an, daß jene Bücher nicht von Matthäus, Marcus, Lucas und Johannes geschrieben worden sind, sondern gemäß Nachrichten oder Ueberlieferungen, welche man in Bezug auf dieselben hier und da aufgegabelt hatte. Das Wort gemäß bedeutet: in Uebereinstimmung mit etwas, und begreift nothwendig die Vorstellung von zwei Dingen oder Personen. Man kann nicht sagen: Das von Matthäus gemäß Matthäus geschriebene Evangelium; allein man könnte sagen, das Evangelium einer andern Person, gemäß den angeblich überlieferten Nachrichten des Matthäus. Nun aber wissen wir nicht, wer jene andern Personen waren, noch ob dasjenige, was sie schrieben, mit den etwaigen Aussagen von Matthäus, Marcus, Lucas und Johannes übereinstimmte. Es findet sich zu wenig Beweis und zu viel absichtlich Angelegtes bei diesen Büchern, als daß man ihnen Glauben schenken könnte.

Das nächste Buch nach den sogenannten Evangelien ist die sogenannte Apostelgeschichte. Dieses Buch führt keinen Namen eines Verfassers; eben so wenig sagen uns die Concilien, welche das Neue Testament sammelten oder erfanden, wie sie dazu kamen. Um diesen Mangel zu ergänzen, sagt die Kirche, das Buch sei von Lucas geschrieben worden, was beweist, daß die Kirche und ihre Priester das sogenannte Evangelium gemäß St. Lucas und die Apostelgeschichte nicht genau verglichen haben; denn beide Bücher widersprechen einander. Das Buch des Lucas, Cap. 24, läßt Jesum gerade an demselben Tage in den Himmel fahren, an welchem er ihn aus dem Grabe auferstehen läßt. Hingegen die Apostelgeschichte,

---

*) Luther übersetzt: das Evangelium St. Matthäi ꝛc. Uebers.

Capitel 1, Vers 3, sagt: er sei noch 40 Tage nach seiner Kreuzigung auf Erben geblieben. Man kann weder der einen noch der andern Angabe Glauben schenken.

Das nächste Buch nach der Apostelgeschichte führt den Titel: „Die Epistel des Apostels*) Paulus an die Römer. Dieses ist keine Epistel (Brief), welche von Paulus geschrieben oder unterzeichnet wurde. Es ist vielmehr ein Brief, welcher von einem Manne geschrieben wurde, der sich selbst Tertius nennt, und welcher, wie es am Ende heißt, durch eine dienstbare Frau Namens Phöbe abgesandt wurde. Das letzte Capitel, Vers 22, sagt: „Ich Tertius, grüße euch, der ich diesen Brief geschrieben habe." Wer Tertius oder Phöbe waren, davon wissen wir nichts. Die Epistel hat kein Datum. Sie ist ganz in der ersten Person geschrieben, und jene Person ist Tertius, nicht Paulus. Allein die Kirche fand es für gut, dieselbe dem Paulus zuzuschreiben. Es steht nichts von Wichtigkeit darin, ausgenommen daß sie dem Streite und Zanke von Sektirern Nahrung darbietet. Das einfältige Gleichniß von dem Töpfer und dem Thon steht im 9ten Capitel, Vers 21.

Das nächste Buch ist betitelt: „Die erste Epistel des Apostels Paulus an die Korinther." Diese, wie die vorhergehende, ist weder eine von Paulus geschriebene, noch von ihm unterzeichnete Epistel. Der Schluß der Epistel lautet: „Die erste Epistel an die Korinther wurde geschrieben†) aus Philippi durch Stephanus und Fortunatus und Achaicus und Timotheus." Mit der zweiten Epistel unter dem Titel: „Die zweiten Epistel des Apostels Paulus an die Korinther," hat es dieselbe Bewandtniß wie mit der ersten. Der Schluß derselben lautet: „Dieselbe wurde geschrieben aus Philippi in Macedonien durch Titus und Lucas."

Man kann hier die Frage aufwerfen: sind diese Personen die ursprünglichen Verfasser der Episteln, oder sind sie die Ausfertiger und Zeugen von Abschriften, welche an die Concilien geschickt wurden, die den Codex oder Canon des Neuen Testaments sammelten? Wenn die Episteln ein Datum hätten, so könnte man diese Frage entscheiden; allein in jedem dieser beiden Fälle fehlt der Beweis von Paulus Handschrift, und daß sie von ihm verfaßt wurden; und darum ist keine Autorität vorhanden, sie Episteln von Paulus zu nennen. Wir wissen nicht, wessen Episteln sie waren, noch ob sie ächt oder gefälscht sind.

---

*) Nach dem Begriff der Kirche war Paulus kein Apostel; denn jener Name wurde nur den sogenannten Zwölfen gegeben. Zwei Matrosen auf einem Kriegsschiffe geriethen über diesen Punkt mit einander in Streit, ob Paulus ein Apostel gewesen sei oder nicht, und sie kamen überein, den Oberbootsmann zum Schiedsrichter zu machen; dieser entschied ächt kanonisch: Paulus habe den Dienst eines Apostels versehen, ohne den Rang zu haben.

†) Luther übersetzt: gesandt.

Das nächste Buch führt den Titel: „Die Epistel des Apostels Paulus an die Galater." Es enthält sechs kurze Capitel. Allein so kurz die Epistel ist, so hat sie doch nicht das Aussehn, als wäre sie das Werk oder die Schrift Einer Person. Das 5te Capitel, Vers 2, sagt: „Wo ihr euch beschneiden lasset, so ist euch Christus kein nütze." Es sagt nicht, die Beschneidung soll euch nichts nützen, sonder Christus soll euch nichts nützen. Dennoch heißt es im 6ten Capitel, Vers 16: „Denn in Christo Jesu nützt weder Beschneidung noch Vorhaut etwas, sondern eine neue Creatur." Diese Stellen lassen sich nicht vereinbaren, und kein menschlicher Scharfsinn vermag dieses zu thun. Der Schluß der Epistel sagt, sie sei aus Rom geschrieben worden, allein sie hat weder Datum noch Namensunterschrift, noch sagen die Sammler des Neuen Testaments, wie sie dazu kamen. Wir schweben hinsichtlich aller dieser Punkte im Dunkeln.

Das nächste Buch ist betitelt: „Die Epistel des Apostels Paulus an die Epheser." Paulus ist nicht der Verfasser. Der Schluß derselben lautet: „Geschrieben aus Rom an die Epheser durch Tychicus."

Die nächste heißt: „Die Epistel des Apostels Paulus an die Philipper." Paulus ist nicht der Verfasser. Der Schluß derselben lautet: „Geschrieben an die Philipper aus Rom durch Epaphrobitus." Sie hat kein Datum. Es fragt sich: waren jene Leute, welche jene Episteln schrieben und unterzeichneten, Apostel=Gesellen, welche sich unterfingen im Namen des Paulus zu schreiben, wie Paulus im Namen Christi gepredigt haben soll?

Die nächste ist betitelt: „Die Epistel des Apostels Paulus an die Kolosser." Paulus ist nicht der Verfasser derselben. Von Doctor Lucas wird in dieser Epistel ein Gruß ausgerichtet. „Es grüßt euch Lucas, der Arzt, der Geliebte, und Demas." Cap. 4, Vers 14. Es wird mit keinem Worte erwähnt, daß er ein Evangelium geschrieben habe. Der Schluß der Epistel lautet: „Geschrieben aus Rom an die Kolosser durch Tychicus und Onesimus."

Die nächsten sind betitelt: „Die erste und zweite Epistel des Apostels Paulus an die Thessalonicher." Entweder war der Verfasser dieser Episteln ein träumerischer Schwärmer, oder ein schamloser Betrüger; denn er sagt den Thessalonichern, und zwar als ein Wort des Herrn, daß die Welt zu seinen und zu ihren Lebzeiten untergehen werde; und nachdem er ihnen gesagt hat, daß die bereits Gestorbenen auferstehen werden, setzt er hinzu, Cap. 4, Vers 17: „Darnach wir, die wir leben und überbleiben, werden zugleich mit denselbigen hingerückt werden in den Wolken, dem Herrn entgegen in der Luft, und werden also bei dem Herrn sein allezeit." Solche offenbare Lügen, wie diese, sollten die Priester schamroth machen, wenn sie solche Bücher als das Wort Gottes in die Welt hinein predigen. Diese beiden Episteln sind nach der Angabe am Schluß von Athen aus geschrieben. Sie haben weder Datum noch Namensunterschriften.

Die nächsten vier Episteln sind Privatbriefe. Zwei derselben sind an Timotheus, Eine an Titus und Eine an Philemon gerichtet. Wer diese Leute waren, weiß Niemand.

Die erste an Timotheus ist angeblich aus Laodicäa geschrieben; sie ist ohne Datum und Unterschrift. Die zweite Epistel an Timotheus soll von Rom aus geschrieben sein, und hat weder Datum noch Unterschrift. Die Epistel an Titus soll aus Nicopolis in Macedonien geschrieben worden sein. Sie ist ohne Datum oder Unterschrift. Die Epistel an Philemon soll aus Rom durch Onesimus geschrieben sein; sie hat kein Datum.

Die letzte Epistel, welche dem Paulus zugeschrieben wird, führt den Titel: „Die Epistel des Apostels Paulus an die Hebräer," und soll nach der Angabe am Schlusse aus Italien durch Timotheus geschrieben worden sein. Dieser Timotheus war (zufolge des Schlusses der sogenannten Epistel Pauli an Timotheus) Bischof der Kirche der Epheser,*) und folglich ist dieses keine Epistel von Paulus.

An welche schwache Beweise, gebrechlich wie die Fäden einer Spinnwebe, hängen Priester und Bekenner der christlichen Religion ihren Glauben. Dieselben Zeugnisse vom Hörensagen, und zwar aus der dritten und vierten Hand, würden vor Gericht nicht das Recht zu einer Bauernhütte begründen, und doch versprechen die Priester dieser Religion ihren bethörten Anhängern darauf hin anmaßender Weise das Himmelreich. Bei einigem Nachdenken würden die Menschen einsehn lernen, daß jenen Büchern kein Vertrauen zu schenken ist; daß anstatt keinen Beweis zu haben, daß sie das Wort Gottes sind, man nicht weiß, wer die Verfasser derselben waren, oder zu welcher Zeit sie geschrieben wurden, in einem Zeitraum von 300 Jahren nach den Lebzeiten der angeblichen Verfasser. Es entspricht nicht dem Vortheil von Priestern, welche ihren Lebensunterhalt durch dieselben gewinnen, die Unzulänglichkeit des Beweises zu untersuchen, auf welchen hin jene Bücher durch die päpstlichen Concilien, welche das Neue Testament sammelten, aufgenommen wurden.

Das Geschrei der Priester, daß die Kirche in Gefahr stehe, ist das Geschrei von Menschen, welche das Interesse ihres eigenen Handwerks nicht verstehen; denn anstatt Befürchtungen und Besorgnisse für deren Sicherheit zu erregen, wie sie erwarten, erregen sie dadurch vielmehr den Verdacht, daß die Grundlage nichts taugt, und daß es nöthig ist, die Kirche auf einer festeren Grundlage aufzubauen. Niemand hegt Besorgnisse wegen der Sicherheit eines Berges, allein ein Sandhügel kann hinweggeschwemmt werden! Stoßet also, ihr Priester, „in die Trompete Zions," denn der Sandhügel steht in Gefahr.

Detector—P.

---

*) Luther läßt diesen Titel aus. Uebers.

Mittheilung.

Die Kirche sagt uns, die Bücher des Alten und Neuen Testaments seien göttliche Offenbarung, und ohne diese Offenbarung könnten wir keine richtigen Vorstellungen von Gott haben.

Die Deisten im Gegentheil behaupten, jene Bücher sind keine göttliche Offenbarung, und ohne das Licht der Vernunft und die Religion des Deismus, würden uns jene Bücher, anstatt uns richtige Vorstellungen von Gott zu lehren, nicht allein falsche sondern auch lästerliche Vorstellungen von ihm beibringen.

Der Deismus lehrt uns, daß Gott ein Gott der Wahrheit und Gerechtigkeit ist. Enthält die Bibel dieselbe Lehre? Die Antwort lautet verneinend.

Die Bibel sagt (Jeremia, Cap. 20, Vers 5, 7,) daß Gott ein Betrüger ist. „Ach, Herr (sagt Jeremia), du hast mich betrogen,*) und ich habe mich betrügen lassen; du bist mir zu stark gewesen, und hast gewonnen."

Jeremia wirft Gott nicht allein vor, er habe ihn betrogen, sondern im Capitel 4, Vers 10, wirft er Gott auch vor, er habe die Bewohner Jerusalems betrogen. „Ach, Herr Herr (sagt er), gewißlich hast du dieses Volk und Jerusalem arg betrogen,†) da du ihm sagtest: Es wird Friede bei euch sein, so doch das Schwert bis an die Seele reichet.

Im Capitel 15, Vers 18, wird die Bibel noch unverschämter, und nennt Gott in dürren Worten einen Lügner. „Willst du (sagt Jeremia zu Gott) mir ganz werden wie ein Lügner,‡) und wie ein Born, der nicht mehr quellen will?

Hesekiel, Capitel 14, Vers 9, läßt Gott sagen: „Wo aber ein Prophet betrogen wird, wann er etwas redet, den Propheten habe ich der Herr betrogen." Dies Alles ist offenbare Gotteslästerung.

Der Prophet Micha, wie er genannt wird, erzählt im 2ten Buch der Chronica, Capitel 18, Vers 18, eine andere gotteslästerliche Geschichte von Gott. — „Ich sahe den Herrn sitzen auf seinem Stuhl, und alles Himmlische Heer stand zu seiner Rechten, und zu seiner Linken. Und der Herr sprach: wer will Ahab, den König Israels überreden, daß er hinauf ziehe, und falle zu Ramoth Gilead? Und da dieser so, und jener sonst sagte: kam ein Geist hervor" (Micha erzählt uns nicht, woher er kam), „und trat vor den Herrn" (was für ein unverschämter Bursche dieser Geist war), „und sprach, ich will ihn überreden. Der Herr aber sprach zu ihm: Womit? Er sprach: ich will ausfahren, und ein falscher (Lügen-) Geist sein in aller seiner Propheten Munde. Und der Herr sprach: du sollst ihn überreden, und sollst es ausrichten; fahre hin, und thue also."

---
*) Luther übersetzt: überredet.
†) Luther übersetzt die Stelle ganz anders.   Uebers.
‡) Luther läßt diese Worte aus, welche in der englischen Uebersetzung stehen. Die folgende Stelle übersetzt er ebenfalls anders.   Uebers.

Man hört öfters, daß eine Diebsbande sich verschwört, um einen Menschen zu berauben und zu ermorden, und daß sie einen Plan schmiedet, wie sie denselben herauslocken mag, um ihren Anschlag auszuführen; und unser Gemüth empört sich stets ob der Ruchlosigkeit solcher Bösewichter; aber was sollen wir von einem Buche denken, welches den Allmächtigen schildert, wie er auf dieselbe Weise handelt, und im Himmel Pläne schmiedet, um die Menschen zu fangen und zu verderben. Unsere Vorstellungen von seiner Gerechtigkeit und Güte verbieten uns, dergleichen Erzählungen zu glauben, und darum behaupten wir, daß ein Lügengeist in dem Munde der Verfasser der Bücher der Bibel gewesen ist. T. P.

An den Herausgeber des Prospect.

Als Zusatz zu den scharfsinnigen Bemerkungen in Ihrer 12ten Nummer über die abgeschmackte Erzählung von der Sündfluth im 7ten Capitel der Genesis, sende ich ihnen Nachstehendes:

Der zweite Vers läßt Gott zu Noah sagen: „Aus allem reinem Vieh nimm zu dir je sieben und sieben, das Männlein und sein Fräulein; von dem unreinen Vieh aber je ein Paar, das Männlein und sein Fräulein."

Nun aber gab es zu Noahs Zeiten noch nichts dergleichen wie reines und unreines Vieh. Eben so wenig gab es zu damaliger Zeit ein solches Volk, wie Juden oder Israeliten, bei welchem jene Unterscheidung ein Gesetz war. Das sogenannte Mosaische Gesetz, wodurch ein Unterschied zwischen reinen und unreinen Thieren gemacht wird, soll erst mehre hundert Jahre nach der angeblichen Lebenszeit Noahs gegeben worden sein. Die Erzählung giebt sich sonach selbst Blößen, weil der Erfinder derselben sich vergaß, indem er Gott sich eines Ausdrucks bedienen läßt, welcher zu damaliger Zeit nicht angewandt werden konnte. Der Verstoß ist von derselben Art, wie wenn Jemand in der Erzählung einer Begebenheit, welche vor hundert Jahren in Amerika vorfiel, einem Ausdruck aus Hrn. Jeffersons Antritts-Rede anführen würde, gleichsam als ob derselbe zu jener Zeit ausgesprochen worden wäre.

Meine Ansicht von dieser Geschichte ist dieselbe, welche Jemand gegen einen Andern äußerte, der ihm mit gedehnter Stimme fragte: „Glauben Sie die Erzählung von No-ah?" Der Gefragte erwiederte in demselben Tone ah-no, (das heißt, o, nein.) T. P.

Religiöse Nachricht.*)

[Die folgende Mittheilung, welche in mehren Zeitungen in verschiedenen Theilen der Ver. Staaten erschien, beweist auf das schlagendste die Beschaffenheit und Folgen religiöser Schwärmerei, und wie weit dieselbe ihre zügellose und zerstörende Wirksamkeit treibt. Wir rücken dieselbe in den Prospect ein, weil wir glauben, daß deren Durchlesung unsern Lesern willkommen sein wird; und weil wir durch die Bloßstellung der wahren Beschaffenheit eines solchen Schwärmer-Eifers hoffen, auf die Vernunft des Menschen einigen Einfluß hervorzubringen, und ihn zu veranlassen, daß er sich von solchen schrecklichen Täuschungen frei mache. Die verständigen Bemerkungen am Ende dieser Nachricht wurden uns von einem höchst einsichtsvollen und getreuen Freunde der Sache des Deismus mitgetheilt.]

Auszug aus einem Schreiben des Ehrw. George Scott von Mill Creek, Washington County, Pa., an Col. William M'Farran, von Mount Bethel, Northampton County, Pa., datirt den 3ten November 1802.

Mein theurer Freund—

Wir haben hier wunderbare Zeiten. Es hat Gott gefallen, diesen unfruchtbaren Winkel mit der Fülle seiner Gnade heimzusuchen. Das Werk begann in einer benachbarten Gemeine bei Gelegenheit eines Abendmahls, gegen Ende Septembers. Es kam in meiner Gemeine nicht eher zum Vorschein, als am ersten Dienstag im Oktober. Nach einer Abend-Versammlung äußerte sich eine offenbare Aufregung unter den jungen Leuten, jedoch noch keine Erscheinungen, wie sie später vorkamen. Am darauffolgenden Samstag Abend hatten wir eine Versammlung, allein dieselbe war durchaus langweilig. Am Sabbathtage that Einer einen Schrei, doch fiel sonst nichts Merkwürdiges vor.—Am Abend jenes Tages ging ich ein Stück Weges zu der Raccoon Gemeine, wo das Sacrament des Abendmahls gereicht wurde; allein am Montag Morgen drängte mich ein sehr starkes Pflichtgefühl, zu meiner Gemeine in den Flats (Niederungen) zurückzukehren, wo das Werk anfing. Wir versammelten uns Nachmittags in einem Bethause, wo es warm herging. Abends zogen wir nach einem benachbarten Hause, wo wir bis Mitternacht versammelt blieben; während der ganzen Zeit unseres Beisammenseins fiel eine Menge zu Boden.—Nach der Entlassung der Gemeine blieb noch eine beträchtliche Anzahl zurück, und sang Hymnen bis etwa zwei Uhr Morgens, zu welcher

---

*) Es ist nöthig, Herrn Scott's Schreiben aufzunehmen, um die darüber von Hrn. Paine gemachten Bemerkungen verstehen zu können. Dasselbe hat ebenfalls an und für sich großes Interesse, weil es ein getreues Bild von dem schrecklichen Zustand enthält, in welchen die Priester die Menschheit versetzt haben, durch die Einprägung „der Lehren von unserem gefallenen Naturzustande, und von der Art der Erlösung durch Christus." Ein kindischeres und einfältigeres Drama wurde, wie ich zu behaupten wage, niemals in der ungebildetsten Nation, welche es jemals in der Welt gab, gelehrt.   Engl. Herausg.

Zeit das Werk zum Erstaunen Aller anfing. Nur fünf bis sechs blieben im Stande, sich den Uebrigen anzunehmen, welche bis zur Anzahl von fast vierzig ergriffen waren. — Sie fielen nach allen Seiten hin, auf Bänke, Betten und auf den Boden. Am nächsten Morgen kamen die Leute aus allen Gegenden herbeigeströmt. Ein Mädchen kam früh Morgens, allein sie war noch weiter als hundert Yards von dem Hause entfernt, als sie ohnmächtig zusammensank, und hereingetragen werden mußte. Wir konnten das Haus nicht verlassen, und blieben darum jenen ganzen Tag und jene ganze Nacht hindurch versammelt, und am Mittwoch Morgen war ich genöthigt, noch mehre der Leute an jenem Orte zu verlassen. Am Donnerstag Abend traten wir abermals zusammen, und da ging das Werk zum Erstaunen von Statten; ungefähr zwanzig Personen lagen allem Anschein nach beinahe dritthalb Stunden todt da; und eine große Menge schrie vor heftigem Elend. — Freitags predigte ich in Mill Creek. Hier äußerte sich nichts weiter als eine ungewöhnliche feierliche Stimmung. An dem Abend jenes Tages hielten wir Versammlung, worin eine große Menge bekehrt wurde, aber Niemand zusammenfiel. Am Sabbathtage predigte ich zu Mill Creek. An diesem Tage und Abende herrschte eine sehr feierliche Stimmung, aber Niemand fiel. Am Montag wohnte ich einem Kirchenrathe bei, allein kehrte am Donnerstag Abend nach den Flats zurück, wo eine Versammlung angesagt war; hier wurden mehre zu Boden geworfen. Am Samstag Abend hatten wir Versammlung, und zwar eine höchst feierliche — ungefähr ein Dutzend Personen lagen viertehalb Stunden todt da, wie die Uhr auswies. Am Sabbath fielen Mehre zusammen, und wir waren genöthigt, die ganze Nacht versammelt zu bleiben, wie wir an jedem Abend, an welchem wir uns zuvor versammelten, gethan hatten. Am Montag predigte ein Herr Hughes zu Mill Creek, allein es kam weiter nichts Merkwürdiges vor, als daß sehr Viele niederstürzten. Wir beschlossen, uns an jenem Abend in zwei Versammlungen zu theilen, um die Leute bequemer aufnehmen zu können. Hr. Hughes wohnte der Einen und ich der Andern bei. Wo Hr. Hughes predigte, kam nichts Merkwürdiges vor; aber wo ich predigte, war Gott auf die wunderbarste Weise zugegen. Ich glaube, es war nicht Einer zugegen, welcher nicht mehr oder weniger angegriffen war. Eine beträchtliche Anzahl fiel ohnmächtig nieder, und zwei oder drei, welche eine Zeitlang gelegen hatten, erholten sich voll Seligkeit, und sprachen beinahe eine halbe Stunde. Ein Frauenzimmer insbesondere erklärte auf eine überraschende Art den wunderbaren Anblick, welchen sie von der Person, dem Charakter und den Geschäften Christi hatte, mit solcher Genauigkeit, daß ich mich wunderte, als ich es hörte. Sicherlich muß dieses das Werk Gottes sein. Am Donnerstag Abend hatten wir eine lebhafte Versammlung, obwohl nicht Viele niederstürzten. Am Samstag gingen wir Alle nach den Croß-Reads, und wohnten einem Abendmahl bei. Hier waren etwa 4000 Leute versammelt. Das Wetter war unfreundlich; am Sabbathtage regnete es, und am Montag schneiete es.— Es waren dreizehn Geistliche zugegen. Der Gottesdienst begann am Samstag, und dauerte Tag und Nacht mit wenig oder keiner Unterbrechung fort. Eine große Menge fiel nieder; ganz mäßig gesprochen, lagen einmal über 150 Personen nieder, und Manche derselben blieben drei bis vier Stunden so liegen, und gaben nur geringe Lebenszeichen von sich. Viele kamen voll Seligkeit wieder zu sich, während Andere tief betrübt waren. — Das Schauspiel war wunderbar; das Geschrei der Unglücklichen und ihr todesängstliches Aechzen gaben eine schwache Vorstellung von dem schrecklichen Geschrei und den bitteren Schmerzensrufen, welche ohne Zweifel den Verdammten in der Hölle werden ausgepreßt werden. Allein was mir am wunderbarsten vorkommt, von denen, welche unter meinen Leuten ergriffen wurden, mit welchen ich gesprochen habe, hatten nur drei während ihres Ergriffenseins Furcht vor der Hölle. Der hauptsächliche Ruf ist: O, wie lange habe ich Christum verworfen! O, wie oft habe ich meine Hände in sein kostbares Blut getaucht! O, wie oft bin ich durch sein kostbares Blut gebadet, indem ich meine bessere Ueberzeugung erstickte! O über dieses schrecklich verhärtete Herz! O welch ein furchtbares Ungeheuer die Sünde ist! Meine Sünde war es, welche Christum an das Kreuz genagelt hat! ꝛc.

Die Predigten sind verschieden. Manche donnern ihren Zuhörern den Schrecken des (Mosaischen) Gesetzes ins Gewissen — Andere predigen die milden Ermahnungen des Evangeliums. Ich meines Theils habe mich, seit das Werk begann, hauptsächlich auf die Lehre von unserem verdorbenen Naturzustande, und von dem Wege der Besserung durch Christus beschränkt; ich habe den Weg des Heils angedeutet, ich habe gezeigt, wie Gott gerecht und dennoch der Rechtfertiger der Gläubigen sein kann, und gleichfalls die Beschaffenheit des wahren Glaubens und der wahren Buße; ich habe den Unterschied zwischen wahrer und falscher Religion dargethan, und die Ermahnungen des Evangeliums auf die eindringlichste Art, die mir zu Gebote steht, an das Herz gelegt, ohne Worte des Schreckens anzuwenden. Die Bekehrungen und Ausrufungen scheinen bei all diesen verschiedenen Arten des Predigens ziemlich gleich zu sein, allein doch scheinen sie eher am stärksten zu sein, wenn wir von der Fülle und Freigiebigkeit der Erlösung predigen.

Bemerkungen des Herrn Paine.

Im fünften Capitel des Marcus lesen wir eine sonderbare Geschichte von dem Teufel, wie er in die Schweine fuhr, nachdem er aus einem Menschen herausgetrieben worden war; und da die Streiche des Teufels in jener Geschichte, und die Purzelbaum=Schilderungen in der vorstehenden einander sehr ähnlich sind; so sollten die beiden Geschichten Hand in Hand gehen. Es heißt bei Marcus:

„Und sie kamen jenseits des Meeres in die Gegend der Gadarener. Und als er aus dem Schiff trat, lief ihm alsobald entgegen aus den Gräbern ein besessener Mensch mit einem unsaubern Geist, der seine Wohnung in den Gräbern hatte. Und kein Mensch konnte ihn binden, auch nicht mit Ketten; denn er war oft mit Ketten und Fesseln gebunden gewesen, und er hatte die Ketten abgerissen, und die Fesseln zerrieben, und kein Mensch konnte ihn zähmen. Und er war allezeit, bei Tag und Nacht, auf den Bergen und in den Gräbern, schrie und schlug sich mit Steinen. Da er aber Jesum sahe von ferne, lief er zu, fiel anbetend vor ihm nieder, schrie laut und sprach: Was habe ich mit dir zu thun, o Jesu, du Sohn Gottes, des Allerhöchsten? Ich beschwöre dich bei Gott, daß du mich nicht quälest. (Denn er sprach zu ihm: Fahre aus, du unsauberer Geist, von dem Menschen.) Und er fragte ihn: wie heißest du? Und er antwortete und sprach: Legion heiße ich, denn unser sind Viele. Und er bat ihn sehr, daß er sie nicht aus derselben Gegend treibe. Und es war daselbst an den Bergen eine große Heerde Säue an der Weide. Und die Teufel baten ihn alle und sprachen: Laß uns in die Säue fahren. Und alsobald erlaubt es ihnen Jesus. Da fuhren die unsaubern Geister aus und fuhren in die Säue; und die Heerde stürzte sich mit einem Sturm ins Meer (ihrer waren aber bei zweitausend) und ersoffen im Meer."

Die Stärke der Einbildungskraft vermag sonderbare Wirkungen hervorzubringen. — Als der thierische Magnetismus in Frankreich zuerst zum Vorschein kam, nämlich zu der Zeit, als Doctor Franklin Gesandter in jenem Lande war, übertrafen die wunderbaren Nachrichten von den wunderbaren Wirkungen, welche derselbe auf die operirten Personen hervorbrachte, Alles, was in dem vorstehenden Schreiben aus Washington County erzählt wird. Die Menschen stürzten nieder, verfielen in Zuckungen, brüllten und wälzten sich herum, wie Leute, welche man für behext hält. Um der Sache auf den Grund zu kommen, oder den Betrug zu endecken, bestellte die Regierung einen Ausschuß von Aerzten, um eine Untersuchung anzustellen, und Doctor Franklin wurde eingeladen, den Ausschuß zu begleiten, was er that.

Der Ausschuß begab sich in das Haus des Operateurs, wo die Personen, an welchen eine Operation vollzogen werden sollte, versammelt waren. Sie wurden in dieselbe Lage gebracht, in welcher sie sich bei früheren Operationen befunden hatten, und man verband ihnen die Augen. Bald nachher fingen sie an, Zeichen der Aufregung von sich zu geben, und in Zeit von ungefähr zwei Stunden machten sie alle die tollen Bewegungen durch, welche sie früher zur Schau gestellt hatten, obwohl in der That keine Operation mit ihnen vorgenommen wurde, ja der Operateur gar nicht in dem Zimmer war, da er von den Aerzten hinausgeschickt worden war; allein da die Leute dieses nicht wußten, so bildeten sie sich ein, er sei anwesend und operire an ihnen. Dies war sonach lediglich die Wirkung der Einbildungskraft. Doctor Franklin, welcher diese Nachricht dem Verfasser dieses Artikels mittheilte, bemerkte, er denke, die Regierung hätte der Sache eben so wohl ihren Gang lassen mögen; denn wie die Einbildungskraft bisweilen Krankheiten erzeuge, so möchte sie auch manche heilen. Indessen ist es ein Glück, daß die obigen Auftritte, wo die Leute niederstürzten und lautaufschrieen, nicht vor einem Jahrhundert in Neu England vorfielen; denn wäre dieses geschehen, so würden die Prediger als Hexenmeister gehängt worden sein, und in noch älteren Zeiten würde man sich eingebildet haben, daß die armen niederstürzenden Leute vom Teufel besessen seien, wie der Mensch unter den Gräbern, von welchem Marcus erzählt. Die Fortschritte, welche die Vernunft und der Deismus in der Welt machen, vermindern die Stärke des Aberglaubens, und schwächen die Verfolgungssucht.

Das Testament Thomas Paine's.

Mein, des Unterzeichneten, Thomas Paine, letzter Wille und Testament. Ich hege Vertrauen zu meinem Schöpfer Gott und zu keinem andern Wesen, denn ich kenne kein anderes und glaube auch an kein anderes. Ich, Thomas Paine, vom Staate New York, Verfasser des Werkes mit dem Titel „Gesunder Menschenverstand," geschrieben in Philadelphia im Jahre 1775 und veröffentlicht in jener Stadt im Anfange des Januar 1776, welches Amerika zu einer Unabhängigkeits=Erklärung am folgenden vierten Juli, so schnell als das Werk durch ein so ausgedehntes Land verbreitet werden konnte, erweckte; ferner Verfasser der verschiedenen Nummern der „amerikanischen Crisis", welche, dreizehn in Allem, gelegentlich während des Revolutions=Krieges — die letzte handelt über den Frieden — veröffentlicht wurden; ferner Verfasser der „Menschenrechte", zwei Theile, geschrieben und herausgegeben in London in den Jahren 1791 und 1792; ferner Verfasser eines Werkes über Religion „Zeitalter der Vernunft" erster und zweiter Theil. N.B. Ich habe einen dritten Theil im Manuscript und eine Antwort an den Bischof von Llandaff; ferner Verfasser eines kürzlich veröffentlichten Werkes, betitelt: „Untersuchung der im Neuen Testamente aus dem Alten citirten, Prophezeihungen über Jesus Christus genannten, Schriftstellen, und Beweis, daß es keine Prophezeihungen über eine solche Person giebt;" ferner Verfasser mehrerer anderer hier nicht aufgezählter Werke, „Dissertation über die Ersten Regierungs=Grundsätze," — „Sinken und Fall des englischen Finanzsystems;" — „Agrarische Gerechtigkeit" u. s. w., u. s. w. — mache diesen meinen letzten Willen und mein Testament, das heißt: Ich gebe und vermache meinen hiernach ernannten Testaments=Vollstreckern, Walther Morton und Thomas Addis Emmet, dreißig Actien, die ich in der New York Phönix Versicherungs-Gesellschaft habe, welche mich vierzehn hundert und siebenzig Dollars kosten, und jetzt über fünfzehn hundert Dollars werth sind, und alle meine beweglichen Effecten, sowie auch das Geld, das zur Zeit meines Ablebens in meinem Koffer oder anderswo sich vorfinden mag, um daraus die Kosten meines Begräbnisses zu bezahlen, als anvertrautes Gut, was die genannten Actien, Mobilien und das Geld betrifft, für Margaret Brazier Bonneville, von Paris, für deren eigenen, alleinigen und besondern Gebrauch und zu ihrer eigenen Verfügung, ungeachtet ihres Frauenstandes. Was mein Gut in New Rochelle anbelangt, so gebe, überlasse und vermache ich dasselbe meinen genannten Testamentsvollstreckern, Walther Morton und Thomas Addis Emmet, und deren Ueberlebendem, dessen Erben und Bevollmächtigten für alle Zeit, aber bei alle dem als anvertrautes Gut, um es zu verkaufen und über das zu verfügen, was jetzt von Andrew A. Dean bewohnt ist, am Westende der Wiese anfängt und in einer Linie mit dem an Coles verkauften Lande, bis zum Ende des Gutes läuft, und das aus jenem Verkaufe gelöste Geld anzuwenden, wie hiernach angewiesen ist: Ich gebe meinen Freunden Walther Morton, von der New York Phönix Versicherungs-Gesellschaft und Thomas Addis Emmet, Rechtsanwalt, von Irland, jedem zweihundert Dollars, und einhundert Dollars an Frau Palmer, Wittwe Elihu Palmers, von New York, welche von dem aus genanntem Verkaufe zu lösenden Gelde zu bezahlen sind; und ich gebe das übrige aus jenem Verkaufe zu lösendes Geld zur Hälfte an Clio Rickman, von Hoch- oder Ober-Maryle-Bone Straße, London, und zur andern Hälfte an Nicholas Bonneville von Paris, Gatte der vorgenannten Margaret B. Bonneville. Ferner, was den südlichen Theil des genannten Gutes betrifft, der über hundert Acker enthält, so gebe ich ihn den Testamentsvollstreckern, um ihn als anvertrautes Gut zu verpachten, oder anderweitig wie es am rathsamsten gefunden werden mag, zu Vortheil anzulegen, und die Renten und das Einkommen davon an genannte Margaret B. Bonneville, als anvertrautes Gut für ihre Kinder Benjamin Bonneville und Thomas Bonneville, für deren Erziehung und Erhaltung, bis sie das Alter von ein und zwanzig Jahren erreichen, zu bezahlen, damit sie dieselben gut auferziehen, ihnen guten und nützlichen Unterricht geben und sie in ihrer Pflicht gegen Gott und in der Ausübung der Moralität belehren kann; der Pachtzins des Landes, oder die Zinsen des Geldes, wofür es, wie hiernach erwähnt, verkauft werden mag, soll für deren Erziehung angewandt werden; und nachdem das jüngste der genannten Kinder das Alter von ein und zwanzig Jahren erreicht hat, bevollmächtige ich sie ferner, dasselbe den genannten Kindern zu gleichen Theilen als Eigenthum zu übertragen. Aber wenn es von Seiten meiner Testamentsvollstrecker und Vollstreckerin, oder dem oder den Ueberlebenden derselben, zu einer Zeit, bevor das jüngste Kind volljährig sein wird, für rathsam gehalten werden sollte, die südliche Seite des genannten Gutes zu verkaufen oder darüber zu verfügen, in dem Fall ermächtige und bevollmächtige ich meine genannten Testaments-Vollstrecker, dieselbe zu verkaufen und darüber zu verfügen, und ich ordne an, daß das aus solch einem Verkaufe herrührende Geld in Actien angelegt werde, entweder in Ver. Staaten Bank=Actien, oder in New York Phönix Versicherungs=Gesellschafts=Actien; die Zinsen oder Dividenden davon sollen, wie bereits angewiesen, zur Erziehung und Erhaltung genannter Kinder angewandt und das Haupt=Capital jenen Kindern, oder dem Ueberlebenden von ihnen, bei seiner oder ihrer Volljährigkeit überwiesen werden. Ich weiß nicht, ob die Gesellschaft von Leuten unter dem Namen Quäker zuläßt, daß jemand, der nicht zu ihrer Gesellschaft gehört, auf ihrem Friedhof beerdigt werde, aber wenn sie es thut, oder mich zuläßt, so würde ich vorziehen, dort beerdigt zu werden; mein Vater gehörte zu diesem Bekenntniß und ich wurde theilweise darin aufgezogen. Aber wenn es sich nicht mit ihren Regeln verträgt dies zu thun, so wünsche ich, auf meinem Gute zu New Rochelle beerdigt zu werden. Der Platz, auf dem ich zu begraben bin, soll ein Viereck von zwölf Fuß sein, welches von Bäumen eingeschlossen, und von einer steinernen, oder von einer hölzernen Gitter=Einfassung umgeben werden soll, und soll einen Grabstein haben, worauf mein Name und Alter, und „Verfasser des Gesunden Menschenverstandes" eingegraben werden soll. Ich ernenne, setze ein und bestimme Walther Morton, von der New York Phönix Versicherungs=Gesellschaft, und Thomas Abdis Emmet, Rechtsanwalt aus Irland, und Margaret B. Bonneville, zu Vollstreckern und zur Vollstreckerin dieses meines letzten Willens und Testaments, und ersuche die genannten Walther Morton und Thomas Abdis Emmet, daß sie der Frau Bonneville allen möglichen Beistand leisten, und darauf sehen, daß die Kinder gut erzogen werden. Indem ich solch ein Vertrauen in ihre Freundschaft setze, nehme ich hiermit schließlich Abschied von ihnen und von der Welt. Ich habe ein rechtschaffenes und für die Menschheit nützliches Leben durchlebt; meine Zeit ist in Gutesthun verwendet worden, und ich sterbe vollkommen gefaßt und in Ergebenheit gegen den Willen meines Schöpfers Gott. Datirt heute am achtzehnten Tage des Januar im Jahre eintausend achthundert und neun; und ich habe ferner meinen Namen auf den andern Bogen dieses Willens zum Zeichen, daß er ein Theil desselben ist, gesetzt.

Thomas Paine.